동화와 배제

지은이 이정선 李正善

서울대학교 국사학과에서 일제의 내선결혼 정책을 주제로 박사학위를 받았고, 한림대학교 한림과학원 HK연구교수로 재직 중이다. 한국 사회의 차이와 차별 문제를 고민하다 연구자의 길에 발을 들여놓은 후, 일제시기를 중심으로 민족·계급·젠더 등이 중층적으로 교차하며 빚어내는 역사상을 그려내는 데 주력하고 있다. 「1910~23년 내선결혼 법제의 성립 과정과 그 의미」 등 내선결혼에 관한 연구 외, 「식민지 조선·대만에서의 '가제도'의 정착 과정」, 「일제시기 조선총독부의 조선인 이름 정책과 이름의 변화 양상들」, 『'성'스러운 국민』(공저) 등의 논저가 있다.

동화와 배제 — 일제의 동화정책과 내선결혼

초판 1쇄 인쇄 2017년 3월 24일
초판 1쇄 발행 2017년 3월 31일

지은이 이정선
펴낸이 정순구
책임편집 정윤경
기획편집 조원식 조수정
마케팅 황주영

출력 블루엔
용지 한서지업사
인쇄 한영문화사
제본 대원바인더리

펴낸곳 (주) 역사비평사
등록 제300-2007-139호 (2007.9.20)
주소 10497 : 경기도 고양시 덕양구 화중로 100(비젼타워21) 506호
전화 02-741-6123~5
팩스 02-741-6126
홈페이지 www.yukbi.com
이메일 yukbi88@naver.com

ISBN 978-89-7696-137-2 94910
978-89-7696-199-0(set)

이 책은 2007년 정부(교육과학기술부)의 재원으로 한국연구재단의 지원을 받아 수행된 연구임(NRF-2007-361-AM0001).

동화와 배제

— 일제의 동화정책과 내선결혼

역비한국학연구총서 36

이정선 지음

역사비평사

일러두기

1. 이 책은 이정선의 박사학위논문인 『일제의 '내선결혼' 정책』(2015)을 저본으로 수정·보완하였다.
2. 유명 인사이거나 신문·잡지 등 비교적 접근도가 높은 자료에 등장하는 내선결혼 가족의 이름은 그대로 인용하되, 호적 자료를 활용할 때는 개인정보 보호를 위해 '장○수(張○洙)'와 같이 일부를 가렸다.
3. 한자 이름의 경우, 호적상 일본인·조선인 여부가 확실하거나 개연성이 높으면 일본인은 일본어, 조선인은 한국어 발음을 병기했고, 일본 인명 중 가나명은 일본어 발음으로만 표기했다. 단, 일본 인명은 읽는 방법이 다양하므로 정확한 이름이 아닐 수 있고, 내선혼혈아 등 호적상 신분이 불명확할 경우에는 부득이 한자를 노출했다.
4. 반복되는 일본 인명, 지명은 각 부마다 처음 나올 때만 한자를 병기했다.

책머리에

새로운 시각이나 학문 분야가 학계에 자리 잡기는 쉽지 않다. 거친 문제의식은 비판과 반발에 부딪혀 싹부터 잘려 나가기 십상이고, 기존 연구와의 접점을 찾지 못하면 관심의 대상조차 되지 못한다. 심지어 주변적 지위로 인해, 개인의 부족함이 그 시각이나 학문 분야 전체의 가망 없음으로 인식되면서 점점 더 주변화되는 악순환에 빠지기도 한다. 일제시기에 조선인 한 명이 실수하면 '조센징은 이래서 안 돼'라는 말을 들어야 했던 것처럼. 한국 여성사를 공부하고 싶다고 결정한 후, 이러한 생각에서 '벼려내어 일갈'하겠다고 다짐했다. 적어도 방법상으로는 철저히 이성적·실증적으로, 무시할 수 없는 '정통'의 길을 걷겠다고. 여전히 무딘 칼날이지만, 이 책의 저본이 된 박사학위논문은 지난 10여 년에 걸친 첫 수련에 일단락을 짓는 성과이다.

이 책에서는 일제시기 일본인과 조선인의 결혼, 즉 '내선결혼(內鮮結婚)'에 대한 정책을 통혼의 실제 양상과 함께 분석함으로써, 조선인 동화정책의 특징과 작동 방식을 구명하였다. 이를 위해 법률혼 부부뿐 아니라 내연(사실혼·동거) 부부, 혼혈 자녀까지, 내선결혼의 다양한 측면들을 종합적으로 검토하였다. 일제시기 전공자라면 누구도 피해갈 수 없는 동화정책이라는 주제를 정치나 교육이 아니라 결혼/성 문제를 통해 접근하되, 사료를 폭넓게 수집·분석하는 역사학의 장점을 활용했다.

이러한 연구의 바탕에 깔린 문제의식과 연구의 의의에 대해서는 서론과 결론에 서술했으므로 재론하지 않고, 여기서는 지금에 이르기까지의 수련 과정을 고백해두고 싶다. 먼저 고대사를 전공하려던 사람이 일제시기 연구를 업으로 삼게 된 것은 호고적 취미와 당대에 대한 부채의식 사이에서 저울질하다 선택한 나름의 절충안이었다. 학부 졸업을 앞두고 대학원 진학과 취직 사이에서 고민하던 때는 일반 회사에 취직하면 6개월 이내에 때려치운다는 무당의 예언(?)이 진학 선택에 쐐기를 박았다. '합리적' 선택은 아니었을지라도, 이런 게 사필귀정이 아닐까 싶을 만큼 내게는 몸의 감과 우연들이 긍정적인 결과를 가져와주었다.

'민족'과 '여성'이라는 화두를 견지했기에 내선결혼이라는 주제는 비교적 일찍 눈에 들어왔지만, 석사과정에서는 가내공업을 중심으로 한 경제 분야를 한 차례 우회했다. 2008년에 내선결혼으로 석사논문을 쓰면서는 제도부터 시간 순으로 정리하는 정공법을 취했고, 학부 때 그 흔한 고시 공부도 하지 않은 자신을 책망하면서 힘겹게 가족법과 호적제도를 보고나자 박사논문까지 이어가야겠다는 오기가 생겼다. 제국 일본 전체를 아우르는 법제사 연구가 부족하기도 하고, 필요한 자료는 이미 거의 다 정리해두었으므로 논문을 빨리 끝낼 수 있겠다는 계산도 있었다. 내선결혼 법제의 형성 과정과 운용 양상을 다룬 이 책의 제1부는 당시 준비한 내용들이다.

하지만 법제만으로 쉽게 박사논문을 쓰려던 계획은 새로운 자료들 앞에서 틀어졌다. 2010년에 교환학생 신분으로 일본에 갔다가 제3부에서 활용한 내선혼혈아에 대한 우생학계의 연구 결과들을 발견한 것이다. 민족(국가)을 위해 성, 특히 여성의 몸을 통제하는 우생학에도 관심이 있던 차에, 내선결혼과 직결되는 이 주제를 다루지 않을 이유는 없었다. 아니, 오히려 원래의 문제의식에 더 가까워지는 길이었다. 결국 내선결혼을 통해 조선인 동화정책을 법제적·문화적·생물학적 측면으로 나누어 살펴보는 것으로 전체 주제와 구도를 재구성하고, 제2부와 제3부에서 사용한 통혼의 문화적 양상 및 혼혈에 관한 자료들을 다시 몇 년에 걸쳐 수집했다.

문제는 확장된 주제를 감당하기에는 내공과 시간이 부족하다는 것이었다. 특히 내선결혼·혼혈에 대한 흘러넘치는 혐오를 처리하고 실제 사람들의 다양한 삶을 유형화하는 데 골머리를 앓았다. 이성적·실증적 접근을 추구하며 감정과 경험들을 억눌러왔던 것이 독이 되었다. 하나의 글에서 모든 이야기를 할 수는 없지만, 적어도 역사가의 재현이 과거 또는 현재에 대한 폭력이 되지 않게 하기 위해서는 가급적 모든 것을 염두에 두지 않으면 안 된다고 생각해왔다. 하지만 제도사밖에 써보지 못한 상태에서 누군가의 삶을 인용하기 위해 가위질하는 것 자체가 고통이었다. 그리하여 박사논문에서 이 책의 제2부에 해당하는 부분은 직접 인용으로 점철되었다. 인용한 자료에도 이미 대개 다른 누군가의 시각이 가미되어 있긴 하지만, 개입을 최소화함으로써 가급적 생생하게 당사자의 경험을 전달하고 싶었기 때문이다. 이번에 책으로 펴내면서는 가독성을 높이기 위해 문장을 대폭 손질하고 설명을 보강했지만, 여전히 마음이 무겁다. 또한 제1부의 법제는 연구의 출발점인 만큼 애착이 커서 많이 덜어내지 못했다. 이로 인해 제1부와 제2·3부 사이에 서술 밀도와 시점의 차이가 느껴지는 것도 사실이다. 정 읽기 힘들다면 제1부 제3장은 소결 정도로만 이해하고 넘어가는 것도 방법이지만, 저자로서는 역사가가 전지적 시점에 있을 수 없음을 보여주는 사례로 이해하고 행간의 삶을 읽어주셨으면 좋겠다.

그럼에도 책이 이나마 형태를 갖출 수 있게 된 것은 많은 분들이 도와주신 덕분이다. 권태억 선생님은 학부 때부터 대학원 졸업까지 지도교수로서 학문적·정신적 버팀목이 되어주셨다. 김태웅, 정긍식 선생님은 석·박사 두 번의 심사에 모두 참여하셔서 직접적인 조언을 아끼지 않으셨다. 박사논문을 심사해주신 노명호, 홍양희 선생님 덕분에 가족사와 여성사 측면이 보강될 수 있었다. 도쿄대 한국조선문화연구실에서 제2의 지도교수가 되어주신 로쿠탄다 유타카(六反田豊) 선생님, 매 수업 후 소중한 시간을 내어주신 쓰키아시 다쓰히코(月脚達彦) 선생님께도 감사드린다. 석사 입학 초기 여성사 세미나를 함께 한 최병택, 예지숙 선배, 석·박사 발표에서 사회를 맡아준 박준형 선배 등 서울대 국사학과의 동학들, 박사논문을 구상하고 집필하던 시기를 함께한 역사문제연구소 민중사반 가족사소모임 구성원들도 소중한 존재이다. 공부한답시고 바쁜 척만 하는 막내를 위해 헌신하신 부모님 이천복·전계진과 언니에게는 늘 미안하고 감사하다. 이 책이 조금이나마 무심함에 대한 보답이 되길 바란다. 수익성이 낮은 학술서적의 출간을 결정하고 늦어지는 원고를 기다려주신 역사비평사와 정윤경 선생님도 공로자이다. 그밖에도 평생의 인복을 초년에 다 써버린 게 아닐지 두려울 정도로 많은 분들께 힘을 받았지만, 표현에 서툴렀다. 지면으로나마 감사의 인사를 전하며, 앞으로 살며 보답하겠다고 다짐해본다.

연구자의 길을 걸으며 보통 눈이든 허리든 무언가 하나를 잃는다고들 한다. 내 경우에는 아마도 간의 선홍빛, 그리고 인간성이 아니었을까 싶다. 인문학을 하면서 인간성을 상실한다는 역설은 '벼려내어 일갈'하겠다는 독기와 철저히 이성과 실증에 의존하려 한 방법론에서 기인했을 수 있다. 동시에 '헬조선'의 상황들이 각박함을 조장하고 있기도 하다. 학문의 두 번째 단계에서는 초심으로 돌아가 이성과 감성, 정신과 몸, 냉철함과 따뜻함이 조화된 연구를 해보고 싶다. 연구자들이 자신의 연구에서 소외되지 않고 행복할 수 있기를, 그리고 직접적인 활동이 아니더라도 그러한 연구를 통해 보다 인간적인 사회를 만들어갈 수 있기를 희망한다.

2017년 3월

봄내의 봄을 기다리며

이정선 씀

차례

표 목차

그림 목차

서론

서론

1. 문제제기와 연구 대상

한국사 연구에서 1910~45년의 일제시기를 이해하는 기본 전제는 반제·반봉건이 시대적 과제라는 것이었다. 그에 따라 정치적 '독립'과 '근대(화)'가 평가의 기준이 되어 일제시기는 일종의 암흑기로 묘사되었고, 학계에서도 일차적으로 독립운동사 연구에 매진했다. 하지만 1980년대에 이른바 '식민지 근대화론'이 대두하여 일제시기의 경제성장에 주목하고 그를 해방 이후 남한 자본주의 근대화의 토대로 해석하면서, 식민지와 근대(화), 나아가 근대성을 어떻게 이해할 것인지를 둘러싸고 논쟁이 전개되었다. 일제시기에 겪은 변화의 성격을 구명하는 일은 이제부터라는 문제의식에서,[1] 일제의 식민담론 중 '근대(화)'와 쌍을 이루는 '문명화'에 주목한 것도 이 때문이다.[2]

---

1 권태억, 「근대화·동화·식민지유산」, 『한국사연구』 108, 2000.

2 권태억, 『일제의 한국 식민지화와 문명화』, 서울대학교출판문화원, 2014.

그에 비해 일제의 조선 식민통치의 기본 방침인 '동화'에 대해서는, 한국의 정치적 독립과 민족국가 수립을 자명한 가치로 전제하고, 동화주의 혹은 동화정책은 조선(인)의 일본(인)화를 추구함으로써 이러한 가치들을 부정한 것이었다는 점에 초점을 맞추어 비판하는 연구가 주를 이뤘다.

하지만 당대나 지금이나 '동화'의 개념은 다양하게 사용될 뿐 아니라,[3] 일제가 이데올로기적으로는 조선의 '일본화'를 표방하면서도 법제적·정치적으로는 '이역(異域)=식민지' 상태를 유지한 사실 등을 고려하면,[4] 비판에 앞서 일제가 의도한 동화의 내용과 동화정책의 작동방식을 밝히는 데 천착할 필요가 있다. 더구나 자본과 인구의 이동이 증가하고 남한에서도 '다문화'가 운위되는 현재, 한국이 역사상 유일하게 이민족의 직접 지배를 받았던 일제시기에 강요된 동화의 내용과 실상을 구명할 역사적·현재적 의의는 적지 않다.

이러한 문제의식 아래서 이 책은 일본인(내지인)[5]과 조선인의 결혼인 '내

---

3 권태억, 「동화정책론」, 『역사학보』 172, 2001.

4 山本有造, 『日本植民地經濟史研究』, 名古屋: 名古屋大學出版會, 1992.

5 일제는 일반적으로 1890년 제국헌법 시행 당시의 영토, 즉 혼슈(本州), 시코쿠(四國), 규슈(九州), 홋카이도(北海道), 오키나와(沖縄), 오가사와라(小笠原) 군도를 '내지(內地)'로 지칭하고, 그 이후에 획득한 대만, 화태(樺太, 사할린 남부), 조선 등을 '외지(外地)'로 불렀다(清宮四郎, 『外地法序說』 公法叢書 3, 有斐閣, 1944, 3쪽). 이러한 영토의 확장에 따라 국호인 '일본'은 본토인 '내지'만을 의미하는 협의와 제국 전체를 포괄하는 광의로 모두 사용되었다. 이하에서는 차별적 의미를 내포하는 '내지', '외지'라는 용어를 피하되, 의미를 명확히 하기 위해서 원문을 직접 인용하는 경우를 제외하고는 '내지'를 '일본' 또는 '일본 본토'로, 제국 전체는 '제국 일본'으로 지칭한다. 각 지역에 속한 사람들도 '내지인'은 '일본인'으로, 그 외는 '조선인', '대만인', '화태인' 등으로 표현하고, 이들 전체는 '일본국적민'으로 지칭한다. 또한 식민지가 되기 전 대한제국의 국민은 '한국인'으로 불러 식민지민인 '조선인'과 구별하고자 한다.

선결혼(內鮮結婚)'[6]에 대한 정책을 통혼의 실제 양상과 함께 분석함으로써, 일제의 조선인에 대한 동화정책의 내용과 작동방식을 밝히고자 한다. 식민정책학의 선구자이자 도쿄제대(東京帝大) 교수였던 니토베 이나조(新渡戶稻造)는 동화정책을 "원주민을 모국과 같은 풍속, 습관, 종교 등으로 만들려는 정책"으로 정의하고, 본국 언어를 사용하도록 강제하는 것과 잡혼(雜婚, miscegenation)을 당시 상용된 동화정책의 수단으로 꼽았다.[7] 실제로 동화주의를 채택한 대표적인 제국인 프랑스는 17세기 북아메리카에서 토착민의 딸을 수녀원에 보내도록 장려하여 이들을 정착 프랑스인 남성의 배우자로 양성하기도 했다.[8] 특히 포르투갈은 문화와 인종의 혼합을 동화정책의 근본으로 삼아 16세기부터 적극적인 인종 혼혈 정책을 구사했다. 1511년에 말레이시아를 정복한 포르투갈은 본국 여성의 도항을 금지하고, 포르투갈인과 결혼한 현지인에게 토지·가옥·가축을 제공하는 등 특권을 부여한 것이다.[9] 1930년 식민지법에서도 동화인(assimilado, 개종된 원주민으로 스스로 포르투갈인이 되기를 원하는 계층)과 혼혈인(mulato, 부모 중 하나가 포르투갈인 또는 백인인 계층)은 포르투갈인과 동일한 권리를 지닐 자격을

6 일본인과 조선인의 결혼은 당시 '내선(인)통혼', '일선(인)결혼', '내선(인)결혼', '잡혼' 등으로 불렸다. 1920년대 초까지는 '내선(內鮮)'보다는 '일선(日鮮)'으로 칭하는 경향이 있었지만, 점차 한글 신문도 일본인을 '내지인', '일본 내지인'으로 칭하면서 대체로 '내선결혼'으로 통일되어갔다. 이에 이 책에서는 '내선결혼'을 일종의 역사 용어로 보아, 일본인과 조선인의 결혼 일반을 '내선결혼'으로 지칭하기로 한다. 또한 두 사람이 법률상·사실상 부부가 되는 일을 '결혼'으로 통칭하되, 법률혼 또는 처가 시댁에 거주하거나 시가의 호적에 입적하는 유형의 결혼은 '혼인'으로도 칭한다.

7 浅田喬二,「新渡戶稻造の植民論」,『日本植民地研究史論』, 東京: 未來社, 1990, 39~40쪽.

8 Saliha Belmessous, *Assimilation and Empire*, Oxford, 2013, p. 36.

9 渡邊寬一,「各植民地に於ける対土人及母国人の関係」,『朝鮮及滿洲』 115, 1917.

지닌다고 간주하였다.[10] 제국 일본 역시 천황을 정점으로 하는 가족국가를 표방하는 한편, 내선결혼을 사상·정신과 일상 생활양식, 나아가 혈연적으로까지 조선인을 일본인화할 수 있는 동화의 궁극적인 수단으로 규정했다. 일본어의 보급·강제가 정신적·문화적 동화의 수단이면서 의사소통이라는 실용적 목적을 겸비한 것이었다면, 내선결혼은 '완전한 일체'라는 동화의 이상을 체현하는 수단이었던 것이다. 그러므로 일제의 내선결혼 정책을 분석하는 것은 그 자체로 조선인 동화정책의 특징을 분석하는 작업이 된다.

그런데 내선결혼은 동화의 수단인 한편으로, 일본인과 조선인의 법제적·문화적·혈연적 경계를 흔드는 식민통치의 위험 요소이기도 했다는 점에서 중요하다. 일본인은 내선결혼을 '잡혼'이라고도 불렀는데, 'intermarriage' 또는 'mixed marriage'의 번역어인 잡혼은 인종, 민족, 종교, 문화, 에스니시티(ethnicity) 등 집단 내부에 존재하는 배우자 선택 규범의 경계를 넘는 결혼을 의미했다. 또한 문명의 위계를 전제로 한 개념이기에, 주로 우등하다고 자부하는 집단이 그 결혼을 문제시하는 맥락에서 사용하였다.[11] 민족이 다르고 식민자와 식민지민이라는 지위의 차이가 있는 일본인과 조선인의 결혼은 그야말로 '잡혼'이었던 것이다. 그리고 이와 같이 서로 다른 집단 간의 결혼은 양 집단 쌍방향의 문화적·혈연적 혼효를 야기하고, 그 부부와 자녀를 어느 집단에 포함시킬지 혹은 배제할지를 결정해야 하게 만들었다. 내선결혼 정책은 조선인에 대한 동화정책이자 일본인과 조선인의 경계에 관한 정책이었던 것이다. 이에 조선인뿐 아니라 일본인도 내선결혼에 관하여 다양한 의견을 제기했으므로, 내선결혼 정책과 그에 관한 논의들을 분석한다면 동화정책이 갖

---

10 이승용, 「포르투갈의 식민지 동화정책에 관해」, 『한국아프리카학회지』 9, 1997.

11 嘉本伊都子, 『國際結婚の誕生』, 新曜社, 2001, 4~13쪽.

는 포섭과 배제의 양 측면을 동시에 아우를 수 있게 된다.

또한 일제의 조선(인) 동화정책을 분석할 때는 서구와 일본의 차이에도 유의해야 한다. 내선결혼은 서구와 다른 조건에서 태동한 일제의 동화주의에서 특별한 의미를 갖는다. 첫째, 서구와 일본의 가장 큰 차이는 일본인과 조선인은 같은 인종이면서, 백인종에게 차별받는 황인종이었다는 점이다. 인구의 이동과 상호접촉을 수반하는 식민통치에서 지배자와 피지배자 간의 성적 결합은 항상 발생했지만, 그 경계적 속성 때문에 가장 민감한 사안이기도 했다. 이에 1951년경까지 동화의 기조를 이어간 포르투갈을 제외하면, 영국과 프랑스 등 서구 제국들은 인종주의와 우생학이 발흥한 18~19세기 이후에는 통혼 장려 정책을 철회하거나 통혼을 금지하는 추세였다.[12] 앵글로색슨족의 우월성을 강조한 미국의 많은 주에서도 '잡종화' 경향을 우려해 백인과 흑인의 결혼을 법으로 금지했고,[13] 그 법률은 백인과 황인 간에도 적용되었다.[14] 게다가 1897년에 교주만을 점령한 독일은 백인(유럽인) 구역과 황인(중국인, 일본인) 구역을 분리하였고, 교주총독부는 1902년에 독일인과 황인종 여성의 결혼은 피해야 한다고 공표했다. 이어 1912년 독일 제국의회에서도 식민자와 식민지민 간의 결혼과 혼혈을 제한해야 한다며, 기존의 혼혈아는 백인으로 인정하되 이후에는 원주민으로 취급한다는 법안을 통과시켰다.[15] 백인종이 아시아·아프리카의 유색인종을 식민지배하는 상황에서, 백인은 열등하다고 간

12 박형지·설혜심 공저, 『제국주의와 남성성』, 아카넷, 2004, 45~59쪽; Saliha Belmessous, op.cit., 2013.

13 김호연, 『우생학, 유전자 정치의 역사』, 아침이슬, 2009, 179~180쪽.

14 권은혜, 「인종 간 결혼에 대한 법적 규제와 사회적 금기를 넘어서」, 『미국사연구』 34, 2011.

15 김춘식, 「제국주의 공간과 인종주의」, 『역사와 문화』 23, 2012, 121~134쪽; 토마스 슈바르츠, 「1912년 독일제국의회에서의 혼혈혼 논쟁」, 『독일어문학』 19, 2002.

주한 식민지민 및 유색인종과의 결혼을 꺼리고 금지하기까지 한 것이다. 이에 반해 일제는 일본인과 조선인은 '동문동종(同文同種)'으로 서로 유사할 뿐 아니라 천황의 '일시동인(一視同仁)' 정신 아래 진정한 동화가 가능하다는 논리로 서구의 제국·식민지 관계와는 경우가 다름을 강조했다. 이와 같은 동화주의는 당위의 성격이 강한데, 백인종에 대항한 아시아 연대론에서 출발한 일본의 식민주의는 동화 외에 다른 지향을 찾기 어려웠던 것이다. 또한 일본의 경우 식민지배가 근대 국민국가의 형성과 동시에 이루어지면서, 내부의 '잡(雜)'을 순화시킨다는 동일한 과제로 일본 본토의 국민화와 식민지의 동화가 연속되었다.[16] 일제는 조선과 대만을 식민지가 아니라고 주장하는 등,[17] 일관되게 서구와 일본의 차이, 일본과 조선의 유사성을 강조했는데, 이처럼 서구의 인종주의에 반대하며 '동문동종'의 조선인을 지배한 일제에게 내선결혼은 어떠한 경우에도 부정하거나 금지할 수 없는 최소한이었다. 그렇다면 이러한 '생물학적 동화'야말로 일본 동화주의의 핵심이며,[18] 통치정책을 법제도적 측면의 평등화/차별화, 문화적 측면의 차이화/동일화라는 방향축의 교차로 이해하는 것에서 나아가,[19] 법제적·문화적·생물학적 동화의 각 양상들이 서로 맞물려 작동하는 방식을 잘 보여주는 내선결혼에 주목할 필요가 있다.

---

16 테사 모리스-스즈키 지음, 임성모 옮김, 『변경에서 바라본 근대』, 산처럼, 2006.

17 清宮四郎, 앞의 책, 1944, 19~26쪽.

18 '생물학적 동화'라는 개념은 일본의 아이누 지배정책에 관한 다카기 히로시(高木博志)의 연구에서 차용했다. 그에 따르면 일본 정부는 1930년대에 아이누가 문명화와 일본인화라는 동화의 양 측면을 모두 달성했다고 보았고, 이후 아이누 민족동화론은 아이누가 일본인과 혼혈함으로써 일본인으로 '동화', '향상'되어간다는 것으로 전환되었다(高木博志, 「ファシズム期, アイヌ民族の同化論」, 赤沢史朗·北河賢三 編, 『文化とファシズム』, 東京: 日本経済評論社, 1993).

19 駒込武, 『植民地帝國日本の文化統合』, 東京: 岩波書店, 1996.

둘째로 '일시동인'을 강조한 것에서도 알 수 있듯이, 일본은 조선인들을 강압적 폭력으로만 통치하거나 혹은 급격한 동화를 강제하여 조선인들의 민족감정을 자극해서는 안 되었다는 것도 중요한 차이이다. 조선에는 근대적이지는 않아도 기존의 법질서가 존재했으며, 일본인들이 대량이주할 여지가 없이 인구밀도도 높았던 데다, 조선인들은 일본인을 멸시하고 또 대만과 달리 종족 구성이 단순해서 혈연적 민족주의가 자리 잡기도 쉬웠다. 가쓰라 다로(桂太郎) 수상은 제국의회에서 조선 민족의 "발달 동화"를 도모함으로써 '병합'의 효과를 얻고자 한다는 시정방침을 밝혔지만,[20] 데라우치 마사타케(寺內正毅) 초대 총독이 동화의 목적에 점진적으로 이르게 해야 한다고 한 이유도, 조선은 "야만미개지국(野蠻未開之國)"과 달리 건국 3천 년에 상당하는 문명과 역사를 가지므로 풍속·습관을 급격히 변혁하는 것은 득책이 아니기 때문이었다.[21] 일제는 조선인의 동화를 궁극적인 목적으로 설정했지만, '정책'이 '정치적 목적을 실현하기 위한 방책'이라면[22] 일본인화를 급속히 추진하지 않는 것이 오히려 동화를 위한 방책일 수 있었던 것이다. 그렇다면 구체적인 시책을 시행할 시기, 혹은 어느 정도로 시행할지는 상황에 따라 결정되었다고 보아야 하고, 따라서 어떤 정책의 성격을 파악하기 위해서는 식민당국이 시행한 것뿐 아니라 시행하지 않은 것, 그리고 그러한 시책과 동화의 이념, 선전, 현실 간의 상호관계를 종합적으로 검토해야 한다.

이는 내선결혼 정책도 마찬가지이다. 사실 일제는 내선결혼을 장려한다

---

20 「(1911.1.21. 第27議會 通常施政方針) 韓国合併の所以と其発展的企圖」, 神崎儲 編, 『歷代總理大臣施政方針』, 東京: 興亞文化協會, 1939, 117~119쪽.

21 「殖民學會大會」, 『每日申報』 1910년 12월 9일자.

22 국립국어원 표준국어대사전 '정책' 항목 참조.

고 선전하면서도 실질적·직접적으로 지원하지는 않았기 때문에, 통혼의 절대 수는 많지 않았다. 하지만 서구의 제국은 식민지에서 본국 남성과 식민지 여성의 성적 결합을 장려했을 뿐 그 반대는 금지하기도 했던 반면, 일제는 지역이나 성별에 따른 제약을 두지 않은 것도 특이하다. 그리고 정책적 지원이나 제약이 적었던 만큼, 사회 현실과 그를 바탕으로 한 행위자들의 선택이 실태를 좌우하고, 그 실태가 다시 정책의 변화를 추동할 여지도 많았다. 정책은 고정불변의 것이 아니라 현실과의 상호작용 속에서 수정·변용된다. 서구의 인종주의 및 조선인의 민족주의에 대응하여 '일시동인'의 무차별주의를 표방해야 했던 일제의 동화정책에서는 그러한 관계가 보다 선명히 드러날 수 있었다. 그중에서도 고의적 차별이 거의 제거된 내선결혼 정책을 분석함으로써, 일제의 동화정책을 단순한 하향식 강제가 아니라 정책과 현실이 상호작용하는 과정으로 포착할 수 있게 되는 것이다.

이 책에서는 위와 같은 시각에서 일제의 내선결혼 정책을 통해 조선인 동화정책의 내용과 작동방식을 역사적·동태적으로 구명하고자 한다. 이는 근대 역사학의 대전제인 민족주의·국가주의, 공사(公私) 이분법을 넘어서고자 하는 시도이기도 하다. 지금까지 일제의 동화정책을 비판해온 주된 논리는 조선인에게 문화적 동화를 강요하되 정치적 권리는 부여하지 않았다는 것이었다. 이런 비판은 물론 타당하지만, 참정권 등 법제적·형식적 평등을 중시하는 자유주의적 시민권 개념은 인종·민족·계급·젠더 등에 따른 실질적 차별을 부차적인 것으로 만들면서, 결국 백인 남성 부르주아 개인의 권리만을 보장하는 것으로 귀결되었다고 비판받고 있다.[23] 그렇다면 국민국가 내부의 법제적·형식적 평등에 초점을 맞춘 동화정책 비판 논리는 제한적이다. 일제시

23 장미경, 「시민권 개념의 의미 확장과 변화」, 『한국사회학』 35-6, 2001.

기 가장 사적이면서도 정치적인 문제였던 내선결혼을 둘러싸고 민족, 계급, 젠더 등 여러 권력관계들이 맞물려 작동한 양상을 살펴보는 것은 해방으로 법제적 평등을 얻은 국민국가 내부에 여전히 존재하는 실질적 차별의 문제를 사고하는 데 이바지할 수 있을 것이다. 또한 그 가운데 동원된 포섭과 배제의 논리들은 해방 후 한국 사회에도 연속되었으므로, '다문화' 사회에서의 차이와 차별의 관계를 생각할 단서도 제공해줄 것으로 기대한다.

2. 연구 동향

내선결혼 정책에 대한 초기 연구는 통혼을 동화의 상징이자 수단으로 부각시킨 조선총독부의 선전 내용을 수용해, 내선결혼 장려는 조선인의 가정생활과 혈통의 일본화를 촉진하기 위한 적극적·강제적 민족말살 정책이었다고 평가했다. 그 근거는 1921년 7월에 조선총독부령 제99호로 '조선인과 일본인의 혼인의 민적 절차에 관한 건'을 제정하여 내선결혼을 법적으로 가능하게 한 것, 1939년에 조선민사령을 개정하여 일본인도 조선인에게 입양될 수 있게 한 것, 그리고 1941년에 국민총력조선연맹이 내선결혼 부부를 표창한 것 등이었다. 이로부터 조선총독부는 1920년대부터 통혼을 정책적으로 장려하기 시작했고 전시체제기에 더욱 강화되었다고 보는 시각이 일반적이었다.[24] 나아가 내선결혼의 현실을 정책의 결과로 이해하여, 조선인 남성과 일본인 여성 부부가 일본인 남성·조성인 여성 부부보다 많았던 것은 조선총독부가

24 임종국, 「조선 민족 말살의 전략」, 『일제하의 사상탄압』, 평화출판사, 1985; 최석영, 「식민지 시기 '내선결혼' 장려 문제」, 『일본학연보』 9, 2000.

이 유형을 장려했기 때문이라고 보거나,[25] 내선결혼 부부를 동화정책의 가담자로 비판하기도 했다.[26] 이런 초기 연구들은 내선결혼에 대한 관심을 촉발시킨 의의가 있지만, 조선총독부가 선전·시행한 것에만 주목하고 현실보다 정책을 절대시하면서 내선결혼 정책을 일방적인 것으로 파악한 한계가 있다.

이런 관점은 김영달에 의해 처음으로 비판되었다. 그는 내선결혼의 법제·통계·정책에 관한 기초 자료를 총정리한 시론적 논문에서, 내선결혼 정책에 대해 당시에도 실질적 장려책, 슬로건적 장려책, 현실방임책, 억제책, 금지책 등이 상정되고 각계에서 다양하게 논의했지만, 전반적으로는 슬로건적 장려 아래 현실방임의 정책이 이루어졌다고 평가했다.[27] 와타나베 아쓰요(渡邊淳世)는 김영달의 평가를 전제로 하여, 1910~20년대를 중심으로 일제가 내선결혼을 슬로건적으로만 장려한 이유를 분석하였다. 일본인의 혈족 내셔널리즘이 적극적인 장려를 막았지만, 또 통혼이 그다지 증가하지는 않을 것이라는 현실인식이 어느 정도의 장려를 용인한 한편, 통혼 장려 정책을 비현실적이라고 생각했기 때문에 방임했다는 것이다.[28] 이들의 연구는 일제가 내선결혼을 적극 선전하고도 실질적으로는 장려하지 않았음에 주목했다는 의의가 있고, 와타나베는 이와 같은 시책과 선전의 괴리가 생겨난 이유를 일본인들의 거부감에서 찾음으로써 내선결혼 정책을 조선인뿐 아니라 일본인과 관련하여 이해한 장점이 있다. 하지만 와타나베는 선전의 과잉을 강조한 나머지,

25 최유리, 「일제하 통혼 정책과 여성의 지위」, 『국사관논총』 83, 1999.

26 鈴木裕子, 『從軍慰安婦·內鮮結婚』, 東京: 未來社, 1992.

27 金英達, 「日本の朝鮮統治下における「通婚」と「混血」」, 『關西大學人權問題硏究室紀要』 39, 1999.

28 渡邊淳世, 「일제하 조선에서 내선결혼의 정책적 전개와 실태: 1910~20년대를 중심으로」, 서울대학교 국제대학원 한국학전공 석사학위논문, 2004.

조선총독부가 이 시기 통혼의 억제요인을 제거하려 했음을 간과하고 선전을 허구로만 치부하였다. 그리하여 일제는 조선인 동화를 비관해 통혼을 장려하지 않았고, 내선결혼 장려 정책은 정치적 구호에 불과했다고 평가했다. 그러나 이는 내선결혼 장려에 반감을 가진 조선인들을 시야에 넣지 못함으로써, 통혼을 실질적으로 지원하지 않는 편이 오히려 점진적 동화정책으로 유효했을 가능성을 간과한 것이다.

이처럼 역사학 계열의 연구들이 내선결혼의 시책과 선전 중 어느 한쪽에 치우친 경향이 있기는 하지만 주로 정책에 초점을 맞추었다면, 현실의 사회상에 관심을 둔 이주사 · 여성사 연구는 반대로 사람이 이주하여 접촉이 증가함에 따라 내선결혼도 자연스럽게 이루어졌음에 주목했다.[29] 이들 연구는 내선결혼이 정책의 영향만으로 성립한 것이 아님을 밝혔다는 점에서 의의가 있지만, 그만큼 내선결혼을 권력과 무관한 자유연애의 산물로 간주하는 경향이 있다. 하지만 내선결혼은 지배 민족과 피지배 민족의 성적 결합이면서, 그를 통해 남녀가 가족이라는 생계 공동체를 구성한다는 점에서 민족, 계급, 젠더의 권력관계들이 서로 교차하는 지점이기도 했다. 이러한 특징이야말로 당사자들의 행위성(agency)이 발휘되는 공간인 동시에 통치당국이 예측할 수 없는 결과를 낳는 원인이기도 하므로, 내선결혼의 현실에서도 다양한 권력관계가 상호작용하는 양상들을 분석해야 할 것이다. 또한 주로 1920~30년대의 내선결혼 및 인구에 관한 통계를 활용하지만, 종종 내선결혼 통계의 성격을 잘

29 竹下修子, 『国際結婚の社会学』, 東京: 学文社, 2000; 森木和美, 「移住者たちの「內鮮結婚」」, 山路勝彦·田中雅一 編著, 『植民地主義と人類學』, 西宮: 關西學院大學出版會, 2002; 김미현, 「조선인과 일본인의 결혼」, 국사편찬위원회, 『혼인과 연애의 풍속도』, 두산동아, 2005; 신현경, 「재조일본인 사회의 형성과 조선 남성의 일선결혼 연구」, 강원대학교 사학과 석사학위논문, 2011.

못 이해하여 해석에 오류를 범하기도 한다.[30]

그 외 재한일본인 처들을 인터뷰한 언론계의 르포 또는 인터뷰를 활용한 사회학 연구도 참고가 된다. 인터뷰는 한일 국교정상화 이후 재한일본인 처의 곤궁한 사연들이 알려지면서 일본 기자들이 시작하였고,[31] 이후 국제결혼 또는 사회복지 문제와 관련하여 사회학·인류학 연구자들도 관심을 갖기 시작했다.[32] 하지만 인터뷰 대상이 대개 1940년대 일본에서 결혼해 해방 직후 한국에 건너온 사람들이고, 내용도 한국에서 겪은 어려움을 진술한 것이 대부분이기 때문에 일제시기의 내선결혼 상황을 파악하는 데는 한계가 있다.

또한 전시체제기에 내선결혼을 소재로 창작된 국책문학 등 소설에 드러난 인물의 심리에 주목하여, 내선결혼의 동기와 양상을 분석하거나 경계인인 혼혈아의 정체성을 분석한 문학 연구들도 있다.[33] 조선인 남성과 일본인 여

---

30 이 책에서도 서로 다른 성격의 여러 내선결혼 통계를 주요 자료로 활용했지만, 이해를 돕기 위해 통계의 특징은 본문의 해당 부분에서 설명하기로 한다.

31 藤崎康夫, 『棄民』, 東京: サイマル出版会, 1972; 藤崎康夫, 「棄民にされた韓国の日本人妻の証言」, 『潮』 153, 1972; 小山毅, 「在韓日本人, 遺棄された同胞たち」, 『朝日ジャーナル』 14-29, 1972; 吉岡攻, 「忘れられたハルモニ」, 『季刊三千里』 31, 1982; 上坂冬子, 『慶州ナザレ園』, 東京: 中央公論新社, 2010(개정판: 초판 1984); 伊藤孝司, 『(新版)日本人花嫁の戦後』, 群馬: LYU工房, 1996; 石川奈津子, 『海峡を渡った妻たち』, 東京: 同時代社, 2001; 後藤文利, 『韓国の桜』, 福岡: 梓書院, 2010 등.

32 카세타니 토모오, 「재한일본인 처의 형성과 생활 적응에 관한 연구」, 고려대학교 사회학과 석사학위논문, 1994; 山本かほり, 「在韓日本人妻の生活史」, 谷富夫 編, 『ライフ·ヒストリーを学ぶ人のために』, 世界思想社, 1996; 김응렬, 「재한일본인 처의 생활사」, 『한국학연구』 8, 1996; 니이야 도시유키, 「한국으로 시집온 일본인 부인」, 서울대학교 인류학과 석사학위논문, 2000; 金子るり子, 「「内鮮結婚」で境界を越えた在韓日本人妻たち」, 『日語日文學硏究』 95, 2015; 이토 히로코·박신규, 「잊혀진 재한일본인 처의 재현과 디아스포라적 삶의 특성 고찰」, 『일본근대학연구』 51, 2016.

33 Kim, Su Yun, *Romancing race and gender*, PH.D., UC San Diego, 2009; 이혜령, 「1920~30년대 염

성의 결혼이 많았던 이유를 식민지 남성의 제국에 대한 선망 또는 차별에서 벗어나려는 욕망의 차원에서 설명하는 것이 대부분인데, 작가는 물론 소설의 주인공들도 대개 식자층에 국한되었다는 문제가 있다. 또한 내선결혼의 이상과 욕망, 실제의 괴리도 주요 주제인데, 소설 외에 내선결혼 당사자인 박남규가 1940년대에 발행한 잡지 『내선일체』에 실린 기사들을 분석하여, "결혼이라는 개인적 기획이 내선일체라는 국가적 담론 안에 포섭되는 과정에서 일어나는 균열"을 포착한 오오야 치히로의 논문이 주목된다.[34]

이와 같은 내선결혼 및 통혼 정책에 관한 선행연구들은 각 분야에서는 의미 있는 성과를 거두었지만, 내선결혼에 대한 일제의 인식이 긍정적인지 부정적인지, 또는 통혼이 정책의 결과인지 아닌지에 대해서조차 해석이 엇갈리고 있다. 일제의 내선결혼 정책의 전모를 파악하기 위해서는 식민통치 전 기간에 걸쳐 시책과 선전, 현실의 관계에 주목하면서, 특히 상대적으로 소홀히

상섭 소설에 나타난 혼혈아의 정체성」, 『현대소설연구』 18, 2003; 노상래, 「국민문학 소재 한국 작가의 일본어 소설 연구」, 『한민족어문학』 44, 2004; 노상래, 「이중어 소설 연구」, 『어문학』 86, 2004; 南富鎭, 「内鮮結婚の文学」, 『人文論集』 55-1, 2004; 조진기, 「일제 말기 국책소설 연구」, 『인문논총』 20, 경남대학교 인문과학연구소, 2006; 장용경, 「일제 말기 內鮮結婚論과 조선인 육체」, 『역사문제연구』 18, 2007; 조진기, 「내선일체의 실천과 내선결혼 소설」, 『한민족어문학』 50, 2007; 김미영, 「일제강점기 내선연애(결혼) 소설에 나타난 일본 여성에 관한 표상」, 『우리말글』 41, 2007; 김수영, 「동화 이데올로기 그 이상과 현실의 변주」, 『한민족문화연구』 22, 2007; 조윤정, 「내선결혼 소설에 나타난 사상과 욕망의 간극」, 『한국현대문학연구』 27, 2009; 박광현, 「식민지 제국의 경계와 혼혈의 기억」, 『일어일문학연구』 70-2, 2009; 김주리, 「한국 근대소설 속 혼혈 결혼의 의미」, 『다문화콘텐츠연구』 8, 2010; 최주한, 「내선결혼 소설의 낭만적 형식과 식민지적 무의식」, 『어문연구』 38-4, 2010; 곽은희, 「낭만적 사랑과 프로파간다」, 『인문과학연구』 36, 2011; 오태영, 「내선일체의 균열들」, 『상허학보』 31, 2011 등 다수.

34 오오야 치히로, 「잡지 『內鮮一體』에 나타난 내선결혼의 양상 연구」, 연세대학교 국어국문학과 석사학위논문, 2006.

다루어진 법제와 혼혈의 문제를 시야에 넣어 검토할 필요가 있다.

먼저 내선결혼 법제에 대해서는 내선결혼에 대한 모든 연구가 조선총독부령 제99호 '조선인과 일본인의 혼인의 민적 절차에 관한 건'(1921)을 언급하고, 이를 근거로 내선결혼 장려 정책이 1920년대에 본격화되었다고 보았지만, 법령의 제정 과정과 그 의의를 깊이 분석하지는 못했다. 이에 대해서는 일제가 호적의 본적으로 제국 내의 민족을 구별했음에 주목하는 법제사 연구들에서 그 예외적 원칙으로 다뤄온 편이다. 내선결혼이 성립하면 처 또는 남편의 본적이 다른 지역으로 옮겨지기 때문에, 조선인이 일본인으로, 일본인이 조선인으로 호적상의 신분을 바꾸게 되었던 것이다.[35] 그런데 이를 감안하면, 일제가 호적으로 민족을 구별하는 동시에 구별을 위협할 수도 있는 내선결혼을 장려했다는 모순을 해명하지 않으면 안 된다. 기존 연구에서 다루지 못한 1910년대를 포함해 내선결혼 법제의 성립 과정을 분석한 졸고(2008)는 일제가 통혼을 장려하려는 적극적 의지가 아니라 통혼을 부정하면 조선인을 동화할 수 없다는 대응적 측면에서 법제를 제정해, 조선인을 회유하는 동시에 구별의 법제를 완성했음을 밝힌 것이었다.[36] 일제는 1920년대는 물론 1910년대에도 내선결혼을 긍정적으로 인식했지만 1910년대에는 제도적 결함

35 정인섭, 「법적 기준에서 본 한국인의 범위」, 『사회과학의 제문제』, 법문사, 1988; 坂元真一, 「敗戰前日本國に於ける朝鮮戶籍の研究」, 『青丘學術論集』 10, 1996; 小熊英二, 『〈日本人〉の境界』, 東京: 新曜社, 1998; 遠藤正敬, 「植民地支配のなかの國籍と戶籍」, 『早稲田政治公法研究』 68, 2001; 이승일, 『조선총독부 법제 정책』, 역사비평사, 2008; 서호철, 「1890~1930년대 주민등록제도와 근대적 통치성의 형성」, 서울대학교 사회학과 박사학위논문, 2007.

36 이정선, 「民籍法 시행기(1909~23년) 일제의 '日鮮結婚' 관련 법규 정비와 日鮮人 구별」, 서울대학교 국사학과 석사학위논문, 2008; 이정선, 「1910~23년 內鮮結婚 법제의 성립 과정과 그 의미」, 『법사학연구』 44, 2011.

으로 법률혼을 인정하지 못했을 뿐이고, 점진적인 제도 정비로 1921년에 법제가 제정·시행된 후에는 선전을 강화했을 따름이었다.

이처럼 내선결혼 법제를 호적을 통한 민족 구별과 통혼을 통한 동화라는 두 가지 이념이 교차하는 장으로 보게 되면, 법제가 제정된 이후 호적 이동의 실태와 그것이 다시 일제의 정책에 미친 영향도 중요한 문제가 되지만, 법제사에서 내선결혼 법제는 예외에 불과하기 때문에 이를 분석하지는 않았다. 샌프란시스코 강화조약 발효 이후 국적 업무에 대처하기 위해 내선결혼의 취급 원칙을 다룬 일본 측 연구는 있지만, 실무적 필요에 따른 자료 정리의 성격이 강하다.[37] 일제시기 전반에 걸쳐 내선결혼 법제와 호적 이동 양상을 다룬 졸고(2014)도 그 개략을 정리했을 뿐이다.[38] 법제를 제정하는 것은 식민당국이지만, 일단 제정된 법제는 당사자의 행위에 따라 당국의 의도를 벗어나 운용되기도 한다는 점을 생각한다면, 상호작용의 측면에서 내선결혼 법제에 의한 호적 이동 양상 역시 면밀히 분석할 필요가 있다.

또한 내선혼혈은 내선결혼의 필연적 산물이므로 시간의 흐름에 따라 그 수도 증가했고, 일제는 전시체제기에 이를 국가적인 문제로 주목했다. 일제는 내선혼혈 자녀를 반드시 식민지민인 조선인이나 혼혈인이라는 제3의 신분에 속하게 하지 않고 조선인 또는 일본인이 되도록 했기 때문에, 혼혈인의 증가는 지배자인 일본인의 입장에서도 간과할 수 없는 문제였던 것이다. 따라서 내선혼혈 문제를 제외하고는 내선결혼 정책의 전모를 파악할 수 없지

---

37 向英洋, 『詳說舊外地法』, 東京: 日本加除出版, 2007. 이 책은 저자가 호적 연수 교재를 만들기 위해 1983년경부터 『戶籍』에 연재한 글을 모은 것이다.

38 李正善, 「〈內鮮結婚〉にみる帝国日本の朝鮮統治と戶籍」, 『朝鮮史研究会論文集』 52, 2014.

만, 이에 대한 본격적인 연구는 현재 오구마 에이지의 논문과 졸고(2013)가 있는 정도이다.[39] 이 중 일본에서의 단일민족론과 혼합민족론의 길항관계에 주목한 오구마 에이지는 내선혼혈에 대해서도 후생성의 순혈주의적 우생학자들이 일선동조론에 바탕을 둔 조선총독부의 황민화 정책에 반대했음을 부각시켰다.[40] 하지만 이는 다양한 시각이 존재했던 당시 일본 정부와 우생학계의 논의 구도를 단순화한 것이고, 황민화 정책을 둘러싸고 조선총독부와 일본 정부가 대립한 듯한 인상을 준다는 점에서도 문제가 있었다. 이에 졸고에서는 조선인을 전쟁에 동원해야 했던 조선총독부와 일본 정부는 모두 조선인의 정신적·문화적 동화를 촉진하려 했으면서도 내선결혼과 혼혈에 대해서는 전보다 회의적인 시각을 갖게 되었고, 특히 내선결혼과 혼혈이 대개 일본 본토에서 이뤄지는 것을 문제시했음을 밝혔다.[41] 이처럼 내선혼혈을 시야에 넣게 되면, 조선총독부가 내선결혼을 장려한다는 선전을 가장 활발히 전개했던 전시체제기의 통혼 정책도 재고하지 않을 수 없게 된다.

요컨대 내선결혼 정책에 대한 서로 다른 이해방식은 통혼의 여러 측면 중 어느 하나에 집중했기 때문에 생긴 것이었다. 따라서 내선결혼 정책의 성격을 이해하기 위해서는 법제를 포함한 시책과 선전, 현실의 상호작용에 주목하면서, 결혼 중에서도 법률혼 및 사실혼·동거, 그리고 혼혈 등 다양한 현실의 양상들을 일제시기 전 기간에 걸쳐 종합적으로 검토할 필요가 있다.

---

39 내선결혼에 관한 연구 이외에, 일본 우생학에 관한 다음의 논문에서도 부분적이나마 내선혼혈 문제를 언급하였다. 박성진, 『사회진화론과 식민지 사회사상』, 선인, 2003; 강태웅, 「우생학과 일본인의 표상」, 『일본학연구』 38, 2013.

40 오구마 에이지 지음, 조현설 옮김, 「제13장. 황민화 대 우생학」, 『일본 단일민족신화의 기원』, 소명출판, 2003.

41 이정선, 「전시체제기 일제의 총동원 정책과 '內鮮混血' 문제」, 『역사문제연구』 29, 2013.

3. 이 책의 구성과 자료

이 책은 전시체제기를 전후로 내선결혼 정책의 성격이 변한다는 점을 부각시키면서, 법률혼 및 사실혼·동거, 혼혈의 각 측면에서 시책·선전·현실이 맞물리는 양상을 드러낼 수 있도록 다음과 같이 세 부분으로 구성하였다.

먼저 제1부에서는 1910~30년대 내선결혼 중 법률혼에 대한 일제의 법제 정책과 호적 이동의 양상을 분석한다. 1910년대의 법제적 결함(제1장)이 '내선결혼' 법제의 제정과 함께 해소되며 공통법체제가 형성되는 과정(제2장), 그리고 이후 '내선결혼' 법제에 의한 호적 이동의 양상과 그 원인(제3장)이 분석의 대상이다. 이러한 법제는 호적이라는 서류상의 문제이므로 당사자의 실제 거주 지역이 일본 본토인지 조선인지를 불문하고, 또한 주로 혼인을 의식하여 제정된 법제가 입양, 인지(認知), 친족입적(親族入籍) 등 다른 가족관계로까지 확대 적용되므로 제1부에서 이를 함께 다룬다.

다음 제2부에서는 역시 1910~30년대의 내선결혼 중 사실혼·동거를 포함한 사회상을 다루며, '내선결혼' 법제가 제정된 1920년대 이후 본격화된 당국의 선전과 현실의 괴리에 주목했다. 이를 위해 내선결혼에 대한 조선총독부의 장려론과 조선인 식자층의 반대론(제1장)을 현실과 대조하되, 현실로서는 양적 측면(제2장)뿐 아니라 결혼 동기와 생활양식(제3장) 및 갈등(제4장)이라는 질적 측면을 아울러 검토하였다. 사회상은 거주 지역에 따라 달라지는데, 제2부에서는 조선에 거주하는 가족을 중심에 두면서도, 그중 상당수가 일본에서 만나 조선으로 건너온 사례이므로 제3~4장의 질적 측면에서는 일본에 거주하더라도 주제와 관련되는 경우에는 분석에 포함시킨다.

마지막 제3부에서는 전시체제기의 내선결혼·혼혈 전반을 다루며 이 시기에 제국 일본의 내선결혼 장려 정책 및 동화정책이 동요했음을 밝힌다. 내선일체 정책과 내선결혼의 위상에 대한 조선총독부와 일본 정부의 견해(제1장), 인구민족정책의 필요성이 증대하는 가운데 통혼 정책의 근거 자료를 마련하기 위해 실시된 내선결혼 부부 및 내선혼혈아에 대한 조사 연구(제2장), 공통법체제와 내선결혼 법제를 재검토하려는 구상들(제3장)이 분석의 대상이다. 이 시기에는 일본 본토에서 내선결혼이 급증하여 법률혼과 사실혼·동거를 막론하고 전체의 90% 가량이 일본에서 이루어졌고, 본토의 일본 정부가 사실상 처음으로 통혼 정책을 진지하게 검토하며 생산한 자료도 풍부하므로 주로 일본에 거주하는 내선결혼 부부와 일본 정부의 견해를 다룬다.

자료로는 기본적으로 일본 정부와 조선총독부에서 각기 발행한 관보와 『조선휘보(朝鮮彙報)』, 『조선(朝鮮)』, 『조사월보(調査月報)』, 『조사휘보(調査彙報)』, 『경무휘보(警務彙報)』, 『고등외사월보(高等外事月報)』, 『사상휘보(思想彙報)』 등 조선총독부 유관 기관에서 발간한 정기간행물들을 사용하였다. 또한 『매일신보(每日申報/每日新報)』, 『동아일보(東亞日報)』, 『조선일보(朝鮮日報)』, 『부산일보(釜山日報)』, 『조선급만주(朝鮮及滿洲)』, 『내선일체(內鮮一體)』, 『요미우리신문(讀賣新聞)』, 『아사히신문(朝日新聞)』 등 일반 신문·잡지에서도 내선결혼에 대한 논설과 사례들을 추출해 활용했다. 그 외 일본 정부와 조선총독부의 정책 결정 과정을 알 수 있는 공문서는 한국의 국가기록원, 국사편찬위원회, 일본의 국회도서관 헌정자료실, 공문서관, 외교사료관 등에 소장된 자료를 주로 사용했다. 이러한 기본 자료를 검색·열람하는 데는 한국의 국립중앙도서관 전자도서관, 국사편찬위원회 한국사데이터베이스, 기초학문자료센터, 한국언론진흥재단, 일본의 아시아역사자료센터, 국회도서관 디지털자료 등의 원문 서비스도 폭넓게 활용하였다.

각 부분별로 보면, 제1부에서는 호적 실무 담당자와 중앙의 감독기관이 주고받은 질의응답 등을 수록한 호적예규를 주요하게 활용하였다. 선행연구에서는 대개 조선이나 일본 어느 한쪽의 자료만 사용했는데, 내선결혼은 두 지역에 걸친 문제이기 때문에 한 지역의 자료만으로는 전모를 파악할 수 없다. 이 책에서는 조선총독부 법무국이 발간한 『민적예규(民籍例規)』, 『조선호적급기류예규(朝鮮戶籍及寄留例規)』 및 국가기록원 소장 『호적예규(戶籍例規)』, 조선호적협회 발행 『조선호적급기류질의회답집록(朝鮮戶籍及寄留質疑回答輯錄)』 등 조선 측 10종, 그리고 일본 정부의 법무당국이 발간한 『사법성호적기류선례전집(司法省戶籍寄留先例全集)』, 『사법성친족·상속·호적·기류선례대계(司法省親族·相續·戶籍·寄留先例大系)』, 『호적선례전집(戶籍先例全集)』 등 일본 측 7종의 예규를 비교 검토하여, 내선결혼의 호적 취급 방식과 그것이 결정되기까지의 과정을 복원하였다.

제2부에서는 당대의 신문·잡지를 적극 활용했다. 결혼 동기나 생활양식 등 내선결혼의 사회상을 파악하기 위해서는 인터뷰도 중요한 방법이지만, 해방 70년을 지난 현시점에서 1910~30년대에 결혼한 생존자를 찾기란 거의 불가능하다. 이에 실제 사례를 파악하는 동시에 조선인들의 내선결혼에 대한 인식을 파악하기 위해 『동아일보』의 1920~40년 기사를 전수 조사했다. 그 과정에서 '일녀(日女)', '일남(日男)', '조녀(朝女)', '조남(朝男)' 등 조선인과 일본인 사이에서 일어난 일임을 알려주는 표현들이 1930년대 초반에 제목에서 사라지는 경향을 확인하고, 검색으로는 찾기 어려운 새로운 내선연애·내선결혼 사례들을 다수 발견하였다. 이로써 모범적인 내선결혼 가정 외에 내선연애·내선결혼을 둘러싼 다양한 갈등 양상들을 보강할 수 있었지만, 신문의 보도 내용은 단편적인 경우가 많으므로 내선결혼 당사자들이 남긴 회고록, 자서전, 인터뷰 또는 내선결혼을 다룬 소설 등을 교차 검토해 사회상을 보완하였다.[42]

---

42 내선결혼을 한 조선인 남성, 특히 정치인이나 문인 중에는 해방 이전 또는 이후 회고록이나 자서전을 간행하여 결혼 동기나 가정생활을 기록한 경우가 있고, 이들에 대한 평전에서 관련 내용이 언급되기도 한다. 또한 인터뷰는 대개 1970년대 이후 부용회(芙蓉會) 회원이나 경주 나자레원 등 요양시설에 거주하는 재한일본인 처를 상대로 이뤄졌

마지막 제3부에서는 전시체제기 대부분의 내선결혼이 일본 본토에서 이루어지고, 일본 정부가 통혼 정책을 인구정책의 맥락에서 재검토하게 되었으므로, 일본 측의 조사·연구 자료와 공문서들을 다수 활용하였다. 내선혼혈아에 대한 우생학계의 연구, 후생성연구소의 재일조선인과 내선결혼·혼혈 가족에 대한 조사·연구, 제국의회 중의원의 비밀회 의사속기록 등은 모두 학계에 거의 소개되지 않은 새로운 자료들이다. 그 외 일본 외교사료관 소장 『본방내정관계잡찬(本邦內政關係雜纂)—식민지관계』 문서군은 조선인의 일반적·정치적 처우를 개선할 방책에 관하여 패전 직전에 일본에서 이루어진 논의를 다룬 기존 연구들에서도 중요하게 활용되었지만, 이 책에서는 내선결혼·혼혈을 중심으로 재해석하여 통혼 정책의 전망을 살피기 위한 자료로 삼았다.

다(각주 31, 32). 이러한 회고 자료들은 정치적 상황이나 결혼의 지속 여부에 따라 내용이 달라질 우려는 있지만, 당사자의 목소리를 들을 수 있는 몇 안 되는 귀중한 사료이다. 따라서 이 책에서는 당대의 자료에 드러난 사회상에 부합하는 내용 또는 사실 위주로 활용하였다. 한편, 소설을 역사자료로 사용하는 것에 대한 우려도 없지 않다. 하지만 문학도 당대의 현실을 반영하므로, 일종의 사료 비판을 거친다면 역사서술이나 교육에서 당대의 생활상과 문화를 복원하는 데 활용할 수 있다(김태웅, 「국사 교재에서 문학작품의 활용 실태와 내용 선정의 방향」, 『역사와 경계』 77, 2010). 이 책에서는 1910~45년 사이에 창작된 국책문학 이외의 소설을 활용하는 것을 원칙으로 하되, 국책문학으로 분류되는 소설은 그에 반영된 당국과 저자의 의도를 의식하면서 인용하고자 했다.

제1부
1910~30년대 '내선결혼' 법제의 형성 및 운용

제1장

법제상의 민족 구별과 내선결혼 문제

1. '병합' 이후 조선(인)과 일본(인)의 구별

일본은 1909년 7월에 "적당한 시기에 한국병합을 단행"하여 "제국 판도의 일부"로 한다는 결정을 내리고,[1] 1910년 8월 22일에 '한국병합에 관한 조약'을 체결해 이를 현실화했다.[2] '한국병합에 관한 조약'은 한국 황제가 "한국 전부에 관한 일체의 통치권을 완전, 또 영구히" 일본 천황에게 양여하고, 천황이

---

1 「明治 42年 7月 6日 對韓政策確定ノ件」, 金正明 編, 『日韓外交資料集成』 第6巻下, 東京: 巖南堂書店, 1965, 1254~1256쪽.

2 현재 한일 역사학자와 법학자들을 중심으로 '병합조약'과 그에 이르는 과정의 불법성, 조약의 유효성 여부 등에 대해 논쟁 중이다. 그러나 일본은 이 조약으로 대한제국 강점을 정당화했고 실질적으로도 대한제국의 영토와 인민을 장악했다. 이 책은 조약의 유효성에 대한 판단과 무관하게 '병합'이라는 형식에 따른 결과에 주목하는 관점에서 '병합'이라는 용어를 사용한다. '병합조약'의 불법성에 대해서는 이태진 편역, 『일본의 대한제국 강점』, 까치글방, 1995; 이태진 외, 『한국병합의 불법성 연구』, 서울대학교 출판부, 2003 등을 참조.

이를 수락하는 형식이었다.[3] '병합'과 '통치권의 양여'라는 방식은 한국인의 귀속 문제와 밀접히 관련되었다. 일본은 청에게 할양받은 대만의 거주민에게는 형식적이나마 국적 선택권을 부여했지만, 병합은 영토주권과 대인주권의 완전한 양도이기 때문에 피병합국의 국민은 당연히 병합국의 국민이 된다는 것이 통설이었다.[4] 일본은 주민의 의사에 따라 병합했음을 보이기 위해 국민투표를 실시한 사례도 있음을 알았지만 국제법상의 관례는 아니라고 보았고,[5] 피병합국민의 의사를 무시할 수 있는 황제의 통치권 양여라는 형태를 통해 '병합'을 단행했다. 그리고 이러한 "평화적 양도"로 한국인은 외국에 이주한 사람을 포함해서 모두 일본 국민이 되었다고 주장했다.[6]

『매일신보』는 일본이 강하면 우리나라도 강하고 우리나라가 약하면 일본도 약한 것은 일가 내에 형이 배부르면서 아우가 굶주릴 리는 만무한 것과 같다고 비유하고, 양국이 희로애락을 함께하고 동양의 안녕질서를 함께 누리기 위해 병합했다고 설명했지만,[7] 한 가족 내에 형과 아우의 구별이 있는 것처럼 병합 이후 제국 일본 내에서도 조선과 일본, 조선인과 일본인의 지위에는 구별이 있었다. 1910년 5월 말 육군대신 겸 한국통감에 임명되어 병합에 대한 전권을 위임받은 데라우치 마사타케(寺內正毅)는 6~7월에 '한국병합준비위

---

3 「明治 43年 8月 22日 韓國併合ニ關スル條約」, 金正明 編, 앞의 책, 1965, 1410~1417쪽.

4 兒玉政介, 『國籍法論』, 東京: 廣文館, 1933, 5~9쪽; 實方正雄, 「國籍法」, 『新法學全集』 27, 東京: 日本評論社, 1938a, 39~45쪽; 정인섭, 「법적 기준에서 본 한국인의 범위」, 『사회과학의 제문제』, 법문사, 1988, 652~653쪽.

5 「併合後ニ於ケル韓國人ノ國籍問題」, 山本四郎 編, 『寺內正毅関係文書: 首相以前』, 京都: 京都女子大學, 1984, 61~62쪽.

6 立作太郎, 「合併と国籍に就いて」, 『讀賣新聞』 1910년 9월 13·14일자.

7 「論說: 同化의 主意」, 『每日申報』 1910년 8월 30일자.

원회'를 설치하는 등 한국 통치의 기본 방침을 준비하기 시작했다.[8] 그는 국제사법(國際私法)의 권위자로 이후 '공통법(共通法, 1918)' 제정에 깊이 관여하고 경성제대 총장을 역임하는 등 조선과도 인연이 깊은 도쿄제대(東京帝大) 야마다 사부로(山田三良)에게 병합 이후 한국인의 국적과 법적 지위에 대해 자문을 구했다. 그러자 동년 7월에 야마다는 "한국인은 전연(全然) 일본인과 동일하게 된 것이 아니라, 단지 외국에 대해 일본국적을 취득한 데 지나지 않음에 주의해야 한다. 만약 내국에서의 일본인과 한국에서의 일본인(한국인이었던 일본인과 일본인이었던 일본인)에게 공법상 어떠한 차별을 둘 것인가는 국법상의 문제"라고 조언했다.[9]

실제로 병합 초기의 법제는 조선과 조선인을 일본 본토 및 일본인과 구별하는 형태로 형성되었다. 1910년 6월에 일본 각의는 천황의 대권으로 조선을 통치하고 조선총독에게 법률 사항에 관한 명령을 발할 권한을 부여한다는 시정 방침을 결정했다.[10] 그리고 병합과 동시에 한국을 '조선'으로 개칭하는 한편, 이러한 시정 방침을 긴급칙령 제324호 '조선에 시행할 법령에 관한 건'으로 표명했다.[11] 그에 따라 조선은 제국 일본의 영토이되 일본의 법률이 당연히 시행되지는 않고, 법률을 필요로 하는 사항은 원칙적으로 천황의 칙령과 총독의 제령(制令)으로 제정하는 특수 통치 지역이 되었다.

---

8 전상숙, 『조선총독정치연구』, 지식산업사, 2012, 81~91쪽.

9 「併合後ニ於ケル韓國人ノ國籍問題(山田三良, 1910.7.15.)」, 山本四郎 編, 앞의 책, 1984, 63쪽.

10 「明治 43年 6月 3日 併合後ノ韓國ニ對スル施政方針決定ノ件」, 金正明 編, 앞의 책, 1965, 1396~1397쪽.

11 「勅令 第318號 韓國ノ國號ヲ改メ朝鮮ト稱スルノ件」, 「勅令 第324號 朝鮮ニ施行スル法令ニ關スル件」, 『朝鮮總督府官報』 1, 1910년 8월 29일자.

또한 조선총독은 부여받은 입법권으로 제령 제1호 '조선에서의 법령의 효력에 관한 건'을 공포하여, 조선총독부의 설치로 효력을 상실해야 할 일본 법령과 한국 법령이 당분간 조선총독이 발한 명령에 의해 효력을 갖도록 하였다.[12] 1909년에 대한제국의 법률로 제정된 '민적법(民籍法)'도 이에 근거해 효력을 유지했으며, 일본인과 구별되는 조선인을 등록하는 제도로서 기능했다. 민적법은 호주와 그 친인척을 중심으로 '가(家)'를 구성하고 그들의 가족관계를 한 장의 민적에 기재하는 신분등록제도였는데,[13] 제정 당시 가의 본적지(本籍地)를 조상 대대의 정주지에 설정하게 하고, 각 경찰관서에서 관할구역 내에 본적을 갖는 가의 민적들을 편철하여 보관하도록 했다(부록 〈참고 법령〉의 '민적법', '민적법집행심득' 발췌 참고). 이렇듯 민적법은 본적, 즉 조상 대대의 정주지가 한반도인 사람들을 가족 단위로 등록하는 법령이었다.[14] 그런데 대한제국에 국적법이 제정되지 않았던 상황에서, 일제는 민적에 등록되어야 하는 사람들을 한국인으로 간주하고 병합과 동시에 일본국적을 강제로 부여하여 조선인으로 삼은 것이다. 일제는 이처럼 기본적으로 일본 본토와 식민지에 서로 다른 법령을 시행하고, 그중 하나인 신분등록제도들을 통해 일본국적민들을 구별하는 법적 구조를 취했다. 일본인은 호적법(1898), 조선인은 민적법(1909), 대만인은 호구규칙(1905)에 따라 각각 그 지역에 본적 또는 본거(本居)를 갖는 사

12 「制令 第1號 朝鮮ニ於ケル法令ノ效力ニ關スル件」, 『朝鮮總督府官報』 1, 1910년 8월 29일자.

13 '신분'은 부·부, 부·모, 자·녀 등 권리와 의무를 수반하는 친족 간의 지위를 가리키는 법률용어이다. 신분등록제도는 사람의 출생부터 사망까지 이러한 법률상의 신분관계를 증명하기 위해 신분의 변동을 공적인 장부에 등록하는 제도이다. 호적제도나 2008년에 이를 대체한 가족관계등록제도가 이에 해당한다.

14 민적법의 성격과 변천 과정에 대해서는 이정선, 「한국 근대 '戶籍制度'의 변천」, 『한국사론』 55, 2009 참조.

람으로 규정하고, 이러한 민족 구별을 바탕으로 법령의 적용, 공법·사법상의 권리의무에 차등을 둔 것이다. 그리고 이와 같이 제국 일본이 지역과 사람에 따라 적용하는 법령을 달리한 것이야말로 일본인과 조선인 또는 일본인과 대만인 사이의 법률혼에 문제를 일으키는 근본적인 원인이 되었다.

하지만 이러한 지역적·인적 구별이 일본(인)과 조선(인)의 완전한 분리를 의미하지는 않았다. 조선을 천황의 대권으로 통치하여 의회의 간섭을 배제하려던 각의의 결정은 긴급칙령 제324호가 제국의회의 승인을 받지 못하고 1911년에 동일한 내용의 법률 제30호로 대체되면서 부정되었다. 제국의회는 이를 통해 조선총독이 입법권을 행사한다는 내용은 그대로 두고, 천황이 아니라 제국의회가 조선총독에게 제령 제정권을 위임하는 형태를 취했다.[15] 앞서 대만에서도 메이지(明治) 헌법에서 제국의회의 관할 사항으로 규정한 입법권을 총독에게 위임하는 것이 위헌인지 아닌지를 둘러싼 논쟁이 있었는데, 조선 병합 당시에는 이미 위헌이 아닌 것으로 정리된 상황이었다. 원래 대만총독에게 처음 율령(律令) 제정권을 위임했을 때 일본 정부의 입장은 대만에는 헌법이 시행되지 않는다는 것이었지만, 그 후 "천황의 대권은 주권의 이동과 동시에 대만에 행해지고 있으나, 헌법 제2장 이하의 신민(臣民)의 권리, 징병의 의무, 조세의 의무"는 시행되지 않는다는 부분시행설로 변경되었다. 그리고 조선에 관한 법률 제30호의 원형인 법률 제31호를 심의하던 1906년에는 내무대신 하라 다카시(原敬)가 대만총독에게 의회의 법률로 입법권을 위임한 것 자

15 식민지기 제국 일본의 이법 지역 법제에 대해서는 김창록, 「일본 제국주의의 헌법사상과 식민지 조선」, 『법사학연구』 14, 1993; 김창록, 「식민지 피지배기 법제의 기초」, 『법제연구』 8, 1995; 정긍식, 「日帝의 植民政策과 植民地 朝鮮의 法制」, 『법제연구』 14, 1998; 淺野豊美, 「일본제국의 통치 원리 '내지연장주의'와 제국법제의 구조적 전개」, 『법사학연구』 33, 2006 등을 참조.

체가 이미 대만에 헌법이 전부 시행되고 있다는 증거라는 논리를 세웠다.[16] 이러한 상황임에도 내각이 조선총독에게 법률이 아닌 긴급칙령으로 입법권을 위임했던 것은 초기 대만처럼 조선을 천황 대권만으로 통치할 생각에서였겠지만, 결국 조선에도 입헌주의가 적용된다는 원칙으로 귀결된 것이다.[17]

식민지에도 헌법이 시행되는지를 둘러싼 위 논쟁의 바탕에는 식민지민을 기존의 일본인과 동등하게 대우할 수 없다는 인식이 놓여 있었다. 이는 또한 입헌제 국가이면서 천황제 국가라는 제국 일본의 이중성과, 그를 규정한 메이지 헌법의 이중성에 대한 해석과도 관련되었다. 이에 대한 대만 영유 초기의 논의에서, 헌법 시행을 부정하는 입장에서는 헌법을 치자와 피치자 사이의 정치적 계약으로 보아 피치자에게 일정한 수준의 문명을 갖출 것을 요구한 반면, 긍정하는 입장에서는 천황이 신민의 덕과 재능을 기르고 신민의 보좌를 받아 국가의 진운을 북돋기 위해 대권의 행사 방법을 신민에게 선포한 것이 헌법이라고 보았다.[18] 따라서 전자의 시각에서는 헌법을 시행한다면 동등한 법적 지위를 보장해야 하는데, 실제 처우를 달리하면서 헌법을 시행한다고 하는 것은 언어도단이었다. 하지만 후자의 시각이 흠정헌법이자 천황을 국가의 주권자로 규정한 메이지 헌법의 이념에 부합했으므로, 대만과 조선에도 헌법이 시행된다고 표방한 것이다.

---

16 外務省 條約局 法規課, 『外地法制誌: 日本統治下五十年の台湾』, 1964, 38~39쪽(向英洋, 『詳說舊外地法』, 東京: 日本加除出版, 2007, 89~90쪽에서 재인용).

17 칙령 제324호가 법률 제30호로 대체되는 과정과 총독이 위임받은 입법권으로 발포한 제령의 성격 등에 대해서는 다음 논문들을 참고. 김창록, 「制令에 관한 연구」, 『법사학연구』 26, 2002; 전영욱, 「한국병합 직후 일본 육군 및 제국의회의 '제국통합' 인식과 그 충돌의 의미」, 『아세아연구』 57-2, 2014.

18 문준영, 「5장. 식민지형 사법제도의 형성과 확산」, 『법원과 검찰의 탄생』, 역사비평사, 2010, 307~308쪽.

그러자 1910년대 일본 헌법사상의 주류로 부상한 입헌주의 학파의 미노베 다쓰키치(美濃部達吉)는 "정부가 천박한 형식적 법률론에 얽매여 식민지에는 장래 본국에 동화하여 헌법을 시행할 수 있을 정도에 이를 때까지는 모두 헌법을 시행하지 않는다고 명언할 만큼의 용기가 없는 것"에 유감을 표했다. 그는 식민지에 헌법을 시행하는 것을 부정하는 입장이었다. 조선을 비롯한 식민지가 "헌법정치 따위는 꿈도 꾸지 못"할 만큼 저급한 사회이기 때문이었다. 이후 1923년에는 통치권, 특히 천황의 절대적 지배권에 관한 규정은 당연히 시행된다는 부분시행설로 선회했지만, 식민지민에게 기존의 일본인과 동등한 권리의무를 부여해서는 안 된다는 생각에는 변함이 없었다. 그는 "사회문화의 상당한 발달과 국민의 국가에 대한 충실심"이 갖춰지지 않는 한, 신민의 권리의무 등 "국민자치주의와 자유평등주의 사상"에 기초한 헌법의 규정은 신영토에 시행할 수 없다고 보았다.[19] 결국 조선(인)이 일본(인)과 동일한 수준까지 문명화·동화되지 않는 한, 특수 통치하에 놓이는 것은 당연하다는 논리였다.

식민지에도 헌법이 시행된다고 본 입장 역시 조선(인)을 특수한 법적 지위에 두어야 한다고 생각한 것은 마찬가지였다. 헌법이 시행되면서도 식민지민의 권리의무는 제한된다는 미묘한 상황에 대하여, 야마다는 신영지의 주민은 신민 자격을 취득했지만 아직 공권이 부여되지 않은 상태, 즉 "신민 자연의 상태"에 있다는 논리로 대처했다. 서구, 특히 공화국에서는 정치적 권리를 가진 '시민(citizen)' 또는 '인민(citizen, people)'과 그렇지 않은 '신민(subject)'을 구별하지만, 일본 헌법에 의하면 일본 신민은 주권에 대한 "절대적 복종자"라는

19 김창록, 「일본에서의 서양 헌법사상의 수용에 관한 연구」, 서울대학교 법학과 박사학위논문, 1994, 141~151쪽.

성격을 가질 뿐이며, 따라서 신영지의 신민에게 공권을 부여하느냐 마느냐는 결정적인 문제가 아니라는 것이다. 즉,

> 우리는 구미인이 다른 인종인 새로운 신민은 언제나 신민일 뿐 인민이 될 수는 없다고 하는 것과 같은 부당한 견해로 우리 신영지의 신민을 대우하기를 바라지 않을 뿐 아니라, 구미의 같은 인종 간에 영지가 할양되는 경우와 마찬가지로 속히 우리나라의 문물로 새로운 신민을 동화하고 영구히 우리 동포로서 동등한 권리 특권을 향유하게 하며 동등한 의무 책임을 부담하게 하는 데 이르기를 희망한다. 그렇더라도 이는 단지 장래의 정치론에 지나지 않는다. 법리상에서는 신영지의 신민은 신민 자연의 상태에 있는 자로서, 우리 통치권의 작용으로 점차 걸음을 옮겨 나아가는 자라고 말할 수 있을 따름이다.[20]

이와 같이 당시 일본 사회는 문명화와 동화의 수준 차이를 근거로 조선인에게 공권을 부여할 수 없다는 인식을 공유했다. 제국의회가 조선을 천황의 대권만으로 통치하는 것에 반대하면서도 결국 총독에게 입법권을 위임하는 데 동의한 것도, 조선(인)이 일본(인)과 다르다는 점을 인정했기 때문이었다. 다만 서구에서도 같은 백인종에게는 동일한 권리의무를 부여하듯이, 조선(인)에 대한 특수 통치는 문명화·동화가 진전됨에 따라 해소될 수 있었다. 천황의 '일시동인(一視同仁)' 아래, 암흑 상태인 조선을 문명으로 개도하겠다는 조선총독부의 언명은 곧 동화에 대한 의지 표명이었던 것이다.[21]

---

20 山田三良, 「新領地臣民の地位(前號ノ續)」, 『國家學會雜誌』 10-113, 1896, 783~784쪽.

21 1910년대 조선총독부의 문명화론에 대해서는 권태억, 『일제의 한국 식민지화와 문명화

민적법과 같은 신분등록제도는 이처럼 문명화·동화되기 전까지는 일본인과 다른 정치적 지위를 가져야 할 조선인을 구별하기 위해 활용되었다. 하지만 그 구별의 기준이 처음부터 확정적인 것은 아니었다. 조선인은 조선 민적법에 따라 조선에, 일본인은 일본 호적법에 따라 일본에 본적을 갖고, 가별(家別) 신분등록제도인 두 법령의 원칙에 따라 그들의 자녀도 각각 조선과 일본에 본적을 갖게 될 것이었지만, 본적을 다른 지역으로 옮길 수 있는지, 옮길 수 있다면 그 조건은 무엇인지가 아직 결정되지 않았기 때문이다. 물론 문명화·동화가 진전된 조선인에게 일본 호적 입적을 허용할 것인지 등 정치적 판단이 개입되어야 할 사안도 있었지만, 민적법과 호적법의 규정 자체에도 사람들이 본적을 바꿀 수 있는 방법이 두 가지 있었다. 첫째는 일가 전체의 호적을 다른 지역으로 옮기는 것이다. 당시 조선 민적법에서는 이사한 경우 이거(移居)신고를 해 본적을 새로운 거주지로 옮기게 했고, 일본 호적법에서는 실거주지와 무관하게 호주의 의사에 따라 전적(轉籍)신고를 하면 1호(戶) 전부의 본적을 다른 곳으로 옮길 수 있었다. 즉, 거주의 이전 또는 호주의 자유의사에 따라 본적을 바꿀 수 있었던 것인데, 각 법령의 시행 범위를 넘어서는 조선과 일본 사이에도 이러한 이유로 인한 본적의 이동을 허용할 것인지에 따라, 각 지역의 호적에 등록되는 사람의 범위, 즉 조선인과 일본인의 법적 구별의 성질은 현저히 달라질 것이었다.

이 문제에 대해 야마다는 1911~12년경에 총독이 된 데라우치에게 다시 문서를 보내, 조선인을 일본인과 구별해야 할 정치적 필요가 있다면 하루 빨리 조선에 호적법을 제정해야 한다고 주장했다. 조선인이 외국인이 아니라 제국신민인 이상 이론적으로는 일본에 이주해서 본적을 가질 수 있는데, "만

(1904~1919)』, 서울대학교출판문화원, 2014, 75~82쪽을 참고.

약 조선 민족을 완전히 내지인과 구별하여, 조선인은 내지에 이주할 수 없다고 하거나, 혹은 이주해도 내지인이 될 수 없다고 하거나, 혹은 외국인과 마찬가지로 귀화의 절차에 따르게 해야 할 정치상의 필요가 있다면, 더욱 더 속히 호적법을 제정하여 조선인이 내지인이 될 수 있는 자격 요건을 규정" 해야 한다는 것이었다. 그렇지 않으면 "조선인은 단지 내지에 이주하는 것만으로 순연한 내지인이 될 수 있음"[22]을 인정하지 않을 수 없기 때문이었다. 이는 야마다의 기우만은 아니었다. 실제로 1897년 일본 내무대신은 일본인이 대만에 전적하기를 바라더라도 "대만에 호적제도 규정이 있기까지는 전적을 허가하지 않는다"는 뜻을 전국 각 부현지사에게 훈령했는데,[23] 이는 대만에 호적제도가 없기 때문에 전적할 수 없다는 의미였다. 반대로 일본에는 호적제도가 갖춰져 있으므로, 1909년 일본의 호적학회에서는 대만인이 일본에 전적할 수는 없지만 새로 취적(就籍)할 수는 있다는 해답을 내놓기도 했다.[24] 1898년에 제정된 일본 호적법 제170조는 "① 호적은 호적리(戶籍吏)의 관할지 내에 본적을 정한 자에 대해 편제한다. ② 일본의 국적을 갖지 않는 자는 본적을 정할 수 없다"고 했는데, 식민지민 역시 일본의 국적을 갖는 자이므로 호적리의 관할지 내에 본적을 정할 수 있다고 해석되었던 것이다.[25] 식

---

22 No. 108.「山田博士送付 國籍問題外三件」,『大塚常三郎關係文書』(일본국회도서관).

23 「轉籍訓令」,『東京朝日新聞』 1897년 4월 16일자.

24 坂本斐郎,『外地邦人在留外人戶籍寄留訓令通牒實例類纂』, 東京: 明倫館, 1938, 623쪽(이하 '『外地邦人在留外人戶籍寄留訓令通牒實例類纂』').

25 제2항은 1914년 3월 개정 호적법에서 삭제되었는데, 일본 학계는 이를 당연해서 불필요한 조항이었기 때문이라고 설명해왔다. 하지만 1913년 이전 오카노(岡野) 위원장 아래서 기초된 최초의 공통법안에서 이미 일본국적민의 신분에 국적 관계 법률들을 준용하기로 하여 전적의 자유를 부정했음을 생각하면(제1부 제2장 제1절 참조), 오히려 일본국적을 가진 자가 일본 본토에 취적이나 전적을 할 수 없다는 법리적 불리함을 가리기 위해

민지에도 헌법이 시행되고 입헌주의가 관철되는 이상 일가 전체의 본적 이동은 원칙적으로 쌍방향 모두 허용되어야 했지만, 당시 대만과 조선에는 호적이 없어서 일본인이 전적할 수 없는 대신, 호적이 없는 대만인과 조선인은 일본에 취적할 수 있었던 셈이다. 이러한 해석으로 인해 호구조사부에 등록되지 않은 대만인이 일본에 취적하거나 조선인이 일본에 전적하는 일들이 없지 않았는데,[26] 후술할 바와 같이 이는 1916년에 공식 부정되었다.

이 외에 민적법과 호적법에 입각해 지역 간에 본적을 옮길 수 있는 또 하나의 방법이 바로 일본인과 조선인이 서로 혼인이나 입양을 하여 한 가족이 되는 것이었다. 민적법과 호적법은 모두 일반 혼인이나 입양이 성립하면 처나 양자를 남편이나 양친의 가(=호적)에 속하게 했으므로, 이 경우 이들의 본적도 자연히 새로운 가의 본적으로 옮겨지기 때문이다. 실제로 내선결혼은 병합 이전 한국과 일본이 외국이던 시기에 이미 이루어지고 있었다. 고대는 물론 조선시대에도 왜관 부근에서 일본 남성과 조선 여성이 부부가 되거나 성교를 통해 아이를 낳았고, 조선왕조는 임진왜란으로 왜관을 폐쇄했다가 1607년에 복설한 후에는 일본 남성을 상대한 조선 여성과 이를 중개한 조선 남성을 사형에 처하거나 추방하는 등 일본인과 조선인의 성적 접촉을 엄금했다.[27] 하지만 민적법을 제정한 뒤 처음 민적부를 편제하기 위해 인구를 조

서였을 가능성도 있다.

26 淺野豊美, 「國際秩序と帝國秩序をめぐる日本帝國再編の構造」, 『植民地帝國日本の法的展開』, 東京: 信山社, 2004, 91쪽; 朝鮮總督府 法務局 編纂, 『朝鮮戶籍及寄留例規』, 鮮光印刷株式會社, 1943, 338쪽(이하 '『朝鮮戶籍及寄留例規』').

27 제임스 루이스, 「釜山倭館을 中心으로 한 朝·日 交流」, 『정신문화연구』 20-1, 1997; 손승철, 「왜관의 일본인과 조선 여인의 교간」, 한일관계사학회 지음, 『한국과 일본, 왜곡과 콤플렉스의 역사』 2, 자작나무, 1998; 김강일, 「왜관과 범죄」, 『전북사학』 41, 2012.

사하던 1909년 9월에는 대한제국도 내선결혼을 인정하려 했다. 통감부가 먼저 한국인이 일본인의 처 또는 양자가 되거나 일본인 여성이 한국인의 처가 되는 경우의 국적관계 및 취급 방법을 대한제국 내부(內部)에 문의하자, 내부는 국적법이 준비되지 않았기 때문에 결정된 바는 없다고 하면서도, 민적 조사에서는 그 일본인의 성명을 등록하고 사실에 따라 처 또는 기타 신분을 부기한다는 뜻을 회답했다.[28] 이에 민적과장 역시 민적을 조사할 때 한국인과 혼인, 입양 등을 한 사실이 있는 일본인에 대해서는 그 본적지, 씨명, 생년월일, 호주와의 관계와 그 사실이 있은 연월일 등을 민적부에 등록하고, 처, 기타의 신분을 사실에 따라 명기했으면 한다는 뜻을 통달했다.[29]

게다가 병합 이후 일본 정부는 동화정책을 식민통치의 기본 방침으로 표방하고, 일본과 조선의 인종적·지리적·역사적 친연성 때문에 동화가 가능하다고 강조했다. 이때 과거 양국인 사이에 통혼이 있었다는 사실 또한 그 역사적 근거 중 하나였다.[30] 1916년 『조선급만주』는 경성 거주자 중 조선인의 후예로 간주되는 성씨를 칭하는 일본인들의 이름을 "일선(日鮮) 동화의 선구자"라며 열거하고, 이들의 존재를 근거로 동화정책과 내선결혼은 가능하다고 주장했다. 일본에 섞여 들어온 조선인은 상당히 많은데, 이처럼 "일본인의 신체에 조선의 피를 혼동(混同)시키는 것은 가령 일선이 같은 종족이 아니고 같은 어원이 아니더라도 일선동화상 좋은 영향"을 준다는 것이었다. 그리고 일본인은 앞으로도 조선인과 결혼하는 데 조금도 주저할 필요가 없다고 주장

28 대한제국은 1909년 10월에 한국인과 외국인의 결혼을 계기로 국적법 제정에 관해 논의했다. 「國籍法擬議」, 『大韓每日申報』 1909년 10월 14일자.

29 內部 警務局 編纂, 『民籍事務槪要』, 日韓印刷株式會社, 1910, 39쪽.

30 정상우, 「1910년대 일제의 지배 논리와 조선 지식인층의 인식」, 서울대학교 국사학과 석사학위논문, 2001.

하였다. 일본인의 조상들이 조선인의 피를 많이 받았지만, 그로 인해 민족의 발달을 저해 받지 않았음은 일본의 긴 역사가 증명하고 있기 때문이라는 논리였다. 따라서 이미 결혼한 사람들은 물론이고 결혼하려는 희망을 가지고 있는 사람들도 동화의 한 지반을 구축하겠다는 생각으로 크게 자발적으로 결혼해도 좋다고 적극 권장하기까지 했다.[31]

그런데 이는 일본인과 서양인의 결혼에 대한 우려와는 상반된 것이었다. 후쿠자와 유키치(福澤諭吉), 다카하시 요시오(高橋義雄) 등 1880년대 일본 지식인들은, 일본인은 서양인에 비해 신체적·육체적으로 열등하기 때문에 서양인과 경쟁하기 위해서는 서양인과 '잡혼(雜婚)'[32]하여 일본인을 개량해야 한다고 주장했다. 하지만 가토 히로유키(加藤弘之)는 이를 인종의 '개량'이 아니라 완전한 '변경'이라며 강하게 반대했다.[33] 이토 히로부미(伊藤博文)도 일본인을 개량할 방법으로 영국인과의 혼혈을 고려했는데,[34] 이토의 문의를 받은 스펜서는 이론적으로만 생각하면 잡혼은 금압해야 한다고 답신했다. "이인종(異人種)의 잡혼 및 이종(異種) 동물의 번식을 통해 풍부하게 실험"했지만, "경미한 일정 정도 이상의 차이를 갖는 것들이 혼혈한 품종은 결국 아무리해도 나쁜 결과"가 될 수밖에 없었다는 이유에서였다. 따라서 일본인과 서양인이 상당한 정도로

---

31 崑崙山人, 「朝鮮人に緣のある姓を持つ京城在住の內地人」, 『朝鮮及滿洲』 109, 1916, 82~84쪽.

32 다카하시 요시오는 "인종 간의 혼인을 잡혼(intermarriage)이라고 하고 잡혼한 부부의 자녀를 잡종(mixed race)이라고 한다"라고 용어를 소개하였다. '잡혼'은 이후 국적이 인종, 문화, 종교 등 다른 경계들을 압도함에 따라 '국제결혼'으로 대체되었다. 嘉本伊都子, 『國際結婚の誕生』, 東京: 新曜社, 2001, 4~13쪽.

33 藤野豊, 『日本ファシズムと優生思想』, 京都: かもがわ出版, 1998, 374~385쪽; 鈴木善次, 『日本の優生學』, 東京: 三共出版, 1983, 27~44쪽.

34 谷口虎年, 「近親結婚と雜婚」, 『遺傳』 5-10, 1951, 32쪽.

혼혈하면 끝내는 사회의 붕괴를 초래하게 될 것이라고 단언했다.[35] 일본인은 서양인과 결혼하여 인종을 개량하려는 구상도 해봤지만, 현저히 다른 일본인과 서양인 사이의 결혼은 일본인에게도 우려할 만한 일이었던 것이다.

이와 대조적으로 대한제국 병합을 전후해서는 내선결혼을 조선인을 동화하기 위한 수단이자 일본 인종을 개량할 수단으로 긍정하는 인식이 대두했다. 『일본인종개조론』(1910)을 펴낸 운노 유키노리(海野幸德)가 대표적인 인물이다. 그는 자연과학 교육을 받은 전문가는 아니었지만, 러일전쟁 이후에 등장한 본격 과학계몽지에서 주요 논객으로 활동한 통속과학자였다.[36] 또한 1925년 일본우생학협회 설립 당시 발기인으로 참여했고, 저서에서 류코쿠(龍谷)대학 교수, 운노(海野)사회사업연구소장, 진화학 전공 등으로 자기 경력을 소개한 우생학자이기도 했다.[37] 이러한 운노가 「일본 인종과 조선 인종의 잡혼에 대하여」(1910)라는 글에서, "일한인(日韓人)을 융합하여 한 인종을 이룰 때"야말로 조선인의 감정적·심리적 반발심이 영구 소멸하여 일본의 조선 통치가 원활해질 것이라면서, 두 인종의 결혼은 "무해유익"하며 "일본 인종의 흥륭상(興隆上) 생존상 필요"하다고 주장한 것이다.[38]

그렇다면 조선인과의 혼혈은 어떻게 일본 인종의 개량을 가져오는가. 이

---

35 谷口虎年, 「東亜共栄圏内に於ける混血に就いて」, 『亜細亜研究』 31-7, 1944, 51~52쪽.

36 横山尊, 「日露戦後における優生学と日本人優劣論」 (上)·(下), 『生物学史研究』 86·87, 2012a·2012b. 우생학 도입기였던 당대의 논설들이 야마토 다마시(大和魂), 무사도, 황실에 기반을 둔 가족제도에서 일본의 민족성을 찾으며 순혈성을 운위한 데 비해, 운노는 세계 문명에의 적응, 인류적 동화를 강조했다. 내선결혼과 조선인 동화 역시 인류 차원의 발전·동화의 맥락에서 이해했던 것으로 보인다.

37 鈴木善次, 앞의 책, 1983, 51~61쪽, 105쪽.

38 海野幸德, 「日本人種と朝鮮人種との雜婚に就て」, 『太陽』 16-16, 1910, 99쪽, 104쪽.

에 대해 운노는 "인종의 흥륭은 근친결혼과 잡혼을 통해 이뤄진다"는 전제로부터 논의를 시작했다. 일본 인종은 오로지 근친결혼만 하고 있는데, 근친결혼은 특정 형질을 집합 누적하고 그를 급속히 고정시킴으로써 특이한 인종을 형성하는 데 이바지한다. 하지만 그만큼 단점도 누적시키기 때문에, 잡혼으로 해악을 구제하지 않으면 그 인종은 마침내 멸망하게 된다. 즉, 잡혼은 "근친결혼에 이어 인류의 진보를 촉진하고 영구히 문명을 확보하며 인종의 흥륭과 창영(昌榮)을 가져오는 것"이므로, 잡혼의 해독은 전혀 없고 있더라도 일시적일 뿐이라는 주장이었다.[39] 게다가 일본인과 조선인의 결혼이 특히 무해유익한 이유는 다음과 같이 양자가 인종적으로 유사하기 때문이었다.

> **문명을 달리하고 풍속 습관을 달리하며 신체 및 정신 형질이 현저히 다른 두 인종의 잡교(雜交)는 대개 나쁜 결과를 가져와, 형질이 파괴되고 인종이 퇴화될 것이다. 이에 반해 풍속 습관이 유사하고 동일한 문명을 가지며 신체 및 정신 형질이 유사한 두 인종의 잡교는 좋은 결과를 가져와, 인종의 형질은 적응력이 높아지고 두 인종의 열악 또는 유해한 형질은 배제되어 잡종은 그로 인해 신체 및 정신이 강건해지고 우수한 인종을 형성하게 될 것이다.** (…) 잡혼은 계통이 멀리 떨어진 인종 사이에서도 필경 유익하지만, 계통이 근접한 것은 더욱 유익하고 **하등의 해악도 수반하지 않기 때문에**, 계통이 근접한 일한인의 잡혼이 더욱 더 유망한 것은 추호도 의심할 바 없는 것이다.(강조—원문)[40]

---

39 위의 글, 100~102쪽.

40 위의 글, 101~102쪽.

또한 운노는 "일본 인종 및 조선 인종을 결합할 때, 일본 인종은 우수 인종(?)이기 때문에 조선 인종을 융합하고 일본 인종의 형질과 문명을 보존할 수 있을 것"이라고 예상하였다.[41] 이는 현재 우등·부강한 인종 또는 민족의 형질을 우성 형질로 간주하면서, '황백(黄白) 잡혼' 논쟁에서 서구인과 혼혈하면 일본인이 절멸할 것이라고 두려워한 것과 마찬가지로, 식민지로 전락한 '열등한' 조선인과의 잡혼에서는 반대로 일본인의 '우수한' 형질을 보존하면서도 조선인을 동화시킬 수 있을 것이라는 자신감을 드러낸 표현이었다.

일본인이 서구인과의 혼혈과는 달리 조선인과의 혼혈을 긍정적으로 묘사한 예는 조선 침략에 앞장선 불교 종파인 정토진종(浄土眞宗) 오타니파(大谷派)가 발간한 잡지에서도 발견된다. 「일본과 중국·조선의 잡혼은 영웅을 낳고 백인과의 잡혼은 우인(愚人)을 낳는다」(1913)라는 글이 그것이다. 이 글은 사카노우에노 다무라마로(坂上田村麿),[42] 진구(神功)황후, 간무(桓武)천황은 일본인과 조선인의 혼혈이고, 정성공(鄭成功)[43]은 일본인과 중국인의 혼혈인데, 이러한 역사적 사실에 의하면 일본인과 중국인 혹은 조선인과의 결혼은 때때로 비상한 영걸을 낳지만 일본인과 서양인의 결혼은 결과가 그다지 좋지 않다고 주장하였다. 처가 서양인인 일본인은 아내를 위해 수입을 늘려야 하고, 그 혼혈아는 완전한 일본인으로도 서양인으로도 보이지 않기 때문에 그 사이에서 방황하고 성질이 좋지 않은 자가 많다는 것이다.[44] 이와 같이, 일본인은 풍속 습관

41 위의 글, 104쪽.

42 헤이안(平安)시대의 무인(758~811). 정이대장군(征夷大將軍)이 되어 지금의 홋카이도 지역을 정복했고 교토(京都)의 기요미즈데라(清水寺)를 건립하였다.

43 청에 대항하며 대만에 건너가 명 부흥 운동을 전개한 인물(1624~1662).

44 「日本と支那朝鮮との雜婚は英雄を生み白人との雜婚は愚人を生む」, 『救濟』 3-9, 1913.

이 유사하고 인종적으로 근접하며 역사적으로도 관계가 적지 않았던 조선인을 지배하게 되자, 동화정책을 표방하는 한편 조선인과는 혼혈해도 지장 없을 뿐 아니라 바람직할 수도 있다는 생각을 하게 되었다.

정리하자면, 일제는 '병합'으로 한국인을 일본국적에 강제 편입시킨 후, 조선인과 일본인을 민적법과 호적법의 본적으로 구분하고, 조선인은 일본인과 동등한 수준으로 문명화·동화되기 전까지는 일본 신민이 누리는 온전한 권리의무를 보장받지 못하는 것으로 했다. 하지만 제국 법제가 완성되지 못했던 병합 직후에 조선인과 일본인의 법제적 구별은 확정적이지 않았다. 우선, 거주의 이전 또는 호주의 의사에 따른 일가 전체의 본적 이동은 원칙대로라면 조선인이 일본국적민인 이상 허용될 수 있었다. 또한 조선인과 일본인이 혼인이나 입양을 한 경우도 같은 호적에 속하게 하려면 당사자 일방의 본적을 다른 쪽으로 옮겨야 했다. 이 문제들을 어떻게 처리하느냐에 따라 본적으로 조선인과 일본인을 구별하는 제도의 함의 자체도 달라질 것이었다.

이 중 먼저 관심의 대상이 된 것은 후자의 내선결혼이었다. 내선결혼은 병합 이전 고대부터 이미 자연스럽게 이뤄지고 있었고, 일본인들도 통혼은 막을 이유가 없고 오히려 조선인의 동화와 일본인의 개량을 위해 바람직할 수도 있다고 인식했기 때문이다. 식민당국의 입장에서 내선결혼은 호적으로 민족을 구별하는 기준을 정해야 한다는 법적 측면뿐 아니라 조선인을 일본인화하려는 동화의 이념과도 깊이 관련되어 있었던 것이다.

2. 내선결혼 문제의 발생

제국 일본이 동화주의를 표방하고 일본인이 내선결혼에 관심을 보이자,

병합 직후 조선인들 사이에서는 조선총독부가 조만간 양 민족의 통혼을 강제하는 법령을 발포할 것이라는 소문이 돌았다. 조선인 부모들은 이를 피하기 위해 어린 자녀를 황급히 결혼시키고는 했다. 『매일신보』가 그러한 '유언비어'를 믿지 말라고 강조하는 기사를 거듭 내보낼 정도였다.[45]

그런데 예상과 달리 조선총독부는 1911년 5월에 다음과 같은 통첩을 내려 조선인과 혼인한 일본인을 민적에 기재하게 한 기존의 조치를 정지시켰다.[46] 내선결혼이 동화의 수단으로 간주되는 가운데, 동화정책을 표방하고 있던 조선총독부가 오히려 동화정책에 역행하는 듯한 지침을 내린 것이다.

> 내지인과 조선인 간 혼인 또는 입양으로 인한 호적상 처리 방법에 관한 건
>
> (1) 조선인이 혼인 또는 입양으로 인해 내지인의 이에(家)에 들어가고자 할 경우에는, 호적법 제104조 또는 제90조에 의해 내지인인 남편 또는 양친의 본적지 호적리에게 신고(屆出)하여 남편 또는 양친의 이에에 들어갈 수 있지만,
>
> (2) 내지인이 위와 같은 원인으로 인해 조선인의 가(家)[47]에 들어가고자 할 경우에는, 아직 조선에 호적법이 실시되지 않았고 친족법상의 관계에서도 아직 해결하기 어려운 점이 있으므로 별도의 규정을 둘 때까지 입

---

45 「風說誤入」, 『每日申報』 1910년 9월 18일자; 「風說의 辨解」, 「風說催婚」, 『每日申報』 1910년 9월 27일자; 「9歲寡婦」, 『每日申報』 1910년 10월 4일자; 「流言飛語勿信」, 『每日申報』 1910년 10월 12일자; 「風說과 早婚」, 『每日申報』 1910년 10월 16일자.

46 警務總監部 警務課 民籍係 編纂, 『民籍要覽』, 京城印刷所, 1914, 108~109쪽.

47 '家'라는 같은 한자를 사용하지만 일본과 조선의 가족제도는 다르다. 이 책에서는 그 차이를 강조하는 의미에서 양자를 '이에'와 '가'로 구분하여 읽기로 한다. 다만 법제도에서 일본과 조선 양쪽을 동시에 가리키거나 명확하지 않을 경우는 '이에'로 통칭하고, 제2부에서와 같이 실제 가족을 의미할 때는 '가'로 통칭한다.

적 절차를 정지시키고 싶다.

하지만 이는 내선결혼을 금지할 의도에서 나온 조치는 아니었다. 내선결혼 중에서도 입적되어야 할 당사자의 법적 소속에 따라, 조선인은 일본 호적에 입적할 수 있다고 한 반면 일본인의 조선 민적 입적만 '정지'시킨 것은 정치적 의도 외에 다른 이유가 있었다는 증거이다. 조선총독부가 일본인의 민적 입적을 정지한 이유는 통첩에도 언급된 것처럼 호적법과 친족법상의 관계에서 찾아야 비로소 지역에 따른 취급의 차이도 이해될 수 있다.

그중에서도 결정적인 문제는 조선에 호적법이 시행되지 않는다는 것이었다. 일본 메이지 민법(1898)은 혼인이나 입양 등 당사자들의 합의를 필요로 하는 사항에는 신고주의[届出主義]를 채택하여, 호적법(1898)에 따라 당사자 쌍방이 한 신고를 호적리가 수리한 때 관계가 성립하게 했다.[48] 이로 인해 이후에는 부부로서 동거하더라도 혼인신고를 하지 않으면 법적으로는 내연(內緣)관계로 치부되었다. 이때 신고는 당사자 쌍방의 혼인 의사를 확인할 수 있는 방식이자 혼인의 형식적 요건이었다.[49] 일본에서는 이처럼 당사자 쌍방의 합의와 호적법에 따른 신고를 혼인·입양 성립의 절대적 요건으로 삼고, 둘 중 하나라도 결여하면 무효로 간주한 반면 절대적 요건들만 충족시키면 다른 요건들이 미비하더라도 유효로 인정하였다.[50]

그런데 일본 호적법에 따르면, 혼인과 입양은 특정 지역의 호적리에게 신

48 飯島喬平 講述, 『民法要論』, 東京: 早稲田大學出版部藏版, 1911, 732~733쪽, 742쪽, 778~785쪽.

49 栗生武夫, 『婚姻立法における二主義の抗爭』, 京都: 弘文堂書房, 1928, 168~176쪽에서 통설을 정리.

50 中川善之助, 『略說 身分法學』, 東京: 岩波書店, 1930, 93~94쪽, 120~121쪽.

고해야 했다. 통첩의 (1)에서 언급한 호적법 제104조와 제90조가 이에 관한 조항으로, 일반 혼인은 남편, 입부혼인(入夫婚姻)과 서양자입양(婿養子緣組)[51]은 처, 입양은 양친의 본적지나 소재지의 호적리에게 각각 신고하도록 했다. 따라서 (2)의 일본인이 조선인의 처 또는 양자가 되어 조선인의 가에 들어가려 할 때는 남편 또는 양친인 조선인의 본적지나 소재지의 호적리에게 호적법에 따른 신고를 해야 한다. 하지만 남편이나 양친이 조선에 있으면 본적지와 소재지가 모두 조선이 되는데, 조선에는 일본 호적법이 시행되지 않았다. 게다가 일본에서는 신고주의를 채택한 후 신분관계를 공시할 제도가 필요해지자, 호구조사제도였던 호적법을 사법적·신분공증적 제도로 근본적으로 개정하고,[52] 이러한 것이 아니면 호적제도로 인정하지 않았다.[53] 그 기준에 따르자면, 호적법 대신 조선에 시행되던 민적법은 호적제도도 아니었다. 민적법은 사실주의에 입각하여, 혼인·입양 등 모든 신고 사항의 사실이 발생한 후 10일 이내에 호주가 면장에게 신고하게 했으므로, 신고는 단순한 보고일 뿐 신분 변동과는 무관했던 것이다. 심지어 조선에서는 호적사무를 취급할 권한이 없는 경찰이 민적사무를 담당하면서, 신고가 없어도 경찰관이 주기적으로 호구조사를 할 때 민적을 정리하고 신고 받은 사항도 가급적 사실을 조사한 후 민

51 입부혼인은 남성이 여성 호주와 혼인해 아내의 이에에 들어가는 제도로, 대개 남편이 호주가 되지만 여호주가 호주권을 유보할 때는 남편이 아내의 가족이 된다. 서양자입양은 혼인과 입양신고를 동시에 해서 남성이 호주의 사위이자 양자로서 처가의 이에에 입적하는 것이다. 서양자입양은 아들이 있어도 할 수 있지만, 주로 딸과 서양자 사이의 자녀에게 이에를 계승시키기 위해 사용된다.

52 中川善之助,「戶籍法及び寄留法」,『新法學全集』 12, 東京: 日本評論社, 1937, 13~14쪽.

53 關宏二郎,『戶籍制度』, 自治行政叢書 13, 東京: 常磐書房, 1933, 1~3쪽.

적에 기재하게 하는 등,[54] 민적법은 호구조사제도에 더 가까웠다. 결국 호적법도 호적리도 없는 조선에서는 호적법에 따른 신고를 할 수 없었던 것이다.

당시 조선에서 호적법에 따른 혼인신고를 할 수 없었던 것은 내선결혼뿐 아니라 일본인끼리의 혼인도 마찬가지였다. 이는 병합으로 한국이 일본의 영토가 된 결과이기도 했다. 원래 외국에 있는 일본인은 그 나라에 주재하는 일본 공사 또는 영사에게 신고할 수 있다는 호적법의 규정에 따라, 재조일본인은 통감부 설치 이전에는 주한 일본 영사에게, 통감부 설치 이후에는 영사의 업무를 인계한 이사관에 신고서를 제출할 수 있었다. 이 경우 영사 또는 이사관이 신고서를 수리한 때는 법률상 일본 호적리에게 신고한 것과 동일한 효력이 발생했다. 따라서 한국에서도 호적법에 따른 신고를 할 수 있었다. 그러나 병합으로 더 이상 한국이 외국이 아니게 되어 이사관이 폐지되자, 재조일본인은 직접 본적지의 호적리에게 신고할 수밖에 없게 되었다. 그로 인해 호적법의 신고 사항 중 출생, 사망 등 일정한 기한 내에 신고서를 제출해야 하는 경우, 신고서가 기한 내에 본적지에 도착하지 못해 처벌받는 일까지 생겼다. 이에 1911년 5월 조선총독부 경무총장은 사법성과 교섭하여, 재조일본인이 법정 기한 내에 신고서를 조선 관할 경찰관서에 제출한 때는 신고서가 본적지에 기한 경과 후에 도달해도 실기(失期)의 처분을 받지 않도록 협정하였다.[55] 경무총감부는 사법성에서 대만 거주 일본인이 경찰관서에 한 호적신고를 유효한 것으로 해석한 실례를 모방하여 그동안에도 경찰관서에서

54 內部 警務局 編纂, 앞의 책, 1910, 9쪽.

55 「朝鮮在住內地人の戶籍屆出」, 『朝鮮彙報』 1917.9, 148~150쪽. 이때도 경찰은 호적사무를 취급할 권한이 없으므로 신고서를 받아서 호적리에게 전달할 뿐, 신고서를 수리하는 주체는 본적지의 호적리였다. 호적리는 경찰의 접수일[受付日]을 기준으로 실기 여부를 판정함으로써 편의를 제공할 따름이었다.

재조일본인의 호적신고를 접수해왔는데,[56] 1911년 5월의 협정은 이러한 관례를 확실히 한 것이었다. 하지만 이는 명백한 사실에 대한 보고적 신고에 한할 뿐, 혼인이나 입양처럼 민법에서 신고로 효력이 발생한다고 정한 사항들은 호적리가 수리한 때 효력이 발생했다.

한편 조선총독부가 일본인의 민적 입적을 정지한 두 번째 이유는 친족법상의 문제였다. 무엇보다 이 통첩이 나온 1911년은 조선에서 민사에 관한 기본법이 제정되기도 전이었다. '조선민사령'은 이듬해인 1912년에 제정되었는데, 조선에서의 능력·친족·상속에 대해 내용상 일본인은 일본 민법을, 조선인은 조선의 관습을 따르게 했다.[57] 이는 조선인에게 바로 일본의 가족법을 적용하면 저항을 초래할 것이 예상되었기 때문이다.[58] 그렇지만 서로 다른 내용의 친족법령을 적용받게 된 조선인과 일본인 간에 혼인이나 입양이 성립할 수 있는 요건이 무엇인지에 관한 준거 법규는 없었다. 게다가 조선총독부는 조선의 관습에 따르면 부 또는 조부가 주혼자로서 혼인을 결정하고 식을 거행함으로써 효력이 발생한다고 보았다.[59] 민적법에 혼인신고를 사실 발생 10일 이내에 호주가 하도록 규정한 것도 이러한 관습에 의거한 것이었다. 반대로 일본 호적법은 당사자의 합의를 확인하기 위한 형식으로 혼인 또는

---

56 「內地人 戶籍法 特別 取扱」, 『每日申報』 1911년 3월 5일자.

57 「制令 第7號 朝鮮民事令」, 『朝鮮總督府官報』 號外, 1912년 3월 18일자.

58 홍양희, 「식민지 시기 친족 관습의 창출과 일본 민법」, 『정신문화연구』 28-3, 2005; 홍양희, 「식민지 시기 친족·상속 관습법 정책」, 『정신문화연구』 29-3, 2006. 관습법은 법적 안정성과 통일성을 결여하므로, 조선 특유의 관습이 고착되는 것을 방지하면서 일본의 가족제도를 조선에 이식할 시간을 벌어주는 역할도 했다. 관습법은 동화의 충격을 완화할 도구이자 법제 일원화의 도구였던 것이다.

59 元 法典調査局, 『慣習調査報告書』, 朝鮮總督府, 1910, 309~312쪽; 小田切尙三, 「民籍法に於ける屆出」, 『戶籍』 3-7, 朝鮮戶籍協會, 1943, 17~19쪽.

입양의 신고 주체를 당사자 쌍방으로 설정했다. 이 해석에 따르자면, 민적법에 따른 신고로는 일본인의 혼인·입양의 실질적 요건인 당사자 쌍방의 합의도 확인할 수 없다. 결국 조선총독부가 일본인의 민적 입적을 정지시킨 이유는 내선결혼에 대하여 근거할 법령이 없을 뿐 아니라, 당시 조선에 시행되고 있던 민적 법규로는 당사자 쌍방의 합의, 그리고 호적법에 따른 신고라는 일본인의 혼인·입양 성립의 절대적 요건들을 충족시킬 수 없기 때문이었다.[60]

반대로 조선인이 일본인의 이에에 들어가려는 (1)의 경우에는 일본인인 남편이나 양친의 소재지가 어디든 적어도 본적지인 일본의 호적리에게 호적법에 따른 유효한 신고를 할 수 있으므로, 조선인은 일본 호적에 입적될 수 있었다. 병합 이후 예규에서 확인되는 가장 빠른 사례는 1913년 7월에 사법성 법무국장이 조선인 여성과 일본인은 혼인할 수 있다고 회답한 것이다.[61]

---

60 일본인과 대만인 간에도 대만에서 '내대공혼(內臺共婚)'이 성립하지 못하는 문제가 발생했다(法務省 民事局, 『戶籍先例全集』, 東京: 行政學會印刷所, 1952, 821~822쪽. 이하 '『戶籍先例全集』'; 法律評論社 編, 『法律年鑑(昭和 5年)』 6, 東京: 法律評論社, 1931, 172쪽). 즉, 대만인 남성과 일본인 여성이 혼인하려는 경우, 남성의 소재지가 일본이면 적법한 혼인신고를 할 수 있지만, 대만에 거주할 때는 남편의 본적지와 소재지가 모두 대만이 되어버려서 호적법에 따른 신고를 할 수 없었다(栗原純, 「台灣と日本の植民地支配」, 『世界歷史』 20, 東京: 岩波書店, 1999). 특히 일본인과 대만인의 혼인에는 양쪽 모두에게 일본 민법을 적용했으므로, 내대공혼 문제는 전적으로 대만에 호적법이 시행되지 않았기 때문에 발생한 것이었다. 다음 제3절에서도 살펴보겠지만, 이로 인해 '내선결혼'·'내대공혼' 법제 제정 과정에서 실질적인 문제를 일으킨 것은 조선 또는 대만에서 이루어지는 조선인·대만인 남성과 일본인 여성의 혼인이었다.

61 長島毅 編, 『司法省戶籍寄留先例全集』, 東京: 帝國地方行政學會, 1921, 300~301쪽(이하 '『司法省戶籍寄留先例全集』'). 이는 조선인의 입부혼인, 서양자입양이 가능한지를 묻는 1915년의 질의에 사법성이 가능하다고 회답한 사례이지만, 질의 중 "조선 부인과 내지인이 혼인할 수 있을 것은 구마모토현(熊本縣) 호타쿠군(飽託郡) 후루마치무라(古町村) 호적리의 문의에 대한 다이쇼(大正) 2년 7월 10일 귀 국장 회답에 의해 명료"하다는 구절이 포함되어 있다.

이는 조선인을 무적자(無籍者)로 취급한 결과로, 일본에서는 내선결혼에 대한 준거 법규가 없어도 호적신고만으로 혼인을 인정했음을 확인할 수 있다.[62] 또한 조선총독부 역시 일본인의 민적 입적을 정지시켰다고 해도, 1912년 1월에는 혼인이나 입양으로 일본인의 이에에 들어가려는 조선인의 일본인풍 개성명(改姓名)은 부득이한 것으로 보아 허가했다.[63] 조선인 관리를 일본인으로 대우하는 실수를 방지하기 위해 1911년 10월부터 조선인의 일본인풍[64] 개명을 금지했음을 생각하면,[65] 이는 일본인의 이에에 들어간 조선인은 법적으로도 일본인으로 인정하려 한 것으로 해석할 수 있다. 1915년 4월에도 조선인 광주경찰서 통역생이 일본인의 양자가 된 후 수습 시험에 응시하자, 시험위원장은 그를 일본인으로 취급하도록 지시했다.[66]

---

62 辻朔郎 外 編, 『司法省親族·相續·戶籍·寄留先例大系』, 東京: 清水書店, 1940, 1715쪽(이하 『司法省親族·相續·戶籍·寄留先例大系』). 무카이 히데히로(向英洋)는 법률상 내선결혼을 할 수 없게 되면 신분법 질서상 적절하지 않으므로, 공통법 시행 전에는 내선결혼과 내대공혼의 실질적 요건에 대해 조선 또는 대만의 관습에 따랐다고 했는데(向英洋, 앞의 책, 2007, 144~146쪽), 잘못된 설명이다. 적어도 일본 정부는 일본과 조선에서 민법 규정만 인정했다고 봐야 한다.

63 細谷定, 『(日鮮對照)朝鮮民籍要覽』, 京城: 斯道館, 1915, 265~266쪽.

64 미즈노 나오키는 '창씨개명'에 대한 이해를 보다 명확히 하기 위해 '일본인식'과 '일본인풍'이라는 용어를 구별해 사용할 것을 제안했다. 사료에서는 '일본인식의 씨명'이라는 표현이 자주 등장하지만, 이는 '씨+명'으로 구성되는 일본적인 이름 시스템 자체를 가리키기도 하기 때문에, 야마다 다로(山田太郎) 등 일본인처럼 보이는 호칭은 '일본인풍의 씨명'으로 지칭하자고 한 것이다(미즈노 나오키 지음, 정선태 옮김, 『창씨개명』, 산처럼, 2008, 35~36쪽). 이 책에서도 사료를 인용할 때를 제외하고는 이러한 용법에 따른다.

65 「朝鮮總督府令 第124號 朝鮮人ノ姓名改稱ニ關スル件」, 『朝鮮總督府官報』 350, 1911년 10월 26일자; 水野直樹, 「조선 식민지 지배와 이름의 '차이화'」, 『사회와 역사』 59, 2001a, 151~169쪽.

66 坂元真一, 「敗戰前日本國に於ける朝鮮戶籍の硏究」, 『青丘學術論集』 10, 1996, 262~263쪽.

이처럼 병합 이후 조선인과 일본인은 같은 일본국적민이 된 결과 혼인할 수 없게 되었다는 역설적인 문제가 발생했다. 일제는 조선에 일본과는 다른 법령을 시행했을 뿐 아니라 민적법은 개인의 신분을 공시하는 호적제도도 아니었기 때문에, 조선에서는 내선결혼이 성립할 수 없게 된 것이다. 이에 조선총독부는 내선결혼으로 인한 일본인 처의 민적 입적을 정지했다. 하지만 이는 두 지역의 제도 차이 때문에 생겨난 초기적 혼란이었을 뿐, 내선결혼과 그로 인한 본적의 이동 및 일본인 또는 조선인의 법적 신분 변경을 허용해도 무방하다는 대강의 방침은 1910년대에 이미 수립되어 있었다.

3. 조선총독부의 내선결혼 문제 해결 시도

조선총독부는 1914년의 조선 행정구역 개편과 일본 호적법 개정을 계기로 민적법을 경찰의 호구조사에서 분리하여 호적제도로 승격시키려 했다. 1915년 조선총독부령 제17호로 개정한 민적법을 4월부터 시행해 민적사무를 경찰에서 말단 지방행정기관인 부(府)와 면(面)으로 이관시키고, 부윤이나 면장이 직접 신고를 받아 기재하도록 한 것이다. 또한 도장관과 군수가 부윤, 면장의 민적사무를 감독하고, 중앙에서는 사법부(司法部)가 일반적인 취급례를 정하고 사무를 통일해 민적을 완전하게 하도록 했다.[67] 이어서 8월에는 민적법 집행심득을 개정하고 관통첩 제240호 '민적사무 취급에 관한 건'을 공포하였

67 中田警部 講話, 尾關幸太郎 編, 『民籍講話』, 大邱印刷合資會社, 1915, 118~119쪽; 「民籍과 海外旅券」, 『每日申報』 1915년 4월 3일자; 朝鮮總督府, 『大正 7年 最近朝鮮事情要覽』, 1918, 574~575쪽.

다(부록 〈참고 법령〉의 '민적사무 취급에 관한 건' 발췌 참고). 이로써 경찰 조사와 분리된 민적법은 조선인의 가와 신분을 공시·증명하는 성격을 강화했다. 하지만 조선총독부가 조선의 관습이라는 미명하에 사실주의를 고수함에 따라[68] 개정 이후에도 민적법은 여전히 행정적·호구조사적 성격이 강했고 신분의 존재와 무관했기 때문에, 일본 호적법과 동등한 신분공증제도로 볼 수 없었다.[69]

그런데 민적법을 호적제도로 승격하려던 조선총독부는 1915년 8월 관통첩 제240호에 내선결혼의 민적 기재에 관한 규정을 두고, 일본인의 민적 입적을 재개했다. 『매일신보』에 따르면, 이러한 변화의 계기는 내선결혼의 당사자인 조선인 남성이 경성부에 일본인 처를 민적에 입적시켜달라는 청원을 제출한 것이었다. 즉, "일한합병 이후로 혹 됴션 ᄉᆞ름으로 일본 녀ᄌᆞ를 다리고 사는 일이 잇더라도 민적법에셔는 허락지 안이ᄒᆞ야 홀 수 업시 그 니외

68 일본에서도 1898년 민법에서 혼인에 신고주의를 채택하기 전까지는 관습을 고려해 사실혼을 널리 인정했지만, 1875년에 이미 호적에 등재된 관계만 법적으로 유효하다는 원칙을 천명했다(太田武男, 「民法典編纂と文明開化」, 林屋辰三郎 編, 『文明開化の研究』, 東京: 岩波書店, 1979). 행정적 개입 없이 혼인이나 입양이 성립하는 관습을 반드시 지킬 이유는 없고 법률혼주의로 고치는 것이 '문명적' 입법 원칙이었던 것인데, 조선에서 사실주의를 원칙으로 한 것은 관습 때문이라기보다는 조선인의 신고를 기대할 수 없기 때문이었을 것이다.

69 1915년 개정 민적법의 성격과 일본 측이 이를 호적법과 동등한 호적제도로 인정하지 않은 이유에 대해서는 이정선, 앞의 논문, 2009, 302~314쪽 참조. 호적제도의 유무 외에 조선에서는 첩을 가족으로 인정한 것도 문제가 되었을 수 있다. 민적법집행심득(1909)에서는 첩에게 처에 준하는 지위를 인정하여 남편의 민적에 기재하게 했고 자식도 적서(嫡庶) 구별 없이 남녀별 출생 순서에 따라 기재했다. 이때 일본인 처의 입적을 인정했다면, 일본인 여성이 조선인의 첩이 되는 것도 인정하게 될 것이었다. 이후 조선에서는 첩이라는 '폐풍'을 교정하는 방향으로 나아갔다. 1913년 9월부터는 적출자와 서자를 구분할 방침을 정해 기존에 기재한 것도 모두 변경하게 했고(細谷定, 앞의 책, 1915, 257~262쪽), 1915년 관통첩 제240호에서는 앞으로는 첩의 입적신고를 수리하지 않도록 한 것이다. 공교롭게도 일본인 처의 입적이 허용된 것도 이때부터이다.

간에 싱긴 아히를 ᄉ싱ᄌ로 ᄒ며 ᄶ라 그 ᄌ식은 져를 나흔 사ᄅᆷ이라 아버지라는 말도 못ᄒ게 되며 여러 가지 비극"도 없지 않았는데, "엇더ᄒᆫ 상당한 사ᄅᆷ이 일본 녀ᄌ를 다리고 사나 민젹에 늣치 못ᄒᆷ을 ᄯᅡᆨᄒ게 역이여 경셩부에 간청"했다. 그러자 경성부가 이를 조선총독부에 문의했고, 조선총독부는 관통첩 제240호에 내선결혼에 관한 내용을 포함시킨 것이다.[70] 이때 경성부와 조선총독부 사이의 논의는 예규에서도 확인된다. 경기도장관은 6월에 이 남성의 청원을 처리할 방법을 정무총감에게 비밀스럽게 물었고, 사법부장관은 조선인 간의 혼인처럼 일본인 처를 민적에 입적하고 출생자도 적출자(嫡出子)로 취급하라고 회답했다.[71]

여기서 주목할 점은 내선결혼을 민적에 기재하고 법률혼을 할 수 있게 해달라는 요구가 식민지 조선인에게서 먼저 나왔다는 사실이다. 조선총독부 사법부장관은 이미 1911년 7월에 당시 조선의 관습 조사를 담당하던 취조국(取調局)에 조회하여, 1894년 이후에는 일본인 처나 일본인 여성이 낳은 자녀를 인지(認知) 입적시킨 사례가 적지 않다는 회답을 얻은 상태였다.[72] 하지만 조선인 남성이 청원하기 전에는 일본인 처의 민적 입적을 정지한 조치를 철회하지 않았다. 이는 대만의 경우도 마찬가지였다. 대만에서는 1920년부터 일본인 처를 호구조사부에 기재할 수 있게 됐는데, 이때도 대만인 남성이 일본 내무대신에게 청원한 것이 계기가 되었다. 그는 대만에서 혼인신고를 할 수 없어서 자녀를 일본인인 처의 사생자로 신고했는데, 아이가 사생자 취급을 받는 것을 보다 못해 청원을 제출했다. 이 대만인 남성은 일본인과 대만인이 절대

70 「內地婦人과 結婚은 入籍됨」, 『每日申報』 1915년 8월 14일자.

71 朝鮮總督府 法務局 編纂, 『民籍例規』, 大成印刷社, 1922, 150쪽(이하 '『民籍例規』').

72 朝鮮總督府 中樞院 編, 『民事慣習回答彙集』, 朝鮮印刷株式會社, 1933, 70~72쪽.

부부관계를 이룰 능력이 없다고 한다면 민족 동화는 영원히 이룰 수 없을 것이라고 주장하면서, 일본 호적에 있는 자녀를 적출자로 하든지, 아니면 대만인을 외국인으로 취급해서 합법적으로 입부혼인할 수 있게 해달라고 요구했다.[73] 일제가 내선결혼 또는 내대공혼 법제를 정비하는 과정은 통혼을 적극 장려하기 위한 정책적 고려보다는 당사자인 식민지민의 요구에 대응하는 형태로 진행된 것이다.

이는 민적으로 신분을 증명하면서 사실상 부부이고 법적으로도 부부가 되려는 조선인과 일본인의 혼인을 민적에 기재하지 않는 것은 불합리하기 때문이었다. 더구나 『매일신보』는 조선인 간의 결혼과 조금도 다를 바 없이 제반 절차를 거쳐 일본인 남성과 조선인 여성이 약혼한 사례에 대해, "이러ᄒᆞᆫ 혼인으로 쟝ᄅᆡ 화평ᄒᆞᆫ 가뎡을 일우면 진실로 일션인 ᄉᆞ이에 확실ᄒᆞᆫ 동화를 촉진ᄒᆞᆷ에 다대ᄒᆞᆫ 효과"를 얻을 것이라고 전망했는데,[74] 조선인 남성과 일본인 여성은 조선인끼리와 달리 법률혼을 할 수 없었던 것이다. 1916년에 왕세자 이은(李垠)과 나시모토노미야 마사코(梨本宮方子) 여왕의 혼인이 결정됐을 때도, 병합 이전에 양국 황족 간의 혼인을 논의하기 시작했을 때부터 이미 민족을 구별하지 않은 것이므로 구별은 처음부터 없었다고 주장했다.[75] 이처럼 내선결혼을 동화와 무차별의 징표로 삼으면서도 관계를 보장하지 않는 것은 공연히 동화정책의 허구를 자인하는 꼴이었다. 따라서 조선총독부는 조선인 남성의 청원을 수용했고, 『매일신보』도 조선인 남성과 일본인 여성은 '당연

---

73 淺野豊美, 앞의 논문, 2006, 196~197쪽, 각주 87번.

74 「日鮮同化의 結婚」, 『每日申報』 1913년 3월 2일자.

75 「李王世子御婚儀」, 『每日申報』 1916년 8월 4일자.

히' 혼인할 수 있다고 강조한 것이다.[76]

하지만 조선총독부는 관통첩 제240호에 다음과 같이 일본인과 조선인의 혼인과 입양을 취급하도록 정하여,[77] 일본인 처의 조선 민적 입적을 허용하는 데 그치지 않고, 일본 호적에 입적된 조선인 여성을 제적하기 시작했다. 내선결혼 당사자인 조선인 남성의 요구는 일본인 처를 입적할 수 있게 해달라는 것뿐이었지만, 조선총독부는 동화의 이념뿐 아니라 호적으로 민족을 구별하는 원칙과도 관련하여 내선결혼을 인식했으므로 가급적 일인일적(一人一籍)의 원칙을 관철시키고자 했음을 여기서도 확인할 수 있다.

8. 혼인에 관한 사항

(4) 조선인 여자가 혼인으로 인해 내지인의 이에에 들어간 때는 그 뜻을 민적의 사유란(事由欄)에 기재하고 민적에서는 그를 지울 것

(5) 조선인이 내지인을 처로 삼은 때는 혼인으로 인한 입적의 취급을 할 것

10. 양자에 관한 사항

(2) 조선인 남자가 양자 또는 서양자입양으로 인해 내지인의 이에에 들어간 때는 그 뜻을 민적의 사유란에 기재하고 민적에서는 그를 지워서는 안 될 것

이처럼 관통첩 제240호는 혼인과 입양 이외 사생자 인지 등에 대해서는 언급하지 않았고, 혼인·입양에서도 민족별·남녀별로 취급을 달리했다. 이 역

---

76 「內地婦人과 結婚은 入籍됨」, 『每日申報』 1915년 8월 14일자.

77 「官通牒 第240號 民籍事務取扱ニ關スル件」, 『朝鮮總督府官報』 904, 1915년 8월 7일자.

시 내선결혼 법제가 현실에 대응하는 형태로 정비되었음을 방증한다. 혼인과 입양 외에는 아직 현실에서 문제가 되지 않았던 것이다. 그리고 일본인이 조선인의 가에 입적하는 경우로 여성의 혼인만 설정한 것도, 이 관통첩이 당시 조선의 가족제도를 전제로 하고 있었기 때문이다. 결국 실패로 끝나기는 했지만 조선총독부가 민적법을 호적제도로 승격하려 했음은 전술한 바와 같은데, 국립중앙도서관에 소장된 『조선호적령사안』은 1915년 개정 민적법과 관통첩 제240호로 귀결되기 이전의 호적제도 구상을 담은 초안으로 추정된다.[78] 여기서는 일본의 호적법을 원형으로 삼고 "조선 재래의 혼인 및 양자의 제도는 오로지 구관(舊慣)에 맡기되, 성립 시기는 불명확하기 때문에 신고에 의해 성립 시기를 정하는 주의를 채용"한다는 방침을 밝혔다. '구관'이란 총독부에 의해 법원(法源)으로 인정된 관습을 의미하는데, 조선총독부는 이즈음 조선의 친족·상속에 관한 관습은 종법(宗法)에 기초하기로 결정한 듯, 관통첩 제240호를 전후로 현실을 반영했던 기존의 민적에서 종법의 원리에 어긋나는 관계들을 배제했다. 이때 종래 인정되었던 데릴사위와 이성양자(異姓養子)도 부정되었기 때문에,[79] 일본인의 입양 입적 및 일본인 남성의 혼인 입적은 불가능해졌다.

먼저 데릴사위의 경우, 『관습조사보고서』(1910)는 한국에서 초서(招婿) 또는 췌서(贅婿)라 불리는 딸을 위한 입부혼인(入夫婚姻)은 법제와 관습에서 모두 인정된다고 보았다. 이 경우 사위는 처가의 호적에 들어가고 그 가의 가족이 되

---

78 『朝鮮戶籍令事案』(국립중앙도서관, 朝-33-15).

79 1915년을 전후하여 조선총독부가 조선의 가를 종족(宗族)의 분파로 만든 과정에 대해서는 이정선, 「식민지 조선·대만에서의 家制度의 정착 과정」, 『한국문화』 55, 2011a, 270~274쪽을 참조.

지만, 처가의 성(姓)을 쓰지는 않고 처가를 계승할 수도 없으므로 따로 양자를 들이지 않는 한 호주가 사망하면 그 가는 단절되고 사위는 새로 일가를 창립한다고 했다.[80] 그런데 조선총독부는 1916년 5월에 초서는 일본 민법의 서양자와 성질이 다르므로 앞으로는 신고를 수리하지 말고 기존에 기재한 것도 기회가 있을 때마다 정정해야 한다고 지시했다.[81] 기존 민적을 정정하는 방식은 일반 혼인과 똑같이 초서를 호주로 새로 민적을 편제해 처와 그 사이의 자녀를 가족으로 기재하는 것이었다.[82]

이성양자의 경우 조선 후기까지도 자식이 없을 때 수양자(收養子), 시양자(侍養子)라는 이름으로 동성동본뿐 아니라 이성의 양자를 들여 제사를 맡기는 관행이 있었고,[83] 민적법집행심득(1909) 제4조에서도 기아(棄兒)를 양자로 수양하려는 경우의 취급을 정하여 동성이 아닌 자의 입양을 인정했다. 하지만 『관습조사보고서』는 조선에서는 제사를 받들게 하기 위해서만 입양하므로 남계 혈족 남자만 입양될 수 있다고 해석했다.[84] 이어 관통첩 제240호는 친생자손[實子孫] 남자가 없는 기혼 남성만 양친이 될 수 있고 양친의 남계 혈족 남자 중 아들의 항렬에 해당하는 연소자만 양자가 될 수 있다고 제한하고, 이후 수양자 신고는 수리하지 않게 했다. 남성만 양친이나 양자가 될 수 있으므로 일본인 여성도 조선인의 양녀가 될 수 없었다. 결국 이와 같은 조선의 가족제도로 인해, 일본인이 혼인이나 입양으로 조선 민적에 입적될 수 있는 길은

80 元 法典調査局, 앞의 책, 1910, 286~287쪽.

81 切山篤太郎·春澤得一 共編, 『朝鮮親族相續慣習類纂』, 巖松堂京城店, 1920, 41쪽.

82 『民籍例規』, 210~211쪽, 327~328쪽.

83 최재석, 「조선시대의 양자제와 친족조직」(下), 『역사학보』 87, 1980, 74~95쪽.

84 元 法典調査局, 앞의 책, 1910, 323~330쪽.

일본인 여성이 조선인 남성의 처가 되는 것뿐이었다.

반면 일본 민법에서는 남녀 구별 없이 혼인이나 입양으로 인한 입적이 가능했지만, 관통첩 제240호에 조선인 여성이 일본인에게 입양되는 경우는 언급되지 않았다. 1916년 2월에 전라남도장관은 일본인에게 입양된 조선인 남성을 제적하지 않는 이유를 그 관계가 전술한 양친, 양자가 될 수 있는 조건에 저촉되기 때문이라고 생각하고, 그렇다면 일본인의 양녀가 된 조선인 여성도 제적하지 말아야 할지를 문의했는데, 사법부장관은 이유 설명 없이 민적 사유란에 사실을 기재하고 제적하라고 회답했다.[85] 이를 통해 관통첩 제240호를 제정할 당시 조선총독부는 두 지역의 가족제도에 따라 이미 발생한 일본인의 조선 입적과 조선인의 일본 입적은 가급적 인정하고, 그 결과를 조선 민적에도 기재하겠다는 입장이었음을 확인할 수 있다.

다만 조선총독부가 일본인의 이에에 들어간 조선인 여성을 민적에서 제적하면서도 남성은 제적하지 않은 것은 가족제도로는 설명되지 않는다. 성별로 취급을 달리한 이유는 분명하지 않지만, 당시 일본 정부가 이법 지역 간 법령의 차이로 발생한 문제들을 해결하기 위해 공통법을 제정 중이었다는 사실이 참고가 된다. 제2장에서 다루겠지만 일본 정부는 1914년 12월에 작성된 초안을 관계 관청에 송부해 의견을 구했는데, 일본국적민의 신분에는 국적법과 외국인을 양자 또는 입부로 삼을 때에 관한 법률을 준용할 계획이었다. 이에 따르면 일본인 남성은 외국인과 혼인하거나 입양되어도 국적을 상실하지 않으므로,[86] 조선총독부도 일본 호적에 입적된 남성을 제적하지 않았을 수 있다. 아울러 남성에게는 병역의무와 참정권이 부여되므로 공통법이

85 『民籍例規』, 248쪽.

86 實方正雄, 앞의 글, 1938a, 25~27쪽.

〈표 1-1〉 내선결혼의 민적·호적 취급 원칙(1915.8~1921.7)

<table>
<tr><th colspan="2">유형</th><th>신고지</th><th>민적·호적 취급</th><th>비고</th></tr>
<tr><td rowspan="2">일본인 남
조선인 녀</td><td rowspan="2">혼인</td><td rowspan="2">일본</td><td>호적: 여성 입적, 자녀는 적출자 취급</td><td rowspan="2">유효
복본적·중혼 발생</td></tr>
<tr><td>민적: 편의상 여성의 친가 호주가 호적등본을 첨부해 신고, 여성 제적</td></tr>
<tr><td rowspan="5">조선인 남
일본인 녀</td><td rowspan="3">혼인</td><td rowspan="2">조선</td><td>민적: 여성 입적, 자녀는 적출자 취급</td><td rowspan="2">유효/무효 지역차
복본적·중혼 발생</td></tr>
<tr><td>호적: 기재를 요하지 않음</td></tr>
<tr><td>일본</td><td>호적: 사유란에 기재, 여성 제적 안 함</td><td>유효(추정)
중혼 발생</td></tr>
<tr><td rowspan="2">입부·
서양자</td><td rowspan="2">일본</td><td>호적: 남성 입적, 자녀는 적출자 취급</td><td rowspan="2">유효(추정)
복본적·중혼 발생</td></tr>
<tr><td>민적: 사유란에 기재, 남성 제적 안 함</td></tr>
</table>

* 일본인의 조선인 여자 입양은 일본인 남성-조선인 여성의 혼인과, 일본인의 조선인 남자 입양은 조선인 남성-일본인 여성의 입부·서양자 유형의 민적·호적 취급과 각각 동일하다.

확정될 때까지 제적을 유예했을 가능성도 높다. 그리고 이유가 무엇이었든, 이로써 관통첩 제240호 이후에도 조선인 남성의 복본적(複本籍)은 지속되었다.

뿐만 아니라 동일한 유형의 내선결혼일지라도 조선총독부와 일본 정부가 서로 민적·호적 취급을 달리했기 때문에 또 다른 문제가 생겼다. 〈표 1-1〉은 여러 예규들을 종합해, 관통첩 제240호가 시행된 이후 1921년 조선총독부령 제99호로 '조선인과 일본인의 혼인의 민적 절차에 관한 건'이 제정될 때까지 일본과 조선에서 내선결혼을 취급한 원칙을 정리한 것이다.

먼저, 일본인 남성과 조선인 여성이 혼인하는 경우, 적어도 남편의 본적지인 일본에서 신고할 수 있으므로 혼인이 유효하게 성립하고, 신고서를 받은 일본에서는 조선인 처를 호적에 입적시키고 자녀도 적출자로 취급했다. 조선총독부는 1915년 관통첩 제240호의 8-(4)에서 이 경우 조선인 여성을 민적에서 제적시킬 방침을 정했다. 그런데 이때는 서로 다른 법역(法域)을 이루는 조선과 일본 사이에 호적의 송적(送籍) 절차가 결여된 것이 문제가 되었다. 일본의 호적법, 조선의 민적법과 관통첩 제240호는 각각 혼인이나 입양으로 당사자의 본적을 일본이나 조선 내부의 다른 행정구역으로 옮겨야 할 때는

〈표 1-2〉 일본과 조선의 혼인신고 송적 절차

	근거법령	신고자	신고지	송적 절차
일본	호적법	당사자 쌍방	신본적지 (=입적지)	(입적지) 입적 기재 → 제적지로 신고서 송부 → (제적지) 제적
			소재지*	신본적지로 신고서 송부
조선	민적법, 관통첩 제240호	혼가 호주	소재지	혼가 호주의 본적지로 신고서 송부
			본적지 (=입적지)	(입적지) 처의 민적등본이나 초본을 첨부하여 신고, 입적 기재 → 신고서에 '입적 완료' 기재해 제적지로 송부 → (제적지) 제적

* 일반 혼인은 남편의 소재지, 입부혼인과 서양자입양은 처의 소재지

법령이 정한 바에 따라 본적지나 소재지 중 어느 한 곳에만 신고서를 제출하게 했다. 그러면 신고를 수리한 호적리가 법에 정한 송적 절차에 따라 관계된 행정관청들에 입적 통지서나 신고서를 송부해 당사자를 입적·제적시키는 원리였다(표 1-2). 하지만 이를 조선과 일본 사이의 호적 사건에는 적용할 수 없었던 것이다. 따라서 조선총독부는 편의적인 수단으로, 여성의 친가[實家] 호주가 호적등본을 첨부하여 신고하면 여성을 민적에서 제적하는 것으로 했다.[87] 즉, 이러한 혼인은 일본과 조선에서 모두 유효하다고 인정했고, 다만 송적 절차가 결여되었을 뿐이었으므로, 번거롭더라도 호적과 민적에 다 반영되고 당사자도 입적·제적될 수 있었다. 하지만 혼인 입적한 사실을 친가 호주가 조선에서 자발적으로 신고하지 않으면 제적되지 않으므로, 조선인 여성은 복본적을 가지며 중혼(重婚)도 가능한 상태가 되었다.

이보다 근본적인 문제는 조선인 남성과 일본인 여성이 혼인하려는 경우에 발생했다. 앞서 본 대로, 일본인 처가 조선 민적에 입적돼야 하는 이 유형에서 남편의 본적지와 소재지가 모두 조선이면 유효하게 처리할 방법이 없었다. 그럼에도 조선총독부는 관통첩 제240호의 8-(5)로 일본인 여성을 입적

87 『民籍例規』, 96쪽, 151쪽; 野村調太郎, 『朝鮮戶籍令義解』, 巖松堂書店, 1923, 359쪽.

시키게 하고, 내선결혼은 당연히 가능하다고 선전했다. 하지만 이에 대한 일본 측의 견해는 달랐다. 1916년 사법성 법무국장은 "호적법의 규정에 의해 내지의 시정촌장(市町村長)에게 혼인신고를 한 것이 아니면, 내지에서 그 혼인을 유효하다고 인정할 수 없다"고 하여, 조선의 면장에게 한 혼인신고의 효력을 부정한 것이다.[88] 이로써 조선인 남성과 일본인 여성이 조선에서 민적법에 따른 혼인신고만 한 경우, 조선에서는 이를 유효로, 일본에서는 무효로 판단하게 되어 하나의 국가에서 같은 혼인의 성립을 다르게 판단하는 상황에 빠져버렸다. 이때 일본인 여성은 복본적을 가지며 중혼도 가능해지는 것은 물론이다. 다만 이들 부부가 일본에 거주하여 남편의 소재지인 일본의 호적리에게 혼인신고서를 제출하면, 일본에서도 수리하고 여성의 호적 사유란에 혼인 사실을 기재하되 여성을 제적하지는 않았다.[89] 이는 조선인을 본적이 분명하지 않거나 없는 자로 간주하여 본적이 분명해지거나 본적을 갖게 될 때까지 입적지에 신고서류를 전달하는 송적 절차를 유보하도록 한 호적법 제33조를 적용했기 때문에 가능한 조치였다. 이로써 호적법에 따라 신고하면 일단 유효로 인정될 수 있었지만, 조선에 송적하지는 않으므로 조선인 남성의 민적에는 혼인 사실이 기재되지 않아서 역시 중혼도 가능해졌다.

이처럼 내선결혼으로 인한 당사자의 호적 이동은 1910년대에 이미 실제 문제가 되어 있었다. 일본 정부와 조선총독부 모두 이를 인정한다는 방침이었지만, 일본 본토와 조선에는 서로 다른 법령이 시행되고 있었고 또 조선의 민적법은 호적제도가 아니라는 점 때문에, 특히 조선인 남성과 일본인 여성이 혼인하려는 경우에 문제가 생겼다. 제도적 결함이 해결되지 않아 조선에

88 『司法省戶籍寄留先例全集』, 301쪽.

89 『司法省親族·相續·戶籍·寄留先例大系』, 979~980쪽; 野村調太郎, 앞의 책, 1923, 359쪽.

서는 내선결혼이 성립할 수 없는 상황에서, 식민지민의 요구에 직면한 조선총독부가 1915년에 일본인 처의 민적 입적을 재개한 것은 사태를 더 복잡하게 했다. 일본 정부는 민적법에 따른 신고를 인정하지 않았기 때문에, 조선인의 처로 조선 민적에 입적된 일본인 여성도 일본 호적에 기재되지 않는 이상 다시 혼인할 수 있는 등 중혼을 공인하는 듯한 상황이 되어버린 것이다.[90] 또한 조선인 남성과 일본인 여성은 조선과 일본에 각각 신고를 해도 기존의 민적/호적에서 제적되지 않았고, 자녀도 이들의 입적지에서는 적출자가 되지만 원래 속했던 지역에서는 혼외자인 서자나 사생자가 되었다.[91]

결국 내선결혼을 인정하기 위해 조선총독부가 일본인 처의 민적 입적을 재개했다고는 해도 일본 정부가 그를 인정하지 않고 취급을 달리하는 이상, 복본적만 확산될 뿐 하나의 국가 안에서 지역에 따라 혼인의 유무, 자녀의 적출·비적출 여부를 다르게 판단하게 되는 문제는 여전히 남아 있었다. 일본 정부로서도 이러한 제국의 법적 질서와 관련된 문제들을 묵과할 수는 없었기 때문에 공통법 제정 과정에서 그에 대한 해결책을 모색했다.

---

90 「內鮮人 結婚法 大略 解決되얏다고」, 『每日申報』 1920년 4월 27일자.

91 國分三亥, 「共通法に就て」, 『朝鮮彙報』 1918.6, 9쪽.

제2장

'내선결혼' 법제의 형성 과정

1. 공통법의 제정 및 민족 구별 원칙의 결정

1910년대 내선결혼 취급이 지역마다 달랐던 근본적인 이유는 일제가 제국 일본을 서로 다른 법령이 시행되는 독자적인 법역들로 구성하고도 각 지역 법령들 간의 관계를 정하지 않았기 때문이었다. 즉, "현행 제도가 내지의 법률은 조선, 대만에 시행하지 않고 관동주에도 시행되지 않는 것을 원칙"으로 삼은 까닭에 "제국과 외국, 제국인과 외국인 사이에는 근거할 법규가 없지 않다고 해도, 제국의 영토 내에서 내지, 조선, 대만 상호간의 교섭 사항에 대해서는 도리어 준거할 명문이 없"는 상황이었던 것이다.[92] 일본 정부는 이러한 제국의 법제적 결함을 해결하기 위해 공통법을 기안했는데, 일본과 각 식민지의 법역을 아예 통합하는 방법도 있었지만 결국 민법과 형법에 한해

92 No. 9-3. 「共通法草案(1917.1)」, 『鈴木三郎關係文書』(일본 국회도서관).

각 법령의 효력만 연결하는 방식을 선택했다.[93]

1918년 4월에 제정된 공통법은[94] 지역에 관한 규정(제1조), 민사에 관한 규정(제2~12조), 형사에 관한 규정(제13~19조), 시행에 관한 규정(부칙)으로 구성되었다.[95] 제1조에서는 "① 본법에서 지역이라 칭하는 것은 내지, 조선, 대만 또는 관동주를 말한다. ② 전항의 내지에는 화태를 포함한다"고 하여 공통법이 법역의 존재를 전제로 함을 밝혔다.

그리고 서로 다른 친족·상속법령을 적용받는 조선인과 일본인이 혼인할 때에 관한 준거 법규와 효력도 민사에 관한 아래의 조항들로 결정되었다.

> 제2조 ① 민사에 관해 한 지역에서 다른 지역의 법령에 의할 것을 정한 경우에는 각 지역에서 그 지역의 법령을 적용한다. 둘 이상의 지역에서 동일한 다른 지역의 법령에 의할 것을 정한 경우 그 상호간 역시 동일하다.
> ② 민사에 관해서는 전항의 경우를 제외하고는 법례(法例)를 준용한다. 이 경우에는 각 당사자가 속한 지역의 법령을 그 본국법(本國法)으로 한다.
> 제3조 ① 한 지역의 법령에 의해 그 지역의 이에에 들어가는 자는 다른 지역의 이에를 떠난다.
> ② 한 지역의 법령에 의해 이에를 떠날 수 없는 자는 다른 지역의 이에에 들어갈 수 없다.
> ③ 육해군의 병적에 있지 않은 자와 병역에 복무할 의무가 없기에 이른 자

93 공통법의 규정 대상에 식민통치 정책과 직결되는 공법, 행정법을 포함할지, 기술적인 민법, 형법에 한정할지에 대한 일본 정부의 논의는 淺野豊美, 앞의 논문, 2004, 72~81쪽을 참조.

94 「法律 第39號 共通法」, 『朝鮮總督府官報』 1710, 1918년 4월 22일자.

95 實方正雄, 「共通法」, 『新法學全集』 27, 東京: 日本評論社, 1938b, 3~6쪽.

가 아니면 다른 지역의 이에에 들어갈 수 없다. 단, 징병종결처분을 거쳐 제2국민병역에 있는 자는 이에 해당하지 않는다.

당시 조선민사령은 일본의 민법을 대거 의용(依用)했는데, 이 경우 일본 민법이나 조선민사령 중 어느 것을 적용해도 결과는 같았다. 공통법 제2조 제1항은 이렇게 각 지역의 법령이 내용은 같고 형식만 다를 때는 각각 그 지역의 법령을 적용하게 했다.[96] 그런데 1912년 제정 조선민사령 제11조는 조선인의 능력·친족·상속에는 조선의 관습을 적용하게 했다. 제2조 제2항은 이처럼 한 사건에 관련되는 각 지역 법령의 내용이 서로 다를 때는 일본과 외국 사이에 법률행위의 준거법을 정하는 법률인 '법례(1898)'를 준용하되 법례에 사용되는 '본국법'이라는 용어에는 각 '당사자가 속한 지역의 법령'을 대입하도록 했다(부록 〈참고 법령〉의 '법례' 발췌 참고). 내선결혼의 경우, 일본인에게는 일본 민법, 조선인에게는 조선 관습을 본국법으로 삼아 법례를 준용하면 준거법이 정해지는데, 이로써 결정된 내선결혼의 성립 요건과 효력은 다음과 같다. 첫째, 일본인은 민법, 조선인은 관습에 따라 각각 혼인의 성립 요건을 갖춰야 한다. 둘째, 혼인의 거행지가 일본이면 민법에 따라 혼약을 맺은 후 호적법에 따른 신고를 해야 하고, 조선이면 혼약을 하고 관습이 인정하는 의식을 거행해야 혼인이 성립한다. 셋째, 일반 혼인의 효력은 남편이 일본인이면 민법, 조선인이면 관습에 따라 결정된다.[97] 민법과 관습은 모두 일반 혼인의 효력으로 처를 남편의 이에에 입적시키므로, 제3조 제1항은 이 경우 처를 원래 속했던 지역의 이에에서 제적하게 한 것이었다.

---

96 위의 글, 27~29쪽.

97 原正鼎,「內鮮人通婚民籍手續に就いて」,『朝鮮』79, 1921, 97쪽.

이와 같이 일본(인)과 조선(인)의 법적 구별은 유지되었지만, 내선결혼은 공통법이 제정되면서 그 성립 요건과 방식, 효력을 결정할 수 있게 되어 친족법상의 문제를 해결할 수 있었다. 또한 그 준거 법규에 따라 한 지역의 이에에 입적된 자는 다른 지역에서 제적된다는 원칙이 천명됨으로써, 혼인 등 가적(家籍)을 매개로 한다면 개인이 복본적을 남기지 않고 제국 내 법적 신분·소속을 완전히 바꿀 수 있다는 원칙도 이때 확정되었다.

그렇다면 이러한 법률로 내선결혼 문제를 해결한 일본 정부의 의도는 무엇이었을까. 먼저 일본 국립공문서관과 국회도서관 헌정자료실의 자료를 통해 법률의 초안들을 살펴보면,[98] 일본 정부가 당초 1912~14년경에는 일본국적민의 신분을 국적에 준하여 결정하려 했음을 알 수 있다. 〈표 1-3〉은 공통법의 여러 초안 중 지역적(地域籍)[99]에 관한 주요 조문을 발췌한 것이다. ㉠은 1912년에 성립된 공통법규조사위원회가 기초하여 내무·외무·사법·육군·해군의 5성과 조선·대만총독부, 화태청, 관동도독부 등 관계 관청에 회람한 것

98 ㉠과 ㉡은 『共通法規調査委員長上申共通法案法制局へ回付ノ件』(일본 국립공문서관, (2A-014-00·纂01346100), ㉢은 No. 9-2. 「共通法草案」, 『鈴木三郎關係文書』. 이하 공통법안 기초 과정과 ㉠에 대한 관청들의 회답은 따로 언급하지 않는 한 전자의 자료에 의한다. 공통법에 대한 선행연구로는 淺野豊美, 「第三編. 帝國法制の構造と展開」, 『帝國日本の植民地法制』, 名古屋: 名古屋大學出版會, 2008이 있다. 아사노는 공통법의 원칙을 둘러싸고 지역을 기준으로 한 야마다 사부로의 법역론(法域論)과 사람을 기준으로 한 에기 다스쿠(江木翼)의 법계론(法系論)이 각축하다 법역론으로 귀결되었음을 분석하였다. 또한 이처럼 법역론에 입각해 형성된 제국 법제를 사회적 동화와 함께 국민국가로 변용되는 과도기적인 제도로 평가한 것이 특징이다.

99 제국 일본에서 호적은 국적, 지역적, 가적의 삼중 구조로 이뤄졌다. 일본'국적'을 갖는 자는 일본·조선·대만 등 어느 한 '지역'에 속하고, 다시 그 지역 내 어느 한 '이에'에 속한다는 뜻이다. 田代有嗣·吉田和夫·林田慧, 「共通法三條三項と兵役法との關係」(二), 『戶籍』 271, 全國連合戶籍事務協議會, 1969, 2~4쪽.

〈표 1-3〉 공통법 초안의 주요 조항 비교

	㉠ 위원회 회람안(1914.12)	㉡ 위원회 최종안(1916.9)	㉢ 법제국 제1초안(1916.12)
제1조	① 내지인, 조선인, 대만도인, 화태토인 또는 관동주인의 신분에 관해서는 국적법 및 메이지 31년 법률 제21호 규정을 준용한다. ② 전항 규정을 적용할 때 내무대신의 직무는 조선, 대만, 관동주에서는 조선총독, 대만총독, 관동도독이 수행한다.	① 본법에서 지역이라고 칭하는 것은 내지, 조선, 대만 또는 관동주를 말한다. ② 전항의 내지에는 화태를 포함한다.	㉡과 동일
민사 준거법	제2조 ② 동일한 지역 내에서 사람에 따라 법률을 달리할 때는 법례를 준용한다. ③ 민사에 관한 사항에 대해 한 지역에서 다른 지역의 법률에 의할 것을 정한 경우에는 서로 법률을 같이하는 것으로 간주한다.	제2조 민사에 관한 사항에 대해 한 지역에서 다른 지역의 법령에 의할 것을 정한 경우에는 서로 법령을 같이하는 것으로 간주하고 각 지역에서 그곳의 법령을 적용한다. 민사에 관한 사항에 대해 지역에 따라 법령을 달리할 때는 법례를 준용한다. 이 경우에는 각 당사자가 속한 지역의 법령을 그 본국법으로 한다.	제2조 ① 민사에 관해 한 지역에서 다른 지역의 법령에 의할 것을 정한 경우에는 서로 법령을 같이 하는 것으로 간주한다. 둘 이상의 지역에서 동일한 다른 지역의 법령에 의할 것을 정한 경우 그 상호간 역시 동일하다. ② 민사에 관해 지역에 따라 법령을 달리할 때는 법례를 준용한다. 이 경우에는 각 당사자가 속한 지역의 법령을 그 본국법으로 한다.
	제3조 전조(前條)의 경우, 당사자의 본국법에 따라야 할 때는 각기 속한 법률을 그 본국법으로 간주한다.		
신분 변경		제3조 한 지역의 법령에 의해 그 지역의 이에에 들어가는 자는 다른 지역의 이에를 떠난다. 단, 다른 지역의 법령에 따로 정한 것이 있을 때는 이에 해당되지 않는다.	㉡과 동일
		제4조 ① 한 지역에 본적을 갖는 자는 다른 지역에 전적할 수 있다. ② 전적에 필요한 조건은 각 지역의 법령이 정하는 바에 따른다.	삭제
호적 신고	제4조 ① 한 지역에 본적을 갖는 자가 다른 지역에 있는 경우에는 본적지의 법률에 따라 그 소재지의 호적리에게 호적에 관한 신고를 할 수 있다. ② 전항의 신고를 수리한 호적리는 본인의 본적지 법률에 따라 그 신고 사건을 호적에 기재해야 할 호적리에게 지체 없이 신고서[屆書] 또는 그 등본을 송부할 것을 요한다.	제5조 용어 수정, 내용은 동일 (법률 → 법령, 屆書 → 屆出)	삭제

이고, 이후 각 관청의 회답을 받아 수정한 위원회의 최종안이 ㉡, 이를 내각이 법제국에 회부하여 작성된 초안이 ㉢이다.

법령의 전제가 되는 제1조를 보면, ㉠은 일본국적민들의 신분에 대해 국적법 및 일본인이 외국인을 양자 또는 입부로 삼을 때에 관한 1898년 법률 제21호를 준용하게 했다. 그런데 ㉡은 이법 지역의 존재를 전제하는 것으로 변경하고, 일본국적민의 신분에는 국적에 관한 법령을 준용하는 대신 이에를 매개로 한 이동(제3조)과 전적(제4조)의 두 조항을 신설하였다. 하지만 국적의 취득 요인이 가족관계(혼인, 입부혼인, 인지, 입양)와 귀화임[100]을 생각하면 이는 표현상의 개정에 불과하다. ㉡에서 제3조의 단서와 제4조 제2항으로 지역적 이동의 조건과 허가 여부를 각 지역의 재량에 맡긴 것도 ㉠의 제1조 제2항을 각 조에 나눠 배치한 것이다. 그렇다면, ㉡은 공통법 제정 과정에서 지역을 기준으로 하는 법역론이 채택된 것을 반영하되, 일본국적민의 신분에 대한 원칙은 ㉠과 대동소이하며 단지 표현만 수정한 것이라 할 수 있다.

이렇게 개정된 이유는 조선인에게 외국인처럼 취급되는 느낌을 주어서는 안 된다는 조선총독부의 의견을 위원회가 수용했기 때문이었다. 1915년 2월에 조선총독부는 ㉠에 대해, 법률적 견지로는 대체로 이의를 제기할 바 없지만 국내의 공통법규로는 적절하지 않으며, 적용하는 데도 어려움이 있을 것이라고 회답했다. "병합 이래 조선인들은 점차 내지인과 동등한 대우를 받을 수 있으리라 확신하며 안심하고 살아가게 되는 중"인데, "내지인과 조선인의 신분관계에 위 법률을 준용할 때는 그들 사이에 영구히 외국인 취급을 받는 것 같은 오해"를 일으킬 수 있다는 우려에서였다. 사법성도 1916년 6월의 회답에서 식민지 정책에 영향을 미치는 사항은 당국에 맡기고, 지역 간 법의

100 「法律 第66號 國籍法」 제5조, 『官報』 4709, 1899년 3월 16일자.

저축에 관해 필요한 것만 규정해야 한다는 입장을 밝혔다. 결국 ㉠에서 ㉡으로의 개정은 조선총독부의 제안대로, 국적에 관한 법률의 준용을 피하기 위해 내용을 취사선택한 별도의 규정을 만든 것이었다. 이는 일본국적민의 지역적을 공민권과 관련되는 국적과 유사한 것으로 사고하면서도, 가적, 즉 가족관계의 문제로 표상하겠다고 결정한 것이기도 했다.

단, 법률 제21호를 준용하지 않음으로써 '내선결혼'에 의한 남성의 호적 이동이 용이해졌다는 점에도 주목할 필요가 있다. 제국 일본은 부부 국적 동일주의의 원칙을 취하여 여성이 남편을 따라 국적을 얻거나 잃는 것을 당연한 일로 간주했지만, 남성의 국적 득상과 일본국적을 취득한 남성의 공권에는 제한을 가했다. 이 중 법률 제21호는 일본인이 외국인을 양자 또는 입부로 삼고자 할 때는 특히 내무대신의 허가를 받도록 한 것이었다. 이때 내무대신은 외국인이 계속해서 1년 이상 일본에 주소 또는 거소(居所)를 가질 것, 품행 단정할 것이라는 두 가지 조건을 구비하지 않으면 허가할 수 없었다.[101] 이 표현은 규정된 조건을 구비했더라도 내무대신의 판단에 따라 허가하지 않을 수도 있다는 의미였다.[102] ㉠에 대한 회답에서 조선총독부가 이 법률을 준용하면 일본인이 조선인을 양자 또는 입부로 삼으려는 경우 "입양 또는 혼인을 성립시켜도 하등 지장이 없음에도 불구하고 도리어 불능으로 끝나게 만드는 결과를 초래할 것"이라고 우려한 이유도 그 때문이었다. 이후 사법성 법무국장은 1915년 7월에 특별한 조건 없이 조선인 남성의 입부혼인과 서양

101 「法律 第21號 明治 6年 第103號 布告 改正 法律」, 『官報』 4508, 1898년 7월 11일자.

102 法務大臣官房司法法制調査部 監修, 『日本近代立法資料叢書 26: 法典調査會國籍法並明治6年第103號布告改正案議事速記録』, 東京: 商事法務研究會, 1986, 9쪽.

자입양신고를 수리하게 했는데,[103] 이 무렵에는 이미 법률 제21호를 준용하지 않기로 결정했던 것으로 보인다.

그렇지만 공통법을 제정해 내선결혼을 가능하게 한 이유 역시 통혼을 장려하려는 적극적인 의도 때문이었다고 보기는 어렵다. 일본 정부가 1918년 1월에 공통법안을 완성해 제40회 제국의회에 제출하자, 중의원에서 마키야마 고조(牧山耕藏)는 공통법으로 내대공혼과 내선결혼이 가능해졌음에도 불구하고, 화태는 일본 본토와 같은 지역에 속해서 일본인과 화태인의 혼인에는 공통법을 적용할 수 없음을 지적했다. 이 문제가 귀족원에서 지적되었을 때, 정부위원으로 출석한 야마다 사부로는 순수한 화태토인과 일본인 사이에는 혼인이나 입양 등 신분관계가 일체 발생하지 않아서 공통법을 적용하지 않는다고 대답했는데, 마키야마는 이를 맹렬히 비난했다. "법제국 사람들은 화태인의 사진이라도 보고, 이러한 면상을 가진 자와 내지인 사이에 결혼 문제는 일어나지 않을 것"이라는 단순한 생각에서 이를 경시한 것이냐면서, 장래 화태인과도 혼인 문제가 생길 텐데도 이를 제외한 것은 통치정책상 온당하지 못하다고 주장한 것이다. 이에 대해 법제국 겸 척식국장관 아리마쓰 히데요시(有松英義)는 현재 화태에는 호적에 관한 법률이 정비되어 있지 않고 실제로 혼인도 일어나지 않으므로, 호적 법제를 제정할 때 지역 내에서 결정하면 될 일이기에 공통법에서 제외했을 뿐 금지한 것은 아니라고 대답했다.[104] 일본 정부는 이미 발생했고 당연히 성립해야 할 혼인과 입양을 성립하지 못하게 하는 제도적 결함을 해결하기 위해 공통법을 제정했고, 일본국적민 간의 혼

103 『司法省戶籍寄留先例全集』, 300~301쪽.

104 「第40回帝國議會衆議院議事録(大正6.12.27~大正7.3.26)」, 313~315쪽(아시아역사자료센터 JACAR, Ref. A07050016900/ 일본 국립공문서관).

인과 입양에는 외국인과 같은 제약을 두지 않아도 무방하다고 보았지만, 아직 일어나지 않은 일에 대비하여 통혼을 장려할 생각은 없었던 것이다.

다음으로 ㉡에서 ㉢ 사이, 법제국의 법안 기초 단계에서는 보다 의도적인 내용 개정이 이루어졌다. 국적법의 귀화에 준하여 개인의 의사에 따른 전적을 허용하려 했던 제4조가 삭제되고, 이에를 매개로 한 이동을 허용하는 제3조만 남은 것이다. 그 이유는 역시 제국의회에서 정부위원 아리마쓰가 한 대답에서 확인할 수 있다. 그는 식민지민이 일본 호적을 얻기 위해 전적할 것을 우려하는 의원에게, "혼인을 해서 한 지역의 이에에 들어간다, 그러고 나서 다른 지역의 이에를 떠날 수 없다는 것으로 인해 내지 조선 사이에, 내지 대만 사이에 이중국적(이중호적의 잘못—인용자)인 자가 생기는 불합리"가 있기 때문에 제3조를 두었을 뿐, "혼인 등을 제외하고 특별히 내지에 적을 옮기는 것이 이익이기 때문에 다투어 내지에 적을 옮기는 폐해는 공통법의 결과로서는 생기지 않을 전망"[105]이라고 설명했다. 식민지민이 호적제도가 갖춰진 일본에 취적·전적하는 것은 이론상 가능했음에도, 조건부라도 전적을 허용하면 식민지민이 정치경제적 이익이 따르는 일본 호적에 대거 전적할까 우려하여 아예 차단한 것이다.

사실 ㉢에서 지역 간 전적이 배제되기 전에도, 일본 정부보다는 조선총독부와 대만총독부 등 현지 기관이 전적의 허용에 더 우호적이었다. ㉠의 회람안에 대해 조선총독부는 국적법의 준용을 반대한 것과 마찬가지로, 식민지민을 외국인처럼 취급해서는 안 된다는 논리로 전적의 자유를 인정할 것을 주장했다. "귀화의 조건을 채용해 국내 간의 전적을 규율하는 것은 불가"하므

105 「第40回帝國議會衆議院議事録(大正6.12.27~大正7.3.26)」, 314~315쪽(아시아역사자료센터 JACAR, Ref. A07050016900).

로, 원칙적으로는 전적의 자유를 인정하고 감독, 기타 특수한 사정 아래 다소 제한을 두고 싶다고 한 것이다. 이는 일본국적민이 제국 일본 내에서 상호 전적을 못하게 할 근거가 없는데도 이를 제한한다는 원칙을 취할 때는 역시 조선인의 감정만 자극할 우려가 있기 때문이었다.

조선총독부는 조선인을 의식해서 제국 일본 내 상호 전적의 자유를 주장한 데 반해, 대만총독부는 전적의 금지를 식민지민에 대한 차별 문제가 아니라 대만에 거주하는 일본인의 편의 문제로 접근하여 일본인의 대만 전적을 허용할 것을 요청했다. 담당자의 기록을 보면, 대만총독부의 주된 관심은 대만에서도 일본인의 호적 신고를 다룰 수 있게 해서 내대공혼을 성립시키는 데 있었던 듯하다. 당시 대만총독부는 대만의 친족·상속 관습을 성문화하고 호적제도를 제정하기 위해 각종 법령 초안들을 기초하던 중이었는데,[106] 그 중 일본인과 대만인 간의 친족관계에 대한 법률안을 ㉠을 회람받기 전 법제국과 사법성에 송부했고, 법제국은 공통법과 관련된다고 보아 이를 공통법규조사위원회에서 논의하도록 전달했다. 이후 ㉠의 회람안을 송부 받은 대만총독부는 협의회를 개최하기 위해 참석 대상인 스즈키 사부로(鈴木三郎)에게 관련 자료를 보냈다.[107] 그 끝부분에는 가타야마[片山(秀太郎로 추정)] 참사관의 의견이 적혀 있었다. 그는 호적에 관한 대만총독부의 구상과 공통법안의 중요한 차이는 "(1) 총독부의 안은 호적법과 호적령을 직접 연결할 주의였던 것을 국적법의 규정을 준용하는 것으로 고치고, (2) 내지인이 대만에 본적을 갖는 것

106 대만에서 호적제도가 마련되기까지의 과정에 대해서는 栗原純, 「日本植民地時代台湾における戸籍制度の成立」, 台湾史研究部会 編, 『日本統治下台湾の支配と展開』, 名古屋: 中京大学社会科学研究所, 2004 참조.

107 No. 9-1. 「共通法案(1914.12.16.)」, 『鈴木三郎關係文書』.

을 인정하지 않는 대신에 대만에서 신고할 수 있는 길을 연 것"이라고 지적했다. 그러면서도 가타야마는 공통법안에 "대체적으로 동의해도 지장이 없는" 듯하다고 평가했다. 대만총독부도 최종적으로는 1914년 12월에 ㉠에 대해, "내지인으로서 대만에 본적을 정할 수 있는 것에 대해 상당 규정을 두고 싶은 것" 외에는 이의가 없다고 회답했지만, 가타야마의 언급에서 내대공혼 또는 대만에 거주하는 일본인의 편의를 염두에 두었음을 엿볼 수 있다. ㉡의 제4조가 조건부이기는 하지만 원칙적으로 전적의 자유를 인정한 것은 이러한 조선·대만총독부의 제안이 반영된 결과였다.

이처럼 강조점은 약간 다르지만 식민지 통치기관인 총독부들이 원칙상 전적의 자유 또는 일본인의 대만 전적 허용을 요청했음에도 불구하고, 일본 정부는 이미 ㉡이 나오기 전인 1916년 7월경에 식민지민의 일본 전적을 금지하기로 확정한 것 같다. 사법성 법무국장은 지방의 문의에 대해 이때 처음으로 조선인은 일본에 전적 또는 취적할 수 없다고 회답한 후, 이어서 같은 달에는 분가, 1917년 1월에는 일가창립도 할 수 없다고 회답했다.[108] 상황이 이러하다면 ㉡의 1916년 9월 위원회 최종안 제4조에서 원칙적으로 전적의 자유를 인정했다고 해도, 제2항에 따라 식민지민의 일본 전적은 이미 부정된 상태였다고 보아야 할 것이다. 제국의회에서 정부위원이 설명한 것처럼 식민지민이 대거 일본으로 전적해 올 것을 우려했기 때문임은 물론이다.

그리고 ㉢에서 식민지민의 일본 전적뿐 아니라 일본인의 식민지 전적까지 부정된 이유는 다른 지역으로 본적을 옮긴 사람의 법적 지위를 어떻게 할지와 관련되었을 것으로 추정된다. 흥미로운 것은 전적이 부정되기 전인 ㉠ 또는 ㉡의 단계에서는 대만총독부와 화태청이 호적의 본적이 어느 지역에

---

108 『司法省戶籍寄留先例全集』, 318~320쪽.

속하는지와 무관하게 개인을 혈연적·사회적 소속에 따라 구별하려는 사고 방식을 보인다는 점이다. 앞에서 인용한 ㉠에 대한 가타야마의 의견을 보건대, 대만총독부가 일본 정부에 송부한 일본인과 대만인 간의 친족관계에 대한 법률안은 일본인이 대만에 전적할 수 있음을 전제로 작성된 것이었다. 그런데 그 제11조에서는 "내지인이 대만인을 양자 또는 입부로 삼는 데는 본적이 내지에 있는 자는 내무대신, 대만에 있는 자는 대만총독의 허가"를 받도록 했다. 본적이 일본에 있는지 대만에 있는지와 무관하게 존재하는 것으로 상정된 이 '내지인'은 혈연적·사회적 일본 민족에 다름 아니다.

또한 화태청장관은 1914년 12월에 내무성 지방국장 앞으로 보낸 ㉠에 대한 회답에서, 일본인이 토인의 가적에 들어가면 일본인 신분을 상실하여 징병령 등을 적용받지 않음은 물론 토인 이외에 관계없는 민사·형사에 관한 사항도 모두 토인의 관습에 따르게 되어 여러 폐해가 생길 것이라고 예상했다. 따라서 일본인은 토인의 가적에 들어가도 친족·상속에 관한 사항 외에는 모두 일본인과 똑같이 규율하기로 하고, 가령 토인의 가적에 들어가도 일본인 남성 및 그 자손들에게는 징병령 등을 적용하고, 반대로 토인은 일본인의 가적에 들어가도 당분간 징병령 등을 적용하지 않는 것으로 하고 싶다고 제안했다. 화태청은 가족관계를 통해 본적을 옮긴 사람까지 포함해, '내지인' 또는 '토인'이라는 원래의 신분을 기준으로 특히 징병령 등 권리의무에 관한 법령을 달리 적용하려는 방안을 제시한 것이다.

이에 반해 전적의 자유를 부정한 후의 일본 정부는 호적상의 신분과 공적 지위를 일치시키는 것이 원칙임을 밝혔다. 우선, 다른 지역으로 본적을 옮긴 일본인에게 징병령을 적용하는 문제는 공통법에 제3조 제3항을 두어 병역의무가 있는 일본인의 본적 이동을 제한함으로써 원천적으로 차단하였다. 그리고 일본으로 본적을 옮긴 식민지민의 지위에 관해서는, 제국의회에서도 마키

야마가 공통법이 시행되면 법률의 불비로 인정되지 못한 "신구(新舊) 동포" 간의 혼인이 성립하므로 통치상 기뻐해야 하지만, 이로써 본적을 일본으로 옮긴 사람의 병역, 공민권, 관리로서의 처우를 어떻게 해야 할지가 문제라고 지적했다. 그러자 정부위원 아리마쓰는 일본인이 된 이상 병역의무와 공민권을 모두 가져야 하지만, 필요하다면 일본 법령으로 예외를 둘 수 있다고 대답하였다.[109] 호적상의 신분과 법적 지위가 일치한다는 원칙은 전적이 금지된 뒤에야 비로소 허용될 수 있는 관용이었고, 그마저도 제한하기 어렵지는 않았던 것이다. 또한 이 논의를 계기로 재일조선인·대만인의 참정권이 문제가 될 수 있음을 인식하게 된 일본 정부는 일본에 거주하더라도 식민지민에게는 참정권을 인정하지 않을 방침을 세웠는데, 1920년에 내무성은 이를 인정하기로 번복했다.[110] 이로써 참정권은 주소지에 따라 결정되는 문제로 전환되어 호적과는 무관해졌다. 다만 현재의 본적이 아니라 원래의 민족에 따라 법적 지위를 제한할 수 있다는 인식은 징병령을 대신해 1927년 법률 제47호로 제정된 병역법에서 실현되었다. 제52조에 "호적법의 적용을 받지 않는 자로서 징병 적령을 넘겨 호적법의 적용을 받는 자의 이에에 들어간 자는 징집을 면제한다"는 예외 규정을 둔 것이다.[111] 그에 따라 원래 일본인이 아니었던 20세 이상의 남성은 내선결혼 등으로 호적상 일본인이 되었어도 병역의 의무

109 「第40回帝國議會衆議院議事録(大正6.12.27~大正7.3.26)」, 315~317쪽(아시아역사자료센터 JACAR, Ref. A07050016900).

110 마츠다 도시히코 지음, 김인덕 옮김, 『일제시기 참정권 문제와 조선인』, 국학자료원, 2004, 15~27쪽. 이때는 아직 보통선거법이 제정되기 전이므로 조선인 유권자 수는 미미했다. 마츠다 도시히코에 따르면, 이 때문에 내무성은 이를 '사소한 문제'로 간주하여 이전의 방침도 고려하지 않고 허용해버린 것이었다.

111 「法律 第47號 兵役法」, 『官報』 74, 1927년 4월 1일자.

를 지지 않게 되었다.

이와 같이 제국 일본의 법적 구조는 공통법이 제정됨으로써 비로소 완결성을 갖추었다. 일본 정부는 서로 다른 법령이 시행되는 제국 내 지역들 간에 법령의 효력을 연결시켜 제국의 법적 질서를 안정시켰다. 일본국적민의 신분에 대해서도 이때서야 호적으로 민족을 구별하고 그에 따라 서로 다른 법령을 적용한다는 원칙이 확립되었다. 하지만 그 결정 과정에서, 호적법 또는 민적법의 원리에 따라 허용될 여지가 있던 전적과 가족관계라는 두 가지 지역적 변경의 길은 완전히 다른 결론에 도달했다. 일본 정부는 처음에는 둘 다 국적에 준하여 허용할 계획이었지만, 식민지민에게 차별감을 줄 수 있는 국적법의 준용을 피한 결과 전적의 자유는 물론 귀화에 준하는 조건부 전적의 가능성까지 제거되었다. 이는 이주나 개인의 의지에 따라 지역적을 변경할 수 있는 여지를 봉쇄한 것으로, 그로 인해 "내지인은 식민지에 영주해도 여전히 내지인이고, 식민지민은 내지에 주소를 가져도 여전히 내지인일 수 없"게 되었다.[112] 이로써 원칙상 혈연적 민족과 일치하게 된 호적은 '지역적'보다 '민족적(民族籍)'이라고 부르는 편이 더 적절할 것이었다. 공통법 제2조 제2항에서 '당사자가 속한 지역'을 주소지가 아니라 본적지로 해석하는 이유도 그 때문이었다.[113] 공통법은 이법 지역 간의 관계에 대한 법률이었지만, 본적과 민족이 원칙적으로 일치되자 한 지역 내의 속인법적 사항에도 당연한 듯이 적용되었던 것이다.[114]

---

112 山田三良,「共通法に就て」,『国際法外交雑誌』16-9, 1917a, 703쪽.

113 實方正雄, 앞의 글, 1938b, 31~32쪽.

114 조선총독부 사법부장관 고쿠부 산가이(國分三亥)는 내선결혼처럼 한 지역에서 사람에 따라 적용되는 법이 다른 경우는 원래 한 지역 내의 문제이기 때문에, 각 지역의 교섭 조건을 규율하는 공통법이 아니라 그 지역의 법령에 따라야 한다고 주장했다(國分三

반면 내선결혼 등 일본국적민 간의 가족관계로 인한 본적의 이동은 국적법에서보다 훨씬 폭넓게 허용되었다. 혼인으로 여성이 원래의 이에를 떠나 남편의 이에에 속하는 것은 국적법을 준용해도 마찬가지였지만, 법률 제21호에 따라 제한될 수도 있었던 입양과 입부혼인까지 자유롭게 된 것이다. 야마다 사부로는 공통법 제정 취지는 외국과의 관계보다도 소원했던 일본과 식민지의 관계를 고쳐서, 각 지역에 시행되는 법령이 "외국 법률에 대해서보다도 일층 친밀한 관계를 가짐"을 분명히 하는 것이라고 설명했는데,[115] 국적과 지역적을 비교한다면 그 친밀함은 가족관계에서만 실현되었다. 그리고 그 결과 국적법을 준용할 때는 남겨질 예정이었던 남성의 복본적까지 완전히 제거되어, 개인의 제국 내 법적 소속도 한층 분명해졌다.

2. '내선결혼' 법제의 정비와 시행

일본 정부는 1918년 6월에 공통법을 시행했지만, 지역적의 변경에 관한 제3조는 시행을 유보했다.[116] 조선총독부는 후일 공통법 제3조의 시행이 연기된 것은 당사자를 입적·제적하는 데 필요한 지역 간 송적 절차가 없었기 때문이라고 설명했다.[117] 그러나 일본과 조선 지역 내부의 송적 절차는 거의

亥,「共通法に就て(承前完)」,『朝鮮彙報』 1918.7, 26~27쪽). 그러나 이러한 주장이 관철된 사례는 없고, 공통법 제2조 제2항과 제3조를 적용하는 것으로 해석되었을 뿐이다.

115 山田三良,「共通法に就て」,『国際法外交雑誌』 16-8, 1917b, 628~629쪽.

116 「勅令 第144號 共通法ノ一部ヲ施行スルノ件」,『朝鮮總督府官報』 1736, 1918년 5월 22일자.

117 原正鼎, 앞의 글, 1921, 96쪽; 朝鮮總督府,『施政二十五年史』, 朝鮮印刷株式會社, 1935,

유사했으므로, 이를 다른 지역으로 연장하는 것은 기술적인 문제에 불과했다. 일본 정부가 공통법 제3조를 시행하지 않은 진정한 이유는, 조선의 민적법과 대만의 호구규칙이 신분공증제도가 아니기 때문이었다. 제40회 제국의회에서 아리마쓰는 공통법 제3조의 시행 시기를 묻는 질문에 대만과 조선에는 현재 호구조사밖에 없는데 호적제도를 제정하기 위해 연구 중이라고 답했고, 이 때문에 호적 절차를 규정하지 않았다고 언급했다.[118] 조선과 대만에 호적제도가 없기 때문에 지역 간 송적 절차도 없었던 것이다. 대만에서 여전히 경찰이 호구규칙을 담당한 것과 달리 조선에서는 1915년에 민적법을 개정해 신분등록제도의 성격을 강화했지만 호적제도가 아니기는 마찬가지였다. 조선에서 내선결혼을 성립하지 못하게 한 호적법의 문제는 해결되지 못한 상태였고, 일본 정부는 의연 식민지에도 일본과 동등한 호적제도가 갖춰지기 전에는 공통법 제3조를 시행할 수 없다는 입장이었다.

이에 조선총독부는 공통법 시행에 대비해 조선민사령을 개정하고 호적에 관한 법령을 제정할 방침을 결정하고, 이를 제40회 제국의회에 설명했다. 공통법이 시행되면 일본인과 조선인 사이에 혼인이나 입양이 빈발하고 친족·상속관계가 복잡해질 것이므로, 기존 법규로는 처리할 수 없는 경우가 생길 것이라는 이유에서였다.[119] 그리고 공통법안이 제국의회에 제출된 직후인 1918년 1월 23일에 '조선민사령급민적법개정조사위원회(朝鮮民事令及民籍法改正調査委

349~350쪽; 「通婚法規 昨7日 發表됨」, 『朝鮮日報』 1921년 6월 8일자.

118 「第40回帝國議會衆議院議事録(大正6.12.27~大正7.3.26)」, 315쪽(아시아역사자료센터 JACAR, Ref. A07050016900).

119 「第40回 帝國議會說明資料, 大塚政府委員」(朝鮮總督府 編, 『朝鮮總督府帝國議會說明資料』 11, 東京: 不二出版, 1998, 12쪽).

員會)'를 조직하였다.[120] 이 위원회에서는 먼저 조선의 관습에 따른 혼인의 성립 요건을 성문화한 후, 내선결혼에 관한 민적의 절차 규정을 공통법 제3조와 함께 실행하여 내선결혼을 공인하는 길로 나아간다는 방침을 세웠다.[121] 조선총독부는 1919년도에는 이 작업을 완료할 생각으로 필요한 경비를 예산에 반영했고,[122] 내무부도 지방청 계획으로 민적사무강습비를 계상해서 제도의 실시에 대비했다.[123]

그런데 1919년에는 거족적 항일독립운동인 3·1운동이 발생했다. 조선총독부는 3·1운동을 수습하기 위해 업무가 급증하자 조선민사령과 민적법의 개정을 연기해야 했다.[124] 하지만 동시에 내선결혼 법제를 마련하는 일은 더욱 서둘러야 할 과제가 되었다. 3·1운동 이후 천황은 '일시동인'을 재천명했고, 신임 총독 사이토 마코토(齋藤實)도 관제 개혁, 헌병경찰제도 폐지, 대중의 편익과 민의 창달, 조선인 관리의 임용 대우 개선 등을 약속했다. 또한 '동화' 대신 대등성이 가미된 '융화'라는 표현을 자주 사용하는 등, 조선인들의 민심을 회유하고 독립 의지를 약화시키고자 했다.[125] 이러한 상황 속에서 내선결혼의 공인이 내선융화책의 하나로 대두한 것이다.

---

120 「敍任及辭令」, 『朝鮮總督府官報』 1639, 1918년 1월 25일자; 「民事令 民籍法 改正의 調査」, 『每日申報』 1918년 1월 27일자.

121 原正鼎, 「戶籍令制定當時の回顧」, 『戶籍』 1943.7, 4~5쪽.

122 「內鮮人의 結婚이… 불원간 법률상으로 인뎡된다」, 『每日申報』 1919년 1월 13일자.

123 「總督用(訂正ノ分) 第42回 帝國議會說明資料, 朝鮮總督府, 二冊ノ內甲」(朝鮮總督府 編, 앞의 책, 1998, 197쪽).

124 위의 책, 221쪽.

125 권태억, 「1920, 30년대 일제의 동화정책론」, 『한국사론』 53, 서울대학교 국사학과, 2007, 405~416쪽.

하세가와 요시미치(長谷川好道) 총독은 1919년 6월의 「사무인계의견서」에서, 대륙 발전의 근거지이자 본토의 외벽인 조선과 "혼연융화함으로써 그 결합을 공고히 하는 것은 실로 제국의 존재 요건"이라고 전제한 후, 동화의 방침을 고집하여 그를 달성하기 위해 더욱 노력할 것을 3·1운동의 첫째 대책으로 꼽았다. 또한 그 방법의 하나로 "잡혼과 같은 것은 심히 곤란한 사정이 있어도 이미 공통법이 제정됐으므로 민적법을 개정하여 조금이라도 편의를 열 필요가 있다"고 했다.[126] 수상 하라 다카시도 8월에 신임 총독 사이토와 정무총감 미즈노 렌타로(水野錬太郎)에게 「조선통치사견」을 내시하여, 호적법이 실제 빈번하게 행해지는 내선결혼을 인정하지 않는데 "공공연히 잡혼을 허락하지 않는 방침을 취한다면 도저히 저들을 동화시킬 수 없을 것"이라며, 사정이 허락하는 한 빨리 제도를 개선해야 한다고 했다.[127] 이처럼 3·1운동 이후 일본 정부와 조선총독부는 내선결혼을 금지하는 듯한 기존의 제도적 장벽을 가능한 한 빨리 제거하여 내선결혼을 법적으로 공인해야 한다는 데 의견의 일치를 보았다.[128]

또한 일본 정부는 1920년 4월 28일에 조선 왕세자 이은과 나시모토노미야 마사코 여왕의 혼인을 단행했다.[129] 이토 히로부미는 일찍부터 이은을 일본인과 결혼시킬 계획을 세우고 있었기 때문에 이들의 혼인은 이미 1916년에

---

126 「長谷川總督の事務引継意見書(1919.6)」(姜德相·梶村秀樹 編, 『現代史資料』 25, 東京: みすず書房, 1966, 495쪽).

127 「原敬, 朝鮮統治私見」(下)(高麗書林 編, 『齋藤實文書』 13, 1990, 79~80쪽).

128 조선총독부 사법부장관 고쿠부와 이후 법무국 민사과장이 된 하라 마사카나에(原正鼎)의 생각도 유사했다. 「國分三亥, 大正 8年 5月 提出 總督施政方針ニ關スル意見書」, 위의 책, 136~137쪽; 原正鼎, 앞의 글, 1943.7, 5쪽.

129 『每日申報』 1920년 4월 28일자.

결정되었지만,[130] 혼례의 거행에는 황실전범 개정, 이왕가규범 제정, 천황의 칙허 등의 절차가 필요했기 때문에 시간이 걸렸다.[131] 이왕가규범은 1926년에야 제정되었지만[132] 황실전범은 1918년 11월에 증보되었고,[133] 동년 12월에 천황의 칙허가 내렸다.[134] 그리하여 당초 1919년 1월에 혼례를 올릴 예정이었으나, 고종이 급서하고[135] 나시모토노미야 가문에도 상사가 생겨[136] 결혼식은 두 번이나 연기되었다. 그러자 일본은 나시모토노미야 가문이 상복을 벗은 지 일주일 만에 결혼식을 단행하고,[137] 이를 '내선융화'의 상징으로 선전한 것이다. 또한 동시에 조선인 정치범에게만 특별 은사를 내려 천황이 조선인을 일시동인함을 강조했다.[138] 이처럼 파격적인 혼인과 은사가 조선인의 민심을 수습하기 위한 조치였음은 물론이다.[139]

---

130 「無上의 慶事」, 『每日申報』 1916년 8월 4일자; 「王世子 殿下 嘉禮 前에 日鮮同體의 家庭訪問: 자작 됴즁응 씨와 시영 부인」, 『每日申報』 1918년 12월 8일자.

131 「御成婚의 內準備」, 『每日申報』 1918년 1월 30일자.

132 이왕가규범(왕공가궤범) 초안을 작성하는 과정에 벌어진 논쟁에 대해서는 坂元真一, 「조선왕실 자손들과 그 대한민국 국적」, 『서울국제법연구』 6-1, 1999, 172~178쪽; 이윤상, 「일제하 '조선왕실'의 지위와 이왕직의 기능」, 『한국문화』 40, 2007, 316~324쪽 참조.

133 「皇室典範增補」, 『每日申報』 1918년 12월 1일자.

134 「世子嘉禮勅許」, 『每日申報』 1918년 12월 7일자.

135 『每日申報』 1919년 1월 23일자.

136 「李王世子 殿下의 嘉禮 吉日 延期」, 『每日申報』 1920년 1월 22일자; 「王世子 殿下 御婚儀 延期 決定」, 『每日申報』 1920년 1월 24일자.

137 「御延期中의 王世子의 嘉禮期」, 『每日申報』 1920년 1월 31일자; 「李王世子 御婚儀」, 『每日申報』 1920년 2월 11일자; 「李王世子 殿下의 御婚儀 決定」, 『每日申報』 1920년 3월 29일자; 『每日申報』 1920년 4월 28일자.

138 横田五郎, 「恩赦に就て」, 『朝鮮彙報』 1920.6, 3~8쪽.

139 「密第102號 其875, 李王世子殿下ノ御婚儀竝恩赦ニ對スル民情ニ干スル件」(아시아역사

그렇지만 황족 차원의 내선결혼을 거행하고 천황이 조선인을 일시동인함을 강조할수록, 일반인의 내선결혼이 공인되지 못한다는 모순이 더욱 부각되었다. 이 때문에 조선민사령급민적법개정조사위원회 위원이기도 했던 오쓰카 쓰네사부로(大塚常三郎)는 황실 결혼을 기념해 일본인과 조선인의 결혼법을 해결하기 위해 조사를 서둘렀지만, 경사 전에 발포할 수 없는 것이 참으로 유감스럽다고 말했다.[140] 실제로 황실 결혼을 전후하여 내선결혼 공인 시기에 대한 조선인들의 관심도 높아진 것으로 보이는데, 동아일보 기자가 "일본 민족과 조선 민족의 정식 혼인이 성립"되었으므로 앞으로 조선인과 일본인의 혼인이 어떠한 법규에 의해 결행될지 알기 위해 법무국장을 방문하기도 했다. 이때 기자의 질문을 받은 법무국장 요코타 고로(横田五郎) 역시 "당국에서도 이에 대하야 매우 유감으로 싱각"해온 결과 오랫동안 혼인제도에 대해 조사했고 조만간 법령을 공포할 것이라고 대답했다.[141] 또한 내선결혼이 공인되지 않는 것에 대해 "조선인 중에셔 비난의 성(聲)을 발ᄒᆞᄂᆞᆫ 자 불소(不少)"한데, 이는 "인정 풍속이 전연 동일치 안이ᄒᆞᆷ에 불구ᄒᆞ고 차(此)를 인정ᄒᆞᆫ다 ᄒᆞᆷ은 상호에 불편"을 느낄 터라 제정하지 않은 것이지 결코 다른 의미는 없다고 강조했다. 그리고는 조선민사령 전체가 아니라 권리의무, 혼인·상속에 관한 사항부터 우선 개정하여 내선결혼을 공인하는 쪽으로 방침을 전환했다.[142] 조선총독부는 3·1운동으로 조선민사령 개정 및 호적에 관한 법령의 제정이 지연되면서 내선결혼의 공인마저 지연되자, 조선인들 사이에 불만과

자료센터 JACAR, Ref. C06031164400 / 일본 방위청 방위연구소).

140 「内鮮人 結婚法 大略 解決되얏다고」, 『每日申報』 1920년 4월 27일자.

141 「日鮮人 結婚法…근근 발포하리라고」, 『東亞日報』 1920년 4월 29일자.

142 「民事令 民籍法 改正 爲先 一部를 改正ᄒᆞ야써」, 『每日申報』 1920년 5월 14일자.

의혹이 증폭되는 것을 우려해 이를 풍속의 차이로 호도하는 한편 법제의 마련을 서두른 것이다.

조선민사령급민적법개정조사위원회는 1921년 1월 31일에 조선민사령과 민적법의 개정안을 성안했다.[143] 『매일신보』는 "사랑[愛]의 연쇄책"인 내선결혼이 양 민족 융화의 첩경이라며, 일본 정부가 성안을 승인해 내선결혼이 공인되기를 기원했다.[144] 민사과장 하라 마사카나에(原正鼎)도 민적법 개정은 대만과는 사정이 다르고 왕세자의 혼인도 있었으므로 기회가 좋다며 법안의 통과를 낙관했다.[145] 그러나 내지연장주의의 입장에 서 있던 수상 하라 다카시와 법제국의 반대로,[146] 조선 관습을 성문화하려 한 조선총독부의 초안은 부정되었다.[147] 하라 수상은 사정이 허락하는 한 속히 내선결혼이 가능하도록 제도를 정비해야 한다고 했지만, 내선결혼을 위해 다른 시정 방침을 양보하거나 무리할 생각은 없었던 것이다.

---

143 「內鮮人의 結婚法 成案」, 『每日申報』 1921년 2월 1일자.

144 「內鮮人 結婚法 實現 未久, 內鮮融和의 捷徑」, 『每日申報』 1921년 2월 4일자.

145 「民籍法 民事令 改正…關係 內鮮法規 共通」, 『每日申報』 1921년 2월 3일자; 「民籍法 改正에 就ᄒᆞ야」, 『每日申報』 1921년 2월 7일자; 「日鮮人結婚問題 일션민족의 융화칙은 일션 량족 결혼과 민적을 허락함에 잇다난 말」, 『朝鮮日報』 1921년 2월 8일자.

146 김동명, 『지배와 저항, 그리고 협력』, 경인문화사, 2006, 55쪽; 原正鼎, 앞의 글, 1943.7, 5쪽.

147 공통법 제정 이후 조선민사령 제11조 개정을 둘러싼 조선총독부와 일본 정부의 갈등은 이승일, 『조선총독부 법제 정책』, 역사비평사, 2008, 제2부 참조. 한편 대만총독부도 대만 관습을 성문화하고 호적제도를 제정하려 했다. 그러나 내지연장주의 방침에 밀려 1921년 법률 제3호로 총독의 율령 제정권이 예외적인 것으로 격하되었다. 이에 일본 민법이 1923년부터 대만에 시행되고, 대만인끼리의 친족·상속에 관한 사항에만 관습이 적용되었다(栗原純, 앞의 논문, 1999, 80~82쪽). 이로 인해 내대공혼에는 공통법을 적용할 수 없게 되었다.

그렇지만 조선총독부는 내선결혼의 공인을 더 이상 미룰 수 없었다. 때문에 민사과장은 조선민사령과 민적법 개정안을 일본 정부와 협의하기 위해 도쿄에 체류하는 동안 사법성에 공통법 제3조를 시행하는 데 필요한 절차 규정을 마련하도록 촉구했다.[148] 이에 일본 정부는 대만과 조선 등에도 일본인과의 혼인이나 입양에 관한 규칙이 만들어지려 하므로 공통법 제3조를 시행해야 한다며 호적법 개정안을 제국의회에 제출했다.[149] 개정안은 공통법 제3조에 의해 일본의 이에를 떠난 자와 다른 지역의 이에를 떠나 일본의 이에에 들어온 자의 호적 기재 절차에 일본 지역 내의 송적 절차를 준용한다는 조항(제42조 제2항)을 신설하는 것이었다. 개정안은 아무 반대 없이 제국의회를 통과했고,[150] 1921년 4월에 일본 법률 제48호로 공포되었다.[151]

조선총독부도 조선민사령을 개정하는 동시에 호적제도를 제정하려던 계획을 대폭 축소하여, 조선인의 혼인 성립 요건은 관습에 맡기고 내선결혼에 관한 민적 절차만 정하기로 했다.[152] 민사과장은 이때도 내선결혼 법안의 경과에 대하여 "세상에 혹은 난산이라 전ᄒᆞ는 바" 있으나 추호도 그런 일은 없고 "당국은 착착 그 실시에 향ᄒᆞ야 진보 중"이라고 강조했다.[153] 『조선일보』

148 「法務局 原 民事課長 談, 通婚法案의 經過」, 『每日申報』 1921년 4월 8일자.

149 「第44回帝國議會衆議院議事録(大正9.12.27~大正10.3.26)」, 498~499쪽(아시아역사자료센터 JACAR, Ref. A07050019500 / 일본 국립공문서관).

150 「第44回帝國議會衆議院議事録(大正9.12.27~大正10.3.26)」, 510~511쪽(아시아역사자료센터 JACAR, Ref. A07050019500); 「第44回帝國議會貴族院議事録(大正9.12.27~大正10.3.26)」, 232쪽, 307쪽, 444쪽(아시아역사자료센터 JACAR, Ref. A07050019300 / 일본 국립공문서관).

151 「法律 第48號 戶籍法 中 改正」, 『官報』 2603, 1921년 4월 8일자.

152 原正鼎, 앞의 글, 1943.7, 6쪽.

153 「法務局 原 民事課長 談, 通婚法案의 經過」, 『每日申報』 1921년 4월 8일자.

가 "일선인 놈녀 결혼에 관흔 법규의 발포는 가장 급흔 바"라고 지적했을 만큼, 조선인들이 내선결혼 공인에 관심을 가짐을 의식한 발언이었다.[154] 조선총독부는 1921년 5월 중순에 관련 법규를 성안한 후,[155] 6월 7일에 조선총독부령 제98호로 민적법을 개정하고, 또 부령 제99호 '조선인과 일본인의 혼인의 민적 절차에 관한 건'(부록 〈참고 법령〉의 번역 참고, 이하 '부령 제99호')을 공포했다.[156] 그리고 일본의 개정 호적법과 조선의 부령 제99호는 공통법 제3조의 시행일에 맞춰 1921년 7월 1일부터 동시 시행되었다.[157]

민사과장은 공통법 제3조의 시행이 유보된 이유는 지역 간 송적에 관한 절차 규정이 결여됐기 때문이고, 부령 제99호의 가장 큰 의의는 조선 측의 절차를 정한 것이라고 설명했다.[158] 개정 민적법에 일본 호적법과 동일한 송적 절차 규정을 제5조 제2~6항으로 신설하고, 부령 제99호에는 혼인이나 이혼으로 조선의 가를 떠난 자와 일본의 이에를 떠나 조선의 가에 들어온 자의 민적 기재 절차에 이 송적 절차를 준용(제9조)하는 형태로 조선의 송적 절차를 마련한 것이다. 그러나 앞서 살펴본 바와 같이, 지역 간 송적 절차의 결여는

---

154 「日本人과 朝鮮人의 結婚 增加」, 『朝鮮日報』 1921년 4월 13일자. 이 기사는 근래 각지에서 일본인 남성과 조선인 여성의 혼인이 증가하는데, 풍기가 가장 과격하다는 평판을 듣는 평북에 경기보다 내선결혼 부부 수가 더 많다고 잘못 보도했지만, 이를 근거로 내선결혼 법규의 제정을 촉구했다. 이에 반해 『매일신보』는 통혼의 증가를 내선융화가 증진되는 증거로 묘사할 따름이었다(「內鮮人의 結婚 增加와 血統的 融和의 捷徑」, 『每日申報』 1921년 4월 20일자).

155 「民籍法 改正 發布期」, 『東亞日報』 1921년 5월 17일자.

156 「朝鮮總督府令 第98號 民籍法 中 改正」, 「朝鮮總督府令 第99號 朝鮮人ト內地人トノ婚姻ノ民籍手續ニ關スル件」, 『朝鮮總督府官報』 號外, 1921년 6월 7일자.

157 「大正 10年 6月 22日 勅令 第283號 共通法 第3條ノ規定 及 大正 10年 法律 第48號 戶籍法 中 改正 法律 施行期日ノ件」, 『朝鮮總督府官報』 2667, 1921년 7월 1일자.

158 原正鼎, 앞의 글, 1921, 96쪽, 98쪽.

내선결혼이 공인되지 못한 직접적인 원인에 불과하고, 근본적인 원인은 일본 측에서 호적제도가 아닌 민적법에 따른 혼인신고를 인정하지 않은 것이었다. 조선총독부는 이에 대해서는 전혀 언급하지 않았지만, 일본 정부는 호적법을 개정해 지역 간 송적 절차 조항만을 신설한 데 반해, 조선총독부는 민적법을 개정하고 또 총 11개조에 달하는 부령 제99호를 별도로 제정한 것이 주목된다. 이는 결국 조선에서의 내선결혼 신고를 일본에서도 인정할 만한 것으로 만들기 위해서였는데, 민적법, 부령 제99호, 호적법의 혼인신고 방식을 비교하여 이를 확인해보자(표 1-4).

〈표 1-4〉 조선 민적법, 부령 제99호 및 일본 호적법의 혼인신고

	조선 민적법	부령 제99호	일본 호적법
신고자	혼가의 호주	당사자 쌍방	당사자 쌍방
신고서 제출 기한	사실 발생으로부터 10일 이내	혼인한 날부터 10일 이내	없음
근거가 되는 관습·민법	주혼자인 부(조부)가 결정, 혼인식 거행으로 성립		당사자 쌍방의 합의 필요, 호적법상의 신고로 성립

부령 제99호는 조선인과 일본인이 조선에서 혼인을 한 때는 혼인한 날부터 10일 이내에 당사자 쌍방이 부윤 또는 면장에게 신고하게 했다(제1조, 그림 1-1). 민사과장은 부령 제99호는 내선결혼의 민적 절차를 정했을 뿐 혼인의 실체법은 바꾸지 않았고, 부령 제99호에 따른 신고도 "이미 성립한 혼인에 기초해 신분의 변경을 공정증서인 민적부에 기재하게 하는 절차"라고 설명했다. 신고 대상을 조선에서의 내선결혼으로 한정한 것과 신고 기한을 정한 것, 부령 제99호 위반자를 다른 민적법 위반자와 똑같이 과료(科料)의 형벌로 제재하게 한 것도 그 때문이라는 것이었다.[159] 즉, 공통법에 근거하여 결정된 대

159 「民籍法 改正件」, 『朝鮮日報』 1921년 6월 8일자. 그렇지만 부령 제99호에 따른 신고는

〈그림 1-1〉 부령 제99호에 따른 내선결혼 혼인신고 서식

혼인신고서 [婚姻屆]
본적 京畿道 京城府 貫鐵洞 15番地
호주 金正煥 장남
위와 같은 곳
부 金正煥
모 崔貞淑 출생별 장남 본관 김해
남편 무역상 金喜寬
년 월 일생
본적 三重縣 鈴鹿郡 龜山町 大字西丸 10番地
호주 矢野市太郎 손녀
소재 남편의 본적과 같다.
본적 三重縣 鈴鹿郡 龜山町 大字西丸 10番地
부 矢野鹿三
모 亡 リタ 삼녀
처 무직 矢野トメ
년 월 일생
혼인 연월일 大正 년 월 일
부모의 혼인으로 인해 적출자 신분을 취득한 서자
본적 아버지와 같다.
장남 金正喆
년 월 일생
위와 같이 혼인하므로 신고 [屆出] 합니다.
년 월 일
신고인 남편 金喜寬 ㊞
처 矢野トメ ㊞
경성부윤 앞

*출전: 京城府 調査係, 『京城彙報』 1, 1921, 8쪽.
*증인 2명, 동의자 5명(남편 측: 호주 겸 부친, 모친/ 처 측: 호주, 부모)은 생략함.

로 조선에서는 조선의 관습에 따라 내선결혼도 민적신고 이전에 혼인식을 거행함으로써 성립한다는 주장이었다.[160]

그러나 부령 제99호는 혼인신고 의무자를 당사자 쌍방으로 했는데, 이는 민적법이 호주를 신고 의무자로 하고 이를 조선에서는 주혼자인 부나 조부가 혼인을 결정하기 때문이라고 설명한 것과 어긋난다. 또한 부칙 제11조는 법령 시행 이전에 한 내선결혼과 이혼 중 민적법이나 호적법에 따라 신고

'계출(屆出)', 민적법에 따른 신고는 '신고(申告)'로 구별되었다(小田切尙三, 앞의 글, 1943, 16~17쪽). 신고서를 제출하는 일을 당시 조선 민적법에서는 '신고', 일본 호적법에서는 '계출'이라고 칭했는데, 부령 제99호가 내선결혼신고를 '계출'로 칭한 것도 이 법령의 절차가 호적법에 준함을 방증한다.

160 原正鼎, 앞의 글, 1921, 96~100쪽.

한 것은 부령 제99호의 규정에 준해 입적·제적, 기타 절차를 밟게 했고, 민사과장은 이를 "원래 유효해야 할 혼인을 명실공히 유효하도록 할 방법"이라고 설명했다.[161] 그렇지만 조선에서는 혼인식으로 혼인이 성립한다면서 신고한 경우만 입적·제적하게 한 것은 모순이다. 실제로 법령 시행 이전의 내선결혼 중 신고하지 않은 것은 혼인을 인정받지 못할 수도 있었다. 법무국장은 1921년 11월에 부령 제99호 시행 전에 혼인하고 그 후에 부령 제99호에 따라 신고한 때는 신규 신고에 해당하는 입적·제적 절차를 하라고 지령했다.[162] 그런데 조선인 여성과 혼인한 일본인 남성이 신고하기 전에 사망한 사례에 대해서는 당사자 중 한쪽이 사망한 경우는 부령 제99호에 따른 절차를 행할 근거가 없다고 했다.[163] 조선인 사이에는 남편이 사망해도 그 가의 호주가 혼인신고를 하면 죽은 남편의 처로 입적될 수 있었는데,[164] 내선결혼은 신고 주체인 당사자가 사망하면 혼인을 인정받을 수 없었던 것이다. 결국 조선에서의 내선결혼 중 부령 제99호로 인정된 것은 법령 시행 전에 호주가 민적신고를 했거나 시행 후에 당사자 쌍방이 신고한 경우뿐이었다. 부령 제99호는 조선의 관습이 아니라 당사자의 합의와 그를 확인할 수 있는 신고 절차를 성립 요건으로 규정함으로써, 조선에서도 민법을 충족시킬 수 있게 하여 내선결혼을 공인시킨 것이었다.

그 결과, 일본 호적법의 지역 간 송적 절차는 공통법 제3조에 의한 모든 본적 이동에 적용할 수 있는 데 비해, 부령 제99호는 일본인과 조선인 사이의

161 위의 글, 101~102쪽.

162 『民籍例規』, 211쪽.

163 『朝鮮戶籍及寄留例規』, 428~429쪽.

164 「官通牒 第124號 民籍事務ニ關スル件」, 『朝鮮總督府官報』 1195, 1916년 7월 27일자.

혼인과 이혼에만 적용 가능했다. 1921년 12월에 조선총독부 법무국장은 일본인이 조선인이 낳은 사생자를 인지하기 위해서는 공통법 제2조 제2항, 법례 제18조에 따라 일본 시정촌장에게 신고해야 하고 조선에서는 신고를 수리할 수 없다는 뜻의 지령을 내렸다.[165] 이 경우 일본에서 아이를 부친의 호적에 입적한 후 호적법 제42조 제2항에 따라 인지신고서를 조선에 송부하면, 조선에서도 공통법 제3조에 의해 그를 제적할 수 있을 것이었다. 하지만 조선인 부친이 일본인 여성이 낳은 사생자를 인지하여 입적·제적 절차를 밟기 위해서는 부령 제99호에 따른 혼인신고를 함께 해야 했다.[166] 법무국장 요코타가 부령 제99호가 제정되면 내선결혼은 호적상 공공연해지지만, 이중호적이나 서자·사생자 문제는 후일을 기다린다고 한 것도 이 때문이었다.[167] 조선총독부가 문제가 존재함을 알고도 해결하지 못한 것은, 조선민사령 개정에 실패하면서 내선결혼에만 먼저 민법·호적법에 부합하는 신고 절차를 도입하여 내선결혼에 한해 민적을 호적으로 승격시켰기 때문이었다. 결국 이 문제를 해결하기 위해서는 조선에서 내선결혼 이외의 신분행위[168]에도 민법을 충족시킬 수 있는 규정을 채택하고 호적제도를 시행해야만 했다.

조선총독부는 이러한 한계는 부각시키지 않고, 부령 제99호는 "양족의 통혼을 장려케 한 소이"이며 통혼이 증가하여 "상고 이래로 동계족(同系族)이얏스며 혼혈종"이었던 두 민족이 철저히 융화 병합하기를 기대한다고 선전했

---

165 『民籍例規』, 212~213쪽.

166 『民籍例規』, 211~214쪽. 제1부 제3장 1절 3항 참조.

167 「內鮮通婚法令 勅令 發布 在邇乎」, 『每日申報』 1921년 5월 22일자; 「朝鮮人과 日本人間의 結婚法을 制定」, 『朝鮮日報』 1921년 5월 22일자.

168 법률행위 중 재산관계의 변동을 일으키는 재산행위에 대하여, 혼인·이혼·입양·파양·유언 등 신분관계의 변동을 발생시키는 행위를 신분행위라 한다.

다.[169] 그러나 부령 제99호의 송적 절차는 내선결혼뿐 아니라 이혼에도 적용되었다. 따라서 혼인이나 입양으로 일본인의 이에에 들어간 조선인이 이혼하거나 파양당한 경우, 전에는 무적자로 취급되어 일본에 새로 일가를 창립했지만, 공통법 제3조가 시행된 후에는 제3항에 저촉되지 않는 한 조선의 가에 복적하거나 조선에 일가를 창립했다.[170] 혼인·입양으로 일본인이 된 조선인은 원칙상 일본인의 가족일 때만 일본인일 수 있게 된 것이다.

또한 공통법에서 내선결혼과 그로 인한 지역적의 이동을 허용한 것은 본적으로 민족을 구별하는 것과 표리일체를 이뤘다. 『매일신보』는 민적법 개정을 일선융화책 중 제1위의 근본 정책이라고 주장하며, 그중 부령 제99호는 "고의적 정신에서 나온 진실한 차별"을 철폐한 "양족 융화의 유일위(唯一位)의 근본책이며 제일착의 실행"이라고 높이 평가했다. 공권의 차별은 인지(人智)의 정도가 달라서 생긴 부득이한 결과이므로 고의적 차별이 아니지만, 연애로 성립한 결혼에 대해 외국인과의 결혼은 허락하는 반면 "동일의 역내에서 동일의 주권 하에 재(在)흔 동 국민 간의 결혼을 부인"하는 것은 고의적 차별이 아니라고 하기 어려웠다는 것이다. 그러면서도 다시 제1위의 근본책 중 제2착의 실행으로 원적(原籍) 규정을 개정할 것을 요구했다. 헌법으로 거주 이전의 자유를 보장하면서도 일본인과 조선인이 서로 본적을 옮길 수 없게 한 것은 "정신상 이론상 고의적 차별 정신"이고, 이를 철폐하지 않으면 2세, 3세까지 차별을 받으므로 융화 정책이 효과를 거둘 수 없을 것이라는 주장이었다.[171] 이 논설은 조선총독부가 조선인들이 피차별감을 느끼지 않도록 전적

169 「內鮮人의 通婚」, 『每日申報』 1921년 6월 16일자.

170 實方正雄, 앞의 글, 1938b, 53~55쪽.

171 「日鮮融和의 根本政策과 民籍手續法」, 『每日申報』 1921년 6월 16일자.

을 허용해야 한다는 입장을 고수했음을 보여주는 동시에, 그러한 차별을 분식하기 위해서라도 내선결혼 법제의 제정을 내선융화의 상징으로 적극 선전할 필요가 있었음을 잘 보여준다.

조선인과 일본인 간의 모든 가족관계가 성립하고 원칙상 일본과 조선 사이의 복본적이 해소된 것은 1923년 조선호적령이 시행되면서부터였다. 조선총독부는 1921년에 조선민사령 제11조를 개정해 조선인의 능력에 일본 민법을 일부 의용한 데 이어,[172] 1922년 12월에 조선민사령을 다시 개정하고 조선호적령을 제정해 1923년 7월부터 시행했다(부록 〈참고 법령〉의 '조선호적령' 발췌 참고).[173] 이때 조선인의 친족·상속에는 의연 관습을 적용하되 혼인 연령, 재판상의 이혼, 인지, 친권, 후견, 보좌인, 친족회, 상속의 승인과 재산의 분리에는 민법을 의용하는 것으로 하고, 분가, 절가재흥(絶家再興), 혼인, 협의 이혼, 입양, 협의 파양에는 신고주의를 채택했다. 또한 제11조의 2~9로 호적에 대한 사항을 신설해 호적법과 동등한 호적 법규를 마련했다.[174] 조선총독부가 이처럼 조선의 친족·상속 관습을 성문화하지 않고도 호적제도를 빨리 제정할 수 있었던 데는 부령 제99호를 입안한 경험이 큰 역할을 했다.[175] 부령 제99호에 따른 편법적인 내선결혼 신고를 일본 정부가 호적법상의 신고로 인정해준

172 「制令 第14號 朝鮮民事令 中 改正」, 『朝鮮總督府官報』 2777, 1921년 11월 14일자.

173 「制令 第13號 朝鮮民事令 中 改正」, 『朝鮮總督府官報』 3097, 1922년 12월 7일자; 「朝鮮總督府令 第154號 朝鮮戶籍令」, 『朝鮮總督府官報』 3106, 1922년 12월 18일자; 「朝鮮總督府訓令 第15號 朝鮮戶籍令施行手續」, 『朝鮮總督府官報』 號外, 1923년 3월 27일자. 동시에 민적법과 부령 제99호는 폐지되었다.

174 宮本元, 「改正戶籍制度の特色」, 『朝鮮』 100, 1923, 40~45쪽; 松寺竹雄, 「朝鮮の戶籍制度に付て」, 『朝鮮』 제100호기념증간호, 1923, 47~52쪽.

175 原正鼎, 앞의 글, 1943.7, 7쪽.

결과, 다른 부분에서도 타협하기 쉬웠다는 의미로 해석된다. 이로써 조선에서는 대만보다도 먼저 일본과 동등한 "호적공시제도"[176]가 창설되었고, 제도의 명칭도 '민적'에서 다시 '호적'으로 변경되었다.[177]

호적제도가 제정되자, 조선호적령은 내선결혼·이혼에 한정되었던 송적 절차를 사생자 인지를 포함한 모든 원인, 그리고 일본뿐 아니라 모든 지역으로 확대 적용했다(제32조). 그러나 조차지인 관동주와 위임통치지인 남양군도에 속한 사람은 일본국적민이 아니므로 공통법 제3조를 적용받지 않았다.[178] 또한 대만에서는 1933년에야 대만인과 일본인 간의 혼인, 입양, 인지에만 호적법을 적용하는 편법을 통해 내대공혼 문제를 해결했는데,[179] 조선에 호적제도가 시행된 후인 1924년 대만에서는 조선인과 대만인 간의 혼인, 입양, 인지 등은 내대공혼에 준해서 처리하게 했다.[180] 조선인이 일본인 이외에 다른

---

176 朝鮮總督府, 『施政三十年史』, 朝鮮印刷株式會社, 1940, 149쪽.

177 법무국장은 이 법령이 가적에 관한 사항을 다루고 호적이라는 용어가 조선에서도 새롭지 않으며 민적보다는 호적이 적절하기 때문에 명칭을 바꿨다고 설명했다. 横田五郎, 「裁判所令·刑事令竝民事令改正要旨(承前)」, 『朝鮮』 95, 1923, 34쪽.

178 實方正雄, 앞의 글, 1938b, 27쪽.

179 이는 부령 제99호와 같은 원리이다. 대만총독부는 호구규칙을 그대로 대만인의 호적제도로 활용하되, 일본 정부의 견해를 받아들여 대만총독부령 제8호로 일본인과 대만인 간의 신분행위에는 호적법의 규정을 적용하게 했다. 이 편법적 호적제도는 1933년부터 시행됐고 칙령 제360호 등과 함께 '공혼법'으로 통칭되었다(내대공혼과 대만 호적제도에 대해서는 栗原純, 앞의 논문, 1999, 77~84쪽 참조). 내대공혼은 이후 공통법이 아니라 공혼법으로 처리됐고, 일본인 이외 다른 일본국적민과의 신분행위에 관한 규정은 없었다(姉歯松平, 『本島人ノミニ關スル親族法竝相續法ノ大要』, 臺北: 臺法月報發行所, 1938, 18~23쪽).

180 嘉常慶, 『訂正增補台灣戶口事務提要』, 新竹州: 新竹州警察文庫, 1932, 235쪽. 실제 사례는 확인되지 않는다.

일본국적민과 가족이 되는 일은 거의 없었지만,[181] 호적을 갖게 된 조선인은 일본인 이외에 다른 일본국적민과 가족이 되려 할 때 이전 내선결혼에서의 일본인과 같은 지위에 놓이게 된 것이다. 이로 인해 1933년까지 통혼과 지역적의 변경은 호적제도를 갖춘 조선과 일본 사이에서만 온전히 이루어졌다.

이러한 조선 호적제도의 창설은 '조선인'의 법률상 범주를 분명하게 했다. 조선민사령의 제11조는 조선인에게는 조선의 관습을 적용한다고 했지만, 조선인이 일본인이 될 수 있는 자격 요건 등이 확정되지 않은 이상 관습을 적용해야 할 조선인이 누구인지도 확정적이지 않았다. 따라서 "호적의 제도가 정비되지 않은 동안에는 이를 상식 판단에 맡겨 처치"할 수밖에 없었지만,[182] 일본 정부가 공통법을 제정하여 민족을 구별할 원칙을 정하고 조선총독부가 조선에서 개인의 속적(屬籍)을 공증하는 조선호적령을 제정하면서부터는, 조선민사령 제11조의 2, 조선호적령 제1조에 이 제도가 "조선인의 호적"에 관한 것임을 명기할 수 있게 되었다. 이때 법률적 의미의 '조선인'에는 조선 호적에 기재됐거나 부모가 조선인인 사람, 조선에서 태어난 기아가 포함되는 것으로 정의되었다.[183] 가 단위의 신분등록제도인 민적법과 조선호적령의 원리에 따라 조선 호적에 등록된 사람들은 대개 한국인과 그 자녀들이었고, 절대 다수는 조선 민족이었다. 그리고 조선민사령에 따라 이들 조선인의 친족과 상속, 조선인 상호간의 법률행위 중 일부에는 조선의 관습이 적용되었다. 이때에 비로소 조선 민족에게 조선의 관습을 적용하는 것이 아니라, 조

---

181 현재 예규에서는 조선인 남성과 남양군도 여성의 혼인 1건만 발견되었다. 『朝鮮戶籍及寄留例規』, 513~514쪽.

182 野村調太郎, 「法律上に於ける朝鮮人の意義」, 『警務彙報』 226, 1924, 11쪽.

183 野村調太郎, 앞의 책, 1923, 21~22쪽.

선 민족을 조선 호적에 등록하고 호적상의 조선인에게 조선의 관습을 적용한다는 순환 논리가 형성되었다.

하지만 이렇게 되자 제국 일본은 식민지민에게 원래의 일본인과 동일한 권리의무를 부여하지 않기 위해 만들어낸 법제적 구별을 서로 다른 민족의 관습을 존중하기 위한 것으로 치환하고, 참정권과 병역이라는 공권과도 관련되었던 지역적을 친족·상속에 관한 사법(私法)에 한정된 가적으로 표상했다. 조선총독부 사법부장관은 제국 일본에 서로 다른 법령이 시행되는 이법 지역이 존재하는 이유는 "수백년래 특이한 풍속, 습관을 가진 신부(新附) 민족"을 일본인과 동일한 법률에 따르게 하는 것은 적당하지 않고, 식민지에 시행할 법령을 일일이 일본 의회에서 결정할 수 없기 때문이라고 설명했다.[184] 이법 지역은 식민지의 문화 개발이 일본과 동일해질 때까지의 "과도적 현상"이고 공통법은 "과도제도"이자 "필요적 해악"이라는 것이었다.[185] 그러나 조선인이라는 호적상의 범주가 있고 그들에게 조선의 관습을 적용하는 법제는 오히려 차이를 지속시키는 역할을 하기도 했다. 일례로 성은 부계 혈통의 징표이기 때문에 조선에서는 사생자인 경우 어머니가 그 아버지로 인정한 남성의 성을 임의로 붙일 수 있게 했음에도, 조선총독부 법무국장은 1928년에 친아버지가 일본인이라도 "조선인인 어머니의 사생자는 조선인에 다름 아니므로 당연히 조선 재래의 성을 붙여야 하고 내지인의 씨를 붙일 수 없"[186]다고 했다. 호적상 조선인인 아이는 실제의 부계 혈통과 무관하게 조선인풍의 성을 칭해야 했던 것이다. 결국 조선의 친족·상속 관습 자체가 일본 민법과 같아

184 國分三亥, 앞의 글, 1918.6, 10쪽.

185 實方正雄, 앞의 글, 1938b, 1쪽; 「共通法案에 就ᄒᆞ야」, 『每日申報』 1918년 1월 27일자.

186 『朝鮮司法協會雜誌』 7-1, 1928, 26~28쪽.

지거나 제국 일본이 정치적으로 조선과 일본의 대통합을 결단하지 않는 한, 조선의 관습은 재생산될 수밖에 없는 구조였다.

이와 같이 일제는 1918년에 공통법을 제정하여 내선결혼이 법적으로 성립할 수 있게 하는 한편, 호적으로 민족을 구별하려는 원칙 및 그를 관습의 존중으로 정당화하려는 논리를 확립했다. 이때 국적의 귀화에 준하는 전적을 금지하는 대신, 통혼에 의한 지역적 변경은 국적보다 관대하게 함으로써, 동화의 주의를 해치지 않으면서도 호적으로 민족을 구별하는 제도는 더욱 안정되었다. 그러면서도 일본 정부는 공통법 제3조는 식민지에 호적제도가 갖춰져야만 시행할 수 있다는 원칙을 고수했기 때문에, 내선결혼은 1921년에 부령 제99호가 제정된 후에야 인정될 수 있었지만, 조선총독부는 내선결혼의 공인을 조선인을 차별하지 않는 증거로 적극 선전하였다. 통혼을 공인하는 법제는 지역적의 변경을 최소화하는 동시에 민족 차별의 존재를 인지하기 어렵게 만드는 데 활용되었던 것이다. 그러나 내선결혼과 그로 인한 호적 이동이 증가할수록 '조선인'의 사회적 개념과 법률적 개념의 간극, 그리고 양자의 일치를 전제로 법제적 구별을 관습의 존중으로 설명한 논리적 모순이 공공연해질 가능성도 잠재되어 있었다.

제3장
'내선결혼' 법제에 의한 호적 이동

1. 일본 호적에서 조선 호적으로의 이동

가적(家籍)을 매개로 한 지역적의 변경만을 허용한 공통법 제3조는 개인이 자신의 희망에 따라 전적할 수 있는 길을 봉쇄한 동시에, 가적을 매개로 한 경우에는 당국이 허가라는 수단을 통해 개입할 수 있는 여지도 차단했다. 이로써 지역적 변경은 당사자나 당국 어느 쪽도 자의적으로 개입하기 어려운, 공통법과 각 지역에 시행되는 법령에 좌우되는 자동적이고 강제적인 것이 되었다. 이는 지역적 변경을 귀화와 같은 내무행정이 아니라, 사법(司法), 그중에서도 일국 내 가족법의 영역으로 위치지은 당연한 결과이기도 했다. 그리고 조선호적령이 시행된 후에는 다양한 신분행위들에 의해 지역적을 변경할 수 있게 되었지만, 애초에 혼인과 입양을 염두에 두고 제정된 법령이었다는 점을 감안하여, 이 책에서 일본인과 조선인 사이의 신분행위 일체를 총칭할 때는 편의상 '내선결혼'으로 표기하기로 한다.[187] 단, '내선결혼'이라도 호적 이동이 모두 허용된 것은 아니며, 공통법 제3조 제2항에 의한 친족·상속법상의 제약과 제3항에 의한 병역상의 제약이 있었다. 그에 따라 '내선결혼' 법제에 의한 호적 이동에는 지역별·성별 차이가 발생했다.

먼저, 일본 호적에서 조선 호적으로의 이동을 살펴보자. 이를 위해서는 혼인이라면 사실혼·동거를 포함하지 않은 법률혼 통계가 필요하다. 다음의 〈표 1-5〉와 제2절의 〈표 1-6〉은 같은 계통으로 추정되는 4개의 자료를 종합한 것인데, 출전 (4)에 의하면 이는 법무국 민사과가 조사한 통계표이다. 이 법무통계는 '조선총독부보고례'에 따라 작성된 호적사건건수표를 기초로 만들어진 동태통계로, 해당 기간 동안 처리된 각 호적 사건의 건수를 나타낸다.[188] 또한 출전 (2)는 "본표 외 사실상 혼인을 한 자 상당 다수에 달할 것으로 예상되지만 명확히 할 자료가 없다"고 했고, 출전 (3)에는 "신고 없는 실혼인수"를 포함하는 다른 표가 함께 수록되었으므로, 〈표 1-5〉와 〈표 1-6〉은 법률혼만 포함한 통계이다. 다만 통계가 다룬 지역의 범위는 언급되지 않았는데, 1938년의 경우 훨씬 정밀한 통계로 평가되는 『조선인구동태통계』(부표 3)에 집계된 조선에서의 결혼 총수보다 〈표 1-5〉와 〈표 1-6〉의 결혼 총수가 많음을 감안하면, 일본·조선 등 전 지역을 포괄한 것으로 해석할 수 있다.

---

187 일본국적민 사이의 혼인·인지·입양 등 신분행위 중에서도 혼인이 가장 먼저, 또 가장 많이 이루어졌기 때문에, 당대에도 이를 '공혼문제(共婚問題)'로 총칭하는 것이 관례였다. 또한 세키 고지로(關宏二郎)는 가적이 변경되는 경우뿐 아니라 다른 지역의 호적에 기재만 해야 하는 경우도 '공혼관계'에 속한다고 설명하였다(關宏二郎, 앞의 책, 1933, 157쪽). 이 책도 이러한 관례를 따른다.

188 통계자료를 조사하는 데는 일차적으로 金英達,「日本の朝鮮統治下における「通婚」と「混血」」,『關西大學人權問題硏究室紀要』39, 1999를 참고했다.

〈표 1-5〉 일본 호적에서 조선 호적으로의 이동(1921.7~1938)

	혼인	입부 혼인	서양자 입양	입양	친족 입적	인지	이혼	파양	합계 (남/여/불명)
1921.7~1923.6	60						1		61
1923.7~1923.12	14					1			15
1924	29						2		31
1925	26					2			28
1926	40					4	1		45
1927	45					12			57
1928	59					5	1		65
1929	66					11	5		82 (5/69/8)
1930	87					14	12		113 (9/100/4)
1931	98								98 (0/98/0)
1932	109				1	10	9		129
1933	135					29	2		166
1934	240					20	14		274
1935	229			2	4	38	21		294
1936	207			1	1	24	8		241
1937	237					27	12		276
1938	340				5	41	8	11	405
합계	2,021	0	0	3	11	238	108		2,380

* 출전: (1)「內鮮間ノ家ノ出入ニ關スル調査表」,『戶籍』3-10, 朝鮮戶籍協會, 1943; (2)『犯罪檢擧ノ狀況·內鮮人通婚ノ狀況他』(일본 도쿄대학 동양문화연구소, D80: 8); (3) No. 1275-10.「創氏關係資料, 內鮮間ノ家ノ出入ニ關スル調査表」,『大野綠一郎關係文書』R-150; (4)「朝鮮民事令一部改正(創氏制度)に關する特殊言動—內鮮間の家の出入に關する調査表」,『思想彙報』23, 1940, 85~86쪽.

1) 혼인

〈표 1-6〉과 비교해서 〈표 1-5〉의 두드러지는 점은 구성의 단순함이다. 이혼과 파양은 혼인이나 입양으로 일본의 이에에 들어갔던 자가 관계 해소 이후 원래의 가에 복적한 것이므로, 이들은 원래 조선인이다. 이를 제외하면 일본 호적에서 조선 호적으로의 이동은 혼인과 인지로만 구성되었다고 해도 과언이 아니다. 또한 혼인은 일본인 여성이 조선인 남성과 혼인하여 조선의

가에 들어가는 경우이고, 인지는 일본인인 어머니의 호적에 기재되었던 사생자가 조선인인 아버지에게 인지되어 조선의 가에 들어가는 경우이므로, 전자는 법률혼, 후자는 사실혼 등 제반 혼외관계의 결과라는 차이는 있지만 모두 조선인 남성과 일본인 여성의 성적 결합을 의미한다. 그중 법률혼인 혼인은 1923년 7월 이후 완만하게 증가하다가 1934년에 240건, 1938년에 340건으로 급증하는 양상을 보이는데, 〈표 1-5〉와 〈표 1-6〉을 망라해도 혼인으로 인한 일본인 여성의 조선 호적 입적은 단일 유형으로는 가장 많은 수를 차지한다. 이 계통의 법률혼 통계는 혼인이 이루어진 장소를 언급하지 않기 때문에 단언하기 어렵지만, 이 책의 제2부와 제3부에서 인용할 다른 조사 계통의 통계들과 비교했을 때 이러한 혼인은 대개 일본에서 이뤄진 것으로 보이며, 조선인 남성의 일본 도항 증가가 혼인의 증가에 영향을 미친 것으로 추정된다.

일본인 여성의 조선 호적 입적에서 특기할 사항은 부령 제99호가 시행된 1921년 7월부터 조선호적령이 시행되기 전인 1923년 6월까지의 혼인 수가 비교적 많은 것이다. 이는 부령 제99호의 부칙 제11조에서 부윤 또는 면장에게 "본령 시행 전 조선인과 내지인 사이에 한 혼인 또는 이혼으로서 민적법 또는 호적법에 따라 신고 또는 계출한 것"도 입적이나 제적, 기타 절차들을 밟도록 했기 때문이다.[189] 〈표 1-5〉와 〈표 1-6〉의 이 기간 통계에는 그때까지 처리되지 못한 누적분이 집중되어 있는데, 〈표 1-6〉에 비해 〈표 1-5〉의 혼인이 유독 많음은 이 유형의 내선결혼이 적체되었음을 잘 보여준다.

부령 제99호의 부칙 제11조 제2항은 1921년 7월 이전의 신고분을 처리하기 위해 당사자, 호주, 기타 이해관계인이 당사자의 본적지 부윤 또는 면장에게 신고 또는 계출을 했던 뜻을 자진신고[申出]하도록 했다. 당시 조선총독부는

---

189 공통법도 부칙에서 법령이 시행되기 전 발생한 사항에도 공통법을 적용한다고 했다.

내선결혼의 민적사무는 일반적인 것과 취급이나 뜻을 달리하는 점이 적지 않고 민법과 관습조사에 대해서도 신중을 요한다는 이유를 들어, 신고는 서면으로만 받고 접수한 서류는 먼저 법무국에 회송한 후 그 지령을 받아 처리하게 했다.[190] 조선호적령 시행 후에도 종래의 방식에 준하여 감독재판소의 지령을 받게 했다.[191] 마찬가지로 1921년 7월 6일 관통첩 제63호에서는 추후의 자진신고 역시 서면으로만 해야 한다고 밝히고 신고서에 기재할 사항들을 정하였다.[192] 〈그림 1-2〉는 남편 김원철(金元哲)과 아내 야마카와 이와(山川イワ)의 혼인을 신고했었음을 남편이 속한 가의 호주 김성익(金盛益)이 부령 제99호에 따라 자진신고할 경우의 서식이다.

부령 제99호는 1923년 7월 조선호적령이 시행되면서 폐지되었지만, 그 부칙 제131조에서도 "본령 시행 전 공통법 제3조의 규정에 의해 조선의 가를 떠나거나 또는 다른 지역의 이에를 떠나 조선의 가에 들어온 경우에 민적법 또는 호적법에 따라 신고 또는 계출을 했던 것"은 처리하되 당사자, 호주, 기타 이해관계인이 당사자의 본적지 부윤 또는 면장에게 자진신고하도록 했다. 이러한 관계자의 서면 자진신고에 의해 1921년 7월 이전의 내선결혼과 이혼, 1923년 7월 이전의 신분행위들 중 민적법 또는 호적법에 따라 신고한 것은

---

190 『民籍例規』, 23쪽.

191 『朝鮮戶籍及寄留例規』, 6~7쪽.

192 『民籍例規』, 22쪽. 신고서에 기재해야 할 사항은 다음과 같으며, 신고인이 당사자가 아닐 때에는 당사자와의 관계를 증명하는 서면을 첨부해야 했다: ① 동령(부령 제99호—인용자) 제3조 제1항 제1호~제4호와 제2항에 정한 기재 사항. 단 혼인 당시와 자진신고 당시에 다른 점이 있을 때는 그 쌍방, ② 혼인과 그 계출 또는 신고의 연월일, ③ 자진신고인의 씨명 또는 성명, 출생의 연월일, 본적과 주소, 아울러 자진신고인이 당사자가 아닐 때는 당사자와의 관계, ④ 적출자가 있는 경우에는 그 씨명 또는 성명, 출생의 연월일과 본적.

〈그림 1-2〉 부령 제99호에 따른 혼인 자진신고 서식

혼인 자진신고서 [婚姻申出書]

본적 京畿道 京城府 水下町 100番地
호주 金盛益 아우
위와 같은 곳
부 亡 金盛一
모 李淑女 출생별 차남 본관 전주
혼인 당시 京畿道 仁川府 萬石洞 10番地
호주 盛一 차남
남편 회사원 金元哲 년 월 일생
본적 山口縣 熊毛郡 岩田村 15番地
위와 같은 곳
부 山川正吉
모 アキ 차녀
처 무직 山川イワ 년 월 일생
혼인연월일
신고연월일
적출자
본적 아버지와 같다. 장남 金鍾喆 년 월 일생
위를 大正10년 조선총독부령 제99호 제11조에 따라 별지
당사자와의 관계를 증명하는 서면을 첨부하여 자진 신고합니다.
년 월 일
본적 京畿道 京城府 水下町 100番地
소재 위와 같음
자진신고인 호주 金盛益 ㊞
년 월 일생
경성부윤 앞

*출전: 京城府 調査係, 『京城彙報』 1, 1921, 9쪽.

이후에도 양 지역의 호적을 정리할 수 있었다.

그런데 이때 1921년 7월 이전에 민적법에 따라 신고한 것, 즉 1915년 이후의 조선인 남성과 일본인 여성의 혼인을 인정한 것은 특이하다. 대만에서는 내대공혼 문제를 해결한 후 호구조사부에 기재된 본도인(本島人)의 신분은 인정했지만 "일본인과 본도인 간의 인지, 입양, 혼인 등의 기재로서 호적법에 따른 신고를 하지 않은 것"은 인정하지 않았기 때문이다.[193] 조선과 대만의 신분등록제도가 호적제도가 아니었다는 같은 이유로 내선결혼·내대공혼 문

193 「臺灣總督府令 第8號 本島人ノ戶籍ニ關スル件」, 『官報』 1933년 2월 16일자.

제가 발생했는데, 조선에서만 혼인을 소급해서 인정해준 것이다.

하지만 이것이 민적법에 따른 신고를 전면적으로 인정하려는 뜻이 아니었음은, 부령 제99호 시행 이전에 신고했음을 자진신고하지 않았을 경우 민적법 또는 호적법에 의한 신고를 서로 다르게 취급했음을 통해 확인할 수 있다. 먼저 민적법에 따라 신고하고도 자진신고를 하지 않으면 부윤 또는 면장은 기존에 혼인신고를 수리한 사실만으로 호적을 정리할 수 없었던 듯하다. 1930년경 조선사법협회의 준회원 박용택은 1916년에 조선인 남성과 혼인하고 조선에서 민적법에 따라 신고도 했지만 일본에서는 신고하지 않아 일본 호적에 남아 있는 일본인 여성을 제적시키기 위한 절차를 문의했는데, 협회의 회답은 조선호적령 부칙 제131조에 따라 관계자가 자진신고한 후 부윤 또는 면장이 혼인신고서의 등본이나 혼인 사항이 기재된 호적등본을 일본의 시정촌장에게 송부하라는 것이었다. 조선인 남성이 1920년에 일본인인 어머니의 호적에 있는 사생자를 조선에서 인지신고한 경우 역시 마찬가지였다.[194] 이에 반해 일본에서는 이미 호적법에 따라 신고서를 수리한 경우 별도의 절차 없이 송적 절차를 개시했다. 조선인 남성과 일본인 여성의 혼인을 여성의 본적지에서 신고하여 일본 호적에만 혼인 사항이 기재된 경우에 대해, 사법성 민사국장은 1922년에 촌장이 혼인신고서 등본을 만들어 남편의 본적지에 송부하고 그 입적 통지를 기다려 여성을 제적하라고 지시한 것이다.[195] 또한 지바현(千葉縣)의 한 촌장은 1920년에 조선인 남성의 서양자입양신고를 수리했지만, 여성의 호적에 그 사실만 기재하고, 조선인은 일본의 이에에 입적할 수 없다고 판단하여 남편을 입적시키지 않았다. 그 후 공통법 제3

194 司法協會 編,『司法協會決議回答輯錄』, 京城: 司法協會, 1932, 479~480쪽.

195 『司法省親族·相續·戶籍·寄留先例大系』, 703~704쪽, 978~980쪽.

조가 시행되자 1923년에 서양자입양신고를 새로 하게 해야 할지를 문의했는데, 사법성 민사국장은 역시 서양자를 입적시키고 이미 수리한 서양자입양 및 혼인신고서의 등본을 작성해 조선에 송부하라고 했다.[196] 이러한 차이로 보건대, 일제가 부령 제99호로 민적법에 의한 신고를 인정한 것은 1921년까지 혼인을 유지하고 있는 부부에 한해 내선결혼의 성립 시기를 민적법에 따라 신고한 때로 소급하여 인정한 것일 뿐, 그 사이 이혼해서 아무도 자진신고를 하지 않으면 무효로 간주하려 했음을 의미할 가능성이 높다.

한편, 공통법 제3조가 시행된 후 조선인 남성과 일본인 여성의 혼인에서 가장 문제가 된 것은 중혼이었다. 이전에는 조선과 일본 사이에 송적이 이루어지지 않았기 때문에 사실상 중혼이 가능했지만, 이후에는 두 번째 혼인신고를 했을 때 모두 드러날 수밖에 없었던 것이다. 그럼에도 불구하고 중혼신고는 적지 않았다. 1915년 이전의 민적법에서는 신고가 없어도 경찰이 호구조사 결과를 민적에 기재할 수 있었고, 1915년 이후에는 신고를 받은 경우에만 기재했지만 호주가 신고 주체였기 때문에 정작 당사자인 조선인 남성은 자기 호적에 배우자가 기재된 사실 자체를 몰랐을 가능성도 있다. 실제로 문제가 된 상황도 대개 이들 내선결혼 부부가 일본에 거주하면서 일본에서 혼인신고를 하고, 이후 송적 절차에 따라 조선에 있는 남성의 본적지에 서류가 도착했을 때 조선 호적에서 본처의 존재가 발견되는 형태였다.

현재 확인되는 최초의 사례는 1923년 2월 사이타마현(埼玉縣)에서 남○렬(南○洌)과 쓰치야(土屋) 케○의 혼인신고서 및 아들 남○고(南○高)의 적출자 출생신고서를 수리하여 남편의 본적지인 경남 창녕으로 보낸 경우이다. 관통첩 제240호의 8-(2)는 배우자가 있는 자의 중혼신고를 수리해서는 안 된다고 했으

196 『司法省親族·相續·戶籍·寄留先例大系』, 1626~1627쪽.

므로, 면장은 이 혼인이 중혼에 해당한다는 뜻으로 신고서를 반려했다. 그런데 일본 민법에서는 중혼이라도 호적리가 신고서를 수리한 이상 재판소에서 취소의 판결을 얻기 전까지는 유효했다. 이로 인해 사이타마현에서는 조선의 취급을 납득하지 못하고 신고서를 재차 송부했다. 그러자 창녕군에서는 조선총독부 법무국장에게 처리 방법을 물었고, 7월에 법무국장은 민적상 1909년 1월에 황○련(黃○連)과 혼인한 상태인데, 황씨가 사망했거나 이혼했는데도 신고를 안 해서 남아 있는 게 아니라면 "중혼에 해당되어 조선 관습상 무효"이므로 혼인신고서를 반려해야 한다며 창녕군의 취급에 동의했다. 그러자 사이타마현에서는 8월에 다시 사법성에 처리 방법을 문의했고, 사법성은 조선총독부 법무국장에게 조회했다. 이에 조선총독부 법무국장은 11월에, 조선의 관습에서 중혼은 당연 무효이며 1923년 이전의 사항은 종전의 규정에 따라야 하는데 조사 결과 본처의 사망 또는 1923년 이전 관습에 의한 적법한 이혼 등 혼인의 해소 사실이 없으므로 무효라고 회답했다. 그에 따라 12월에는 사법성 민사국장도 사이타마현에 이들의 중혼은 무효이므로 쓰치야의 호적에 기재한 혼인은 정정하고 남○고는 서자로 취급하도록 지시했다. 이는 공통법에 입각한 해석이었다. 사이타마현은 "조선에서도 민법이 시행됨에 있어서는 이 법에 따르지 않으면 안 되는 것"으로 믿는다고 주장했지만, 사법성은 공통법 제2조 제2항에 따라 혼인의 효력은 남편이 속한 조선의 법령에 따라야 하고 조선민사령에서는 친족·상속에 관해 민법이 아니라 조선 관습에 따르도록 했으므로 무효로 취급해야 한다고 회답했다.[197] 이후에도 일본

197 『司法省親族·相續·戸籍·寄留先例大系』, 1567~1568쪽; 『戸籍先例全集』, 812~813쪽; 霜山精一 編, 『親族相續先例類纂』, 東京: 巖松堂書店, 1928(增訂再版), 161~169쪽(이하 '『親族相續先例類纂』').

측에서는 종종 민법의 해석에 입각하여 "중혼은 취소할 수 있지만 무효인 것이 아니"라면서 일본에서 신고를 수리한 이상 조선에서도 수리해야 한다고 주장했지만, 1930년 조선고등법원 역시 무효로 처리할 것을 지시했다.[198] 이와 같이 조선인 남성과 일본인 여성의 혼인은 '내선결혼' 중 가장 큰 비중을 차지하면서도 여러 문제를 드러내는 유형이기도 했다. 부령 제99호가 제정·시행된 이후에는 기왕의 내선결혼도 구제받을 수 있는 길이 열렸지만 호적법에 따라 신고한 것이 아닌 이상 완전하지 않았고, 호적법에 따라 신고하여 유효로 생각되던 혼인도 중혼인 경우에는 무효가 되었던 것이다.

그 외 1929년에는 일본인 여호주가 폐가하고 조선인 남성과 혼인하려는 경우, 가족인 자녀가 여호주와 함께 당연히 조선의 혼가에 들어가는지가 의문시되었다. 민법 제763조에 따르면 가족은 폐가자에 수반하여 당연 타가에 들어가지만, 가족 중 만 17세 이상인 남자가 있어서 공통법 제3조 제3항에 저촉되었던 것이다.[199] 이러한 혼인신고서를 송부 받은 대구지방법원장은 법무국장에게 만 17세 이상의 남자는 지역적을 변경할 수 없으므로 폐가 자체를 무효로 해야 할지, 아니면 여호주가 은거(隱居)한 것으로 간주하여 처인 여호주만 조선 호적에 입적시켜야 할지를 문의했다. 그러자 법무국장은 폐가는 유효하게 하되 만 17세 이상인 남자만 따로 일본에 일가를 창립하게 해야 한다는 조선고등법원장의 견해를 사법성으로부터 승인받고, 그와 같은 취지로

198 朝鮮總督府 法務局 編纂, 『(昭和八年 改正) 朝鮮戶籍例規』, 鮮光印刷株式會社, 739~741쪽; 『朝鮮戶籍及寄留例規』, 507~508쪽.

199 이 문제는 원래 혼인의 효력에 관한 것이므로 남편의 본적지인 조선의 관습에 따라 해석해야 했지만, 조선에서도 호주가 폐가하여 다른 가에 들어가는 경우 그의 가족은 호주에 따라 수반 입적하는 것으로 되어 있었으므로 결과는 같다. 南雲幸吉, 『現行朝鮮親族相續法類集』, 京城: 大阪屋號書店, 1935, 118쪽.

회답했다.[200] 이처럼 일반적이지 않은 사례에서는 해석하기에 따라 내선결혼이 성립하지 않게 될 가능성도 있었지만, 조선과 일본의 사법당국은 가급적 내선결혼을 성립시키는 쪽으로 법령을 적용했다.

2) 초서, 입양

〈표 1-5〉에는 남성이 처가에 입적하는 혼인 유형인 입부혼인과 서양자입양은 없고, 입양은 3건 있지만 출전 (1)의 비고에 따르면 이는 일본인에게 입양되었던 조선인 남성이 다시 조선인에게 입양되어 온 것이므로 원래의 일본인은 아니었다. 즉, 이 시기에 일본인 남성이 혼인이나 입양을 통해 조선 호적에 입적된 사례는 전무한 것이다. 이는 공통법의 친족·상속법상의 제약과 병역상의 제약이 맞물린 결과였다. 먼저 친족·상속법의 측면에서, 공통법 제3조 제1항은 "한 지역의 법령에 의해 그 지역의 이에에 들어가는 자는 다른 지역의 이에를 떠난다"고 했지만, 조선의 법령인 조선민사령 제11조에 따르면 일본인 남성은 조선의 가에 들어가기도 어려웠다. 제1장 제3절에서 본 것처럼, 조선에서는 이성양자를 허용하지 않았으므로 조선인의 남계 혈족일 수 없는 일본인은 조선인에게 입양될 수 없었다. 또한 혼인의 유형 중 입부혼인과 서양자입양의 제도도 조선의 관습으로 인정되지 않았다. 다만 1916년에 부정되었던 초서(招壻)는 조선호적령에서 다시 인정되었다(제84~85조).[201] 1929년에는 대구지방법원 관내 부면(府面) 호적주임서기협의회에서 "병역의

200 『朝鮮戸籍及寄留例規』, 506쪽; 『司法省親族·相續·戸籍·寄留先例大系』, 1567쪽; 「內鮮人ノ婚姻届出ニ關スル件」, 朝鮮總督府 法務局 民事係, 『戸籍例規: 自大正15年至昭和4年』, 1929, 1041~1053쪽.

201 이정선, 앞의 논문, 2011a, 273~274쪽, 279쪽.

의무가 없기에 이른 내지인 남성은 조선인 여성과 초서로서 혼인하여 조선의 가에 들어갈 수 있다"[202]고 결의했고, 일본과 조선의 사법당국도 같은 취지를 확인했다.[203] 하지만 일본인 남성이 조선 호적에 입적한 실제 사례는 없었다.

일본인 남성의 초서혼 입적이 없는 이유는 공통법 제3조 제3항에 따라 '육해군의 병적에 있지 않은 자' 및 '병역에 복무할 의무가 없기에 이른 자'가 아니면 다른 지역의 이에에 들어갈 수 없기 때문이었다. 이 중 '병역에 복무할 의무가 없기에 이른 자'라는 구절은 국적법 제24조 제1항과 같은 취지에서 만 17세 이상의 남성에게만 해당된다고 해석되었다.[204] 그에 따라 여성, 조선인 등의 식민지 남성, 만 17세 미만의 일본인 남성에게는 제약이 없었지만, 만 17세 이상의 일본인 남성은 공통법 제3조 제3항에 저촉되었다. 그런데 일본 민법에서 남성은 만 17세가 되기 전에는 혼인할 수 없기 때문에,[205] 제2국민병역에 속하지 않는 한 병역의무가 없어지는 만 40세를 넘기고서야 초서로서 조선 호적에 입적할 수 있었다.[206] 이에 대해 1918년 3월의 중의원공통법안위원회에서 야마다 법제국 참사관은 "병역의무를 마친 자라도 그다지 나이를 먹었다고 할 건 아니므로 동화정책상 결혼 정략의 목적에 맞지 않는

---

202 『司法協會雜誌』 9-1·2, 1930, 128쪽.

203 『朝鮮戶籍及寄留例規』, 512쪽; 『司法協會雜誌』 12-5, 1933, 64쪽.

204 『朝鮮司法協會雜誌』 2-9, 1923, 29쪽. 국적법 제24조 제1항은 "만 17세 이상의 남자는 전5조의 규정에 관계없이 이미 육해군 현역에 복무한 때 또는 그에 복무할 의무가 없는 때가 아니면 일본의 국적을 상실하지 않는다"이다.

205 「法律 第9號 民法 第4編 第5編」 제765조, 『官報』 1898년 6월 21일자.

206 병역법(1927)에서 병역에 복무할 자의 연령은 17~40세이다. 田代有嗣·吉田和夫·林田慧, 「共通法三條三項と兵役法との關係」 (一), 『戶籍』 270, 全國連合戶籍事務協議會, 1969, 6쪽.

다고 할 것 없다"라고 설명했지만,[207] 당시의 평균 혼인 연령을 감안하면 그다지 초혼에 적합한 연령도 아니었다.

일본인 남성의 조선 호적 입적이 제한되었다는 결과와 관련하여 흥미로운 것은, 공통법 제정 당시 야마다가 전적의 자유를 주장한 이유 중 하나가 일본인의 식민지 이주를 장려하는 데 필요하다는 것이었다는 점이다.[208] 대만총독부가 일본인의 대만 전적을 허용하기를 바란 이유도 대만에 거주하는 일본인에게 편의를 제공하기 위해서였다. 여성의 공적 활동이 제한된 시기에 조선·대만총독부가 조선과 대만에 정착하기를 바란 일본인은 남성이었겠지만, 전적은 금지되고 '내선결혼' 법제에서도 조선의 친족·상속 관습과 병역 때문에 일본인 남성은 조선 호적에 입적하는 데 제약을 받았다. 일본인의 식민지 정착 촉진, 내선결혼 허용 등 식민정책상의 의도가 공통법에 의해 제한되었음을 엿볼 수 있는 대목이다.

3) 인지, 친족입적

일본 정부와 조선총독부는 공통법 제정 과정에서 조선인과 일본인 사이에 혼인과 입양이 성립하지 못하는 문제를 해결해야 한다고 인식했다. 혼인과 입양은 가적의 변동을 수반하고, 이에를 함께하지 못하면 관계 자체가 성립하지 못하기 때문이었다. 부령 제99호가 제정된 후, 시즈오카구(靜岡區)재판소 감독판사가 혼인과 이혼 이외에 입적과 제적을 필요로 하는 입양·인지·친족입적 등에 대해 규정하지 않은 것은 이를 금지한다는 취지인지 물었을 때도, 사법성 민사국장은 입양은 인정했지만 다른 유형들은 실제 문제가 생

207 「共通法案(衆院)」, 『東京朝日新聞』 1918년 3월 17일자.

208 山田三良, 앞의 글, 1917b, 632~633쪽.

길 경우 다시 문의하라고 회답했다.[209] 하지만 이에를 매개로 지역적의 이동을 허용하는 형태로 공통법을 제정한 이상, 혼인과 입양뿐 아니라 그와는 성질이 다른 인지와 친족입적에 의한 지역적 변경도 허용할 수밖에 없었다.

이 중 인지는 일본국적민의 신분에 국적법을 적용하기로 한 초안에서도 지역적 변경의 요건이 될 수 있었지만, 당시 조선의 관습에서는 다소 생소한 제도였다. 인지는 대개 혼외관계에서 태어나 모친의 호적에 입적된 사생자를 부친이 친자로 인정하여 자기가 속한 호적에 서자로 입적시키는 형태로 이루어졌는데, 민적법에서 인지는 신고 사항에 포함되지도 않았다. 조선총독부는 조선에는 첩이 일반적이기 때문에 사생자 인지의 관념이 발달하지 않았다고 보고, 부친이 자진해서 혼외 자녀의 출생신고를 했거나 모친이 아이의 아버지로 지정한 사람이 그를 친자로 인정했거나 인정했다고 볼 수 있는 경우에는 인지의 사실이 발생한 것으로 간주하여 신고하게 했을 뿐이었다.[210]

부령 제99호 단계에서 조선인 부친이 조선에서 일본인 사생자를 인지하는 신고를 해도 호적을 정리할 수 없었던 것은 이처럼 인지가 사실주의에 입각했기 때문이기도 했다. 인지도 공통법 제2조 제2항에 따라 준거법이 결정되었는데, 부모와 사생자는 각기 자기 본국법의 사생자 인지 요건을 충족해야 하고 인지의 효력은 인지자인 부 또는 모의 본국법에 따랐다.[211] 이를 근거로 조선총독부 법무국장은 1921년 12월에 조선인 부친이 일본인인 사생자를 인지할 때는 조선의 관습에 따라 의사 표시를 하면 족하고, 일본 호적리

---

209 『司法省親族·相續·戶籍·寄留先例大系』, 1363~1364쪽.

210 横田五郎, 앞의 글, 1923, 26~27쪽. 민적법 시행 당시 사생자 인지신고에 대해서는 1915년 관통첩 제240호에 처음 규정되었다.

211 「法律 第10號 法例」 제18조, 『官報』 號外, 1898년 6월 21일자.

에게 신고할 필요는 없다고 했다.[212] 하지만 일본에서는 이러한 조선의 방식을 인정하지 않았고, 따라서 부령 제99호에 따른 내선결혼·이혼신고 이외에 조선에서 받은 사생자 인지 신고서류는 일본에 송적할 수 없었다.

조선에서 가능한 방법은 두 가지였다. 첫째, 아이가 아직 어머니의 호적에 기재되지 않은 경우에는 혼인신고를 한 후 아버지의 본적지에서 적출자 출생신고를 하여 민적에 입적시킬 수 있었다. 둘째, 어머니의 호적에 사생자로 등록된 때는 조선에서 부친이 서자 출생신고를 해서 민적에 올린 후, 부령 제99호 제4조에 따라 혼인신고서에 혼인으로 적출자 신분을 취득하는 자로 기재하여 처자의 민적 입적 및 호적 제적을 함께 처리할 수 있었다.[213] 즉, 조선인 남성이 일본인 사생자를 인지하여 입적·제적을 완료하려면, 반드시 그 어머니와 정식으로 혼인하여 적출자로 삼아야 했다. 그렇지 않고 인지신고만 하면, 아이는 조선에서는 서자로, 일본에서는 사생자로 기재되어 복본적을 갖게 될 것이었다.[214] 다만 이 문제는 인지에도 일본의 민법을 의용하기

212 『民籍例規』, 213~214쪽.

213 『民籍例規』, 211~212쪽. 일본에서는 종래 조선인 남성이 일본인 여성이 낳은 사생자를 인지하는 신고서를 일본에 제출하면, 수리하여 아이의 호적에 기재만 하고 제적하지는 않았다(『司法省親族·相續·戶籍·寄留先例大系』, 1214쪽). 하지만 공통법 제3조 시행 이후에는 일본에서 수리한 신고서를 조선에 보낸 것으로 보인다. 1923년 6월, 조선총독부 법무국장도 조선인 부친이 일본인 사생자를 인지하는 신고서를 일본에서 수리해도 문제없다고 보되, 인지신고서를 먼저, 혼인신고서를 나중에 수리하게 했다(『朝鮮戶籍及寄留例規』, 60~61쪽).

214 하지만 공통법 제3조가 시행되자, 조선에서도 조선인 친부가 속한 가의 호주와 일본인 사생자가 속한 이에의 호주가 제출한 인지신고를 수리하여 사생자를 입적시키고, 관계 서류를 일본에 송적한 사례가 있다. 사법성 민사국장도 이를 적법한 신고로 인정하여 수리하고 사생자를 제적시켰다. 『司法省親族·相續·戶籍·寄留先例大系』, 1247~1248쪽.

로 한 개정 조선민사령이 1923년 7월에 조선호적령과 함께 시행되면서 금방 해결되었다. 그러자 조선총독부 민사과장은 호적사무강습회에서, 조선인인 부친이 일본인인 사생자를 인지하려 할 때 그 신고를 조선뿐 아니라 일본에서 해도 유효하므로 송적 및 입적 절차를 밟아야 한다고 설명했다.[215]

〈그림 1-3〉의 서류들은 내선결혼과 인지로 인한 지역적 변경 문제가 순차적으로 해결되었음을 보여주는 사례이다.[216] 이 사례에서 남편 윤○명(尹○命)과 아내 나카가와(中川) ○미는 1920년 3월 오사카(大阪)에서 혼인신고를 했고, 동년 7월 15일에 아들을 낳았다. 하지만 〈그림 1-3〉 오른쪽의 호적등본에 따르면, 부모의 혼인신고 절차가 끝나지 못한 상태에서 아들은 어머니가 속해 있던 일본 호적에 사생자로 입적되었다. 이에 아버지는 다시 1923년 5월 2일에 〈그림 1-3〉 왼쪽과 같이 아들을 장남으로 인정한다는 사생자 인지신고서를 제출했다. 혼인신고지와 부친의 소재지, 장남의 출생지와 소재지, 인지신고지가 모두 오사카인 것으로부터, 이들이 줄곧 함께 생활했고 법적으로도 가족이 되려 했지만 제도적 제약 때문에 그때까지도 호적을 정리하지 못했음을 짐작할 수 있다. 이 문제는 동년 7월, 조선호적령이 시행된 이후에 해결되었다. 아내와 아들의 본적지였던 시가현(滋賀縣)에서는 ○미가 조선 호적에 입적되었다는 통지를 받고 1923년 7월 9일에 처를 일본 호적에서 제적시키는 한편, 동월 19일에는 사법성에 사생자 인지신고를 어떻게 처리해야 하는지를 문의했다. 그러자 사법성 민사국장은 공통법 제3조 제3항에 저촉되지 않으므로 조선에 신고서를 보내 아들을 입적하게 한 후 제적하라고 회답하였다.

이와 같이 일본인 사생자가 아버지인 조선인의 호적에 들어가는 인지 입

215 『朝鮮司法協會雜誌』 2-9, 1923, 29~30쪽.

216 『親族相續先例類纂』, 207~212쪽.

〈그림 1-3〉 조선인의 일본인 사생자 인지신고서(1923), 아들의 호적등본 기재사항

사생자인지 신고서 [私生子認知屆]

본적 滋賀縣 野洲郡 北○村 大字江頭 771番地
호주 菊治郎 생질

소재 大阪府 西成郡 鷺洲町 海老江 1052番地의 2
장남이 되어야 할 자 中川○吉
大正 9년 7월 15일생

모 朝鮮 慶尚南道 金海郡 鳴○面 助東里 34番户의 1
尹○世 제수 ○み

위 사생자인지를 신고 [居出] 합니다.
大正 12년 5월 2일
신고인 尹○世 아우 브러쉬직

소재 大阪府 西成郡 鷺洲町 海老江 1052番地의 2
인지자 尹○命
明治 27년 7월 23일생

위 사생자 입가에 동의합니다.
호주 尹○世
明治 11년 8월 20일생

西成郡 鷺洲町長 黑田徹次 앞

大阪府 西成郡 鷺洲町 大字浦江 473번지
에서 사생자 출생 모 ○み 신고, 大正 9년
7월 24일 鷺洲町長 黑田徹次 접수,
동월 27일 송부입적
부 朝鮮 慶尚南道 金海郡 鳴○面 助東里
34번호의 1 尹○世 아우 ○命 인지신고,
大正 12년 5월 2일 大阪府 西成郡 鷺洲町長
黑田徹次 접수, 동월 5일 송부

부	모	생질	출생
	中川○み	○吉	大正 9년 7월 15일
사생자남			

*출전: 霜山精一 編, 『親族相續先例類纂』, 東京: 巖松堂書店, 1928, 208~212쪽.

적은 조선호적령이 시행된 뒤에야 온전히 가능해졌으면서도, 혼인에 이어 2위를 차지할 정도로 많이 이루어졌다. 일본인 여성과 조선인 남성 사이에서 태어난 사생자는 부친에게 인지되지 않으면 호적상 일본인이지만 사생자로 차별받고,[217] 인지되면 서자나 적출자가 될 수 있지만 조선인으로 차별받게 되는 진퇴양난에 처해 있었다. 이때 호적상의 일본인보다 서자나 적출자의

217 같은 혼외자라도 부친에게 인지된 서자와 달리, 사생자는 여성의 불건전한 섹슈얼리티의 산물로서 법제적·사회적 차별의 대상이 되었다. 홍양희, 「"애비 없는" 자식, 그 '낙인'의 정치학」, 『아시아여성연구』 52-1, 2013.

지위를 택한 조선인 부친이 적지 않았던 것이다. 다만 인지는 성질상 반드시 호적 이동을 초래하지는 않았다. 인지된 자녀는 부친의 이에에 입적하므로 인지도 가적의 변동을 야기하는 신분행위이기는 하지만, 같은 가적에 속하지 않으면 관계 자체가 성립하지 않는 혼인이나 입양과 달리, 인지는 친자관계를 확인하는 것이 목적이기 때문에 가적을 달리하더라도 성립했다. 실제로 조선인과 일본인 사이에서 인지된 자녀가 이에를 떠날 수 없는 호주인 때는 공통법 제3조 제2항에,[218] 병역에 복무할 의무가 있는 만 17세 이상의 일본인 남성인 때는 제3항에 저촉되어 다른 지역에 입적될 수 없었으므로, 이 경우는 인지된 자녀의 호적에 인지의 사항 및 부친의 성명, 부모와의 관계 등을 수정 기재하는 데 그치고 지역적은 변경하지 않았다.[219] 그리고 이 중 공통법 제3조 제3항에 저촉되었던 자는 병역에 복무할 의무가 없게 되었을 때 자동으로 지역적이 변경되는 것은 아니었고, 조선의 가에 들어가기 위해서는 다시 친족입적 신고를 해야 했다.[220]

한편, 혼인과 입양, 인지는 국적법상 외국인이 일본국적을 취득하는 요인이기도 했지만, 그에 포함되지 않는 친족입적이 지역적 변경의 원인이 되었다는 점에 주목할 필요가 있다. 공통법 제3조는 혼인·입양 등 신분행위의 결과 가족 신분을 얻거나 상실하게 되어 본적이 바뀌는 경우를 규정했을 뿐, 가적을 바꾸는 것이 목적인 전적과 분가 등은 허락하지 않았다. 그런데 가족인 신분의 득상 자체를 목적으로 하는 신분행위인 친족입적은 혼인이나 입

---

218 장래 호주가 될 법정 추정가독상속인도 인지되어도 아버지의 이에에 들어가지 않았지만, 1923년 7월 16일부터 입적될 수 있는 것으로 바뀌었다. 『司法省親族·相續·戶籍·寄留先例大系』, 1211~1213쪽; 向英洋, 앞의 책, 2007, 292쪽.

219 『司法省親族·相續·戶籍·寄留先例大系』, 1214~1215쪽; 『朝鮮戶籍及寄留例規』, 505쪽.

220 『司法省親族·相續·戶籍·寄留先例大系』, 1166~1167쪽.

양과는 성질이 다르고, 오히려 전적이나 분가와 유사한 측면이 있었다.[221] 이에 사법성 민사국장은 1922년 5월까지만 해도 "내지인과 조선인은 조선 또는 내지에 전적, 취적, 분가, 입적을 할 수 없다"고 하여, 친족입적을 공통법 제3조의 적용 대상에서 제외했다.[222] 그런데 1922년 10월 오사카구재판소에서 친족입적은 공통법 제3조에 해당되지 않는다고 해석해도 좋은지를 묻자, 민사국장은 포함되지만 구체적 절차에 대해서는 다시 문의하라고 회답했다.[223] 질문자도 친족입적은 제외될 거라 예상했을 만큼 다른 신분행위들과 성격이 달랐지만, 공통법 제3조가 가적을 통한 지역적 이동을 허용하는 형태인 이상, 일본인과 조선인 간의 친족입적도 인정되었던 것이다.

그런데 친족입적도 인지와 마찬가지로 1923년 이전 조선에서는 그다지 널리 행해지는 관습이 아니었다. 민적법에는 이와 유사한 '입가(入家)' 제도가 있었는데, 이는 "호주 또는 가족의 친족이 혼인이나 입양에 의하지 않고 입가"하는 것으로, 타가에 있던 호주의 조카를 들이거나 처가 이전 혼인에서 얻은 자녀를 데려오거나 첩이 남편의 가에 들어오는 경우 등이 여기에 해당되었다.[224] 하지만 1910년 『관습조사보고서』는 조선에서는 혼인·입양 등 외에는 가족이 전적해서 타가의 가족이 되는 것을 인정하지 않는다고 했다. 그만큼 입가는 명확한 제도가 아니었고, 다만 민적법이 실시된 이후 가의 관념이 명확해짐에 따라 1915년 관통첩 제240호에서 입가의 취급 원칙을 분명히 한 정도에 불과했다. 그리고 1923년에 시행된 조선호적령에서 그 명칭을 친

221 向英洋, 앞의 책, 2007, 138~139쪽.

222 『司法省親族·相續·戶籍·寄留先例大系』, 2840쪽.

223 『司法省親族·相續·戶籍·寄留先例大系』, 2467~2468쪽.

224 內部 警務局 編纂, 『民籍法ノ說明』, 1909, 6~7쪽.

족입적으로 변경하고, 호주가 타가에 있는 자기 또는 가족의 친족을 가족으로 삼고자 할 때 신고하는 것으로 했다(제110조).

그런데 조선총독부는 1922년 조선민사령 개정 때 신고주의를 채택해야 할 사항들을 나열하면서 친족입적은 포함시키지 않았기 때문에, 신고 유무와 상관없이 사실주의에 입각하여 호주가 의사를 표하면 친족입적이 가능하다고 해석할 여지도 있었다. 그렇지만 조선총독부 법무국은 신분행위는 공시적이어야 하고, 조선호적령에서도 '며칠 이내'에 신고하라는 보고적 신고에 필요한 기한을 정하지 않았음을 근거로, 조선의 친족입적도 호주의 신고로 성립한다고 설명했다.[225] 이는 역으로 조선총독부가 조선호적령에서는 친족입적이 신고주의에 입각한 것처럼 규정하고도 조선민사령에서는 이를 누락시켜버렸음을 인식하지 못했을 만큼, 1922년 당시 친족입적을 그다지 중요하게 여기지 않았음을 알려준다. 일본인과 조선인 사이의 친족입적에 대해서도 조선에서는 1928년의 문의가 가장 이른 것으로 보인다. 이때 광주지방법원에서 일본인에게 입양된 조선인이 자기 친족을 일본의 양가에 친족입적시키거나 조선인 남성 호주가 일본인 아내의 친족을 친족입적시킬 수 있는지, 입적한 일본인이 다시 분가할 수 있는지 등에 대해 묻자, 법무국장은 모두 가능하다고 회답했다.[226] 하지만 〈표 1-5〉에서 보았듯이, 일본인이 조선 호적으로 친족입적한 사례는 1932년에야 나타나고 수도 매우 적다. 확인되는 유형도 조선인 남호주가 일본인 아내의 사생자를 친족입적하거나,[227] 일본인 아버지의 호적에 서자로 기록된 아들을 어머니인 조선인 여호주가 자기의 가족으로

---

225 六彌太登良麿, 「朝鮮の親族入籍について」, 『戸籍』 2-4, 1942, 6~7쪽.

226 『朝鮮戸籍及寄留例規』, 508~509쪽.

227 『司法省親族·相續·戸籍·寄留先例大系』, 2498~2499쪽.

삼는 등,[228] 조선인 호주가 자기 또는 가족의 직계비속을 입적하려는 사례에 국한되어 있다. 이에 비해 후술할 것과 같이 조선인이 일본 호적에 친족입적하는 유형은 다양했고, 가족 신분을 얻기 위한 친족입적은 단지 일본인이라는 신분을 얻기 위한 수단으로도 활용되었다.

4) 이혼, 파양

1921년 7월에 공통법 제3조가 시행된 이후, 이혼 또는 파양으로 일본 호적에서 조선 호적으로 입적한 사례는 원래의 조선인이 복적하는 경우였다.[229] 〈표 1-5〉는 1937년까지 이혼과 파양을 합산했으므로 양자를 구분할 수 없지만, 총수 108건을 〈표 1-6〉의 같은 기간에 각종 혼인과 입양으로 일본의 이에에 들어간 1,261건과 비교하면, 약 8.6%의 이혼 및 파양률을 보인다.

이혼 및 파양에서 특기할 사항은 1921년 이전에 내선결혼한 조선인 남성의 복본적과 중혼이 이혼 또는 파양된 때 비로소 드러나기도 했다는 점이다. 1919년에 효고현(兵庫縣)에 본적을 둔 후지노(藤野) 가문에 서양자로 입적했다가 1929년 1월에 파양 및 이혼신고를 한 경북 경산의 최쇠돌(崔釗乭, ○英으로 개명)이 그 사례이다. 〈그림 1-4〉의 왼쪽은 최쇠돌의 일본 호적초본 중 일부인데, 후지노의 장녀와 결혼한 최쇠돌은 1920, 1921, 1924년에 각각 딸을 낳았고 장녀 타마에(たまゑ)의 부친란에는 '후지노 쇠돌(藤野釗乭)'이라고 기록되었다. 그러나 부령 제99호가 시행된 뒤에도 자진신고를 하지 않아서 조선 호적에 미혼 상

---

228 『朝鮮戶籍及寄留例規』, 510~511쪽.

229 공통법 제3조 시행 전에 이혼 또는 파양되어 일본에 일가창립한 전(前) 조선인 역시 조선에 복적해야 했지만, 누락된 경우도 있었다. 일본은 패전 이후 일본 호적에 남아 있던 이들 조선인, 대만인에 대해서는 호적법상 일본인이 아닌 것으로 취급했다. 『戶籍先例全集』, 451쪽.

〈그림 1-4〉 최쇠돌의 일본 호적(좌)과 조선 호적(우)의 초본

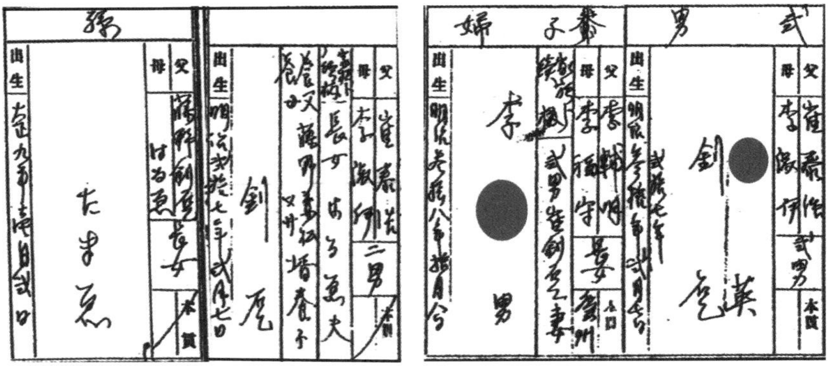

*출전: 朝鮮總督府 法務局 民事係, 『戶籍例規: 自大正15年至昭和4年』, 1929.

태로 재적해 있던 최쇠돌은 1925년 조선인 이○남(李○男)과 다시 혼인신고를 했고(그림 1-4 오른쪽), 1927년에 딸을 낳자 두 사람의 장녀로 조선 호적에 올렸다. 이 상태에서 서양자입양을 해소하는 신고를 수리한 일본의 호적리가 최쇠돌의 조선 본적지에 서류를 송부했다가 중혼 사실이 드러난 것이다.

대구복심법원은 먼저 이루어진 서양자입양이 유효하므로, 이○남과의 혼인을 무효로 하는 것 외에는 "적당한 구제 방법이 없다"고 판단했다.[230] 따라서 우선 조선호적령 제131조에 따라 서양자입양의 사실을 신고하게 하여 최쇠돌을 조선 호적에서 제적한 뒤, 일본인 처의 본적지에서 받은 파양 이혼신고서에 기초해 본가에 복적시키는 동시에, 이○남과 장녀는 최쇠돌의 호적에서 말소시켜야 했다.[231] 일본인과 조선인 두 명의 처와 중혼 상태에 있던 최

230 朝鮮總督府 法務局 民事係, 앞의 책, 1929, 1013쪽. 대구복심법원 부전(附箋).

231 『朝鮮戶籍及寄留例規』, 513쪽; 「內鮮人間ノ婿養子離緣離婚屆出ニ關スル件」, 朝鮮總督府 法務局 民事係, 앞의 책, 1929, 1009~1017쪽.

쇠돌은 일본인 처와 이혼한 뒤에야 조선 호적에 내선결혼 사실이 기재된 한편, 나중에 한 조선인과의 중혼도 무효로 처리된 것이다.

또한 1927년 병역법은 징병 적령 이전에 일본인의 이에에 들어간 조선인 남성에게는 병역의 의무를 부과했기 때문에, 이들이 이혼 또는 파양된 때에는 병역이 문제가 되었다. 이에 대해 1934년 오사카 공소원 관내 시구연합호적협의회에서는 일본인의 양자가 된 전 조선인이 현역 또는 보충병역에 복무하는 동안 파양된 경우에는 조선의 친가에 복적하지 않고 일본에 일가를 창립해야 한다고 결의했다. 군복무 중에 파양된 경우 공통법에 저촉되어 친가에 복적할 수 없으므로 파양을 거절할 수 있다고 해석할 여지도 있었지만, "복적할 수는 없지만 파양을 저지하는 것도 타당하지는 않"다고 판단한 것이다.[232] 이후 1936년 사법성 민사국장도 서양자입양으로 일본 호적에 입적한 조선인 남성은 "공통법 제3조 제3항의 규정에 저촉되지 않는 한 파양으로 인해 친가에 복적해야" 한다고 지시했고,[233] 1941년 10월 부산호적사무협의회도 입양 또는 입부혼인으로 일본 호적에 입적한 자가 조선에 복적하려 할 때는 역시 공통법 제3조 제3항을 적용받는다고 결의했다.[234] 이는 호적과 공적 지위를 일치시킨 조치인 동시에, 병역의무가 걸려 있는 한 파양·이혼된 조선인 남성도 계속 일본인일 수 있게 했다는 점에서 흥미롭다.

이상에서 살펴본 일본에서 조선으로의 호적 이동은 남성의 입적이 극단적으로 제한된 여성 일변도의 입적이었다고 할 수 있다. 일본인 남성은 원칙적으로 만 40세 초과, 17세 미만만 조선 호적에 입적할 수 있었다. 친족·상속

---

232 『外地邦人在留外人戸籍寄留訓令通牒実例類纂』, 613쪽.

233 『司法省親族·相續·戸籍·寄留先例大系』, 1474쪽.

234 『朝鮮戸籍及寄留例規』, 514쪽.

법상의 제약은 개정 조선민사령과 조선호적령이 1923년 7월에 시행됨에 따라 축소되어 '내선결혼'으로 일본인이 조선 호적에 입적할 수 있는 범위도 넓어졌지만, 병역이 일본인 남성의 입적을 결정적으로 저지한 것이다. 그리고 이로써 일본 호적에서 조선 호적으로의 이동은 별다른 정치적 효과 없이, 일본이 당연하다고 간주했던 여성의 혼인 입적에 집중되었다.

2. 조선 호적에서 일본 호적으로의 이동

1) 혼인

다음으로 조선 호적에서 일본 호적으로의 이동을 살펴보자(표 1-6). 〈표 1-5〉와 달리 다양한 유형의 '내선결혼'이 모두 이루어지고 있는 가운데, 조선인 여성이 일본인 남성과 혼인하여 일본 호적에 입적하는 수가 〈표 1-5〉에 비해 현저히 적은 것이 눈에 띈다. 이러한 유형의 혼인은 처음부터 차단된 적이 없고, 1915년부터 조선 민적에서 여성을 제적할 것이 결정되는 등, 제도적 장벽이 가장 적었음에도 그다지 많지 않았던 것이다. 게다가 내선결혼 유형을 성별로 정리해보면, 조선인 여성과 일본인 남성의 결혼(표 1-6의 혼인) 179건은 총 2,657건인 일본인 여성과 조선인 남성의 결혼(표 1-5의 혼인, 표 1-6의 입부혼인, 서양자입양)의 약 7%에 불과하다. 이를 조선인 여성이 동화를 거부하고 전통을 지킨 증거로 해석하거나, 조선총독부가 조선인의 가정생활을 일본화하기 위해 조선인 남성과 일본인 여성의 결혼을 장려한 결과였다고 설명하기도 한다.[235] 그러나 조금 뒷 시기이기는 하지만, 〈표 1-7〉을 보면 조선인 남

---

235 鈴木裕子, 『從軍慰安婦·內鮮結婚』, 東京: 未來社, 1992, 73~114쪽; 최유리, 「日帝下通婚

〈표 1-6〉 조선 호적에서 일본 호적으로의 이동(1921.7~1938)

	혼인	입부 혼인	서양자 입양	입양	친족 입적	인지	이혼	파양	합계 (남/여)
1921.7~1923.6	4	9	12	1			2		28
1923.7~1923.12	3	1		4					8
1924	2	3	3	3		1			12
1925	1	2		7					10
1926		11	3	5					19
1927	3	4	5	9					21
1928	3	5	4	10					22
1929	5	14	9	8	3		2		41(30/11)
1930		9	1	16	1		3		30(23/7)
1931	4	13	8				6		31(21/10)
1932	7	22	8	27		1	9		74
1933	8	27	14	42	2	1	15		109
1934	18	37	14	72	7	5	13		166
1935	25	58	21	56	5	8	10		183
1936	29	55	10	53	24	4	20		195
1937	27	77	32	39	9	2	14		200
1938	40	115	30	94	38	11	27		355
합계	179	462	174	446	89	33	121	0	1,504

*출전: 〈표 1-5〉와 동일.

편과 일본인 처는 절대 다수가 일본에 거주하고, 일본인 남편과 조선인 처는 일본보다 조선에 많이 거주함을 알 수 있다. 이는 남성의 이주 결과에 다름 아니다. 결국 조선인 여성과 일본인 남성의 법률혼이 적은 이유는 기본적으로 이들이 조선에서 접할 수 있는 기회가 일본에서 조선인 남성이 일본인 여성을 접할 기회보다 적었기 때문이라고 해석할 수 있다. 조선인 여성의 평균

政策과 女性의 地位」, 『國史館論叢』 83, 1999; 崔長根, 「日本의 韓國皇室抹殺과 同化政策」, 『朝鮮史硏究』 8, 1999.

〈표 1-7〉 내선결혼의 지역별 입적 및 내연의 수(정태통계)

	조선인 남편-일본인 처			일본인 남편-조선인 처		
	입적	내연	합계	입적	내연	합계
일본(1939.12)	2,363	7,214	9,577	50	133	183
조선(1942.12)	872	734	1,606	364	645	1,009
일본(1944.3)	4,253	6,175	10,428	107	165	272

* 출전: 「朝鮮人運動の狀況: 三. 內鮮人通婚に對する朝鮮人の動向」, 『特高月報』, 1940. 9; No. 1280. 「朝鮮台灣人の參政權に關する參考資料」, 『大野綠一郎關係文書』 R-150.

혼인 연령이 낮고,[236] 정처 혹은 첩이라도 배우자가 있는 여성이 많았던 것도 영향을 미쳤을 것이다.[237] 또한 입적보다 내연관계가 일반적인 가운데, 1942년 말 조선에서 일본인 남편·조선인 처 부부와 달리 조선인 남편·일본인 처 부부는 입적이 더 많았다는 것이 특이하다. 그렇다면 조선인 여성은 식민지 여성이라는 낮은 사회적 지위로 인해 법률혼을 해서 정처가 되기보다 현지처나 첩이 되는 비율이 높았다고 추정해볼 수도 있다.

조선인 여성의 내선결혼에도 법적 제약이 있었다고 한다면, 그것은 조선인의 혼인은 연령에 관계없이 그 가에 있는 부모와 호주의 동의를 요하고, 동의를 결여한 혼인은 무효가 된다는 점이었다. 반면 일본 민법에 따르면 일

236 조선총독부 촉탁 젠쇼 에이스케(善生永助)의 분석에 따르면, 혼인을 가장 많이 한 남성의 연령층은 일본인 25~30세, 조선인 17~20세였고, 여성은 일본인 20~25세, 조선인 15~20세였다(善生永助, 「朝鮮の人口問題」, 『朝鮮』 236, 1935, 107~108쪽). 그렇다면 법정 혼인 연령인 15세를 넘긴 조선인 여성 중 미혼이 상대적으로 적어서, 법률혼이 어려웠을 것으로 추정할 수 있다. 또한 내선결혼의 가장 중요한 동기가 자유연애였음을 생각할 때, 연령적으로도 일본인 남성과 조선인 여성보다는 조선인 남성과 일본인 여성이 더 가깝다.

237 1935년 국세조사 결과, 가혼연령자 중 유배우자의 비율은 조선 13개도 전체에서 여성이 남성을 능가했다. 임시국세조사과는 남성의 도외 이주가 많고, 축첩제도가 남아 있기 때문일 것이라고 추측하였다. 本府臨時國勢調査課, 「朝鮮昭和十年國勢調査結果の概要—慶尙北道」, 『朝鮮』 264, 1937, 47~48쪽.

〈그림 1-5〉 일본인 남성과 조선인 여성의 혼인신고서

혼인신고서 [婚姻居]

본적 東京市 小石川區 大塚町 69番地
호주 토사채취부
부 村田吉太郎
모 タケ 차남
남편 村田淸二郎
明治40년 3월 18일생

본적 朝鮮 忠淸南道 公州郡 鷄龍面 敬天里 3番地
호주 朴泳煥 장녀 무직업
모 崔月峯

소재 東京市 小石川區 大塚町 69番地
처 朴春鄕
隆熙3년 9월 10일생

위 혼인을 신고[居出]합니다.
昭和8년 7월 15일
신고인
남편 村田淸二郎 ㊞
처 朴 春鄕 ㊞

본적 東京市 中野區 上ノ原町 29番地
호주
증인 伊藤覺太郎 ㊞
明治39년 10월 16일생

본적 朝鮮 京畿道 開城郡 都松面 滿月町 15番地
호주
소재 東京市 荏原區 戶越町 2006番地
증인 李 圭徹 ㊞
光武6년 2월 6일생

위 혼인에 동의합니다.
남편의 부 村田吉太郎 ㊞
明治10년 1월 20일생
남편의 모 村田 タケ ㊞
明治18년 9월 3일생
처의 부이면서 호주 朴 泳煥 ㊞
明治8년 11월 21일생
開國484년 11월 21일생
처의 모 崔 月峯 ㊞
明治8년 12월 1일생
開國484년 12월 1일생

東京市 小石川區長 何某 앞

*출전: 關宏二郎,『戶籍制度』自治行政叢書 13, 常磐書房, 1933, 384~385쪽.

본인도 그 이에에 있는 부모의 동의를 얻어야 했지만, 남성은 만 30세, 여성은 만 25세가 된 후에는 동의가 없어도 혼인할 수 있었다(제772조 제1항). 또한 호주의 동의도 필요하기는 하지만, 당사자가 혼인을 강행하면 호주는 복적을 거절하는 것 외에 제재할 방법이 없었다(제750조). 〈그림 1-5〉는 양가 부모와 호주의 동의를 완비한 신고서이지만, 이러한 차이로 인해 일본에서는 조선인의 부모나 호주의 동의를 결여한 혼인신고를 실수로 수리하는 사례가 종종 있었다. 이 경우 공통법 제2조 제2항에 따라 무효로 처리되었다. 그런데 1937년 8월 부산지방법원 관내 호적사무협의회에서는 동의의 요건이나 혼인 연령 등 실체상의 요건을 결여한 신고서를 송부 받았더라도 복본적을 방지하기 위해 일단 결함이 있는 채로 수리한 후 호적을 정정하게 해야 한다고 결의했다.[238] 이후 내선결혼도 호주의 동의가 없는 조선인 여성과 일본인 남성의 혼인신고서를 일본에서 수리하여 송부해오면 일단 여성을 제적한 다음에 정정 방법을 통지하기로 했다.[239] 사실상 이런 혼인을 유효로 인정한 것이다.

혼인으로 인한 조선인 여성의 일본 호적 입적은 공통법 시행 후에도 제도적으로는 가장 수월했다. 조선총독부는 조선의 관습에서 새로 일가를 창립한 가는 폐가할 수 있지만 상속한 가는 폐가할 수 없다고 했다. 그에 따라 일가창립해서 제사지낼 조상이 없는 가의 호주는 남성이라도 입양, 일본인과의 입부혼인, 친족입적 등으로 타가에 들어갈 수 있고,[240] 여호주도 일본인 남성과 혼인하여 그 이에에 들어갈 수 있었다.[241] 하지만 상속한 가일 때는 성별에 따라 달라졌다. 남성 호주 또는 장래 호주가 될 남성 봉사자(奉祀者)는 본가를 상속하기 위해 입양되는 것 외에는 타가에 들어갈 수 없지만, 여성은 그 가에 다른 남성 봉사자나 자녀가 없어도 혼인해서 일본인의 이에를 포함한 타가에 들어갈 수 있었던 것이다.[242] 이러한 차이는 조선총독부가 조선의 호주상속을 제사상속과 일치시켜서, "가의 제사자가 될 수 없는 자가 호주가 되는 것은 변칙"이 되었기 때문에 생겨났다.[243] 제사를 상속할 수 없는 여성이 호주가 되는 것을 온전한 호주상속으로 인정하지 않았으므로, 여성은 호주여도 폐가하고 혼인할 수 있었던 것이다.

---

238 『朝鮮戶籍及寄留例規』, 56~57쪽.

239 朝鮮戶籍協會, 『朝鮮戶籍及寄留質疑回答輯錄』, 鮮光印刷株式會社, 1944, 52~53쪽(이하 '『朝鮮戶籍及寄留質疑回答輯錄』').

240 南雲幸吉, 앞의 책, 1935, 113~117쪽.

241 『戶籍先例全集』, 812쪽.

242 『戶籍先例全集』, 736쪽; 南雲幸吉, 앞의 책, 1935, 114~115쪽.

243 朝鮮總督府 中樞院, 앞의 책, 1933, 부록 「舊慣及制度調査委員會決意」, 42~46쪽.

이러한 상황은 일본인 남성의 조선 호적 입적이 가장 제한되었던 것과 정확히 대조를 이룬다. 제국 일본 내 지역적은 민족과 가족의 문제가 교차되기 때문에, 이를 변경하려 할 때 권리의무가 '완전한' 일본인 남성에게는 제약이 많지만, 그렇지 않아서 지역적을 변경해도 식민통치나 가족제도에 미치는 영향이 적은 조선인 여성에게는 가장 제약이 적었던 것이다. 앞에서 살펴본 것처럼 내선결혼으로 인한 입적과 제적을 온전히 할 수 있게 된 순서도 조선인 여성 → 조선인 남성, 일본인 여성 → 일본인 남성의 순이었다.

2) 입부혼인, 서양자입양

조선인 여성의 혼인 입적이 적은 것과 반대로, 조선인 남성이 입부혼인 또는 서양자입양을 통해 일본의 이에에 들어간 경우가 일반 혼인보다 많다는 것도 흥미롭다. 1920~30년대 일본에서 혼인 중 입부혼인·서양자입양의 비율이 6~8% 정도였음을 감안하면, 일본인 여성과 혼인한 조선인 남성의 입부혼인·서양자입양 비율이 10~30%에 달하는 것은 예사롭지 않다.[244] 이 중 서양자입양은 남성이 호주의 사위이자 양자로 입적하는 제도인데, 예규에서도 서양자입양이 이뤄지는 사정을 엿볼 수 있다. 1923년 일본에서는 한 여성 호주가 추정가독상속인인 차녀와 결혼할 서양자로 김○수(金○守)를 입양하기로 했는데, 이는 이웃 사람이 그가 "실직(實直)하고 업무에 정려"하다며 중매한 결과였고, 김○수는 혼인신고를 하기 전부터 그 집에 기거하고 있었다.[245] 이처럼 서양자는 아들이 없는 집에서 딸이 낳은 자녀에게 가계를 잇게 하기 위

244 森木和美, 「移住者たちの「内鮮結婚」」, 山路勝彦·田中雅一 編著, 『植民地主義と人類学』, 西宮: 關西學院大學出版會, 2002, 304쪽.

245 『司法省親族·相續·戶籍·寄留先例大系』, 1628~1629쪽.

해 들이는 경우가 많았다. 그리고 〈표 1-6〉에서 서양자입양보다 남성이 여호주의 남편이 되는 입부혼인이 더 많은 수를 차지한다. 일본인은 기본적으로 이에를 계승할 자손을 얻기 위해 우수한 조선인 남성을 입적시켰다. 그리고 이때 직계존속이 없어 일본인과의 혼인에서 불리한 입장에 놓이기 쉬운 동시에 조선인과의 혼인에 동의하지 않을 가능성이 높은 부모나 호주가 없어서 자유롭기도 했던 일본인 여호주가 조선인과 혼인하는 경우가 많았던 것이다.

조선인 남성으로서도 데릴사위라는 수치심만 감수한다면 입부나 서양자가 불리할 이유는 없었다. 사실 입부는 원칙적으로 처가의 호주가 되는 것이었으므로, 입부혼인은 엄밀히 말하면 데릴사위는 아니었다.[246] 게다가 조선인은 이를 통해 호적상 일본인이 될 수 있었다. 조선에서 일본인은 재근 가봉(加俸)이나 주택료 등 경제적 우대를 받았는데, 1923년 8월 경성철도국에서는 일본인의 서양자가 된 조선인은 "내지인으로 간주하는 것이 타당"하다고 보아 "종래 모두 내지인으로 급여를 지급"해왔다고 밝혔다.[247] 또한 병역법에 따라 징병 적령을 넘겨 일본인의 이에에 들어간 조선인 남성에게는 병역의무도 없었다.[248] 호적에 따라 대우를 달리하는 이상, 조선인 남성이 일본인의 입부·서양자·양자로서 호적상 일본인이 되어 차별에서 벗어나고 경제적·사회적 이득을 누리려 하더라도 이상하지 않은 상황이었던 것이다.

예컨대 우범선의 아들이자 과학자인 우장춘은 일본인 여성 와타나베 고

---

246 甲斐霞城, 「入夫婚姻の取扱に就て」, 『戸籍』 3-10, 1943, 18쪽.

247 朝鮮總督府 法務局 編纂, 『改正朝鮮司法例規』, 1928, 450~451쪽.

248 하지만 징병 적령 전에 일본인 여성과 입부혼인하여 호적법을 적용받게 된 전 조선인 남성은 20세가 되는 해에 징병 절차를 밟아야 했다. 『外地邦人在留外人戸籍寄留訓令通牒実例類纂』, 639쪽.

하루(渡邊小春)와 혼인하려던 차에, "아이들의 장래를 위해" "스나가(須永) 가문의 부부 양자가 되어 장래까지 가족 전원이 스나가 씨를 칭하면 어떤가"라는 스나가 하지메(須永元)의 제안에 따라 일본인의 호적에 입적했다. 고하루가 먼저 하지메의 종형제인 요헤이(與平)의 양녀가 된 후 1926년 8월에 우장춘이 입부혼인을 하는 방식이었다.[249] 이처럼 절차가 복잡해진 것은 처가에서 내선결혼에 반대했고 입양이 양가의 상속순위를 어지럽히지 않게 하기 위해서였지만, 지위 향상을 위해 내선결혼 제도를 활용한 사례임에는 틀림없다. 후일 자녀들은 우장춘이 스나가 하지메의 양자였다고 기억하고 요헤이는 이름도 알지 못했을 정도로, 그는 단지 호적을 빌려줬을 뿐이었다.

당사자들의 이해관계 외에, 법리(法理)의 해석 및 적용에서 본토인 일본이 우월한 지위에 있는 것도 조선인 남성의 일본 호적 입적을 수월하게 했다. 병역의무가 없는 조선인 남성에게는 친족·상속법상의 제약만 있었는데, 조선의 관습에서는 가를 상속해야 할 봉사자 또는 봉사자여야 할 남성은 본가 상속 이외에 타가에 들어가거나 일가를 창립할 수 없었다.[250] 또한 그를 폐제할 수도 없기 때문에, 1923년에 조선총독부 법무국장은 일본인 여호주와 내연관계를 맺어 학령에 달한 자녀가 있더라도 조선인 호주의 장남은 입부혼인할 수 없다고 회답했다.[251] 그런데 1929년 7월 조선의 판례조사회에서는

249 角田房子, 『わが祖國』, 東京: 新潮社, 1990, 113~114쪽. 이 책에 따르면 호적상 우장춘은 우범선의 장남이었으므로, 이는 후술할 일본 호적리가 입부혼인신고를 실수로 수리한 사례로 보인다. 우장춘의 차녀가 "무언가 특별한 절차를 해서 아버지의 한국적은 그대로 두고 새로 일본국적을 취했다"고 들었다는 것은 1929년 판례조사회 결의 이전 복본적을 용인해둔 상황을 의미할 것이다.

250 南雲幸吉, 앞의 책, 1935, 81~84쪽.

251 『朝鮮戶籍及寄留例規』, 494~495쪽.

"현재 제사자이거나 장래 제사자여야 할 조선인 남성이 입부혼인으로 내지인 여호주의 이에에 들어가고자 할 때, 시정촌장이 신고를 수리했으면 조선인 남성은 종전의 가를 떠나는 것으로 한다"고 결의했다. "내선인의 통혼은 최근에 이르러 길이 열렸고, 또 입부혼인 같은 것은 종래 조선에 없던 일이어서 애시당초 그에 관한 관습이 존재할 리 없"으므로, "전적으로 조리(條理)[252]에 따라 해결해야 할 것"이라는 이유에서였다. 하지만 이는 호적리가 신고서를 수리한 이상 혼인이 성립하는 일본 본토의 법령을 우선시한 해석인 동시에, 일본에 입적한 자를 조선에서 제적하지 않으면 "한 사람이 두 개의 가적을 갖는 불합리"가 생김을 고려한 결정이었다.[253]

이러한 문제는 조선의 관습을 잘 알지 못하는 일본의 호적리가 신고서를 실수로 수리하기 때문에 벌어졌다. 1923년에 사법성 민사국장이 시즈오카현 하마마쓰시(浜松市) 시장에게 회답한 것처럼, 중앙에서는 조선의 관습을 숙지하고 있었다. 제사상속과 동시에 호주상속과 재산상속을 하게 될 봉사자는 본가를 상속하는 경우 외에는 타가에 들어갈 수 없고, 폐제하는 관습도 없으므로 절대로 일본인의 이에에 들어갈 수 없다고 회답한 것이다.[254] 실제로도 사법성은 지방에서 호적리가 신고서를 받은 후 수리하기 전에 먼저 취급 방법

---

252 조리는 일반적인 사회인이 인정한다고 간주되는 객관적인 원리나 법칙을 뜻한다. 1875년 태정관포고 제103호 '재판사무심득'은 민사 재판에서 성문 법률이 없으면 관습에 따르고, 관습이 없으면 조리를 유추하여 재판하도록 하여(『明治八年太政官布告全書』 6, 有隣堂, 1881, 3丁), 조리를 근거할 만한 성문법과 관습법이 없을 때 최종적으로 의지해야 하는 법원(法源)으로 상정하였다.

253 『朝鮮司法協會雜誌』 8-7, 1929, 37~38쪽.

254 『戶籍先例全集』, 36쪽.

을 물어온 때는 입부혼인할 수 없다고 회답했다.[255]

그런데 1925년 히로시마현(廣島縣)에서 실수로 봉사자인 조선인 남성의 입부혼인신고서를 수리하자, 조선에서는 무효라며 반려했음에도 불구하고 사법성 민사국장은 이를 유효로 인정했다. 처음 신고서를 반려 받은 히로시마현은 신고인에게 호적을 정정하라고 했는데, 남편은 약 18~19년 전부터 일본에 거주하면서 "언어도 조선어는 통하지 않고 이미 부부 간에 자녀 3명"을 낳은 상태라며 버텼고, 아내도 "남편이 명료한데도 출생자를 사생자로 신고해야 하는 슬픔"을 호소했다. 이에 호적리는 민법에 입각한 해석과 함께, "조선 합병 10여 년 후의 금일이라면 더욱더 동화민을 증식할 필요상 이 혼인은 효력을 발생시킴"이 적당할 것이라는 견해를 덧붙여 사법성에 문의했다. 그러자 사법성 민사국장은 민법에 규정된 혼인 무효 원인에 해당되지 않으므로 유효로 인정할 수밖에 없다면서 반려된 신고서는 그대로 보존하라고 회답했다. 또한 조선총독부 법무국장에게는 "민법의 해석상 내지에서는 혼인을 유효로 인정할 수밖에 없고 특히 내선인 간 혼인 공통의 취지도 참작"했다고 일방적으로 결과를 통첩했다.[256] 1928년 시즈오카현에서도 잘못을 인정한 호적리가 호적을 정정하려 했음에도, 민사국장은 신고를 수리해 호적에 기재한 이상 유효로 취급해야 한다는 입장을 고수했다.[257]

조선총독부와 일본 정부는 1928년 10월 오사카시의 질의를 계기로 이 문제에 대한 교섭을 시작했다. 조선 면장이 "지방법원의 의견에 따라 절대로

---

255 『親族相續先例類纂』, 146~147쪽.

256 「內鮮人間ノ入夫婚姻ニ關スル件」, 朝鮮總督府 法務局 民事係, 앞의 책, 1929, 1070~1072쪽.

257 위의 책, 1069쪽.

수리할 수 없"[258]다며 신고서를 반려하자, 고노하나(此花) 구장이 이로 인해 복본적이 생김을 지적하면서 사법성 민사국장에게 문의했고, 민사국장은 다시 조선총독부 법무국장에게 입부를 제적할 절차에 대해 조회한 것이다.[259] 법무국장은 1929년 3월에 무효로 취급해야 한다고 회답한 듯한데, 민사국장은 5월에 "제사자인 조선인 남성이 내지인 여호주와 입부혼인신고를 하고 시정촌장이 잘못하여 이를 수리한 실례가 적지 않고, 법률상에서도 유효로 인정하지 않을 수 없는 사정"이라며 재검토를 요청했다.[260] 이에 대해 법무국장은 "이 관습은 조선인의 친족법상 중대한 사항에 속하고 아직 일반에 추이가 변경되었다고 볼 만한 것은 없다고 생각"되므로, "관습법이 엄존하는 금일에는 그러한 신고를 조선에서 수리해 제적할 수 없는 것"이라고 판단하면서도,[261] 고등법원장의 의견을 구했다.[262] 결국 1929년 7월의 판례조사회에서 조선인 입부를 제적할 것을 결의하고 고등법원장이 "사법성 민사국장과 같은 의견" 이라는 뜻을 덧붙여 회답하자,[263] 법무국장도 10월에 일본에서 잘못하여 신고를 수리한 때는 제적하라고 통첩함으로써 입부혼인을 둘러싼 해석의 충돌은 종결되었다.[264] 하지만 조선에서는 봉사자가 떠난 가의 상속 문제가 남았는

---

258 위의 책, 1067~1068쪽.

259 『司法省親族·相續·戶籍·寄留先例大系』, 1604~1608쪽.

260 朝鮮總督府 法務局 民事係, 앞의 책, 1929, 1065~1072쪽.

261 위의 책, 1075~1083쪽.

262 위의 책, 1073~1074쪽.

263 위의 책, 1061~1064쪽.

264 『朝鮮戶籍及寄留例規』, 500쪽. 법제상으로는 법무국이 법원·검찰보다 우위에 있는 것처럼 보이지만, 일반적으로 임기를 마친 법무국장이 고등법원장이나 고등법원 검사장으로 자리를 옮겼다. 그에 따라 사법관 내부 서열에서는 법무국장이 고등법원장 아래에 있었다. 문준영, 앞의 책, 2010, 462~464쪽.

데, 조선총독부는 조선인 봉사자를 처음부터 "제사상속자가 아니었던 것처럼 간주"하기로 했다. "제사상속자인 조선인 남(갑)이 입부혼인으로 내지인 여호주의 이에에 들어간 경우, 그 호적에 갑의 장녀(을), 장남(병), 아우(정)"가 있다면, 갑의 자녀가 아니라 아우가 호주를 상속한다고 결정한 것이다.[265]

이후 1931년에는 봉사자가 아닌 조선인 남성과 일본인 여호주의 입부혼인신고를 일본 호적리가 수리하고 조선에 신고서를 송부했는데, 조선의 면장은 친족회의 동의를 결여했으므로 조선인 남성을 제적할 수 없다며 신고서를 반려하였다. 공통법 제2조 제2항에 따르면, 조선의 관습상 호주 또는 친족회의 동의를 결여한 가족의 혼인은 무효이기 때문이다. 이에 일본의 감독구재판소는 사법성에 조회했고, 사법성은 봉사자의 입부혼인을 유효로 인정한 1929년 사례를 거론하면서 이 경우에도 신고서를 수리한 이상 유효로 취급해야 할 것이라며 조선총독부의 의견을 구했다. 그러자 조선총독부 법무국장도 동의한다고 회답하고,[266] 조선의 각 지방법원에 이를 유효로 처리하라는 통첩을 내렸다.[267] 입부혼인은 조선인 남성이 봉사자이거나 호주의 동의를 결여하는 등 무효의 원인이 있어도 유효로 정리된 것이다.[268]

반면, 앞에서 보았듯이 조선인 남성과 일본인 여성의 중혼은 일본 호적리가 신고서를 수리했어도 무효가 되었고, 가족인 조선인의 혼인에 호주의 동

---

265 『朝鮮戶籍及寄留例規』, 281쪽. 1942년에는 봉사자인 장남이 착오로 일본의 이에에 서양자입양된 경우, 장남에게 직계비속이 있으면 직계비속이, 없으면 차남이 봉사자가 되는 것으로 변경했다. 『朝鮮戶籍及寄留質疑回答輯錄』, 76쪽.

266 『司法省親族·相續·戶籍·寄留先例大系』, 1610~1611쪽.

267 『朝鮮戶籍及寄留例規』, 502쪽.

268 이러한 견해는 이후에도 견지되었다. 『司法省親族·相續·戶籍·寄留先例大系』, 1608~1612쪽.

의가 결여된 경우도 무효로 처리되었다. 1932년에 이러한 혼인신고서를 수리한 삿포로(札幌)에서는 남편의 본적지인 경성에 신고서를 송부했다가 반려당하자, 친족회의 동의를 결여한 입부혼인을 유효로 인정한 1931년의 사례가 입부혼인에 한정되지는 않을 것이라며 의견을 구했다. 사법성의 조회를 받은 조선총독부 법무국장은 "조선에서는 가족의 혼인에 호주의 동의를 절대요건으로 하는 것이 관습이므로 이를 결여한 것은 당연 무효"라고 회답했고, 사법성 민사국장도 해당 호적리에게 무효로 취급할 수밖에 없으므로 일본인 여성의 호적에서 혼인의 기재를 말소하라고 회답했다.[269]

이처럼 조선의 관습과 일본의 민법이 서로 달라서 일본 호적리가 조선 관습에 어긋나는 신고서를 잘못 수리한 경우, 조선에서는 똑같이 관습상 무효인데도 일본과 조선의 사법당국은 어떤 것은 유효로, 어떤 것은 무효로 처리하도록 협의하였다. 당시 실무자들도 이를 이상하게 생각해서, 1935년 12월에 평양지방법원장은 "제사자여야 할 자의 입부혼인과 중혼은 각각 자체 경중이 있기 때문이라고 해석해야 하는지"를 문의했다. 그러자 조선총독부 법무국장은 "조선인 남성의 입부혼인은 종래 관습이 존재하지 않은 바로서 오직 조리에 따라 결정해야 할 것이라고 해석되지만, 중혼은 당연 무효인 관습이 존재"하므로, 양자를 똑같이 취급하지 않았다고 회답했다.[270]

조선총독부와 일본 정부는 내선결혼의 법적 장벽을 가급적 제거한다는 방침을 공유하면서도 각 지역의 친족·상속법령을 기준으로 실제 사례들을

269 『司法省親族·相續·戶籍·寄留先例大系』, 1611~1612쪽, 1569~1570쪽.

270 『朝鮮戶籍及寄留例規』, 500~501쪽. 하지만 동의를 결여한 혼인이라도 일단 당사자를 제적한 후 호적을 정정하게 한 것처럼, 점차 일본과 동일하게 취급하게 되었다. 1939년 개정 조선민사령에서 서양자입양이 무효 또는 취소된 때는 민법을 적용한다고 성문화한 것도 이러한 흐름의 연속선상에 있는 것이다.

해석했기 때문에, 이와 같이 새로운 사례에 대해서는 양측의 의견 충돌도 생겨났다. 특히 일본에서는 호적리들이 조선의 관습에 익숙하지 않음에도 불구하고, 일본인과 조선인 간의 인지·혼인·입양 등에 대해 조선인이 성립 요건을 갖추었는지를 호적리가 조사하도록 했다.[271] 이는 외국인과의 혼인신고에 대해서는 외국인인 당사자가 증명하게 한 것과도 다른 취급이었다.[272] 조선에서는 봉사자가 아닌 자의 입양신고라도 감독재판소를 경유하게 하는 등 내선결혼의 취급에 유의한 것에 비춰 보아도[273] 안이한 취급이었다고 할 수밖에 없다. 이 때문에 일본 민법에만 익숙한 실무자들이 신고서를 잘못 수리하는 경우가 드물지 않았다. 하지만 이에 대해 상위 관청인 일본 정부는 입부혼인·서양자입양은 조선의 관습에 없는 제도라는 이유로 민법의 취급을 우선시하여, 조선의 관습상 무효인 것도 유효로 인정하게 했다. 그리고 그 부수적 효과로, 조선인 남성은 일본인의 입부나 서양자로서 공통법에 규정된 것보다 쉽게 일본 호적에 입적할 수 있게 되었다.

3) 입양

일본인은 양자를 양아버지의 남계 혈족 남자로 제한한 조선의 관습에 제약되어 조선인에게 입양될 수 없었지만, 조선인은 일본인에게 입양될 수 있었다. 일본 민법은 "법정 추정가독상속인인 남자가 있는 자는 남자를 입양할 수 없다. 단, 사위로 삼기 위한 경우는 이에 해당되지 않는다"(제839조)라고 제한했을 뿐이므로, 입양에는 성별이나 수의 제한도 없었다. 그리하여 조선인

271 『司法省親族·相續·戶籍·寄留先例大系』, 1564쪽.

272 『司法省親族·相續·戶籍·寄留先例大系』, 1532쪽.

273 『朝鮮戶籍及寄留例規』, 7쪽.

입양은 실제로도 입부혼인에 이어 2위를 차지할 정도로 많이 이루어졌다.

조선인과 일본인은 입양에 대해서도 서로 다른 내용의 법령을 적용받으므로 공통법 제2조 제2항에 의해 준거법이 정해졌다. 그에 따르면 일본인이 조선인을 입양할 경우, 양친이 될 일본인은 성인이어야 하고 배우자가 있으면 부부가 함께 입양해야 하며, 그 이에에 있는 부모의 동의를 얻어야 했다. 또한 입양은 호적리에게 신고함으로써 효력이 발생하는데, 당사자인 양친·양자와 증인 2명이 함께 신고해야 했다.[274] 한편 양자가 될 조선인은 남성이라면 봉사자가 아니어야 함은 물론,[275] 부모의 동의를 얻어야 하고 부 또는 모가 가족인 때는 호주의 동의도 필요했다. 이처럼 혼인과 마찬가지로 조선인이 입양될 때는 연령에 상관없이 그 가에 있는 부모와 호주의 동의를 얻어야 하고, 호주의 동의를 결여하면 무효가 되는 것이 일본 민법과 다른 점이었다.[276] 〈그림 1-6〉은 일본인 양부모가 1933년에 조선인을 입양하는 신고서인데, 여기서도 양부모 니시 야스타로(西保太郎), 아야코(綾子) 부부가 입양의 당사자가 되어, 호주의 삼남이어서 봉사자가 아닌 양자 이영렬(李泳烈)과 함께 신고서를 제출했다. 또한 양부모 측에서는 양부의 부친, 양자 측에서는 양자의 부모와 호주의 동의를 얻어 요건을 충족시켰다.

또 하나 조선 관습과 일본 민법의 결정적 차이는, 일본 민법은 부부 공동입양의 주의를 취했다는 점이다. 조선에서는 남성만 양친이나 양자가 될 수 있으므로, 입양할 때 양부나 양자는 자기 배우자의 동의를 얻을 필요가 없었

274 飯島喬平 講述, 앞의 책, 1911, 780~785쪽.

275 『戶籍先例全集』, 736쪽.

276 南雲幸吉, 앞의 책, 1935, 217~218쪽.

〈그림 1-6〉 일본인 양부모와 조선인 양자의 입양신고서

입양신고서 [養子緣組屆]

본적 東京市 赤坂區 氷川町 100番地
호주 선장
양부 西 保太郎
明治20년 8월 7일생
양모 무직업 綾子
明治30년 5월 1일생

본적 朝鮮 平壤府 鏡齋里 5番地
호주 李世鎭 삼남 학생
모 柳在華
양자 泳 烈
大正2년 3월 10일생

위 입양을 신고 [届出] 합니다.
昭和8년 9월 1일
신고인
양부 西 保太郎 ㊞
양모 西 綾子 ㊞
양자 李 泳烈 ㊞

본적 東京市 赤坂區 溜池町 120番地
호주
증인 山口 正 ㊞
明治25년 1월 10일생

본적 東京市 赤坂區 複坂町 56番地
호주
증인 田本 信明 ㊞
明治25년 5월 10일생

위 입양에 동의합니다.
양부의 부 西 善太郎 ㊞
嘉永3년 6월 10일생
양자의 호주이면서 부 李 世鎭 ㊞
開國495년 8월 1일생
양자의 모 柳 在華 ㊞
開國500년 7월 10일생

東京市 赤坂區長 何某 앞

*출전: 關宏二郎, 『戶籍制度』 自治行政叢書 13, 常磐書房, 1933, 344~345쪽.

다.[277] 반면 민법에서는 양모도 입양의 당사자이고, 배우자가 있는 사람은 반드시 배우자와 함께 입양되어야 했기 때문에 양자의 배우자도 당사자가 되었다. 이에 1935년 도쿄에서 조선인 기혼 남성이 일본인의 양자가 되려는 신고서를 제출하자, 사법성 민사국장은 조선인 처도 당사자로서 서명해야 한다고 보고, 조선총독부에 처의 입양에 동의해야 하는 사람이 누구인지를 문의했다. 법무국장은 그 가에 부모가 있으면 부모의 동의를 요하지만 그렇지 않으면 누구의 동의도 필요하지 않다고 회답했다.[278] 하지만 1942년에는 조선인 부부가 일본인에게 입양될 때 남편은 부모와 호주의 동의를 요하고 처는

277 위의 책, 214~215쪽.

278 『戶籍先例全集』, 737쪽.

친가 호주의 동의도 요한다고 변경했다.[279] 친가 호주의 동의가 포함된 이유에 대해, 민법에서는 "혼인 또는 입양으로 다른 이에에 들어간 자가 다시 혼인 또는 입양으로 다른 이에에 들어가려 할 때는 혼가와 친가 호주의 동의를 요"하고, "조선에서도 마찬가지의 관습이 존재"하기 때문이라고 했지만, 그 근거로 언급한 관습은 과부의 재가에 관한 것이었다.[280]

이처럼 일본인과 조선인 사이의 신분행위는 조선총독부가 입부, 서양자, 여성의 입양 등 조선의 관습으로 인정하지 않은 제도에 대해 방침을 정하게 만드는 계기가 되었고, 대개 일본 법령의 원리와 취급을 수용하는 것으로 귀결되었다. 일본의 법령은 주로 조리를 명목으로 조선의 법령에서 비어 있거나 미비한 곳을 메우는 방식을 통해 조선의 관습과 결합되었는데, '내선결혼' 역시 사람을 매개로 하여 조선 관습의 일본화를 이끌었던 것이다.

4) 인지, 친족입적

조선에서 인지와 친족입적이 비교적 새로운 제도였던 데 비해, 일본에서는 민법에 이미 명시된 제도였다. 그럼에도 〈표 1-6〉에서 인지가 많지 않은 이유는 내연관계를 합쳐도 일본인 남성과 조선인 여성의 성적 결합이 적었기 때문이지만, 제2부에서 볼 것처럼 조선인 여성을 현지처나 성욕 해소의 대상으로 삼은 일본인 남성이 자녀의 인지를 거부했기 때문일 수도 있다. 이 경우 조선인 여성들은 인지를 청구하는 소송을 제기하기도 했다.

일본인 부 또는 모가 조선인 사생자를 인지하려는 경우에 공통법 제2조 제2항에 따라 법례를 적용하면, 인지의 요건은 각각 인지 당시에 속한 지역

---

279 『朝鮮戶籍及寄留例規』, 503쪽.

280 『朝鮮戶籍及寄留質疑回答輯錄』, 129~130쪽; 『朝鮮戶籍及寄留例規』, 207쪽.

의 법령에 의해, 효력은 부 또는 모가 속한 지역의 법령에 의해 결정된다. 그런데 일본 민법에서는 인지도 호적리에게 신고해야 성립하므로(제829조) 1923년 이전에는 일본에서 신고를 제출해야 했고, 조선인 여성의 사생자는 일본인 부친의 인지신고에 의해 아버지의 이에에 들어갈 수 있었다.[281]

이때 조선인 여성이 가계 계승권을 인정받지 못한 결과, 조선인 여호주의 사생자도 일본 호적에 인지 입적되기 쉬웠다. 1921년 7월에는 조선에 거주하던 일본인 남성이 조선인 여호주의 사생자들을 인지하는 신고서를 제출했는데, 그중 여호주의 법정 추정가독상속인이 포함된 것이 문제가 되었다. 신고서를 받은 돗토리현(鳥取縣)에서는 법정 추정가독상속인은 인지되어도 부친의 이에에 들어갈 수 없다며 반려했지만, 당시 일본에는 부친에게 인지된 사생자는 추정가독상속인인 권리를 상실한다는 판례가 있었기 때문에 부친은 이에 근거해 신고서를 다시 송부했다. 그러자 사법성 민사국장은 "조선에서 여호주의 사생자는 보통 제사상속 및 호주상속의 권리를 갖지 않는 관습"이라며, 신고서를 수리하여 사생자를 부가에 입적하라고 지시했다.[282]

이렇게 조선인 여성이 낳은 사생자가 일본 호적에 들어가면, 어머니도 일본인 남성의 '처'로서가 아니라 사생자의 '친족'으로서 그 호적에 입적할 수

281 『朝鮮戸籍及寄留例規』, 498쪽.

282 『司法省親族·相續·戸籍·寄留先例大系』, 1211~1213쪽. 1923년 7월에 법정 추정가독상속인도 인지되면 부가에 들어가는 것으로 바뀌었다. 또한 사생자라도 호주가 되면 가를 떠날 수 없지만(向英洋, 앞의 책, 2007, 292쪽), 모친의 호주가 입적에 반대해서 일가를 창립한 호주는 일본인 부친에게 인지된 즉시 부가로 들어갔다(『朝鮮戸籍及寄留例規』, 499쪽). 그 외 1923년 7월부터는 조선과 일본 어디서든 일본인과 조선인 간의 인지를 신고할 수 있었지만, 일본인 남성이 조선인 여성의 태아를 인지할 때는 인지자의 본적지에서 신고해야 해서 조선에서는 신고서를 수리할 수 없었다(『朝鮮戸籍及寄留質疑回答輯錄』, 42쪽).

있었다. 1923년 6월에 조선인 여호주 ○유(○柔)는 나가사키(長崎)에 본적을 둔 스에마쓰(末松) 미야○의 호적에 자신의 사생자들과 친족입적하려 했다. 〈그림 1-7〉을 보면 호주 미야○는 ○유의 친딸이었다.[283] 미야○는 1901년 경성에서 ○유의 사생자로 태어났지만 1902년에 아버지 스에마쓰 다미키치(末松民吉)에게 인지되어 서자녀로 일본 호적에 입적되었고, 1914년에 부친이 사망하자 호주가 되었다. 여동생도 1903년에 같은 부모의 혼외자로 경성에서 태어나 1904년에 부친에게 인지된 것으로 보건대, ○유는 꽤 오래 다미키치와 관계를 맺은 것으로 보인다. 미야○의 조모, 즉 다미키치의 모친이 1922년 경성에서 사망한 것을 보아도, 조선인 ○유는 다미키치와 법적으로 부부가 아니라서 호적을 달리했지만, 그동안에도 일본인 딸들과 경성에서 함께 생활했을 가능성이 높다.

〈그림 1-7〉 스에마쓰 미야○의 호적

<table>
<tr><td colspan="6">한국 경성 京洞 호주 ○柔 사생자 부 末松民吉 인지 신고, 明治35년 10월 14일 접수 입적
大正3년 7월 7일 전 호주 民吉 사망으로 인해 가독상속 신고, 동5년 7월 6일 접수</td><td>본적
長崎縣 長崎市 浦○町 13번지</td></tr>
<tr><td colspan="6">호주</td><td>전호주</td></tr>
<tr><td>출생</td><td rowspan="3">末松ミヤ○</td><td>모</td><td>부</td><td>전호주와의 관계</td><td>족칭</td><td rowspan="3">末松民吉</td></tr>
<tr><td rowspan="2">明治34년 9월 6일</td><td>○柔</td><td>亡末松民吉</td><td rowspan="2">亡末松民吉 서자녀</td><td rowspan="2"></td></tr>
<tr><td colspan="2">서자녀</td></tr>
</table>

* 출전: 霜山精一 編, 『親族相續先例類纂』, 東京: 巖松堂書店, 1928, 109쪽.

이 사례에 대해 사법성 민사국장의 조회를 받은 조선총독부 법무국장은, 조선의 관습에서 호주는 타가에 친족입적할 수 없긴 하지만, 여성의 분가를 인정하지 않는데 ○유가 일가창립해서 호주가 된 것은 잘못이라고 해석했

283 『親族相續先例類纂』, 108~110쪽.

다. 따라서 ○유를 원래의 본가로 되돌린 후에 친족입적할 수 있다고 회답하였다. 그런데 이때 ○유의 사생자들이 모친의 친족입적에 수반하여 입적되는지에 대해서는 조선과 일본의 견해가 엇갈렸다. 조선총독부 법무국장은 조선 관습에 입각해 처와 직계비속은 당연히 수반 입적된다고 보았지만,[284] 사법성 민사국장은 일본 민법에 입각하여 따로 입적신고를 해야 한다고 한 것이다.[285] 결국 입적지의 법령에 따르는 것으로 정리되어, 일본인 여호주가 조선인의 처가 될 때는 조선의 관습에 따라 직계비속도 수반 입적되었다.[286] 반대로 조선인 남호주가 일본인의 입부가 되는 경우, 그 가족인 서자들은 일본 민법에 따라 조선에 일가를 창립한 후에 친족입적해야 했다.[287] 조선인이 일본인의 양자가 될 때도 비속을 당연 수반할 수는 없지만 친족입적을 통해 입적시킬 수 있었다.[288] 즉, 일본인의 비속은 부모를 따라 즉시 조선 호적에 입적되었던 반면, 조선인의 비속은 친족입적을 통해야 일본 호적에 입적되었다. 〈표 1-5〉에서 11건에 불과한 친족입적이 〈표 1-6〉에서는 89건에 달하는 이유도 기본적으로는 이와 같은 가족제도의 차이 때문일 것이다.

또한 조선인 남성이 일본 호적에 입적하려는 경향이 있었음을 감안하면, 친족입적 제도가 그를 위해 활용되었을 가능성도 있다. 특히 당사자의 가족 지위에 직결되는 혼인·입부혼인·서양자입양·입양과 달리, 친족입적은 단지

---

284 朝鮮總督府 法務局 編纂, 『(昭和八年 改正) 朝鮮戶籍例規』, 743~744쪽; 「大正 12年 7月 17日 司法省 民事局 民事 第2606號 司法省 民事局長 池田寅二郎 → 朝鮮總督府 法務局長 松寺竹雄」, 朝鮮總督府 法務局 民事係, 『昭和 5年 戶籍例規』, 1930, 761~766쪽.

285 『司法省親族·相續·戶籍·寄留先例大系』, 2469~2470쪽.

286 『朝鮮戶籍及寄留例規』, 506쪽; 『司法省親族·相續·戶籍·寄留先例大系』, 1567쪽.

287 法律評論社 編, 앞의 책, 1931, 220~221쪽.

288 『朝鮮戶籍及寄留例規』, 503~504쪽.

일본인이라는 신분을 취득하기 위한 수단으로서 보다 쉽고 폭넓게 활용될 여지가 있었다. 일본 민법 제738조에 따라 "혼인 또는 입양으로 타가에 들어간 자가 그 배우자 또는 양친의 친족이 아닌 자기의 친족을 혼가 또는 양가의 가족으로 할" 수 있었기 때문에, 일단 조선인이 혼인 또는 입양으로 일본 호적에 입적하면 그 친족들도 일본의 이에에 들어갈 수 있었던 것이다. 1921년 구관급제도조사위원회에서 조선인의 친족 범위를 대략 8촌 이내의 유복친으로 축소했다 해도,[289] 이는 결코 좁은 범위가 아니었다. 게다가 "내지인의 이에에 친족입적한 조선인 남성은 내지에서 다시 분가 또는 폐절가재흥을 할 수 있"었으며,[290] 민법 제737조에 의하면 "호주의 친족으로서 타가에 있는 자는 호주의 동의를 얻어 그 가족이 될 수 있"었다. 앞의 ○유가 호주인 스에마쓰의 호적에 입적하려 한 친족입적 신고는 이 조항에 근거한 것이었다. 이로 인해 친족입적은 여러 경로로, 그것도 연쇄적으로 일어날 수 있었으므로, 친족입적 제도를 통해 이론상으로는 거의 무제한적으로 조선인이 일본 호적에 들어갈 수 있었다. 공통법 제정 당시 친족입적이 지역적 변경의 요건으로 상정되지 못했음을 생각한다면, 친족입적을 통해 조선인의 무한 입적이 가능해지는 것은 다분히 문제적이었다.

하지만 원래 민법 제737조에 의한 조선에서 일본으로의 호적 이동은 두 지역 친족입적 제도의 차이로 인해 차단되었다. 그런데 여기서도 '내선결혼'이 조선에서 관습으로 인정하지 않던 제도를 허용하게 만드는 매개가 되면

289 朝鮮總督府 中樞院, 앞의 책, 1933, 부록 「舊慣及制度調査委員會決意」, 6~9쪽. 1919년 10월 6일에도 동일한 결의가 있었다는 기록이 있어 친족 범위가 결정된 시기는 좀 더 앞당겨질 가능성도 있다(南雲幸吉, 앞의 책, 1935, 24~27쪽).

290 『朝鮮戶籍及寄留例規』, 508~509쪽; 『司法協會雜誌』 12-5, 1933, 64쪽.

서, 결국 조선인의 무제한적 입적이 가능한 방향으로 확장되었다. 당시 조선에는 "호주가 타가에 있는 자기 또는 가족의 친족을 가족으로 삼고자 할 때" 신고하게 한 조선호적령 제110조밖에 없었으므로 호주가 친족입적 신고의 주체였고,[291] 따라서 입적될 당사자가 신고할 수는 없었다.[292] 반면 일본 민법에서 신고의 주체는 호주의 친족이 입적할 때는 입적자(제737조), 혼인이나 입양으로 입적한 사람이 자기 친족이나 직계비속을 입적시킬 때는 인취자(引取者)였고(제738조), 두 경우 모두 호주는 동의자일 뿐이었다. 그리고 엄밀한 의미에서는 전자를 친족입적, 후자를 인취입적이라고 불렀다.[293]

그런데 1929년 6월에는 고타케(小竹) 치라와 1925년에 혼인한 장○수(張○洙, 1897년생)가 민법 제737조에 의거하여 장인의 호적에 처와 함께 친족입적하려고 일본에서 신고서를 제출하였다. 사법성 민사국장은 ○유의 입적을 가능하다고 한 조선총독부 법무국장의 회답을 근거로 입적신고를 수리하려 하는데, 조선에서도 이들을 제적할 수 있는지를 물었다. 그리고 법무국장에게 긍정적인 답을 얻은 다음 1930년 3월에 이들의 친족입적을 승인한다고 회답했고, 법무국장 역시 조선에서 동년 2월에 같은 취지를 각 지방법원에 통첩하였다.[294] 이러한 확인을 거친 이유는 그때까지는 조선인의 자기입적을 인정하지 않았기 때문이었다. 공통법에 따라 법례 제22조를 준용하면 친족입적은 당사자의 본국법에 따라야 하는데, 민법 제737조의 당사자는 입적자였다. 하

291 野村調太郎, 앞의 책, 1923, 451~455쪽.

292 六彌太登良麿, 앞의 글, 1942, 7쪽.

293 中川善之助, 앞의 책, 1930, 56쪽; 中川善之助, 앞의 책, 1937, 91쪽.

294 『司法省親族·相續·戶籍·寄留先例大系』, 2468~2469쪽; 『朝鮮戶籍及寄留例規』, 509~510쪽.

지만 조선에서는 친족입적이 호주의 단독행위이므로 호주가 아닌 당사자의 자기입적은 불가능하다고 해석해왔는데, 이 사례를 계기로 공통법 제3조 제2항에 저촉되지 않는 한 일본 호적에 입적되면 조선 호적에서도 제적하기로 방침을 변경한 것이다.[295] 미성년자도 노약자도 아닌 30대 남성이 처가에 입적하려 한 이유가 무엇이었는지는 알 수 없다. 다만 이를 허용하기로 한 결과, 이 조선인 남성은 입부·서양자가 아니라 혼인인 상태 그대로 일본인 신분을 취득할 수 있었고, 두 지역의 제도 차이 때문에 제한되었던 친족입적이 허용됨에 따라 조선인이 일본 호적에 연쇄적·무제한적으로 입적할 수 있는 가능성이 현실화된 것만은 분명하다.[296]

5) 이혼

혼인이나 입양으로 조선 호적에 입적된 일본인 역시 공통법 시행 이후에는 이혼하거나 파양당하면 일본으로 복적되었다. 하지만 조선의 친족·상속

---

295 朝鮮總督府 法務局 民事係, 앞의 책, 1930, 757쪽, 「朝鮮人ノ親族入籍ニ関する件」 부전.

296 이처럼 일본인과 조선인 간의 신분행위 중 조선에 없던 제도들은 대개 일본 민법의 취지가 관철되는 방향으로 흘러갔다. 다만 가독상속인의 지정은 예외이다. 일본 민법에서는 법정 추정가독상속인이 없을 경우 가독상속인을 지정할 수 있고, 호주가 사망하거나 은거하면 상속이 적용되었다(제979조). 1932년 일본 법조회는 조선인도 가독상속인에 지정할 수 있다고 결의했는데(『司法協會雜誌』 12-5, 1933, 96쪽), 조선총독부 법무국장은 조선에는 가독상속인을 지정하는 제도가 없으므로 일본인이 조선인을 가독상속인으로 지정해도 조선인은 가를 떠날 수 없다고 했다(『朝鮮戶籍及寄留例規』, 512~513쪽). 그러자 사법성 민사국장도 조선인은 일본인의 가독상속인으로 선정 또는 지정돼도 조선의 가를 떠날 수 없으므로 가독상속신고서를 수리할 수 없다고 했는데(『司法省親族·相續·戶籍·寄留先例大系』, 2404쪽), 지정할 수는 있지만 조선의 가를 떠날 수 없으므로 호주를 상속할 수는 없다는 뜻이었다(『外地邦人在留外人戶籍寄留訓令通牒実例類纂』, 604~605쪽). 가독상속인의 지정을 다른 신분행위와는 다르게 본 것인지 여부는 확인되는 사례가 부족하여 알 수 없다.

관습에 제약되어 일본인이 조선인에게 입양된 경우가 사실상 전무했던 만큼, 〈표 1-6〉에도 파양은 없고 이혼에 의한 여성의 복적만 나타난다. 이때 이혼 121건을 〈표 1-5〉의 혼인 2,021건과 비교하면 이혼률은 약 6%로, 조선인의 이혼 및 파양률보다 2.6% 낮다. 일본인이 조선 호적에 입적한 경우가 그 반대보다 법적인 가족관계는 안정적이었다고 할 수 있다.

혼인이나 입양이 해소된 경우 입적자는 자신이 원래 속했던 이에에 복적하는 것이 원칙이지만, 새로 일가를 창립해야 하는 경우도 있었다. 1935년에는 조선인 호주의 장남과 혼인해 아들을 낳은 일본인 여성이 이혼한 뒤 일본에서 일가를 창립하고 조선인인 아들을 친족입적하려 한 사례도 확인된다.[297] 이혼한 여성이 일가를 창립하는 이유 중 하나는 친가가 끊겨 돌아갈 이에가 없는 경우로(민법 제740조), 1928년 광주에서 친가가 절가된 일본인 여성은 이혼 후 조선에 일가를 창립할 수 없다고 결의한 것은[298] 일본에 창립해야 한다는 의미였다. 일본인에게 이혼·파양된 조선인도 마찬가지였지만, 일본인은 복적을 거절당해서 일가를 창립해야 하기도 했다(민법 제742조). 혼인이나 입양에 반드시 호주의 동의가 필요한 조선인과 달리, 일본인은 동의를 얻지 못해도 혼인이나 입양을 할 수 있는 대신, 호주는 자신의 동의 없이 가족이 혼인이나 입양한 날로부터 1년 이내에 그를 이적(離籍)시키거나 복적을 거절할 수 있었던 것이다(민법 제750조). 이로 인해 호주의 반대를 무릅쓰고 조선인 남성과 혼인한 일본인 여성은 이혼했을 때 친가에 복적하지 못할 수도 있었다.

한편, 조선인 남성과 혼인한 일본인 여성의 호적도 부령 제99호가 시행되기 전에는 완전히 정리되지 못했기 때문에, 이혼하려는 때 비로소 내선결혼

297 『朝鮮戶籍及寄留例規』, 500~501쪽.

298 『朝鮮戶籍及寄留例規』, 235쪽.

으로 인한 입적과 제적 절차가 이뤄지기도 했다. 한 내선결혼 부부는 일본인 여성의 본적지에서 혼인신고를 한 뒤 부령 제99호가 시행된 이후에도 별다른 절차를 밟지 않아 일본 호적에만 혼인 사항이 기재된 채로 있다가, 1924년에 이혼하려 했다. 이에 대해 동년 3월 사법성 민사국장은 일단 이혼신고를 수리해두고 호적을 정리하도록 했다. 혼인에 의해 일본인 여성을 조선 호적에 입적시키고 일본 호적에서는 제적시킨 다음, 다시 미리 수리해둔 이혼신고에 근거하여 일본 호적에 복적시키게 한 것이다.[299] 그러고 나서 각 감독재판소와 호적리인 시정촌장 앞으로는 공통법 시행 전에 조선인 남성과 혼인한 일본인 여성에 대해 시정촌장이 조사할 수 있는 한 그 신고서의 등본을 남편의 본적지인 조선에 송부하여 입적·제적 절차를 끝내라고 통첩했다.[300] 조선총독부 역시 4월에 각 감독재판소에 통첩하여, 일본의 시정촌장이 혼인신고서 또는 혼인 사항이 기재된 여성의 호적등본을 보내온 경우, 또는 조선호적령 제131조에 따라 관계자가 일본에서 혼인신고를 한 뜻을 자진신고한 경우에는 일본에서 증빙 서류를 송부 받아서, 각각 그 받은 자료에 의거해 일본인 처를 입적시킨 후 일본 측에 입적 통지를 하도록 했다. 물론 조선에서도 이 절차를 마치기 전에 이혼신고를 받으면, 일단 수리해두고 혼인 절차를 완료한 후에 다시 이혼으로 인한 절차를 밟았다.[301] 공통법 제3조 시행 전이라도 일본에서 수리한 혼인신고는 유효했기 때문에, 사후적이나마 호적을 정리하기 위해 일본과 조선의 당국자가 협조한 것이다.

지금까지 살펴본 것처럼, '내선결혼' 법제에 의한 호적의 이동에는 지역

---

299 『司法省親族·相續·戶籍·寄留先例大系』, 1715~1717쪽.

300 『司法省親族·相續·戶籍·寄留先例大系』, 1572~1573쪽.

301 『朝鮮戶籍及寄留例規』, 429쪽.

별·성별 차이가 존재했다. 일제는 조선 민족을 구별하되 가급적 조선인에게 차별당하는 느낌을 주어서는 안 된다는 정치적 상황을 고려하여 '내선결혼' 법제를 제정했다. 하지만 일단 사법(私法)의 영역으로 규정된 법제의 운용에서는 정치적 의도보다도 조선인과 일본인의 가족제도가 기본적으로 지역적 변경의 범위를 제한했고, 개인은 각자의 사정과 이해관계에 따라 그 범위의 안팎에서 '내선결혼'을 실천했기 때문에 차이가 생겨난 것이다. 또한 조선총독부와 일본 정부의 사법당국은 '내선결혼'의 법제적 장벽을 가급적 없애야 한다는 취지를 공유하면서, 복본적을 방지하기 위해 혹은 일본 본토의 법적 안정성을 지키기 위해 법제의 적용 방식을 변경하기도 했다. 변경의 방향은 대개 조선에서 인정하지 않던 일본 민법의 제도를 조선인과 일본인 사이의 신분행위에 적용하는 것이었고, 이를 통해 조선의 친족·상속 관습을 점진적으로 일본화하는 방향으로 나아갈 수도 있었다.

그러나 그 결과로 드러난 조선과 일본 사이의 호적 변경 양상은 조선총독부와 일본 정부가 공통법 제정 당시 의도한 것과 반드시 부합되지는 않았다. 통치의 결과 조선의 친족·상속 관습은 일본 민법에 점점 가까워졌지만, 그럴수록 '내선결혼' 법제를 통한 호적 변경 범위도 넓어졌다. 일본 정부는 식민지민이 이익을 노리고 일본인 신분을 취득할 수 없도록 전적을 금지했지만, 위장결혼과 입양을 막을 방법은 없었고 친족입적마저 허용되면서 이론상 조선인의 일본 호적 입적은 무한정 가능해졌다. 게다가 조선 호적에 입적한 일본인은 대개 공법상의 권리의무와 무관한 여성이었지만, 일본 호적에 입적한 조선인은 남성이 더 많았다. 제국신민인 조선인 성인 남성의 일본 호적 입적은 병역법과 같이 일본의 법률에 속인적인 예외 조항을 삽입하지 않을 수 없는 이유가 되기도 했다. 이렇게 되면 제국 일본의 정치적 입장에서는 '내선결혼'이 증가하고 조선의 친족·상속 관습이 일본화되는 것을 동화정책의 성과로 마냥 환영할 수만은 없게 되는 것이다.

3. 호적 이동이 허가되지 않은 관계

1) 조선 ⇄ 일본: 취적, 전적, 분가, 일가창립, 폐절가재흥

일제는 일본인과 조선인이 가족이 되는 경우는 동화의 방침을 손상시키지 않는 동시에 복본적을 방지하기 위해 지역적의 변경까지 허용했다. 반면, 1916년 이후 본적의 설정이나 변경을 목적으로 하는 취적, 전적, 분가, 일가창립 등은 개인이 속한 지역 안에서만 가능하게 했음은 전술한 바와 같다. 하지만 호적제도가 갖춰진 일본 본토에 제국신민인 조선인이 본적을 새로 설정하는 데는 원래 문제가 없었고, 1923년에 조선에도 호적제도가 시행됨으로써 일본인과 조선인의 상호 전적이 가능하다고 해석할 수 있는 여지도 생겼다. 게다가 일본의 일부 호적리들은 제국 영토인 조선에 민법이 시행된다고 생각한 것과 마찬가지로 호적제도도 통용된다고 이해했다.

공통법 제정 전인 1917년 1월에 니가타(新潟) 시장은 사법성에 무적자인 조선인이 일본에 일가를 창립하려는 경우를 문의하면서, 조선인에게 친가에서의 상속권, 호주의 동의와 같은 제한이 있더라도 "조선에서의 법규는 일본의 민법 및 호적법과는 교섭이 없으므로, 일본에서는 일본의 법규에 기초하여 단독으로 적법한 절차를 하면 유효"할 것으로 예상했다. 또한 이러한 취급은 "일본 영토로서 민법 및 호적법이 시행되지 않는 모든 인민"에게 적용해야 할 것이었다. 니가타 시장은 조선과 일본 사이에 법령이 통용되지 않음을 알았지만, 그렇기 때문에 식민지민은 제한 없이 일본에 취적할 수 있다고 해석한 것이다. 하지만 사법성은 "신부(新附)의 민(民)은 일본에 전적, 분가, 또는 일

가창립할 수 없다"며 모두 금지할 따름이었다.[302]

그럼에도 호적사무를 취급하는 실무자의 의문은 계속되었다. 1917년에는 야마구치현(山口縣)에서 "조선인이라도 일본에 거주하는 자는 취적할 수 있어야" 할 것이라고 문의했다가 부정되었다.[303] 이로부터 추론하면 조선인은 일본인의 양자, 서양자, 입부가 되려는 신고서를 제출해도 일본 호적에 입적할 수 없고 양친 또는 처의 호적에도 전혀 기재할 필요가 없을 것으로 생각되었지만, 이는 허용되었다.[304] 그러자 1921년 시즈오카구재판소 감독판사는 두 사항을 구별하여, 공통법 제3조는 "신분이 변경된 결과로 그 자의 본적이 바뀌는 경우를 규정한 것으로서, 분가, 전적, 취적, 일가창립, 폐절가재흥 등과 같이 한 지역의 자가 다른 지역에 가적을 옮기거나 가적을 정하는 경우를 포함하지 않는다고 해석"해야 하는지를 물었고, 사법성은 긍정하는 회답을 했다.[305] 실무자들은 이러한 구별에 대해 "법령의 근거를 보여 명확한 회답"을 주기를 바랐지만, 법조회는 1925년에 "공통법 제3조는 입적·제적 절차에 의한 내선인 간의 가적의 이동을 규정"한 것이고, 그 외에는 "내지 및 내지가 아닌 지역에 대해 우리 법제가 취한 주의에 비추어 내선인 간에 가적의 혼동은 허용하지 않는 것으로 해석하지 않으면 안 된다"고 할 뿐이었다.[306] 호적학협회 역시 1930년에 "본래 내지에 본적을 가져야 할 자가 절차의 누락, 기타 사유로 인해 갖지 않은 경우"에 한해 일본에 취적할 수 있을 뿐, "호적법

302 『司法省戸籍寄留先例全集』, 319~320쪽.

303 『司法省戸籍寄留先例全集』, 826쪽.

304 『親族相續先例類纂』, 227~228쪽; 『司法省親族·相續·戸籍·寄留先例大系』, 1408쪽.

305 『司法省親族·相續·戸籍·寄留先例大系』, 2646~2647쪽.

306 『外地邦人在留外人戸籍寄留訓令通牒実例類纂』, 623쪽.

중 취적, 분가, 전적 등 본래 내지인의 가적에 관한 사항은 내지인 이외의 자에게는 적용되지 않"는다는 해석을 내놓았다.[307] 이는 공통법 이후 민족적(民族籍)이 된 지역적의 성격을 잘 보여주는 설명들이다. 본적이 없는 식민지민은 일본에 취적할 수 있다는 해석은 더 이상 통용되지 않았고, '내선결혼'으로 본적을 옮긴 자 이외에 일본 또는 조선에 본적을 '가져야' 할 자들은 각각 일본 또는 조선 호적에 등록되어야 했던 것이다.

그렇다면 조선에 본적을 가져야 하는 '조선인'은 누구인가. 조선호적령 제정 당시 고등법원 판사였던 노무라 조타로(野村調太郎)는 법률상 '조선인'의 의미를 "조선 지역 내에 실체상의 본적을 갖는 자"로 정의하였다. 이때 실체상의 본적은 호적으로 판명되는 형식상의 본적과는 달랐다. 호적에 기재되어 형식상 본적을 가져도 실체상 본적을 가지지 않을 수도 있고, 기재되지 않았어도 실체상 본적을 가질 수도 있기 때문에, 형식상의 본적과 실체상의 본적이 불일치할 때는 실체상에서 판단해야 한다는 것이다. 즉, 조선 호적에 기재된 자는 일단 조선에 본적을 갖는 자로 추정하고, 무적자는 부모가 조선인으로 실체상 조선에 본적을 갖는 자, 또는 부모가 불분명한 경우 조선에서 태어난 자를 조선인으로 인정했다.[308] 이처럼 각 지역에 본적을 가져야 할 자가 누구인지는 국적과 마찬가지로 혈통주의를 원칙으로 삼고 출생지주의로 보완하여 결정되었다. 이로 인해 기아라 하더라도 혈통에 따라 기재되어야 할 호적을 구별하여, 조선에서 발견된 일본인의 기아는 "본인이 취적할 때까지 내지에서의 무적자로 하고 단지 거주 규칙에 의해 처리"해둘 수밖에 없

307 『外地邦人在留外人戶籍寄留訓令通牒実例類纂』, 607쪽.

308 野村調太郎, 앞의 책, 1923, 21~22쪽.

었다.[309] 1941년에는 "무적자를 발생시키지 않도록 하는 조치로서 무언가 공통의 취급 방법을 강구"하자는 요청도 있었지만, 방침에는 변함이 없었다.[310] 일본에서 발견된 조선인임이 명확한 기아 역시 조선에 본적을 가져야 했음은 물론이다.[311] 이와 같이 양 지역의 호적은 철저히 혈연적으로 구별되어 있었다.

이러한 사정을 알지 못하는 조선인 또는 일본인들은 실제 전적이나 분가를 신청하기도 했다. 1921년에는 조선에 민적을 가진 호주가 일가 전원과 함께 일본에 본적을 선정하여 전적하고자 했고,[312] 1924년에는 호주의 아우인 일본인이 부산에 분가할 뜻을 신고했다.[313] 이때 호적리가 상부에 취급 방법을 문의한 경우에는 처음부터 신고서를 수리하지 않았지만, 그대로 수리한 경우도 있었으므로 "이미 전적된 자가 있다"는 풍문도 돌았다.[314] 또한 조선인이 일본에 전적하려는 신고서를 일본에서 잘못 수리하여 본적지인 조선에 송부해왔더라도 면장은 이를 반려해야 했다.[315] 하지만 상호간 전적 등이 가능할 거라는 생각은 조선과 일본 어느 한쪽만의 오해는 아니어서, 조선에 분가하려는 일본인의 신고서를 수리한 조선 면장이 새로 호적을 편제한 후 본적지에 통지하자 일본의 정장(町長) 역시 그에 의거해 당사자를 제적한 사례

309 『朝鮮戶籍及寄留例規』, 158쪽. 조선인 기아라면, 조선호적령 제65조 제2항에 따라 부윤이나 면장이 성명과 본적을 정해서 조선 호적에 취적시켰다.

310 『朝鮮戶籍及寄留質疑回答輯錄』, 134~135쪽.

311 朝鮮總督府 法務局 編纂, 『改訂 朝鮮戶籍例規』, 朝鮮司法協會, 1929, 247~248쪽.

312 『司法省親族·相續·戶籍·寄留先例大系』, 2802쪽.

313 『司法省親族·相續·戶籍·寄留先例大系』, 2647쪽.

314 『朝鮮戶籍及寄留例規』, 338쪽.

315 『朝鮮戶籍及寄留例規』, 337쪽.

도 있었다. 조선총독부는 1926년에 사법성과 이 호적을 말소하는 절차를 교섭하여, 이해관계인이 일본 호적을 허가받기 위한 재판을 한 후 면장에게 호적 정정 신청서를 제출하면 '내선결혼'의 송적 절차를 준용해 처리하기로 했다.[316] 일본에서도 조선인의 전적신고를 수리하여 새로 호적을 편제한 경우는 "법률상 허가해서는 안 되는 것"이므로 이해관계인이 재판소의 허가를 얻어 정정 신청을 하게 했다.[317] 전적 등을 한 사람들은 호적을 정정해 원래 속했던 지역의 호적으로 복귀시키려 했던 것이다.

이처럼 정부 차원에서 전적을 금지했음에도 이에 대한 실무 차원의 의구심, '실수'에 의한 상호간 전적은 제국이 패망할 때까지 끊이지 않았다. '내선결혼' 신고서가 조선과 일본에서 제한 없이 수리되고, 그로 인한 지역적 변경도 한 지역 내에서와 똑같은 절차에 따라 이루어지는 상황에서, 그 외의 원인들을 금지한 것 자체가 당연하지 않은 정치적 선택이었던 것이다.

2) 조선 ⇄ 외국: 국적

조선인에게 허용되지 않은 것은 제국 내 지역적의 변경만은 아니었다. 병합으로 일본국적을 강제 취득한 조선인은 일본인과 달리 어떠한 경우에도 일본국적에서 이탈할 수 없었던 것이다. 조선에서는 예부터 국적 상실을 인정하지 않았고 당시에도 국적법이나 귀화에 관해 시행되는 법규가 없다는 이유에서였다. 조선에서 국적 상실을 인정하지 않았다고 해석한 근거는 1908년 5월의 대한제국 내부 훈령 '귀화 한인 처리의 건'이었다. 즉, "한국에는 최초부터 귀화를 인정하는 제도가 없고 한국 신민이 임의로 다른 국적을 취득

316 『朝鮮戶籍及寄留例規』, 387쪽; 『司法省親族·相續·戶籍·寄留先例大系』, 3094~3095쪽.

317 『司法省親族·相續·戶籍·寄留先例大系』, 3120쪽.

해도 정부에서 특별히 이를 인정하지 않으면 한국적을 상실했다고 해석할 수 없다"는 것이었는데,[318] 이 훈령은 당시 외교사무를 장악한 통감부와 일본 외무성의 협의로 결정되었다.[319] 게다가 이는 치외법권을 주장하는 귀화인을 다스리기 위해 귀화인이라도 대한제국의 영토에서는 한국의 국권에 복종해야 한다는 취지였지, 귀화나 외국인과의 혼인을 금지한 것은 아니었고,[320] 대한제국에서도 1909년 10월경에는 한국인과 외국인의 혼인에 관해 국적법을 제정하고자 논의했다.[321] 또한 관계 법령이 없다면 일본의 국적법을 시행하는 방법도 있었다. 국적법에 따르면, 일본인 여성이 외국인 남성과 혼인했을 때, 그리고 일본인이 자기 희망에 따라 외국에 귀화했을 때는 일본국적을 상실했다(제18조, 제20조).[322] 그런데 일본 정부는 대만에는 국적법이 제정된 1899년 6월에, 화태에는 1924년 8월에 국적법을 시행했지만,[323] 조선에는 끝내 시

318 細谷定,『(日鮮對照)朝鮮民籍要覽』, 京城: 斯道館, 1915, 239~240쪽.

319 統監官房,『韓國施政年報(明治 39·40年)』, 1908, 86~87쪽;「不認外國入籍」,『皇城新聞』 1908년 5월 30일자;「法訓西北裁判所」,『皇城新聞』 1908년 5월 31일자.

320 이토 히로부미는 1908년 6월에 일본인 사법관들을 소집해 한국에는 치외법권이 있으므로 외국인이 관련된 사건에 주의하라고 당부했다. 이때 북쪽에는 러시아에 귀화한 조선인이 많은데 이들을 러시아인으로 보면 치외법권을 인정해야 하므로, 한국 영토에서는 어디까지나 한국인으로 취급할 방침임을 밝혔다. 이토는 한국 정부가 귀화한 조선인을 외국인으로 취급한 선례를 '과실'로 치부했지만, 적어도 이 조치가 한국의 영토 내로 한정되었음을 분명히 한 것이다. 남기정 옮김,『日帝의 韓國司法府 侵略實話』, 育法社, 1978, 96~98쪽.

321 「國籍法擬議」,『大韓每日申報』 1909년 10월 14일자.

322 「法律 第66號 國籍法」,『官報』 4709, 1899년 3월 16일자. 1899년 제정 국적법의 제18조는 외국인과 혼인한 일본 여성이 무국적자가 되는 것을 방지하기 위해 1916년에 남편의 국적을 취득한 때 국적을 상실하는 것으로 개정되었다. 그러나 아내의 국적을 자신의 의사와 무관하게 남편의 국적과 일치시킨 점에는 변함이 없다.

323 拓務大臣 官房 文書課,『內外地法令對照表: 昭和 16年 9月 1日 現在』, 1941, 107쪽.

행하지 않았다. 이 외에 조선인의 국적에 관한 새로운 법령을 제정하는 것도 방법이었다. 실제로 조선총독부는 1910년 말에 조선인의 귀화법을 제정하려 했고,[324] 1931년에도 재만 조선인의 국적 때문에 중국과 외교 마찰이 심화되자 '조선국적령' 초안을 작성했을 정도로, 조선인의 국적에 관한 규정을 제정할 필요는 충분했다.[325] 그러나 일제는 조선인이 외국에 귀화해 일본국적을 이탈하는 것을 막기 위하여 국적법을 시행하지도, 새로운 규정을 만들지도 않고, 다만 종래의 방침을 고수했다.[326] 이는 일본 정부가 해외에서 독립운동을 하는 조선인들을 의식했기 때문이었는데, 국가의 존립을 위협할 가능성이 있는 자는 국적을 박탈하기보다 자국민으로 다스리는 편이 국가 질서와 안녕을 유지하는 데 유리하다는 생각이 바탕에 있었다.[327] 서구인의 치외

---

324 「諸法令發布期」, 『每日申報』 1910년 12월 16일자; 「法規調査會 現況」, 『每日申報』 1910년 12월 21일자; 「諸法案의 發表」, 『每日申報』 1910년 12월 24일자; 「提出議案審議會」, 『每日申報』 1910년 12월 25일자.

325 呂秀一, 「在満朝鮮人の国籍問題をめぐる日中外交政策の研究」, 広島大学博士論文, 2007, 164~176쪽. 이때 '조선국적령안'에서도 외국인의 처가 되어 남편의 국적을 취득한 조선인은 일본국적을 상실하게 했지만(제6조), 외국에 귀화한 조선인은 조선총독의 허가를 얻어야만 일본국적을 이탈할 수 있다고 하여(제1조), 독립운동을 할 가능성이 있는 사람은 일본국적에 묶어두려 했다.

326 국적 문제 전반에 대해서는 遠藤正敬, 「植民地支配のなかの國籍と戶籍」, 『早稲田政治公法研究』 68, 2001; 水野直樹, 「國籍をめぐる東アジア關係」, 『近代日本における東アジア問題』, 東京: 吉川弘文館, 2001b 등을 참조.

327 兒玉政介, 앞의 책, 1933, 3쪽. 실제로 러시아에 귀화해 하와이에 거주하던 조선인이 1922년에 조선에 입국하려 하자, 이런 사람은 대개 '불령선인(不逞鮮人)'이라며 조선인으로 입국하게 한 다음 일본법으로 단속해야 한다고 결정했다(「大正 11年 2月 24日から大正 11年 5月 30日」(아시아역사자료센터 JACAR, Ref. B03041598400/ 일본 외교사료관). 1929년 여운형이 상해에서 체포되었을 때도 중국에서는 그가 정치범이고 중국에 귀화했으니 중국 관헌에 넘기라고 항의했지만, 일본 관헌은 국적법을 조선인에게 시행하지 않은 것 등을 이유로 인도하지 않을 것으로 예상되었다(「中國側이 正式抗議 呂運

법권은 소멸되었지만, 일제는 한반도 거주자가 아니라 국외자를 단속하기 위해 조선인은 국적을 이탈할 수 없다는 원칙을 유지한 것이다.

그런데 조선에 국적법을 시행하지 않은 결과, 국적법 중 '일본', '일본인'이라는 표현에 '조선', '조선인'은 포함되지 않는다고 해석할 수밖에 없었다.[328] 이로 인해 병합 초기부터 조선인과 외국인의 혼인이나 귀화를 어떻게 처리해야 할지가 문제가 되었는데, 조선총독부는 조선인과 외국인 사이의 혼인과 귀화를 전면 부정하였다. 1911년 6월에 서대문 경찰분서장이 청국인 남성과 조선인 여성의 혼인신고를 처리할 방법을 문의하자, 경무과장은 혼인하면 부인이 국적을 상실하게 되는데 조선에서는 예부터 국민의 국적 상실을 인정하지 않았으므로 각하한다고 통첩한 것이다.[329] 하지만 조선총독부는 국적을 상실하게 될 여성뿐 아니라 남성의 경우에도 외국인과의 혼인을 부정했다. 조선인과 혼인한 외국인은 남녀를 불문하고 민적에 입적시키지 않고 '숙박급거주규칙(宿泊及居住規則)'에 따라 처리했으며, 자녀들은 모두 서자나 사생자로 민적에 등록하게 한 것이다.[330] 또한 1912년 12월에는 조선에 국적법이 시행되지 않았고 귀화의 조건과 절차를 정한 다른 법규도 없다는 이유를 들어, 조선에 본적을 두려는 청국인의 귀화 신청 역시 각하하였다.[331]

하지만 조선에 국적법을 시행하지 않아서 생기는 법리적 결함은 외국인과의 혼인이나 귀화에 국한되지는 않았다. 한국인이 병합조약으로 일본국적

亨引渡要求」, 『東亞日報』 1929년 7월 14일자).

328 向英洋, 앞의 책, 2007, 91~104쪽.

329 警務總監部 警務課 民籍係 編纂, 앞의 책, 1914, 109~110쪽.

330 『民籍例規』, 86~87쪽, 164쪽.

331 警務總監部 警務課 民籍係 編纂, 앞의 책, 1914, 111쪽.

을 취득했다 해도 자녀들까지 일본국적을 계승해야 할 법률상의 근거는 어디에도 없었던 것이다. 이에 대해 일반적으로는 "조선인 신분의 득상, 따라서 그 결과로서의 일본국적 득상은 관습과 조리로 결정되고, 관습과 조리의 내용은 국적법(원문 구국적법—인용자)에 준한다"고 해석했다.[332] 조선인의 자녀는 호적상 조선인이기 때문에, 그 결과 일본국적민이 된다는 논리였다.

또한 조선인 남성과 혼인한 외국인 여성에게는 이후 조리로서 국적법을 준용했다. 부령 제99호로 내선결혼 법제가 마련된 후인 1921년 9월에 조선총독부 법무국장은 각 도지사에게 재외공관으로부터 조선인 남성과 외국인 여성의 혼인신고를 송부 받은 경우에는 먼저 법무국에 회송하라고 했다.[333] 적법한 혼인으로 판단되면 외국인 여성을 민적에 입적시키고, 사유란에 "혼인으로 국적 취득 입적"이라고 기재할 것이었다.[334] 그러자 조선인도 혼인이나 기타 사유로 일본국적을 이탈할 수 있다고 해석할 여지가 생겼지만, 조선총독부는 외국인 여성이 조선의 가에 들어오는 경우만 허가했을 뿐 이로써 조선인에 대한 국적법상의 문제는 조금도 야기되지 않는다고 강조했다.[335] 하지만 조선인과 혼인하여 일본국적을 취득하고 법제상 조선인이 되었을 외국인 여성은 이혼할 때도 국적법을 준용 받아 일본인과 마찬가지로 일본국적을 상실하고[336] 조선 호적에서도 제적되었다.[337]

---

332 平賀健太, 『國籍法』 上, 帝國判例法規出版社, 1950, 113쪽(向英洋, 앞의 책, 2007, 97쪽에서 재인용).

333 『民籍例規』, 40쪽.

334 『民籍例規』, 216~217쪽.

335 『民籍例規』, 217~218쪽.

336 『朝鮮戶籍及寄留例規』, 235쪽.

337 『朝鮮戶籍及寄留例規』, 244쪽.

조선인 남성과 혼인한 외국인 여성이 일본국적을 취득·상실하는 것은 외국인과의 관계에서 조선인에게 국적법이 준용된 유일한 사례였다.[338] 그 외 이성양자가 허용된 1940년 이후에는 조선인이 외국인을 입양할 수 있는지가 새로운 문제로 대두했다. 이때 양자는 일본국적을 가져야 하지만 조선인에게는 국적법이 적용되지 않아 외국인은 조선인에게 입양되어도 일본국적을 취득할 수 없기 때문에, 조선인은 외국인을 입양할 수 없다고 해석되었다.[339] 외국인이 귀화하여 조선에 본적을 갖는 것도 국적법이 적용되지 않는다는 이유로 부정되었다.[340] 반면 조선인이 외국 국적을 취득할 수 있는지는 그 나라의 법률에 따를 문제였기 때문에, 일제도 외국인의 조선인 사생자 인지,[341] 조선인 여성과 외국인의 혼인,[342] 외국인의 조선인 입양,[343] 조선인의 외국 귀화[344] 등은 가능하다고 확인했다. 하지만 국적법을 적용받지 않는 조선인은 어떤 경우에도 국적을 상실하지 않는다고 결정했기 때문에, 외국인 남성과 혼인한 조선인 여성이 낳은 자녀들도 일본국적자로서 조선 호적에 기재되어야 했다.[345] 이로 인해 외국 국적을 취득한 조선인은 모두 이중국적자가 되었

338 조선인 남성이 외국인 여성이 낳은 비적출자를 인지하는 경우에도 부친의 호적에 입적시킬 수 있지만, 인지에 대한 외국의 법률은 각각 다르므로 사안마다 법례에 따라 허용 여부를 결정해야 한다는 방침이었다(『朝鮮戶籍及寄留質疑回答輯錄』, 40~41쪽). 하지만 실례가 없으므로 실제 방식은 확인할 수 없다.

339 岩島肇, 「朝鮮民事令に於ける壻養子に就て」(二), 『戶籍』 2-1, 1942, 5쪽.

340 『朝鮮戶籍及寄留例規』, 535쪽; 『朝鮮戶籍及寄留質疑回答輯錄』, 136쪽.

341 『朝鮮戶籍及寄留例規』, 169쪽; 『朝鮮戶籍及寄留質疑回答輯錄』, 41쪽.

342 『朝鮮戶籍及寄留例規』, 232~233쪽; 『朝鮮戶籍及寄留質疑回答輯錄』, 57쪽.

343 『朝鮮戶籍及寄留例規』, 186~188쪽; 『朝鮮戶籍及寄留質疑回答輯錄』, 47쪽.

344 『朝鮮戶籍及寄留質疑回答輯錄』, 136쪽.

345 『朝鮮戶籍及寄留例規』, 151쪽; 『朝鮮戶籍及寄留質疑回答輯錄』, 33쪽.

다. 조선인은 귀화는 물론 외국인과의 신분행위로도 조선 호적에서 이탈할 수 없고, 외국인 여성만 혼인과 이혼으로 조선인 신분을 취득·상실할 수 있는 폐쇄적인 구조였던 것이다.

조선인의 국적 상실을 인정하지 않는다는 방침은 일본인과 조선인의 관계에도 영향을 미쳤다. 1918년 8월에 경상남도장관은 병합 이전인 7살 때 일본인의 양자로 입적했지만 23살 때 조선에 돌아와 조선인 여성과 혼인한 후, 다시 일본으로 건너가 일본인 여성과 혼인하고 일본인 양부가 사망하자 양가를 상속한 조선인 남성의 사례를 문의하였다. 이 남성은 이후 일본인 처를 데리고 조선에 건너와 본가 부근에 살면서 조선인 처와의 사이에서도 자녀를 낳아 본가의 조선 민적에 입적시켰다. 그렇지만 정작 자신은 민적에 누락된 상태에서 호주가 사망하자 누가 호주를 상속해야 할지가 문제가 된 것이다. 경상남도장관은 이 남성은 "이미 내지인의 양자가 되어 양가에 적을 두었고 또 양가의 상속인이 되어 씨명도 변경"했을 뿐 아니라, "양자가 된 때는 구한국시대로 마치 귀화와 같게 취급"했기 때문에 지금 다시 변경하는 것은 도저히 불가능하다고 생각했다. 하지만 사법부장관은 종래 조선인 남성의 국적 상실은 인정하지 않았다는 이유로, 일본인의 양자가 되었어도 조선의 민적을 가지므로 본가에 취적시키고 그를 호주로 삼아 민적을 새로 편제하라고 회답했다.[346] 국적 상실이 인정되지 않기 때문에, 병합 이전에 외국인으로서 일본인의 이에에 들어갔던 한국인은 조선에 실체상의 본적을 갖는 자로 인정되어 조선인으로 환원된 것이다.

결국 조선인의 국적이 관습과 조리에 의해 결정된다고 해도, 조선인의 국적 상실을 인정하지 않는다는 조선의 관습이 대전제이고, 국적법을 내용으로

346 『民籍例規』, 64~65쪽.

하는 조리는 조선인 신분의 혈연적 계승, 그리고 조선인 신분을 부여해도 문제가 되지 않을 외국인 처의 입적과 제적에만 적용되었다. 이 역시 제국 내의 지역 간 전적을 금지한 것과 마찬가지로 자의적인 정치적 선택이었고, 이로써 조선인은 자신의 의지로 국적이나 지역적을 선택할 권리를 완전히 부정당했다. 원래의 한국인과 그 자녀들은 일본국적을 절대 이탈할 수 없고, 조선 호적에서 벗어나는 길도 병합 이후의 '내선결혼'밖에 없었던 것이다.

소결

동화와 구별의 긴장, '내선결혼' 법제의 보충과 초과

1910년 대한제국을 병합한 일제는 조선인이 일본인과 유사한 '동문동종'임을 전제로 동화가 가능하다고 주장하고, 천황이 조선인과 일본인을 '일시동인'함을 강조했다. 그러면서도 조선에 호적상의 본적을 갖는 자를 법제적 의미의 조선인으로 삼아, 조선 민족과 일본 민족을 구별했다. 그리고 다시 공통법(1918)에서는 조선인과 일본인이 혼인이나 입양을 통해 가족이 되는 때는 당사자 일방의 본적 이동을 허용하기로 했다. 그에 따라, '내선결혼' 법제는 개인이 속한 지역적을 바꿀 수 있는 유일한 통로가 되었다.

일제가 '내선결혼'으로 인한 본적 이동을 허용한 이유는 첫째, 내선결혼이 동화의 가능성을 뒷받침하는 증거이자 동화를 촉진할 수단으로 평가되는 상황에서, 이를 법적으로 금지하는 것은 동화 및 일시동인의 이념에 어긋나기 때문이었다. 1910년대에도 일제는 내선결혼을 인정해도 무방할 뿐 아니라 통혼이 조선인 동화에도 바람직하다고 생각했지만, 제국 전체의 법적 질서가 정비되고 조선에 호적제도가 시행되기 전까지 조선에서는 내선결혼을 적법하게 할 방법이 없는 것이 문제였다. 하지만 조선인과 일본인은 병합 이전부터 이미 혼인하고 있었는데, 당국이 실제 이루어지는 내선결혼을 인정하지 않는 것은 공연히 조선인에게 차별당하는 느낌을 주어 통치를 불안정하게 할 우려가 있었다. 이에 조선인들을 직접 대면하는 조선총독부가 내선결혼 법제의 제정과 시행을 추동한 반면, 일본 정부는 일본 본토의 법질서 안정을 더욱 중시했기 때문에 공통법이 제정된 후에도 조선에 호적제도가 제정될 때까지 제3조의 시행을 유예했다. 일제가 내선결혼 법제의 제정·시행을 서두른 것은 통혼을 장려하려는 적극적 의지보다는 통혼을 부정해서는 안 된다는 소극적 대처의식 때문이었지만, 내선결혼은 문제가 없거나 바람직하다는 인식이 바탕에 있었다.

일제가 '내선결혼'으로 인한 본적 이동을 허용한 두 번째 이유는 그것이 복본적을 해소해 법제상의 구별을 명확히 하는 방법이기 때문이었다. 공통법 제정 과정에서 일본 정부는 민족을 호적으로 구별하고, 그에 따라 법적 지위를 달리한다는 원칙을 결정했다. 이때 조선총독부는 조건부라도 원칙적으로는 전적의 자유를 인정할 것을 제안했지만, 일본 정부는 식민지민이 대거 일본에 전적해올 것을 우려해 전적을 금지해버렸다. 또한 일제는 재외조선인의 독립운동을 단속하기 위해 조선인의 일본국적 이탈은 인정하지 않는 등, 공적인 이유에서도 조선인과 일본인을 구별하려 했다. 그런데 1910년대에는 내선결혼으로 다른 지역의 호적에 입적된 사람을 원래 속했던 지역의 호적에서는 제적하지 않아서 복본적이 발생했다. 본적 이동을 허용하면 복본적을 해소하여 법적 구별을 명확히 할 수 있었다. 실제로 조선총독부 관통첩 제240호(1915), 공통법 제3조(1918)와 조선총독부령 제99호(1921) 등 내선결혼을 가능하게 하는 법령에는 모두 복본적을 제거해 일인일적의 원칙을 관철시키기 위한 조항이 함께 포함되어 있다. 그럼에도 조선총독부는 1919년 3·1운동 이후 조선인의 민심을 수습하기 위해 내선결혼 법제의 정비·시행을 더욱 서두르고, 동화의 측면만 부각시켰다. 호적의 구별은 각 민족에게 친숙한 친족·상속법규를 적용하기 위해 필요하고, 내선결혼을 지역이나 성별의 제한 없이 허용한 것이야말로 식민지민을 차별하지 않는 증거라고 선전한 것이다. 즉, 내선결혼을 둘러싸고 '통혼을 통한 민족의 동화'와 '호적을 통한 민족의 구별'이라는 이념들이 교차하는 가운데, 일제는 '내선결혼' 법제를 통해 복본적을 제거하고 지역적 변경을 최소화하면서도 법적 차별은 가급적 보이지 않게 함으로써 지역적의 제도적·이데올로기적 약점을 보충했다.

하지만 엄연히 존재하는 차별을 비공식화한 '내선결혼' 법제는 그만큼 논리적·제도적으로 불안정했고, 일제의 의도와는 다른 방향으로 운용되었다. 조선총독부는 호적의 구별은 조선의 친족·상속 관습이 일본 민법에 동화되기까지의 과도적 제도라고 했지만, 구별이 차이를 재생산하기도 했다. 또한 내대공혼에서 대만인에게도 민법을 적용한 것과 달리, 내선결혼에서 조선인은 조선의 관습을 적용받았기 때문에 '내선결혼' 법제에 의한 지역적 변경에는 지역별·성별 차이가 발생했다. 특히 일본인 남성의 조선 호적 입적은 극도로 제약됐는데, 이는 조선 관습에서는 서양자와 이성양자를 인정하지 않았고 또 병역의무가 있는 일본인 남성은 일본 호적에서 이탈할 수도 없기 때문이었다. 반대로 조선인 남성의 입부혼인과 서양자입양은 조선에 없는 제도라는 이유로 일본 민법을 조리로 해석한 결과, 이들의 일본 호적 입적은 더욱 수월해졌다. 그리하여 법제 제정 당시의 바람과 달리 조선 호적에는 일본인 여성이, 일본 호적에는 조선인 남성이 주로 입적한 것이다. 다만 '내선결혼'은 조선의 친족·상속 관습이 일본 민법에 가까워지도록 변화를 유도하기는 했다. 하지만 그럴수록 지역적 변경이 허용되는 범위도 넓어졌다. 그러자 조선인 남성 가운데는 일본인이 되기 위해 '내선결혼' 법제를 활용하려는 사람도 나타났다. 그러나 '내선결혼'의 법제적 장벽을 가급적 제거한다는 입장이었던 일제에게는 위장결혼 등 탈법행위를 막을 방법이 없었다. 게다가 친족입적마저 지역적을 변경할 수 있는 요인이 되면서 이론상 조선인의 일본 호적 입적이 무제한 가능해졌다. 일제가 지역적의 약점을 보완하며 무차별의 상징으로 선전한 '내선결혼' 법제는 사람들의 행동에 따라서는 오히려 지역적을 동요시킬 수도 있는 제도가 되어간 것이다.

제2부
1910~30년대 내선결혼의 선전 및 실태

제1장

조선총독부의 내선결혼 선전과 조선인의 반응

1. 동화정책 논란과 '내선융화'의 제창

일제는 1910년대에도 내선결혼이 조선 통치와 조선인 동화에 긍정적일 수 있다고 생각했지만, 법률혼을 제도적으로 뒷받침하지 못하는 동안에는 내선결혼에 적극적으로 의미를 부여하기 어려웠다. 내선결혼의 중요성을 강조할수록 그 법률혼이 허용되지 않는 현실과 대조되어 오히려 조선인들의 감정을 자극할 우려가 없지 않았으므로, 조선총독부로서는 동화의 방침과 모순되는 것처럼 보이는 제국 법제의 미비점을 보완하는 것이 급선무였던 것이다. 하지만 1921년 조선총독부령 제99호 '조선인과 일본인의 혼인의 민적 절차에 관한 건'(이하 '부령 제99호')의 제정·시행을 전후하여, 총독부는 내선결혼을 동화의 결과이자 수단으로 선전하기 시작했다. 이처럼 1920년대에 내선결혼 선전이 본격화된 직접적인 계기는 공통법의 제정으로 전적이 금지되면서 '내선결혼' 법제가 조선총독부가 무차별의 증거로 활용할 수 있는 가장 중요한 제도가 된 것이었지만, 조선 동화정책을 둘러싼 일본 본토에서의 논란과 '내선융화(內鮮融和)'의 제창 또한 배경에 놓여 있었다.

'내선융화'는 동화정책이 실현되기 어려움을 인식하고, 식민지민의 민족적 저항을 통치의 주요 변수로 고려하던 당대 식민정책학의 동향을 반영한 정치적 구호였다. 동화주의를 표방한 대표적인 제국인 프랑스에서는 이미 19세기 말에 높은 통치 비용과 식민지민의 저항으로 식민지 동화에 실패했음이 분명해졌고, 그와 함께 동화정책의 바탕이 된 프랑스혁명의 자연법 사상과 계몽주의 인간관까지 비판의 대상이 된 상태였다. 인간은 평등·균질한 존재가 아니라 인종별로 유전에 의해 결정된 특성을 지니며, 이러한 유전적 특성은 교육 등 후천적 노력으로도 바꿀 수 없다고 주장한 르봉의 민족심리학이 대표적인 예이다.[1] 이처럼 프랑스에서는 동화정책이 실패하자, 유전적으로 다른 인종인 식민지민을 문명화할 수 없다며 실패의 원인을 식민지민에게 전가하는 한편, 1905년을 전후로 식민통치 이념을 '동화(assimilation)'에서 '협동·연합(association)'으로 전환하기 시작했다.[2]

그렇지만 프랑스의 실패 경험이 바로 일본에 영향을 미친 것은 아니었다. 홋카이도(北海道) 등 내국 식민지에 대한 연구에서 출발한 일본의 식민정책학은 1895년에 대만을 할양받고 1905년에 조선에 대한 독점적 지배권을 확립한 후에야 점차 해외 식민지로 관심을 돌렸다. 그러나 초기에는 서구 문헌을 번역하거나 식민자의 입장에서 경영의 효율성·수월성을 극대화하는 정책을 연구하는 정도의 수준을 넘지 못했다. 일본에서 식민정책학이 비약적으로 발전

---

1 小熊英二, 「差別即平等: 日本植民地統治思想へのフランス人種社会学の影響」, 『歷史學研究』 662, 1994.

2 Raymond F. Betts, *Assimilation and Association in French Colonial Theory 1890~1914*, University of Nebraska Press, 2005.

하여 식민지민과의 갈등 양상을 주목하면서 기존의 식민정책에 비판적인 조류가 등장한 것은 다이쇼(大正) 데모크라시 이후 제1차 세계대전을 전후한 시기였다.[3] 그중 헌법학자이자 정치학자였던 이나다 슈노스케(稲田周之助)는 1915년 말에 고금 정치상의 일들을 '국민성 운동과 동화정책의 쟁투'로 정리하고, 양자는 결코 병존할 수 없다고 주장했다. 그에 따르면, 국민성이란 민족 단체의 고유성을 말하는데, 일정한 민중이 인종, 언어, 관습, 기타 공동의 생활요건을 구비하고 또 민중 각자가 일정한 단체의 일원이라는 확신을 가질 때 하나의 국민성이 있다고 할 수 있다. 이렇게 한 국민성이 다른 국민성과 서로 융화·포합하는 것이 동화이고, 동화정책은 정부가 국내 또는 식민지에 존재하는 이인종 혹은 신부(新附) 인민에 대해 언어, 관습, 기타 사회생활 상태의 변경을 유도하거나 강제하는 것이다. 그런데 일정한 국민성 또는 인종 관념을 갖는 사람에게 동화정책을 시행하려 하면 종종 반항을 야기하기 때문에, 모처럼의 정치적 조치도 결국 실패를 불러오고 말 것이었다. 이는 동화되어야 할 자가 마음에서 응하지 않으면 동화에 성공할 수 없음에도 불구하고, 위정자가 자연적인 동화 작용에 만족하지 않고 권위로 강제하여 이인종·이민족의 언어·관습 등을 변경하고 그 민족적 확신을 타파하려 하기 때문에 생기는 필연적인 결과였다. 이런 생각에서 이나다는 동화정책으로 이인종·이민족의 반항을 야기해 국내에 적국을 만들기보다는, 동화정책을 폐기하여 자치를 허용하는 것이 더욱 대국가주의를 지지하는 길이라고 주장하였다.

이때 이나다가 동화정책을 비판하기 위해 사용한 근거는 서구 동화정책의 실패였다. 독일, 러시아, 오스트리아(墺淇國) 등은 동화의 주의를 취하는 동시에 또 그를 실행하려고 노력했기 때문에 크게 실패했고, 프랑스는 주의 정

---

3 손애리, 「근대 일본 식민정책학의 전개와 귀결」, 『한림일본학』 22, 2013, 65~71쪽.

책을 표방했을 뿐 실행하려 하지는 않았기 때문에 실패가 적었다고 보고, 19세기 이래의 동화정책은 모두 실책이었거나 비실행적이었다고 비판한 것이다. 이나다는 강제와 권위에 입각한 인위적인 동화정책이 실패할 수밖에 없는 이유를 식민지민의 반발심에서 찾고, 프랑스처럼 동화정책을 허례허식[告朔餼羊]으로 내건 경우에 차라리 부작용이 적다고 보았다. 이에 이나다는 당대를 동화정책 실패의 반동 시대이자 그 이후의 대책을 연구하는 시대라고 평가하고, 일본도 대만과 조선에서 부자연스러운 동화정책을 강제하는 한 도리어 부자연스러운 국민성 운동을 격발시켜, "한 인종 한 민족으로서 불구대천의 원수"로 생각하게 할 우려가 있다고 경고했다.[4]

제1차 세계대전 중 레닌의 '러시아 제민족의 권리선언' 및 윌슨의 민족자결주의 제창에 힘입어 조선에서도 1919년에 3·1운동이 일어나고 각국 식민지에서 독립운동이 분출하자, 일본도 동화주의를 폐기해야 한다고 주장하는 식민정책학자들이 더욱 늘어났다. 교토(京都)제국대학의 야마모토 미오노(山本美越乃)는 동화주의는 문화의 혜택을 받은 적이 없는 미개한 야만족의 서식지에 대해서만 실효를 거둘 수 있다고 비판했다. 인도나 조선처럼 고유한 문화를 가지고 오랫동안 독립적으로 발달한 국민에게서 민족 고유의 사상·풍속·습관을 빼앗아 다른 민족에 동화시키는 것은 도저히 불가능하며, 만약 억지로 동화시키려 한다면 도리어 분쟁과 소요의 기회를 제공하는 데 지나지 않을 것이므로 자치주의를 근본 방침으로 취해야 한다고 주장한 것이다.[5] 또한 대만총독부 관료 도고 미노루(東鄕實)는 1909~12년에 독일에 파견되었다가 동화

4 稲田周之助, 「国民性運動ト同化政策トノ消長」, 『法学新報』 25-11, 1915.

5 小野一一郎, 「제1차 대전 후의 식민정책론」, 김영호 편, 『근대 동아시아와 일본 제국주의』, 한밭출판사, 1983, 49쪽.

정책이 초래한 폴란드민의 저항을 목격하고, 식민정책에서 식민지의 민족적 자각을 가장 중요한 변수로 고려해야 한다고 주장하는 한편, 비동화주의와 일본인의 이주를 대안으로 제시했다. 도고는 프랑스가 동화정책을 포기한 것에도 영향을 받아서, 인간은 이성보다 유전적 신앙, 습관, 본능에 지배당하는 존재인데 동화정책은 이를 무시했기 때문에 실패했다고 보고, 정치가로 변신한 1924년 이후에는 르봉의 민족심리학을 근거로 분화 정책을 주장하기도 했다.[6] 일본은 국제적으로 이미 동화정책을 포기해가던 시기에 조선을 강점하고 서구와 달리 '동문동종(同文同種)'임을 근거로 동화를 낙관했다. 하지만 조선인조차 거센 저항을 일으키자, 분과학문의 전문가로 위상을 높인 식민정책학자들 사이에서도 동화정책을 폐기하자는 주장이 고조된 것이다. 그리고 이들은 동화정책의 인위성·강제성이 저항을 유발한다는 것부터 조선인과 일본인의 생물학적 차이를 강조하는 것까지 조선인을 동화할 수 없는 다양한 이유들을 제시했다.

이와 같이 제1차 세계대전 이후의 국제 정세와 1919년의 3·1운동은 일제가 조선에 대한 동화정책을 비판적으로 재검토하는 계기가 되었고, 제국의회의 의원들 또한 1910년대 조선총독부의 조선 통치 방식을 변경할 필요가 있다고 인식했다. 하지만 다수의 의견은 무단통치는 폐기해야 하지만 동화주의는 자치주의나 분리주의로 전환할 것이 아니고, 동화정책을 유지·강화하면 조선인의 반발을 사지 않고도 동화를 달성할 수 있다는 것이었다.[7] 하라 다카시(原敬) 수상도 1919년 8월에 신임 조선총독 사이토 마코토(齋藤實)와 신임 정무총감 미즈노 렌타로(水野鍊太郎)에게 다음과 같은 「조선통치사견」을 제시하여,

6 박양신, 「도고 미노루의 식민정책론」, 『역사교육』 127, 2013.

7 김동명, 『지배와 저항, 그리고 협력』, 경인문화사, 2006, 34~42쪽.

'내지연장주의'의 방침에 따를 것을 주문했다.

> 조선에서의 병합 이후 약 10년간의 경험에 의하면 현행 제도는 근본적으로 잘못되었다고 단언할 수 있다. 왜냐하면 그것이 모방한 구미 각국의 식민지는 우리 제국의 조선에 대한 것과는 완전히 성질이 다른 것이다. 구미 제국에 속하는 식민지는 인종을 달리하고 종교를 달리하고 역사를 달리하여, 단지 언어 풍속이 다를 뿐 아니라 이와 같이 근본적으로 차이가 있기 때문에 그에 대해서는 특수한 제도를 실시하지 않을 수 없다. 그런데 우리 제국과 신영토인 조선의 관계를 보면, 언어 풍속에 다소 차이가 있다 해도 그 근본으로 소급하면 거의 동일한 계통에 속하고, 인종은 원래부터 차이가 없고, 역사에서도 상고로 올라가면 거의 동일한 것이라고 논할 수 있을 것 같다. 이처럼 밀접한 관계를 갖는 영토를, 구미 제국이 본국에서 멀리 떨어져 있고 여러 가지 면에서 완전히 특수한 영토를 다스리는 것 같은 제도를 모방하여 이 밀접한 신영토를 다스리려 하는 것은 큰 과오이며, 그 성적이 좋지 않은 것은 당연한 일이다.[8]

즉, 하라는 일본인과 조선인은 근본적인 차이가 없음에도 불구하고, 대만에서 서구의 식민제도를 참작하고 다시 조선에서 그를 모방하여 식민지에 일본과는 다른 제도를 시행한 당시의 방식이 잘못이었다고 파악한 것이다. 이에 그는 일본(인)과 유사한 조선(인)은 동일한 제도를 시행하면 동일한 결과를 얻을 것이라고 확신하면서, "완전히 내지 인민을 통치하는 것과 같은 주의, 같은 방침에 따를 것"을 조선을 통치하는 근본 정책으로 삼아야 한다

8 「原敬, 朝鮮統治私見」(上)(高麗書林 編, 『齋藤實文書』 13, 1990, 62~64쪽).

고 주장했다. 이처럼 하라는 조선(인)과 일본(인)의 유사성을 근거로 삼아 조선(인)에 대한 특수 통치를 인정하지 말아야 한다는 내지연장주의의 방향을 제시하면서도, 동시에 문명의 정도, 생활의 상태 등 급히 동일하게 할 수 없는 것은 당분간 천천히 나아가는 방침을 취해야 한다고 하여, 조선에 일본과는 다른 제도를 시행해야 하는 현상도 용인했다. 다만 내지연장주의를 통해 "현 통치하에서 행복·안녕을 얻고 향상·발전하는 이상에는 그들에게 옛날(독립—인용자)을 회고하는 마음이 있다고 해도 그 때문에 반역을 꾀하는 것 같은 자는 대체로 없을 것"이라고 전망했다.

서구의 실패를 근거로 조선 동화정책의 폐기를 요구하는 주장은 일본과 조선의 인종적·역사적 유사성을 근거로 배격하되, 동화를 추진하는 방식은 조선인에게 행복·안녕, 향상·발전을 주어 먼저 마음을 얻는 것이어야 한다는 논리는 이로써 1920년대 일본 정부의 공식 입장이 되었다. 아일랜드와 인도를 시찰하고 돌아온 대만총독부 내무국장 스에마쓰 가이이치로(末松偕一郎) 역시 조선과 대만에 대한 통치 방침은 직접 통치의 동화주의이고, 인종·풍속·습관 등이 모국과 완전히 다르고 멀리 떨어진 서구의 식민지와 달리 조선과 대만의 동화는 가능하다고 주장했다. 류큐(琉球)왕국이 오키나와현(沖縄縣)이 되어 동화되어가는 등, 역사적으로 대만·조선처럼 할양 또는 병합된 영토의 이민족이 새로운 나라에 동화된 사례가 적지 않을 뿐 아니라, 근래의 유럽을 보면 민족의 향배는 민족적 관념보다도 오히려 정치상·경제상의 이해관계에 좌우된다는 것이 그 근거였다. 그리하여 동화정책은 "장래 영원히 식민지인 및 내지인이 행복을 누릴 수 있는 기초"를 만드는 가장 적절한 통치 방침이고, 동화정책의 요체는 식민지민의 반감을 일으키는 차별대우를 철폐하고 일본인이 성의 있게 식민지민을 대하는 것이라고 보았다. 그리고 이로써 동화가 실현되면 식민지민은 자손대대로 영원히 세계 강대국인 일본국적민으로서 일본인과 동등한 지위를 보유하며 인류의 행복을 향유하는 "민족 영원의 행복"을 얻을 수 있다고 강조했다.[9] 즉, 1920년대 초 일본 정부가 내지연장주의로 표현한 동화주의는 동화를 실천할 방법·수단으로 문화적·혈연적 일체화를 강제하기보다는 프랑스의 협동주의와 유사하게 법제나 이익의 공통을 강조하는 경향이 강했던 것이다.

'내선융화'는 이처럼 동화정책을 추진하되 먼저 식민지민의 마음을 얻어야 한다는 판단에서 제창된 정치적 구호였다. 하세가와 요시미치(長谷川好道) 총독은 1919년 6월의 「사무인계의견서」에서 일본의 대륙 발전 근거지이자 외벽인 조선과 "혼연 융화하여 공고히 결합하는 것은 실로 제국의 존재 요건"이라고 전제한 후, 동화의 방침을 고수하고 그를 달성하기 위해 더욱 힘쓸 것을 3·1운동의 대책으로 꼽았다. 하지만 그는 동시에 동화주의는 파괴주의가 아니라 점진주의여야 한다고 지적했다. 조선인에게는 "수천 년의 역사와 전통적 민족성이 있어서 동종동문이라 해도 하루아침에 동화해버리는 것은 신법의 위세로서도 절대 불가능"함은 분명한데, 그간 실무자들이 공을 서두른 감이 있었다는 것이다. 하세가와는 조선인의 강한 민족의식을 체험한 조선총독부의 수장으로서, 본국과 유사한 제도를 시행하지 않은 것이 문제였다는 하라와는 정반대로 1910년대를 평가했다. 그렇지만 해법은 유사했다. 급히 취해야 할 수단으로, 일본인과 조선인의 경제적 관계를 밀접히 하여 불가분의 관계를 확보하는 한편, 학교·사회교육을 진흥하고 내선공학의 방법을 강구하며, 국어를 보급하고, 일본 이민을 장려하며, 또 통혼의 길을 열어 사상

9 末松偕一郎, 「殖民地統治と同化主義」, 『國家學會雜誌』 35-4, 1921; 末松偕一郎, 「同化政策の要諦」, 『臺灣時報』 19, 1921.

의 융화 통일을 기하는 것 등을 든 것이다.[10]

이러한 방침들은 사이토 총독 재임 중에 대체로 추진되었다. 이후 사이토는 1923년의 신년사에서 "양자가 이해한 결과, 융화 협력하고 상호 복리를 증진"시키려 하기에 이르렀다면서, 새로운 정치의 목표 중 하나인 내선융화가 점차 양호한 경향을 보이고 있다고 자평했다. 또한 앞으로 일본인과 조선인이 "진실로 일국의 동포로서 상호 경애의 지성(至誠)을 피력하고 각각 행운을 개척"하기에 이르기를 간절히 바란다고 당부했다.[11] 사이토 총독 밑에서 정무총감으로 일한 뒤 내무대신으로 옮겨간 미즈노 역시 교육을 보급하고 산업을 개발해 조선인의 지식과 부를 증진함으로써 장래 조선인들이 일본의 통치에 충심으로 복종하게 해야 한다고 생각했다. 일본의 국제적 지위와 외국의 관심을 생각하더라도 "민을 어리석게 하고 민을 가난하게 하는 것 같은 낡은 식민지 통치책"은 도저히 조선에 시행할 수 없다는 것이었다.[12] 이처럼 1920년대 조선총독부는 그간 문화적 동화를 서둘렀기 때문에 조선인의 저항을 초래했다고 보고, 동화를 급히 추진하기보다는 경제적 이익의 공유, 상호 이해와 협력 증진이라는 우회로를 택했다.

요컨대 1920년대 일제의 조선 동화정책은 서구의 동화정책 및 1910년대 조선 통치의 실패를 인식한 위에서 새롭게 구축되었고, 이때 조선인의 마음을 얻어 민족적 저항을 방지해야 한다는 과제가 중요하게 고려되었다. 서구 동화정책의 실패를 근거로 일본도 동화주의를 포기해야 한다는 주장도 대두

---

10 「長谷川總督の事務引繼意見書(1919.6)」(姜德相·梶村秀樹 編, 『現代史資料』 25, 東京: みすず書房, 1966, 495쪽).

11 齋藤實, 「年頭の感」, 『朝鮮』 94, 1923, 3쪽.

12 水野鍊太郎, 「在鮮三年を追懷して」, 『朝鮮』 제100호기념증간호, 1923, 7쪽.

했지만, 일본 정부는 서구와 달리 일본인과 조선인은 인종적·역사적으로 유사하다는 이유로 동화주의를 고수했다. 나아가 무단통치 등 조선에 시행되는 특수 제도를 제거해 조선을 향상·발전시킨다는 내지연장주의의 방식을 조선인의 저항을 방지하는 대책으로 제시하기도 했다. 조선총독부도 내지연장주의에는 이견이 있었지만, 조선인에게 정치·경제적 이익을 주어 일본의 일부임을 긍정하게 하고 양 민족의 상호이해와 친밀도를 높여 조선인의 마음을 얻는 것이 급선무라는 데 동의했다. '내선융화'는 이를 반영한 구호였다.

2. 조선총독부의 내선결혼 장려론

조선인의 마음을 얻는 것이 통치의 주요 과제가 되자, 조선총독부는 조선인과 일본인이 '사랑'으로 하나가 되는 내선결혼을 내선융화의 상징으로 삼았다. 이때 내선결혼의 선전에서 사랑을 강조한 것도 당대의 분위기를 반영한 현상이었다. 일본에서 '연애'는 '색(色)', '정(情)', '연(戀)', '애(愛)' 등의 전통적 개념을 포함하면서도, 프랑스어 '아무르(amour)' 또는 영어 '러브(love)'의 번역어로서 정신적 사랑을 강조하고 부부 중심의 새로운 결혼제도의 바탕을 이루는 근대적 개념으로 탄생했다. 다이쇼 시대(1912~26)에 연애는 특히 정신과 육체가 조화를 이루는 '영육일치(靈肉一致)'의 사랑으로 전환되어, 개인의 이상이자 민족·국가와 사회를 개조할 수단으로까지 각광을 받았다.[13] 즉, 성교와

13 권보드래, 『연애의 시대』, 현실문화연구, 2003; 가토 슈이치 지음, 서호철 옮김, 『'연애결혼'은 무엇을 가져왔는가』, 소화, 2013; 서지영, 「계약과 실험, 충돌과 모순: 1920~30년대 연애의 장」, 『여성문학연구』 19, 2008.

가족관계가 정을 돈독히 한다는 전통적 통념과 당대에 유행하던 근대적 연애결혼 이데올로기가 결합하면서, 사랑을 바탕으로 한 내선결혼이야말로 민족 간의 차이와 반목을 극복할 수 있는 힘으로 주목받은 것이다.

이러한 인식은 1919년 7월의 조선군 참모부 문서에서도 확인된다. 3·1운동 이후 통치상 주의할 사항을 언급하면서, "의지 소통, 사상 융화의 유효한 수단으로 아마 내선인의 잡혼만한 것은 없을 것"이라고 한 것이다. 진정한 일본 편으로서 "내선인 간의 지렛대"가 되어 분주하고 있는 유력한 친일자 중에 부인이 일본 여성인 사람이 많은 것을 보아도 얼마나 정적(情的) 결합이 유효한지 알 수 있고, 특히 그 사이에서 태어난 자녀에게 미치는 감화가 클 것이므로, 내선결혼은 조선인을 "풍속, 습관, 언어 모두 내지인에 가깝게 하여 동화의 실(實)을 거둘 첩경"이라는 주장이었다.[14]

내선결혼으로 내선융화를 나타낸 최대 이벤트는 1920년 4월 28일에 거행된 영친왕 이은(李垠)과 나시모토노미야 마사코(梨本宮方子) 여왕의 결혼식이었다. 제1부에서 본 것처럼 이 결혼은 1916년에 결정됐지만 두 차례나 연기됐다가 조선인들의 민심을 회유하기 위해 서둘러 단행되었다. 일제는 이들의 결혼을 "일선인 융화상 영구히 잊을 수 없는 대전(大典)"이자,[15] "진실로 내선관계를 더욱 긴밀히 하고 피차의 정의(情誼)를 더욱 심후하게 하는 데 가장 의의 깊은 가전(嘉典)"이라고 평가하고,[16] 영친왕 부부를 "내선일가의 친밀함"을 표현한

---

14 「騷擾ノ原因及朝鮮統治ニ注意スベキ件並軍備ニ就テ(朝鮮軍 參謀部, 1919.7.14.)」(姜德相·梶村秀樹 編, 『現代史資料』 26, 東京: みすず書房, 1967, 651쪽).

15 「多年宿題の日鮮結婚」, 『讀賣新聞』 1920년 4월 26일자; 「內鮮人 結婚法 大略 解決되얏다고」, 『每日申報』 1920년 4월 27일자.

16 「王世子殿下御一行を迎へ奉る」, 『朝鮮』 86, 1922.

"동화의 살아 있는 모범"으로 칭송했다.[17] 내선결혼, 특히 황족 간의 통혼이 갖는 상징성은 혼례에 즈음한 궁내성 관료들의 발언에서도 확인된다. 종질료(宗秩寮) 총재 이노우에 가쓰노스케(井上勝之助)는 이 결혼은 양 황족가만의 문제가 아니라 "일한의 영원한 장래에 대하야 결합상 심대한 의미"가 있다고 평가했는데, 황실을 본받아 귀족과 일반인들도 뒤이어 결합함으로써 양 민족이 정신상·혈족상 가장 친밀한 관계를 유지할 것이라는 뜻이었다. 사무관 센고쿠(仙石) 역시 이 혼례를 시작으로 일본과 조선의 백성들이 우정보다도 친밀한 혈족관계를 광범히 지속하게 하면 앞날에 광명이 비출 것이라고 전망했다.[18] 일제는 황족 간의 통혼을 통해 양 민족의 친밀함을 선전하는 동시에, 일반인들도 황족을 본받아 통혼함으로써 결합을 공고히 하기를 기대했다.

하지만 황실 결혼이 거행되었어도 내선결혼 법제의 제정이 지연되어서 널리 일반에 '모범의 효과'가 나타날 수 없는 상황이었으므로, 법제의 마련에 보다 적극적이었던 조선총독부가 단행법 초안을 작성해 법제국에 제출하였다.[19] 이때 일본 정부와 교섭하기 위해 도쿄(東京)에 파견된 법무국 민사과장은 내선융화책에 모순된 호적법을 개정하기 위해 역대 총독도 노력했지만 일본 당국자의 공명을 얻지 못했다고 해명하고, 내선결혼의 자유를 인정하는 것이야말로 "일선융합의 근본안"이라며 일본 정부 측을 압박했다.[20] 우여곡절은 있었지만, 일반 조선인과 일본인도 1921년 7월에 부령 제99호가 시행되면서

---

17 「李王世子殿下の慶典を祝す」, 『朝鮮彙報』 1920.6, 1쪽.

18 「嘉禮에 對하야」, 『東亞日報』 1920년 4월 28일자.

19 「日本人과 朝鮮人의 結婚制令 草案」, 『朝鮮日報』 1921년 3월 24일자.

20 「總督府法務局 民事課長 談, 民籍法改正에 就ᄒᆞ야」, 『每日申報』 1921년 2월 7일자; 「日鮮人結婚問題」, 『朝鮮日報』 1921년 2월 8일자.

부터는 문제없이 법률혼을 할 수 있게 되었고, 1922년 4월에 영친왕 부부가 결혼 후 처음으로 조선을 방문하자 황실 결혼과 그를 본받아야 할 것으로 설정된 일반 내선결혼 부부를 서로 연결하는 이벤트까지 기획되었다. 조선 귀족 등이 "내선융화의 실상"을 보여드리기 위해 도착 당일 남대문역에 내선결혼 부부와 자녀들을 정렬 봉영시키기로 결정한 것이다.[21]

그리고 정략결혼인 황실 결혼과 달리, 일반인의 자발적인 결혼을 법적으로 공인하려는 부령 제99호의 제정을 전후하여 내선결혼을 사랑과 연결시키는 내용의 선전이 본격화되었다. 『매일신보』는 혼인은 하등 권무(權務)로 이루어지는 것이 아니라 "순연히 연애적 관계"로 이루어지는 것이므로 당연히 할 수 있게 해야 한다면서, 내선결혼을 연애의 결과로 표상했다.[22] 또한 "사랑[愛]의 연쇄책"인 내선결혼이야말로 "진정ᄒᆞᆫ 내선인의 융화책", "내선인 융화의 첩경"이라면서, 일본인과 조선인이 정식으로 부부가 될 수 있게 하는 법제의 마련을 촉구했다. 3·1운동 이후 양 민족의 융화책을 한층 고려하지 않을 수 없게 되어 물질적·정신적 공동 협력을 모색하고 있지만, 서로 간에 사랑이라는 연쇄가 없는 이상은 어떠한 정신적 융화책을 세우더라도 목적을 이루지 못할 것이라는 주장이었다. 부령 제99호는 이와 같이 서로 사랑하면서도 '내연'에 머물러야 했던 내선결혼 부부들이 "청천백일하에서 사랑[愛]을 연쇄"케 하여 양 민족을 융화할 방책으로 평가되었다.[23]

내선결혼이 사랑을 전제로 한 정신적·육체적 결합이고, 통혼이 다시 사랑을 연쇄시켜 양 민족의 융화를 촉진할 것이라는 인식은 1920~30년대 내선

21 「内鮮人の結婚者を整列させ」, 『東京朝日新聞』 1922년 2월 14일자.

22 「日鮮融和의 根本政策과 民籍手續法」, 『每日申報』 1921년 6월 16일자.

23 「內鮮人 結婚法 實現 未久」, 『每日申報』 1921년 2월 4일자.

결혼을 장려하는 글들에서 거의 공통적으로 발견된다. 부령 제99호가 제정된 1921년에 전북 임실서의 경찰이었던 것으로 추정되는 후모토 시게키(麓茂樹)는 연애 또는 애타심의 근본인 색욕이 인간에게 가장 귀중한 희생심을 만들어 낸다면서, 양 민족의 결혼, 즉 육체적 사랑이 또한 정신적 결합을 강화할 것이라고 예상하기도 했다. 이를 근거로 통혼은 과거의 원한을 잊고 영원한 융합을 구하며 한덩어리를 이루는 가장 적절한 길로 평가되었다.[24] 『매일신보』도 조선과 일본 민족이 10여 년을 함께했음에도 철저히 융화·병합하기에 이르지 못한 이유는 혈통적 관계가 드물었기 때문이라고 지적했다. 개인 간에도 결혼은 소원한 사람들을 친근하게 하고 대립하는 사람들을 소통하게 하는 것이므로, 내선결혼은 개인은 물론 민족 전체의 융화 친밀을 도모하는 요체이며 첩경이 될 것이라는 이야기였다.[25]

나아가 내선결혼은 자녀를 낳아 양 민족의 육체를 결합하고, 그를 가정에서 양육하고 교화하여 정신적·문화적으로 일본인화할 수 있는 방법으로도 강조되었다. 앞서 언급한 조선군 참모부 문서나 다음 제3장 왕공족의 결혼 사례에서도 드러나듯이, 일제가 내심 내선결혼 가정이 일본인화되기를 기대했음은 분명하다.[26] 다만 전시체제기 이전까지는 내선융화의 취지에 맞게 동

24 麓茂樹,「内鮮人の結婚と不良分子の取締」,『警務彙報』196, 1921, 77쪽.

25 「内鮮人의 通婚」,『每日申報』1921년 6월 16일자.

26 조선에서는 확인되지 않지만, 대만에서는 1919년에 일본인과 대만인[한인(漢人)/원주민(生蕃)] 부부의 직업과 자녀 수, 생활양식 등을 조사한 결과가 대만총독부 공문서에 남아 있다(표는 黃嘉琪,「日本統治時代における「内台共婚」の構造と展開」,『比較家族史研究』27, 2013, 142쪽에서 인용). 이 결과에 대해 대만총독부는 내대공혼이 동화를 촉진함을 인정하면서도 효과를 낙관하지만은 않았다. 그 이유는 일본인 여성이 결혼 또는 동거하는 대만인 남성은 고위 자산가나 지식인층에 국한되어 있고, 많은 자녀의 풍습과 언어가 대만풍·원주민풍, 일본·대만 절충식에 편향되었기 때문이었다(邱純惠,「日治時

화보다는 원만한 가정의 유지, 즉 정신적·육체적 결합 자체에 의미를 부여하는 경향이 있었다. 자녀에 대해서도 일본인화를 전면에 제기하기보다는 자녀의 출생을 가정의 원만함을 보여주는 증거이자 집안과 집안, 민족과 민족의 결합을 공고히 하는 행위로 해석하였다. '자식은 연결고리'이므로, 내선결혼에 의한 "제2국민의 출생"은 양 민족의 영원한 연결고리가 될 것이라는 주장이었다.[27] 『매일신보』도 혈통적 관계를 맺는 결혼은 우의적 관계보다 5~10배의 가치가 있다면서, 내선결혼은 실로 "양족의 사활을 좌우하는 관건"이라고 강조했다.[28] 내선결혼이 널리 대를 거듭하며 이루어져 마침내 모든 사람마다 "내선 동관(同管)의 혈"로 일관하게 되면, 조선인은 조선인의 자손이면서 일본인의 자손이 되고 일본인 역시 일본인의 자손이면서 조선인의 자손이 될 것

期內臺共婚問題初探」,『曹永和先生八十壽慶論文集』, 臺北: 樂學書局, 2001, 221쪽).

결혼 상태		법률혼			내연		
종류		일본인남편 한인처	한인남편 일본인처	일본인남편 원주민처	일본인남편 한인처	한인남편 일본인처	일본인남편 원주민처
부부의 수		12	1	2	78	25	18
부부의 풍습	일본풍	8	1	2	27	20	8
	절충	4			22	2	1
	대만풍				29	3	4
	원주민풍						5
자녀의 수		36	3	6	74	36	21
자녀의 풍습	일본풍	36	3	6	55	35	16
	절충				4	1	1
	대만풍				15		
	원주민풍						4
자녀의 언어	일본어	36	3	6	42	35	16
	절충				7	1	1
	대만어				25		
	원주민어						4

27 麓茂樹, 앞의 글, 1921, 77쪽.

28 「內鮮人의 結婚增加와 血統的融和의 捷徑」,『每日申報』 1921년 4월 20일자.

이었다. 그렇게 되면 의사나 감정이 통하지 않을 리 없으므로, 친하지 않으려도 친하지 않을 수 없고 사랑하지 않으려도 사랑하지 않을 수 없게 될 것이라는 논리였다.[29] 1921년 8월에 영친왕 부부가 아들을 낳자, 조선총독부가 양가의 원만함을 보여주는 동시에 제국의 기초를 한층 견고하게 하는 "내선혼융(內鮮混融), 동창공락(同昌共樂)"의 실적이라고 칭송한 것도 이와 같은 맥락에서였다.[30] 하지만 왕자는 이듬해 5월 조선을 방문한 중에 사망했는데, 그러자 조선총독부는 비록 단명했지만 그 외에는 누구도 할 수 없는 사업을 성취했다고 추도했다. 내선융합의 표징인 왕자의 출생이 "내선(조선의 오류인 듯—인용자) 2천만 동포에게 얼마나 아름다운 상애의 감정"을 불러일으켰는지 모른다면서, "내선의 영구결합에 전하의 덕이 빛남"은 이루 헤아리기 어렵다고 한 것이다.[31]

이처럼 조선총독부는 1920년대 들어 내선결혼을 긍정적으로 묘사하고 장려하려는 선전을 본격화했고, 시대적 분위기를 반영하며 형성된 이 시기의 내선결혼 장려론에서는 '사랑'이 핵심어가 되었다. 내선결혼은 민족 간 사랑의 결과인 동시에, 부부 및 부모 자식 간의 사랑을 양 민족에 연쇄시키고 피를 섞은 아이들을 낳음으로써 정신적·육체적 융화를 촉진할 방법으로 묘사되었다. 조선인과 일본인이 영육일치의 사랑을 바탕으로 결혼하여 당당하고 화목한 가정을 꾸리는 것이야말로, 이해관계를 넘어 두 민족의 영구결합과 궁극적인 동화를 촉진할 수 있는 지름길이라고 선전된 것이다.

---

29 「內鮮人 融和의 要諦」, 『每日申報』 1926년 10월 29일자.

30 「李王家の御慶事」, 『朝鮮』 79, 1921, 1쪽.

31 「李晉殿下を悼み奉る」, 『朝鮮』 87, 1922, 2~3쪽.

3. 조선인 식자층의 내선결혼 반대론

조선총독부는 '내선결혼' 법제의 제정·시행을 전후로 통혼 장려의 선전을 강화했지만, 통혼을 촉진할 실질적인 지원책을 마련하지는 않았다. 이에 대해 와타나베 아쓰요는 양 민족의 혈족 내셔널리즘이 내선결혼을 억제한 가장 중요한 요인이었다고 보고, 이로 인해 일제도 내선결혼 장려에 소극적이어서 통혼의 촉진 요인을 조장하거나 억제 요인을 배제하기 위한 조치를 취하지 않았다고 평가했다. 즉, 내선결혼 장려의 선전을 허구로 본 것이다.[32] 하지만 조선총독부가 내선결혼을 긍정적으로 묘사·선전한 것 자체가 통혼의 억제 요인을 축소하기 위한 간접적 조치였다. 또한 1923년에는 사이토 총독이 일본의 외교 전문지인 『외교시보』에 내선결혼을 장려하는 글을 기고하는 등, 조선총독부는 혈족 내셔널리즘을 가진 일본인들을 향해 내선결혼 장려의 이념을 분명히 밝혔다. 이 글에서 사이토는 먼저 세상에서는 조선인과 일본인 사이의 나쁜 사건만 보도하지만, 일본은 가족을 먼저 생각하는 가족제도의 나라이므로 스스로 가족관계에 들어가보지 않으면 상호의 진가를 알 수 없을 것이라고 전제했다. 그리고 조선을 보호국이나 식민지가 아니고 혼연융화된 동일 국민으로 만드는 것이 종극적인 바람인데, 이를 완성할 "동일한 마음은 동일한 피와 육체에 깃듦이 본칙이므로, 일선인의 잡혼이 제일의 요건"이라고 주장했다. '내선결혼' 법제 역시 일반적인 행정규정이 아니라 "양자의 잡혼을 용이하게 하여 종극의 대목적에 다가가게 하려는 지도적 법령"이라고 설명했다. 나아가 결혼을 정략적으로 이용한다고 비판할 사람들을 향

32 渡邊淳世, 「일제하 조선에서 내선결혼의 정책적 전개와 실태: 1910~20년대를 중심으로」, 서울대학교 국제대학원 한국학전공 석사학위논문, 2004, 39~45쪽.

해서는, "물론 정략적이다. 게다가 국민으로서의 경복을 증진할 국책적"인 것이라고 단언하기까지 하였다.[33]

그럼에도 조선총독부는 보조금 지급 등 통혼을 촉진할 실질적·직접적인 지원책을 시행하지는 않았다. 그 이유로 추론 가능한 것은 첫째, 내선결혼의 법률혼이 급증하면 호적으로 민족을 구별하는 제국의 법적 구조가 흔들릴 수 있다는 것이다. '혼혈인'이라는 제3의 신분을 둔 포르투갈에서는 통혼을 적극 장려하면서도 그것이 제도에 미치는 파급력을 줄일 수 있었지만, 일본은 거주 지역이나 성별에 대한 제한 없이 통혼할 수 있게 했을 뿐 아니라 내선결혼 부부와 자녀들을 조선인 또는 일본인에 속하게 했기 때문에 통혼은 각각의 범주에 영향을 미칠 수밖에 없었다. 이러한 상황에서는 내선결혼을 급증시킬지 모르는 실질적·직접적 지원책을 취하기 어려웠을 것이다.

또한 당시 조선인들이 대개 내선결혼을 그다지 환영하지 않은 것도 조선총독부가 통혼을 소극적·간접적으로 지원하는 데 머물 수밖에 없었던 이유로 추정된다. 1920년대 조선총독부가 조선인을 자극하지 않기 위해 '내선융화'를 제창하고 동화정책을 점진적으로 추진하려 했음을 생각하면, 일본인보다도 조선인의 반발이 중요하게 고려되었을 가능성이 높다. 일찍이 1909년 『대한매일신보』는 청국인이나 일본인과 결혼하면 나라와 인종의 경계가 사라질 것이므로, "외국 계집을 취하는 날은 곧 애국심을 죽이는 날"이라면서 통혼의 금지를 주장하기도 했다.[34] 이는 19세기 말 '황백 잡혼' 논쟁에서 서구인과 혼혈한 일본인은 더 이상 일본인이 아니라고 했던 가토 히로유키(加藤弘之)의 주장과도 일맥상통한다. 한국인 역시 기본적으로 경계를 넘어서는 다른

---

33 斎藤実, 「日鮮の実際的融和」, 『外交時報』 37-440, 1923.

34 「닉외국인의 통혼을 금홀 일」, 『大韓每日申報』 1909년 1월 10일자.

민족, 다른 국민과의 결혼 자체를 문제시했던 것이다.

하지만 병합 이후 내선결혼에 대한 적나라한 반감은 국외 언론에서만 등장한다. 특히 조선인 여성과 일본인 남성의 결혼은 식민지민이라는 열등한 지위로 전락한 조선인 남성의 자존심을 훼손하는 일이었다. 일례로 하와이의 국민회가 발간한 『국민보』는 1913년에 함흥군 참사관 고경필이 딸을 일본인과 결혼시킨 일에 대해, "정결한 조선 여자로 왜인의 계집이 된다 함은 조선 부녀의 욕이 아니며 또한 조선 사내의 수치가 아닌가"라고 분노했다. 그리고 "조선 여자가 타국 인종에게 시집가지 않는 것은 조선의 국수적 정신"이고, "비록 나라는 망하고 노예는 되였을지언정 신성한 조선 종족의 피를 왜인의 살과 섞는 것이야 어찌 차마 할 일이리오"라면서, 내선결혼을 "조선 역사를 아주 더럽히는 것"으로 맹비난했다.[35]

또한 샌프란시스코의 교민 단체 대한국민회가 발행한 『신한민보』는 1915년 관통첩 제240호로 일본인 처를 조선 민적에 기재할 수 있게 되어 '매국적' 조중응이 1916년에 일본인 처를 입적하고 잔치를 열자, "이놈의 비위라니"를 제목으로 달아 보도했다.[36] 1917년에는 미국에서 채정가라는 한중 혼혈 학생이 일본인 여성과 결혼했으나 결혼에 반대하던 처삼촌이 조카인 일본인 처를 난도질하는 사건이 발생했다. 이에 대해 『신한민보』는 채정가도 "익정에 취한 꿈이 피바다에서 비로소 놀닉 씨일" 것이라며, 오(吳)나라와 월(越)나라는 일가가 될 수 있어도 한국인과 일본인은 그럴 수 없으므로 일반 동포들은 이 사건을 장래의 거울로 삼아야 한다고 당부했다.[37] 1934년에도 재미한인 청년

35 「죠션녀자로 일인과 혼인!」, 『國民報』 1913년 9월 6일자.

36 「이놈의 비위라니」, 『新韓民報』 1916년 7월 13일자.

37 「칙정가의 안히 일녀를 처 三촌 일인이 칼로 질넛다」, 『新韓民報』 1917년 8월 9일자; 「칙

이 일본인 여성과 결혼하자, 이는 부모들이 계파 싸움으로 자제들을 서로 만나지 못하게 하기 때문이라며, "혼인을 백녀와 하든 흑녀와 하든 상관없지만, 우리의 귀여운 자녀들을 왜놈, 되놈, 혹 검둥이까지에게 시집 장가가는 것을 권장"하는 것 같다고 분통을 터뜨렸다.[38]

내선결혼에 대한 반감은 영친왕의 결혼에 대해서도 예외는 아니었다. 조선인의 민심을 수습하기 위해 단행한 이 혼례에 대해, 조선군 참모부는 조선 각지의 반응을 조사하고 대체로 효과적이었다고 평가했다.[39] 하지만 상해 임시정부에서 발행한 『독립신문』은 반대로 "아(我) 국민의 태도는 냉담"했다고 전했다. 혼례를 축하하기 위해 조선총독부와 경기도가 일장기를 게양하게 했지만 조선인들이 따르지 않자 강제로 게양하게 했고, 만일의 사태에 대비해 기마대 경관이 출동하고 부내 각처에 특별 경비까지 세웠다는 것이다.[40] 나아가 『신한민보』는 이것이 일본의 무력 아래 억지로 이뤄진 결혼일 뿐 아니라 고종이 그에 반대해 자살했거나 혹은 암살당했다면서, 영친왕의 내선결혼은 "한국에 딕한 치욕"이라고까지 혹평했다.[41]

아마도 이러한 반감이 민족주의적 성향이 강했던 조선인 식자층의 일반적인 반응이었겠지만, 검열 때문인지 적어도 1920년 이후 조선 국내에서 발간된 신문·잡지에서는 이와 같은 적나라한 반감을 찾아보기 어렵다. 대신 조선총독부가 내선결혼을 장려한다고 선전하기 시작한 것에 대응하여, 통혼은

정가의 안히 일녀」, 『新韓民報』 1917년 8월 16일자.

38 「조선인 왜놈과 통혼의 비보를 듯고서」, 『新韓民報』 1934년 12월 20일자.

39 「密第102號 其875, 李王世子殿下ノ御婚儀竝恩赦ニ對スル民情ニ干スル件」(아시아역사자료센터 JACAR, Ref. C06031164400 / 일본 방위청 방위연구소).

40 「前皇子 李垠과 日本王女의 結婚」, 『獨立新聞』 1920년 5월 8일자.

41 「한국 구황실 황태자 혼례식」, 『新韓民報』 1920년 5월 4일자.

문제될 것 없지만 정략결혼이어서는 안 된다는 논조가 주를 이루었다. 이 중 1922년 1월 29일자 『동아일보』의 사설 「정략결혼을 척(斥)하노라, 공리 관념을 파하라」는 같은 달 27~28일자 『매일신보』에 게재된 경기도 참여관 김윤정(金潤晶)의 글에 대한 반응으로 보인다. 이 글에서 김윤정은 두 민족이 "일국민, 일가족"이 된 이상 단결과 융합을 도모해 "내선일체의 실"을 거두는 것이 양 민족의 행복이라고 전제한 뒤, 영친왕을 본받아 힘써 내선결혼을 실천하자고 주장했다. 내선융화의 가장 좋고 아름다운 방책은 조선인과 일본인이 혼혈의 족이 되게 하는 것인데, 그러려면 먼저 결혼해야 한다는 것이었다. 그리고 내선결혼을 통해 두 민족의 혈통관계를 더욱 넓고 두텁게 하는 동시에 이러한 "동혈(同血)의 의(誼)"가 영원히 바뀌지 않도록 노력해야 한다고 주장했다.[42] 실제로 김윤정은 이날 장남을 일본인 여성과 결혼시켰는데, 이는 물론 내선융화의 실을 거두고 "내선 동포"에게 모범을 보여 내선결혼을 왕성하게 하기 위해서였다. 그는 누구나 내선융화를 말하지만 조선인과 일본인이 실제로 융화되지 못하는 이유는 언행이 일치하지 않기 때문인데, 일가일족이 되게 하는 데는 천만 마디 말보다 한 가지 실행이 중요하고 가장 적당한 실행책은 통혼이라면서 내선결혼의 적극적인 실천을 권했다.[43]

『동아일보』는 이와 같은 조선총독부와 김윤정의 내선결혼 장려론을 정략결혼과 공리 관념에 반대한다는 논리로 반박했다. 조선인과 일본인을 융화하고 감정을 친밀히 하는 데는 혈통의 혼합, 결혼의 장려만 한 것이 없다며 내

---

42 「京畿道 參與官 金潤晶, 日鮮融和를 論ᄒᆞ야 結婚問題에 及ᄒᆞᆷ」, 『每日申報』 1922년 1월 27일자.

43 「京畿道 參與官 金潤晶, 日鮮融和를 論ᄒᆞ야 結婚問題에 及ᄒᆞᆷ」(下), 『每日申報』 1922년 1월 28일자.

선결혼을 장려·선전하는 것은 일종의 정략결혼을 창도하는 것이고, 일생의 대사인 결혼을 일종의 수단, 방편, 정책으로 간주하는 것이라는 비판이었다. 게다가 그것은 결혼을 연애·이해·존경을 중심으로 인생을 완성하는 길로 보지 않고 일시적 공리 관념에 입각해서 보는 데서 나온 정책이며, 따라서 내선결혼을 장려하려는 것은 야비하고 천렬(賤劣)한 심정인 동시에 부귀한 자에게 아첨해서 결혼하려는 사상이라고 했다. 그렇지만 조선인과 일본인이 정의와 공존공영을 위해 교유할 수는 있고, 또 연애가 있고 이해가 있으면 일본인뿐 아니라 서양인과도 결혼할 수 있다면서 연애를 통한 내선결혼은 인정했다. 『동아일보』는 다만 내선융화라는 정치적 목적을 실현하기 위해 혼인을 장려하거나 자녀에게 무리한 결혼을 강제하는 것은 인류의 체면과 양심에 비추어 야비하고도 천렬한 심사이므로, "정치는 정치오 결혼은 결혼"이라고 구별한 것이었다.[44] 영친왕의 결혼 행렬에 폭탄을 던지려다 검거된 서상한(徐相漢) 역시 이 황실 결혼이 조선 독립의 기세를 손상시키기 때문에 거사를 계획했다고 보도됐지만,[45] 집주인은 그가 평소 "세자 뎐하가 일본 황족과 혼인하심은 관계치 아니하나 정칙결혼에는 절딕 반대"라고 말했다고 전했다.[46] 신식 교육을 받은 조선 청년들이 자유연애에 바탕한 영육일치의 결혼을 이상화하면서 부모가 자녀의 결혼 상대를 정하는 누습을 타파하려던 상황에서, 하물며 국가가 정책적으로 특정 유형의 결혼을 장려하는 것은 있을 수 없는 일이었던 것이다. 이처럼 자유연애·연애결혼이 당시의 근대적 이상이 된 것도 조선총독부가 내선결혼을 간접적으로만 장려한 이유 중 하나였다.

---

44 「政略結婚을 斥하노라, 功利觀念을 破하라」, 『東亞日報』 1922년 1월 29일자.

45 「東京의 朝鮮人爆彈事件」, 『東亞日報』 1920년 6월 10일자.

46 「徐相漢事件後聞」, 『東亞日報』 1920년 6월 12일자.

한편 『동아일보』는 내선결혼 중에서 정략결혼과 연애결혼을 구별하고 정략결혼에만 반대한다고 했지만, 모든 내선결혼을 정략결혼으로 인식한 조선인도 있었다. 1931년 『삼천리』에 실린 김병로(金炳魯)와 한용운(韓龍雲)의 견해가 그 예이다.[47] 김병로는 다른 민족과의 결혼은 좋은 일이지만, "정치적 엇더한 작용 밋헤서 불순하게 이루어지는 결혼만은 굿게 피하라"고 권했다. "말하기 거북한 노릇이기에 그만두거니와 그냥 인간성과 인간성의 순수한 접촉이면 그것을 애써서 말니자고 할 바가 업겟스나 우리의 처지가 십상팔구는 그러치 못할 것이다. 딴 민족과 결혼한다 함은 벌서 그 가운데는 불순한 동긔가 만히 끼워 잇서질줄 안다"는 것이었다. 한용운도 혼혈로 인한 향상·발달을 인정하며 조선 민족끼리만 결혼해야 하는 것은 아니라면서도, "우리와 갓가운 땅에 잇는 그 외래 민족과 사이에 장려가 되어 잇는 동화적 결혼 문제"를 중대하게 고려해야 한다고 했다. "정치적, 경제적 불순한 동긔 밋헤서 이루워지는 외래 민족과의 결혼에 대하여는 우리는 조선 민족의 순결을 위하야 어대까지든지 피하지 안으면" 안 된다는 것이었다. 둘 다 적시하지는 못했지만 내선결혼을 말한 것임은 분명하다. 조선총독부가 내선결혼을 동화의 수단으로 선전하는 이상, 조선인들이 이를 정략결혼으로 경계할 여지는 충분했다. 조선총독부는 내선결혼을 사랑의 이미지로 포장했지만, 통혼을 장려·선전하는 것 자체가 자유연애결혼의 이상에 어긋났고, 오히려 그 반작용으로 조선인들은 모든 내선결혼을 정치적·경제적 이해관계에 기초한 '불순한' 결혼으로 인식하게 되었다.

또한 조선인들은 자유연애를 통한 내선결혼이라도 그로 인해 조선인이 일본인화되는 것 역시 경계했다. 『개벽』이 1923년 경상북도에 거주하는 내선

47 「異民族과의 結婚是非」, 『三千里』 3-9, 1931.

결혼 부부 수를 나타낸 표에 "최근 일본에 동화될 사람 수[人數]"라는 제목을 붙인 데서도, 내선결혼하면 일본인화될 것이라는 우려와 경계를 엿볼 수 있다.[48] 연애결혼은 문제없다고 한 『동아일보』도 실은 통혼을 통해 일본인이 조선인화되는 경우에만 내선결혼을 환영했다. 1926년에는 도쿄 우에노(上野)음악학교 성악부를 졸업한 김문보(金文輔)와 같은 학교 출신인 요시자와 나오코(吉澤直子) 사이에 "민족뎍 감정을 초월할만한 련애의 꼿"이 피어 부부가 되었다는 소식이 보도되었다. 그러면서 조선인 남성과 결혼한 일본인 여성이 많지만, "생활 상태, 의복, 언어를 조곰도 곳칠 줄 몰나 대개는 그 가뎡은 일본화하여 자손까지도 그러케 되는 일"이 많았기 때문에 환영하지 않았다고 했다. 그렇지만 나오코는 시부모를 만나러 조선에 오면서 조선옷을 입고 조선 음식을 먹으며 또 조선에 온 이후의 감상을 들어봐도 분명히 조선 사람이 되려는 것을 알 수 있다고 칭찬했다(그림 2-1 참고).[49] 『동아일보』 창간에

〈그림 2-1〉 한복 입은 요시자와 나오코

*출전: 『東亞日報』 1926년 9월 3일자.

48 「동해안의 大都市」, 『開闢』 39, 1923, 113쪽.

49 「남편을 따라 조선사람이 된 직자 부인」, 『東亞日報』 1926년 9월 3일자. 그렇지만 김문보에 대해서는 "일본 녀류 음악가와 결혼하여 가지고 조선에 나와서 일본인 비슷한 조선 사람 행세를 한 음악가"라고 비꼬기도 했다(「휴지통」, 『東亞日報』 1927년 1월 31일자). 한 쌍의 내선결혼 부부에 대해서도 일본인의 조선인화는 환영한 반면 조선인의 일본인화에는 비판적이었던 것이다.

참여한 진학문(秦學文)은 아예 도쿄에서 친지의 소개로 만난 미야자키 히사미(宮崎壽美 → 秦壽美)에게 "첫째, 한국인이 되어야 할 것. 둘째, 절대로 복종할 것. 셋째, 가난에 참고 견디어야 할 것"을 조건으로 걸고 결혼했다는 설도 있다.[50] 일제는 내선결혼을 통해 조선인이 일본인화될 것을 기대했지만, 조선인 남성들은 반대로 조선인의 처가 되려는 일본인 여성들에게 조선인화를 요구했던 것이다.

이는 다른 외국 여성에 대해서도 마찬가지였다. 『동아일보』는 1934년에 미국 유학생이었던 김주항(원문: 김주환)과 데이비스의 국제결혼에 대해, 데이비스의 조선인화를 높이 평가하는 기사를 연재했다. 김주항은 귀국하면서 애인 데이비스에게 인정과 풍속·습관이 다르니 조선에서 살 수 없을 것이라며 이별을 고했는데, 데이비스는 이후 조선인 여학생과 동거하며 조선 음식을 요리하고 먹는 법을 연습하고 한복 만드는 법과 예의범절을 배우는 한편 한글도 열심히 학습했다.[51] 게다가 데이비스가 조선에 와서 김주항과 결혼하고 농촌운동에 함께 투신하기로 하자, 기자는 "다른 나라 색시로 완전히 조선화를 각오"한 것은 처음일 것이라며 기뻐했다. 그리고 이들의 사랑이 국제결혼의 모범이 되고 함께 행복하기를 모두가 바란다고 덧붙였다. 김활란 역시 미국인 여성과 결혼한 조선인 남성은 대개 미국화되는데, 데이비스는 "조선화한 데 특색이 잇고 또 처음"일 거라면서, "그와 같은 열성을 가지고 조선을 찾은 데 대하야 두 손을 들어 환영"하고 싶다고 말했다.[52] 사실 김주항은 정

50 瞬星追慕文集發刊委員會, 『瞬星秦學文追慕文集』, 광명인쇄공사, 1975, 29쪽.

51 「사랑엔 國境이 없다 (一) 思想에 共鳴된 國際結婚」, 『東亞日報』 1934년 8월 11일자.

52 「國際結婚의 佳話 (二) 歸農運動에 共鳴 愛에 合致」, 『東亞日報』 1934년 8월 12일자. 부부는 실제로 한국의 농촌계몽, 농촌개발에 힘쓰다 김주항은 1986년, 데이비스는 1989년에 사망했다. 데이비스는 『나는 코리안의 아내』(1958), 『한국에 시집 온 양키 처녀』(1986) 등

식으로 처와 동거하게 되면 함께 살던 모친을 형에게 보내려는 "사랑과 어머니의 정 사이에 낀" 괴로움을 안고 있었지만,[53] 『동아일보』는 일본인 또는 외국인 여성이 남편을 따라 조선인화된 사실을 강조하면서, 이를 민족과 국경을 초월한 사랑으로 긍정적으로 묘사했다.

이처럼 1920년대 이후 조선총독부가 내선융화의 구호를 내걸며 내선결혼에 대한 선전을 강화하자, 모든 내선결혼은 긍정적이든 부정적이든 조선인과 일본인의 결합 및 동화라는 정치적 맥락 속에서 해석되기에 이르렀다. 조선총독부는 내선결혼을 민족 간 사랑의 결과이자 사랑의 연쇄책으로 부각시키며, 상하 계층에서 통혼이 광범위하게 이루어지면 양 민족이 정신적·육체적으로 영구결합하는 궁극적 동화에 이를 수 있을 것이라고 선전했다. 이에 대해 일본에 반감을 가진 민족주의 성향의 조선인 가운데는 내선결혼 자체를 치욕으로 여기거나, 통혼은 괜찮지만 정략결혼이어서는 안 된다, 혹은 일본인 처는 남편을 따라 조선인화해야 한다고 맞선 사람들도 있었다. 그리고 내선결혼을 둘러싼 이러한 정치적 해석의 과잉은 실제 사람들이 통혼을 실행·유지하거나 해소하는 데 영향을 미치는 한 요인이 되었다.

을 펴내며 '최초'의 국제결혼 주인공으로 알려지기도 했다.

53 「國際結婚의 佳話 (四) 歸農運動의 共鳴 愛情의 結合」, 『東亞日報』 1934년 8월 14일자.

제2장

조선에서의 내선결혼 유형과 추이

1. 연도별·유형별 추이

조선총독부는 1921년 부령 제99호로 내선결혼의 법률혼이 가능해지고 통혼이 양 민족의 융화를 위한 요체로 선전되기 시작하자, 조선에 거주하는 내선결혼 부부의 수도 체계적으로 정리하여 선전의 재료로 활용했다. 조선총독부가 내선결혼을 조사하기 시작한 것은 1912년부터였지만,[54] 이를 공개한 것은 1919년이 처음인 듯하다.[55] 그렇지만 1922년 10월에 조사과를 조선총독 관방에 신설하는 등 통계업무를 강화하는 가운데,[56] 1920~30년대에는 내선결혼 통계도 거의 매년 신문·잡지를 통해 일반에 공개했다.

54 朝鮮総督府, 『朝鮮の人口現象』, 1927, 314쪽.

55 「内地人ト朝鮮人トノ雜婚数」, 『朝鮮総督府官報』 2080, 1919년 7월 17일자. 이보다 앞서 『매일신보』에서도 1912~18년의 내선결혼 수를 보도했지만(「內鮮人間의 結婚數」, 『每日申報』 1919년 7월 6일자), 그 수치에는 오류가 있다.

56 박명규·서호철, 『식민권력과 통계』, 서울대학교출판부, 2003, 40~45쪽.

조선총독부는 내선결혼이 양 민족의 융화와 영구결합을 가져올 것이라고 했지만, 이러한 선전이 현실성을 갖기 위해서는 논리상 적어도 두 가지 조건이 충족되어야 했다. 첫째는 내선결혼이 양적으로 증가하여 상당수에 달해야 한다는 것이다. 실제로 통혼 통계를 보도한 신문·잡지들은 대개 내선결혼이 증가함을 강조했다. "연애에는 국경도 업고 민족도 업다 함은 지금 새삼스럽게 말할 것도 업지만은 요사이 조선인과 내지인의 통혼률은 나날이 느러가는 터",[57] 또는 "내선인 간의 결혼은 근년래로 점차 증가하야가는 추세"[58]라는 등 증가의 추이를 기사에서 언급하거나, 제목으로라도 증가를 지적하는 것이 많다.[59] 그리고 이러한 내선결혼의 증가는 물론 내선융화의 진전을 의미하는 것으로 해석되었다. "내지인과 조선인의 배우자는 해마다 증가 경향을 보여 내선융화상 견고한 매듭이 생겨나고 있는 것은 기쁜 현상",[60] "내선융화의 실제화"인 "내선인의 결혼 수는 년년 증가하는 경향으로 내선융화상 실로 좋은 현상"[61]이라는 류의 표현이 상투적으로 등장했다. 아예 제목이 "혼인에 나타난 내선융화"이거나,[62] 내선결혼 부부를 "내선융화를 결혼을 통해 여실히 보인 자"로 추켜세우기도 했다.[63] 하지만 『조선중앙일보』는 "극히 적은 수효"도

---

57 「內鮮人通婚數 해마다 느러간다」, 『每日申報』 1926년 4월 4일자.

58 「해마다 느러가는 內鮮人間結婚數」, 『每日申報』 1928년 8월 22일자.

59 「內鮮人結婚數 年年增加」, 『每日申報』 1928년 8월 28일자; 「最近五年間 內鮮人配偶數 해를 따라 증가의 상태」, 『每日申報』 1929년 11월 16일자; 「內鮮配偶數 해마다 놀나운 수로 증가」, 『每日申報』 1934년 5월 12일자; 「內鮮一體를 表現한 『融和結婚』이 增加」, 『每日申報』 1938년 9월 27일자; 「內鮮結婚 增加」, 『朝鮮日報』 1938년 9월 28일자 등.

60 「著しく增加の傾向を辿る內鮮人の結婚」, 『朝鮮』 122, 1925, 38쪽.

61 「京城府人口の縣別職業別, 內鮮人の結婚調べ」, 『京城日報』 1930년 4월 19일자.

62 「婚姻に現はれたる內鮮融和」, 『朝鮮』 218, 1933.

63 「迷信を尻目に芽出度い結婚數」, 『釜山日報』 1933년 4월 19일자.

제목으로 뽑았음을 감안하면,[64] 내선결혼의 증가가 과대 선전되었음을 짐작할 수 있다.

내선결혼 부부의 증가가 곧 내선융화의 진전을 의미하여 선전과 같이 양 민족의 영구결합으로 이어지기 위한 두 번째 전제는 내선결혼 가정 자체가 깨지지 않고 영구결합해야 한다는 것이다. 상징적 측면에서는 양적 증가보다도 이러한 질적 측면이 본질적인 조건이었다. 이에 『매일신보』는 내선결혼 부부가 적다는 사실은 인정하면서도 일본어를 아는 조선인이 늘어남에 따라 머지않아 많아질 것이라며 전도를 낙관하는 동시에, "그 가정은 모다 원만하야 매우 행복한 생활을 하야간다더라"[65]라며 내선결혼 가정이 모두 화목하다는 불가능한 일을 사실처럼 강변하기도 했다.

하지만 흥미로운 것은 조선총독부가 선전에 활용한 내선결혼 통계에 법률혼뿐 아니라 사실혼과 동거도 포함되었다는 사실이다. 제1부 제3장에서 검토한 통계는 해당 기간 동안 새로 맺어진 법률혼 부부의 수였다. 그런데 〈표 1-5〉의 출전에서 알 수 있듯이, 확인되는 한 법률혼 통계는 1940년대에야 공개되었다. 1920~30년대 신문·잡지를 통해 활발히 공표된 통계는 '호구조사규정'에 따라 경찰이 매년 말 현재 조선에서 동거하고 있는 내선결혼 부부의 수를 조사·집계한 정태통계였다.[66] 따라서 그 속에는 "신고 없는 실혼인"

---

64 「日本内地人과 朝鮮人의 結婚, 극히 적은 수효」, 『朝鮮中央日報』 1935년 4월 10일자.

65 「内鮮結婚四百組 모도가 사히 좃케 산다고」, 『每日申報』 1928년 4월 16일자.

66 내선결혼 통계의 종류에 대해서는 金英達, 「日本の朝鮮統治下における「通婚」と「混血」」, 『關西大學人權問題研究室紀要』 39, 1999, 17~22쪽을 참조. 호구조사규정은 1916년에 경무총감부 훈령으로 제정되었는데, 순사가 6개월에 한 번씩 주민의 호구를 가옥별로 조사하게 했다. 본적자, 비본적자, 동거인, 부재자, 임시거주자[寄寓者] 등을 1인당 1매의 용지에 기입하고, 현재 거주하는 일본인, 조선인, 외국인 현황 등을 집계하는 방식이었다(「戶口調查規定」, 『朝鮮總督府官報』 1039, 1916년 1월 24일자). 1922년에 조선총독부 훈

도 포함되었다.[67] 그런데 1921년에는 부령 제99호가 제정되어 내선결혼도 법률혼이 온전해졌고 조선인끼리의 결혼도 1923년 7월부터는 신고를 해야 법률혼으로 인정받을 수 있었으므로, 당시 사실혼은 법적으로 거의 의미를 갖지 못했다. 이에 사실혼과 혼외동거는 구별 없이 '법률혼'에 대응하는 '내연'으로 분류되었다.[68] 그럼에도 조선총독부가 경찰 통계를 발표한 이유는 단지 법률혼보다 많은 사실혼·동거를 포함시켜 내선융화의 성과를 부풀리기 위해서였을 수 있지만, 내선융화의 취지에 비추어 호적이라는 서류상의 관계보다는 실제 동거하는 상태를 중시했기 때문이었을 가능성도 있다. 그렇지만 제도 밖에 존재하는 사실혼·동거의 내선결혼은 법률혼에 비해 불안정했을 뿐 아니라, 원만하다는 조선총독부의 선전과 달리 갈등을 내포한 가정인 경우도 많았다.

내선결혼에서 나타난 불화에 대해서는 제4장에서 다루고, 여기서는 먼저 조선총독부가 공표한 통계를 활용해 1912~37년 사이 조선에 거주하는 내선결혼 부부 수의 추이를 분석하기로 한다. 조선총독부는 1941년 제국의회 설명 자료에서 "내선결혼 부부 수는 쇼와(昭和) 13년(1938년—인용자) 이후는 조사하

령으로 다시 제정됐을 때도 방식은 거의 그대로 두되, 조사 횟수를 3개월에 1회 이상으로 늘렸다(「戶口調査規定」, 『朝鮮總督府官報』 2975, 1922년 7월 13일자).

67 No. 1275-10. 「創氏關係資料」, 『大野綠一郞關係文書』 R-150, 360코마. 이 문서에 실린 통계의 출처는 『조사월보』 게재 기사와 그 작성 자료들이다.

68 현재 '사실혼'은 사실상 부부로 생활하지만 단지 혼인신고를 하지 않아 법률혼으로 인정되지 않는 부부관계로서, 법률혼에 준하는 권리와 의무를 보장받는다. 그 외 혼인 의사가 없거나 사회적 정당성의 요건을 갖추지 못해 사실혼으로 보호받지 못하는 성적 결합관계는 '혼외동거' 또는 '비혼인동거'로 불러 양자를 구별한다. 하지만 이 책에서 다루는 시기에는 혼인신고가 일반적이지 않았고 사실혼 보호를 강화하려는 추세이기는 했지만, '내연'은 혼인 예약으로 간주되어 이유 없이 파기당했을 때 손해를 보상받는 정도로만 보호되었다. 박인환, 「事實婚保護法理의 變遷과 課題」, 『가족법연구』 23-1, 2009.

지 않았기 때문에" 운운했지만,[69] 이후에도 '조선인구동태조사규칙'에 의거한 법률혼 통계는 있으므로, 조선에서 내연을 포함한 부부를 자체 조사한 것이 1937년까지라는 의미로 해석된다. 또한 "내지에 거주하는 조선인으로 내지의 여성과 결혼한 남자, 조선 여성으로 내지의 남성과 결혼한 여자도 상당히 많은 모양이나 그 조사가 정밀치 못함은 유감"이라는 『매일신보』의 표현에서,[70] 이 시기 일본 정부는 일본 본토에 거주하는 내선결혼 부부를 체계적으로 조사 집계하지 않았음을 알 수 있다. 따라서 일본 본토의 통혼 부부 수는 보조적으로만 활용하는 것으로 한다.

먼저 내선결혼의 연도별·유형별 통계를 통해 전체 통혼의 실수와 증감의 추이를 확인해보자. 〈표 2-1〉은 내선결혼에 관한 통계들 중 조선총독부의 공적 자료를 토대로 하되, 누락된 부분은 다른 신문·잡지에 실린 기사를 통해 보완한 것이다. 통계업무가 체계화되기 전인 1910년대에 대해서는 조선인과 일본인의 입서(入壻) 수를 바꿔 보도한 기사들도 종종 보이지만 공문서가 아닌 경우에는 생략하였고, 1930년과 1937년은 공적 자료들 사이에서도 수치에 다소 차이가 있지만 추이를 이해하는 데는 문제가 없다.

조선총독부는 남성을 기준으로 '조선인 여성을 처로 삼은 일본인/ 일본인 여성을 처로 삼은 조선인/ 일본인의 가(家)에 입서한 조선인/ 조선인의 가에 입서한 일본인'을 조사 항목으로 설정하였다. 그런데 연도별 증감을 보면, 1910년대에는 1916년에 돌출적으로 증가한 것을 제외하면 오히려 감소 추세

69 朝鮮總督府官房 文書課, 「第79回帝國議會說明資料」, 1941(민족문제연구소 편, 『일제하 전시체제기 정책사료총서』 6, 2000, 290~291쪽).

70 「內鮮結婚四百組 모도가 사히 좃케 산다고」, 『每日申報』 1928년 4월 16일자.

〈표 2-1〉 조선 거주 내선결혼 부부 총수(각년말 현재)

	조선인 여성을 처로 삼은 일본인	일본인 여성을 처로 삼은 조선인	일본인의 가에 입서한 조선인	조선인의 가에 입서한 일본인	총수	
					실수	증감
1912	56	57		3	116	
1913	42	70		2	114	-2
1914	29	48		2	79	-35
1915	35	38	3		76	-3
1916	59	85	3	2	149	73
1917	54	62	3	2	121	-28
1918	42	68	2	3	115	-6
1919	24	40			68	-47
1920	31	50	4		85	17
1921	56	63	1	4	124	39
1922	80	131	15	1	227	103
1923	102	131	11	1	245	18
1924	125	203	23	9	360	115
1925	187	197	19	1	404	36
1926	222	219	18		459	55
1927	245	238	14	2	499	40
1928	266	238	21	2	527	28
1929	310	277	27	1	615	88
1930	① 386	350	46	① 4	786	171
1931	438	367	41	6	852	66
1932	533	364	48	9	954	102
1933	589	377	48	15	1,029	75
1934	602	365	43	7	1,017	-12
1935	601	391	40	6	1,038	21
1936	625	430	47	19	1,121	83
② 1937	664	472	48	22	1,206	85

* 출전: (1)「内地人ト朝鮮人トノ雜婚数」,『朝鮮総督府官報』2080, 1919년 7월 17일자;「内地人ト朝鮮人ノ配偶者数調査」,『朝鮮総督府官報』4168, 1926년 7월 12일자; (2)「著しく增加の傾向を辿る內鮮人の結婚」,『朝鮮』122, 1925, 38쪽; (3) 朝鮮総督府,『朝鮮の人口現象』, 1927, 314쪽; (4) 朝鮮總督府,『施政30年史』, 1940, 475쪽; (5) 朝鮮銀行 調査部,「内鮮人結婚數」,『朝鮮事情: 大正十年七月上半』, 1921, 48쪽; 儒道振興會,「(雜纂)内鮮人結婚數」,『儒道』4, 1921, 112~113쪽; (6)「內鮮人結婚數, 逐年減少す」,『讀賣新聞』1921년 7월 13일자; (7)「内鮮配偶數」,『朝鮮社會事業』5-9, 1927, 52쪽; (8) 善生永助,「内鮮人の通婚状態」,『朝鮮及滿洲』326, 1935a; (9)「統計に示す內鮮人の結婚」,『内鮮一體』1, 1940, 87쪽; (10) No. 1206.「朝鮮関係参考統計表—内鮮人配偶關係」,『大野緑一郎関係文書』R-135; (11) No. 1275-10.「創氏関係資料」,『大野緑一郎関係文書』R-150.

* ①은 출전 (8), (9), (10), (11)에서 각각 385, 5로 집계되었고 ② 1937년을 출전 (11)은 각각 643, 449, 45, 20, 실수 1,157로 기록했다. 출전 (10)에서는 1921~24년까지 조선인 입서자와 일본인 입서자 수가 서로 바뀌었다.

〈표 2-2〉 조선 인구 대비 내선결혼 비율

	일본인(명)	조선인(명)	재조일본인 통혼율(%)	조선 거주자 통혼율(%)
1912	243,729	14,566,783	0.047594	0.001566
1913	271,591	15,169,923	0.041975	0.001477
1914	291,217	15,620,720	0.027128	0.000993
1915	303,659	15,957,630	0.025028	0.000935
1916	320,938	16,309,179	0.046426	0.001792
1917	332,456	16,617,431	0.036396	0.001428
1918	336,872	16,697,017	0.034138	0.001350
1919	346,619	16,783,510	0.019618	0.000794
1920	347,850	16,916,078	0.024436	0.000985
1921	367,618	17,059,358	0.033731	0.001423
1922	386,493	17,208,139	0.058733	0.002580
1923	403,011	17,446,913	0.060792	0.002745
1924	411,595	17,619,540	0.087465	0.003993
1925	424,740	18,543,326	0.095117	0.004260
1926	442,326	18,615,033	0.103770	0.004817
1927	454,881	18,631,494	0.109699	0.005229
1928	469,043	18,667,334	0.112356	0.005508
1929	488,478	18,784,437	0.125901	0.006382
1930	501,867	19,685,587	0.156615	0.007787
1931	514,666	19,710,168	0.165544	0.008425
1932	523,452	20,037,273	0.182252	0.009280
1933	543,104	20,205,591	0.189466	0.009919
1934	561,384	20,513,804	0.181159	0.009651
1935	583,428	21,248,864	0.177914	0.009509
1936	608,989	21,373,572	0.184076	0.010199
1937	629,512	21,682,855	0.191577	0.010810

* 출전: 〈표 2-1〉; 『朝鮮總督府統計年報』 각년판.
* 조선 거주자 통혼율(%) = 내선결혼 실수×2/(일본인+조선인)×100.

가 이어졌다.[71] 특히 3·1운동이 일어나며 민족 갈등이 극에 달한 1919년에는 실수는 최저, 감소폭은 최대를 기록했다. 조선총독부가 내선결혼 법제의 제

71 『요미우리신문』은 오히려 이러한 내선결혼의 감소 추세를 기사의 제목으로 뽑기도 했다. 「內鮮人結婚數, 逐年減少す」, 『讀賣新聞』 1921년 7월 13일자.

〈그림 2-2〉 조선 인구 대비 내선결혼 부부의 수

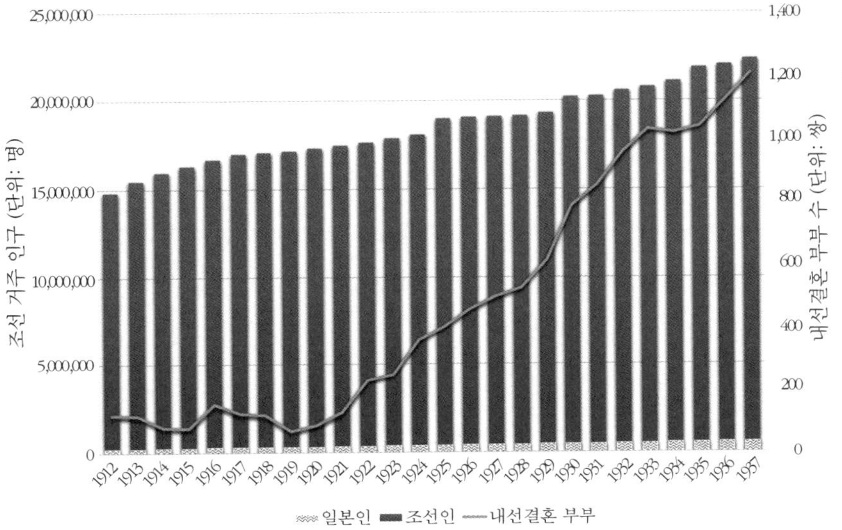

정을 서두른 이유도 여기에 있다. 관통첩 제240호(1915), 부령 제99호(1921), 조선호적령(1923)이 시행된 다음 해인 1916년, 1922년, 1924년에 조선인 남편과 일본인 처의 부부가 급증한 것은 이들 법제가 통혼의 증가에 기여했음을 알려준다.

하지만 조선에 거주하는 인구에 비해 내선결혼 부부의 수는 극히 미미했다(표 2-2). 최대치인 1937년에도 재조일본인의 0.19%, 조선인까지 포함하면 0.01%에 불과했던 것이다. 세대로 계산하면 좀 더 높아지겠지만, 조선인의 일본인화를 기대할 만한 수치가 아님은 분명하다. 다만 이를 그래프로 나타내보면, 1920년대 들어 내선결혼 부부가 조선에 거주하는 총인구보다 빠르게 증가하기 시작했음을 확인할 수 있다(그림 2-2). 조선에서 내선결혼의 증가는 1920년대 이후의 현상이고, 절대치는 미미했지만 단지 인구에 비례해 증가하는 정도에 그치지 않고 비율도 상승하고 있었던 것이다.

그런데 1920년대 들어 매년 적게는 17쌍(1920)에서 많게는 171쌍(1930)까지 증가하던 내선결혼 부부는 1934년에만 소폭 감소했다. 이는 정치적 이유보다는 경제적 이유 때문이었던 것으로 보인다. 비단 내선결혼뿐 아니라 전체적으로 조선 거주자의 혼인율은 1929년부터 떨어지기 시작하다가, 1932~33년에 격감하여 1933년에는 과거 10년 동안의 최저율을 기록했던 것이다. 그 원인에 대해 조선총독부 촉탁 젠쇼 에이스케(善生永助)는 혼인율은 대체로 쌀 생산액과 비례하는데, 쌀 생산액이 미증유의 증가를 보인 1933년에 오히려 혼인율이 역대 최저치를 기록한 가장 큰 이유는 미가가 생산의 증가를 넘어 극단적으로 하락했기 때문이라고 추정했다.[72]

또한 이 시기의 농업 공황은 조선에 거주하는 내선결혼 부부의 민족 구성을 역전시킨 원인이 되었던 것으로 보인다. 〈그림 2-3〉은 추이가 한눈에 보이도록 〈표 2-1〉를 그래프화한 것이다. 유형별로는 양 민족 모두 일반 혼인이 절대 다수이고, 남편이 처가에 거주하는 입서의 비중은 크지 않다. 이 중 혼인의 민족 구성을 보면, 초기에는 조선인 남편·일본인 처, 일본인 남편·조선인 처 부부의 수가 비슷한 수준이지만 대체로 전자가 우세하다. 그런데 1926년부터는 후자가 전자를 능가하고, 특히 1930~34년 사이에 조선인 남편·일본인 처 부부는 정체된 반면, 일본인 남편·조선인 처 부부가 급격히 증가하여 전체 내선결혼 부부 수의 증가를 견인함을 알 수 있다. 입서는 조선인 남편이 더 많지만, 이를 포함해도 1931년부터는 일본인 남편과 조선인 처 부부가 더 많다. 이는 농업 위주인 조선인들이 농업 공황의 타격을 더 크게 받

72 「(彙報) 昭和八年末の現住戶口と結婚·離婚」, 『朝鮮』 231, 1934, 151쪽; 善生永助, 「朝鮮の人口問題」, 『朝鮮』 236, 1935b, 92~94쪽.

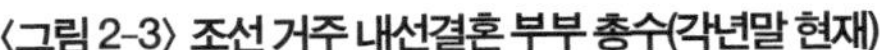
〈그림 2-3〉 조선 거주 내선결혼 부부 총수(각년말 현재)

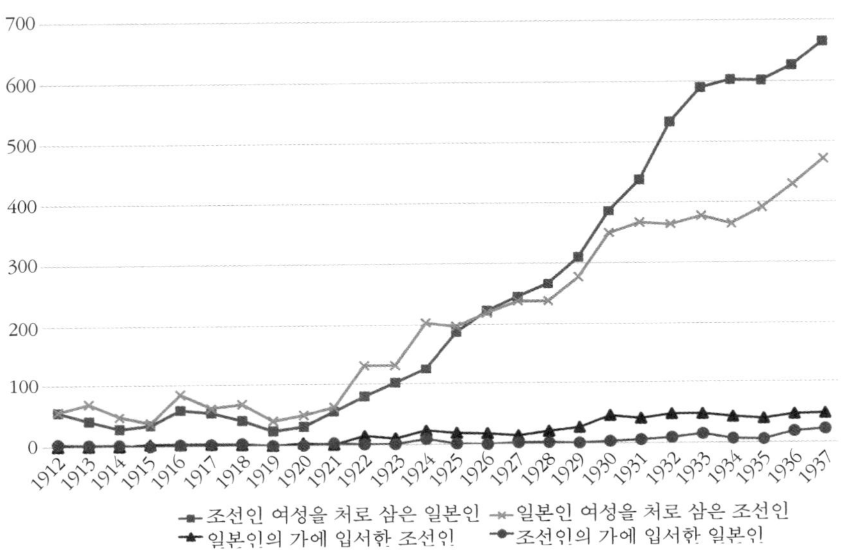

아서, 조선인 남성은 일본인 여성을 처로 얻어 부양할 만한 경제력을 상실한 한편, 조선인 여성은 자의 혹은 타의로 일본인 남성의 처나 첩이 되어 생계를 의탁하게 된 상황을 반영하는 것으로 해석할 수 있을 것이다. 실제 법률혼 동태통계인 〈표 1-6〉에서 1921년 7월부터 1937년까지 일본인 남성과 조선인 여성의 혼인을 다 합해도 139건에 불과한데, 이는 내연을 포함한 〈표 2-1〉의 부부 수를 크게 밑돈다. 조선에서 농업 공황기에 급증한 일본인의 조선인 처는 대개 내연의 처첩이었던 것이다. 이는 〈표 1-7〉에서 드러났듯이 조선인 남성과 일본인 여성은 법률혼 비율이 높았던 것과 좋은 대조를 이룬다.[73]

73 1930년 10월에 조사한 내대공혼 통계에 따르면, 대만에서도 대만인 남편과 일본인 처는

즉, 1910년대 조선에서는 조선인 남성과 일본인 여성의 법률혼이 제약되었지만, 조선총독부가 이들의 성적 결합을 금지하거나 일본인 남성과 조선인 여성의 성적 결합을 지원하지도 않았기 때문에, 실제 동거하는 통혼 부부의 수에는 민족이나 성에 따른 차이가 거의 없었다. 하지만 경제력과 결합되면서 조선에서도 여느 식민지와 마찬가지로 식민자인 일본인 남성이 식민지민인 조선인 여성을 처첩으로 삼는 사례가 증가했고, 조선인의 정처가 되곤 했던 일본인 여성과 달리 조선인 여성은 일본인 남성의 내연처나 첩이 되는 경우가 많았다.[74]

다음으로 이들 내선결혼 부부가 결혼한 장소가 어디였는지를 추론해보자. 〈표 2-1〉은 현재 조선에 거주하는 부부 수를 나타낸 것이므로, 각 연도 사이의 이혼 및 인구 이동의 영향을 받지만 통계에 드러나지는 않는다. 각

법률혼, 대만인 처와 일본인 남편은 내연의 비중이 큰 편이었다. 내대공혼 문제가 아직 해결되지 않아 대만에서는 혼인신고를 할 수 없었음에도 대만인 남편과 일본인 처의 법률혼 비율이 높은 것은 주목할 만하다.

구별	혼인관계				소생자녀				
	법률혼		내연	계	법률혼		내연		계
	보통	사위·입부			남	여	남	여	
일본인 남편 한인[本島人] 처	53		166	219	63	34	108	111	316
일본인 남편 원주민[蕃人] 처	4		81	85	7	6	20	40	73
한인 남편 일본인 처	77	12	122	211	73	99	79	65	316
원주민 남편 일본인 처	1	2	1	4	1	1			2
합계	135	14	370	519	144	140	207	216	707

* 출전: 「雜報: 法理研究会記事」, 『法學協會雜誌』 51-2, 1933, 203쪽; 「内台共婚関係法規及共婚数」, 『本邦人婚姻及法規關係雜件』(일본 외교사료관, K1).

74 일본인의 처가 된 조선인 여성의 총수가 적지 않은데도 해방 이후 거의 드러나지 않은 것은 이러한 가족 구성의 문제가 결합되었기 때문으로 보인다.

연도의 증감은 신규 결혼 수가 아니라, (조선에서의 신규 결혼 - 이혼) + (내선결혼 부부의 조선 유입 - 타 지역 유출)의 결과인 것이다. 각 변수의 내역을 알려주는 자료는 없지만, "1924년 증가 115 중에는 내지에서 결혼 귀래한 자 70을 포함"한다는 언급이 단서가 된다.[75] 이 해에 증가한 내선결혼 부부 중 약 61%가 일본에서 결혼하고 조선에 건너온 부부인 것이다.

그렇다면 일본에서 결혼하고 조선으로 온 부부의 민족별·성별 구성은 어땠을까. 이에 관한 자료도 없지만, 학업 또는 돈벌이를 위해 도일한 조선인 남성이 현지에서 일본인 여성과 결혼한 뒤 함께 돌아오는 사례들이 일부 확인된다.[76] 귀환자의 민족별·성별 구성은 간접적이나마 일본에 거주하는 내선결혼 부부의 수로부터 유추할 수 있을 것인데, 1923~24년 오사카(大阪)와 도쿄의 경찰 조사가 참고가 된다. 오사카에서는 특별고등과가 1923년 말일에 조사를 시작했는데, 동년 9월의 관동대진재 이후 조선인의 이동이 격렬해졌고 보호시설을 마련할 필요도 있었기 때문이었다.[77] 도쿄 부근에서도 조선인이 가장 많이 수용된 지바현(千葉縣) 나라시노(習志野)수용소에 "일본 여자로서 남편이 조선 사람인 까닭에 부부가 함께 수용되여 포로와 같은 생활을 하는 사람도 오륙인" 있었다고 하는 등,[78] 이 시기 일본에서 내선결혼 부부를 조사한 이유는 관동대진재 이후의 대책을 마련하기 위해서였던 듯하다.

---

75 「著しく増加の傾向を辿る內鮮人の結婚」, 『朝鮮』 122, 1925, 38쪽; 「日鮮人間 결혼 전조선 통계수」, 『朝鮮日報』 1925년 7월 8일자.

76 「內鮮結婚殖える, 本年釜山では五十四組」, 『釜山日報』 1935년 6월 21일자. 부산지방법원에서 집계한 내선결혼 부부도 대개 조선인 남성이 돈을 벌기 위해 일본에 갔다가 일본인 여성과 결혼하여 함께 돌아온 사례였다.

77 「內鮮人結婚激增」, 『每日申報』 1924년 1월 31일자.

78 「收用中의 三千同胞를 차저 一日을 눈물의 習志野에」, 『東亞日報』 1923년 9월 30일자.

〈표 2-3〉 오사카 거주 조선인의 내선결혼(1923.12.31.~1924.1 조사)

	현재 배우자와 동거하는 남자	이외 배우자와 동거하는 남자	현재 배우자와 동거하는 여자	이외 배우자와 동거하는 여자	합계
유배우자	1,584	694	1,544	602	4,424
내선결혼	72 (4.5%)	15 (2.1%)	33 (2.1%)	3 (0.5%)	123 (2.8%)
	87 (3.8%)		36 (1.7%)		

*출전: 「內鮮人結婚激增」, 『每日申報』 1924년 1월 31일자.

〈표 2-3〉은 그중 오사카의 조사 결과인데, 유형에 대한 서술이 모호해 분류 기준이 무엇인지조차 알 수 없다. 하지만 오사카에 거주하며 배우자가 있는 조선인 중 남성 87명, 여성 36명이 내선결혼을 한 것에서, 조선인 남성과 일본인 여성의 통혼이 비율과 절대 수 모두에서 더 많았음은 확인된다.

다음 〈표 2-4〉와 〈표 2-5〉는 일본 경시청 특별고등과 내선고등계에서 집계한 1924년 9월 현재 도쿄에 거주하는 조선인 남성의 배우자 조사표이다.[79] 〈표 2-4〉를 보면, 배우자가 있는 372명의 조선인 남성 중 117명이 일본인 여성과 결혼했는데, 그중 혼인이 113명, 서양자입양(원문: 입양)이 4명이고, 혼인 중에서는 정식 입적이 12명, 내연이 101명이었다. 결혼한 전체 조선인 남성의 직업은 일용직 134명, 토공 62명, 직공 44명, 행상인 18명, 학생 17명 등의 순이었으므로, 내선결혼을 한 남성도 노동자가 다수였을 것임을 짐작할 수 있다. 그리고 비율로 보면, 도쿄에서는 결혼한 조선인 남성 중 무려 31.5%가 일본인 여성과 생활하여 오사카의 3.8%를 훨씬 상회하였다. 확인되는 한 일본 유일의 전국적 통계인 1939년 경찰 자료에서도 오사카는 내선결혼 부부의 절대 수로는 3위이지만 비율로는 최하위에 속하는 반면, 절대 수 1위인 도쿄는 비율에서도 홋카이도에 이어 2위를 차지했다. 이에 대해 도노무라 마사

79 警視廳 特別高等課 內鮮高等係, 『(大正 13年 9月末 調査)事務槪要』, 68~70쪽.

〈표 2-4〉 도쿄 거주 조선인 남성의 배우자(1924.9)

	조선인 여성	일본인 여성		
		혼인		서양자입양
		입적	내연	
	255	12	101	4
합계	255	117		

*출전: 警視廳 特別高等課 內鮮高等係,『(大正 13年 9月末 調査)事務概要』.

루는 오사카, 효고(兵庫), 교토 등 내선결혼 비율이 낮은 지역은 다른 곳에 비해 조선인의 인구 비율이 높아서 집단 거주지가 형성되었기 때문이라고 설명했다.[80] 내선결혼의 절대 수는 유입된 민족의 수에 영향을 받지만, 그 비율은 유동성이 높고 유입된 민족이 개별화되어 정주 민족과 접촉할 기회가 많은 지역에서 더 높았던 것이다.

그러나 경시청 조사는 조선인 남성에 대한 조사이므로 조선인 여성의 내선결혼은 확인할 수 없다. 다만 도쿄 혼조구(本所區, 현 스미다구)에 본부를 둔 상애회가 1928년에 내선결혼 소개부를 신설하자, "종래 내선결혼이라고 하면 거의 조선인 남자에게 내지인 여자가 시집가는 것으로 되어 있는데 상애회에서는 선인(鮮人) 여성으로 하여금 적극 내지인 남자에게 시집가게 하기 위

80 도노무라 마사루 지음, 신유원·김인덕 옮김, 『재일조선인 사회의 역사학적 연구』, 논형, 2010, 342~344쪽. 이 책 196쪽에도 1932~35년 오사카 일대 내선결혼 부부에 대한 통계가 수록되어 있는데, 이때도 비율은 1~2% 정도이다.

조사 대상	조선인 남편-일본인 처 세대(A)	일본인 남편-조선인 처 세대(B)	조선인 가족 세대(C)	통혼율(%)
오사카시(1932)	85		10,593	0.80
오사카시(1933)	301	20		
교토시(1935)	94		7,422	1.25
고베시(1935)	78	3	3,651	2.17

* 통혼율(%) = (A+B)/(A+B+C) × 100. 통혼율은 필자가 새로 계산한 것이다.

〈표 2-5〉 도쿄 거주 조선인 남성의 일본인 처와의 동거 기간(1924.9)

1년 미만	1년 이상	2년 이상	3년 이상	4년 이상	5년 이상	6년 이상 10년 미만	10년 이상 20년 미만	20년 이상	합계
15	20	32	19	9	2	19	2	1	119

* 출전: 警視廳 特別高等課 內鮮高等係,『(大正 13年 9月末 調査)事務概要』.
* 원문 합계 117. 표에 2명의 오류가 있으나 확인할 수 없으므로 합계를 119로 수정함.

해 힘쓴다"고 보도되었다.[81] 이를 통해 도쿄에서도 조선인 남성의 통혼이 더 많았음을 알 수 있다. 당시 여성은 접객업 종사자나 유학생 외에는 주로 가족과 함께 이주했지만, 남성은 상대적으로 단신 이주의 비율이 높았기 때문에 남성의 이주가 내선결혼이 이루어지는 주된 배경이 되었다. 즉, 조선에서는 일본인 남성과 조선인 여성이, 일본에서는 반대의 유형이 결혼할 가능성이 높았던 것이고, 그렇다면 일본에서 조선으로 건너온 내선결혼 부부 역시 조선인 남편과 일본인 처가 대부분이었을 것으로 추정할 수 있다.

그리고 이들은 거의 내연관계였는데, 〈표 2-5〉를 보면 동거 기간은 1~3년이 가장 많았다. 6년 이상 동거한 조선인 남성은 일본에 정착했다고 봐야겠지만, 2년이 정점인 것을 보면 일정 기간 동거하다가 내연관계를 해소하거나 처를 데리고 조선으로 귀환하는 경향을 가졌다고 볼 수 있다.

상황이 이렇다면 조선에 거주하는 내선결혼 부부 중 조선에서 결혼한 이들은 훨씬 적어질 수밖에 없다. 〈표 2-6〉이 매년 조선에서 새로 맺어진 부부

81 「内鮮人の結婚紹介」,『東京朝日新聞』 1928년 1월 19일자. 또한 상애회는 이 해에 쇼와 천황 즉위 기념사업으로 향후 1년간 내선결혼 1쌍당 200엔씩 증정하고 자녀가 있는 기혼부부에게는 축하 선물을 주기로 했다(「内鮮人の結婚に200円贈る」,『東京朝日新聞』 1928년 9월 21일자). 현재까지 확인된 바로는 이것이 내선결혼 부부에게 금전을 지원하기로 한 유일한 사례이다.

를 집계한 것으로 추정되는데,[82] 이를 보면 1922년부터 1937년까지 연평균 42건 정도로 뚜렷한 변화가 없다. 절대적으로 적은 만큼 유형별로도 별다른 경향성을 보이지 않는다. 다만 1928~37년분을 수록한 출전 (1)을 분석한 다케시타 슈코(竹下修子)에 따르면, 지역별 신규 통혼 수는 재조일본인 및 재일조선인 인구에 비례했다. 이 시기 재조일본인 대비 조선의 통혼율은 0.01%(1935년 제외), 1938~42년 재일조선인 대비 일본의 통혼율은 0.1%로 일정했다는 것이다. 이는 통혼이 이주의 결과임을 보여주는 한편, 일본 본토에 비해 조선에서 통혼하는 사람이 턱없이 적었음을 알려준다.[83] 다케시타는 이에 대해 조선인은 일본에 저항감을 가졌고, 재조일본인은 결혼 적령기의 성비가 비교적 균등했기 때문이라고 설명했다. 모리키 가즈미(森木和美)의 지적처럼, 일본인은 대개 가족과 함께 조선에 이주했고 일본인 마을을 형성해 조선인과 접촉할 기회가 드물었던 사실과도 관련될 것이다.[84] 통혼을 장려하는 조선총독부의 선전에도 불구하고, 조선에 거주하는 내선결혼 부부는 대부분 일본에서 결혼

82 선행연구에서 이 표는 종종 법률혼으로 해석되었다. 다른 내선결혼 통계들과 부합되지 않는 면이 있어 단언할 수는 없지만, 〈표 2-1〉의 1924년 증가분 115쌍에서 1923년 중 일본에서 결혼하고 귀환했다는 70쌍을 빼면 이 표의 1924년 실수인 45쌍이 되고, 표의 실수가 역시 사실혼·동거를 포함하는 지역별·직업별 통계(부표 1, 2)에서 "각년 중 결혼한 자"의 전국 합계와 일치함을 생각할 때, 이 표도 사실혼·동거를 포함한다고 해석하는 편이 타당할 것이다.

83 竹下修子, 「日本の植民地主義時代における内鮮結婚」, 『国際結婚の社会学』, 学文社, 2000, 62~69쪽. 다케시타는 내연을 포함한 〈표 2-6〉을 법률혼인 인구동태통계와 비교했고 비교 시기도 다르다는 점에서 문제가 있다. 하지만 1938~42년 조선인구동태통계에 집계된 조선에서의 내선결혼 수도 재조일본인 인구 대비 0.01%를 전후한 것으로 확인되어 이 책에서는 그대로 인용했다.

84 森木和美, 「移住者たちの「内鮮結婚」」, 山路勝彦·田中雅一 編著, 『植民地主義と人類學』, 西宮: 關西學院大學出版會, 2002, 291~292쪽.

〈표 2-6〉 조선에서의 내선결혼 수(각 연도 중)

	총수		조선인 여성을 처로 삼은 일본인	일본인 여성을 처로 삼은 조선인	일본인의 가에 입서한 조선인	조선인의 가에 입서한 일본인
	실수	지수				
1922	33	100	7	22	4	
1923	25	75.8	10	13	2	
1924	45	136.4	5	32	7	1
1925	33	100	16	11	6	
1926	35	106	11	23	1	
1927	40	121.2	19	19		2
1928	40	121.2	11	21	8	
1929	48	145.5	21	21	6	
1930	66	200	27	30	9	
1931	52	157.6	21	27	4	
1932	55	166.7	22	29	4	
1933	48	145.5	27	15	4	2
1934	45	136.4	25	16	4	
1935	19	57.6	4	14	1	
1936	40	121.2	21	16	3	
1937	49	148.5	21	23	3	2

* 출전: (1) 朝鮮總督府, 『施政30年史』, 1940, 476쪽; 「内地人と朝鮮人との配偶調」, 『調査月報』 9-11, 1938, 22쪽; (2) No. 1206. 「朝鮮関係参考統計表-内鮮人間婚姻數(年内結婚數)」, 『大野緑一郎関係文書』 R-135.

* 1922~27년은 출전 (2)에만 실려 있는데 1926년분은 〈부표 2〉를 참조해 수정했다. 원문은 동년 농림 및 목축업의 신규 결혼을 오기한 듯하고 지수에도 오류가 있다.

한 뒤에 이주해 온 사람들이었고, 조선에서 통혼하는 부부 수는 정체되어 있었다.

이처럼 조선에서 내선결혼 부부가 점차 증가하여 내선융화의 실적을 착착 거두고 있다는 조선총독부의 선전과 달리, 통혼은 그다지 증가하지 않았고 오히려 1919년과 같이 민족 간의 정치적 갈등이 고조되었을 때는 부정적 영향을 직접 받아 결혼이 해소되었다. 통혼의 증감은 "그때그때의 사회 사정, 특히 시대 사상에 밀접한 관계를 가지고 사조의 지배를 받음이 적지 않은 것"은 조선총독부도 인정하는 바였다.[85] 1935년경 젠쇼 에이스케도 〈표 2-1〉의 통계를 법률혼으로 이해하기는 했지만 내선결혼의 증가 추세에 회의적이었다. "가령 이 숫자의 4배, 5배에 달하는 내선융화의 선구자가 있다 해도, 신대(神代)부터 역사적으로도 지리적으로도 깊이 교섭했고 눈색 털색도 같은 종족의, 게다가 병합 이래 25년을 경과한 사이로서는, 황실과 왕실 사이에서 모범을 국민에게 보이는 정도임에도 불구하고 양 민족의 통혼 성적은 오히려 불량하다고 말할 수밖에 없다"는 것이었다. 따라서 그는 장래를 비관하는 것은 아니지만 양 민족의 지식 계급 남녀가 자발적으로 활발히 결혼하기까지는 많은 시간이 필요하다고 지적했다.[86] 내선결혼은 조선총독부의 선전이 아니라 상호간의 접촉과 이해의 결과로 증가할 것이었지만, 동화정책을 점진적으로 추진할 수밖에 없는 상황에서 그러한 환경은 조성되지 않았다.

2. 지역별·직업별 추이

이번에는 조선에 거주하는 내선결혼 부부의 지역별·직업별 추이를 살펴보자. 양자가 모두 확인되는 연도는 1916~17년,[87] 1923년,[88] 1924~37년[89]이고,

---

85 朝鮮総督府 庶務部 調査課, 「朝鮮人と内地人との配偶狀況」, 『調査彙報』 10, 1924, 93쪽.

86 善生永助, 앞의 글, 1935a, 32~34쪽.

87 朝鮮駐箚憲兵隊司令部·朝鮮総督府警務総監部, 「内地人ト朝鮮人トノ雑婚数」, 『大正五年警察統計』, 1917, 79~81쪽; 朝鮮憲兵隊司令部·朝鮮総督府警務総監部, 「内地人ト朝鮮人トノ雑婚数」, 『大正六年警察統計』, 1918, 89~90쪽.

88 朝鮮総督府 庶務部 調査課, 앞의 글, 1924, 93~94쪽.

89 『朝鮮総督府官報』 1926년 7월 12일자, 1927년 8월 18일자, 1928년 8월 31일자, 1929년 11월

1939년[90]에는 지역별, 1920년[91]에는 직업별 통계만 남아 있다. 연도별 자세한 통계와 출전은 부록의 〈부표 1〉과 〈부표 2〉로 넘기고, 본문에는 필요한 사항만 표와 그래프로 축약 정리하여 수록하기로 한다.

먼저, 지역별 통계로서 도별 내선결혼 부부 수를 재조일본인 수와 함께 나타낸 것이 〈표 2-7〉이다. 1939년을 논외로 치면, 경기와 경남이 내선결혼 부부가 가장 많이 거주하는 도로 부동의 1, 2위를 점하는데, 이는 재조일본인의 분포 순위와 일치한다. 3~4위는 대체로 내선결혼에서는 전남·경북, 재조일본인에서는 경북·평남·전남의 순으로 각축을 벌인다. 또한 점차 통혼이 증가하는 가운데, 1924년을 제외한 모든 해에 최하위를 기록한 충북은 증가율도 현저히 낮고, 일본인도 가장 적다. 즉, 내선결혼 부부의 도별 분포는 재조일본인 분포와 대체로 비례했던 것인데, 평남은 예외적이었다. 이에 대해서는 『조사휘보』도 1923년에 평남은 재조일본인의 인구 순위는 제4위이지만 부부 수는 12쌍으로 제8위라고 특기했다.[92] 1924년에도 마찬가지였으므로, 내선결혼 부부의 수는 "경기도 이남은 이(일본인 분포 순위—인용자)와 비례하지만 경기도 이북은 그에 반하는 경향"이라고 분석되었다.[93] 이는 남부의 삼남 지방

15일자; 『調査月報』1-2, 2-5, 3-6, 4-7, 5-6, 6-8, 7-10, 8-9, 9-11; 『朝鮮』 123, 136, 161, 218, 228.

90 朝鮮總督府 警務局 保安課, 「民情調査」, 『高等外事月報』 9, 1940, 24~26쪽(宮田節子 編·解說, 『十五年戰爭極秘資料集』 6, 東京: 不二出版, 1988); 「朝鮮民事令一部改正(創氏制度)に關する特殊言動」, 『思想彙報』 23, 1940, 80~81쪽; 「平南에 內鮮結婚이 百五十餘組」, 『每日新報』 1940년 4월 8일자.

91 朝鮮銀行 調査部, 「內鮮人結婚數」, 『朝鮮事情: 大正十年七月上半』, 1921, 47쪽; 儒道振興會, 「(雜纂)內鮮人結婚數」, 『儒道』 4, 1921, 112~113쪽; 江原道儒道闡明會, 「(雜報)內鮮人結婚數」, 『會報』 1, 1922(원문 연도 오류).

92 朝鮮総督府 庶務部 調査課, 앞의 글, 1924, 94쪽.

93 「著しく增加の傾向を辿る內鮮人の結婚」, 『朝鮮』 122, 1925, 38쪽.

〈표 2-7〉 조선의 도별 내선결혼 부부 총수(각년말 현재)

	경기	충북	충남	전북	전남	경북	경남	황해	평남	평북	강원	함남	함북	총계
1916	44	2	12	10	10	10	22	5	10	3	2	10	5	145
	92,834	6,435	17,658	19,712	24,567	25,531	62,536	9,596	19,045	10,084	5,986	15,316	11,638	320,938
1917	29	2	3	13	8	11	18	5	9	3	3	10	7	121
	91,727	7,267	17,936	21,123	25,417	28,068	62,254	10,613	22,722	10,436	6,391	16,317	12,185	332,456
1923	43	3	4	21	31	30	41	10	12	16	10	15	9	245
	102,348	7,531	18,830	24,094	30,600	37,657	72,230	14,248	33,841	14,291	7,677	18,335	21,329	403,011
1924	72	15	25	22	35	36	65	8	18	18	13	17	16	360
	104,000	7,529	18,704	25,307	31,120	39,996	73,110	14,369	34,631	14,902	8,328	18,854	20,745	411,595
1925	85	11	25	21	33	41	73	12	25	27	12	25	14	404
	104,479	7,317	19,566	27,167	31,628	41,672	77,548	14,696	34,530	16,239	8,632	20,339	20,927	424,740
1926	97	11	17	20	42	42	87	19	25	27	20	34	18	459
	108,792	7,312	20,010	29,241	32,999	43,440	78,838	15,257	36,556	16,650	8,916	22,787	21,528	442,326
1927	113	9	19	23	53	50	80	22	28	29	14	41	18	499
	111,758	7,450	20,312	29,189	34,551	44,558	78,647	15,913	37,594	16,857	9,164	26,844	22,044	454,881
1928	106	12	23	32	51	49	80	22	32	35	28	34	23	527
	113,703	7,735	21,548	29,944	35,536	45,953	79,938	15,885	39,574	17,445	9,492	28,678	23,612	469,043
1929	111	15	24	35	67	54	79	20	68	50	30	36	26	615
	121,233	7,933	21,882	30,521	37,428	47,798	80,824	16,136	40,552	18,363	9,846	31,270	24,692	488,478
1930	141	22	36	47	79	78	101	30	71	55	44	46	36	786
	126,410	7,847	22,127	32,561	39,952	50,155	82,787	17,247	31,542	19,322	10,528	34,720	26,669	501,867
1931	169	18	32	50	91	80	112	34	64	63	54	57	28	852
	129,924	7,915	23,543	33,378	42,083	46,993	83,793	17,734	33,328	19,352	11,079	36,643	28,901	514,666
1932	193	14	37	53	100	97	112	49	51	80	48	72	48	954
	134,639	7,916	23,983	33,558	41,554	48,319	86,067	18,147	32,960	19,971	11,660	35,928	28,750	523,452
1933	173	14	54	54	111	110	106	45	59	78	88	83	54	1,029
	138,012	8,036	24,477	33,619	41,156	49,303	89,384	18,136	34,228	20,218	12,180	38,748	35,607	543,104
1934	197	18	46	65	108	83	115	53	48	73	53	96	62	1,017
	142,215	8,236	24,858	35,175	42,129	48,574	91,336	18,633	35,181	21,175	12,651	42,613	38,608	561,384
1935	183	18	50	71	88	88	145	60	50	82	58	86	59	1,038
	147,671	8,530	25,219	35,475	42,908	48,607	95,078	19,466	37,039	21,737	13,641	46,207	41,850	583,428
1936	204	20	61	79	98	91	145	62	50	90	70	82	69	1,121
	153,723	8,598	26,314	35,844	44,154	49,887	96,926	20,582	39,094	22,363	15,019	51,052	45,433	608,989
1937	227	15	63	77	105	106	157	76	70	80	63	84	83	1,206
	159,299	8,741	27,046	35,884	45,288	51,123	97,146	22,074	39,995	23,663	16,785	53,148	49,320	629,512
1939	389	70	147	101	291	238	514	129	166	140	144	197	152	2,678
	167,807	9,297	25,949	35,287	44,015	43,967	88,274	24,321	43,130	26,684	19,839	59,308	62,226	650,104

* 출전: 〈부표 1〉; 『朝鮮總督府統計年報』 각년판
* 연도별로 윗줄이 내선결혼 부부 수, 아랫줄이 재조일본인 수.
* 1916년에는 조선인 여성을 처로 삼은 일본인 4건이 누락되어 총계 145임.

은 농업에 종사하는 일본인이 많고 일본 본토와의 교류도 활발하여 양 민족의 접촉 기회가 많은 반면, 북부의 산간·국경 지대는 그렇지 못했기 때문이었던 듯하다. 젠쇼도 중부 이남은 일본과 지리적·경제적 관계가 깊어서 도별 차이가 생긴다고 설명하였다.[94]

다음으로 도별 변동 추이를 살펴보면, 전체적으로 경기도와 하삼도가 우세하지만 1930년대 이후 함남·함북 등 북부 지방의 증가가 두드러진다. 1927년 함남 흥남에 조선질소비료공장이 건설되는 등 공업화를 견인한 북부 지역 개발 사업으로 인해 일본인이 증가하면서 내선결혼도 증가한 것으로 보인다.[95] 그리고 이 시기 북부 지방에 일본인이 증가한 반대급부로 재조일본인 중 경남 거주자의 비율은 감소하는 추세였다.[96] 그렇다면 경남이 1939년에 일본인의 감소에도 불구하고 경기를 제치고 통혼 부부 수에서 압도적인 1위를 차지한 것은 이례적이다. 그 절대 다수인 318건, 입서를 포함하면 393건이 조선인 남성과 일본인 여성의 결혼임을 생각하면, 이 시기 일본에서 결혼하고 경남 지역으로 귀환하는 부부가 급증했던 것으로 추정할 수 있다.[97]

94 善生永助, 앞의 글, 1935a, 33쪽.

95 다만 1935년 이후 함남에서 일본인 인구가 증가하는 반면 통혼 부부는 감소하는 추세를 보이는 것이 특이한데, 감소한 것은 대개 일본인 남성과 조선인 여성의 혼인이었다(부표 1). 그 이유는 현재 명확하지 않다.

96 이규수, 「재조일본인의 추이와 존재 양태」, 『역사교육』 125, 2013, 58~59쪽.

97 1939년 조선의 내선결혼 부부는 재조일본인의 증가 속도를 넘어 2,678쌍으로 급증했고, 조선인 여성을 처로 삼은 일본인 1,135명, 일본인 여성을 처로 삼은 조선인 1,270명, 일본인의 가에 입서한 조선인 259명, 조선인의 가에 입서한 일본인 14명으로, 조선인 남편과 일본인 처 부부가 다시 더 많아졌다. 전시체제기에 조선에 거주하는 내선결혼 부부가 증가하고 조선인 남편과 일본인 처 부부가 일본인 남편과 조선인 처 부부보다 많아진 것은 역시 이들이 일본에서 결혼하고 돌아왔기 때문이었던 것이다.

또한 앞서 살펴본 것처럼 농업 공황의 타격을 받은 1930~34년 사이에 증가한 내선결혼은 대개 일본인 남성과 조선인 여성의 혼인이었는데, 이를 도별로 살펴보면 경기, 충북, 충남, 전남, 경북, 강원, 함남, 함북 등에서 모두 일본인의 인구 증가에 비해 내선결혼이 더 빠르게 증가했다. 그중에서도 1932년 전남은 일본인 인구가 감소했음에도 일본인 남성과 조선인 여성의 혼인은 증가한 반면, 조선인 남성과 일본인 여성의 혼인은 감소했다(부표 1 참조). 이는 일본인과 조선인, 혹은 지주와 자·소작농이 농업 공황의 영향을 서로 다르게 받았음을 극명하게 보여주는 현상이다.

내선결혼 부부의 지역별 분포에서 또 하나 짚고 넘어가야 할 것은 이들이 거주하는 곳이 주로 부(府)였다는 점이다. 경성부는 1932년부터 기존의 도별 경찰 조사와는 별도로 자체 호구조사를 시작했는데, 여기서 파악된 〈표 2-8〉의 부부 수를 〈표 2-7〉의 경기도와 비교하면, 경기도에 사는 내선결혼 부부의 절반 내외가 경성부에 거주했음을 알 수 있다. 1938~42년 조선인구동태통계의 법률혼에서도 혼인의 경우 남편의 소재지, 입부혼인과 서양자입양의 경우 처의 소재지가 부인 비율이 40% 정도이고, 1942년에는 67%에 달하기도 했다(부표 3). 이는 사람들이 고향을 떠나 개별화되어 있고 이동과 접촉이 활발한 도시라는 공간에서 조선인과 일본인이 만나기도 쉬웠기 때문이겠지만, 제4장에서 살펴볼 것처럼 각종 갈등에 봉착해서 '사랑의 도피'를 한 내선연애의 연인들이 도망쳐 정착한 곳 역시 도시였을 것으로 예상할 수 있다. 또한 경기도에서는 1934년부터 일본인 남편·조선인 처의 혼인 유형이 더 많아지는 데 반해(부표 1), 경성부에는 조선인 남편·일본인 처의 혼인 유형이 많다. 조선인 남편과 일본인 처가 부에 많이 거주하는 현상은 조선인구동태통계에서도 확인되는데, 이 유형의 내선결혼 부부가 상대적으로 도시에 거주하는 경향을 보였다고 할 수 있다.

〈표 2-8〉 경성부의 내선결혼 부부 수(각년말 현재)

	조선인 여성을 처로 삼은 일본인	일본인 여성을 처로 삼은 조선인	일본인의 가에 입서한 조선인	조선인의 가에 입서한 일본인	합계
1932	14	29	3		46
1933	26	54	8		88
1934	39	61	9		109
1935	38	47	10		95
1936	53	74	8		135
1937	56	69	11		136

*출전: 京城府, 『戶口統計』 1933~1938년판.

이번에는 직업별 통계를 살펴보자. 먼저 전체 내선결혼 부부의 직업 분포를 보면(그림 2-4), 상업 및 교통업, 공무 및 자유업이 대체로 1, 2위를 점하고, 3위는 농림 및 목축업과 공업이 각축하는 가운데 1930년대에 공업이 급상승하는 양상을 보인다. 이 역시 일본인의 직업 순위와 유사하고, 농림 및 목축업을 제외하면 사람을 접할 기회가 많은 직종인 것이 특징이다. 젠쇼는 이를 "양자가 접촉하는 깊이의 차이"로 설명했다.[98] 직업 면에서도 양 민족의 접촉 기회가 통혼의 성립에 영향을 미치는 대전제였던 것이다. 여성이 따로 직업을 갖지 않을 때는 부친의 직업이 기회를 제공하기도 했다. 일례로 1912년 경성에서 김형박(金亨撲, 30)과 하마다(濱田) 후쿠(16)가 결혼한 데는 소광산 경영자인 김형박이 역시 광산업에 종사하던 후쿠의 부친과 면식이 있어서 그 집에 드나든 것이 계기가 되었다.[99]

다음으로 내선결혼 유형을 혼인과 입서로 나눠보면, 혼인의 직업별 추이는 그 비중이 높은 만큼 전체와 유사하다. 이를 다시 민족별로 보면, 일본인 남성의 직업은 대략 공무 및 자유업, 상업 및 교통업, 공업, 농림 및 목축업,

98 善生永助, 앞의 글, 1935a, 33쪽.

99 姑射仙人, 「日鮮男女艶物語」, 『朝鮮及滿洲』 61, 1912a, 60~61쪽.

〈그림 2-4〉 직업별 조선 거주 내선결혼 부부 수(각년말 현재)

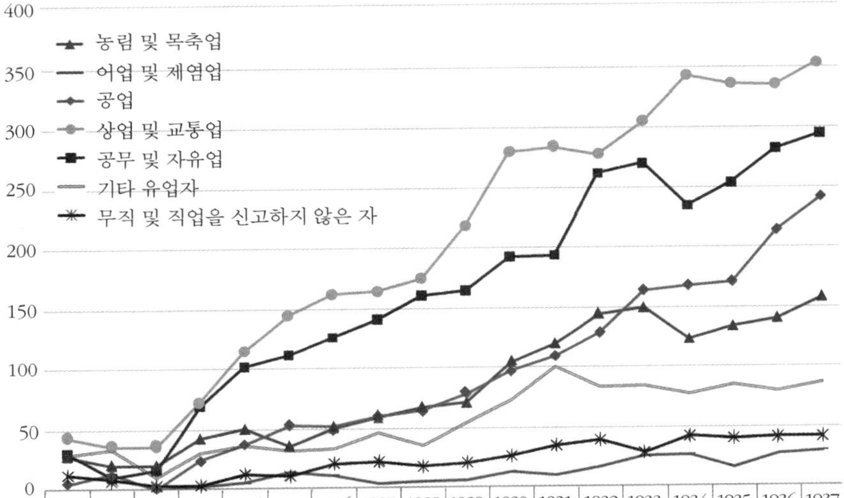

▲ 농림 및 목축업
— 어업 및 제염업
◆ 공업
● 상업 및 교통업
■ 공무 및 자유업
═ 기타 유업자
✱ 무직 및 직업을 신고하지 않은 자

	1916	1917	1920	1923	1924	1925	1926	1927	1928	1929	1930	1931	1932	1933	1934	1935	1936	1937
▲	28	20	20	43	51	36	51	59	67	71	104	120	145	150	124	135	141	158
—			0	2	5	14	11	4	5	6	13	10	17	26	27	16	28	30
◆	5	13	0	25	38	53	52	60	65	78	97	109	129	164	168	171	214	241
●	44	36	36	72	115	146	163	165	175	219	280	284	278	305	343	336	335	355
■	31	10	16	69	102	112	127	142	161	165	193	194	262	270	235	254	282	294
═	29	34	10	31	37	32	34	47	36	55	72	100	83	84	77	85	79	86
✱	12	8	3	3	12	11	21	22	18	21	27	35	40	29	43	41	42	42

* 농림 및 목축업 항목명: 농업·임업·목축업 등(1916~32년) → 농림 및 목축업(1933~37년).
* 어업 및 제염업은 1920년 통계부터 별도의 조사 항목으로 설정됨.

어업 및 제염업 순으로(그림 2-5), 재조일본인의 직업 순위와도 일치한다. 다만 공업의 증가세가 두드러져, 재조일본인의 직업에서는 줄곧 3위이지만 내선결혼 중 혼인에서는 1936년에 2위, 1937년에는 1위를 점했다. 이는 이 시기 공업에 종사하는 일본인 남성이 증가하는 동시에 면방직공장 등에서 일하는 조선인 여성도 증가한 결과이다. 이에 비해 조선인 남성의 직업은 상업 및 교통업이 압도적인 1위를 점하고, 공무 및 자유업, 농림 및 목축업, 공업, 어업 및 제염업이 뒤를 따르고 있다(그림 2-6). 일본인에 비해 농림 및 목축업의

〈그림 2-5〉 조선 거주 내선결혼 일본인 남성의 직업(혼인)

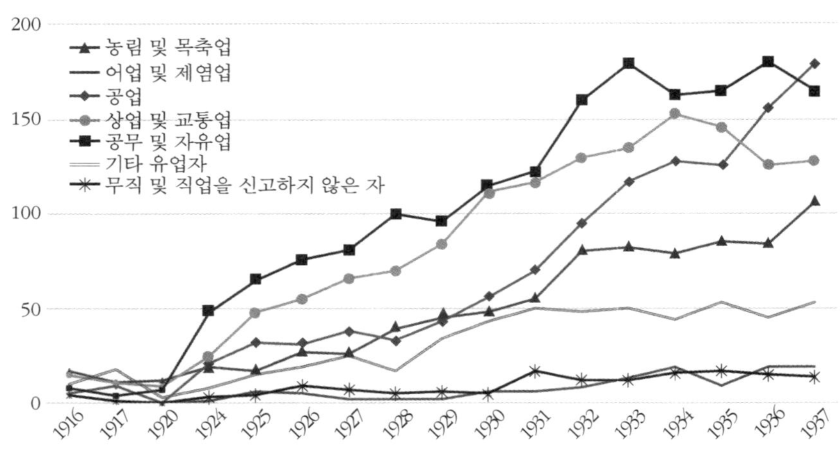

순위가 높지만, "조선인 인구 직업별에서 가장 많은 농업·임업·목축업은 제3위"[100]에 불과한 것이므로 많다고는 할 수 없다. 오히려 조선인의 직업에 비해 상업 및 교통업, 공무 및 자유업 종사자가 많은 편인데, 이 역시 일본인을 자주 접하게 되는 직종이다. 계층적으로 보자면, 공무 및 자유업은 대체로 상층에 속하겠지만 상업 및 교통업은 사업가부터 상점 고용인까지 다양한 계층을 포괄한다.

또한 혼인에 비해 입서는 흥미로운 양상을 보인다. 부부의 거주지가 조선이므로 상식적으로 생각하면 일본인 남성이 조선인 처가에서 많이 동거할 것으로 예상되지만, 오히려 조선인 데릴사위가 많은 것이다. 이는 일본인 남편과 조선인 처의 혼인이 조선인 남편과 일본인 처의 혼인보다 많아진 1926년 이후에도 마찬가지이고, 〈표 1-6〉의 법률혼에서 조선인 남성이 일본인의

100 朝鮮総督府 庶務部 調査課, 앞의 글, 1924, 94쪽.

〈그림 2-6〉 조선 거주 내선결혼 조선인 남성의 직업(혼인)

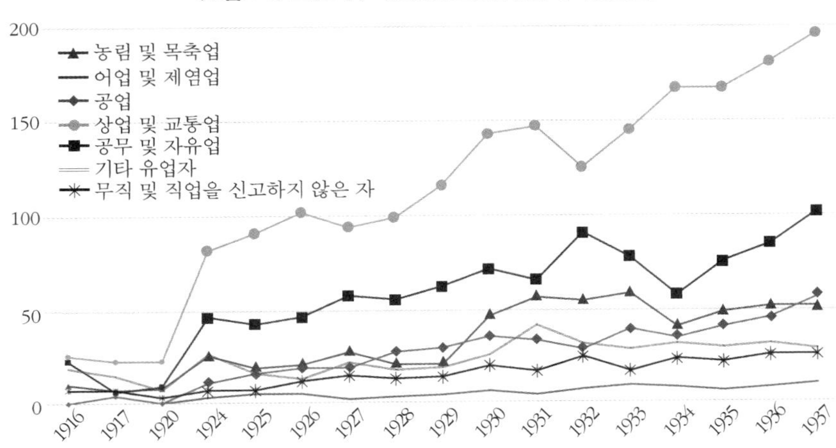

입부·서양자가 되는 경우가 많은 것과도 유사한 현상이다. 그 직업을 보면 (부표 2), 일본인은 혼인의 직업 순위와 달리 대개 농림 및 목축업 종사자였다가 1930년대에야 상업 및 교통업, 공무 및 자유업, 공업의 비중이 높아진다. 반면 조선인은 혼인과 마찬가지로 상업 및 교통업, 공무 및 자유업이 수위를 점한다. 이는 처가의 직업과 관련되겠지만, 보통 남성들이 처가살이를 부끄럽게 생각함에도 조선인, 특히 상층에 속할 공무 및 자유업 종사자까지 이를 감수하는 경향이 있었다면, 그 불균형에는 양 민족의 사회적·경제적 격차가 반영되어 있다고 해석할 수 있을 것이다.[101]

101 10세 때 부친을 잃고 미장일을 배워 도일한 한명의(韓明義)는 모시고 일하던 일본인 직인에게 솜씨를 인정받아 1932년에 그 외동딸 다치 소노에(館そのゑ)와 결혼(사실혼)했다. 다치의 부친은 결혼 후에 함께 살기를 바랐지만, 한명의는 7년째 되던 해 양자와 같은 생활이 싫어서 시모노세키(下關)에서 독립을 꾀했다(上坂冬子, 「コスモスの生命力」, 『慶州ナザレ園』, 東京: 中央公論新社, 2010, 148~151쪽). 그는 광주학생운동에

조선인이 일본인의 데릴사위가 된 실제 사례를 찾아봐도, 김포 장릉에서 이왕가 산림 감시 겸 사냥꾼으로 일하던 일본인의 외동딸 야마자키 시게에(山崎繁榮)와 1932년에 결혼한 김남학은 처가로부터 경제적 지원을 받았다. 시게에의 부친은 비록 혼인신고를 해주지는 않았지만, "이 사람은 조선의 양반이니까 이 사람과 부부가 되면 밥은 걱정하지 않아도 된다"며 김남학의 청혼을 승낙했다. 그러고는 자기 집 바로 옆에 신혼집을 지어주어서 시게에는 아무런 불편 없이 생활했다고 한다.[102] 이처럼 일본인 여성의 부모가 조선인 남성과의 결혼을 결정한 이유에 대해서는 다른 일본인들이 재조일본인, 그중에서도 조선에서 태어난 여성들은 '조선물'이 들었다며 결혼상대로 기꺼워하지 않아서 이들에게 만혼(晩婚) 경향이 있었음이 지적되어 있다.[103] 재조일본인도 기왕이면 일본인과 결혼하기를 바랐겠지만, 여성이 혼기를 놓친 경우에는 조선인 남성과의 결혼이라도 용인할 여지가 생기는 것이다. 이에 더하여 입서의 경우, 일본인 여성의 건강에 문제가 있는 사례가 눈에 띈다. 앞의 야마자키 시게에는 아기 때 실명했고, 목포에서 공생원을 운영한 윤치호(尹致浩)·다우치 지즈코(田內千鶴子) 부부는 1940년에 윤치호가 서양자로 입적하여 국민총력조선연맹의 표창까지 받았는데, 지즈코도 난소 한쪽을 적출하고 아이를 낳지 못할지도 모른다며 결혼을 망설이고 있었다. 또한 지즈코도 외동딸이었고 총독부 관리였던 부친은 사망한 뒤였는데 모친은 윤치호에게 데릴사위를 조건

대한 생각이 장인과 달랐다고 하는데, 이러한 민족 문제 때문에 처가살이를 더 싫어하게 되었을 가능성도 있다.

102 伊藤孝司, 『(新版)日本人花嫁の戦後』, 群馬: LYU工房, 1996, 140~147쪽; 上坂冬子, 앞의 책, 2010, 66~81쪽. 결혼 당시 남편의 직업은 확인되지 않지만 1940년 이후 경성에 이주해 전매국에 취직했다.

103 森木和美, 앞의 논문, 2002, 294~295쪽.

으로 결혼을 허락했다.[104] 일반화할 수는 없지만, 재조일본인들은 건강에 이상이 있는 외동딸을 멀리 시집보내고 싶지 않은 마음에서 조선인과의 결혼을 허락했을 수도 있다.

철저한 내선일체론자로 유명한 현영섭(玄永燮)도 1938년의 글에서, "조선인이 생활적, 기술적으로 뛰어난 경우, 비교적 학대당한 열성의 내지인이 그에 흥미를 가지고 연애하게 되는 경우가 많다"며, 민족의 사회적·경제적 격차가 내선연애·내선결혼에 미치는 영향을 지적했다. 지배 민족의 피지배 계급과 피지배 민족의 지배 계급이 결합하는 것은 법칙이므로, 일본인 하녀[女中], 여급, 예기, 창기, 여공이 비교적 우수한 조선인 남성을 잡고, 어느 전문학교 출신 일본인 남성이 대학 출신 조선인 여성을 처로 삼고 있는 실정이라는 것이었다. 특히 현영섭은 조선인 순사와 결혼한 일본인 여성이 남편에게 어째서 이렇게 월급이 적은지를 묻고 군서기의 일본인 처는 가난 때문에 도망쳤다는 사례를 들면서, 민족의 경제력 차이를 내선결혼을 방해하는 주요 원인으로 꼽았다. 그리고 이를 재산 중심 사회에서 인간 심리가 비틀려, 남자가 무언가를 갖지 않으면 사랑을 얻을 수 없게 된 탓이라고 한탄하였다. 그로 인해 자신도 "내지인을 처로 얻고 싶은 마음이 있어도 가난하기 때문에 절대로 얻지 않을 생각이다. 아니, 일생 독신으로 살아갈 생각이다"라고까지 고백하고, 내선결혼을 장려하기 위해서라도 조선인과 일본인의 소득을 평등하게 해

104 야마자키 도모코 지음, 김경원 옮김, 「한국 고아에게 헌신하고, 고독한 재일조선인 노인에게 봉사하다」, 『경계에 선 여인들』, 다사헌, 2013, 308~313쪽. 이 부부의 자녀들은 조선에서 생활했고 곧 해방을 맞았기 때문에 자신이 일본 호적에 올라 있는 것도 몰랐다. 나중에 이를 알게 된 장남 윤기(尹基=田內基)는 자랑스럽게 여겼던 부친이 처가에 입적했다는 사실에, 부친에 대한 자긍심이 한 번에 무너져버렸다(田內基, 『母よ, そして我が子らへ』, 東京: 新聲社, 1984, 134쪽). 이 역시 데릴사위에 대한 부정적인 인식을 여실히 보여준다.

주어야 한다고 요구했다.[105]

1916년의 내선결혼 통계를 분석한 난바 가스이(難波可水)도 그 유형별·직업별·지역별 불균형을 양 민족의 지위가 달라서 생긴 결과로 설명했다. 결혼의 주체인 남성이 더 나은 상대와 결혼하려는 것은 필연적인 욕구인데, 일본인이 일반적으로 조선인보다 우위에 있으므로 조선인 남성이 일본인 처를 많이 얻는다는 것이다. 직업별로도 지식 계급의 조선인 남성은 구식인 조선인 처를 버리고 신식 일본인 처를 얻는 반면, 교양이 적은 일본인 남성 가운데는 조선인 처로 만족하는 자들이 있다고 비꼬았다. 그리고 일본인 여성과 결혼한 조선인 남성은 도시에 많이 거주하고, 조선인 여성과 결혼한 일본인 남성은 대개 지방에 거주하는 것도 이러한 차이 때문이라고 설명했다.

내선결혼 장려론에 회의적이었던 난바는 이런 결과에 대하여, "조선인의 동화는 내선인의 결혼에서 야기되는 것이 아니라 조선인이 동화된 결과의 일부 현상으로 내선인의 통혼"이 이루어지는 것이라고 지적했다. 내선결혼은 현재에도 장래에도 부분적 현상에 그칠 것이고, 그 현상은 정치를 비판하는 재료가 될 수는 있지만, 그 효과를 정책상의 계산에 넣어서 이용하는 것은 도저히 불가능하다는 것이었다. 따라서 정치가는 '내선통혼 즉 동화론'을 외치기보다 먼저 조선인을 동화하여 건전한 내선결혼이 알게 모르게 이루어지도록 노력해야 하고, 그 결과 "내선인의 통혼자 수를 증가시키는 동시에 통혼의 비율이 내선인 평형을 지키기에 이른다면, 조선인의 동화책은 성공에 가깝다"고 말할 수 있을 것이라고 명쾌하게 정리했다.[106]

이처럼 조선총독부는 1920년대 이후 내선결혼 통계를 일반에 공개하며

105 玄永燮, 「内鮮一体と内鮮相婚」, 『朝鮮及満洲』 365, 1938.

106 難波可水, 「内鮮人通婚の状態如何」, 『朝鮮及満洲』 125, 1917.

통혼의 증가를 내선융화의 증거이자 촉진 수단으로 선전했지만, 내선결혼에 대한 긍정적 인식을 확산하려는 선전 이외에 법률혼, 내연을 불문하고 당사자들을 제도적·실질적으로 억제하거나 지원하려는 시책을 펴지는 않았다. 이로 인해 1930년대 중반에 이르면 조선총독부 내부에서도 회의적 평가가 나올 정도로 내선결혼의 증가는 미미했다. 그리고 당사자들은 각자의 상황 속에서 내선결혼의 시작·유지·해소를 결정했으므로, 조선에 거주하는 내선결혼 부부의 수는 당대의 일반적인 사회 현실을 반영했다. 내선결혼 부부의 지역별·직업별 분포는 재조일본인의 그것과 대체로 비례하면서도, 양 민족의 사회적·경제적 지위 차이로 인해 유형, 성, 지역, 직업에 따라 비대칭적인 양상을 보인 것이다. 결국 조선총독부는 내선결혼을 현실에 방임하는 한편 그 통계를 내선융화의 선전에 활용했지만, 통계는 오히려 양 민족의 융화 또는 조선인의 동화가 불철저하고 민족 간 지위가 불평등함을 보여줄 뿐이었다.

제3장

내선결혼 가정의 결혼 동기와 생활양식

1. 관공리와 왕공족·귀족의 정략결혼

1) 조선인 일본 망명객들의 내선결혼

조선총독부의 내선결혼 선전은 내선결혼을 당사자 간의 이해와 사랑을 바탕으로 이뤄진 것으로 간주하고, 통혼과 자녀의 출산이 다시 집안과 집안, 민족과 민족 사이에 사랑을 연쇄시켜 두 민족의 영구결합을 가져온다는 내용이었다. 그리고 내선결혼을 통해 조선인의 사상과 생활양식이 일본인화되기를 기대했다. 통계 역시 내선결혼이 양 민족의 접촉으로 이뤄졌음을 알려준다. 하지만 수량화된 통계가 아니라 신문·잡지, 회고록 등에서 실제 사례들을 찾아보면, 결혼의 동기가 되는 '접촉'이 반드시 당사자 간의 이해와 사랑을 수반하는 자유연애였던 것은 아니며, 내선결혼 가정의 생활양식 역시 반드시 일본인화되기만 하지는 않았음을 쉽게 확인할 수 있다.

초기 내선결혼 부부의 상당수는 병합 이전에 결혼하여 부부관계를 유지하고 있는 경우였다. 그 가운데 내선결혼을 통한 조선인의 일본인화라는 기대에 가장 잘 부합한 것은 상층 조선인 관료, 그중에서도 갑신정변, 을미사변 등에 연루되어 일본에 망명했다가 그곳에서 일본인과 결혼하고, 1906년 이후에 사면되자 일본인 처와 함께 귀국한 이른바 '망명객'들이었다.[107]

1917년 11월에 『조선급만주』는 '내선결혼자와 그 가정'이라는 제목으로 여러 부부들을 소개했는데,[108] 조중응(趙重應, 당시 지위: 자작, 망명 기간: 1896~1906—이하 동일), 이규완(李圭完, 강원도장관, 1895~1907), 구연수(具然壽, 경찰, 1896~1907), 신응희(申應熙, 함경남도장관, 1895~1906), 정난교(鄭蘭教, 원문 鄭南教, 충청남도 참여관, 1895~1906), 정진홍(鄭鎭弘, 중추원 부참의, 1896~1906), 유혁로(柳赫魯, 중추원 부참의, 1896~1906) 등이 모두 망명객이었다. 그런데 영친왕의 혼례를 앞두고 1918년에 '일선동체의 가정'으로 소개되기도 한 조중응과 구연수의 경우, 망명 당시 조선에 본처가 있었다. 이들은 본국에 돌아올 기약이 없자 일본에서 현지처를 얻은 것이다. 게다가 조중응은 사면되자 혼자 귀국했는데, 조중응이 귀국한 후 대신이 되었다는 소식을 듣고 규슈(九州) 출신인 일본인 처 미쓰오카 다케코(光岡竹子)가 조선에 건너와버렸다. 이에 조중응의 집안 어른이 시부모를 봉양한 본처 최씨와 일본에서 조중응을 보살핀 미쓰오카 모두 '조강지처'라며 특별 취급을 청하는 상소를 올렸고, 순종도 둘 다 정처로 인정하되 최씨를 좌부인, 미쓰오카를 우부인으로 삼도록 했다.[109] 미쓰오카는 1915년 최씨가 사망한 후에는 "훌륭한 자작부인"이 되었지만,[110] 그해 8월 관통첩 제240호가 공포되기 전까지

107 이하 이들의 망명 계기와 일본 체류 기간은 문일웅, 「대한제국 성립기 재일본 망명자 집단의 활동(1895~1900)」, 『역사와 현실』 81, 2011을 참조했다.

108 天來生, 「内鮮結婚者と其の家庭」, 『朝鮮及滿洲』 125, 1917.

109 『純宗實錄』 1907년 12월 29일자.

110 天來生, 앞의 글, 1917, 84쪽.

는 "내선인의 결혼은 민적상 법률이 불허"하여 "객위(客位)"로 있을 수밖에 없었다. 순종의 칙허로 정처로 인정받았다 해도 민적상으로는 부부가 아니었던 것인데, 조중응은 최씨가 사망한 지 1년이 지난 1916년 6월에 미쓰오카와 정식으로 혼인신고하고 성대한 피로연을 열었다.[111] 사실 1909년 민적법 시행 이후 1911년까지는 일본인 처도 민적에 입적할 수 있었으므로 정진홍, 김동완(金東完) 등은 일본인 처를 입적시켰지만, 조선인 본처가 있는 조중응은 그럴 수 없었던 것이다. 또한 외국인이 낳은 사생자녀의 입적을 꺼리는 풍조가 있어 주일공사관에서 일하던 김가진(金嘉鎭)은 일본인 첩이 낳은 아이를 인지 입적시키지 않은 반면, 구연수, 안상호(安商浩) 등은 그 자녀를 입적시켰다는 언급에서,[112] 구연수와 안상호 역시 내연관계에서 시작했음을 알 수 있다. 그 외 유혁로도 "정처가 아산에 있고 아이들도 있다"는 말이 있었고, 오야부 마사조(大藪まさ女)가 김옥균의 "내연의 미망인"이라는 등,[113] 이 시기 조선인 망명객과 생활한 일본인 여성들은 대개 정처가 아니었다. 확인되는 한에서는 이규완 정도가 예외일 뿐이다. 이규완은 1896년 야마구치현(山口縣) 하기(萩)에서 이토 히로부미와도 인연이 있는 집안의 딸인 나카무라 우메코(中村梅子)와 결혼했는데, 우메코가 한국인의 축첩 풍습을 두려워했기 때문에 절대 축첩하지 않

---

111 「日鮮人 結婚의 嚆矢와 光岡夫人」, 『每日申報』 1916년 6월 16일자. 관통첩 제240호가 나오기 전, 경성부가 일본인 처를 민적에 넣어달라는 조선인의 청원을 정무총감에게 전한 것이 6월 17일이었다(朝鮮總督府 法務局 編纂, 『民籍例規』, 1922, 150쪽). 날짜상 이때의 청원자가 조중응이었을 가능성이 높고, 그렇다면 그는 본처가 사망하자마자 일본인 처와의 혼인신고를 문의한 것이다.

112 朝鮮總督府 中樞院 編, 『民事慣習回答彙集』, 朝鮮印刷株式會社, 1933, 70~72쪽. 취조국장관은 조선인이 외국인 여성이 낳은 사생자의 생모를 숨기거나 타인의 자녀로 입적한 사례가 없지 않았던 것 같다는 의견을 덧붙였다.

113 天來生, 앞의 글, 1917, 86쪽.

겠다고 약속한 후에야 혼담을 전개할 수 있었다.[114] 상황이 이런데도 1910년대 조선총독부는 일본인 여성이 조선인 남성의 현지처나 첩이 된 것을 문제 삼지 않았다. 『매일신보』도 조중응 부부를 수차례 기사화하는 중, 조중응이 망명객들과 맘 편히 비밀 이야기를 할 수 없어 걱정하는 것을 본 일본인 남성이 자기 딸과 함께 살도록 제안했다고 결혼 동기를 전하면서, "인연은 이와 갓치 ᄒᆞ여서 ᄆᆡ져젓다"는 낭만적인 제목을 뽑았을 뿐이었다.[115]

이들 망명객은 일본에서뿐 아니라 귀국 후에도 서로 친밀한 관계를 유지했으며, 조선총독부의 관직을 얻어 일제에 협력했고 그 생활양식도 대개 일본풍이었다. 조중응의 경우, 부인을 일본 옷 입은 조선인 여성으로 생각할 사람은 없을 것이라거나 조중응의 일본어가 일본인과 다르지 않을 정도로 유창했다는 표현에서도 부부의 생활이 일본풍이었음을 짐작할 수 있다.[116] 이들은 조선에 살면서도 "한집에서도 조선 살림은 시어머니 등이 따로 안채에서 하기 때문에 완전히 따로 일본 살림"을 할 수 있었다.[117] 을미사변 이후 망명했다가 귀국 후 송병준의 추천으로 경무청 경시부감에 발탁된 구연수[118]도 조선인 처가 아들 구용서(具鎔書) 하나를 남겨두고 사망했기 때문에, 이시카와현(石川縣)에서 만난 사카이 아키코(酒井秋子)가 유일한 부인이 되었다. 구연수 역시 일본인과 다름없었을 뿐 아니라, 사카이는 구용서가 9세 때부터 만사 일본풍으로 교육시키며 학교도 소학교부터 모두 일본인 학교에 보내서 1917

---

114 批判新聞社, 『李圭完翁百年史』, 批判新聞社, 1958, 66~69쪽.

115 「趙子와 竹子夫人 인연은 이와 갓치 ᄒᆞ여서 ᄆᆡ져젓다」, 『每日申報』 1918년 12월 10일자.

116 天來生, 앞의 글, 1917, 84~85쪽.

117 「王世子 殿下 嘉禮 前에 日鮮同體의 家庭 訪問: ᄌᆞ작 됴즁응 씨와 시영 부인 同苦樂의 卄年」, 『每日申報』 1918년 12월 8일자.

118 임혜봉, 『망국대신 송병준 평전』, 선인, 2013, 229쪽.

년 당시 구용서는 경성중학교 5학년에 재학 중이었다.[119] 이후 사카이가 결핵을 치료하기 위해 도쿄에 가자 구연수는 구용서를 "신식으로 기르고자" 따라 보냈고, 1918년 말에는 그도 일본인과 다름없는 상태가 되었다.[120] 그러자 이용구도 아들 이석규를,[121] 송병준도 손녀 노다 미에코(野田見榮子)를 사카이에게 맡겼고, 사카이의 밑에서 함께 생활한 구용서와 미에코는 훗날 서로 결혼했다.[122] 게다가 을미사변 후 망명한 우범선(禹範善)의 미망인 사카이 나카와 아들 우장춘(禹長春)도 인근에 살고 있었다.[123] 우범선도 조선에 처자가 있었지만 역시 아관파천 이후 망명한 황철(黃鐵)의 중매로 1896~97년경 결혼식을 올렸고, 우범선이 1903년에 암살당하자 박영효의 배려로 조선총독부에서 두 아들이 대학을 졸업할 때까지 양육비를 지원했다.[124] 또한 갑신정변 이후 김옥균과의 친교 때문에 화를 입을까 우려한 이주회(李周會)는 1885년부터 3년간 도쿄에 거주하며 와타나베(渡邊)라는 여성과 동거했는데, 을미사변 이후 이주회가 처형되자 부하였던 구연수가 그의 처와 아들을 수소문해서 후원해주는 등

119 天來生, 앞의 글, 1917, 85쪽.

120 「王世子 殿下 嘉禮 前에 日鮮同體의 家庭 訪問: 前室의 所生을 귀츌 갓치 ᄉᆞ랑ᄒᆞᆫ다고」, 『每日申報』 1918년 12월 9일자.

121 이석규가 사카이에게 가기 전 아버지로 알았던 조동종계 사찰의 주지 요시다 슈신(吉田銖心)은 일진회 경영의 광무학교에서 일본어를 가르친 적이 있고, 그 처는 조선 기생이 낳은 송병준의 서녀였다. 임혜봉, 앞의 책, 2013, 458쪽.

122 조갑제, 「최후 인터뷰, 아들이 말한 이용구의 기구한 생애」, 『조선총독부, 최후의 인터뷰』, 조갑제닷컴, 2010, 215~216쪽.

123 위의 책에서는 사카이 나카를 아키코의 동생으로 설명했다.

124 角田房子, 『わが祖国』, 東京: 新潮社, 1990, 44쪽, 47쪽, 77쪽, 107쪽.

관계를 유지했다.[125] 의친왕의 시의였고 사망 당시 '내선가정의 성공자'[126]라고도 기사화된 안상호는 도쿄에서 이소코(磯子)와 결혼한 후 조선에 와서도 계속 순일본풍으로 생활해서 아내를 따라 일본 사람이 되었다는 평을 들었는데(그림 2-7),[127] 이들의 결혼에는 또한 구연수가 매개가 되었다.[128]

〈그림 2-7〉 안상호와 그 가족

* 출전: 『每日申報』 1928년 1월 5일자.

망명객 중에는 2대에 걸쳐 내선결혼을 한 사람도 있었다. 신응희의 이시카와현 출신 일본인 처는 전처가 낳은 2명의 자녀와 자기가 낳은 4명의 자녀들을 모두 일본풍으로 교육시켰다.[129] 그중 장녀 신청자(申淸子, 27)가 1917년에 경성고등여학교 교사 시마무라 신에몬(島村新右衛門, 38)과 결혼했다. 이에 대해 안상호는 일본인과 조선인의 결혼 동거가 적지는 않지만 이번처럼 정식으로 결혼한 일은 많지 않을 것이라며 축하했고, 『매일신보』에서도 일본인과 조선인의 정식 결혼은 처음일 것이라며 축하 인사를 건넸다. 하지만 정작 신응희는 이 결혼은 결코 특이한 일이 아니라며 다음과 같이 강조했다.

---

125 강창일, 「이주회」, 반민족문제연구소 편, 『친일파 99인』 1, 1993, 187~190쪽.

126 「內鮮家庭의 成功者 醫師安商浩氏別世」, 『每日申報』 1928년 1월 5일자.

127 「王世子 殿下 嘉禮 前에 日鮮同體의 家庭 訪問: 全然히 內地化한 의사 안샹호 씨의 가뎡」, 『每日申報』 1918년 12월 10일자.

128 天來生, 앞의 글, 1917, 86쪽.

129 위의 글, 85쪽.

> 우리의 가뎡은 모다 ᄂᆡ디식이오 쳥ᄌᆞ로 말ᄒᆞ면 ᄂᆡ가 동경에 잇슬 ᄊᆡ 츌ᄉᆡᆼᄒᆞ얏ᄂᆞᆫ 고로 물론 ᄂᆡ디식으로 교육도 ᄒᆞ얏거니와 됴선 건너온 후로도 ᄂᆡ디식 가뎡에서 ᄉᆡᆼ장ᄒᆞ얏슨 즉 ᄌᆞ연히 됴선식 가정에ᄂᆞᆫ 서투를 ᄲᅮᆫ 안이라 전혀 모른다 ᄒᆞ야도 가ᄒᆞᆯ 터이라. 그럼으로 만일 됴선 사람에게 츌가식이면 가정의 풍습이 다르고 의ᄉᆞ의 츙돌도 업지 안이ᄒᆞᆯ 터인즉 혼인은 일ᄉᆡᆼ에 큰일인ᄃᆡ 경홀히 ᄒᆞᆯ 슈 업다 ᄒᆞ야 여러 ᄒᆡ 연구ᄒᆞ던 결과 이번에 도촌 씨와 결혼ᄒᆞ게 됨은 ᄉᆞ세의 ᄌᆞ연ᄒᆞᆫ 일이라. 무산 긔이ᄒᆞᆫ 일이 잇스리요.

즉, 신청자는 민적상 조선인일지언정 문화적으로는 완전한 일본인이었던 것이다. 조혼이 일반적인 가운데, 17~18세에 조선에 건너온 신청자가 여성의 평균 초혼 연령을 훌쩍 넘긴 27세에야 결혼한 것도 적당한 조선인 배우자를 찾지 못했기 때문일 수 있다. 이들의 결혼에는 토지조사국 사무관 구도 소헤이(工藤莊平)와 안상호가 중매인이 되었고, 경성신사에서 결혼식을 올렸다.[130] 하지만 신랑의 나이에서도 짐작할 수 있듯이 시마무라는 사별한 전처와의 사이에 4~5명의 자녀를 둔 재혼남으로, 자녀들을 다른 집에 맡기고 11살 아래의 새 부인과 "즐거운 단란"을 일군 것이었다.[131]

이처럼 병합 이전 조선인 망명객들은 모두 일본에서 내선결혼을 했지만, 1906년 이후 처와 함께 귀국해 1910년대 조선에 거주하는 내선결혼 부부의 한 축을 차지하였다. 조선인 남편의 직업 통계에서 2위인 공무 및 자유업에 속할 이들은 결혼하기 전부터 이미 정치적으로 일본에 우호적이었고 오

---

130 「申長官令孃 南山神宮에서 結婚」, 『每日申報』 1917년 1월 24일자.

131 天來生, 앞의 글, 1917, 87쪽.

랜 일본 생활로 그 언어와 풍습에도 익숙했기 때문에, 전처 소생을 포함한 자녀들도 일본풍으로 교육시키고 일본인 학교에 보냈다.[132] 가정의 생활양식은 일차적으로 거주 지역에 좌우되고, 가부장제로 인해 처가 남편과 시댁의 문화를 따라가는 경향이 있음에도, 이 조선인 남성들은 조선에 거주하면서도 일본인인 처의 생활 문화를 받아들였다. 이는 물론 일본에 동화하려는 그들의 의지가 그만큼 강했기 때문이다. 또한 정처가 따로 있거나 일본인 처를 민적에 입적시키지 못한 사실혼 상태였을지라도, 정략결혼에 속할 이들의 가정은 비교적 원만했다. 3·1운동 이후 조선군 참모부가 말한 진정한 일본 편으로 "내선인 간의 지렛대"가 되어 분주하고 있는 유력한 친일자란 이들이었을 것이고, 이러한 상층 조선인 관료의 긍정적 통혼 사례가 내선결혼 장려론의 배경이 되었던 것이다.

2) 일본인 경찰·관리들의 내선결혼

일본인 남성과 조선인 여성의 결혼은 확인되는 사례가 많지 않지만, 일본인이 경찰 관계자인 경우가 두드러진다. 일본인 남편의 직업 중 1위인 공무 및 자유업의 실제는 대개 이들 경찰이나 군인이었을 것으로 보인다. 특히 일본인 경찰과 조선인의 결혼은 대만에서와 같이 정책적으로 장려되었을 가능

132 1910년대에는 조선인과 일본인의 학교를 분리했는데도 조선인 부친과 일본인 모친 사이에 태어난 자녀가 일본인 학교에 입학한 것은 법률혼을 할 수 없으므로 사생자로서 어머니의 일본 호적에 올랐기 때문이거나, 조선인이라도 예외적으로 허용되었을 가능성도 있다. 제2차 조선교육령(1922)에서 일본어 상용 여부를 기준으로 입학할 학교를 나눈 이후에는 호적상의 신분과 무관하게 일본어를 상용하는 자로서 일본인 학교에 다닐 수 있었을 것은 물론이다.

성도 배제할 수 없고,[133] 식민지 조선에서 경찰과 군인은 조선인을 일상에서 가장 긴밀하게 접하는 직업이기도 했다. 또한 그만큼 일본인 남성도 조선에 거주하며 직업상 필요에 의해 조선의 언어와 풍습을 익혀야 했기 때문인지, 이 유형에서는 양쪽의 생활양식을 절충하는 모습도 보인다.

하지만 일본인 남편이 조선의 언어와 풍습에 익숙해도 가정에서는 일본풍을 유지하여, 일반적으로는 조선인 처가 남편을 따라 일본인화한 듯하다. 1921년에는 평양 헌병대에서 사복 형사로 오래 근무한 기무라(木村)와 경성에서 보통학교 훈도로 있던 배희자(裵熙子, 22)가 평양 만수대 부근 신사에서 결혼하여, 일본인 남성과 조선인 여성의 결혼은 그제까지 전례가 없던 일이라고 소개되었다.[134] 하지만 이러한 유형의 결혼도 이미 병합 전부터 이뤄졌는데, 경무총감부 경시이자 을미사변에도 가담했던 와타나베 오타로(渡邊應太郎, 1851년생)가 대표적인 인물이다. 처는 박완양(朴完陽)의 딸 곡자(谷子)로, 와타나베는 재혼이었고 이들은 1880~90년대에 결혼한 것으로 추정된다. 당시 곡자는 직무상 상투에 한복을 입고 한국어도 유창하게 구사하는 와타나베를 한국인으로 착각하고 소개를 받아 결혼했는데, 단발령이 내려지고 순사 제복이 제정된 어느 날 와타나베가 상투를 자르고 제복을 입고 온 때에야 비로소 일본인임을 알고 온 가족이 대경실색했다고 한다. 그러나 1917년에는 조선 가옥

---

133 대만 점령 초기에 일본은 원주민의 실정을 이해하여 통치에 이용하기 위해, 일본 경찰들에게 마을의 추장이나 지위 있는 사람의 딸과 결혼하도록 장려했다. 하지만 대부분의 경찰은 일본 본토에 아내가 있었기 때문에 이들과 결혼한 고산족 여성은 내연의 처가 될 수밖에 없었고 대부분 버림받았다. 그러자 원주민들에게는 귀한 신분인 여성이 일본인 남편에게 버림받은 사실이 역으로 그들을 분개시켜, 원주민의 봉기를 촉발하기도 했다. 주완요 지음, 손준식·신미정 옮김, 『대만, 아름다운 섬 슬픈 역사』, 신구문화사, 2003, 136~140쪽.

134 「平壤内鮮人結婚, 평양에서 처음일」, 『每日申報』 1921년 12월 24일자.

에 거주하면서도 곡자는 말부터 언동 어느 하나 일본인 여성과 다른 바가 발견되지 않을 정도로 일본인화되었고, 열렬한 일련종 신자로서 1925년에 살던 집에는 일본풍 방에 제대로 된 불단까지 갖추었다. 자녀는 어디까지가 전처 소생인지 알 수 없고 그 딸들도 일본인과 결혼했다는 것을 보아도 이 가정이 일본풍으로 생활했음은 틀림없다.[135] 경성일보 이사이자 매일신보 감사였던 나카무라 겐타로(中村健太郎)도 18세 때 조선에 와서 한성신보사 언문부 주간, 경무총감부 번역관을 역임하는 등 한국어에 능했지만, 그 처 훈자(薰子) 역시 조금도 일본인 여성과 다를 바 없을 정도로 일본인화되었다. 그 외 직업은 확인되지 않지만, 무사시 구마타로(武藏熊太郎)의 경우는 3~4세부터 키워온 조선인을 처로 삼았기 때문에 그 부인은 "그야말로 완전한 내지인"이었다.[136]

반면, 일본인 남편이 조선인 처를 따라 완전히 조선인화되는 경우는 거의 없었던 것 같다. 경성지방법원 통역생 이모토 도요사부로(井本豊三郎)는 알고 지내던 고정자(高貞子)가 본가에서 가출해 온 후 1901년경 호적상으로도 부부가 됐는데, 조선어에 관심을 갖고 수양을 거듭해 "동작부터 담화에 이르기까지 선인(鮮人) 그대로"라는 평을 들었다. 하지만 이는 일본인의 조선인화를 특이하게 보아 과장한 것이고, 실제로는 남편이 아내에게 일본어와 일본의 예의범절을 가르치며 "부지불식 이모토는 조선화되고 정자는 일본화"되어서 "일한 절충의 가정"을 이룬 정도였다. 그리고 그 모습은 남편이 목욕 후에 유카타를 입으면 아내도 유카타를 입고 아내가 한복을 입고 외출하면 남편도 한

---

135 天來生, 앞의 글, 1917, 86~87쪽; 「王世子 殿下 嘉禮 前에 日鮮同體의 家庭 訪問: 和氣가 融々훈 도변응차랑 씨의 가뎡」, 『每日申報』 1918년 12월 12일자; 佐野れい, 「結婚から觀た內鮮融和」, 『朝鮮及滿洲』 206, 1925. 와타나베의 이름은 글에 따라 와타나베 오지로(渡邊鷹次郎 또는 渡邊膺次郎)로도 표기되었지만, 내용상 동일인물이다.

136 天來生, 앞의 글, 1917, 87쪽.

복을 입고 대동하는 선택적 일체화였다. 뿐만 아니라 이모토는 러일전쟁 중에 태어난 장녀는 일본의 승리를 기원하며 '가쓰코(勝子)'로, 통감부가 설치된 1906년에 태어난 장자는 잘 통치되라는 뜻에서 '도요지(豊治)'로 명명하는 등, 생활양식을 절충했어도 일본인이라는 국민의식은 뚜렷했다.[137]

또한 1940년 체신국 방송감독계에 근무하던 요시노 도조(吉野藤藏)는 1902년에 한국에 건너와 함남 문천의 사립보통학교에서 교편을 잡다가 서대문경찰서 고등주임까지 한 사람인데, 그 역시 1910년에 지인의 권유로 문천 출신의 조선인 여성 춘원(春元)과 결혼한 후 절충식 생활을 한 것으로 평가되었다. 부인의 여동생 가족과도 동거하는 그의 집은 왼쪽에 조선식 건물 2채, 오른쪽에는 신양식의 일본식 건물을 갖췄고, "내선 두 문화가 어느 쪽도 상처받거나 상실되는 것 없이" 원만히 지켜져 부부 모두 일상의 풍속, 습관 등에서 조금의 불편이나 걱정도 느끼지 않았다.[138] 그 외 1919년 황해도에서 일본인 아버지와 조선인 어머니 사이에서 태어난 아키코(秋子)는 경성여자사범학교를 졸업하고 1941년에 경성지방법원 감독서기관 다나베 사에타(田邊佐衛太)와 결혼한 후 만주로 이주했다. 그런데 아버지가 일본인인 내선혼혈아로서 일본인 남성과 결혼한 아키코는 해방 후 한국에서 일본인 신분을 숨기고 국민학교 교사가 되었고, 한국전쟁 후에는 북한 피난민으로 위장해 한국 호적을 얻을 수도 있었다. 이를 통해 아키코 역시 일본과 조선 문화에 모두 익숙하게 자랐음을 짐작할 수 있다.[139]

---

137 姑射仙人,「日鮮男女艶物語」,『朝鮮及滿洲』57, 1912b, 29쪽.

138 「愛の契りは堅し—內鮮一體結婚の先驅, 吉野氏家庭訪問記」,『內鮮一體』1, 1940.

139 藤崎康夫,「ベトナムで戦った日本人韓国兵」,『棄民』, 東京: サイマル出版会, 1972, 36~50쪽. 해방 후 아키코가 영사관 업무를 위해 만주에 남은 남편과 헤어져 황해도의 친정에 돌아왔을 때 일가는 친일파로 지목되어 서울로 쫓겨난 상태였다. 친일파로 지목

이처럼 일본인 남성과 조선인 여성이 결혼한 경우는 조선의 언어와 생활 양식에 익숙했더라도 대개 절충식 또는 일본식 생활을 했던 것으로 보인다. 특히 조선인 처는 처음부터 일본 호적에 입적할 수 있었기 때문인지, 모두 일본인풍의 이름을 사용한 것이 주목된다.[140] 하지만 문화가 다른 민족이 함께 생활하는 경우 가정생활에 두 문화가 절충되는 것은 당연하고, 일본화 또는 조선화는 거주 지역, 가부장제, 당사자의 동화 의지 등 다른 요소들이 개입되어 생기는 특이 현상이다. 조선인 망명객 남성들은 동화되려는 의지가 매우 강했기 때문에 조선에 거주하면서도 일본인 처를 따라 일본인화했다면, 반대로 일본인 경찰·관료 남성들은 열등하다고 간주된 조선 문화에 동화되고 싶어 하지 않았기 때문에 조선에 살며 조선어와 조선 문화에 익숙하더라도 가정에서는 조선인 처를 일본인화했다고 할 수 있다.

3) 왕공족과 조선 귀족의 정략결혼

일제는 대한제국의 옛 황족인 왕공족을 일본인과 결혼시켜 그 귀종성(貴種性)을 해체하고, 그들을 일본에 살게 함으로써 조선에서 왕실의 자취를 지우

된 이유가 대를 거듭한 내선결혼 때문이었을 수도 있지만, 지위나 재산면에서 상당한 집안이었기 때문일 가능성이 높다.

140 조선총독부는 조선인이 일본인풍 이름으로 개명하지 못하게 했지만, 이름이 없거나 이름으로 인정할 수 없는 호칭만 갖는 경우가 많았던 여성들은 일본인풍으로도 명명될 수 있었다(이정선, 「조선총독부의 조선인 이름 정책과 이름의 변화 양상들」, 『역사민속학』 49, 2015). 비교적 이른 시기에 내선결혼한 위 사례의 여성들은 결혼하면서 이름을 붙였을 가능성이 높고, 그렇다면 谷子는 다니코, 薫子는 가오루코, 貞子는 사다코 등 일본풍으로 읽어야 할 것이다. 요시노의 부인 春元도 원래 '하루에(春え)'로 호적신고했지만 오기된 것이었다.

려 했다.[141] 또한 왕공족의 내선결혼이 갖는 상징성이 큰 만큼, 혼례 방식이나 생활양식에서도 일본풍을 채택하려는 의도가 강했다. 첫 사례인 영친왕의 경우, 궁내성은 결혼식을 일본 황족과 똑같이 도쿄의 어전 현소에서 거행할지, 아니면 따로 절차를 정할지부터 연구했는데,[142] 1918년 초에는 현소에서 거행하기로 결정했다. 그리고 결혼 후에 거주할 왕세자저에 새로 짓는 내전은 서재만 서양식, 그 외는 전부 일본식으로 하며, "조선식의 온돌은 물론 설비치 않"기로 했다.[143] 하지만 결국 혼례는 순일본식으로 하면서도 가스미가세키(霞が関)의 이궁에서 거행하는 것으로 변경되었다.[144] 이는 왕공족의 결혼에 황족의 예식을 차용함으로써 왕족을 황족과 같이 대우한다는 명분을 세우면서도 황족은 아님을 명확히 한 것이었고, 왕족은 황족이 아니라는 방침은 왕공족의 지위와 신분 득상 원칙 등을 규정한 왕공가궤범(1926)에도 반영되었다.[145] 왕공족의 모호한 지위로 인해 혼란은 있었지만 일본풍의 혼례라는 원칙은 시종일관 고수된 것이다.

이후에도 왕공족의 내선결혼을 일본식으로 하려는 주의는 관철되었다. 1931년 5월 덕혜옹주의 혼례는 이왕직장관 한창수(韓昌洙)가 일본에 왕래하며 준비한 것이기도 했는데, 결혼식은 일본과 조선의 방식을 참작할 것으로 예

---

141 김기훈, 「일제하 재일 왕공족의 형성 배경과 관리체제」, 부경대학교 사학과 석사학위논문, 2009.

142 「李王世子 御婚儀期」, 『每日申報』 1916년 8월 5일자; 「王宮 慶事에 對하야」, 『每日申報』 1916년 8월 6일자.

143 「御成婚의 內準備」, 『每日申報』 1918년 1월 30일자.

144 「御婚儀は明春元旦」, 『釜山日報』 1918년 11월 30일자; 「正式의 御通婚」, 『每日申報』 1918년 11월 30일자; 「梨本宮에 御通婚」, 『每日申報』 1918년 12월 2일자.

145 新城道彦, 「王公家軌範の制定と王公族の範囲」, 『天皇の韓国併合』, 東京: 法政大学出版局, 2011.

상되었지만[146] 결국 일본식으로 거행되었다. 덕혜옹주의 남편은 궁내성과 이왕직이 논의하여 결정했는데, "내선의 영원한 융화상 황족과 결혼하자는 의망"에서 야마시나노미야 후지마로(山階宮藤麿王)가 거론되고,[147] 조선 귀족 중에서 고르자는 말도 있었지만[148] 결국 대마도 번주였던 소 다케유키(宗武志) 백작이 선택되었다. 1927년에 왕공족의 지위에 관해 제정된 법령들에 따르면,[149] 덕혜옹주는 황족과 결혼하지 않는 이상 황족에 준하는 대우를 받는 왕족의 지위를 박탈당할 것이었다. 일제는 영친왕의 결혼 때는 황족은 같은 황족이나 특별히 인정된 화족과만 결혼할 수 있다고 한 황실전범에 황족 여자는 왕족 또는 공족에게 시집갈 수 있다는 조문을 추가해, 황족인 나시모토노미야가 영친왕과 결혼할 수 있도록 했다.[150] 하지만 덕혜옹주의 경우에는 이런 배려가 없었기 때문에 황족 남성과는 결혼할 수 없었다. 황실전범은 황실의 혈통을 지키기 위해 황족의 결혼 상대를 제한하고 입양도 금지했으므로,[151] 황족 여성을 왕공가에 보낼 수는 있어도 왕족 여성이 황족 가문에 들어오는 것은 용납하지 않았던 것이다. 소 백작은 늦어도 1930년 11월경에는 제일 후보로 교섭되기 시작했는데, 이왕직차관 시노다 지사쿠(篠田治策)는 "고래 조선과

146 「德恵姫と宗伯の御婚儀は愈よ明春」, 『釜山日報』 1930년 12월 14일자.

147 「꽃갓치 고화가시는 德惠翁主婚約說」, 『每日申報』 1926년 8월 30일자.

148 「德惠翁主 御結婚」, 『中外日報』 1929년 11월 8일자.

149 「制令 第12號 王公族ヨリ朝鮮ノ家ニ入リタル者及朝鮮ノ家ヲ去リ王公族ニ入リタル者ニ関スル件」, 「朝鮮總督府令 第39號 王公族ヨリ朝鮮ノ家ニ入リタル者及朝鮮ノ家ヲ去リ王公族ニ入リタル者ニ関スル件」, 『朝鮮總督府官報』 號外, 1927년 4월 19일자; 「法律 第51號 王公族ヨリ內地ノ家ニ入リタル者及內地ノ家ヲ去リ王公族ニ入リタル者ノ戸籍等ニ関スル法律」, 『朝鮮總督府官報』 93, 1927년 4월 23일자.

150 스즈키 마사유키 지음, 류교열 옮김, 『근대 일본의 천황제』, 이산, 1998, 113~115쪽.

151 위의 책, 66~69쪽.

가장 관계 깊었던 대마의 소 백작과의 혼의가 실현된다면 축하할 만한 일"이라고 평했다.[152] 이후 덕혜옹주가 1931년 3월 학습원을 졸업하자마자 결혼 절차가 진행되어, 4월에 납채를 받고[153] 5월에 소 백작가에서 순일본식으로 초례를 올렸다.[154]

같은 해 10월에는 공족 이강(李堈)의 아들 이건(李鍵)도 해군 대좌 마쓰다이라 유타카(松平胖)의 장녀이자 영친왕비의 이종사촌인 요시코와 결혼했다. 마쓰다이라 가문은 귀족이 아니었으므로 다른 백작의 가족이 된 다음에 결혼하는 절차를 밟았다.[155] 결혼식은 남편의 저택에서 거행됐지만,[156] 이건이 육군 정장을 입고 일본식 삼삼구도(三三九度)의 술잔 교환 의식을 치르는 등,[157] 역시 일본식으로 진행되었다. 또한 일본인과 결혼한 왕공족은 대개 일본에서 살았는데, 이건은 일본이 패전한 후 도쿄에 오래 거주한 사람 중에는 조선인이 되어 조선에 거주하는 것을 견딜 수 없는 고통으로 여기는 자도 있을 것이라며 일본에 귀화할 수 있게 해달라고 요청했다.[158] 그리고 실제로 처와 함께 일본에 귀화해서 일본인이 되었다.

한편, 조선총독부는 내선결혼을 당사자 간의 사랑의 결과로 표상했지만,

152 「内鮮融和上誠に目出度い」, 『釜山日報』 1930년 11월 29일자.

153 「德惠翁主御婚 納采式擧行」, 『東亞日報』 1931년 4월 23일자.

154 「德惠翁主御婚禮 今八日에 擧行」, 『東亞日報』 1931년 5월 9일자; 「德惠翁主 盛況에 大妃殿下 滿足」, 『東亞日報』 1931년 5월 10일자.

155 「李鍵公殿下 御婚御內許」, 『東亞日報』 1931년 7월 5일자.

156 「李鍵公御婚日 來月五日로 決定」, 『東亞日報』 1931년 9월 9일자; 「李鍵公御婚 十月五日로 決定」, 『東亞日報』 1931년 9월 29일자.

157 「李鍵公御婚式, 今五日에 御擧行」, 『東亞日報』 1931년 10월 6일자.

158 新城道彦, 앞의 책, 2011, 311~316쪽.

비단 왕공족의 정략결혼이 아니더라도 당시에는 부모가 자녀의 결혼 상대를 정하는 것이 일반적이었다. 이때 앞에서 본 경기도 참여관 김윤정, 함경남도 장관 신응희처럼 고위 관료나 귀족 등 상층 조선인들은 자녀나 친지를 중매를 통해 일본인과 결혼시키기도 했고, 이 경우에도 가정생활의 일본화가 두드러진다. 1925년 여름부터 "선인 청년과 내지 처녀의 아름다운 사랑"을 나누던 김영환(金泳煥, 33)과 기타무라 우메코(北村うめ子, 21)는 1926년 도쿄에서 "전통의 껍질을 깬 의의 깊은 결혼식"을 올려, 일본 신문에 내선융화의 사례로 선전되었다. 신랑은 교토제대를 졸업하고 조선총독부 사법관 시보에 임명되었고,[159] 신부는 나라(奈良)고등사범학교 부속 고등여학교를 졸업했다. 중매는 세키야(關屋) 궁내차관이 맡았는데, 김영환이 이왕부 무관 김응선(金應善)의 후계자였기 때문인 듯하다. 그런데 조선으로 오는 배 안에서 기자의 기습 방문을 받은 김영환은 금후의 가정생활에 대해서는 아직 생각한 바가 없다고 하면서도, 17년이나 일본에서 생활했기 때문에 "지금으로서는 순일본 생활 쪽이 취미가 많은 듯"하다고 대답했다.[160]

1931년 2월 21일에는 남작 한창수의 후계자였던 한상기(韓相琦)의 딸 연자(延子, 22)가 "내선융화를 위해 공로 많은 조부의 마음 씀"에 의해 사쿠라이 쇼조(櫻井省三) 박사 부처의 중매로 변호사 오타 스케토키(太田資時)의 아들 스케타카(資孝, 35)와 결혼했다. 이들 역시 신랑은 도쿄제대병원 외과 연구실에서 근무하고, 신부는 메지로(目白)여자대학에서 공부한 엘리트였다.[161] 일본 사이토 마코

159 김영환은 1923년에 교토제대를 졸업하고 1926년 6월에 사법관시보에 임명되어 조선에 온 후, 1928년에는 경성지법 판사에 임용되었다. 사망 연도는 미상이다. 전병무, 『조선총독부 조선인 사법관』, 역사공간, 2012, 305쪽.

160 「内鮮融和のくさび, 金大佐の令息とうめ子新夫人」, 『釜山日報』 1926년 11월 15일자.

161 「内鮮を結ぶおめでた, 李王職長の愛孫と医博」, 『讀賣新聞』 1931년 2월 21일자.

〈그림 2-8〉 한창수 가문 결혼(1931.2.21)

* 출전: 국사편찬위원회(AJP025_01_00V0002_010)

토 기념관에는 한창수가 보낸 것으로 추정되는 사진이 남아 있는데, 날짜로 보건대 이는 한연자의 결혼사진이다(그림 2-8). 결혼식을 도쿄에서 했음을 감안해도 신부를 포함해 여성은 한 명을 제외하고는 모두 기모노를 입고 있는 것에서, 이 가정도 일본풍의 생활을 하게 될 것임을 짐작할 수 있다.

이처럼 왕공족과 귀족 또는 공무에 종사하는 상층 조선인의 내선결혼은 대개 연애결혼이 아니라 중매결혼이나 정략결혼이었고, 중매결혼인 경우도 정치적 이해관계가 고려되므로 넓은 의미의 정략결혼으로 볼 수 있다. 이 중 조선인 망명객들은 부부관계를 유지하려는 의지가 상대적으로 강했고, 그 외에도 양가의 허락을 받고 결혼하는 사례가 많았으며 경제적으로도 안정적이었으므로, 내선결혼 중에서도 가정이 원만하게 유지되는 편에 속했다. 동화는 이처럼 적어도 가정이 지속되고 나서야 대두할 수 있는 문제이고, 이들이 조선에 거주하더라도 비교적 비용이 많이 드는 일본풍의 생활양식을 스스로 '선택'할 수 있는 것은 상층이기 때문에 가능한 일이기도 했다.

2. 경제적 이해관계의 합치

1) 일본인 여성의 생계 의탁

가족은 생계를 함께하는 생활 공동체이므로 결혼 상대를 결정할 때는 자산이나 경제력 역시 매우 중요한 고려 대상이 된다. 내선결혼에서도 '정략'이나 '연애'가 아니라 '생계'라는 현실이 동기가 된 경우도 많았다. 그중 사료에서 확인되는 사례들은 주로 조선인 남성과 일본인 여성의 결혼이다.

지배 민족인 일본인 여성들이 식민지민인 조선인 남성에게 생계를 의탁하게 되는 배경에는 일본 농민들의 경제적 몰락이 있었다. 청일전쟁과 러일전쟁을 배경으로 한 일본의 군대 확충 정책은 수많은 농민을 몰락시켰고, 소작민으로 전락한 농민들은 자녀를 팔거나 돈벌이로 내보냈다. 이때 딸과 차남 이하의 아들들이 가장 먼저 가정에서 배출되었고, 그로 인해 대만, 조선, 중국, 동남아시아, 하와이, 북미에서까지 성판매하는 여성들이 생겼다.[162] 식민지를 거느린 '제국'이라고 해도 일본 민중의 생활은 피폐했던 것이다.

이 중 블라디보스토크의 사창가로 팔려간 일본인 여성들은 러일전쟁으로 일본인들이 철수한 뒤에도 현지에 남겨졌다.[163] 이를 배경으로 1913년 『매일신보』에는 블라디보스토크에서 성판매를 하던 일본인 여성이 조선에 와서

162 후지메 유키 지음, 김경자·윤경원 옮김, 『성의 역사학』, 삼인, 2004, 103쪽.

163 모리사키 카즈에 지음, 채경희 옮김, 『쇠사슬의 바다』, 박이정, 2002, 76~85쪽.

조선인 남성과 부부생활을 하는 사례들이 보도되었다. 먼저 함남 단천에 사는 전시묵(全時黙, 63)은 상업차 블라디보스토크에 거주할 당시 야마다(山田) 스기(33), 가미나가(神永) 다테(37)와 친밀한 관계를 맺었는데, 러일전쟁 중 군사 정탐 혐의로 쫓겨나 갈 곳이 없어진 여성들이 전시묵을 찾아왔다. 이 여성들은 전시묵을 남편으로 삼아 10여 년을 "자미스러운 화기가 가뎡에 가득혼 가온딕 지극히 원만혼 싱활을 계속"했으며, 완전히 조선 풍속에 동화되었지만 옷은 일본 옷을 입었다.[164] 또한 구마모토현(熊本縣) 출신 가와사키(川崎) 쓰네(37)도 블라디보스토크의 청루를 전전하다 러시아인에게 팔려갔는데, 그 집에 고용되어 있던 조선인 주병락(朱炳洛)이 돈을 내어 1910년에 고향인 함남 장진으로 데려왔다. 이에 쓰네는 "쥬병락의 쳡이 되야 병락의 쳐즈와 굿치 한집에서 가장 화목호게 싱활"하다가 헌병의 주선으로 주막집을 열었는데, 조선어에도 달통하고 조선옷을 입었지만 머리는 틀어 올려서 겨우 일본인임을 알아볼 정도로 조선인화되었다.[165] 두 사례 모두 정식 혼인도 아니고 조선인 남편에게 딱히 일본인화하려는 의지가 없기 때문에 일본인 여성이 남편을 따라 "일선동화"된 경우이면서도, 가정의 원만·화목함이 강조된 것이 특이하다.

또한 일본이 청일·러일전쟁에 승리하고 조선에 세력을 부식하며 일본인의 이주를 장려하자, 조선을 신천지로 간주한 투기적 이민열로 일종의 '조선 붐'이 형성되었다.[166] 이러한 분위기를 타고 형성된 부부도 있다. 이바라키현(茨城縣) 시골 출신 야마나카(山中) 사키도 23세이던 1905년에 "한국이라는 별천지, 일본의 부녀를 구한다"는 말을 듣고 무작정 가출했다. 하지만 인천에서

---

164 「日鮮同化의 一例」, 『每日申報』 1913년 3월 1일자.

165 「日鮮同化의 種々」, 『每日申報』 1913년 3월 11일자.

166 다카사키 소지 지음, 이규수 옮김, 『식민지 조선의 일본인들』, 역사비평사, 2006.

보호해주겠다는 구실로 접근한 일본인 전직 순사에게 강간당하고, 서울에 와서 매약 행상을 하던 조선인 부호 이홍모(李鴻謨, 47)의 첩이 되었다. 이홍모는 자식이 없어 첩을 두려던 차에 일본 미인을 보고 호기심이 일었고, 사키는 처녀도 아니고 의지할 곳도 없다는 생각에 동거를 승낙한 것이다. 그렇지만 이 사례 역시 사키가 본처와도 원만하고 아들도 낳아서, "표면은 첩일지언정, 사실은 처"로서 화목하게 생활했다고 보도되었다.[167]

이처럼 내선결혼 부부 중에는 일본인 여성이 계층 상승 또는 생계를 위해 조선인 남성과 결혼한 경우가 상당했던 듯하다. 망명객 이규완의 결혼에 대해서도 처가에서는 친족회까지 열며 심하게 반대했는데, 모친의 형제이자 유력자였던 요시무라 미네지로(吉村峰次郎)가 절대 찬성이라며 반대 의견들을 일축했다. 그는 같은 하기 출신으로 임오군란에 가담했던 자들과 이토 히로부미에게 이규완의 인물됨을 내탐한 결과, "조선 제일[随一]의 걸사"라는 호평을 얻었기 때문에 찬성한 것이었다.[168] 처 우메코도 "조선에 돌아가면 대신이 될 수 있는 사람"이라는 말에 끌렸다는 설이 있다.[169] 그리고 오카야마(岡山)에서 간호사로 일하던 사카모토 하루요(坂本春代)는 의학전문학교에 유학하던 지성연(池成沇)과 교제하다가, 1911년에 그가 학교를 졸업하자 함께 조선에 와서 결혼했다. 지성연은 만사 일본화되어감에 따라 일본인 처를 얻고 싶어 하루요에게 구애했고, 홀로 노모를 부양하던 하루요는 "돈 있는 조선의 미소년"이라는 데 호기심이 동해 교제를 시작했다. 그리하여 사귀는 동안 생활비를 보조받았고, 결혼 후에는 노모도 경성으로 모셔왔다. 이에 대해 기자는 "요즈음

167 姑射仙人, 앞의 글, 1912b, 28~29쪽.

168 江原道 産業部 農政課, 『李圭完翁逸話集』, 行政學會印刷所, 1942, 103쪽.

169 「內鮮融和第二世」 (1), 『大阪每日新聞 朝鮮版』 1934년 1월 17일자.

일선인 사이에 일어나는 잡혼"의 "대다수는 돈을 목적"으로 하여, 잠시 조선인에게 희롱당하더라도 비단옷을 두르고 여항의 사람들을 놀라게 하기 위해 처도 되고 첩도 된다고 비꼬았다. 그러면서도 하루요와 같이 일단 생활해보면 조선인의 애정이 의외로 짙고 일본인 부인을 취했다고 오만해하며 여성에게 더욱 더 잘해주기 때문에 부지불식간에 부부 간의 정은 두터워진다고 평가했다.[170]

부유한 조선인 남성의 처첩이 되는 것을 마다하지 않은 일본인 여성들이 있었음은 1912년 3월 『매일신보』에 실린 이인직(李人稙)의 단편소설 「빈선랑의 일미인」에도 드러난다. 이인직은 도쿄정치학교 유학 시절 고마쓰 미도리(小松綠)의 제자로서 역시 일본인 처를 얻은 조중응과도 친하게 지냈는데, 처자식이 있음에도 1903년 유학생 소환령에 불응하고 일본에 남아 일본인 여성과 동거하기 시작했다. 이후 러일전쟁 통역으로 조선에 돌아온 그는 천리교 신자로서 1916년 사망했을 때도 화장을 했다.[171] 즉, 이인직은 자신이 일본인화된 내선결혼 당사자이면서 조선인 남성과 일본인 여성의 결혼을 소재로 한 소설을 남긴 점에서 흥미로운데, 일본인 처의 목소리를 빌린 다음 구절 역시 당대의 상황을 반영한 것이라 하겠다.

> 여보 령감이샹,
>
> 내가 령감을 원망ᄒᆞᄂᆞᆫ 것이 안이라 내 팔ᄌᆞ ᄒᆞᆫ탄이오.

170 姑射仙人, 「日鮮男女艶物語」, 『朝鮮及滿洲』 59, 1912c, 23~24쪽. 부부라고는 해도 하루요는 호적상 호주였기 때문에 정식으로 혼인하지 못하고 내연 처에 머물렀다. 그러자 아이들은 하루요를 '첩', 또는 '떳떳하지 못한 자[蔭の者]'라고 놀렸다.

171 최원식, 「이인직」, 반민족문제연구소 편, 『친일파 99인』 3, 1993, 17~23쪽; 天來生, 앞의 글, 1917에서는 "고(故) 이인직(李仁稙)"으로 소개되었다.

날ᄀᆞᆺ치 (馬鹿) 어림업고 날ᄀᆞᆺ치 팔ᄌᆞ 사나운 년이 어ᄃᆡ 쏘 잇겟소. 령감이 ᄂᆡ디에 잇슬 째에 얼마나 풍을 쳣소. 죠션 잇ᄂᆞᆫ 사ᄅᆞᆷ은 아모것도 모르ᄂᆞᆫ 병신 ᄀᆞᆺ고 령감 혼ᄌᆞᄆᆞᆫ 잘난 듯 죠션에 도라가ᄂᆞᆫ 날에ᄂᆞᆫ 벼슬은 ᄆᆞ음ᄃᆡ로 ᄒᆞᆯ 듯 돈을 ᄆᆞ음ᄃᆡ로 쓰고 지닐 듯 그런 호긔적은 소ᄅᆡᄆᆞᆫ ᄒᆞ던 그 사ᄅᆞᆷ이 죠션을 오더니 이 모양이란 ᄆᆞᆯ이오.

일본 녀편네가 죠션 사ᄅᆞᆷ의 마누라 되야 온 사ᄅᆞᆷ이 나 하나쏀 아니언마는 경셩에 와서 고ᄉᆡᆼᄒᆞᄂᆞᆫ 사ᄅᆞᆷ은 나 하나쏀이오구려.

남편의 덕에 마챠ᄐᆞᄂᆞᆫ 사ᄅᆞᆷ은 ᄆᆞᆯᄒᆞᆯ 것도 업거니와 머리 우에 금테를 두 쉐ㅅ식 두르고 다니ᄂᆞᆫ 사ᄅᆞᆷ의 마누라된 사ᄅᆞᆷ은 좀 ᄆᆞᆫ소.

나ᄂᆞᆫ 마챠도 슬코 금테도 부럽지 아니ᄒᆞ고 돈 얼굴을 한 ᄃᆞᆯ에 한 번식 ᄆᆞᆫ 엇어보고 살앗스면 됴케쏘.

여보, 큰 기침 고ᄆᆞᆫᄒᆞ고 어ᄃᆡ 가셔 한 ᄃᆞᆯ에 이삼십 원이라도 ᄉᆡᆼ기ᄂᆞᆫ 고용(雇傭)도 못 엇어 ᄒᆞᆫ단 ᄆᆞᆯ이오.

ᄂᆡ가 문밧게 나가면 혹 ᄂᆡ디 ᄋᆞ히들이 등 뒤에셔 손짜락질을 ᄒᆞ며 (朝鮮人女房) 요보의 오가미샹이라 ᄒᆞ니 옷이나 잘 입고 다니며 그런 소리를 드르면 엇더ᄒᆞᆯᄂᆞᆫ지 거-지ᄊᆞᆯ ᄀᆞᆺ흔 위인에 그 소리를 드를 째면 얼골이 뜻뜻.[172]

이처럼 조선에서 생활하던 일본인 처 중에는 남편이 관직에 있는 상류층도 있었지만 계층 상승 또는 당장의 생계를 위해 조선에 건너온 하층 여성들도 다수 존재했다. 법적으로는, 특히 조선인 남성과 일본인 여성의 혼인이 성립하기 어려웠던 1910년대에 이들은 대개 내연의 지위에 머물렀지만, 실제 생활은 천차만별이었던 것이다. 가정생활도 전자는 조선에 거주하면서도 일

---

172 「(短篇小說) 貧鮮郎의 日美人」, 『每日申報』 1912년 3월 1일자.

본풍이 되기 쉬웠던 반면, 정치성이 강하지 않은 후자는 일본인 처가 남편을 따라 조선인화되기도 했다. 「빈선랑의 일미인」에 묘사된 것처럼 조선인의 처나 첩이 되어 놀림 당한 일본인 여성들은 차라리 일본인임을 감추고 싶어서 조선인화된 삶을 택했을 수도 있다. 그렇지만 이들의 통혼 사례를 보도한 기사들은 법률혼이나 동화에 가치를 부여하기보다는 일관되게 조선인과 일본인이 원만한 가정을 이루고 있음을 강조했다.

2) 조선인 남성의 사회적 위신 추구

일본인 여성이 식민지 조선인 중 부유한 남성과 결혼하여 생계를 의탁하려 했다면, 조선인 남성은 지배 민족인 일본인 여성과 결혼함으로써 경제적 이득을 얻으려 했다. 조선인 남성은 입부나 서양자가 되어 일본 호적에 입적하면 법적으로 일본인 대우를 받을 수 있었는데, 호적상 조선인이더라도 처가 일본인이면 그렇지 않은 경우보다 일본인의 신용을 얻기 쉬웠던 것이다. 이로 인해 주로 일본인과 접촉이 많은 사업을 하거나 일본인이 경영하는 회사에서 일하는 조선인 남성이 내선결혼을 원한 것으로 추정된다.

친일 사업가로 유명한 문명기(文明琦)는 1917년 4월 경북 영천에서 마에다 아키코(前田章子)와 결혼하고 성대한 피로연을 거행해 "일선인의 정식 혼인은 아직ᄭᅡ지 드문 일"이라고 보도되었다.[173] 이로써 "일선동화의 선구라는 지침"[174]을 받기도 했던 그는 제지업과 수산업으로 자본을 축적하고 광산을 운영하며 일제 말에는 가미다나(神棚) 비치 운동을 벌이고 비행기를 헌납하기도 했다. 또한 일본풍의 가정생활을 추구하여, 집안을 일본식으로 꾸미고 가족

---

173 「內鮮人의 正式 結婚 아직 드문 일이라」, 『每日申報』 1917년 5월 3일자.

174 「盈德은 엇더한 지방?」, 『開闢』 39, 1923, 120쪽.

에게도 일본 옷을 입히며 예의와 동작, 언어까지 일본식으로 개량해 자식들이 조선말을 하면 "이 못된 비국민아!"라고 고함을 지르며 난타했다는 일화가 전할 정도였다.[175] 영덕에 정착한 후 소규모 생선 행상에서 시작한 그는 1920년대 식민 권력의 비호 아래 비약적으로 사업을 확장했는데, 일본인 여성과 결혼한 것이 그에 일조했을지도 모른다.

전시체제기의 일이기는 하지만, 1942년 홋카이도에서 군부 등의 토목청부업에 종사하던 조선인 남성이 본처의 귀가 들리지 않게 되자 재혼이라고 속이고 나카지마 기쿠요(中島菊代)와 결혼한 것도 이와 같은 사례이다. 이 남성은 일에서 신용을 얻어 교제는 늘어나는데 처가 접대하지 못한다는 이유로 새로 일본인 처를 구했고, 기쿠요의 언니는 조선인이지만 어른스럽고 성실한 사람이고 큰일을 하고 있어서 일본인 부인이 필요하다며 어머니를 설득해 결혼을 성사시킨 것이다. 그렇지만 정작 기쿠요는 상대가 조선인인 줄도 몰랐는데, "엄마랑 언니가 정한 상대면 누구라도 좋다"고 하자 언니는 그제야 사실은 조선인이라고 고백했다. 훗날 기쿠요는 아버지가 살아 계셨다면 그런 이야기는 들어오지 않았을 것이라고 회고했는데,[176] 실제로 조선인과 결혼한 일본인 여성들 중에는 아버지가 사망한 경우가 많았다.

또한 우스다 다마코(臼田多萬子)는 1932년 주오(中央)대학 학생 강기민(康基敏)과 도쿄의 찻집에서 알게 되어 함께 여행을 갔다가 강간당해 결혼했다. 강기민은 고향에 처자가 있었지만 조선인인 줄도 몰랐던 우스다는 일본흥업은행 대부과에 근무하던 남편이 1937년 압록강수력전기주식회사로 전근되어 조선에 온 후에야 중혼의 사실을 알았다. 해방 이후 다마코의 동생은 "강(康)은 언

175 김경일, 「문명기」, 반민족문제연구소 편, 『친일파 99인』 2, 1993, 159~165쪽.

176 伊藤孝司, 앞의 책, 1996, 12~14쪽.

니와 결혼하자 곧장 홍업은행의 상사에게 '일본인 처를 얻었습니다'라고 인사하러 갔는데, 나에게는 어쩐지 언니가 출세를 위해 이용되는 것처럼 생각" 되어 싫었다고 회고했다.[177] 강기민의 속내를 확인할 길은 없지만, 적어도 내선결혼이 직장에서 손해는 아니었음을 알 수 있다.

이와 같이 조선인 남성이 직업상 다른 일본인과 교유하는 데 유리한 지위를 얻기 위해 일본인 여성과 결혼하기를 바라는 것은 일본인이 사회 요직을 차지하고 공식·비공식적 이득을 향유하는 사회 구조가 존재하는 한 자연스러운 현상이었다. 그리고 경제적 동기가 개입된 내선결혼에서는 일반적으로 일본인이라는 사회적 자본을 보유한 여성의 사정이 더 열악한 편이다. 그로 인해 생계를 의탁하려는 일본인 여성의 자의, 혹은 부양해야 할 가족을 줄이려는 부모의 의지로 내선결혼이 결정되기도 했다. 조선인 남성과 일본인 여성의 결혼이 다수에 달하는 것은, 이처럼 생활수준이 조선인과 다르지 않거나 더 열악한 일본인들이 많았기 때문이기도 했다. 바꿔 말하면, 하층 일본인 여성과 그 가족들은 현영섭과 달리 굳이 일본풍의 생활을 고집하지 않았기 때문에 오히려 내선결혼을 선택할 수 있었던 것이다.

상층 가정 이외에 이러한 내선결혼 가정의 생활양식을 자세히 알려주는 기사는 거의 없다. "내선일체 결혼자는 남편이나 처 어느 한쪽이 경우에 따라서 일방의 풍속 습관에 동화해버리는 것"이 보통이라는 언급도 있지만,[178] 이는 절충식을 옹호하기 위해 동화의 정도를 과장한 것으로 보인다. 반면 경성일보사의 이와모토 쇼지(岩本正二)는 "대부분의 내선결혼이 내지에도 조선에도 속하지 않는, 말하자면 형상만의 신양식 생활"을 한다고 평가했다. 양쪽의

177 上坂冬子, 앞의 책, 2010, 57쪽.

178 「愛の契りは堅し—內鮮一體結婚の先驅, 吉野氏家庭訪問記」, 『內鮮一體』 1, 1940, 41쪽.

풍속을 교묘하게 소화하고 서양풍을 더하거나 혹은 순서양물이 든 경우도 있다는 것이다. 또한 어느 한쪽에 일방적으로 따르는 경우 대개 처가 남편을 따르는데, 조선인 여성이 일본인에게 시집가서 양쪽 풍속을 가정에 편재시킨 사례는 다섯 손가락으로도 꼽을 수 있다고 했다.[179] 굳이 일본풍 또는 조선풍 양식을 고집하지 않는다면 내선결혼 가정의 생활양식은 대개 절충적이었겠지만, 처가 남편을 따르는 경향이 있는 데다 식민지민인 조선인 여성이 통혼 가정에 조선의 문화를 가미시키기는 어려웠던 것이다.

그렇지만 처가 남편의 문화를 따르는 경향이 있다는 말에서, 일본에 동화되려는 의지가 강하지 않았을 많은 조선인 남편과 일본인 처의 내선결혼 가정에는 도리어 조선의 문화가 수용되었을 것임을 짐작할 수 있다. 조선에 거주할 때는 이러한 경향이 더 강했을 것인데, 이는 대만에 거주하는 대만인 남편과 일본인 처의 내대공혼 가정도 마찬가지였다. 1936년에 스다 세이키(須田清基)는 공혼의 증가 추이와 공혼이 동화에 미치는 영향에 회의적이었는데, 공혼자 수는 많아도 500쌍을 넘지 않을 것이고 동화의 실적도 일본인화되기보다는 오히려 일본인이 대만인화되는 쪽이 대부분일 것이라고 생각했기 때문이었다. 스다는 대만인을 "내지인화하려고 시집온" 일본인 여성들이 반대로 대만인화되어버리는 이유를 다음과 같이 설명하였다.[180]

> 처는 남편에게 복종해야 하기 때문에 / 시집가서는 그 가풍을 배워야 하므로 / 경제적이기 때문에 / 편리해서 중과부적이기 때문에 / 열대생활에

---

179 岩本正二, 「內鮮結婚の種々相」, 『內鮮一體』 2-2, 1941, 41~42쪽.

180 須田清基, 「共婚会設立の提唱」, 『社會事業の友』 95, 1936, 110~113쪽(近現代資料刊行會 企劃·編輯, 『戰前·戰中期アジア研究資料: 5』 32, 2009).

적합하기 때문에 / 가족에게 권유받기 때문에 / 내지인과 만날 기회가 적기 때문에 / 친척이나 형제가 가까이에 없기 때문에 / 따돌림 당하고 싶지 않아서 / 집안[深窓]에 갇혀 있기 때문에 / 가정을 지도할 입장에 있지 않기 때문에 / 경제력이 없기 때문에

그리고 결국 자녀들도 다음과 같은 과정을 거쳐 대만인화될 것이었다.

가정에서 대만어가 상용되고 / 의식주도 대만식이며 / 제반 예식은 구관에 따르고 / 태어난 아이의 이름도 대만어로 부르고 / 대만식으로 양육되어 / 소학교 입학이 곤란하기 때문에 공학교에 입교시키고 / 내지인과의 교제가 적고 / 일본인으로서의 의식을 발휘할 기회는 없고 / 점차 일본 정신이 몽롱해진다.

스다의 설명은 식민지 조선과 대만에 사는 내선결혼·내대공혼 가정, 특히 식민지민 남성과 일본인 여성이 결혼한 통혼 가정에 조선 또는 대만의 문화가 스며드는 것이 자연스러웠음을 잘 보여준다. 조선이나 대만에서 생산되는 저렴하고 기후에 맞는 음식과 의복을 굳이 거부하는 것이 오히려 비합리적일 뿐 아니라, 시댁 식구 및 절대 다수인 조선인·대만인 이웃과 어울리기 위해서도 일본인 여성들은 현지 문화에 적응해야 했던 것이다. 일제는 내선결혼 가족의 사상과 생활양식이 일본화되기를 기대했지만, 조선인 전반이 동화되지 않은 상태에서는 이와 같이 오히려 일본인이 조선인화되기 쉬웠다.

3. 신분 사기, 성범죄, 동지적 결합

1) 조선인·일본인 신분의 사기

앞에서 살펴본 내선결혼은 정치적 또는 경제적 측면에서 당사자 혹은 집안의 이해관계가 일치했기 때문에 성립한 사례들이었지만, 때로는 일종의 사기나 강압, 성범죄 등도 연애나 동거가 시작되는 계기가 되었다. 특히 조선인과 일본인은 외견상 거의 구별되지 않으므로, 일본에 거주하며 일본어를 자유자재로 구사하는 조선인 남성들 중에는 조선인임을 밝히지 않고 일본인을 가장하여 일본인 여성에게 접근한 사례가 적지 않았다.

일본인 남편과 사별한 야스히코 하루요(安彦春代)는 1925~26년경 홋카이도에서 철도 공사를 하던 제주도 출신 조선인 남성과 재혼했다. 하루요는 남편될 사람이 조선인임을 몰랐는데, 그가 친구들과 낯선 언어로 대화하는 것을 보고 어디 출신인지를 물었더니 조선이라고 대답했다는 것이다. 이에 조선인이라면 결혼하기 싫다고 했지만, 결혼하기 위해 50엔을 다른 사람에게 건넸던 남성은 결혼을 강행하고 부인이 도망치지 못하도록 오지의 탄광으로 이사했다. 이는 일종의 매매혼이지만, 이들은 일본에서 8명의 자녀를 낳고 해방 후에는 살아남은 3명의 아이들과 함께 한반도로 건너왔다.[181]

1937~38년경 나고야(名古屋)에서 공장 사람의 소개로 조선인 남성과 결혼한 호리에(堀江) 후치는 결혼해서 3년째 되던 해에 남편의 친척이 입고 온 한복을 보고 나서야 남편이 조선인임을 알았다. 남편이 나가노현(長野縣) 출신이라고 했기 때문에 중매도 그가 조선인인지 몰랐던 것이다.[182] 도쿄로 취직 온 야마

181 藤崎康夫, 「棄民にされた韓国の日本人妻の証言」, 『潮』 153, 1972, 267~268쪽.

182 伊藤孝司, 앞의 책, 1996, 37쪽.

다(山田) 가네도 1940년에 상대가 규슈 출신의 일본인인 줄 알고 선을 봐서 결혼했는데, 여동생이 남편이 조선인임을 알려주었다. 가네는 두 아이들을 데리고 친정으로 도망쳤지만 남편이 찾아와서 관계를 지속했고, 1943년에는 한반도로 이주하여 4명의 아이를 더 낳았다.[183] 이들은 결혼 후 3년 또는 두 명의 아이를 낳을 만큼 긴 시간을 동거하면서도, 다른 사람이 알려주기 전에는 남편이 조선인임을 알아채지 못했다.

신분 사기의 내용은 조선인이라는 데 그치지 않고 조선에 처자가 있음을 감추거나 자산 상태를 과장하는 데 이르기도 했다. 1927년 무라카미(村上) 하루(25)는 도쿄역에서 우산을 받쳐준 메이지대학생 서원록(徐元祿, 20)과 낭만적인 연애 끝에 가출하여 동거했다. 그렇지만 부친의 수색 신청으로 1년 만에 경찰서에 붙들려가서야 가고시마(鹿兒島)가 본적인 고바야시 데이치(小林定一)라던 서원록이 조선인임을 알았다. 하루는 조선인은 관동대진재 때 우물에 독을 탄 사람들이라고만 생각했기 때문에 전율했지만, 임신한 상태여서 부친의 반대에도 불구하고 결혼을 결심했다. 하지만 조선에 와서 시아버지에게서 남편에게 본처와 자녀가 있다는 말을 듣고 유산했다. 시아버지는 돌아간다면 돈을 주겠지만 같이 산다면 평생 본처와 싸우지 말 것을 요구했고, 남편도 본처 외에 처첩을 갖는 것은 조선의 풍습이라고 할 뿐이었다. 서원록은 1937년 전남 도회의원에, 그 동생 서원성은 순천읍장에 당선되기도 했는데, 하루는 결국 서원록의 첩이 되었다.[184]

1932년 도쿄에서는 평북 선천 출신인 최대수(崔大授, 29)가 자기를 자산 20만 엔을 보유한 재조일본인 아마노 주이치(天野授一)라고 속여 이바라키현 출신 다

---

183 吉岡攻, 「忘れられたハルモニ」, 『季刊三千里』 31, 1982, 138~139쪽.

184 上坂冬子, 「恋の逃避行」, 앞의 책, 2010.

카하시(高橋) 미스(23)에게 청혼했다. 미스는 "온통 불황의 구렁텅이를 걸어 생활난 때문에 낭자군의 결혼난이라는 실로 어수선한 세상"에 자산 20만 엔이라는 말에 혹해서 결혼을 승낙했고, 남편이 조선인임을 알았을 때는 이미 임신한 상태였다. 게다가 이후 남편과 조선에 왔으나, 재산 20만 엔은커녕 가재도구를 몽땅 처분해도 2천 엔이 안 될뿐더러, 집에서는 본처와 2명의 자녀, 그리고 상투를 튼 아버지가 기다리고 있었다. 결국 경찰이 개입해서 미스를 일본으로 돌려보낼 여비를 조달하기 위해 애썼는데, 이 사건을 보도하던 기자는 "딸을 가진 부모, 그리고 혼기가 된 낭자군은 모름지기 그 일에 앞서 상대방의 원적, 신원을 조사"해야 한다고 권했다.[185] 그만큼 조선인 또는 유부남인 것 등에 대한 신분 사기는 드물지 않았다.

한편, 조선인은 식민지민이라는 차별적 지위 때문에 중매나 연애에서도 스스로 조선인임을 감추곤 했지만, 조선에서 일본인 남성이 처를 구할 때는 중매자가 상대방에게 일본인임을 속이는 경우도 있었다. 1924년 용산경찰서에서는 "삼십여 세 되어 보히는 일본인 로동자 한 사람과 아직 스무살이 못되여 보이는 묘령의 조선 녀자가 한데 얼키여 노흐라거니 못 놋겟다느니 가티 살자거니 못살겟다거니 하야 일장 활비극이 연출"되었는데, 히로시마현(廣島縣) 출신 시모노 겐지(下野元治, 31)와 아내 김매향(金梅香, 19)이 그 주인공이었다. 시모노는 조선에 온 지 8~9년이 되어 조선말에도 능통한 자로, 임홍수(林興洙)라는 사람에게 100원을 주고 여자를 소개해달라고 부탁했다. 그런데 임홍수는 김매향에게 시모노를 "상당한 재산가의 아들로서 일즉이 일본에 건너가서 오래동안 류학을 하야 대학교 졸업을 하고 도라왓는데 말가튼 것은 일본 사람이나 다름이 업는 사람"이라고 속여 두 사람의 결혼을 성사시킨 것

185 「廿万円の大ホラに釣られた内地人娘」, 『釜山日報』 1932년 7월 16일자.

이었다. 하지만 매향은 곧 남편이 일본인임을 알았고, "풍속 습관이 다를 뿐 아니라 날마다 당하는 모든 일에 뜻에 맞는 것이 하나도 업는 즁 더욱이 성적 요구에서도 용납할 수 업는 사실"이 있어, 구타 및 학대를 당하던 끝에 집을 나왔다.[186] 또한 1924년에는 서울의 김도용(金道用, 19)이라는 조선인 여성이 "엇던 남녀의 간휼한 꾀임"에 빠져 경기도 양주군의 야마자키 데쓰조(山崎哲藏)와 결혼했는데, 사기를 친 중매자가 체포되면서 결혼도 흐지부지되었다. 그러자 야마자키는 "녀자의 뎡조까지 빼앗고 가서 그래도 제가 드린 돈을 차저 보랴고" 김도용을 상대로 20원 청구 소송을 제기했다. 그 돈은 결혼할 때 의복 값으로 준 것이었다.[187] 이러한 사례들을 통해 조선에서 일본인 하층 남성이 조선인 처를 구하는 방법은 중매라곤 해도 사실상 돈으로 여성을 사는 것이었고, 그 과정에서 중매자가 상대방에게 신원을 속이기도 했음을 알 수 있다. 식민자와 식민지민이 서로 신분을 감추는 것은 같은 인종에 속하는 조선인과 일본인의 외형이 유사하기 때문에 가능했던 독특한 현상일 텐데, 이처럼 일방이 자의 또는 타의로 상대방의 선택권을 제약하는 신분 사기였다 하더라도 곧장 갈라서지만 않으면 내선결혼 부부를 탄생시켰던 것이다.

2) 성범죄와 인신매매

일본인 남성과 조선인 여성의 성적 결합에는 일본인의 실력 행사가 계기가 되기도 했다. 이때도 직업은 경찰이 압도적으로 많은데, 주로 스토킹이나 성범죄의 양상으로 드러났지만 경찰이어서 제대로 처벌받지 않는 경우

---

186 「龍山署에 可憐한 美人」, 『東亞日報』 1924년 12월 19일자; 「惡魔에게 蹂躪된 可憐한 少婦」, 『朝鮮日報』 1924년 12월 21일자.

187 「貞操는 蹂躪하고 혼수비를 청구」, 『東亞日報』 1924년 12월 4일자.

가 비일비재했다. 1923년 강원도 홍천경찰서의 순사부장 와타나베 이시(渡邊井始, 38)는 김완성(金完成, 18)을 첩으로 얻고자 밤낮으로 졸랐지만 거절당했고, 직장에서도 해고되어 본처와도 매일 싸우는 지경에 이르렀다. 그럼에도 김완성이 양평, 철원, 서울 등지로 도망칠 때마다 쫓아와서 종로경찰서에도 신고당했지만, 형사의 얼굴을 아는 와타나베는 경찰을 피해가며 계속 괴롭혔다.[188] 1925년에는 평북 강계경찰서에 근무하던 순사 기무라 구니노보리(木村國登)가 이형오(李亨五)라는 젊은 과부를 강간하려고 침입했는데, 피해 여성은 뒷일을 우려해 고발하지 못했고, 『동아일보』는 조선인 순사였다면 벌써 엄중히 처벌했을 텐데 기무라는 일본인인 까닭으로 여전히 강계경찰서에 근무하는 실정이라고 비판했다.[189] 대구 금정파출소의 요시다 요이치(吉田與一)도 정거장 앞마당에서 단술을 팔던 이금이(李今伊)를 무슨 단속하는 것처럼 파출소 숙직실에 데려가서 문을 잠그고 강간하려다 여성이 저항하자 폭력을 행사했다. 이금이는 강간 미수죄와 상해죄로 대구경찰서에 고발했지만, 가해자가 백방으로 회유해 고소를 취하시켰다. 그런데 대구경찰서장도 "어디로 보나 강간은 절대 무근"이라며 요시다를 계속 근무시켰다.[190] 이 경우 피해자가 호소할 곳은 재판소밖에 없었다. 1932년에는 경남 창녕에서 순사부장 니누마 가쓰사부로(新沼勝三郎)와 순사 김용이(金龍伊)가 순찰 도중 서만순(徐萬順, 23)을 주재소로 데려와 윤간했다. 그런데 서만순의 항의에 창녕경찰서장은 니누마는 강간이 아니라 간통한 것이라고 주장하고 김용이는 사실로 판명되면 엄중히 처분하겠다는

188 「婚姻 强請의 日人, 朝鮮 處女에게」, 『朝鮮日報』 1923년 4월 26일자.

189 「色魔日巡査, 深夜寡婦房에 侵入」, 『東亞日報』 1925년 1월 23일자.

190 「大邱派出所日巡査가 白晝派出所에서 婦女凌辱」, 『東亞日報』 1925년 8월 8일자.

입장을 밝혔다. 결국 서만순은 이들을 마산검사국에 고소했다.[191]

흥미로운 것은 이러한 일본인 경찰의 조선인 여성 강간, 강간미수 사건 보도가 종종 '사실 무근'을 이유로 취소 요청을 받았다는 점이다. 1927년 5월 함남에서는 호현주재소장 아다테 마쓰나카(尾館松中)와 순사 조봉남(曹鳳男)이 범인을 수색하러 갔다가, "엇지하야 옷을 벗지 아니하고 자느냐"며 조선인 여성을 농락하고 강간한 일이 있었다. 이를 구장이 3개월여 묵과하다 소문이 커지자 8월에 마을 청년들이 분개해서 주재소를 찾아갔는데,[192] 아다테는 9월에 "사실이 무근인 바 직무상에 심히 미혹"하다며 취소를 요청했다.[193] 사건 보도 후 취소 신청까지 한 달 동안 무슨 일이 벌어졌는지는 알 수 없지만, 일본인의 성범죄가 유야무야되는 정황을 엿볼 수 있다.

경찰 외 일반 관리도 지위를 이용해 조선인 여성을 취한 사례가 확인된다. 1926년 평북 안주 모 관청에 근무하던 늙은 관리는 부하의 동생인 옥단(18, 가명)을 손님 접대 등을 핑계로 집에 데려온 후, "자긔와 가치 살면 일생을 호화로운 생활을 할 터이니 가치 살자고 하면서 만일 말을 듯지 아니하면 너의 오라비를 면직식히겟노라고까지 위협"하면서 강간했다. 이로 인해 임신하자 어머니는 옥단을 몰래 다른 집에 시집보냈지만 비밀이 탄로나 쫓겨났고, 가해자가 부양료를 낼 테니 한적한 곳에서 비밀을 지키며 살라고 해서 이사했지만 그의 상관에게 모든 사실을 털어놓고 나서야 겨우 돈을 받을 수 있었다.[194] 그리고 구체적인 사정은 알 수 없지만, 1923년 경남 진주 반성면에서는

---

191 「巡査가 村女 붓들어다 駐在所에서 强制輪姦」, 『東亞日報』 1932년 11월 24일자.

192 「犯人搜索 갓든 巡査가 醜行」, 『東亞日報』 1927년 8월 29일자.

193 「取消申請」, 『東亞日報』 1927년 9월 21일자.

194 「日人色魔에 蹂躙되야, 運命에 우는 女性」, 『東亞日報』 1926년 1월 14일자.

조선인 여성이 남편을 멀쩡히 두고도 후지모토(藤本)라는 일본인과 밀통하여 딸을 셋이나 낳으며 대놓고 사는데, "인기 관계"로 본부(本夫)인 황씨가 도리어 일본인에게 억울한 대접을 받는 상황도 있었다.[195]

한편, 일본인 남성은 경제적 위세를 이용해 조선인 여성에게 접근하기도 했다. 이에 노출되기 쉬웠던 것이 일본인 가정에서 일하는 조선인 식모였다. 1934년 서울에서 철물상 점원 오쓰카 미타로(大塚美太郎)는 하녀 조복순(趙福順, 24)을 강간하려다 저항하자 구타했고, 병원에서 치료를 받던 복순은 경찰에 신고했다.[196] 1929년에는 경기도 여주 출신인 박군자(朴君子, 23)가 남산에서 자살을 시도했다. 박군자는 생계가 곤란하여 전기류 상인 사토 다이스케(佐藤大輔)의 집에서 고용살이를 하다가 관계를 맺고 딸을 낳았는데, 사토가 아이만 빼앗고 내쫓자 처지를 비관한 것이었다.[197] 또한 1933년에는 모 관청 관리 곤도 요시타로(近藤芳太郎, 가명)가 아내가 병원에 입원한 사이에 하녀인 강원도 평강군 출신 이남순(李南順, 가명, 30)을 강간했다. 곤도는 그로 인해 생긴 아이를 지우길 원했지만 이남순이 듣지 않자 몰래 약을 먹여 낙태시켰고, 남순은 감금하다시피 막는 것을 뿌리치고 도망쳐서 경성지방법원 검사국에 고소장을 제출하였다.[198]

물론 이러한 사례들은 어디까지나 범죄이다. 그런데 1922년에는 한 조선인 여성이 평북 지사를 찾아가 국경을 경비하는 일본인 순사에게 능욕을 당했다면서, 찾아주면 "원만한 가정을 짓겠다"고 호소한 일이 있었다. 도지사는

195 「六號通信—晉州 雜誌」, 『開闢』 35, 1923, 58쪽.

196 「危險한 色魔主人 獸慾 못채어 亂打」, 『東亞日報』 1934년 12월 2일자.

197 「愛子까지 빼앗기고 南山公園에서 飮毒」, 『東亞日報』 1929년 5월 5일자.

198 「某官吏夫妻를 相對 墮胎敎唆로 告訴」, 『東亞日報』 1933년 8월 6일자.

이를 "순사에게 련의되야 한번 맛나 살 욕심"으로 한 거짓말이라고 판단하고 무시했다.[199] 진상은 알 수 없지만, 여성이 홀로 살아가기 어려웠던 시대에 계기가 무엇이었든 성교와 출산을 경험한 여성은 일차적으로 그 상대에게 의지할 수밖에 없었음을 감안하면 거짓말이었다고 단정할 수도 없다. 가정에 불과하지만, 위의 성범죄 사례들에서도 만약 가해자인 일본인 남성이 조선인 여성을 처나 첩으로 삼으려 했다면, 여성의 입장에서는 정조 상실이나 생계 곤란 등을 이유로 받아들였을 가능성도 없지 않다.

조선인 여성들은 부모나 남편에 의해 빚에 대한 '담보물'이 되거나 말 그대로 '매매'되어 일본인에게 넘겨지기도 했다. 1927년 중국 안동현의 김재순(48)은 신의주에 거주하는 니시카와 스케마쓰(西川助松)란 일본인에게 150원을 빌렸는데, 기한 내에 갚지 못하자 연대 보증인이었던 한씨가 김재순의 애첩 홍의분(洪義分, 22)을 데려다 채권자에게 관계시켰다. 김재순은 신의주경찰서에 첩을 찾아달라고 읍소했지만, 조사 결과 계약서에 명시되어 있어서 막을 수 없었다.[200] 또한 1930년대 일본에서는 30마지기의 토지를 받는 조건으로 아버지가 딸을 벙어리인 일본인에게 시집보냈다.[201] 심지어 1936년 경기도 수원에서는 빚 대신 남의 아내를 빼앗아 동거하다가, 여성이 다른 남성과 관계한 것을 알았지만 법률상 고소할 권한이 없자 전 남편인 채무자에게 분풀이를 애걸한 악덕 채권자가 화제가 되었다. 채권자 나카데 사부로(中出三郎)가 채무자 김팔봉(金八鳳)의 처 이소춘(李小春)과 5~6년이나 동거하다가 이소춘이 다른 조선인 남성과 사라지자 김팔봉의 명의로 고소하게 한 사건으로, 경찰도 처

199 「平北知事에게 哀訴한 山間僻地에 怪美人」, 『東亞日報』 1922년 10월 25일자.

200 「債務에 妾 뺏겨」, 『東亞日報』 1927년 3월 9일자.

201 최석영, 「식민지기 '내선결혼' 장려 문제」, 『일본학연보』 9, 2000, 290~291쪽.

리에 곤란을 겪었다.[202] 다른 시기도 마찬가지였겠지만, 불황이 지속된 1930년을 전후로 조선에서 조선인 여성과 동거하는 일본인 남성이 급증한 배경에는 이와 같은 직접적인 인신매매도 존재했다. 그럼에도 조선총독부의 내선결혼 통계에는 이들 역시 '내선융화의 결실'로 포함되었다.

3) 동지적 결합, '내선융화'에 반대하는 내선결혼 부부

조선총독부는 내선결혼을 양 민족의 융화와 영구결합의 상징으로 표상했지만, 일본에 거주하던 독립운동가나 아나키스트 중에도 일본인 여성과 결혼한 조선인 남성이 있었다. 1923년 9월 관동대진재 직후 아나키스트로서 예비검속되었다가 황태자의 혼례에 폭탄을 투척하려 했다는 혐의로 대역죄가 적용된 박열(朴烈)과 가네코 후미코(金子文子) 부부가 대표적이다. 가네코는 '동지로서 동거할 것, 내가 여성이라는 관념을 제거할 것, 한쪽이 타락해서 권력자와 손잡을 경우 공동생활을 해체할 것'을 조건으로 1922년부터 박열과 동거하기 시작했다. 처음에 가네코는 조선인의 민족주의에는 동조하지 못했지만, 대역죄 공판을 천황제를 비판하기 위한 투쟁의 장으로 선택하여 법정에서 박열은 조선어로 진술하고 부부가 한복을 입었다는 이야기는 널리 알려져 있다(그림 2-9). 두 사람은 사형

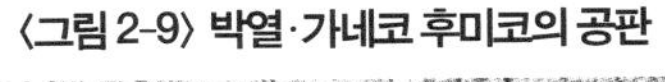
〈그림 2-9〉 박열·가네코 후미코의 공판

*출전: 『東亞日報』 1926년 3월 2일자.

202 「빚으로 뺏은 人妻 不義한데 憤慨한 債鬼」, 『東亞日報』 1936년 5월 29일자.

선고 직전인 1926년 3월에 옥중에서 혼인신고서까지 제출했다.[203]

조선의 독립을 부정하고 조선인에게도 참정권을 부여하라는 청원운동을 주도하던 국민협회의 민원식을 1921년 2월에 살해한 양근환(梁權煥)도 부인이 일본인이었다. 부부 간의 애정은 상당히 돈독했던 듯, 양근환은 처 이시카와 가쓰코(石川勝子)와 딸 사다코(定子, 4), 아이코(愛子, 3)가 살인범의 가족으로 천대받을 것을 걱정했다. 그리하여 투옥되면서 경찰에게 처는 이혼시키고 딸들은 고향 황해도의 형에게 보내달라고 부탁했고, 가쓰코는 "량근환의 처라는 호적에서 리적(離籍)하야 석천창장(石川倉藏)의 셋째 짤로 복적"하고 딸들은 조선으로 보내졌다.[204] 하지만 가쓰코는 한번 시집온 이상 다른 곳으로 개가할 생각은 없으며, 양근환의 형이 확정될 때까지는 도쿄에 있고 유죄로 결정되면 조선에 가서 어린 딸들을 기르겠다는 각오를 보였다.[205] 흥미로운 것은 양근환에 대한 재판이 조선총독부가 내선결혼을 내선융화의 상징으로 선전하며 '내선결혼' 법제를 제정하려던 것과 같은 시기에 이뤄졌다는 점이다. 조선총독부가 일본인을 사랑하여 가정을 꾸린 조선인이 친일 인사를 살해한 이 사건을 어떻게 평가했는지는 알 수 없다. 다만 부령 제99호의 시행을 하루 앞둔 1921년 6월 30일에 양근환에게 사형을 구형한 검사는 그가 법정에서 일본을 불구대천의 원수와 같이 생각한다고 했지만, "대정 오년(1916년—인용자)에 동경에 온 이후로 조금도 이러한 말을 한 일이 업고 또 일본인을 다리고 살음을 볼지라도 피고의 심정을 의심치 아니치 못하겟"다면서, 양근환을 '우국지사'로 보려는 시각을 부정했다. 일본인 여성과 결혼한 조선인이 일본에 반대할

---

203 야마다 쇼지 지음, 정선태 옮김, 『가네코 후미코』, 산처럼, 2003.

204 「梁權煥의 家族은」, 『東亞日報』 1921년 3월 8일자.

205 「罪人도 男便은 男便」, 『東亞日報』 1921년 4월 22일자.

리 없고, 생활난 때문에 민원식을 살해했을 뿐이라고 평가 절하한 것이다.[206]

사회주의자 김두용(金斗鎔)의 처도 일본인이었다. 김두용은 프로문학자로 1920년대에는 프롤레타리아트의 조직 사업을 돕는 것이 예술의 목적이라는 예술운동론을 전개했고, 1930년대에는 계급적 이해를 옹호하기 위해 민족 해방을 기조로 하던 재일조선인 단체를 일본 공산당 밑으로 재편하는 활동을 하기도 했다.[207] 그는 도쿄대 문학부에 다니며 노동 운동에 관여하던 1928년에 이웃에 살던 호시하라 기요(星原きよ)와 가까워졌고, 1930년 제3차 조선공산당 사건으로 김두용이 검거됐을 때는 호시하라도 '부인 투사'로 활약했다. 하지만 먼저 주의를 청산하고 파출부, 사무원 등으로 일하던 아내가 4년간 복역하고 출소한 남편에게 전향을 권하던 중, 김두용은 1936년에 재차 검거되었다. 그러자 "동정자가 한 명도 없는 반도 출생의 김(金)을 남편으로 둔 일본 여성"으로서 "한번 뜻을 세운 가정애"를 고수한 아내가 매일같이 옥바라지하러 와서 설득했고, 결국 김두용도 전향했다. 그리고 이는 "주의를 남김없이 태워버린 사랑의 정열"로 보도되었다.[208]

조선총독부는 내선결혼을 사랑의 결과로 강조하고 통혼이 조선인의 일본인화를 촉진하기를 바랐지만, 이처럼 실상은 반드시 그에 부합하지만은 않았다. 통혼의 동기는 이해와 사랑을 바탕으로 하는 연애뿐 아니라 정치·경제적인 것, 심지어는 당사자의 의사에 반하는 성범죄와 인신매매에 이르기까지 다양했다. 생활양식에서도 절충식을 택하거나 일본인 처가 조선인 남편을

---

206 「梁權煥에게 死刑求刑」, 『東亞日報』 1921년 7월 1일자.

207 김인덕, 「식민지시대 재일조선인운동과 金斗鎔」, 『일제시대 민족해방운동가 연구』, 국학자료원, 2002.

208 「半島の闘士に日本女性が捧ぐる家庭愛の熱情」, 『釜山日報』 1936년 12월 28일자.

따라 조선인화되는 경우도 많았다. 나아가 민족·국가와 개인을 분리해서 민족의식(공)과 결혼(사)을 별개로 이해하거나, 혹은 사회주의나 아나키즘이라는 사상에 공명하여 맺어진 부부 중에는 내선융화의 결실이어야 할 내선결혼의 당사자가 도리어 제국 일본에 저항한 사례까지 있었던 것이다.

제4장

내선연애·내선결혼으로 인한 사회문제

1. 연애와 결혼의 불연속 및 변심

1) 하층민의 내선연애, 도망과 동반자살

조선총독부의 선전과 같이 내선결혼이 양 민족의 영구결합으로 이어지기 위한 두 번째 조건이자 필수불가결한 전제는 통혼 가정 자체가 원만하게 지속되어야 한다는 것이었다. 신문·잡지에서 부령 제99호로 내선결혼의 법률혼이 자유로워졌음을 높이 평가하면서도, 법률혼·내연, 일본인화·조선인화 여부를 불문하고 통혼 가정의 원만 화목함을 강조한 것도 이 때문이었다. 또한 조선총독부는 내선결혼을 사랑의 결과로 이상화했고, 정략결혼에 반대한 조선인 식자층들도 연애결혼에는 문제가 없다고 주장했음을 생각하면, 자유연애를 통한 내선결혼이 가장 안정적이고 행복한 가정으로 이어졌어야 할 것 같다. 하지만 1920년대 이후 양 민족의 접촉 기회가 증대하면서 정략결혼이나 중매결혼 이외에 자유연애로 맺어지는 통혼 부부가 증가했고, 그와 함께 내선연애·내선결혼으로 인한 갈등들도 신문·잡지에 보도되었다.

그런데 조선인과 일본인의 자유연애는 상당수가 하층 계급에서 이뤄졌다. 1928년 『동아일보』는 조선인 여성을 식모로 둔 일본인 가정은 대개 진고개 등지의 상인집인데, 이들이 "남자 뎜원들과 한솟의 밥을 먹게 되고 날마다 맛나서 이야기도 하게 되는 긔회가 만하짐"에 따라 서로 얼굴을 익히고 친해지게 되면 "국경을 몰른다는 소위 련애극이 연출"되는 일이 상당하다고 전했다. 조선인 여성을 처로 얻은 일본인 남성은 대개 하층민인데, 이처럼 한 집에서 오래 알고 지내는 것이 결혼의 동기라는 것이다.[209] 또한 1927년 홍남에 조선질소비료공장이 건설됐을 때도 주로 직급이 낮거나 결혼하지 않은 일본인 남성 노동자가 사택에 입주하지 못하고 조선인 마을에 거주하는 등, 상층보다는 하층 일본인이 조선인과 일상을 공유하게 되는 경우가 많았다.[210] 내선결혼 부부의 직업에서 부동의 1위인 상업 및 교통업, 3위로 급증한 공업에 종사하던 이들은 대개 이러한 하층민이었을 것이다.

하지만 하층 계급에서는 일본인과 조선인이 서로 사랑하더라도 경제적 어려움 때문에 결혼해서 원만한 가정을 꾸리기 어려웠다. 신문에는 상점 고용인이 애인과 함께 야반도주한 기사가 종종 보도되었다. 1926년 8월에는 서울 오쿠노(奧野) 이발관의 종업원 송수봉(宋壽奉, 21)이 가게에 출입하던 야마구치현 출신 이시마루 나미코(石丸波子, 16)와 "손에 손을 잡고" 달아나 수봉의 부친이 종로경찰서에 수색원을 제출했다. 이들은 6개월 전부터 정을 통하다가 "사랑에는 국경이 업다"며 도망친 것이었다.[211] 또한 일하던 곳에서 금품

---

209 「朝鮮어멈 (二) 中産階級 筆頭로 貴族沒落의 吊種」, 『東亞日報』 1928년 3월 14일자.

210 양지혜, 「'식민자 사회'의 형성」, 『도시연구』 7, 2012.

211 「理髮館 從業員이 日女와 携手 逃走」, 『東亞日報』 1926년 8월 13일자; 「總角處女 携手逃走」, 『東亞日報』 1926년 8월 14일자.

을 훔쳐 달아난 경우도 있었다. 1927년 대전에서는 일본인 가정의 하녀 나카무라(中村) 소노(20)가 자기 의복과 저금을 가지고 말없이 사라졌는데, 같은 날 인근 과자점에서 일하던 김춘일(金春日, 21) 역시 주인에게서 5원을 받아서 사라졌다.[212] 1935년 경성에서는 상점 점원 다카노 시게조(高野繁三, 26)와 고용녀 우복순(禹福順, 16)이 주인의 돈과 패물을 훔쳐 달아났다가 체포되었다. 이들은 "연애를 하게 되어 죽자 살자 하나 점원 생활로는 도저히 원만한 사랑을 누릴 수 없으므로 서로 공모"하여 일을 벌인 것이었다.[213] 조선인 남성이 일하던 시계방에서 훔친 귀금속을 선물하여 일본인 카페 여급을 애인으로 삼는 데 성공하거나,[214] 일본인 여급의 환심을 사기 위해 귀금속을 훔치다 체포된 사례도 있었다.[215] 오사카에서는 조선인 남편을 '앞잡이'로 소매치기하던 19세 일본인 여성이 검거되기도 했다.[216] 이는 절도라는 범죄가 내선연애와 내선결혼을 뒷받침한 사례들인데, 체포되는 순간 연애도 함께 파탄을 맞았겠지만, 도주에 성공한 경우에는 새로운 장소에서 가정을 꾸릴 수도 있었다.

한편, 성적 접촉이 이루어지는 유곽과 요리점도 양 민족 남녀가 접촉하는 주된 공간이었다. 이때 여성이 빚을 져 빠져나오기 어려운 경우, 연인들은 동반자살을 택하기도 했다. 1924년 경북 경주의 이종호(李鍾昊, 20)는 기생 와카코(若子, 22)와 정이 들었지만, "돈이 업스니 그 녀자를 료리집에서 구하야낼 수도

212 「朝鮮人 情夫와 손잡고 나간 일본녀자」, 『東亞日報』 1927년 4월 12일자.

213 「戀愛에 醉하여 主人의 돈을 훔처」, 『東亞日報』 1935년 8월 20일자.

214 「日女에게 반해 店員이 노라나」, 『東亞日報』 1925년 11월 16일자.

215 「女給에 미친 竊盜 꼬리 길어 鐵窓身世」, 『東亞日報』 1937년 12월 21일자.

216 「鮮人を夫に持つ若妻の万引」, 『讀賣新聞』 1924년 12월 9일자.

없고 돈이 잇드래도 부모의 허락이 업슬 터"라 함께 쥐약을 먹었다.[217] 1927년에는 전북 김제에서 동척 농감 유재희(柳在熙, 37)가 창기 다카하시 후미코(高橋文子, 20)와 정사(情死)하려다 발견됐는데, 남자는 본처와 싸우다 홧김에 빈손으로 이혼하고 나와서 후회하던 사람이었다.[218] 또한 1925년 평양우편국원 이노마쓰 하지메(猪俣一, 26)도 요리집 창기 김농월(金弄月, 21)을 만나다 거액의 빚을 져 도망치려다가 순사에게 발각되자 쥐약을 먹었다.[219] 조선인과 동반자살한 일본인에는 군인도 있었다. 1925년에는 미야자키현(宮崎縣) 출신 진해방비대 2등 수병 무라다 미에(村田美榮, 20)와 경남 하동 출신 기생 홍차순(洪次純, 22)이 나무에 목을 맸고,[220] 1930년 대구에서는 80연대 군조 고가 세이지(古河清次, 25)와 찻집 하인 김순이(金順伊, 22)가 정이 들어도 함께 살지 못함을 비관해 자살했다.[221] 이러한 정사는 일본인 남성이 군인이기 때문이었을 수도 있다. 현역 육군은 혼인하려면 허가를 받아야 하는데, 소속 부대장은 배우자가 될 사람의 신원, 교육, 성행, 자산, 기타 참고할 만한 사항을 조사한 후 자기의 의견을 덧붙여 상부에 보고해야 했다.[222] 현역 해군의 혼인에도 허가가 필요했는데, 배우자가 될 여성은 품행단정한 자여야 한다는 조건이 있었다.[223] 이런 조건이라면, 일본인 군인이 조선인 기생이나 카페 종업원과 혼인하고 싶어도 상부의 허가를 받지 못했을 가능성이 높다.

---

217 「朝鮮男子와 日娼의 情死未遂」, 『東亞日報』 1924년 4월 30일자.

218 「娼妓와 情死」, 『東亞日報』 1927년 6월 11일자.

219 「平壤의 朝鮮 娼妓 日人과 飲毒情死」, 『東亞日報』 1925년 10월 27일자.

220 「水兵と鮮妓の心中」, 『釜山日報』 1925년 9월 6일자.

221 「大邱社會相 (上) 4월 ▲朝女日兵自殺」, 『東亞日報』 1930년 9월 3일자.

222 「勅令 第45號 陸軍現役軍人婚姻條例」, 『官報』 6190, 1904년 2월 23일자.

223 「勅令 第180號 海軍現役軍人結婚條例」, 『官報』 7523, 1908년 7월 24일자.

이처럼 하층민 중에는 자연스럽게 정이 들어 연애를 시작했더라도 경제적인 이유로 가정을 꾸리기 어려운 경우도 많았다. 그러자 연인들은 때로는 다른 사람의 금품까지 훔쳐서 새로운 보금자리를 찾아 도망치거나, 여의치 않을 때는 동반자살을 선택하기도 했다. 만약 조선총독부가 내선결혼을 희망하는 연인들에게 금품을 제공하는 등 적극적·실질적으로 지원했다면 이들도 안정적인 결혼생활을 시작할 수 있었을지도 모른다. 하지만 그런 시책은 없었기 때문에, 생계 곤란 등의 문제에 봉착한 내선연애의 당사자들은 함께 살기 위해 도망치거나 차라리 죽음을 택하기도 한 것이다.

2) 변심, 치정살인과 가정불화

조선인과 일본인이 연애를 시작했더라도 그 사랑이 반드시 영원하지만은 않았다. 자신의 출세 또는 상대방의 몰락이라는 조건의 변화는 한쪽이 변심하여 결혼에 이르지 않게 되는 주요 원인 중 하나였고, 실연당한 사람은 자살하기도 했다. 1936년 만주국 신경(新京)에서 조선 요리점 작부로 일하던 강원도 출신 박길원(朴吉元, 36)은 약혼자 고야마(小山, 가명, 30)가 취직한 뒤 태도가 변해서 결혼을 재촉해도 듣지 않자 자살했다.[224] 1937년 서울에서 직공으로 일하던 소진형(蘇晋亨, 25)도 카페 여급 야마구치 쓰미코(山口ツミ子, 23)와 가깝게 지내던 중, "박봉으론 여자의 환심을 살 수가 없어" 점금을 훔쳐 쓰다가 해고당했는데, 그 후 여성의 태도도 달라져서 직업과 애인을 모두 잃게 되자 자살을 꾀했다.[225] 1938년에는 오사카약학전문학교 3학년에 재학 중이던 이씨(26)와 약혼한 서울 미나카이(三中井)백화점 점원 하에 아키코(八重秋子, 24)가 남자의

224 「情夫變心悲觀코 헤로 注射로 自殺」, 『東亞日報』 1936년 6월 5일자.

225 「失戀에 解雇까지, 마츰내 滄波에 投身」, 『東亞日報』 1937년 9월 7일자.

변심으로 자살했고,[226] 고용인 복옥산(卜玉山, 23)도 주인에게 학대당하는 한편 애인 히로코(20)에게 갑자기 버림을 받자 자살을 시도했다.[227] 애인에게 버림받고 자살을 택하는 심정에는 민족이나 남녀의 구별이 없었던 것이다.

뿐만 아니라 실연당한 사람은 변심한 애인을 살해하기도 했다. 1939년 평양에서 요리점 고용인으로 일하던 야마토 세이치(大和政一, 36)는 친하게 지내던 창기 장금자(張金子, 24)가 다른 남자를 가까이 하자 1척 7촌의 식칼로 찔러 즉사시켰다. 사랑이 충족되지 못할 때는 말 그대로 "애정이 악마"가 되었던 것이다.[228] 1927년과 1935년에는 각각 조선인과 일본인 남성이 변심한 여자 애인을 살해하고 자살한 일이 생겼는데, 사건을 보도한 조선인 신문의 태도 차이가 흥미롭다. 먼저 1935년 대구에서는 무직 오카모토 도라오(岡本虎男, 38)가 이문자(李文子, 23)를 수건으로 목 졸라 죽이고 철도 자살을 했다. 오카모토는 평양 연대에 있을 때 유곽에서 이문자를 만나 탈적시키고, 처가 사망한 3년 전부터 동거해오던 중 여자가 변심하자 살해한 것이었다. 이에 대해 『동아일보』는 그가 "흉행과 자살"을 감행했다고 보도했다.[229] 반면 1927년 사례는 서울 다카기시(高岸)자기점의 외동딸 도요코(豊子, 18)와 종업원인 전북 익산 출신 김관수(22)의 일로, 밤낮 한집에 있다 보니 비록 주인의 눈을 피해야 했을지라도 두 사람의 사랑이 성장할 기회는 늘어갔는데, 도요코가 다른 곳에 시집갈 생각임을 알게 된 김관수가 식칼로 여자의 인후부와 음부를 난자해 즉사시킨 사건이었다. 그런데 이에 대해 『조선일보』는 "일본과 조선의 관계가 이

---

226 「오는 봄! 가는 人生!」, 『東亞日報』 1938년 2월 24일자.

227 「愛人에 버림받고 失戀의 苦盃」, 『東亞日報』 1938년 3월 18일자.

228 「愛情이 惡魔되여 娼妓를 疑心코 殺害」, 『東亞日報』 1939년 5월 4일자.

229 「情婦를 絞殺하고 自己마저 鐵道自殺」, 『東亞日報』 1935년 6월 17일자.

상하니만치 이 련애 사건도 이상하다 아니할 수 업다. 이러나저러나 남을 죽인 살인범으로 다시 살 생각을 아니하고 한강에 투신자살한 것은 그 남아의 상쾌한 의지가 눈압헤 보히는 듯 죽은 이의 입이 업다. 어느 쪽에 죄가 잇는고?"라며 일본인 여성을 살해한 조선인 남성을 두둔하는 어투를 사용했다.[230] 기자는 "사랑을 하는 사람이나 사랑을 밧는 사람의 뎨일 자격은 국가라든지 민족이라든지 하는 안타가운 탈을 벗고 온전히 '코스모포리탄'이 되는 것"인데 이것이 실현되려다 "국제애의 미성품"으로 끝나버렸다고 논평했지만, 이 기사야말로 개인의 연애와 치정 사건을 민족 문제로 치환한 것이었다.

또한 내선결혼해서 단란한 가정을 꾸렸더라도 일방이 변심한 경우 가정불화가 생겼다. 1928년에는 평북 용암포에서 마스다 분스케(益田文介)의 첩 최옥도(崔玉道)가 가정불화로 양잿물을 마시고 자살했다.[231] 1935년 충북 청주에서는 모 부호의 장남 윤곡채(尹曲採, 특비명, 27)가 그 6년 전에 기다 마야코(木田マヤ子, 가명)와 깊은 사이가 되어 "내선융화의 표간판을 자랑"한 것도 잠깐, 다시 대련 모 회사의 주간 미카 니치로(美下日郎, 가명)의 동생 미요코(美代子)와 4년 전부터 헤어질 수 없는 사이가 되어서 두 아이를 낳았다. 이 남성은 일본인과 결혼한 후 다시 일본인 첩을 얻은 것인데, 미요코에 대한 대우가 좋지 않자 오빠 니치로가 찾아와 반성하지 않으면 동생과 아이들을 데려가겠다며 경찰서에서 담판을 시도하기도 했다.[232] 또 1933년 서울에서는 숙명여학교를 졸업하고 18세에 다루미 이와오(樽見岩雄)와 결혼해 4남매를 낳은 한영자(韓英子, 25)가 남편의 배척으로 8년간의 결혼생활이 하루아침에 파탄에 이르자 경찰에

230 「日處女와 朝鮮男子 慘劇일운 戀愛事件」, 『朝鮮日報』 1927년 10월 29일자.

231 「日人의 妾됏든 朝鮮女子 自殺」, 『東亞日報』 1928년 4월 24일자.

232 「内鮮融和悲劇, 署長に哀願」, 『釜山日報』 1935년 2월 17일자.

하소연했다.[233]

인천에서는 화류계에 출입하는 조선인 남편의 마음을 돌리기 위해 일본인 처가 자살 소동을 벌였다. 주인공은 인력거꾼 최복동(崔福童)의 아내 엔도(遠藤) 도라에였는데, 1922년 오사카에서 부부가 되어 조선에 온 후 "단란한 가뎡을 닐우어 살아오다가 최근에 와서 그 남편이 방탕"해져서 가사를 돌보지 않고 늦게까지 돌아오지 않자, 독약을 마신 척한 것이었다.[234] 경찰까지 출동하는 소동 끝에 두 사람은 결국 이혼하고 따로 살기로 했지만, 도라에가 갈 곳이 없어서 그대로 살다가 한 달 후에 다시 아편을 먹었다고 소란을 피웠다.[235] 그 외에도 1924년 평양에서는 아내가 데려온 아들을 4살 때부터 키워 온 노인이 일본인 며느리(19)에게 쫓겨났다가 추위와 굶주림을 이기지 못하고 사망했다. 노인도 원래는 돈을 잘 벌어서 "표면으로는 평화스러운 가정"을 이뤄왔는데, 서너 달 전 갑자기 반신불수가 되어 자리에 눕게 되었다. 그러자 며느리가 시아버지를 몹시 학대하면서, 내쫓지 않으면 같이 살지 않겠다고 돌변한 "참혹한 '로만쓰'"가 배경에 있었다.[236]

이처럼 내선결혼의 모든 동기가 연애가 아닌 것과 마찬가지로, 모든 내선연애가 반드시 내선결혼으로 이어지는 것은 아니었다. 정략결혼이나 중매결혼 등 부모가 정해준 상대와의 혼약은 깨기 어려웠지만, 오히려 자유연애·연애결혼에서는 사랑하는 마음이 변하면 비교적 쉽게 헤어질 수 있었다. 연애와 결혼이 연속되지 않는 것, 사랑하는 마음이 변하는 것이야말로 자유연애

233 「쫓겨난 안해가 警察에 呼訴」, 『東亞日報』 1933년 12월 3일자.

234 「放蕩男便 보라고 飮毒演劇」, 『東亞日報』 1929년 2월 27일자.

235 「飮毒自殺한다고 本夫를 威脅」, 『朝鮮日報』 1929년 3월 21일자.

236 「日女子婦의 虐待밧고 飢寒으로 죽은 老人」, 『東亞日報』 1924년 12월 24일자.

의 속성이었던 셈이다. 이러한 속성은 내선연애·내선결혼에서도 발현되어, 조선인과 일본인의 사랑도 영원하지 않았고 가정에 사랑을 연쇄시키기 전에 절도, 자살, 살인, 가정불화 등 각종 사건사고부터 일으킨 것이다.

2. 일부일처제 가족제도와의 충돌

1) 내연의 현지처와 중혼

내선결혼은 주로 당사자 중 일방, 특히 남성의 단신 이주를 배경으로 이뤄졌음은 전술한 바와 같은데, 그러자 고향에 처자가 있는 남성들은 이주지에서 결혼 사실을 숨기고 현지처를 만들기도 했다. 호적예규와 신문·잡지에서 확인되는 바로는 조선인 유부남이 일본인 여성과 내연관계를 맺거나 심지어 혼인신고까지 하는 중혼 사례가 절대 다수이다. 반면 일본인 남성의 중혼은 아직까지 발견되지 않았다. 이는 일본인 남성은 조선인 여성을 말 그대로 내연의 현지처로 삼아 일본으로 귀환한 후에는 연락을 끊거나 일시적인 성적 대상으로 삼는 경향이 강했기 때문이라고 해석할 수 있을 것이다.

일본인 남성이 조선인 여성을 현지처로 삼고 태어난 아이마저 외면하고 돌아간 경우, 여성은 사생자 인지 소송을 제기하기도 했다. 송용애(宋龍愛, 21)는 1929년 부산 목도에 와 있던 야마구치현 하기시 모리타 지로(森田治良, 45)의 "감언에 속아" 정교를 맺다가 1930년 12월에 딸을 낳았다. 고향에 돌아갔던 모리타는 기뻐하며 부산에 와서 자기에게 처자가 있음을 고백하고 매달 양육비를 보내기로 약속했지만 이후 연락조차 하지 않았다. 1933년에 송용애는 딸이 사생자가 되는 것을 참지 못하고 모리타와 몇 차례 교섭했지만 인지해주지 않자, 동년 7월 부산지방법원에 사생자 인지 및 양육비 소송을 제기했다.

이 "내선융화의 파탄" 소송에서는 또 별난 내선융화의 아름다움을 볼 수 있었다.[237] 모리타는 송용애가 "매음부이고 나 이외의 남자와도 관계"했다고 버텼지만, 다른 일본인 증인들이 "쌀가게의 하녀이며 아이는 오모리(大森, 가명)의 딸임에 틀림"없다고 증언했기 때문에 재판부가 원고 승소의 판결을 내린 것이다.[238] 내선융화의 상징인 내선결혼은 파탄에 이르렀지만, 내선융화는 다른 방식으로 실현된 셈이다.

버림받는 현지처와 관련해서는 조선총독부 촉탁 사카베 마사미치(坂部正道)가 1927년에 조사·정리한 내용이 흥미롭다. 그는 식민지에서의 혼혈 대책을 통혼을 방지하고 산아를 제한하는 적극적 방책 또는 유기된 처와 혼혈아를 보호하고 생활·지위의 안고를 도모하는 소극적 방책으로 나누고, 둘 중 하나를 방침으로 정해야 한다고 주장했다. 사카베는 후자를 선호했는데, 혼인의 자유를 구속하는 것은 문화적 방책이 아니고 대다수 식민지에서도 소극적 방책을 취한다는 이유에서였다. 또한 그는 이를 정책상의 문제라기보다도 인도상의 중대사라고 보았다. 아버지가 인지하면 자녀는 본국인이 되고 본국도 충량한 신민을 얻게 되어 좋지만, 인지하지 않으면 버림받은 어머니와 아이들이 비참한 지경에 빠질 것이므로 정부가 그들을 보호해야 한다는 것이었다. 구체적으로는 무료 교육, 무료 숙박, 기타 특수시설을 제공하고, 보호자가 없는 여성에게는 생활비와 일을 주고 독신 남성에게도 일을 개방하는 등, 가급적 생활에 압박을 주지 않아야 한다는 제안이었다.[239] 적어도 이 조사 이

237 「悩みの女—若い鮮美人」, 『釜山日報』 1933년 7월 15일자; 「注目される—内鮮融和の破綻!」, 『釜山日報』 1933년 12월 22일자.

238 「法廷に暴け出された内鮮人恋の争闘」, 『釜山日報』 1934년 11월 6일자.

239 坂部正道, 『母国の対土着民政策』, 朝鮮總督府, 1927, 55~57쪽.

후에는 조선총독부가 일본인 남성에게 버림받은 조선인 여성과 자녀에 대한 대책을 검토했을 가능성이 있지만, 이들에 대한 지원책 역시 도입되지 않았다. 만성적 적자에 시달린 조선총독부에게 내선결혼 가정에 대한 지원은 그다지 우선순위가 아니었던 것이다.

조선총독부의 방임적 태도가 낳은 또 다른 결과로, 일본인 처를 일본에 남겨두고 떠난 조선인 남성들도 있었다. 1915년 아이치현(愛知縣)의 오가사와라(小笠原) 사토(28)는 고용인 김우룡(金祐龍)과 전년부터 부부가 되어 임신 9개월이 됐는데, 남편이 가출해서 돌아오지 않자 부산서에 귀국을 설득해달라고 요청했다.[240] 1932년 『삼천리』에도 일본인을 사칭한 조선인 남성과 연애결혼했지만, 집에 가서 돈을 가져올 테니 일주일만 기다리라고 하고 돌아오지 않는 남편을 그리는 일본인 여성의 실화가 게재되었다.[241]

사실 대개 집안에서 정한 상대와 어린 나이에 결혼한 조선인 남성들은 결혼 사실을 숨기고 일본인 여성과 비로소 자유연애를 하기도 했다. 1937년 도쿄의 이모토 미미(井本美美, 24)는 자기 집에서 하숙하던 니혼(日本)대학생 윤영태(尹永泰, 25)와 결혼을 약속했지만, 그에게 처자가 있음을 알고 자살을 시도했다. 이모토는 "장차 복음자리 조선 땅이 그리워" 방학마다 조선에 가자고 졸랐지만 윤영태는 온갖 핑계를 대며 혼자서만 왔다 갔다 했는데, 이모토가 몰래 따라왔다가 사실을 알게 된 것이었다.[242] 1942년 『국민문학』에 발표된 한설야

240 「鮮人亭主の歸家說諭願」, 『釜山日報』 1915년 8월 10일자.

241 「異民族間 戀愛의 悲劇(實話三篇)—그리운 녯날의 꿈터(Nishi Gawa)」, 『三千里』 4-3, 1932.

242 「失望코 飮毒」, 『東亞日報』 1937년 7월 27일자. 일본에서 조선인 유학생이나 노동자가 일본인 하숙집 딸과 사귀는 사례가 드물지 않았던 듯, 그를 소재로 한 소설도 있다(민태원, 「황야의 나그네」, 『開闢』 35, 1923). 또한 도쿄의 사진학교에서 뢴트겐 사진을 배

의 단편소설 「피(血)」에 등장하는 김씨도 결혼할 여성을 소개시켜준다는 제안을 받고, "혼인을 한 몸이었지만 호박이 넝쿨 채 들어오는 소리가 싫지 않았다. 나중에 들통이 나더라도 농담이었다고 하면 남자들의 세계에서는 통용되는 이야기"였다며, 일본인 여성과의 교제를 꿈꿨다.[243] 이러한 기혼 남성들이 일본인 여성과 교제 또는 동거하다가 말없이 일본을 떠남으로써 관계를 해소했을 수도 있다.

일본인과 교제한 조선인 유부남은 애인과 동반자살하기도 했다. 1929년 마산에서는 노모와 처자가 있는 박연식(朴連植, 26)과 예기 기쿠에(菊枝, 24)가 "자유로운 사랑의 보금자리"를 찾아 투신자살했다.[244] 1932년 고베(神戸)에서는 공장에서 일하던 김만식(金萬植, 28)이 카페 여급 아즈마 하쓰코(東眞初子)와 살림을 차렸지만 본처가 심하게 만류하고 돈도 떨어지자, 결국 "가티 살 수 업는 세상이나 가티 죽자"며 바다로 뛰어들었다.[245]

하지만 많은 조선인 기혼 남성들은 일본인 여성과 정식 혼인을 감행했다. 1929년에 아키타현(秋田縣) 출신 가가(加賀) 기헤(19)는 지인 김흥준(金興俊) 및 친언니의 소개로 박정숙(朴廷淑)과 결혼하기로 하고 대구의 남편 집에서 결혼식까지 올렸는데, 곧 그에게 본처가 있음을 알게 되었다. 이에 기헤는 동거한 7~10일 동안의 정조 유린에 대해 5천 원의 위자료를 청구하는 소송을 대

운 김봉수(金奉守)도 1943년에 하숙집 딸과 결혼했고(藤崎康夫, 앞의 글, 1972, 270쪽), 기무라 가쓰에(木村勝江)도 자기 집에서 하숙하던 조선인 직인과 결혼했다(藤崎康夫, 앞의 책, 1972, 86~92쪽).

243 한설야, 「피」, 1942(김재용·김미란·노혜경 편역, 『식민주의와 비협력의 저항』, 역락, 2003, 179쪽).

244 「朝鮮男子와 日女의 情死」, 『朝鮮日報』 1929년 3월 25일자.

245 「朝男日女投身」, 『中央日報』 1932년 1월 18일자.

구지방법원에 제기했다.[246] 심지어 혼인신고를 한 사례도 적지 않았는데, 공통법 제2조 제2항에 따라 이들의 중혼은 무효로 처리되었다. 일본인 여성의 입장에서는 법률혼을 하려다 첩이 되고 자녀까지 서자·사생자가 되는 낭패였다.[247] 이처럼 당시 법에서는 사실혼과 혼외동거를 내연으로 총칭하더라도 내연과 법률혼은 구분했지만, 실제 경험에서는 여성이 자신을 법률혼 또는 사실혼 관계의 정처로 알고 동거했더라도 실은 첩이었던 일이 비일비재했다.

이런 경우, 조선인 남편은 일본인 여성과 정식으로 결혼하기 위해 본처에게 이혼을 청구하기도 했다. 1935년 일본 아이치현에서 구니다 후사코(國田房子)는 촌장을 통해 혼담을 넣은 박기룡(朴起龍)과 결혼했다. 내선결혼에 반대한 아버지와 달리 후사코는 조선인임을 신경 쓰지 않았지만 주위가 시끄러워 둘이서 고치현(高知縣)으로 이사했는데, 어느 날 특별고등계 형사가 방문하여 남편에게 처자가 있음을 알려주었다. 후사코는 집을 나가려고 짐을 싸다가 장녀를 출산했고, 결국 박기룡이 본처와 이혼함으로써 사실혼 관계의 정처가 되었다.[248] 1928년 9월 대구에서도 임철부(林鐵夫, 29)가 예기 하지메에게 반해서 아이까지 있는 본처와 이혼하고 주인집에서 돈을 훔쳐 일본으로 가려다 실패하자 동반자살을 강요하였다.[249]

조선인 본처에게도 남편의 갑작스러운 이혼 선고는 날벼락이었다. 1933년 충북 보은에서는 일본에서 유학하던 남편이 본처가 있음을 속이고 일본

246 「十日間貞操蹂躪代 五千圓請求訴」, 『東亞日報』 1929년 5월 28일자; 「慰藉料 五千圓을 請求, 일본 녀자가」, 『朝鮮日報』 1929년 5월 29일자.

247 내선결혼의 법률상 중혼에 대해서는 이 책 제1부 제3장 제1절 제1항을 참조.

248 後藤文利, 『韓国の桜』, 福岡: 梓書院, 2010; 上坂冬子, 앞의 책, 2010, 143쪽; 石川奈津子, 『海峡を渡った妻たち』, 東京: 同時代社, 2001, 57~58쪽.

249 「日本藝妓에 미처 情死强迫타가 自殺」, 『東亞日報』 1928년 9월 16일자.

인 여성과 결혼해 데려온 후 중혼이 문제가 되자 본처에게 이혼을 선고했는데, 아내 이술용(李述鏞, 43)은 이를 비관해 자살했다.[250] 반대로 남편이 이혼하지 않고 처를 유기한 경우, 조선인 본처가 이혼 소송을 제기하기도 했다. 충북 보은의 최신이(崔新伊, 25)는 나춘식(羅春植)과 1910년에 결혼했는데, 남편은 1920년에 일본인 여성과 결혼했을 뿐 아니라 본처에 대해서는 동거하지 못하도록 심하게 학대했다. 이에 최신이는 남편에게 이혼을 요구했지만 응하지 않자 공주지방법원에 소송을 제기했고, 1심에서 기각당하자 다시 경성복심법원에 공소했다.[251] 1932년 부산에서도 한 여성이 15년 전부터 정식으로 결혼해 함께 살던 남편이 "말없이 모 내지인 여성과 손에 손을 잡고 내지행"을 한 이래 소식이 없자, 이를 유기당한 것으로 간주하여 부산지방법원에 이혼 소송을 제기했다.[252] 그 밖에도 조선인 본처들은 도쿄에서 유학하던 남편이 일본인 여성에게 실연당한 분풀이로 학대하는 것을 비관해 자살을 시도하거나,[253] 임신한 일본인 첩이 자신이 낳지 못한 아들이라도 낳게 되면 모든 권리를 빼앗길 것이라고 걱정하며 신문사에 상담하기도 했다.[254]

이와 같이 일본인뿐 아니라 조선인 기혼 남성도 일본에 이주하여 다른 민족의 여성과 '부부'관계를 맺었다. 이들이 귀환할 때 처자를 유기하면 인도상 문제가 되지만, 데려오더라도 첩으로 삼거나 본처와 이혼하는 것으로 귀결되었다. 조선인과 일본인 사이의 현지처와 작첩, 중혼의 문제는 서로 사랑하는

250 「男便重婚을 悲觀 끝에 自殺」, 『東亞日報』 1933년 4월 10일자.

251 「無情한 男便」, 『東亞日報』 1921년 2월 1일자.

252 「飛んだ内鮮融和」, 『釜山日報』 1932년 6월 5일자.

253 「東京에서 失戀當코 歸鄕하야 本妻虐待」, 『東亞日報』 1933년 8월 10일자.

254 「明暗의 十字路」, 『朝鮮中央日報』 1935년 4월 6일자.

사이였을지라도 당사자 간에 불화를 일으키는 동시에, 조선인 본처와의 갈등을 야기하기도 했다. '내선융화'의 결과일 이들의 '부부'관계는 당사자와 가족들에게 사랑이 아닌 갈등을 연속시켰던 것이다.

2) 간통과 본부 살해

남성뿐 아니라 기혼 여성도 배우자 이외의 상대와 사랑에 빠졌다. 그런데 조선형사령이 의용한 일본 형법에서는 간통죄를 친고죄의 일종이자 여성이 기혼자일 때만 성립하는 범죄로 규정했다. 따라서 기혼 남성은 첩을 두어도 첩에게 남편이 없으면 처벌받지 않았지만, 기혼 여성은 상간자의 혼인 여부와 상관없이 남편이 고소하면 간통죄로 처벌되었다.[255] 기혼 여성은 형법으로 처벌될 수 있음에도 다른 민족의 남성과 사랑에 빠진 것이다.

이때 여성에게는 소송 외의 이혼 수단이 제한되었던 탓인지, 남편에게 이혼을 요구하기보다는 '사랑의 도피'를 택한 사례가 많다. 먼저 조선인 여성의 간통을 보면, 1917년 부산에서는 동척 이민자의 아들 스에야마 게이치(陶山啓一, 22)가 두 자녀를 둔 조선인 여성에게 반해 함께 도망쳤다.[256] 1938년 충북 충주에서는 안상길(安相吉, 가명)의 처 도영복(都榮福, 17)이 돌연 가출해 경성에서 여급으로 생활하면서 일본차량주식회사 직공 요네다 가메이치(米田龜一, 31)와 정을 통했는데, 남편의 설득에도 "사랑하는 미전을 두고는 죽어도 갈 수가 없다"며 버텼다.[257] 이에 조선인 남편들은 간통죄 고소로 대응했다. 1924년 충

---

255 소현숙, 「식민지시기 근대적 이혼제도와 여성의 대응」, 한양대학교 사학과 박사학위논문, 2013, 221~223쪽.

256 「廿二歲の青年, 鮮人の妻と駆落」, 『釜山日報』 1917년 10월 28일자.

257 「京城에서 女給질 變心한 안해」, 『東亞日報』 1938년 8월 6일자.

북 제천에서는 형사 이시가미(石上)가 김점동(金点童)에게 이혼을 부추기며 꾀어내어 동거하자 본부가 이시가미를 고소하려 했고,[258] 1937년 봉산군 사리원에서도 남편이 돈을 벌기 위해 나간 사이에 처 전엽분(田葉分, 29)이 우스이 하지메(臼井一)와 동거하자, 남편은 해주법원에 이혼 소송을 제기하고 두 사람을 간통죄로 고소했다.[259]

간통은 때로는 목숨이 걸린 일이기도 했다. 1934년에는 함남 문천군 운림면주재소 일본인 순사부장이 조선인의 아내와 간통하다 발각되자 책임을 감당하지 못하고 자살했다.[260] 이 사건은 생활난으로 남편이 출타한 사이에 친정에서 지내던 이순익(李順翼)이 남편이 돌아왔는데도 "그동안 의식을 후원해준 은인이 잊을 뿐 아니라 벌서 그의 혈육이 복중에서 자란 지 5개월이나 되므로 버리고 갈 수 없다"며, 아이 아버지로 주재소의 순사를 지목한 것이었다.[261] 또한 1931년에는 조선인들이 함남 갑산의 신양순사주재소에 비치된 권총과 탄환을 훔쳐서 일본인 순사의 만삭 아내를 사살한 '제2 장호원 사건'이 발생했는데, 알고 보니 범인 중 한 명의 아내와 일본인 순사가 간통한 데 원한을 품고 일으킨 일이었다.[262] 1935년 김해에서도 처 김용수(金用守, 28)가 일본인 면협의원 사카이 도미노스케(坂井富之輔, 58)와 관계하는 것을 목격한 남편

258 「日刑事의 婦女 誘引」, 『東亞日報』 1924년 12월 17일자.

259 「本夫 버리나간 새 姦夫와 同居」, 『東亞日報』 1937년 9월 21일자.

260 「巡査가 拳銃自殺」, 『東亞日報』 1934년 1월 23일자.

261 「巡査部長拳銃自殺은 有婦女와 醜行關係」, 『東亞日報』 1934년 1월 24일자. 이 사건은 여성의 결혼이 생계 수단이었던 것과 마찬가지로 간통도 생계를 지원해줄 남성을 찾기 위한 방책이었을 수 있음을 알려준다. 하층민의 결혼과 이혼, 성관계는 보다 개방적이었고, 이를 도덕의 잣대로 재단할 수 없음은 물론이다.

262 「巡査의 婦女凌辱으로 怨恨 스테 襲擊射殺」, 『東亞日報』 1931년 2월 24일자; 「己妻와 親姊의 復讎로 巡査妻 銃殺事件」, 『東亞日報』 1933년 1월 18일자.

양태우(梁泰于, 46)가 격분하여 방에 있던 일본도로 두 사람을 찔러서, 남자는 죽고 여자는 중상을 입었다.[263]

또한 간통을 하게 된 조선인 처가 본부를 살해하기도 했다. 1913년 경기도 양주에서는 동양척식회사 공사장에서 일하던 김만일(金萬一)이 집에서 싸온 음식을 먹고 사망했다. 이는 아내 최애기(崔愛奇, 19)가 경성에서 돈놀이하는 이와다(岩田)를 마음에 두고, "ᄌᆞ긔는 다년 일본 사ᄅᆞᆷ과 살고 십허 쥬야 소원성취를 신명씌 긔도ᄒᆞᄂᆞᆫ 사ᄅᆞᆷ이니 불상히 녁이ᄂᆞᆫ ᄆᆞᄋᆞᆷ이 잇거던 나를 안히로 다려가라"고 간청한 결과, 결실을 맺은 두 사람이 꾸민 일이었다.[264] 본부 살해의 대상은 일본인 남편도 예외는 아니어서, 1939년에는 안도 주타로(安藤重太郎, 63)가 전북 완주에서 충남 논산으로 이사하자마자 사망했다. 그런데 그 아내 이순례(李順禮, 35)는 남편의 와병 중 약 4천 원 어치의 재산을 자기 명의로 등기 이전했고, 남편이 사망한 후에는 진단서에 사망 원인을 만성 폐렴으로 작성해준 의생 임문학(林文學, 49)과 부부가 되어 생활했기 때문에 공모 독살했다는 의심을 받았다.[265]

한편, 일본인이 유부녀인 경우에는 주로 동반자살이나 사랑의 도피를 선택했고, 일본인 남편도 처와 조선인 상간남을 간통죄로 고소했다. 1925년에는 오카야마현(岡山縣)에서 충북 괴산군 상모면 서기 최명집(崔明集, 26)의 시체가 발견되었다. 그는 일본의 자치사무를 구경하던 중 숙박한 집에서 구사카 사다오(久坂貞夫)의 처 다쓰(42)와 "열렬한 사랑"을 하게 되었지만, "주위의 사정으

263 「同衾中의 姦夫婦를 激憤 끝에 亂刺殺害」, 『東亞日報』 1935년 12월 4일자.

264 「內地人 姦夫에 惑ᄒᆞ야 本夫를 독살홈」, 『每日申報』 1913년 6월 7일자.

265 「情夫와 共謀하고서 늙은 男便을 毒殺」, 『每日申報』 1939년 7월 11일자.

로 마음을 만족히 할 수 업슴으로 이를 비관"하여 자살한 것이었다.[266] 1926년에는 벳부(別府)의 여관에서 하녀로 일하던 오쿠노(奧野) 아기나(30)가 역시 그곳에서 손님을 끌던 김사룡(金士龍, 28)과 경성으로 도망쳤다가 붙잡혔는데, 김사룡은 아기나에게 남편이 있는 줄 몰랐다고 주장했지만 본부는 간통죄로 고소할 예정이었다.[267] 그리고 1927년에는 경성에서 소개업을 하던 시노다 구마타로(篠田熊太郎, 45)의 아내 나루(38)가 그 집에서 고용살이하던 고금동(高今同, 23)과 "불의의 관계"를 맺었다. 사실을 알게 된 남편이 고금동을 해고하자, 나루는 고금동을 따라 나가 동거하다 간통죄로 유치장에 갇혔다. 두 사람은 "구류장 신세를 지면서도 서로 얼골만 보면 그리워하는 듯헤 소영각 소리하드시 고함을 지르고 엇지다 면대하여 취조를 밧게 되면 안고 몸부림"[268]을 칠 정도로 깊이 정든 사이였다. 1929년에도 경남 통영 니시무라 산조(西村三藏, 가명, 38)의 내연 처 마쓰나미(松波) 구쓰에(21)가 남편의 눈을 피해 김씨(20)와 "내선융화의 실"을 거두다가 도망쳤고,[269] 1938년에는 또한 경성 야마다 도모키치(山田友吉)과자점의 사무원 도야 구마오(戶屋熊男, 26)의 아내 데루코(輝子, 23)가 딸 나나코(4)를 데리고 환성운송점 사무원 이문현(李文鉉, 31)과 "사랑의 도피"를 하여 남편이 용산경찰서에 수사를 요청하였다.[270]

이처럼 기존의 가족을 버리고 형사 처벌마저 감수해야 하는 기혼 여성의 간통은 미혼 남녀나 기혼 남성과는 또 다른 의미의 가장 강렬한 사랑의 결과

266 「異域 日本에서 情死한 朝鮮青年」, 『朝鮮日報』 1925년 12월 2일자.

267 「本夫있는 日女가 朝鮮男子와 相關」, 『朝鮮日報』 1926년 8월 21일자.

268 「取調中에 抱擁」, 『東亞日報』 1927년 2월 19일자.

269 「面白くもない内鮮野合」, 『釜山日報』 1929년 3월 5일자.

270 「內地人의 人妻 半島青年과 出奔」, 『每日新報』 1938년 9월 2일자.

일 수 있었다. 또한 도피해서 새로운 장소에서 가정을 꾸리는 데 성공했다면, 조선총독부의 통계에서 내선결혼 부부로 집계되었을 것임은 물론이다. 조선인과 일본인의 사랑이라는 측면만 보면 이러한 관계도 긍정적일 수 있겠지만, 이 역시 기혼 남성이 현지처나 첩을 얻는 것과 마찬가지로 일부일처제의 가족제도와 충돌하면서 조선인과 일본인 사이에 갈등을 야기했다.

3. 민족 차이·민족 감정으로 인한 갈등

1) 부모와 사회의 반대, 소외와 자기검열

조선총독부는 내선결혼 가정이 양쪽 집안과 민족에 사랑을 연쇄시켜 조선인과 일본인 사이의 불통과 불화를 극복하는 데 기여하기를 기대했고, 신문에서도 그에 성공한 원만한 가정을 내선융화의 모범으로 보도했다. 1923년에 보도된 충북 제천의 금세기(錦世起, 32), 후쿠나가(福永) 마사(30) 부부가 전형적인 사례이다. 금세기는 야마구치현에 돈을 벌러 갔다가 마사와 결혼했고, 관동대진재가 일어나자 함께 고향으로 돌아와 농사를 지었다. 그런데 이웃들은 외출조차 자유롭지 않은 조선인 여성들에 비해 근면한 마사를 보고 모두 크게 놀라며 칭찬했고, 어머니 유씨도 좋은 며느리를 얻었다고 기뻐하며 평화롭게 생활했다는 것이다. 게다가 아들까지 낳자, "일가가 기뻐함은 물론 근향근재(近鄕近在) 모두 축하하여 선물을 보내는 등 일선융화를 여실히" 보여주었다. 이와 같이 환영받는 내선결혼 가정이야말로 "깊은 시골에 핀 아름다운 내선융화의 꽃"이었다.[271]

---

271 「內鮮融和のかがみ」, 『讀賣新聞』 1923년 12월 3일자.

하지만 앞에서 본 것처럼 자유연애로 맺어진 내선결혼 가정이라도 반드시 원만할 수만은 없다는 현실은 사랑의 연쇄를 제한적인 것으로 만들었다. 또한 부부는 서로 사랑하더라도 주변의 배척으로 연쇄가 끊어지기도 했다. 우선 내선결혼을 희망하는 연인들에게 일차적인 장벽은 양가 부모의 반대였다. 반대 이유는 연애결혼을 용납하지 않거나 상대의 인성, 계층이 마음에 들지 않는 등 다양했겠지만, 민족이 다르다는 것 자체를 문제 삼기도 했다. 염상섭의 단편소설 「남충서(南忠緖)」(1927)에서도 내선결혼에 반대하는 부모의 마음을 엿볼 수 있다. 남충서는 서울서 셋째 가는 부잣집 남상철과 그의 일본인 첩 미좌서 사이에서 태어난 혼혈아지만, 조선인 본처가 낳은 적출자 장남으로 호적에 올랐고 실제로도 어려서부터 본처 밑에서 조선식으로 생활했다. 그의 결혼 상대에 대해 생모는 "가튼 갑시면 조선 여자보다 옷 한 가지 찌개 한 그릇이라도 서로 의론하여 만들 만한 한나라 백성"을 들이고 싶어 했지만, 부친은 "남가의 집 장손이 일본 계집의 출생이요 또 역시 일본 계집하고 짝을 짓는다는 것은 봉제사의 범절로만 아니라 영원히 남가의 집 피를 흐려놋는 것이라는 생각"에 조선인 며느리를 얻으려 했다.[272] 이들은 일본인과 조선인의 가정생활양식이나 혈통이 다르다는 생각에서 같은 민족과의 결혼을 선호한 것이다. 내선결혼 장려 선전이 최고조에 달한 전시체제기에도 "'내선일체'를 위해서는 조선인과 결혼하는 것이 최고이지 않을까 진지하게 생각해서 부모에게 말했다가 호되게 혼나서 뾰로통해진 기억"이 있는 재조일본인 여성이 있을 정도로,[273] 정책상 장려하더라도 자녀가 다른 민족과 결혼하려는 것을 기꺼워하는 부모는 거의 없었다.

---

272 염상섭, 『廉想涉全集』 9, 민음사, 1987, 266~267쪽.

273 長田かな子, 「四五年八月十五日」, 『季刊三千里』 31, 1982, 117쪽.

1920~30년대 신문에도 자녀의 내선연애를 깨뜨리려는 부모와 그에 저항하여 사랑을 지키려는 자녀의 갈등들이 다수 등장한다. 1934년 통영에서는 일본인 가정에서 일하던 지방자(池芳子, 가명, 19)가 인근에 하숙하던 마쓰나미 데이치(松波定一, 가명, 24)와 사랑하게 되어 부부가 될 것을 약속했다. 그런데 마쓰나미가 부산에 돌아간 이후 사실을 알게 된 지방자의 부모는 "진심으로 우리 아이를 사랑하기 때문에 다른 곳에 혼담을 넣었지만, 그녀는 또 마쓰나미를 진심으로 사랑하기 때문"에 이를 거절했다. 이로써 마쓰나미와의 연락은 물론 외출까지 금지당하자, 지방자는 가출해서 카페의 웨이트리스가 되었다.[274] 1925년에는 남편과 사별한 지 얼마 되지 않은 일본인 과부가 자기 집에서 일하던 조선인 남성과 사랑하는 사이가 된 것을 부끄러워하여 가출했다가 경찰에 붙잡히기도 했다. 이들은 경찰서에서 자신들의 행동은 "총독부의 방침에 기초하여 내선융화의 실을 거두기" 위한 것이었다고 주장하며 집에 가지 않겠다고 버텼지만, 경찰은 내선융화로 말하면 지당하지만 어쨌든 일단 돌아가주지 않으면 곤란하다며 위로해 돌려보냈다. 그러자 과부의 후견인은 "내선융화는 절대로 안 된다"며 여성을 일본으로 보냈고, 남자도 그 뒤를 따라갔다.[275]

이러한 저항도 성공하지 못한 경우, 연인들은 자살이나 동반자살을 시도했다. 1932년 부산에서는 회사원 니시오카 마사오(西岡正男, 20)와 같은 회사 여공 탁막달(卓莫達, 18)이 결혼하고자 했지만, 양가 부모가 모두 허락하지 않자 비

274 「堰かれて築く愛の塔, 和服の胸に燃ゆる純情の恋は強し」, 『釜山日報』 1934년 12월 15일자.

275 「日鮮融和の実行者, 寡婦と二郎の恋」, 『釜山日報』 1925년 7월 5일자.

관한 나머지 송도 앞바다에 투신자살했다.[276] 1934년 송화군에서는 서영인(徐永仁, 가명, 23)이 일본에서 직공으로 일하면서 함께 살던 일본인 여성의 치료비를 부모에게 얻으려 했지만 부모가 응하지 않자, "자기가 결심하엿든 그 일본 여자와 생활을 못하게 되므로" 자살을 기도했다.[277] 1938년 경성에서도 히라타(平田)백화점 점원 구도 히사시(工藤恒, 28)와 이종덕(李鍾德, 17)이 서로 깊이 사랑하여 부부가 되기를 약속했지만, 이종덕의 모친이 강경하게 반대하자 구도가 자살을 꾀했다.[278]

물론 내선연애에 반대하는 부모를 설득하거나 반대를 무릅쓰고 동거를 감행한 후에 부모의 인정을 받아서, 사랑으로 민족의 차이를 극복한 경우도 있었다. 1924년부터 사실혼관계에 들어간 우장춘과 와타나베 고하루(渡邊小春)의 경우 와타나베 가문에서 조선인과의 결혼에 반대했는데, 이것이 일본인인 우장춘의 모친을 격분시켜 고하루는 친정과 의절했다가 친정아버지가 사망하고 장녀가 태어난 1926년에야 혼인신고를 할 수 있었다.[279] 1934년 부산에서는 요리사 오토 도쿠타로(大藤德太郎, 27)와의 결혼에 완강히 반대하던 조복순(趙福順, 16)의 아버지가 "소중한 딸을 유괴하려 한다"며 오토를 경찰에 고발하기까지 했다. 그렇지만 결국 경찰이 아버지를 설득해 파출소에서 "내선융화의 아름다운 결혼"이 성립했다.[280] 1937년 부산에서 경찰에 붙잡힌 송기영

276 「怒涛を冒して美女の悲恋心中」, 『釜山日報』 1932년 12월 14일자; 「松島海岸에서 內鮮男女情死」, 『每日申報』 1932년 12월 15일자. 두 신문의 당사자 이름은 다르지만 같은 사건이다.

277 「病든 愛人 두고 自殺코저 飮毒」, 『東亞日報』 1934년 7월 27일자.

278 「딸 안 주는 어머니 압헤 사나희 死의 抗議」, 『東亞日報』 1938년 4월 19일자.

279 角田房子, 앞의 책, 1990, 111~114쪽.

280 「お巡りさんが取持つた美はしい内鮮融和」, 『釜山日報』 1934년 2월 13일자.

(宋基泳, 32)은 반대를 무릅쓰고 동거를 강행하다가 나중에 부모의 허락을 받은 사례였다. 그는 2년 전 도쿄에서 구두상을 경영하다 알게 된 반다 도미코(半田富子, 23)와 결혼하려다 부모가 반대하자 부모를 버렸는데, 그즈음 극력 반대하던 부모의 기세가 한풀 꺾이자 비로소 평양에서 결혼식을 올리고 일본으로 돌아가려던 참이었다. 하지만 도항증이 없어서 일본인을 사칭하다가 체포되었다. 이에 수상서원도 "내선융화상 좋은 일"이라며 도항에 힘써주기로 했다.[281] 1910년에 결혼하여 내선결혼의 선구자로 꼽힌 요시노 도조(吉野藤藏)도 부모의 뜻을 굽힌 사례였다. 1940년에 기자의 가정 방문을 받은 그는 "결혼해서 3, 4년간은 우리 집에서는 이래저래 투덜투덜하고 게다가 호의를 보이지 않았지만 이제는 완전히 이해해줍니다. 그렇게 오래 신경 쓰면 이쪽이 견딜 수 없으니까요"라고 회고했다. 병합 당시의 상황에서 내선결혼은 "로미오와 줄리엣이 하나의 새끼줄에 매달려 사랑을 이야기하는 것 이상의 모험이고, 감연(敢然)한 용기와 강한 신념을 필요"로 했던 것이다.[282]

자유연애로 맺어진 내선결혼 부부가 부모의 반대를 극복하고 결국 결혼을 인정받은 사례들은 조선총독부의 선전처럼 통혼을 통해 양 가문, 양 민족에 이해와 사랑을 확산시킨 것일 수 있다. 그러나 부모의 반대는 이들이 혼인신고를 하고 싶어도 내연에 머물 수밖에 없는 원인이 되기도 했다. 제1부에서 본 것처럼 일본인은 일정 연령에 달하면 부모의 동의가 없어도 혼인할 수 있지만, 조선인은 일본인과의 입부혼인이나 서양자입양이 아닌 이상 부모의 동의 없이는 혼인할 수 없었기 때문이다. 이런 상황에서 조선인 부모 중에는 아들이 일본인과 사실혼관계를 맺었어도 조선인을 정처로 맞도록 권하

281 「恋の勝利者, 內鮮融和の男女」, 『釜山日報』 1937년 3월 6일자.

282 「愛の契りは堅し─內鮮一體結婚の先駆, 吉野氏家庭訪問記」, 『內鮮一體』 1, 1940, 45쪽.

는 경우가 있었던 것 같다. 1942년 『녹기(綠旗)』에 발표된 정인택의 단편소설 「껍질(殼)」에는 "내지인과는 풍속도 습관도 다르고, 집안도 천하고 조상도 모르는 여자와는 같이 앉지 못하겠으니 집에 들일 수 없다, 가문의 수치다"라며 손자를 안고 온 일본인 며느리를 배척하는 아버지가 등장한다. 심지어 아들의 내선결혼을 인정하지 못한 아버지는 "너 아직 결혼을 안 했잖느냐"라며, 생활은 어떻든 명목만이라도 혼인은 조선인과 하라고 강요했다.[283] 실제로도 일본인과 동거하던 조선인 남성이 조선인 여성과 법률혼한 사례가 있다. 1938년 평북의 김동훈(金東勳, 27)은 야마다(山田) 네이코(21)와 장래를 약속했지만 부모의 강권에 못 이겨 다른 여자와 혼인하고는, "마음에 맞지 안는 생활을 계속하야 옛 애인을 늘 그리워"했다.[284] 또한 경성 변호사 최씨와 일본에서 만나 부부로 생활해온 미야타케 후사코(宮武房子, 45)는 조선에 온 후에 남편이 음악 교사를 본처로 맞고 자신은 병까지 걸리자 1927년 셋째 딸과 함께 월미도에 투신자살했다.[285]

부모와 친척들에게 지지받지 못하여 통상 호혜적 부조관계를 형성하게 될 이들과 절연한 채 생활하는 내선결혼 가정은 그만큼 위기에 봉착했을 때 그를 극복하기 어렵기도 했다. 1931년 경북에서는 내연의 처였던 김정혜(金貞惠, 33)가 일본인 남편(31)의 아버지인 공의(公醫)에게 구타당했다. 남편의 부모는 아들이 "조선인 녀자와 사랑을 주고밧는 것을 격렬히 반대"하여 아들을 일본으로 보내고 정혜가 두 사람의 '사랑의 결정'인 아들을 낳았어도 모른 척했

283 정인택, 「껍질」, 1942(김재용·김미란 편역, 『식민주의와 협력』, 역락, 2003, 141쪽, 145~146쪽).

284 「짝사랑 품은 放浪者 竊盜로 轉落, 鐵窓에」, 『東亞日報』 1938년 5월 21일자.

285 「朝鮮人 男便둔 日本婦人 自殺」, 『東亞日報』 1927년 8월 28일자.

는데, 정혜는 동네 아이들이 장난삼아 그 집에 놓아둔 아들을 데리러 갔다가 봉변을 당한 것이었다.[286] 1935년에는 대학병원에서 세탁물을 맡던 로베 지요키치(呂部千代吉, 44)가 조선인 여성 김일량(金日量, 30)과 함께 살았지만, "부모 형제들은 이를 못마땅이 여기고 인연까지 끈고 지내는 터이라 오즉 안해 한 사람만을 믿고" 살다가, 병에 걸린 아내가 회복될 희망이 없자 그를 비관하여 나무에 목을 매었다.[287]

게다가 지배 민족과 피지배 민족의 성적 결합이라는 측면에서 부모뿐 아니라 주변 사람들까지도 내선결혼을 백안시했다. 1914년 일본에서 정거장 역부로 일하던 이국운(李國運)은 처가의 동의를 얻어 사토(佐藤) 미쓰와 결혼했지만, 장모가 정신 이상이 되어 "됴선인의 처가 되여 잇는 것은 세상에 남붓그러운 일이니 얼는 리혼하라"고 딸을 질책했다. 그 후 장모는 사망했으나 장남이 죽고 처도 정신에 이상이 생기는 등 불운이 겹치자, "무정하고 냉혹한 촌민들은 이 비참한 집안에 대하야 구원하야 쥬는 자도 업고 동정도 쥬는 자가 업시" 헤어지기를 권하여, 결국 이국운은 아이들을 데리고 조선으로 돌아왔다.[288] 양근환이 체포된 후에 그 처 이시카와가 어린 두 딸을 조선에 보내야 했던 이유도, 더부살이라도 하지 않으면 살 수가 없는데 "갓득이나 조선 사람의 안해가 되앗다 하야 남들이 지목을 하는 중에, 네 살 먹은 '사다'와 두 살 먹은 '아이'라는 어린 쌀자식이 잇슴으로 아모데서도 질기어 몸을 붓치

286 「日本人公醫가 女子를 毆打致傷」, 『朝鮮日報』 1931년 9월 17일자.

287 「妻病을 悲觀코 縊首自殺한 靑年」, 『東亞日報』 1935년 3월 11일자.

288 「內鮮結婚 哀話 (一) 三十年만에 故國에」, 『每日申報』 1922년 7월 25일자; 「內鮮結婚 哀話 (二) 悲慘한 一家 運命」, 『每日申報』 1922년 7월 26일자; 「內鮮結婚 哀話 (三) 可憐한 離別의 淚」, 『每日申報』 1922년 7월 27일자; 「內鮮結婚 哀話 (四) 依俙한 故鄕山川」, 『每日申報』 1922년 7월 28일자.

어주지" 않기 때문이었다.[289] 소설의 형식이지만, 업무에 충실하려고 조선인과 결혼해 조선식으로 생활하던 순사 고다(甲田)가 중일전쟁 이전에는 왠지 같은 일본인인 소학교 교장이나 주재소 수석 순사와는 교제하는 것조차 피하는 분위기였고, 상대 쪽에서도 고다를 마치 타락자이기라도 한 것처럼 취급했다는 이야기도 내선결혼 부부가 소외당하는 상황을 보여준다고 하겠다.[290] 이러한 배척은 모범적인 사례로 조명된 내선결혼 부부라도 예외는 아니었다. 1918년 『매일신보』가 "일선동체의 가정"으로 소개한 인물들 중 순일본식으로 생활하던 의사 안상호는 일가친척을 포함하여 조선 사람과는 왕래하는 일조차 없었다.[291] 반대로 포목전을 운영하는 김현태(金顯台), 스즈키(鈴木) 사요 부부는 완전히 조선인화된 사례였는데, 처는 일본 사람은 한 사람도 모르고 집안 살림만 했다.[292] 내선결혼 가정의 생활양식이 부부 일방의 문화에 편중되는 현상은 자의든 타의든 다른 한쪽 사회와 절연된 결과이기도 했던 것이다.

심지어 아무 이해관계도 없는 주변 사람들이 부모마저 허락한 내선결혼에 반대하여 행동에 나서기도 했다. 1921년에는 히로시마 중학교에서 한문을 가르치던 박영(朴永, 26)과 히로시마 현립병원에 근무하던 사무원 히라타(平田)가

---

289 「呪呪된 運命의 二生命」, 『東亞日報』 1921년 8월 12일자. 양근환은 1933년에 만기 6개월을 남기고 가출옥되어 조선에 왔는데, 노모와 딸을 만난 이야기는 있지만 처에 관한 언급은 없다(「老母와 愛女 맛나려 梁槿煥義士不遠歸國」, 『東亞日報』 1933년 2월 13일자). 호적상 이혼하기도 했지만 같은 이유로 양근환이 출소할 때까지 10년을 기다리지 못한 것이 아닐까 추측할 따름이다.

290 「無爲」, 『內鮮一體』 3-6, 1942.

291 「王世子 殿下 嘉禮 前에 日鮮同體의 家庭 訪問: 全然히 內地化훈 의ᄉ 안샹호 씨의 가뎡」, 『每日申報』 1918년 12월 10일자.

292 「王世子 殿下 嘉禮 前에 日鮮同體의 家庭 訪問: 良妻賢婦로 세샹에 드믄 김현틱 부인」, 『每日申報』 1918년 12월 11일자.

부모의 허락을 받고 정식으로 결혼하여 아들까지 낳고 피로연을 열기로 했는데 다른 조선인들이 반발했다. "우리 조선 사람들은 모다 일본인에게 학대와 업슨녀김을 밧는대 일본인과 혼인하는 것은 우리의 사정을 도라보지 아니하고 제마음대로 하는 것"이라고 분개한 것이다. 결국 박영은 이 일로 학교에 퇴직서를 제출했고 현지 경찰서에서는 이 "배일 류학싱들의 힝동을 주목"했다.[293] 1924년에 도쿄의 통혼 상황을 조사한 경시청도 조선인 남성은 일본인 여성이 조선인 여성에 비해 순종적이고 가정을 잘 조화시키기 때문에 내선결혼을 희망하면서도, "내지 부인을 취하면 즉시 친일계로 지목당해 자칫하면 동포의 위협"을 받게 되는 등 문제가 있어서 표면상으로는 각별히 피하는 분위기라고 설명했다. 다만 노동자 가운데는 일본 여성과 내연관계를 맺고 동거하는 사람이 적지 않다는 것이었다.[294]

또한 일본인 중에도 내선연애·내선결혼에 반대해 행동한 사람이 있었다. 1927년 평남 순천에서는 학교장의 딸 가토 노부코(加藤信子, 17)와 운전수 백광수(白光壽, 24)가 연애하는 것에 대해 그들의 부모도 은연중 묵인하고 있었다. 그런데 사실을 탐문한 일본인 경찰서장이 "일본 녀자와 조선 남자 간의 서로 련애를 하게 되엿슴은 일본인의 큰 수치"라면서 노부코의 부모를 설득해 노부코는 일본으로 돌려보내고 백광수는 남의 여자를 유인했다는 명목으로 순천에서 퇴거시킨 것이다. 이러한 내선결혼 반대자들은 두말할 것도 없는 "'일선융화'의 반대자"[295]였다. 1940년에 목포에서 결혼한 윤치호, 다우치 지즈코 부부에 대해서도 주위 일본인들은 "일본인의 수치"로 여겼고, 친했던

293 「廣島中學의 朝鮮教諭」, 『東亞日報』 1921년 5월 23일자.

294 警視廳 特別高等課 內鮮高等係, 앞의 자료, 68쪽.

295 「자명종」, 『朝鮮日報』 1927년 9월 19일자.

이들도 이후 길에서 지즈코를 만나면 모르는 척했다.[296] 일본인들이 이와 같이 조선인 남성과 일본인 여성의 연애·결혼을 '수치'라며 혐오한 것은, 남성이 가정에서 우위를 차지하는 현실 속에서 이러한 통혼 가정에서는 민족의 지배·피지배관계가 역전됨을 꺼렸기 때문일 것이다.

실제로 조선인 남성 가운데는 성별 또는 계급적 우위를 바탕으로 일본인 여성을 성적 대상으로 취함으로써 민족적 열등감을 채우려는 사람도 있었다. 내선연애를 하거나 동거한 사람이 모두 내선융화의 옹호자는 아니었던 것이다. 김소운은 「역유기(逆遊記)」(1968)에서 조선인 중에는 "일본인을 사랑할 수 있고 애인 삼을 수는 있으나 아내로는 삼지 않는다는 지사"가 흔하다고 비꼬면서, 조선인 남성이 일본인 여성을 농락했다고도 할 만한 사례들을 전했다. 전문학교 교수였다가 해방 후 문교차관까지 지낸 S씨는 도쿄 유학 중 하숙집 딸 다카하시(高橋)와 사귀며 하숙비를 내기는커녕 그 집에서 학비까지 내줬는데, 졸업하자 여자를 버리고 귀국했다. 문화인 M씨도 요시와라(吉原) 누주의 딸과 사귀다가 결혼 이야기가 나오자 교분을 정리했는데, 이에 대해 누구 하나 칭송하지 않는 사람이 없었다는 것이다. 그 자신 일본인 여성과 결혼했던 김소운은 연애는 일대 일의 관계지만 결혼에는 부모 형제, 친척, 사회가 관계되므로 어쩔 수 없다는 변명을 인간이 민족에 우선한다는 논리로 반박했다.[297] 처자식이 있는 조선인 남성과 연애하여 도쿄에서 경성에 온 다카코(孝子)가 예술가, 문인 등 지식 청년들 사이에서 "한덩이 살코기를 뭇개가 서로 찢듯이" 돌림 애인 노릇을 하다가, 결국 동거하던 시인 황석우의 어처구니없

---

296 田內基, 앞의 책, 1984, 142~143쪽.

297 金素雲 著, 『金素雲隨筆選集』 5, 亞成出版社, 1978, 134~135쪽.

는 질투로 구타당한 후 쫓겨난 사례를 남기는 등,[298] 민족 문제를 핑계로 일본인 여성에 대한 농락과 학대를 정당화하려 한 조선인 지식층 남성들에 대한 김소운의 비판에는 자못 날이 서 있었다.

그러나 그런 마음으로 일본인 여성과 연애결혼했던 김소운의 가정도 결국 파경을 맞고 말았다. 첫 번째 계기는 "어디 계집이 없어서 그까짓 일본년"과 결혼하느냐는 집안의 반대에, 온 서울이 자기를 미워한다고 느낀 처 시즈코가 1929년에 홀로 일본으로 돌아간 것이었다.[299] 이후 김소운은 일본에 살면서 "말로나 글로는 형용할 수 없는 그 불가사의한 '피'의 인력, 부인네의 고무신짝 하나만 보아도 가슴이 설레는 향수"를 느끼면서, 이민족끼리는 결혼할 것이 아니라고 절감했다.[300] 이는 시즈코 역시 마찬가지였다. 우여곡절 끝에 두 사람은 조선에서 다시 함께 살게 됐지만, 시즈코도 나이가 들수록 "되돌아오는 혈액에의 회귀"로 인해 아무리 심한 동북 지방 사투리라도 진짜 일본어를 들으면 정겹다고 생각할 만큼 문화의 차이는 깊었다.[301] 김소운과 시즈코가 아시아태평양전쟁도 끝나갈 무렵인 1944년경에 최종적으로 남남이 된 결정적 계기는 민족의식 또는 국가의식의 차이였다. 김소운이 일본의 불리한 전황을 감춘 거짓 기사를 비판하자, 시즈코는 "당신은 죠오센징이니까 그런 비판을 하는 거예요. 우리 일본인은 거짓말이라도 좋아요. 그렇게 믿고 싶어요"라며 처음으로 정체성을 분명히 밝혔던 것이다. 이처럼 '인간'이 물러가고 '민족'이 앞장을 서게 되자, 사랑도 애정도 아닌 생활의 동행자였던 관

---

298 위의 책, 56~61쪽.

299 위의 책, 133쪽.

300 위의 책, 151쪽.

301 金素雲, 「内鮮結婚の問題」, 『婦人公論』 1940.10, 198쪽.

계마저 파탄에 이르게 되었다.[302]

김소운은 이러한 내선결혼 가정의 어려움을 다음과 같이 잘 정리했다.

> 이민족의 결합, 그중에서도 내선결혼은 여러 의미에서 암초에 좌초하는 비율이 높다. 또한 있을 만한 작은 실패도 사람들의 눈에는 과장되게 비추고, 불행한 쪽으로 불행한 쪽으로 해석되기 쉬운 것 같다. 결혼의 의미가 일대 일의 결합만으로 완성되는 것이 아님은 새삼스럽게 말할 필요도 없을 것, 배후에는 시부모나 배우자의 형제자매가 있고, 친척이라는 업신여겨서는 안 될 관문도 대기하고 있다. 또한 사회라는 커다란 입회가 있고, 무언가 어딘가의 말참견이 두렵다. 이러한 모든 조건에 적합해서 받아들여지는 경우와 그렇지 않은 경우에 자연히 행로의 난이도가 달라지는 것은 당연한 일이다.[303]

이러한 상황임에도 1941년 경성일보사 기자는 내선결혼은 자국민끼리의 결혼이기 때문에 만주국이나 중국인 여성을 결혼 상대로 고르는 것과는 완전히 다르다고 주장했다. 사랑은 국경을 초월할 수 없지만, "내선결혼은 국경 안의 사랑의 결합인 이상, 내지인끼리, 반도인끼리의 결혼에 부여되는 것과 같은 사회의 보호가 눈에 보이지 않으면서도 있"다는 주장이었다. 하지만 그도 일본인과 조선인의 결혼이 행복해지지 못하는 것은 내선결혼을 시끄럽게 논하는 세상과 친척의 책임임을 인정할 수밖에 없었는데,[304] 주위 사람들이

---

302 金素雲, 앞의 책, 1978, 133~136쪽, 236~238쪽.

303 金素雲, 앞의 글, 1940.10, 198쪽.

304 岩本正二, 앞의 글, 1941, 39~41쪽.

유독 내선결혼에 적대적이었던 이유는 다름 아닌 일본과 조선이 일본이라는 '같은' 나라에 속한다는 사실, 그것 때문이었다.

2) 내선혼혈아의 정체성 혼란

1934년에 이규완의 가정을 찾은 오사카마이니치신문 기자는 6명에 달하는 '내선융화 제2세'들의 밝은 모습을 전하며, "이 가정의 어느 구석을 찾아보아도 어두운 그림자는 조금도 보이지 않는다"고 칭송했다.[305] 이러한 내선혼혈아야말로 사랑을 연쇄시킬 매개로서 양 민족의 영구결합을 약속하는 존재였던 것이다. 하지만 내선융화의 결과인 아이들도 모든 가정에서 환영받은 것은 아니었고, 부모가 생활고 등으로 가정을 유지하기 곤란할 때는 기아나 동반자살의 대상이 되었다. 1927년에는 경성의 한 일본인 집에 잘 키워달라는 일본어 편지와 함께 여자 아이가 버려졌는데, 범인은 이수동(李壽童)의 아내 히가시(東) 유기로 밝혀졌다. 이들은 1924년 도쿄에서 만나 사랑하게 된 이래 장남(3), 장녀(2)를 낳고 함께 살았지만, 남편이 실직하고 생활이 어려워지자 아이를 하나씩 맡기로 하고 헤어졌다. 하지만 유기는 아이를 데리고는 먹고 살 길이 없자 요리점에 몸을 의탁하면서 빚을 얻어 남편에게 아들 양육비를 주고 딸은 버린 것이었다.[306] 또한 아이치현 출신의 미나미 스미코(南澄子, 29)는 1922년에 오사카 체신국에 근무하던 니혼대학 졸업생 김낙선(金洛善, 31)을 소개받아 결혼했지만, 1934년 함흥에서 생활하던 중 남편이 회사 공금을 횡령해 복역하게 되자 생활고로 4명의 자녀들을 데리고 자살하려다 목숨을 건

---

305 「內鮮融和第二世」(1),『大阪每日新聞 朝鮮版』1934년 1월 17일자.

306 「國境업는 愛의 悲劇, 日本女子棄兒罪」,『東亞日報』1927년 4월 2일자.

졌다.[307]

뿐만 아니라 혼전연애관계에서 태어난 아이들은 부모에게 살해당하기도 했다. 1925년 경주에서는 일본에 품 팔러 갔던 김씨와 "비밀히 남모르게 세월을 달게 보내이든 중 마츰내 잉태"까지 하게 된 23세의 일본인 여성이 한밤중에 낳은 여아를 그 자리에서 압사시켜 뒤뜰에 묻었다.[308] 1929년 경성 모 상점 주인의 처제 사이토(齋藤) 지에(23)와 점원 김동진(金東鎭, 23)도 아들을 낳자 이불에 싸 죽인 후 기회를 보아 매장할 생각으로 지에의 방 벽장에 넣어두었다가 경찰에 발각되었다.[309] 경성지방법원으로 송치된 이 사건의 공판에는,[310] "내선 젊은 남녀 사이에 애욕이 나은 범죄"인 만큼 많은 관심이 집중되어 방청객이 몰려들었다.[311] 법정에서 두 사람은 "오랫동안 옥중에서 서로 그리드니 만큼 울면서 대답하는 곁눈으로 서로 그리든 얼굴을 간간히 바라는 것"으로 일장 희비극을 연출하고,[312] 애인을 위하여 서로 변호해주었다.[313] 이에 검사도 피고들의 태도와 정상을 참작해 징역 3년을 구형했고,[314] 결국 각각 2년형을 선고받았다.[315] 1934년에도 인천에서 간호사로 일하던 신귀월(申貴

---

307 「四男妹를 데리고 鐵路에 投身한 少婦」, 『東亞日報』 1934년 11월 30일자.

308 「産兒 壓殺한 日女」, 『朝鮮日報』 1925년 5월 10일자.

309 「朝鮮男 日女間 嬰兒壓殺」, 『朝鮮日報』 1929년 3월 8일자.

310 「日女 朝鮮男간 不正兒 殺害犯」, 『朝鮮日報』 1929년 3월 13일자.

311 「愛慾의 殺人公判 傍聽席은 눈물판」, 『每日申報』 1929년 4월 6일자.

312 「朝男 日女間의 生兒 壓殺한 公判」, 『朝鮮日報』 1929년 4월 6일자.

313 「愛人을 爲하야 서로 辯護」, 『中外日報』 1929년 4월 7일자.

314 「不義兒를 壓殺코 法廷에 선 朝男日女」, 『東亞日報』 1929년 4월 7일자.

315 신문에서는 여성의 이름을 '藷方후미에', '緒方澄江'로 보도했다. 하지만 판결문에는 '齋藤ちゑ'로 기재되었으므로(伊藤憲郎 編, 『朝鮮性慾犯罪判決集』, 秀美堂印刷所,

月, 20)이 니이무라 주지(新村忠治, 30)와 정을 통하다 낳은 아들을 모친(47)과 공모해 질식사시킨 후 파묻었는데, 함흥지방법원은 모녀에게 징역 3년을 구형했다.[316] 1938년에는 가정 형편 때문에 용산에서 식당 여급으로 일하던 임춘자(林春子)가 식당에 출입하던 자동차 운전수 야마모토(山本)의 아이를 낳았지만, 그가 아이를 인지해주지도 않고 부모를 대할 면목도 없자 아이의 목을 눌러 죽였다. 경성지방법원에서 열린 이 사건의 공판을 특별 방청한 진명여고보 졸업반 80여 명은 모두 동정의 눈물을 흘렸고, 검사는 징역 4년을 구형했다.[317] 당시 영아살해는 강간 등 원치 않는 성행위로 임신한 경우, 또는 낳아도 가난해서 기를 수 없거나 사생자로 배척당할 것이 예상되는 등, 절망적인 상황에서 자주 발생했다.[318] 즉, 낙태에 실패한 여성이 선택하는 최후의 수단이 영아살해였으므로 일반의 동정을 받는 편이었지만, 이 경우 '내선혼융'의 아이들이라도 태어나자마자 죽임을 당한 것이다.

한편, 내선결혼 부부가 소외당한 것과 마찬가지로, 자녀들도 사회로부터 환영받지만은 못했다. 이에 부모는 자녀가 따돌림을 당하거나 정체성의 혼란을 겪지는 않을지 걱정해야 했다. 1936년에 도쿄에서 화가 최근배(崔根培)와 결혼한 다무라 지요코(田村千代子 → 崔千代子)는 1937년에 처음 조선에 와서는 아이도 낳고 "완전히 조선 가정의 한 사람"이 되어, 김치, 된장, 고추장 등 모든 음식을 잘 먹고 한복도 지어주어 입게 되었다. 하지만 보통 가정과는 달라 아

1931, 21~23쪽), 이 책에서는 신문을 인용할 때도 사이토로 표기했다. 반면 신문에 실린 조선인 남성의 이름은 판결문과 동일하여 대조적이다.

316 「處女가 生男 부끄러워 죽여」, 『東亞日報』 1934년 6월 13일자.

317 「不義兒壓殺 事件公判 女給에 四年求刑」, 『東亞日報』 1938년 1월 29일자.

318 후지메 유키 지음, 김경자·윤경원 옮김, 앞의 책, 2004, 137~144쪽.

이들도 성장함에 따라 사회의 주목을 많이 받게 될 것이므로 장차 어떻게 교육시킬지가 고민이었고, 이웃 아이들과 노는 것도 일일이 신경이 쓰였다.[319] 1945년에 일본에서 결혼한 조선인 남편과 일본인 처가 해방 직후 조선으로 건너오기로 결정한 이유도 갓 태어난 장남이 '조선인의 아들', '튀기'로 놀림당할 것을 두려워했기 때문이었다.[320]

실제로 내선혼혈 아동은 정체성의 혼란을 겪기도 했다. 샌프란시스코에서 태어난 박영근(朴永根)은 2살 때 조선인 어머니가 가출한 후, 5살 때 일본인 아버지와 함께 조선에 건너왔다. 아버지도 사망하자 박영근은 보통학교를 졸업한 후 도쿄로 유학을 갔고, 어머니를 만나러 미국에 밀항하려다 실패했다. 그리고는 14살이었던 1927년 요코하마(横浜)에서 "동경에서 고학을 하고 고국으로는 돌아가지 않을 것"이라고 말했는데, 이를 통해 그가 조선에서 차별당했음을 짐작할 수 있다.[321] 반대로 1928년에는 역시 일본인 아버지와 조선인 어머니 사이에서 태어나 6살 때 부모와 일본에 건너갔던 규스케(舊助, 19)라는 소년이 조선 땅을 그리워한 나머지 가출하여 각지를 유랑하다가 발견되었다.[322] 이름으로 보아 전자는 내연, 후자는 법률혼일 가능성이 높지만, 똑같이 일본인 아버지와 조선인 어머니에게서 태어났으면서도 조선에서 자란 아이는 일본을, 일본에서 자란 아이는 조선을 향한 것이다. 이는 그들이 생활하던 사회에 녹아들지 못했기 때문이었겠지만, 기대했던 반대편에서도 환영받

319 「內鮮結婚의 藝術家 家庭記」(1),『三千里』13-3, 1941.

320 綛谷智雄,「재한일본인 처의 형성과 생활적응에 관한 연구」, 고려대학교 사회학과 석사학위논문, 1994, 70~81쪽.

321 「어머니를 차저서 水陸十萬里의 길」,『中外日報』1927년 8월 1일자.

322 「朝鮮이 그리워 日本에서 逃亡」,『東亞日報』1928년 3월 21일자.

기 어려울 것임을 예측할 수 있다.

'보통'과 다른 자녀들이 차별과 정체성의 혼란을 겪을 것을 우려한 부모들은 내선결혼 사실을 감추기도 했는데, 대개는 일본인 부부를 가장하며 "처 또는 남편이 조선인인 것을 세간이나 친척에, 극단적이 되면 자신들의 아이에게까지 가급적 숨기려" 했다.[323] 일본에서 태어나 1946년에 한반도로 건너온 秋巧도 일본에 있을 때는 아버지가 조선인임을 몰랐다.[324] 망명자 우범선의 유복자로 태어난 차남은 형 우장춘과 함께 일본인 친어머니 밑에서 자랐지만, 호적상 다른 일본인의 친자로 입적되었기 때문에 남들은 그가 조선인의 아들임을 알지 못했다. 그래서인지 그는 차별당한 기억이 없는 대신, 자신이 일본인인지 한국인인지 생각해본 적도 없다고 말했다.[325]

혹은 아이들 스스로 혼혈이라는 사실을 밝히지 않기 위해 침묵하거나 혼혈인이라는 정체성을 부정하기도 했다. 1927년 평양에서는 야마네 요시오(山根義雄, 23)라는 청년이 "이편에도 저편에도 서지 못하는 혼혈아의 딱한 처디를 비관"해 자살을 시도했다. 그의 아버지는 남부 지방에서 토목 공사에 종사하고, 요시오는 어머니 윤씨(58) 및 동생(20)과 함께 살았는데, "근처 사람과 상종하기도 실혀 하며 자긔네 부모의 이악이 가튼 것을 하면 더구나 말을 피하야 항상 적막한 일면"을 가져오다가 자살을 택한 것이었다.[326] 1939년 잡지 『문예수도(文藝首都)』에 발표된 김사량의 단편소설 「빛 속에(光の中に)」에 등장하는 내선혼혈아 야마다 한베에, 하루오 부자도 마찬가지이다. 한베에는 요리점 주

323 「愛の契りは堅し—內鮮一體結婚の先驅, 吉野氏家庭訪問記」, 『內鮮一體』 1, 1940, 41쪽.

324 藤崎康夫, 앞의 글, 1972, 271~272쪽.

325 角田房子, 앞의 책, 1990, 60쪽, 78쪽.

326 「日本人과 朝鮮人의 混血兒 飮毒」, 『中外日報』 1927년 11월 26일자.

인을 협박해 그곳에서 일하던 정순을 처로 얻어 하루오를 낳았지만, 일본에서 생활하면서 정순은 자신이 조선인임을 감추려 하고 하루오 역시 조선인 어머니를 부정하며 거짓말을 한다. 하지만 조선을 부정하면서도 조선인 선생님에게 친근감을 느끼는 하루오의 이중성은, 역시 조선에서 태어났고 어머니가 조선인이기 때문에 조선이라는 말만 들어도 화를 내면서도 조선인 여성과 결혼한 한베에의 이중성과 같은 것이었다.[327] 야마네 요시오와 야마다 부자는 모두 이름으로 보건대 호적상 일본인이었을 텐데, 그만큼 이들은 조선인 혈통을 감추고 '순수'한 일본인을 가장하는 데 성공할 가능성이 높았다. 그러나 일본인의 조선인에 대한 차별을 의식하고 조선인 혈통을 부정할수록 조선에 대한 그리움도 커진 것이다. 이처럼 자기를 긍정하지 못하는 내선혼혈 아동을 매개로 내선융화가 촉진될 것이라고 기대하기 어려움은 물론이다.

내선혼혈 가정이 유독 조선인 혈통을 부정한 것은 단지 양 민족이 내선결혼·혼혈에 거부감을 보여서만이 아니라, 같은 일본국적민이라면서도 조선인을 열등하게 여겨서 생긴 일이었다. 후루타니 에이치(古谷榮一) 등은 1940년 귀족원에 조선인이 일본 전래의 성씨를 칭할 수 있게 해서는 안 된다는 청원서를 제출하면서, 그들 가정에 "바람직하지 않은 비밀"이 생기기 때문이라는 이유를 들었다. 조선인인 모 육군 중좌는 자기 성을 그대로 쓰므로 주변도 명랑하지만, 어떤 고관은 조부가 조선인임을 가급적 비밀로 하기 때문에 사실을 아는 사람은 많지만 항상 귓속말로 밀담해서 비밀이 난무한다는 것이다. 따라서 조선인에게 일본인풍의 씨를 허락하면 "수백만 동포 가정에 거리낄 만한 비밀과 기만을 만들어, 이로부터 무수한 비극"이 생기고, 결국 야마토(大和) 민족도 아니고 조선 민족도 아닌 극히 불건전한 사상의 소유자를 만

327 김사량, 「빛 속에」, 임헌영 엮음, 『김사량 작품집』, 지식을만드는지식, 2008.

들어낼 것이라고 주장했다.[328] 후루타니는 일본인풍 씨를 사용할 수 있게 되면, 조선인들이 스스로 조선인임을 감추고 일본인을 가장할 것을 우려한 것이다. 조선인 또는 내선혼혈임을 가급적 감추고 싶어하는 마음이 비극적인 것은 사실이다. 하지만, 조선인에 대한 차별을 철폐하라는 것이 아니라 조선인임을 감출 수 없게 하라는 것을 대책으로 제시할 만큼 이해심 없는 일본인이 존재하는 한, 비극은 계속될 것이었다.

이처럼 조선총독부는 조선인과 일본인이 '동조동근'임을 강조했고, 실제로 두 민족은 마음만 먹으면 내선결혼 또는 내선혼혈임을 숨길 수 있을 정도로 외모도 유사하고 문화적으로 동화하기도 쉬웠지만, 서로를 다른 민족으로 인식하는 양 민족의 결혼은 사회로부터도 배척당했다. 일제는 내선연애·내선결혼을 통해 두 민족의 정신적·문화적 차이를 극복하고 생물학적으로도 결합하기를 바랐지만, 실질적으로 지원받지 못한 내선결혼 부부가 정신적·문화적으로 괴리된 양 민족의 갈등을 극복하기는 역부족이었다.

---

328 No. 1275-2.「朝鮮同胞に伝来の名字許与反対の件についての請願書」,『大野緑一郎関係文書』R-150.

소결
'융화'와 '불화'의 공존, 내선결혼을 통한 동화의 어려움

1910년대 중반 이후 일본 식민정책학계에서는 식민지민의 저항 때문에 동화정책은 불가능하거나 기만적일 수밖에 없다는 견해가 힘을 얻고 있었지만, 일본 정부는 여전히 조선은 일본과 유사하므로 동화가 가능하다고 주장했다. 그러나 실제로 3·1운동이라는 거대한 저항에 봉착하자, 민족 간의 이해와 사랑이 저항을 무마할 방책의 하나로 주목되었다. 조선인이 마음으로부터 식민 지배에 순종하게 하는 방책, 즉, 조선인을 동화시키기 위한 전제가 '융화'이고, 1920년대 내선결혼은 내선융화의 상징으로 급부상한 것이다.

조선총독부는 1921년 '내선결혼' 법제의 시행을 전후하여 내선결혼을 양 민족이 서로 사랑으로 가정을 이루는 융화의 결과로 표상하고, 사랑을 연쇄시킬 융화책으로서 통혼을 장려한다는 선전을 본격화했다. 이때 내선결혼은 가정의 일상생활에서부터 조선인이 일본의 문화와 생활양식을 접하게 함으로써 조선인의 사상·문화를 일본인화할 수 있고, 나아가 자녀의 출산을 통해 생물학적으로도 일본인화할 수 있는 동화의 궁극적인 수단으로도 이상화되었다. 하지만 이를 통해 내선결혼이 조선인과 일본인의 영구결합을 가져올 것이라는 논리가 현실성을 갖기 위해서는 적어도 두 가지 전제가 충족되어야 했다. 통혼이 양적으로 상당히 증가해야 하고, 질적으로도 통혼 가정이 파탄에 이르지 않고 영구결합되어야 한다는 것이다. 이에 조선총독부도 1920년대부터 내연을 포함해 조선에 거주하는 내선결혼 부부의 수를 적극 조사·공표하면서, 통혼은 매년 증가하고 그 가정은 모두 원만하다고 강조하며 내선융화의 전도는 밝다고 주장했다. 하지만 당시 자유연애와 연애결혼을 이상으로 하는 결혼관이 유행하는 가운데, 조선인 식자층은 내선결혼 자체를 정략결혼으로 보고 배척했으므로 조선총독부도 직접적인 통혼 장려책을 시행하지는 않았다. 이로써 내선결혼이 현실에 방임된 결과, 조선에서는 통혼 부부의 비율이 높지 않았고 매년 새로 결혼하는 부부의 수에도 거의 변화가 없었으며, 조선인과 일본인의 경제적·사회적 격차를 반영하여 내선결혼 부부의 수에는 지역·직업·유형별로 차이가 생겼다.

또한 내선결혼이 사랑으로 맺어진다는 선전과 달리, 실제로는 정략적 혹은 경제적 동기로 인한 통혼도 많았다. 당시 일본인과 조선인 모두 일반적으로 부모가 자녀의 결혼 상대를 정하던 상황에서 부모가 당사자의 의사와 무관하게 내선결혼을 결정하기도 했고, 심지어 성범죄나 인신매매가 통혼의 계기가 되기도 했다. 뿐만 아니라 자유연애 또는 자유연애로 맺어진 결혼이라도 반드시 원만하거나 영구결합하지는 않았다. 사랑에는 종종 변심이 뒤따랐으므로 연애 중이거나 결혼한 뒤에도 결별하는 일이 드물지 않았고, 자유연애는 오히려 기혼 남성의 작첩·중혼이나 기혼 여성의 간통으로 발현되어 일부일처제와 충돌하는 경우도 많았다. 또한 양 민족 모두 내선연애·내선결혼을 백안시하는 가운데 부모의 반대를 무릅쓰고 결혼을 감행해야 했던 통혼 가정들은 부모·친척과 사회로부터 소외당하기도 했고, 혼혈아들은 정체성의 혼란도 겪었다. 조선총독부의 내선결혼 통계에는 이들도 민족 간 '융화'의 결과로 집계되었지만, 이러한 내선융화의 가정은 현실에서는 다양한 '불화'를 수반하면서 역으로 내선융화의 취약성을 보여주었다.

뿐만 아니라 내선결혼이 반드시 조선인의 일본인화를 촉진하지도 않았다. 내선결혼 부부 중 관리·귀족 등 상층 조선인은 가정생활도 일본인화되는 경향이 있었지만, 이는 통혼의 결과라기보다는 원래 일본 문화에 익숙했거나 일본인화되려는 의지가 강했기 때문이었다. 그 외는 조선에 거주하는 이상 많든 적든, 좋든 싫든 어느 정도 조선풍을 수용할 수밖에 없었고, 거기에 서양풍을 가미하는 등 가정의 생활양식은 각자의 상황에 따라 실로 다양했다. 그런데 이는 조선인을 기준으로 보면 일본인화되는 것이지만, 일본인을 기준으로 보면 조선인화되는 것이기도 했다. 당시 현상에서 조선인 남성과 일본인 여성의 결혼이 다수를 차지하자, 조선인은 처는 남편을 따라 조선인화되어야 한다고 주장한 반면, 일본인은 여성이 가정의 주인이라면서 통혼 가정의 일본인화를 기대하는 등, 양자는 각자의 입장에서 현실을 해석하고 자기 민족으로 동화할 것을 요구했다. 이처럼 서로 '순수'를 추구하는 이상 내선결혼 가정이 양쪽 모두에서 부정적으로 인식될 가능성이 높았음은 물론이다. 또한 조선인 남성이 학생이나 노동자로 일본에 도항하는 경우가 많고 조선인은 당연히 일본에 살 때 더 문화적으로 동화되기 쉬웠으므로 내선결혼은 대개 일본에서 이뤄졌다. 하지만 일본인화된 조선인 남성은 조선인임을 숨긴 채 일본인 여성과 결혼하곤 했고, 일본인화된 내선결혼 가정 역시 사회의 혐오를 피해 일본인을 가장하기도 했다. 조선인 전반이 문화적으로 일본인화되지 않는 이상 조선에서 내선결혼은 갈등을 야기하거나 일본인의 조선인화로 이어지기 쉬웠고, 일본에서는 동화된 조선인 남성이 신분을 속이고 일본인 여성을 처첩으로 삼는 역전이 일어나고 있었던 것이다.

제3부
전시체제기 내선결혼 정책과 내선혼혈 문제

제1장
'내선일체' 정책에서 내선결혼의 위상

1. '내선일체'의 제창과 적극적 내선결혼 장려론

만주사변(1931) 이후의 이른바 '15년전쟁기'는 일본의 정치사·사상사에서 중요한 전기였다. 정치적으로는 군부가 실세로 등장하여 정당정치를 부정했고, 천황기관설 사건(1935)과 2·26 사건(1936) 이후 사상적으로도 영미식 자유주의와 개인주의를 배격하고 만세일계의 천황이 통치한다는 '만방무비(萬邦無比)'의 국체를 신념화할 것을 일본 국민들에게 강요하는 등,[1] 근대 사상의 '질식' 과정이라 할 만한 변화를 겪었다.[2] 대외적으로 침략전쟁을 벌이는 가운데 벌어진 급속한 내부 변화는 일본 정부와 의회에서도 정책에 대한 혼란을 일으

1 김창록, 「일본에서의 서양 헌법 사상의 수용에 관한 연구」, 서울대학교 법학과 박사학위 논문, 1994, 121~132쪽.

2 이에나가 사부로 엮음, 연구공간 '수유+너머' 일본근대사상팀 옮김, 「근대사상의 질식 과정」, 『근대 일본 사상사』, 소명출판, 2006.

켰다. 변화와 혼란은 식민정책에서도 마찬가지여서, 조선총독부는 '내선일체(內鮮一體)' 정책을 추진해 조선인의 일본인화에 박차를 가했지만, 조선총독부와 일본 정부 내에서도 사람 또는 기관에 따라 동화정책에 대한 인식이 서로 달랐다. 또한 '만방무비'한 일본의 국체와 일본인의 우수성을 강조하는 가운데 동화정책에 회의적인 일본인도 더욱 증가했다.

1936년 8월에 부임해 온 조선총독 미나미 지로(南次郎)는 중일전쟁(1937)이 발발한 뒤 열린 1938년 1월의 도지사회의에서 조선 통치의 목표는 "반도의 일본화, 즉 내선일체의 구현"에 있다고 천명하였다.[3] 이를 실현하기 위해 동년 2월에는 '육군특별지원병령'에 따라 조선에 지원병제도를 실시했고, 1944년에는 징병제까지 시행했다.[4] 또한 조선인에게 일본어를 철저히 보급하기 위해 각도 성인 대상 강습회에 간이국어교본을 제작해 배포하는 한편,[5] 10개년 계획으로 수립된 제2차 조선인초등교육보급확충계획(1936)의 기간을 단축하고 '조선교육령'도 개정하였다.[6] 조선총독부는 1928년에도 보통교육확장안을 발표하고 '1면 1교'를 목표로 보통학교를 확충하려 했지만 재정 부족으로 계획을 축소해야만 했다.[7] 하지만 전시체제기에는 교육 등 동화의 이념에 맞는 실질적인 수단을 시행하는 데 힘씀으로써, 조선인의 정신적·문화적 일본인화를 본격적으로 추진하기 시작했다.[8]

---

3 「(彙報) 重大聲明に關し道知事會議その他開催」, 『朝鮮』 273, 1938, 183~184쪽.

4 宮田節子 지음, 李熒娘 옮김, 『朝鮮民衆과 「皇民化」政策』, 일조각, 1997, 29~58쪽, 126~139쪽.

5 「(彙報) 簡易國語教本」, 『朝鮮』 274, 1938, 163쪽.

6 오성철, 『식민지 초등교육의 형성』, 교육과학사, 2000, 95~101쪽.

7 李炯植, 『朝鮮總督府官僚の統治構想』, 東京: 吉川弘文館, 2013, 204~209쪽.

8 권태억, 「동화정책론」, 『역사학보』 172, 2001.

조선총독부의 정치적 구호가 '내선일체'로 바뀜에 따라 내선결혼 선전에서도 강조점이 달라졌다. 자유연애결혼이 서구적 방종으로 비판받는 가운데 내선결혼을 사랑과 연결시키는 경향이 약해지고, 가정의 원만함과 융화보다 내선결혼을 통해 조선인의 사상과 생활양식이 일본인화되는 데 의미를 부여하게 된 것이다. 1940년 12월의 『매일신보』 사설은 이러한 선전 논리를 잘 보여준다. 이 기사는 내선일체를 완성하려면 먼저 일본인과 조선인의 사상을 통일해야 하는데, 그러려면 무엇보다 내선결혼을 장려해 가정에서부터 참된 황국신민으로 출발하게 해야 한다고 주장했다. 조선인이 야마토(大和) 민족의 성격을 체득하기 위해서는 일본어를 상용하며 일본어로 사물을 생각하는 동시에 "내선 간의 결혼을 장려하야 내선일체를 일홈이나 실제에 잇서서 실지로 일상생활로 실천함으로써 황국신민된 의식을 함양"하도록 해야 한다는 것이다.[9] 일본어 보급과 내선결혼 장려는 이와 같이 조선인의 사상과 일상생활을 일본인화할 수 있는 동화의 주요 수단으로 설정되었다.

내선결혼에 관한 선전의 초점이 바뀌자, 신문에 보도되는 사례들도 통혼으로 조선인의 가정생활이 일본화되었거나 결혼 당사자가 군인인 경우가 주를 이루게 되었다. 1940년에 창씨명을 상용하는 모범 가정으로 선전된 아오야마 노부스케(青山信介 = 정용신) 조선총독부 사무관의 아내 아오야마 아이코(青山愛子)는, 남편은 호적상 조선인이지만 부모의 내선결혼으로 순일본인식으로 생활해왔다고 강조했다. 노부스케의 어머니가 일본인이었기 때문에 지금까지도 일본인과 똑같이 생활해왔고 창씨개명만 이번에 했다는 것이다. 아이코도 결혼 전부터 가정에서 일본어를 사용했고 일본인과 함께 여학교를 다니면서 자연스럽게 모든 생활양식이 일본에 모방된 상태였다. 이처럼 내선결혼

---

9 「내선결혼의 장려」, 『每日新報』 1940년 12월 19일자.

혹은 내선공학 등으로 이미 일본인화되었던 두 사람은 결혼한 뒤에도 모든 생활을 일본풍으로 했고, 아이들도 전부 일본어를 상용했으며, 신의주의 관사에 거주할 때도 전부 일본인과 똑같이 생활해왔다고 설명했다.[10] 아오야마 가족은 호적상 조선인이면서 내선결혼의 효과로 2~3세대에 걸쳐 일본의 언어와 생활양식을 체화한 사례였다.

군인의 내선결혼 사례는 일본인 남성에게만 병역의무가 부과되었기 때문인지, 조선인 여성이 일본인 군인의 아내가 되어 총후의 가정을 지키는 내용이 많다. 1938년에는 유모토 타로(湯本太郎) 상등병과의 혼인 승낙서를 가진 조선인 여성이 고베(神戶)에 입항한 일이 보도되었다. 중국 산동성에 머물던 유모토는 출정한 뒤 아내마저 세상을 떠나자 남겨진 4명의 아이들을 걱정했는데, 이를 본 식당 종업원 이진이(李進伊, 22)가 아이들을 돌보겠다고 나섰고, 부대장이 두 사람의 혼인을 주선하여 결혼식을 올리고 고베항으로 들어온 것이었다.[11] 1941년에는 대구에 사는 김정숙(金貞淑)이 부모의 허락하에 병장 구로 야스오(黑康夫)와 결혼한 일이 '내선결혼의 아름다운 꽃'으로 보도되었다. 이들은 그로부터 3년 전, 구로가 야외 훈련을 하던 도중 김정숙의 집에 머물면서 가까워졌고, 전쟁에서 살아 돌아오면 결혼하자고 했던 약속을 지킨 것이었다. 이는 그야말로 "대륙의 전야에서 생사를 모르고 싸우는 한 병졸과 반도의 총후를 직히는 한 농촌 처녀와의 사이에 피여난 소설과 가튼 내선일체의 '로맨스'"였고, 제대한 구로는 다시 "총후의 전사"가 되어 흥남조선질소비료공장에서 일하게 되었다.[12] 나카무라 스스무(中村進)는 중국의 전쟁터에 있을

10 「創氏名家庭化의 披露談」, 『每日新報』 1940년 8월 28일자.

11 「勇士의 遺兒를 養育코저 結婚」, 『東亞日報』 1938년 10월 23일자.

12 「내선결혼의 아름다운 꼿」, 『每日新報』 1941년 7월 27일자.

때 위문편지를 보내온 경성의 어느 여학교 조선인 학생과 편지를 주고받으며 가까워져서, 역시 제대 후인 1940년에 결혼에 이르게 되었다.[13] 또한 다나카 미쓰요시(田中光吉)와 1933년에 결혼한 보희(寶喜, 30)는 1남 1녀를 낳고 "자미로운 가정을 꾸미고 지내여서 이는 내선일체의 산 표본"이라는 평을 들었는데, 1940년에 남편이 전사하자 "남편의 유지를 바쓰는 가운데 군국의 어머니로서의 임무"를 다했다고 보도되었고, 1943년에는 야스쿠니(靖國)신사 춘계임시대제에도 유족으로 참여했다.[14] 그 외에 1943년 사리원에서는 한 일본인 여성이 자기 상점에서 일하던 조선인 남성의 학비와 사업 자금을 대주다가, 그가 지원병에 합격하자 입양하여 모자의 연을 맺기도 했다.[15] 이와 같은 군인의 통혼, 입양은 일본인과 조선인이 가족이 되어 전선과 총후의 가정 모두에서 전쟁을 수행하는 가장 모범적인 내선일체 사례들이었다. 그리고 내선결혼을 미화하는 기사가 증가하는 한편에서 각종 사건사고 보도는 사라져갔다.

한편, 내선일체가 제창된 후에는 정신적·문화적 동화뿐 아니라 내선융화 단계에 비해 생물학적 동화의 중요성이 한층 강조되었다. 미나미 총독은 내선일체를 다음과 같이 외형[形], 마음[心], 피[血], 살[肉], 즉 몸과 마음이 모두 하나가 된 상태로 정의하고, 조선과 일본은 내선융화에서 한 발 더 나아가 절대 떨어질 수 없는 완전한 일체가 되어야 한다고 역설했다.[16]

13 「內鮮一體新婚者を圍る座談會」, 『內鮮一體』 2-6, 1941, 63쪽.

14 「軍國美談의 二重奏」, 『每日新報』 1943년 4월 25일자.

15 「內鮮一體의 垂範」, 『每日新報』 1943년 3월 16일자.

16 「國民精神總動員朝鮮聯盟役員總會席上總督挨拶」, 朝鮮總督府, 『朝鮮に於ける國民精神總動員』, 1940, 101쪽.

'내선일체'는 서로 손을 잡는다거나 외형[形]이 융합한다거나 하는 등의, 그런 뜨뜻미지근한 것이 아니다. 손을 잡은 자는 떨어지면 또 헤어지게 된다. 물과 기름도 억지로 흔들어 섞으면 융합한 형태[形]가 되지만 그것으로는 안 된다. 외형[形]도 마음[心]도 피[血]도 살[肉]도 모두가 일체가 되지 않으면 안 된다.

즉, 내선융화가 서로 손을 잡거나 흔들어 섞는 것 같은 물리적 결합의 단계라면, 내선일체는 화학적 결합을 통해 완전한 하나가 되는 단계였다. 내선일체가 조선의 일본화를 의미함에 비추어보면, 미나미는 조선인을 일본인화해야 하는 분야에 문화[形]와 정신[心]뿐 아니라 생물학적 신체[血, 肉]까지 포함됨을 분명히 밝힌 것이었다. 그 실행 방법에서도 내선융화가 제창되었던 시기에 주목된 경제적 이해관계의 일치와 같이, 상황에 따라서는 얼마든지 분리를 선택할 수 있다고 생각하게 할 만한 수단들은 더 이상 강조되지 않았다. 대신, 일상의 언어와 생활양식 등 문화적 동화가 국민의식 등 정신적 동화를 가져올 수단으로 상정되는 동시에, 내선결혼은 정신적·문화적 동화를 촉진하면서 생물학적 동화까지 실현하는 수단으로서 내선일체, 조선인의 일본인화를 완수할 수 있는 명실상부한 방법으로 위치지어졌다.[17]

그에 따라 조선총독부는 조선인의 언어와 생활양식을 일본인화하기 위한 각종 실질적 시책들을 도입·강화했다. 그와 함께 내선결혼에 대해서도 적극적인 장려책을 요청하는 목소리가 높아졌다. 먼저, 1938년 9월에 개최된 조

17 내선일체실천사 사장 박남규도 정신적 결합 이후에 혈연적 결합이 있어야 비로소 물리학적 융화가 아니라 화학적 일체화가 된다면서, 그런 의미에서 내선결혼자는 "화학적 일체화의 분자(分子)"라고 설명했다. 「內鮮一體新婚者を圍る座談會」, 『內鮮一體』 2-6, 1941, 59쪽.

선총독부시국대책조사회는 내선일체를 강화하고 철저히 하기 위한 시책으로 "내선인의 통혼을 장려할 적당한 조치를 강구할 것", "일본과 조선의 역사적 관계를 천명할 것" 등을 의결하였다. 이때 역사적 관계를 천명하기 위한 실천 사항으로는 "① 국사(일본사—인용자) 및 조선사를 통해 내선의 국교, 문화의 교류, 혈연의 교착관계를 분명히 할 것, ② 백제, 신라, 고려, 가야[任那] 등 일본과 인연이 많은 지방에 박물관을 설치하거나 향토사연구회 등을 조직하게 하여 내선인의 교류 및 혈연적 관계에 관한 인식을 깊게 할 것" 등이 결정되었다.[18] 이들은 앞으로의 일체화를 촉진할 직접적인 수단이자 과거의 역사적 친밀함을 뒷받침할 증거로서 일본인과 조선인의 혈연적 결합, 즉 내선결혼을 중시하고, 그를 장려할 시책이 필요하다고 판단한 것이다. 또한 조선총독부는 동년 제19회 중추원회의에 일반 국민의 일상생활에서 내선일체 정신을 실천·구현하기 위한 방책에 대해 자문을 구했는데, 많은 조선인 참의들도 내선결혼을 장려해야 한다고 답신했다. 내선결혼이야말로 부부의 화합, 부모자식 간의 사랑으로 서로 결합하는 것으로서(원덕상),[19] 정신적 결합을 꾀하는 데 가장 긴요한 사항인 동시에(정석용),[20] 피를 섞어 자손의 번영을 도모하고 한솥밥을 먹으며 기쁨과 걱정을 함께하는 것으로서(이근수),[21] 양자의 혈족을 연계시키고(박용구),[22] 혈연적 일체를 도모하는 것(한상룡)이기 때문이었다.[23] 조선총독

18 朝鮮總督府, 『朝鮮總督府時局對策調査會諮問答申書』, 1938, 3쪽, 6쪽.

19 朝鮮總督府 中樞院, 『第19回中樞院會議參議答申書』, 1938, 112쪽.

20 위의 책, 55쪽.

21 위의 책, 155쪽.

22 위의 책, 62쪽.

23 위의 책, 160쪽.

부의 선전을 그대로 수용한 조선인 중추원 참의들에게 내선결혼은, 정신적·문화적 동화뿐 아니라 생물학적 동화를 가져와 내선일체를 일상에 구현할 수 있는 궁극적인 수단이었다.

이러한 인식 속에서 조선인 참의들은 내선결혼을 직접적·실질적으로 장려해줄 것을 요청했다. 인창환(印昌桓)은 혈육적인 관계가 없으면 진정한 일체를 기하기 어려운 감이 없지 않다면서, 먼 장래에는 필연적으로 이뤄질 것이라고 믿지만 현재의 시국 정세에서 내선일체 정신을 구체화하려면 내선결혼을 촉진하여 가정생활에서 긴밀한 관계를 맺게 해야 한다고 했다.[24] 석명선(石明瑄)도 결혼 적령기의 남녀가 통혼하게 하는 동시에 서양자도 힘써 영입해야 비로소 국민 일체의 정신이 생활에 항구적으로 드러날 수 있을 것이라며, 양 민족이 가정을 이루는 일이 중요함을 역설했다. 그런 만큼 원래는 개개인의 의사에 따라야 하겠지만 "자연에 맡기는 것은 소위 백년하청을 기다리는 것"과 같으므로, 무언가 국가적으로 장려해주기를 희망했다.[25] 박영철(朴榮喆) 역시 "종래와 같이 자연의 흐름에 맡길 것이 아니라 어떤 방법을 통해 적극적으로 장려할 필요"가 있다고 주장했고,[26] 어담(魚潭)도 "내선인의 결혼을 당국은 구체적으로 장려할 것"이라며, 조선총독부의 방임적 태도를 비판하고 내선결혼을 국가적 차원에서 지원하고 장려해줄 것을 촉구했다.[27]

나아가 이들은 구체적인 시책을 제안하기도 했다. 이승우(李升雨)는 조선에 사는 관공리나 유력자가 적당한 상대를 발견하면 혼인이나 입양을 권유·장

---

24 위의 책, 46쪽.

25 위의 책, 25쪽.

26 위의 책, 107쪽.

27 위의 책, 266쪽.

려하는 것이 지름길이라고 했고,[28] 노영환(盧泳奐)은 지방 유력자나 관공리부터 솔선수범하도록 종용하여 점차 서민 계급에 이르기까지 통혼하게 하는 것이 가장 시대에 적합한 유효책이라고 보았다.[29] 중추원회의에서 지속적으로 내선결혼을 장려해야 한다고 주장해온 장직상(張稷相)도 정부가 관리들에게 통혼 장려의 내훈을 발하고 통혼한 사람을 직업적·사회적으로 우대해줄 것을 제안했다.[30] 황종국(黃鍾國)은 일본인 남성이 조선인 여성과 결혼하는 유형이 바람직하다고 제한하기는 했지만, 역시 "조선 부인을 처로 삼은 일본인 관공리를 특별히 우대하고 편의를 제공"해주기를 바랐다.[31]

뿐만 아니라 현준호(玄俊鎬)는 조선인에 대한 법제적 차별을 철폐할 것을 제안하기도 했다. 그는 내선결혼이 상당히 증가하고 있지만 진정 이해 있는 결혼이 몇 쌍이나 될지는 의문이라면서, 결혼 이후의 법률관계를 가장 중요한 문제로 꼽았다. 일본인 남성이 조선인 여성과 결혼하면 아무 문제도 생기지 않지만, 반대의 경우에는 좀처럼 간단히 해결할 수 없는 사정이 있다는 것이다. 현준호는 무엇이 문제인지 구체적으로 언급하지 않았지만, 조선인에게도 일본인과 마찬가지로 헌법상 제국신민에게 인정되는 모든 권리와 의무를 부여하는 것을 해결책으로 제시했다. 그리고 이러한 근본적인 법률관계가 해결되면 굳이 장려하지 않아도 내선결혼은 자연히 증가할 것이라고 전망했다.[32] 현준호는 조선인 남성과 혼인한 일본인 여성과 그 자녀는 호적상 조선

28 위의 책, 164~165쪽.

29 위의 책, 146쪽.

30 위의 책, 226쪽.

31 위의 책, 89쪽.

32 위의 책, 72~73쪽.

인이 되므로, 차별적 지위로 떨어지지 않기 위해 일본인들이 이러한 유형의 내선결혼을 기피하는 현실을 우회적으로 언급한 것이다.[33] 현영섭과 마찬가지로, 일본인과 조선인의 정치적·경제적 격차가 내선결혼의 확산에 부정적인 영향을 미침을 강하게 의식한 발언이었다.

이처럼 전시체제기에 내선일체가 조선 통치의 목표로 재설정되면서, 내선결혼은 내선융화에서 한 발 더 나아간 내선일체, 즉 조선인의 정신적·문화적, 생물학적 일본인화라는 궁극적 동화의 수단으로 다시금 자리매김되었다. 그러자 조선인 중추원 참의들은 조선총독부가 내선결혼을 방임해왔다고 비판하면서, 내선일체를 실현하기 위해서는 관리가 통혼의 권유 및 실천에 앞장서거나 조선총독부가 통혼한 사람들을 우대하고 조선인의 법적 지위를 높이는 등, 실질적·적극적인 내선결혼 장려책을 시행해야 한다고 주장했다.

2. 조선총독부의 소극적 내선결혼 장려 정책

내선일체의 단계에 조선총독부는 내선결혼을 장려하기 위한 새로운 시책들을 시행했다. 일반적으로 널리 알려진 조선민사령 개정(이른바 '창씨개명')과 내선결혼 부부에 대한 표창이 그것이고, 내선결혼에 관한 초기적 연구들은 이를 근거로 전시체제기에 조선총독부가 내선결혼을 적극 장려하여 조선 민족을 말살하려 했다고 평가하는 경향이 강했다.[34] 이 중 조선민사령 개정은

33 의미는 불명확하나, 안종철(安鍾哲)도 관계 법규를 개정하는 등 극력 편의를 제공할 필요가 있다고 답신했다. 위의 책, 15~16쪽.

34 鈴木裕子, 『從軍慰安婦·內鮮結婚』, 東京: 未來社, 1992; 최유리, 「일제하 통혼 정책과 여

석명선의 제안과도 관련되는데, 그렇다면 이 시책들이 이전 시기 또는 중추원에서 제안한 시책과 비교할 때 어떠한 성격을 갖는지를 분석해보자.

조선총독부는 1939년 11월 조선민사령 개정을 통해 씨제도를 도입해 조선인의 공식 호칭을 씨(氏)와 이름[名]으로 구성하게 하고, 양친이 살아 있을 때 입양하는 양자에 한해 이성양자(異姓養子)를 허용하면서 서양자입양 제도도 도입했다.[35] 이에 대해 미나미 총독은 씨명의 공통, 내선결혼, 내선입양이라는 "사법상의 내선일체 구현의 길"이 바르게 완전히 열렸다고 높이 평가했다. 1937년 이래 조선인도 일본인풍의 이름[名]을 붙일 수 있게 했고 내선결혼과 일본인의 조선인 입양도 매년 증가하는 가운데, 조선민사령이 개정되어 이제는 조선인이 일본인풍의 씨도 칭할 수 있고 일본인을 입양할 수도 있게 되었다는 것이었다. 내선일체의 이상에서 보면 조선인이 가까운 미래에 예전의 일본 도래인처럼 형용 모두 황국신민화되는 게 바람직하므로, 이를 촉진할 조선민사령 개정은 조선인을 위해 기쁜 일이라고까지 논평하였다.[36]

조선총독부가 법제국에 송부한 문서를 보아도 조선민사령 개정에는 조선의 친족·상속 관습을 일본화하려는 의도가 반영되었음을 알 수 있다. 조선총독부는 친족·상속을 조선의 관습에 따르게 한 이유는 민족 고유의 풍속·습관을 법제의 힘으로 하루아침에 변혁하면 반발을 초래할 수 있기 때문이었다고 설명하였다. 하지만 개인생활의 근기인 친족·상속에 관한 법제를 일원화하여 가정생활, 나아가서는 단체생활의 일원화를 도모하는 것은 내선일체를 구현하기 위한 급선무였다. 따라서 관습이 변할 때마다 재판례를 통해 관

성의 지위」, 『국사관논총』 83, 1999 등.

35 「制令 第19號 朝鮮民事令中改正」, 『朝鮮總督府官報』 3843, 1939년 11월 10일자.

36 「(彙報) 內地人式氏の設定に就き總督談」, 『朝鮮』 295, 1939, 133~134쪽.

습을 민법에 가깝게 만들어왔다고 했다.[37] 조선총독부는 조선의 친족·상속 관습을 일본화하길 원했지만, 조선인의 반발을 최소화하기 위해 급격한 변혁을 피하고 대신 관습의 변화를 유도하면서 민법과 유사해지는 변화를 적극 인정하는 점진적인 동화를 추진해온 것이다. 그리고 가(家)를 종족(宗族)의 분파로 만든 기존의 조선 가족제도를 수정해 일본과 조선 민사법규의 통일에 한 층 더 나아간 것이 1939년 개정 조선민사령이었다.[38]

그러면서도 조선총독부는 역시 조선인들의 반발을 우려해 공식적으로는 조선의 친족·상속 관습을 일본화하려는 의도를 노골적으로 드러내지 않았다. 먼저 씨제도를 도입한 이유는 조선 사회가 진보하여 법률상의 가 관념이 확립되었기 때문이라고 설명했다.[39] 조선에는 부계·남계 혈통에 따라 통괄되는 종족제가 있었고 종족의 칭호인 불가변의 성(姓)을 기본으로 삼아 동성불혼(同姓不婚), 이성불양(異姓不養)을 친족·상속법의 근본 원칙으로 지켜왔지만, 사회의 진보로 종족이 가족으로 분화되고 가족이 개별 정치경제 단위가 된 이상 새로 가의 칭호인 씨가 필요하다는 논리였다.[40] 경성법학전문학교의 구루마다 아쓰시(車田篤)는 여성이 남편의 노예 지위에서 벗어나 남성과 동등하게 사회의 한 단위가 되었으므로, 가족의 정원(正員)으로서 남편과 같은 성씨를 칭할 수 있어야 한다는 이유를 들기도 했다.[41] 하지만 일본인풍의 씨를 설정

37 「朝鮮民事令中改正案」, 『朝鮮人及ビ台灣人ノ內地人式氏名變更關係雜件』(일본 외교사료관, K2 / 국사편찬위원회 수집 등록번호 CO0000002252, No. 4-3).

38 安田幹太, 「朝鮮に於ける家族制度の變遷」, 『朝鮮』 296, 1940, 15쪽.

39 朝鮮總督府 法務局, 『氏制度の解說』, 1940, 18쪽(민족문제연구소 편, 『일제하 전시체제기 정책사료총서』 33, 2000).

40 安田幹太, 앞의 글, 1940, 11~12쪽.

41 車田篤, 「朝鮮に於ける家族制度に關する一二の研究」, 『朝鮮』 268, 1937, 74~75쪽.

할 수 있도록 한 것에 대해, 조선총독부는 황국 정신에 불타 일본인풍 씨명을 칭하고 싶어 하는 조선인들에게 그를 허용했다는 점에서 내선일체의 취지를 구현하는 데 바람직하다고 보았고,[42] 척무성도 일본인풍 창씨는 조선인에게 황국신민이라는 자각을 깊게 하여 내선일체의 실을 강화하기 위한 것으로 평가했다.[43] 또한 모든 조선인이 일본인풍 씨명을 칭할 날을 기대한 조선헌병대사령부 야나세(柳瀨) 대위는 창씨개명을 내선일체를 마음[心]에서 외형[形]으로 전진시킬 계기를 만든 획기적인 제도로 평가했다.[44] 씨제도 자체는 가제도가 정착되어 도입했을지 몰라도, 일본인풍 씨명은 조선인의 외형과 마음을 일본인화하기 위해 허용된 것이다.[45]

씨제도의 도입과 일본인풍 씨명의 허용·강제는 내선결혼을 촉진하기 위한 것이기도 했다. 당시 일본인 일각에서는 조선인에게 일본인풍의 씨명을 허용하려는 정책에 반대했다. 창씨개명으로 조선인을 구별하기 어려워질 것을 우려하거나, 혹은 일본인은 천황가의 후예라는 우월감을 바탕으로 이를 상징하는 일본인풍 씨명을 조선인이 칭하게 해서는 안 된다고 주장한 것이

---

42 奥山仙三,「內鮮一體と內地式改姓」,『朝鮮』291, 1939, 79~83쪽.

43 「朝鮮人及台湾本島人ノ內地式氏名ニ関スル件(拓務省 管理局, 昭和 15年 1月)」,『戶籍事務關係雜件 朝鮮及臺灣ノ部』(일본 외교사료관, K-1-2-1-5_2).

44 柳瀨大尉,「朝鮮に於ける創氏制度」,『憲友』34-12, 1940, 43쪽.

45 조선총독부는 황국신민의 서사를 기회가 있을 때마다 낭송하게 하고 황국신민체조를 평소에 실시하게 한 것은 황도주의, 내선일체 즉 동화, 인고단련이라는 교육의 3가지 요점을 "형식에서부터 정신으로 침윤시키고자 하는 방도"에 다름 아니라고 평가했다(「昭和 12年 12月 朝鮮ニ於ケル教育ニ關スル方策」,『大野緑一郎關係文書』R-127, 552코마). 조선인에게 일본인풍 씨명을 강제한 것도 이름이라는 형식에서 시작해 정신을 일본인화하려는 수단이었던 것이다.

〈그림 3-1〉 일본인 처의 조선 호적 기재(초본 사본)

本籍: 興城
前戸主
戸主トナリタル原因及其ノ年月日: 分家ニ因リ大正二年九月三日戸主トナル

戸主
父: 張鎮星 / 母: 趙廣山 / 出生別: 三男
姓名: 張文洙
生年月日: 開國四百九十五年(明治十九年)十一月十日

身位: 弟
父: 張鎮星 / 母: 趙廣山 / 出生別: 五男 本
姓名: ●洙
生年月日: 開國五百六年(明治三十年)七月二十日

身位: 弟ノ妻
父: 小竹条藏 / 母: ちら / 出生別: 長女 本
姓名: 家族トノ續柄 弟張●洙妻 小竹千ヨ
生年月日: 明治三十七年十二月三日

*출전: 朝鮮總督府 法務局 民事系,「朝鮮人ノ親族入籍ニ關スル件」,『昭和5年 戶籍例規』, 1930, 759쪽.

다.[46] 이들은 일본 의회에도 청원서를 제출했는데, 조선총독부는 이들의 논리를 조목조목 반박하며 조선에 씨제도를 도입하고 조선인들에게 일본인풍의 씨명을 붙일 수 있게 해야 하는 이유들을 열거했다.[47] 조선민사령이 개정되어 내선결혼, 입양이 증가할 것이라는 전망도 그중 하나였다. 내선일체가 고조됨에 따라 조선인과 일본인 사이에 법률혼과 내연이 모두 증가했는데, 일본인은 조선인의 양자가 될 수 없어서 종래 연평균 20여 명의 일본인이 초서(招壻)의 형식으로 조선의 가에 입적했다. 하지만 조선민사령이 개정되어 앞으

46 미즈노 나오키 지음, 정선태 옮김, 『창씨개명』, 산처럼, 2008, 187~199쪽.

47 No. 1275-4. 「「請願書」に現れたる誤謬(法務局 民事課)」, 『大野緣一郎關係文書』 R-150.

로는 그 정도가 입양될 것이고 혼인 등도 증가함을 생각하면, 조선인이 일본인풍의 씨명을 칭할 수 있게 하는 것이 타당하다는 이유였다.

내선결혼에서 일본인풍 씨명이 문제가 되는 이유는 "김정식(金貞植)의 처가 된 기무라 하나코(木村花子)는 평생 기무라 하나코"이기 때문이었다. 1928년에 조선총독부 법무국장은 일본인이 조선의 가에 입적한 때는 그 씨를 호적에 기재하도록 했다.[48] 그로 인해 〈그림 1-4〉의 최쇠돌처럼 일본인의 이에(家)에 들어간 조선인은 그 이에의 씨를 칭한 반면, 씨제도가 없는 조선에서 장○수(張○洙)의 처는 고타케(小竹) 치라인 채로 호적에 입적되었다(그림 3-1). 그런데 가족이 같은 씨를 칭하는 일본인의 감각에서는 혼인한 여성이 남편과 다른 씨를 사용하는 것은 법률혼이 아닌 듯한 인상을 주었다. 또한 씨제도를 도입해도 조선인에게 일본인풍의 씨를 칭하지 못하게 하면, 조선 호적에 입적한 고타케 치라는 '장치라'와 같은 어색한 이름을 갖거나 아예 조선인풍 씨명으로 개명해야 할 것이었다. 조선총독부가 씨제도를 도입하고 조선인에게 일본인풍 씨명을 허용한 것은 일본인이 조선의 가에 입적할 때 느끼게 되는 이러한 심리적 장벽을 제거하기 위해서이기도 했다.

또한 조선총독부는 서양자와 이성양자를 도입한 이유는 조선에도 맹아가 있었고, 이를 허용하는 것이 인정상 당연하기 때문이라고 설명했다. 민사과장 이와시마 하지메(岩島肇)는 외손봉사와 초서가 서양자의 맹아이고, 서양자제도는 인정의 요청에 따라 자연히 도입된 것이지 일본과 조선의 법제를 일원화하려는 형식적 사고에 따른 것이 아니라고 강조했다.[49] 이성양자를 허용한

---

48 朝鮮總督府 法務局 編纂, 『朝鮮戶籍及寄留例規』, 鮮光印刷株式會社, 1943, 508~509쪽(이하 '『朝鮮戶籍及寄留例規』').

49 岩島肇, 「朝鮮民事令に於ける壻養子に就て」 (1), 『戶籍』 1-1, 1941, 17~18쪽.

것도 친자와 다름없고 제사를 받고자 하는 수양자가 있는데도 다른 남계 혈족을 입양하는 것은 인정에 어긋나기 때문이라는 것이다.[50] 하지만 외손, 초서, 수양자가 가를 계승할 수 없게 한 것은 1910년대의 조선총독부 자신이었다. 이후 조선총독부는 일가가 같은 성을 칭하게 하고 서양자도 허용하려 했지만, 사위이면서 양자인 서양자는 동성불혼과 이성불양을 동시에 충족할 수 없으므로 둘 중 하나를 폐기하지 않으면 인정될 수 없었다. 조선총독부는 동성불혼을 폐기할 생각이었던 듯하지만,[51] 결국 폐기된 것은 이성불양이었다. 조선총독부는 동성불혼 원칙을 버리는 데 유림과 고로(古老)가 맹렬히 반대했고,[52] 일반 여론도 입양 요건의 완화를 원했다고 설명했지만,[53] 이성불양의 원칙을 버리면 일본인도 조선인에게 입양될 수 있음을 고려했을 것이다.[54] 변호사 야스다 미키타(安田幹太)는 그동안 이성불양 때문에 일본인은 조선인에게 입양될 수 없었는데, "조선인의 가가 엄격히 다른 남계 혈통의 혼입을 금하는 한, 내선 피의 구별은 남계의 절반에서 영구히 소멸되지 않고 역으로 엄격히 분별 대립하는 내선으로 영구히 지속"될 것이었다면서, 이성양자와 서양자의 도입은 "피의 교류에서 가장 중요한 의의"를 갖는다고 평가했다.[55] 평양복심법원장 노무라 조타로(野村調太郎)도 개정 조선민사령에서 씨는 새로운

50 「異姓養子, 氏制度 制定. 家庭制度 一部改正」, 『東亞日報』 1939년 11월 10일자.

51 「同姓同本의 結婚도 認許! 婿養子制等採用」, 『東亞日報』 1930년 12월 12일자.

52 野村調太郎, 「朝鮮家族制度の推移」, 『朝鮮』 296, 1940, 27쪽.

53 宮本元, 「壻養子, 異姓養子及氏制度に關する朝鮮民事令の改正」, 『朝鮮』 298, 1940, 21쪽.

54 실제 제18회 중추원회의의 참의 답신서를 보아도 20촌, 10촌, 8촌 이내 등 근친혼을 제외하고는 동성동본 혼인을 허용해도 된다는 의견도 상당했다.

55 「安田幹太, 朝鮮民事令中改正に關する制令解說 (二) 異姓養子と婿養子」, 『京城日報』 1939년 11월 11일자.

제도를 창설한 데 불과하지만 서양자는 이성불양 관습을 바꾼 것이므로 법률상 중대한 의의가 있다고 평했다. 내선통혼과 내선입양에 남겨진 유일한 장벽이 철폐되어 일본인이 조선인에게 입양될 수 있다는 것도 그중 하나였다.[56] 즉, 조선총독부는 '내선결혼' 법제로 통혼의 자유를 인정했어도 조선의 관습 때문에 일본인 남성의 입적이 제한되자 조선민사령을 개정한 것이다. 그러면서도 조선인의 반발을 무마하기 위해 사회의 진보, 구관의 맹아, 인정 등을 법령 개정의 이유로 들었지만, 조선의 가족제도를 일본화하고 결혼, 입양을 통한 일본인 남성의 조선 입적을 촉진하려는 것이 원래의 목적이었다.

그렇다면 조선민사령 개정의 효과는 어땠을까. 〈표 3-1〉을 보면, 전시체제기 혼인으로 인한 일본인 여성의 조선 호적 입적은 급증했다. 이는 징병으로 결혼 적령기의 일본인 남성이 부족해지는 동시에, 후술할 것처럼 조선인 남성의 일본 이주가 폭발적으로 증가하면서 일본에서 조선인 남성과 일본인 여성의 혼인이 급증했기 때문이었다. 하지만 입부혼인, 서양자입양, 입양으로 조선 호적에 입적한 일본인 남성은 조선총독부가 예상한 연 20여 명이 아니라 4년간의 합계가 23명인 데 그쳤다.[57] 굳이 법적·사회적 지위가 낮은 조선인이 되려는 일본인 남성이 거의 없었을 뿐 아니라, 이들의 조선 호적 입적에는 여전히 병역상의 제약이 있었기 때문이다. 일본인 남성의 입양은 개정 조선민사령이 시행된 1940년에 바로 나타났지만, 17세 이상이 되어야 가능한 입부혼인·서양자입양은 1943년에야 나타난 것도, 그해에 조선인이 징병 대상에 포함되어 조선과 일본 사이에 병역상의 제약이 소멸되었기 때

---

56 野村調太郎, 앞의 글, 1940, 19~20쪽.

57 혼인과 이혼만 집계한 〈부표 3〉의 조선인구동태통계를 봐도, 법무통계보다 많기는 하지만 일본인 남성의 입부·서양자 입적은 1940년의 3건에 불과하다.

〈표 3-1〉 일본 호적에서 조선 호적으로의 이동(1939~1943)

	혼인	입부 혼인	서양자 입양	입양	친족입적		인지		이혼		파양		합계 (남/여)
성별	여	남	남	남	남	여	남	여	남	여	남	여	
1939	271				4	5	19	16	6	4	7	5	337 (36/301)
1940	310			3			18	19	10	4	10	5	379 (41/338)
1941	①440			3	1	1	60	46	7	2	12	6	578 (83/495)
1942	421			6	2	2	17	32	10	7	②15	②2	514 (50/464)
1943	533	1	1	9	20	6	68	57	7	6	8	3	719 (114/605)
합계	1,975	1	1	21	27	14	182	170	40	23	52	21	2,527 (324/2,203)

*출전: (1) 朝鮮戶籍協會,「內鮮間ノ家ノ出入ニ關スル調査表」,『戶籍』3-10, 1943; (2)「內鮮間家ノ入除籍統計表」,『本邦內政關係雜纂—植民地關係—第三卷』(일본 외교사료관, A-5-0-0-1_1).

*①은 출전(2)에 467로 기재되었고, ② 1942년 파양은 출전(1)에 남녀 합 16으로 기재되었다. 위 표의 합계는 출전(2)에 기초하여 계산한 것이다.

문인 것으로 추정된다.[58] 조선민사령이 시행되자 조선총독부 산하의 호적 실

58 「法律 第4號 兵役法 中 改正」,「法律 第5號 共通法 中 改正」,『朝鮮總督府官報』 4838, 1943년 3월 20일자. 개정된 병역법과 공통법은 1943년 8월 1일부터 시행되었다. 일제는 병력 자원을 확보하기 위해 1942년에는 공통법 제3조 제3항을 "호적법의 적용을 받는 자는 병역에 복무할 의무가 없기에 이른 자가 아니면 다른 지역의 이에에 들어갈 수 없다"로 개정하여, 일본인 남성은 만 17세 미만이라도 일본 호적을 벗어날 수 없게 했다(「法律 第16號 兵役法及共通法 中 改正」,『朝鮮總督府官報』 4522, 1942년 2월 25일자). 이로 인해 〈표 3-1〉에서도 1942년에 남성의 인지 입적이 급감했다. 하지만 공통법 제3조 제3항이 1943년에 "호적법 또는 조선민사령 중 호적에 관한 규정의 적용을 받는 자는 병역에 복무할 의무가 없기에 이른 자가 아니면 내지 및 조선 이외 지역의 이에에 들어갈 수 없다"로 재개정되어, 이 해에 남성의 인지 입적 수도 회복되었다. 다만, 이때도 부칙에서 "본법 시행의 때 징병 적령을 지난 자 및 징병 적령인 자로서 그때 현재 호적법의 적용을 받는 자"는 종전의 예에 따르게 했으므로, 역시 징병 적령에 이르지 않은 당시 만 19세 이하만 조선 호적에 입적될 수 있었다.

무 기관들은 일본인 남성이 양자나 서양자로서 조선 호적에 입적하는 상황에 대비하여 여러 방침들을 정비했는데,[59] 현실은 기대에 반한 것이다. 그럼에도 조선총독부 법무국은 1941년 12월 제국의회 설명자료 중 "내선결혼을 촉진하는 데 대해 법규상 방해가 되는 점 및 그 대책"이라는 항목에서, "법제상 방해가 되는 점은 없다"고 단언하였다.[60] 이는 가족제도의 차이로 인해 생기는 장벽이 해소되었다는 의미이다. 조선총독부는 중추원 참의들과 달리 조선인이라는 차별적인 법적 신분의 존재는 통혼을 방해하는 장벽으로 간주하지 않았고, 법제적 측면에서 조선총독부의 내선결혼 장려 정책은 친족·상속법상의 제약을 제거하여 통혼이 가능한 범위를 넓히는 데 그쳤던 것이다. 그리고 그 과제는 조선민사령 개정으로 완수되었다.

한편, 1941년에는 국민총력조선연맹이 모범적인 내선결혼 부부를 표창했다. 일본은 국가총동원체제를 구축하기 위하여 1937년 8월에 '국민정신총동원실시요강'을 각의 결정하고, 1938년에는 국가총동원법을 시행하였다.[61] 이와 함께 국민정신총동원운동을 전개했는데, 일본에서 1940년 10월에 이를 국민총력운동으로 전환함에 따라 조선에서도 중앙조직인 국민정신총동원조선연맹을 국민총력조선연맹(이하 '총력연맹')으로 개편하였다. 총력연맹은 조선총독과 정무총감이 총재, 부총재로 취임한 관변단체로, 조선인을 황국신민화하

59 『朝鮮戶籍及寄留例規』, 506~507쪽; 朝鮮戶籍協會, 『朝鮮戶籍及寄留質疑回答輯錄』, 鮮光印刷株式會社, 1944, 45쪽, 105~106쪽.

60 朝鮮總督府法務局, 「第79回帝國議會說明資料 十一冊ノ內 法務, 學務, 警務, 厚生」, 1941(민족문제연구소 편, 『일제하 전시체제기 정책사료총서』 13, 2000, 211~212쪽).

61 안자코 유카, 「조선총독부의 '총동원체제'(1937~1945) 형성 정책」, 고려대학교 사학과 박사학위논문, 2006, 66~71쪽.

고 전쟁에 동원하기 위해 활동했다.[62] 내선결혼 부부를 표창한 것도 그런 활동의 일환이었다. 총력연맹은 내선일체의 완성을 촉진하는 데 내선결혼이 극히 바람직하다면서, 각 도연맹에 1940년에 통혼한 부부를 조사·보고하게 한 뒤, 1941년 3월에 도연맹을 통해 해당 부부들에게 내선일체를 표현한 총독 휘호의 족자(掛軸)를 증정했다.[63] 동년 6월에는 재만일본인이 통혼을 장려하는 데 써달라며 조선총독부에 보낸 금일봉을 비서관이 총력연맹에 보내는 등,[64] 총력연맹은 내선결혼 장려 정책을 실행하는 중심기관이었다.

총력연맹이 내선결혼 부부를 표창하자 샌프란시스코의 대한국민회가 발행한 『신한민보』는 "왜놈의 한왜 결혼 장려는 두 가지 독한 계교가 잇으니, ① 한국 사람을 피줄로부터 왜놈을 만들려는 것, ② 전시 중 인구의 손실을 보충하려는 것"이라며 맹비난하였다.[65] 하지만 중추원 참의들이 제안한 적극적 통혼 장려책과 비교할 때, 조선민사령 개정은 가족제도를 일본화했다고 해도 내선결혼에 대해서는 소극적·간접적 장려 정책에 머물렀고, 통혼 부부에 대한 표창도 당초 결정보다 축소된 흔적들이 엿보인다. 1940년 12월 『부산일보』는 총력연맹에서 기념품을 증정할 내선결혼 부부는 "특별히 내연관계도 인정"한다고 전했지만,[66] 실제로는 법률혼 부부 중 일부만 표창의 대상이 되었다. 또한 12월 25일에 총력연맹 사무국 총장 가와기시 후미사부로(川岸文三郎)는 내선결혼 부부에게 줄 기념품이 무엇인지를 묻는 질문에, 물품은 기

62 최유리, 『일제 말기 식민지 지배정책 연구』, 국학자료원, 1997, 123~139쪽.

63 「(彙報) 內鮮結婚の表彰者決定す」, 『朝鮮』 311, 1941, 99~100쪽.

64 「내선결혼 장려에 금일봉」, 『毎日新報』 1941년 6월 15일자.

65 「소위 내선결혼의 장려」, 『新韓民報』 1941년 1월 30일자.

66 「"記念品"附きで內鮮結婚を奬勵」, 『釜山日報』 1940년 12월 18일자.

호의 문제가 있기 때문에 공채로 할 예정이라고 답했다. "공채를 갖는 일은 영구히 보존하고 사변하에 봉공심을 늘리기 위해서도 필요하다고 생각해 가급적 오래 보존되도록 소액이라도 공채를 주고 싶다"는 것이었다.[67] 하지만 결국 "이 사람은 내선결혼을 실행하여 국민총력운동에 관해 내선일체의 촉진상 타의 모범이 되기에 족하다. 이에 기념품을 증정한다"[68]라고 적은 표창장과 함께 총독의 휘호 족자를 선물하는 것으로 귀결되었다. 휘호의 문구는 '온고지신(溫故知新)'이었는데, 고대 일본 열도로 건너간 고구려·백제·신라·가야인들이 "수시대나 지나 명실 공히 일본 민족"[69]으로 동화된 역사를 상기시켜, 과거의 역사를 오늘에 되살리자는 의미였다. 이처럼 통혼 부부에게 수여한 기념품의 상징성은 높았지만, 표창 자체가 실질적 장려책이 아님은 물론이고 표창의 대상과 기념품의 종류도 축소되는 등, 표창 과정에서 적극성을 찾아보기도 어렵다.

또한 각 도연맹이 조사해 표창자로 선정된 부부는 도별로 경기 23, 충북 1, 충남 8, 전북 2, 전남 22, 경북 12, 경남 30, 황해 7, 평남 4, 평북 8, 강원 6, 함남 10, 함북 4, 총 137쌍으로, 그중 조선인 남편과 일본인 처가 106쌍, 일본인 남편과 조선인 처가 31쌍이었다.[70] 『내선일체』 1941년 4월호에는 조선인 남편과 일본인 처의 9쌍(경기 3, 전남 6)이 누락되긴 했지만, 표창된 128쌍의 원적(原籍)과 현주소가 수록되어 있다.[71] 그런데 이를 보면 중앙의 조사 지침도

67 「內鮮結婚奬勵方針を川岸中將に聞く」, 『內鮮一體』 2-1, 1941, 14~15쪽.

68 吉岡攻, 「忘れられたハルモニ」, 『季刊三千里』 31, 1982, 135쪽.

69 善生永助, 「朝鮮歸化族の發展(其一)」, 『朝鮮』 230, 1934, 25쪽.

70 「(彙報) 內鮮結婚の表彰者決定す」, 『朝鮮』 311, 1941, 99~100쪽.

71 「表彰された內鮮結婚者」, 『內鮮一體』 2-4, 1941, 66~71쪽.

없었던 듯, 도별 집계의 기준도 불명확하다. 평북은 "도내에 본적을 둔 자"를 기준으로 조사했다는 기록이 있지만,[72] 『내선일체』에 수록된 도별 표창자 명단을 보면 도내에서도 일관성이 없다. 다만 남편의 본적, 처의 본적, 현주소 셋 중 하나가 그 도에 해당되므로 혼인신고서를 제출한 지역에서 집계했을 가능성이 있을 따름이다. 그리고 내선결혼 장려의 취지를 살린 표창장과 기념품을 당사자에게 전달하는 방식도 지역마다 달랐다. 경성부연맹은 5월에 부내의 모범적 내선결혼 가정 13쌍을 부윤실에 초청해서 증정했고,[73] 경남에서도 각 부군연맹에서 표창식을 거행했다.[74] 하지만 충북에서는 도 유일의 표창자인 마쓰모토 하루요시(松本春吉, 33, 조선인)와 마쓰모토 스이코(松本スイ子, 24) 부부에게 총독의 휘호를 보내면서, 별다른 행사 없이 도에서 괴산군청으로, 군청에서 다시 청천면으로 전달했다.[75] 일본에 거주하던 오카미야 히로에(岡宮壽衛)는 표창장을 소포로 받았다.[76] 이러한 상황들 역시 조선총독부가 내선결

---

72 「平北엔 四雙」, 『每日新報』 1941년 2월 2일자. 이 기사는 제목이 잘못되었다. 본문에는 남자가 일본인인 경우 2쌍, 조선인인 경우 6쌍으로, 총 8쌍이다. 또한 『내선일체』에 실린 평북의 표창자 명단과 비교하면 남자가 일본인인 경우 3쌍, 조선인인 경우 5쌍으로 총 8쌍이고, 남자가 일본인일 때는 처의 본적이 평북이지만 현주소가 평북인 1쌍(본적 평남)도 포함되는 등 차이가 있다.

73 「十三組의 內鮮結婚」, 『每日新報』 1941년 5월 16일자; 「內鮮一體의 家庭을 祝福」, 『每日新報』 1941년 5월 18일자.

74 「內鮮一体の結婚, 慶南の三十組表彰」, 『釜山日報』 1941년 4월 3일자.

75 「內鮮人の夫婦, 忠北道に唯一組」, 『釜山日報』 1941년 5월 14일자.

76 吉岡攻, 앞의 글, 1982, 135쪽. 오카미야는 1940년 3월에 혼인하고 두 달 후 예상치 못한 표창장이 소포로 도착해 기쁘면서도 기분이 이상해서 남편과 함께 크게 웃었다고 회고했다. 생각해보니 중매가 이상하게 열심히 권했고, 결혼식장에는 소방서장과 경찰서장까지 참석했었다는 것이다. 표창 시기를 약간 착오한 듯하지만, 당시 내선결혼이 이루어지는 정황을 엿볼 수 있는 회고이다.

혼 부부를 표창하는 데 그다지 적극적이지 않았음을 알려준다.

그리고 조선인 남편과 일본인 처 부부가 더 많이 표창된 것이 조선총독부가 이런 유형을 바람직하게 생각했음을 의미하지도 않는다. 이를 확인하기 위하여 표창된 내선결혼 부부 중 『내선일체』에 수록된 128쌍을 유형별·지역별로 정리한 것이 〈표 3-2〉, 조선인구동태통계를 활용해 1940년도에 통혼한 부부의 총수를 정리한 것이 〈표 3-3〉이다. 전자의 지역은 현주소, 후자의 지역은 혼가(婚家)에 있는 당사자의 소재지이므로 구별 기준이 완전히 같은 것은 아니지만, 성격상 양자는 일치할 가능성이 높다. 그렇다면 〈표 3-2〉는 〈표 3-3〉의 일부분이라고 보아도 무방할 것이다.[77]

〈표 3-2〉 표창된 1940년 신규 내선결혼 부부 수(지역=현주소)

	일본인 남편-조선인 처		조선인 남편-일본인 처		
	조선	일본	조선	일본	중국
	28	3	41	54	2
합계	31		97		

* 출전: 「表彰された內鮮結婚者」, 『內鮮一體』 2-4, 1941.

〈표 3-3〉 1940년 신규 내선결혼 부부 수(지역=혼가에 있는 당사자의 소재지)

	일본인 남편-조선인 처			조선인 남편-일본인 처		
	조선	일본	기타	조선	일본	기타
보통	70	16	8	27	819	13
입부, 서양자	3			6	249	2
합계	97			1,116		

* 출전: 朝鮮總督府, 『昭和十五年朝鮮人口動態統計』, 1942, 부록 20~21쪽.
* 혼가에 있는 당사자의 소재지: 보통 혼인은 남편, 입부혼인·서양자입양은 처의 소재지.

77 조선인구동태통계는 1937년 조선총독부령 제161호 '조선인구동태조사규칙'에 따라 부윤 또는 읍면장이 호적신고에 의해 작성한 인구동태조사표를 기초로 정리된 것이므로 법률혼만의 동태통계인데, 같은 계열의 자료인 제1부의 법무통계 및 〈표 3-1〉과는 상당한 차이가 있다. 그 원인은 해명하기 어렵다.

두 표를 비교해보면, 1940년에 새로 혼인신고한 부부가 모두 표창된 것은 아니고, 표창자의 절대 수는 조선인 남편과 일본인 처가 많지만 부부 총수 대비 표창 비율은 일본인 남편과 조선인 처가 훨씬 높음을 알 수 있다. 조선총독부가 조선민사령을 개정해 일본인 남성의 조선 호적 입적을 가능하게 했음을 아울러 생각하면, 총독부는 오히려 일본인 남성과 조선인 여성의 결혼을 바람직하게 여겼을 가능성이 더 크다. 혹은 단순히 일본인 남성과 조선인 여성의 혼인이 주로 조선에서 이뤄지므로 조사하기 쉬웠기 때문일 수도 있다. 강원도에서는 강원연맹이 1941년 1월 25일까지 표창 대상자를 보고하라고 각 군연맹에 통첩한 것이 1940년 12월 18일이었다.[78] 한 달 남짓한 기간 동안 그해 혼인신고한 부부 중에서 모범이 될 표창자를 선정해야 한다면, 실무자는 관할구역 거주자를 우선 검토할 수밖에 없다. 이런 이유 때문이었다면 표창자로 선정된 비율의 차이도 무계획성의 결과로 이해할 수 있다. 총력연맹의 통혼 부부 표창이 1941년의 한 차례에 그친 것도 마찬가지이다.

결국 조선총독부는 전시체제기에도 조선민사령을 개정해 합법적으로 내선결혼할 수 있는 유형을 확대시키고, 신규 통혼 부부를 표창하는 방식의 소극적·간접적인 장려책을 넘어서지 않았다. 이는 조선총독부가 취해온 그간의 시책과 질적으로 다르지 않다. 내선일체의 구호가 제창되자 그 이념을 수용한 조선인 참의들이 오히려 그 궁극적 실현 수단일 내선결혼을 실질적으로 장려할 것을 요청했지만, 조선총독부는 적극적·직접적 장려책을 내놓지 않았다. 사실 중추원 참의 중에서도 박철희(朴喆熙)는 이상적으로 생각할 때 내선결혼을 장려해 골육적 결합을 도모할 수 있다면 완전한 화합을 가져올 수 있겠지만, 정치권에서 이를 즉시 장려하는 것은 오히려 불가능하다고 보았

---

78 「內鮮人結婚調査」, 『每日新報』 1940년 12월 21일자.

다. 물러나서 간접적으로 조장하고 먼저 철저한 정신적 화합을 도모하는 것만 못하다는 주장이었다.[79] 이는 물론 적극적 통혼 장려책이 조선인의 반발을 야기할 수 있기 때문이었고, 조선총독부가 식민통치 기간 내내 소극적·간접적 장려책으로 일관한 것도 기본적으로는 이 때문이었다.

하지만 이에 더하여 1940년대 조선총독부의 태도에서는 내선결혼 중에서도 모범적인 것과 그렇지 않은 것을 구별하고, 내선결혼을 동화를 촉진할 수단이 아니라 조선인 전반이 문화적으로 일본인화된 이후의 결과로 재설정하려는 시각 변화가 포착된다. 이는 총력연맹 사무국 총장 가와기시의 말에서도 확인할 수 있다.[80] 내선일체실천사 사장 박남규(朴南圭 → 大朝實臣)는 기념품을 증정하는 것 이외에 내선결혼자를 사회적으로 우대하거나 내선결혼 촉진 운동 기관을 정부가 원조하는 등 적극적으로 통혼을 장려할 방법이 없을지를 다각적으로 물었다. 하지만 가와기시는 상호이해와 풍속 동화에 노력하고 사회조직, 풍습, 학교교육, 가정교육 등에서 충분히 훈련하여 장벽을 제거하기 위해 노력해야 한다고 대답할 따름이었다. 제도 개선이 필요하다는 말에도 차별을 받지 않도록 훈련하고 수양을 쌓으면 차별은 자연히 없어져갈 것이라며, 내선결혼을 증가시키기 위해 차별을 철폐해야 한다는 제안을 거부했다. 가와기시의 발언에서 읽어낼 수 있는 것은, 오히려 통혼의 수를 늘리는 것이 능사는 아니라는 인식이다. 그는 내선결혼도 가정에서 환영받는 것과 그렇지 않은 것이 있어서 "젊은 기세로 충분히 사려 분별하지 않고 결혼한 자는 후회하고 있는 가정"도 적지 않고, 내선결혼 부부가 내선일체의 실천 전사라는 점에는 동의하지만 "결혼이 영구히 계속되어 파탄을 일으키지 않

79 朝鮮總督府 中樞院, 앞의 책, 1938, 189~190쪽.

80 「內鮮結婚奬勵方針を川岸中將に聞く」, 『內鮮一體』 2-1, 1941.

는 것이 중요"하다고 말한 것이다. 내선결혼을 잘하려면 중류 이상의 조선인 가정이 보다 개방적으로 생활해야 한다고도 했다. 이를 통해 조선총독부가 조선인 전반이 문화적으로 동화되기 전에 이루어진 내선결혼이 도리어 민족 갈등을 야기하고 파탄에 이른 현실을 의식했음을 엿볼 수 있다. 중추원 참의 장직상도 "목하 다소 내선의 결혼이 있지만, 이는 거의 자유결혼으로 형식을 구비하지 않아 일반의 모범으로 삼기에는 부족한 것이 유감"이라면서, 일본인 중 "고귀한 사람의 가정에서 조선인과의 통혼을 성행"하기를 희망했다.[81] 일제는 상층에서 내선결혼의 모범을 보여 하층까지 확산되는 흐름을 기대했지만, 내선결혼은 대부분 자유연애를 통해 하층에서 이루어졌다. 그러자 조선총독부는 내선결혼이 '내선 불화'를 노정함을 경계하면서, 존재하는 모든 내선결혼이 바람직한 것은 아니라는 인식을 강화하게 된 것이다. 이와 함께 부모의 반대를 무릅쓰는 연애결혼은 저평가되고, 대신 중매결혼 또는 정략결혼 위주인 상층의 내선결혼에서 질적인 측면의 모범을 찾게 되었다.

미나미 총독 시기에 정무총감이었던 오노 로쿠이치로(大野緣一郎)의 소장 문서에서도 1940년대 조선총독부가 내선결혼을 곧바로 장려하기는 어렵다고 판단했음을 알려주는 구절이 확인된다. 1937년 12월의 「조선에서의 교육에 관한 방책」에서는 혼인에 의한 결합이 민족 결합의 근본임은 말할 것도 없지만 실제로는 곤란한 사정이 많고, 특히 언어·풍속·습관의 차이가 실행을 방해하는 점이 적지 않다고 보았다. 따라서 내선공학 실시, 일본어 보급, 일본 영화 관람 기회 증대 등을 통해 풍습의 접근을 촉진하는 동시에 내선결혼자를 우대할 방법을 고려해야 한다고 제안했다.[82] 하지만 1941년 「내선일체

---

81 朝鮮總督府 中樞院, 앞의 책, 1938, 226쪽.

82 「昭和 12年 12月 朝鮮ニ於ケル教育ニ關スル方策」, 『大野緑一郎關係文書』 R-127, 556코

의 이념 및 그 실현 방책 요강」에서는 "내선 혼인의 장려는 내선 문화의 일체화에 따라 실행되어야 하며, 그 전제로 행할 것이 아니"라고 했다. 이 문건에 따르면, 문화의 동일성은 생활 감정을 일체화하는 데 필수불가결한 모태이므로 내선일체를 실현하기 위해서는 문화정책이 중요하고, 조선 문화정책의 근본 방침은 일본 문화를 조선에 이식 배양하는 것이어야 했다. 그런데 조선의 문화가 일본화됨에 따라 내선결혼 장려책이 문제가 될 것인데, "문화가 여전히 같지 않고 습속에 아직 거리가 있는 동안에는 통혼의 수량적 증가를 서두를 것이 아니라, 문화적 통합이 이뤄짐에 따라 내선결혼을 소개·알선·지도하는 데 힘쓰고 호적상의 융통도 간이화하여 진정한 내선일체의 완성으로 나아가야" 한다고 했다.[83] 조선총독부는 여전히 내선결혼을 긍정적으로 보면서도, 정신적 동화를 중시하며 문화적 동화를 그 촉진 수단으로 강화하고 생물학적 동화는 문화적 동화의 다음 단계로 설정하여 직접적인 장려책을 피한 것이다.

뿐만 아니라 조선총독부 기획부 계획과장 야마나 미키오(山名酒喜男)는 내선결혼 장려 정책을 부정하고, 조선인이 일본 국민의식을 갖는 것을 동화의 최종 목표로 설정하기까지 했다. 야마나는 1942년 8월에 내각 총력전연구소에서 강연하던 중, 동화정책에서는 혼혈을 해야 하고 또 혈액의 혼합 없이는 동화정책이 불가능하다는 공식 입장에 반대한다는 뜻을 밝혔다.[84] 일국 내의 민족이 동일한 국민이라는 의식을 가지고, 천황을 국가의 중심으로 받들어

마.

83 No. 1268.「內鮮一体の理念及其の實現方策要綱」.『大野緣一郎關係文書』R-149, 484코마, 489코마.

84 山名酒喜男,『朝鮮人を中心として: 內閣總力戦研究所に於ける講義要旨』, 1942, 51~53쪽.

감사하며, 신사(神社)·신사(神祠)에 진심으로 기도하고, 국가의 발전을 위하는 마음으로 일상생활을 영위하면, 그것만으로 훌륭한 내선일체이자 동화정책의 성공이고 천황의 방패로서 총을 잡을 수도 있다는 주장이었다. 야마나는 조선총독부 관료로서 내선결혼을 통한 혈액의 혼합이 필요하다고 강연하고도 개인적으로는 그를 바라지 않는다고 덧붙인 것인데, 이는 내선결혼과 내선혼혈의 실태를 다음과 같이 판단했기 때문이었다.

나는 혈액의 혼합을 동화정책의 가능성과 관련하여 이야기했습니다만, 저 개인으로서는 당분간은 내선 간의 혼혈은 희망하지 않습니다. 당분간이라고 했습니다만, 이는 조선인이 앞에 말한 것 같은 대중적 단점을 극복하고, 야마토 민족의 장점인 충군애국에 철저하고 성실하며 결백하고 예의범절의 소양이 있는 점에서 내지인의 존경을 받을 만한 인물을 배출하여 조선이 다시 보이게 될 때까지는—그때는 백 년이 걸릴지, 이백 년 또는 오백 년 아니면 천 년이 걸릴지, 어쨌든 내지인으로부터 경애 받을 때가 오기 전까지는 희망하지 않습니다.

대개 조선인의 정신적 요소가 이 정도까지 향상되지 않은 동안에, 간단히 혼혈이 이루어져서는 내지인과 조선인 양쪽의 결점만 가진 자손이 태어날 것을 우려합니다.

자연과학적으로 보면 멘델의 법칙은 나쁜 것만 태어나지는 않음을 알려주지만, 사회의 환경은 "씨보다는 양육"이지 않습니까.

민중의 이성이나 정의(情意) 따위가 접근하지 않은, 즉 생활양식, 풍습, 가족제도, 기타 대중적 교양에 상당한 차이가 있는 사회에서는 혼혈의 자손을 반드시 좋은 감정을 가지고 대하게 되지 않지 않습니까마는, 이러한 경우에는 나쁜 성정만 싹을 내어서 좋은 싹은 나오더라도 반드시 밟혀버릴 것입니다.

최근 조선인 가운데 자금 회전이 좋은 녀석들이 내지인 요리점에 놀러 가서 내지인 접객업 여자를 손에 넣거나, 또 그보다 더한 일을 한다는 부도덕하고 파렴치한 행위에서 민족적인 자위나 자랑을 느낀다는 사실은 실로 불유쾌하기 짝이 없습니다.

혼혈은 교양이 높은, 그리고 그 자손도 생활상의 좋은 환경이 허용되는 자들 사이에는 굳이 이론이 있을 리 없겠지만, 또 이렇게 해서 오랜 역사의 과정에서 시간이 해결할 문제이겠지요.

이처럼 '내선일체'가 제창된 이후 내선결혼은 조선인을 정신과 문화, 신체까지 일본인화할 수 있는 궁극적인 동화의 수단으로 선전되었지만, 조선총독부 내부에는 내선결혼을 동화의 결과로 설정하면서 백 년 혹은 천 년이 걸릴지 알 수 없는 '당분간'은 통혼이 확산되지 않기를 바라는 사람들이 늘어났다. 이 역시 조선총독부가 내선결혼을 적극적으로 장려하지 않고 통혼을 억제하는 요소를 제거하는 소극적 장려 정책에 그친 이유였다. 조선총독부도 1941년 말의 제79회 제국의회 설명자료에서 "내선결혼의 풍조는 당분간 현상 정도의 숫자를 보이며 점증하는 데 그칠 것"이라며, 문화적 동화 없이는 통혼도 증가하지 않을 것이라고 예측했다. 황국신민 의식에 철저하고자 일본인 여성과 결혼하려는 조선인 청년이 늘고 있지만, 그들의 언어·풍속은 그대로여서 일본인 측에서 크게 난색을 표하고 있고, 결국 노부모의 집을 떠나 생활하는 경우에만 내선결혼이 성립할 수 있기 때문이라는 것이었다. 다만 조선총독부는 현재 각종 학교에서 신교육을 받고 있는 조선인의 자제, 자녀들이 장래 부모가 되는 시대에는 언어, 습관 등의 거리가 가까워짐에 따라 내선결혼도 자연히 비상한 숫자로 증가할 것이라고 확신했다. 그리고 그때가 되면 "반도 동포가 야마토 민족 속에 발전적으로 해소되어 민족 문제를 자연스럽게 해결할 시기가 올 것"이라고 기대하였다.[85]

그렇다면 조선총독부는 왜 내선결혼을 조선인 전반이 문화적으로 동화된 이후의 과업으로 설정하고도 통혼을 장려한다는 선전을 강화했을까. 그것은 아마도 일본과 조선의 철저 일체를 추구한다는 인상을 줌으로써 조선인들이 일본 국민의식을 갖도록 유도하기 위해서였을 것이다. 앞의 「내선일체의 이념 및 그 실현 방책 요강」은 내선일체 이념을 체계화하여 조선총독부뿐만 아니라 제국 전체의 부동의 국시로 삼아야 한다고 주장했다. 조선인에게 내선일체는 "유일한 희망에 찬 지도 원리"이므로, 이론에 그치지 말고 실질적으로 장래의 시정에 대한 기대를 강하게 함으로써 황국신민이라는 신념을 철저하게 만들 필요가 있다는 것이었다. 그와 동시에 내선일체의 필연성을 확신하는 것이야말로 잠재된 내선일체의 가능성을 현실화하는 기초이며, "내선일체의 근본 전제는 황국신민화에 있고, 멸사봉공하여 진실로 폐하의 백성임을 철저히 자각하는 것이 온갖 제도 일체화의 선결 문제"라고 설명했다.[86] 즉, 조선총독부는 조선인들이 요구한 법제적 평등은 조선인이 정신적으로 철저히 일본에 동화된 다음에야 허용할 수 있다는 입장이었지만, 조선인의 정신적 동화를 촉진하기 위해서라도 차별 없는 미래를 약속해야 했던 것이다. 내선결혼 역시 마찬가지이다. 조선총독부는 생물학적 동화는 문화적 동화의 결과로 이뤄져야 한다고 보고, 그때까지는 통혼이 널리 확산되기보다 안정

---

85 朝鮮總督府官房 文書課, 「第79回帝國議會說明資料」, 1941(민족문제연구소 편, 『일제하 전시체제기 정책사료총서』 6, 2000, 349~350쪽).

86 No. 1268. 「内鮮一体の理念及其の實現方策要綱」, 『大野緣一郎關係文書』 R-149, 479코마, 483코마.

적·모범적이기를 바랐다. 그럼에도 통혼을 장려한다는 선전을 강화한 것은 내선일체에 대한 확고한 의지를 보여주어 조선인들에게 내선일체가 필연적이라는 확신을 심어주기 위해서였던 것이다. 이와 같이 전시체제기 조선총독부는 정신적·문화적 방면에서는 조선인을 급속히 동화시키려 했지만, 법제적·생물학적 동화는 정신적·문화적 동화에 따라 점진적으로 추진해야 한다고 보았고, 생물학적 동화에 대한 인식은 전보다 소극적으로 후퇴했다. 그러나 조선인의 정신적·문화적 동화를 위해서도 법제적·생물학적 동화의 가능성을 강변해야 하는 것이 식민당국의 딜레마였다.

3. 일본 정부의 내선일체 옹호와 내선결혼·혼혈 경계

1) 일본 본토의 조선인, 내선결혼 급증

조선총독부가 내선일체를 목표로 조선인의 동화에 박차를 가하던 그 시기, 일본 정부도 일본 본토에 거주하는 조선인을 정신적·문화적으로 일본인화하려 했다. 일본인과는 언어, 풍속, 습관 등이 다른 조선인들이 일본 본토에 점점 더 많이 거주하게 되면서, "각 방면에서 많은 복잡하고 곤란한 문제"를 일으켜 "국민 생활의 협화상 진실로 우려"하지 않을 수 없게 되자, 1936년 이후 재일조선인의 동화를 기조로 하는 협화사업(協和事業)에 착수한 것이다.[87] 〈표 3-4〉를 보면 1920년대 중반 이후 재일조선인이 급증했음을 알 수 있는데, 〈표 2-2〉와 비교하건대 1935년은 절대 수에서 재일조선인이 처음으로 재

87 『協和事業彙報』 1939.9(히구치 유이치 지음, 정혜경·동선희·김인덕 옮김, 『일제하 재일조선인 통제조직 협화회』, 선인, 2012, 97쪽에서 재인용).

〈표 3-4〉 재일조선인 추이

(단위: 명)

연도	인구		
	국세조사	국세조사로부터의 추계	내무성 조사
1912		7,796	3,171
1913		10,394	3,635
1914		12,961	3,542
1915		15,106	3,992
1916		17,972	5,637
1917		22,218	14,501
1918		34,082	22,262
1919		37,732	28,273
1920	40,755	40,755	30,149
1921		62,404	38,651
1922		90,741	59,744
1923		136,557	80,015
1924		172,130	118,192
1925		214,657	129,870
1926		247,358	143,798
1927		308,685	171,275
1928		358,121	238,104
1929		398,920	275,206
1930	418,989	419,009	298,091
1931		427,275	311,246
1932		433,692	390,543
1933		500,637	456,217
1934		559,080	537,695
1935		615,867	625,678
1936		657,497	690,501
1937		693,138	735,689
1938		796,927	799,878
1939		980,700	961,591
1940	1,241,178	1,241,315	1,190,444
1941		1,484,025	1,469,230
1942		1,778,480	1,625,054
1943		1,946,047	1,805,438
1944		2,139,143	1,901,409
1945		2,206,541	

* 출전: 도노무라 마사루 지음, 신유원·김인덕 옮김, 『재일조선인 사회의 역사학적 연구』, 논형, 2010, 60~61쪽.

조일본인을 초과한 해이기도 했다.

그렇지만 초기에는 지역마다 협화회의 설치 유무와 사업 방침이 달라서 일관성이 없었다. 일본 정부는 이러한 상황을 타개해 사업의 통일을 도모하고 재일조선인에 대한 조직·통제를 강화하기 위하여 1939년 6월에 중앙협화회를 설립했다. 협화회의 활동은 일본 정부가 국가적으로 인구를 관리할 목적으로 1938년 1월에 신설한 후생성의 사회국이 주관했고, 조선총독부 정무총감도 중앙협화회의 창립 발기인으로 참여했다. 사회국 생활과장 다케시마 가즈요시(武島一義)는 협화사업을 "내지에 사는 신부(新附) 동포들을 점차 훈화하여 하루 빨리 황군의 신민이 되고 충량한 신민이 되도록 지도하는 구체적인 실천의 행정"으로 정의했다.[88] 역시 사회국 소속으로 협화사업을 실질적으로 담당한 다케다 유키오(武田行雄)는 거의 같은 시기에 일본은 협화사업을, 조선은 내선일체 운동을 개시했는데, 두 사업은 "내지인과 반도인을 일본인이라는 이름" 아래 황국신민으로 융합 합체하고 서로 마음을 터놓을 수 있는 경지에 빨리 도달하게 하려는 동일한 목적을 지녔다고 설명했다. 따라서 수단, 방법도 비슷할 것이고 다소 차이가 있더라도 서로 논의하여 보조해야 할 것이었다. 뿐만 아니라 "내지에 거주하는 70수만 명의 반도인을 포옹 동화하는 것은 반도 내 2,300여만 신부 동포의 옹호를 약속하는 것이며, 나아가 수억의 동양인을 포옹할 수 있는 가능성을 보이는 것"이라고 협화사업에 의미를 부여하였다.[89] 일본 정부는 1930년대 중반 이후 '이질적'인 조선인들이 일본 본토에 증가하자 협화사업을 시행했고, 일본인이 다수인 일본 본토에서 소수의

88 히구치 유이치 지음, 정혜경·동선희·김인덕 옮김, 「중앙협화회의 설립」, 『일제하 재일조선인 통제조직 협화회』, 선인, 2012.

89 武田行雄, 「內地在住半島人と協和事業」, 『朝鮮』 277, 1938, 2쪽, 21쪽.

조선인을 일본인화하는 것은 조선 또는 다른 외국에서도 일본인이 동화정책에 성공할 수 있는지를 가늠하는 일종의 시금석이 된 것이다.

그런데 이후 재일조선인은 더욱 폭발적으로 증가해, 1939~45년의 5~6년 사이에만 100만 명 정도가 늘었다. 이는 일본 정부가 조선인 유입 억제 방침을 포기하고 대규모 노무동원을 시작했기 때문이었다. 조선총독부는 3·1운동 대책으로 1919년 4월부터 조선인이 조선을 출입할 때는 여행증명서를 소지하게 했다가,[90] 조선인들이 반발하자 1922년 12월부터는 노동자와 학생이 일본에 도항하는 경우에만 거주지 경찰의 증명이나 민적등본을 소지하도록 했다.[91] 하지만 관동대진재 복구사업으로 일본에서 노동 수요가 급증하여 조선인의 도항도 증가하자, 노동자의 공급 과잉 현상을 보인 1924년 말에 내무성과 조선총독부는 일정한 조건을 구비한 자 외에는 도항을 저지하기로 협의했다.[92] 일본 정부는 조선인의 일본 본토 유입을 억제했던 것이지만, 전쟁의 장기화로 노동력 부족이 다시 심각해지자 조선인을 대거 동원하기로 방침을 변경했다. 1939년 7월부터는 사업주가 조선에서 노동자를 직접 모집할 수 있게 되었고, 1942년 2월부터는 관알선 방식을 도입해 조선인을 일본으로

---

90 「朝鮮總督府 警務總監部令 第3號 朝鮮人ノ旅行取締ニ關スル件」, 『朝鮮總督府官報』 2002, 1919년 4월 15일자.

91 「朝鮮總督府令 第153號」, 『朝鮮總督府官報』 3104, 1922년 12월 15일자; 「問題되는 旅券證明」, 『東亞日報』 1922년 12월 12일자.

92 「(資料)在日朝鮮人に対する同化政策の「協和事業」(1943)」, 『在日朝鮮人史研究』 17, 1987, 111~114쪽. 조선총독부는 재일조선인 실업자가 증가해 일본 본토의 노동 문제가 격화되는 것을 방지하기 위하여 취직처가 불확실한 사람의 도항을 저지하기로 결정한 시기를, 1년 늦은 1925년 11월 이후로 정리했다(「(彙報) 朝鮮人勞働者の內地渡航取締に付て」, 『朝鮮』 280, 1938, 153쪽).

집단 공출하기 시작했다.[93] 일본 정부가 1939년에 중앙협화회를 세우며 협화 사업을 강화한 것은 이로 인해 일본 본토에 동화되지 않은 조선인 노동자가 급증했기 때문이었다. 1940년부터 활동을 본격화한 협화회는 재일조선인에게 일본어 사용과 신사 참배, 가정 내 가미다나(神棚) 설치를 강요하고, 이들을 각종 근로 봉사나 황민화 강습회, 교련·단체 훈련에 동원했다. 또한 새로 징용되어 일본에 온 조선인에게 일본어를 교습하거나 정신 훈련, 작업 훈련을 실시하고, 여성에게 기모노 착용을 강요하기도 했다.[94] 다케다 유키오는 협화 사업의 사명을 '일시동인'의 구현과 조선인의 일본 동화로 규정하고 생활의 향상, 거주의 안정과 잡거(雜居), 생활 개선, 일본인들의 동포애 환기 등을 동화를 도모하기 위한 요건으로 꼽았다. 그런데 이때의 생활 개선 역시 "반도인의 풍속, 습관 등 외형상의 내지화에서 시작해 정신상의 내지화에 이르는 것을 사명"으로 했다.[95] 즉, 협화사업은 일본판 내선일체 운동으로서, 재일조선인의 문화적 동화를 통해 정신적 동화를 이루려는 사업이었던 것이다.

한편, 일본 본토에서 조선인 인구가 폭증하자 내선결혼도 급증했다. 〈부표 3〉의 조선인구동태통계는 제1부의 법무통계와 같이 그해에 혼인신고한 법률혼 부부 수를 집계한 것이지만, '혼가에 있는 당사자의 소재지'를 기준으로 지역을 구분한 점이 다르다. 이를 정리한 〈표 3-5〉를 보면, 1938년 이후 일본에서 통혼한 부부가 조선의 10배가 넘고, 그 절대 다수는 역시 조선인 남성과 일본인 여성의 결혼이었다. 제2부에서 본 것처럼 전에도 내선결혼은 주

93 김민영, 「전시 노무동원의 전개 과정과 노동력 수탈의 실태」, 『일제의 조선인 노동력 수탈 연구』, 한울, 1995. 1930년대까지의 유입 제한은 35~36쪽 참조.

94 히구치 유이치 지음, 정혜경·동선희·김인덕 옮김, 「황민화 정책의 전개」, 앞의 책, 2012.

95 武田行雄, 「內地在住半島人と協和事業(承前)」, 『朝鮮』 278, 1938, 23~27쪽.

〈표 3-5〉 인구동태통계조사의 내선결혼 건수

		일본인 남편-조선인 처			조선인 남편-일본인 처				합계
		보통	초서	총수	보통	입부	서양자	총수	
1938	조선	51		51	13	7	3	23	74
	일본	9		9	556	168	78	802	811
	기타	8		8	9	4	1	14	22
1939	조선	72		72	21	4	2	27	99
	일본	27		27	615	179	66	860	887
	기타	6		6	6	4	3	13	19
1940	조선	70	3	73	27	5	1	33	106
	일본	16		16	819	168	81	1,068	1,084
	기타	8		8	13	2		15	23
1941	조선	71		71	43	4	3	50	121
	일본	30		30	946	220	62	1,228	1,258
	기타	12		12	23	1	1	25	37
1942	조선	25		25	43	4		47	72
	일본	134		134	1,028	202	54	1,284	1,418
	기타	13		13	23	4		27	40

* 출전: 『朝鮮人口動態統計』 각년판.
* 혼가에 있는 당사자의 소재지 기준. 1940년도부터 초서는 서양자로 명칭 변경.

로 일본에서 이뤄진 것으로 추정되는데, 조선인 남성의 대규모 유입은 그 현상을 더욱 격화시켰던 것이다. 일본인 부모도 대개 내선결혼에 반대했지만, 결혼 적령기의 일본인 남성은 전쟁으로 구하기 어려웠고, 협화사업이 조선인에 대한 '동포애'를 환기한 것이 통혼에의 거부감을 줄이기도 했을 것이다.

이들의 통혼 계기는 재한일본인 처의 인터뷰에서 엿볼 수 있다. 조선인 노동자 합숙소의 사무실[96]이나 식당[97]에서 일하던 일본인 여성이 조선인 남

96 니이야 도시유키, 「한국으로 '시집온' 일본인 부인」, 서울대학교 인류학과 석사학위논문, 2000, 42~66쪽; 김종욱, 「식민지시기 조선으로 이주한 일본인 처들의 인물사진 연구」, 경주대학교 산업경영대학원 석사학위논문, 2008, 41~42쪽.

97 伊藤孝司, 『(新版)日本人花嫁の戦後』, 群馬: LYU工房, 1996, 56~69쪽; 김종욱, 앞의 논문, 2008, 33~34쪽.

성 노동자와 결혼하는 등, 이 시기에도 역시 일상에서 자연스럽게 만나 연애결혼한 사례가 많다. 하지만 한편으로 징용된 조선인 남성들은 생계를 위한 수단이자 생명을 보전하기 위한 방편으로 일본인 여성과 결혼하기도 했다. 1938년에 홋카이도(北海道)로 징용된 이재선(李載先)은 소라치(空知) 탄광에서 도망친 후, "일본 여자를 얻어두면 목숨은 문제없다, 신용도 받는다"는 말을 듣고 결혼했다.[98] 서울에서 '인부 사냥'에 걸려 홋카이도에 끌려간 어느 조선인 남성도 일본인에 비해 임금이 터무니없이 적다는 사실을 깨닫고는, 필사적으로 일본어를 익히고 합숙소의 식당[飯場]에서 일하던 일본인 여성과 결혼하여 일본인만큼의 임금을 받게 되었다.[99]

그런데 일본 정부는 협화사업을 추진하는 동안 일본 본토에서 내선결혼이 급증하자, 그동안의 방임적 태도에서 급선회하여 내선결혼을 예의주시하기 시작했다. 먼저 내무성 경보국 보안과는 1939년 말에 처음으로 일본 본토에 거주하는 내선결혼 부부의 수를 종합 집계하고, 그 결과를 『특고월보』 1940년 9월호에 수록했다.[100] 이후에도 같은 방식으로 조사한 내선결혼 부부의 총수가 공문서에 인용되는 것으로 보아 이러한 경찰통계는 계속 작성된 듯하지만, 그 수가 지역별로 확인되는 해는 1939년뿐이다. 그리고 이는 경찰이 각년 말 현재 동거하는 부부의 수를 집계한 정태통계로, 제2부에서 분석한 조선총독부의 호구조사 통계와 같은 성격의 자료이지만, 법률혼과 내연을 구별하고 자녀의 수까지 조사한 것이 새롭다. 내선혼혈아에 대한 조사는 이

98 藤崎康夫, 「棄民にされた韓国の日本人妻の証言」, 『潮』 153, 1972, 275쪽.

99 小山毅, 「在韓日本人, 遺棄された同胞たち」, 『朝日ジャーナル』 14-29, 1972, 98쪽.

100 內務省 警保局 保安課, 「朝鮮人運動の狀況: 三. 內鮮人通婚に對する朝鮮人の動向」, 『特高月報』 1940.9, 96~100쪽.

후 일본 정부의 통계에서 빠지지 않는데, 전시체제기에 혼혈에 대한 관심이 증대했음을 방증한다. 이처럼 일본 본토의 내선결혼·혼혈에 대한 관심을 반영한 통계를 수록하면서 『특고월보』는, 협화사업이 실시된 이래 재일조선인이 일본에 동화되려는 기운이 높아진 한편 조선총독부가 보급한 내선일체의 시정 방침을 근거로 현 상황을 비판하는 동향이 있으므로, 협화사업을 수행할 때는 이에 주의해야 한다고 지적했다. 그러한 비판적 언동 중에 "내선일체를 구현하기 위해서는 조선인과 내지인의 통혼으로 인한 혼혈이 제일의(第一義)"라면서 당국이 내선통혼을 적극적으로 지도해야 한다는 주장도 있었기 때문에, 내선결혼 부부의 수를 조사한 것이다. 즉, 내선결혼을 장려하기 위해

〈표 3-6〉 일본 거주 내선결혼 부부 수(1939년 12월 말)

	조선인남편-일본인처						일본인남편-조선인처					
	부부수			자녀수			부부수			자녀수		
	내연	입적	계	남	여	계	내연	입적	계	남	여	계
총계	7,214	2,363	9,577	7,855	7,837	15,692	133	50	183	86	88	174
도쿄	1,282	524	1,806	1,336	1,372	2,708	22	8	30	9	12	21
홋카이도	670	217	887	908	850	1,758	21	7	28	17	16	33
오사카	467	150	617	414	429	843	7	2	9	4	3	7
후쿠오카	360	122	482	406	333	739	12	5	17	6	9	15
아이치	278	92	370	308	295	603	6	5	11	6	7	13
가나가와	234	79	313	247	258	505		2	2			
후쿠시마	236	77	313	283	312	595						
나가노	214	91	305	327	263	590	3	1	4	6	5	11
야마나시	200	81	281	245	285	530		1	1	1		1
교토	193	47	240	164	195	359	4		4		1	1

* 원문에서 도쿄는 경시청.

내선결혼총수					
부부수			자녀수		
내연	입적	계	남	여	계
7,347	2,413	9,760	7,941	7,925	15,866

*출전: 内務省 警保局 保安課,「朝鮮人運動の狀況」,『特高月報』, 1940.9, 96~100쪽.

서가 아니라, 협화사업을 추진할 때 통혼과 혼혈을 적극 장려하라는 주장에 유의해야 한다는 의미였음이 주목된다.

〈표 3-6〉은 통혼 부부와 혼혈 자녀의 총수 및 부부 수 상위 10개 지역의 통계를 발췌한 것이다. 이를 보면, 47개 조사 지역 중 내선결혼 가정이 가장 많이 거주하는 곳은 도쿄(東京)였고, 조선인 남성들이 집단 징용된 홋카이도가 뒤를 이었다. 그 외 오사카(大阪), 후쿠오카(福岡), 아이치(愛知) 등 수위를 차지하는 다른 지역들도 대개 공장이나 탄광이 밀집하여 조선인 노동자가 많이 거주하던 곳이다.[101] 또한 9,760쌍이라는 내선결혼 부부의 총수는 1939년 말 현재의 재일조선인 217,380세대(원문: 27,380세대) 중 4.5%에 해당하여, 재일조선인은 20세대 중 1세대가 내선결혼 가정일 정도로 높은 통혼율을 보였다. 경보국 보안과는 이처럼 "부분적으로 내선인 사이의 통혼으로 인해 소위 자연현상적 혼혈"이 이뤄지는 것을 역시 내선협화상 '긍정적'인 현상이 아니라 "일고할 만한" 현상이라고 평가했다.

경찰이 이처럼 내선결혼과 혼혈의 급증을 경계한 이유는 일본에서도 역시 보통 하층 계급에서 통혼이 이루어진 사정과 관련되었을 것으로 보인다. 김영달이 고서점에서 입수한 내무성 경보국 보안과 내부 문건에는 〈표 3-6〉에 집계된 내선결혼 부부의 결혼 당시 직업도 정리되어 있다(표 3-7).[102] 비록

---

101 도노무라 마사루 지음, 신유원·김인덕 옮김, 『재일조선인 사회의 역사학적 연구』, 논형, 2010, 59~64쪽, 74~78쪽.

102 金英達, 「日本の朝鮮統治下における「通婚」と「混血」」, 『關西大學人權問題硏究室紀要』 39, 1999, 33쪽 〈표 5〉. 이 논문의 〈표 4〉를 보면, 이 자료에는 『특고월보』와 다르게 일본인 남편과 조선인 처의 자녀가 남 87명, 여 90명, 합계 177명으로 기재된 듯하지만, 원자료의 소장처를 알 수 없고 다른 지면에 공개된 적도 없어서 원자료의 차이인지 김영달의 실수인지는 확인할 수 없다.

〈표 3-7〉 일본 거주 내선결혼 부부의 직업(1939년 12월 말)

	조선인남편	일본인처	일본인남편	조선인처
유식적 직업	245	44	9	2
자동차 운전자	435	1	4	
토목건축 노동자	1,211	81	11	5
하역 노동자[仲士]	195	5	7	
직공	939	93	23	1
섬유여공		812		8
기타 노동자	1,684	695	33	11
고물상 및 행상인	2,508	319	8	7
농업	541	1,369	14	24
접객업자	336	836	10	23
기타	1,483	5,322	64	102
합계	9,577	9,577	183	183

* 출전: 金英達, 「日本の朝鮮統治下における「通婚」と「混血」」, 『關西大學人權問題硏究室紀要』 39, 1999, 33쪽 〈표 5〉.

여성의 직업에서 기타가 지나치게 많다는 한계는 있지만, 남녀의 직업을 각각 집계한 통계도 아직까지는 이것이 유일하다. 기타는 대개 무직이거나 별도의 직업 없이 가업에 종사한 사람들이었을 것으로 추정된다. 기타를 제외하고 보면 조선인 남성은 고물상 및 행상인, 토목건축 등 노동자가 많고, 그와 결혼한 일본인 여성은 농업이나 여공 등 노동자 및 접객업자가 많으며, 일본인 남성 역시 노동자와 직공, 농업 종사자가 많고, 그와 결혼한 조선인 여성도 농업, 접객업자 및 노동자가 많았다. 이로써 일본에서도 상층에 해당하는 유식적 직업보다는 주로 중하층에 해당하는 직업군에서 내선결혼이 이루어졌고, 다른 민족 남성과 결혼한 여성들 중에는 접객업자도 많았음을 확인할 수 있다. 이는 역시 중하층 계급이 다른 민족과 많이 접하기 때문이지만, 경찰의 입장에서는 동화되지 않은 채 징용되어 온 조선인 남성 노동자들이 제약 없이 일본인 여성과 결혼하는 현상을 간과할 수 없었던 것이다.

하지만 그 후에도 일본에서 내선결혼은 법률혼과 내연 모두 급증하여, 그

중 일부가 조선에 건너갔다 해도 통혼 가정의 90% 가량이 일본에 거주하는 현상은 계속되었다. 후생성 건민국(健民局) 지도과가 협화사업 상황을 설명하기 위해 작성한 제84회 제국의회 참고자료에 따르면, 1941년에 내선결혼 부부는 조선에 1,416쌍, 일본에 9,761쌍이 거주했다. 일본에서 통혼 부부가 가장 많은 지역은 역시 도쿄(1,807), 홋카이도(887), 오사카(617), 후쿠오카(482), 아이치(370), 가나가와(神奈川, 313), 후쿠시마(福島, 313), 나가노(長野, 305)의 순이었고, 일본에 거주하는 내선혼혈아는 총 15,692명(남 7,855명, 여 7,837명)에 달했다. 이에 대해 후생성은 "내지의 혼혈은 조선에 비해 단연 많고 그 내용을 보면 내지인을 처로 삼은 자가 그렇지 않은 자에 비해 내지화의 경향이 현저한 것은 일본과 조선에 공통적인 현상"이라고 평가했다. 그러나 후생성도 내무성과 마찬가지로 "내선통혼은 점차 증가하는 경향에 있으므로 신중한 연구와 대책"이 필요하다며, 통혼의 증가를 경계했다.[103] 〈표 1-7〉을 보면, 1942년 말 조선에 거주하는 부부는 2,615쌍으로 증가한 데 비해 1944년 3월에 일본에 거주하는 부부는 10,700쌍으로 증가했고, 그 절대 다수인 10,428쌍이 조선인 남편과 일본인 처였다. 조선의 증가 속도가 더 빠르긴 했지만, 전시체제기 내선결혼 장려의 선전은 조선에서 조선총독부가 주도한 데 반해 실제 통혼은 절대적으로 일본에서 이뤄진 것이다. 게다가 조선총독부는 조선인이 문화적으로 일본인화될 한 세대 뒤까지는 통혼이 급증하지 않을 것이라고 생각했지만, 그 예상은 조선에서만 적중했다. 일본에 동원된 많은 조선인들은 일본인이라는 국민의식의 체득 여부와 무관하게 일본의 언어와 풍속에 빠르게 적응해갔고, 그 결

---

103 「(資料)在日朝鮮人に対する同化政策の「協和事業」(1943)」, 『在日朝鮮人史研究』 17, 1987, 139~140쪽. 하지만 〈표 3-6〉의 1939년과 비교하면 다소 감소했는데, 수치에 오류가 있는 듯하지만 확인할 수 없으므로 그대로 인용한다.

과 일본 정부가 우려할 만큼 통혼도 늘어만갔다.

2) 내선결혼·혼혈 반대론 배격 및 내선일체의 옹호

일본 정부에서 혼혈에 가장 민감하게 반응한 기관은 후생성이었다. 전시체제기 일본에서는 노동력·병력으로 활용할 인적 자원을 확보하는 일이 중요 과제가 되면서, 인구정책이 국가적 의제로 급부상했다. 인구정책의 근본 방침도 "과잉 인구를 어떻게 처리할 것인가"에서 "어떻게 양질의 인구를 증식할 것인가"로 전환되었다.[104] 그에 따라 일본 정부는 국가적 차원에서 인구를 관리해 양질의 풍부한 인적 자원을 창출하기 위하여 1938년 1월에 후생성을 신설했고, 후생성 예방국 우생과와 인구문제연구소에서 우생정책을 조사 연구하기 시작했다. 1940년 5월에 공포된 '국민우생법'은 그 대표적인 성과물이었다. 이는 단종을 합법화하여 악질적인 유전 질환의 소질을 갖는 자는 증가하지 못하게 하고, 임신중절을 불법화하여 건전한 소질을 갖는 자는 증가시킴으로써 국민의 소질을 향상시키려 한 법률이었다.[105] 이로써 결혼과 출산은 개인의 사적 영역이 아니라 국가가 규제·장려할 수 있는 공적 영역임이 분명해졌다. 식민지민에 대한 동화정책도 기본적으로 인구정책의 틀에서 이해되었는데, 내선결혼에 관하여 새삼 혼혈에 초점을 맞추게 된 이유도 그것이 인적 자원의 질과 관련된 문제이기 때문이었다.

일본 정부는 1941년 1월에 일본인 인구를 증식시킬 장기 계획으로 '인구정책확립요강'을 각의 결정했다. 이 요강은 당시 7천 3~4백만 수준이었던 일본인을 1960년에는 1억에 달할 정도로 증가시키는 것을 목표로 삼았다. 이를

---

104 沖中守夫,「時局下の日本人口問題と朝鮮」(上),『朝鮮』298, 1940, 78~79쪽.

105 藤野豊,『日本ファシズムと優生思想』, かもがわ出版, 1998, 262~342쪽.

달성하기 위해 여성의 초혼 연령을 21~22세로 낮추고 부부 당 5명 정도의 아이를 낳게 하며, 유유아(乳幼兒)의 사망과 결핵으로 인한 청년의 사망을 줄이는 데 각별히 유의할 계획이었다. 일본 정부는 일본인이 부족해지자 조선인을 일본 본토에 동원했지만, 이는 단기 대책이었을 뿐 장기적으로는 일본인을 증가시키려 한 것이다. 또한 제3조에서 인구정책은 다음과 같은 정신을 확립하는 것을 본지(本旨)로 계획해야 한다며, "일본인이라는 자각"을 철저히 하는 것을 인구정책의 핵심으로 삼았다.[106]

1. 영원히 발전해야 할 민족임을 자각할 것
2. 개인을 기초로 하는 세계관을 버리고 이에(家)와 민족을 기초로 하는 세계관의 확립, 철저를 도모할 것
3. 동아공영권 확립, 발전의 지도자라는 긍지와 책무를 자각할 것
4. 황국의 사명을 달성하는 것은 내지인 인구의 양적·질적인 비약적 발전을 기본 조건으로 한다는 인식을 철저히 할 것[107]

이처럼 '인구정책확립요강'에서 국민의식을 강조하게 된 데는 요강을 기초한 고야 요시오(古屋芳雄)의 영향이 컸다. 그는 가나자와(金澤) 의대 교수로서 1939년부터 후생성에 근무하면서 자신이 부회장으로 있던 일본민족위생협회의 운동을 정책에 반영하는 데 핵심적인 역할을 했다. 그런데 고야는 인구정책을 경제가 아니라 사상 대책으로 인식하면서, 가족주의를 확립하고 일본

---

106 美濃口時次郎,「人口政策確立要綱に就て」, 人口問題硏究會 編,『人口政策と國土計画』, 東京: 人口問題硏究會, 1942, 3~8쪽.

107 위의 책, 부록 2쪽.

정신을 앙양해야 한다고 주장했다.[108] 즉, 당시 일본의 인구정책에서는 인구를 양적으로 증식하는 동시에 질적으로도 보다 '양질(良質)'이 되게 하는 것을 목표로 삼았는데, 그 질은 신체적 측면에 국한되지 않았다. '양질'은 신체적 측면에서는 건강한 체질·체위를, 정신적 측면에서는 일본인이라는 철저한 자각, 강한 국민의식을 의미했던 것이다. 단적으로 말해서, 신체적 측면만 중시했다가는 반국가 사상을 가진 건강한 인구를 증가시켜 오히려 내부의 위협을 배가할 수도 있기 때문에, 전시하의 인구정책에서 정신적 측면을 가장 중시하는 것은 어찌 보면 당연한 일일 수 있었다.

그런데 고야는 일본인의 혼혈을 경계한 대표적인 인물이기도 했다. 당시 일본에는 일본 민족은 여러 인종적 요소가 혼혈되었어도 훌륭한 민족이 되었으므로 혼혈해도 전혀 지장이 없다거나, 만주국이나 중국에서도 점점 결혼 정책을 통해 현지 민족을 동화해가자는 낙관적 주장들이 있었는데, 고야는 혼혈은 상당한 위험을 동반하므로 신중히 생각해야 한다며 그를 비판했다. "일본 민족이 혼혈의 도가니에서 빠져 나와 오늘날의 우수성을 획득하기까지는 꽤 긴 시간 및 뒤얽혀서 처리하기 어려운 일들[盤根錯節]을 통과"해야 했음을 간과해서는 안 된다는 주장이었다.[109]

고야는 특히 중국인과의 혼혈을 경계했다. "한민족(漢民族)은 끈질긴 동화력을 가진 인종"이므로 소수의 일본인이 건너가서 중국인과 혼혈하면 그 자녀는 중국인이 되어버릴 것이기 때문이었다. 고야는 이를 "이민이 아니라 기

108 中村禎里, 「古屋芳雄と民族生物學」, 『生物學史研究ノート』 12, 1967, 9~11쪽; 오구마 에이지 지음, 조현설 옮김, 「황민화 대 우생학」, 『일본 단일민족신화의 기원』, 소명출판, 2003, 325~327쪽.

109 古屋芳雄, 「民族國策の諸問題」 (一), 『優生學』 189, 1939a, 13쪽.

민(棄民)"이라고 비판하면서 이민 정책을 재검토해야 한다고 주장했다. 일본인은 가급적 일본과 가깝고 기후·풍토가 크게 다르지 않은 곳에 일본의 농촌을 통째로 옮기는 방식으로 이민가게 해야 한다는 것이었다. 이런 관점에서 보면, 대만과 조선은 일본인이 이주하기에 적합한 장소였다. 고야는 정부의 견해가 아닌 사견임을 전제하기는 했지만, 대만과 같은 곳은 일본 농민에 의해 재점령되어야 하고, 대만인 본위, 조선인 본위, 만주인 본위의 정치가 진정한 정치라는 사고방식도 좋지만 일본 민족의 장래를 생각하는 민족정책으로서 올바른 것인지는 그와 완전히 별개의 문제라고까지 비판했다.[110]

고야가 이처럼 혼혈과 이민 정책을 비판한 이유는 소수의 일본인이 현지에서 역동화될 가능성을 우려하는 한편, 민족 형질을 기후와 풍토의 결과로 이해했기 때문이었다. 민족은 "그 토지의 자연 기후, 풍토에 의해 몇천 년, 몇만 년, 혹은 몇십만 년, 몇백만 년의 긴 시간 동안 도태되어 겨우 그곳에 뿌리를 내려 정착한 풀이나 나무"와 같은 것이므로 급속한 변화는 바람직하지 않았다. 따라서 "전연 다른 풍토, 다른 기후에서 자란, 또 다른 형질을 가진 민족이 결혼하면, 그 사이에서 생긴 아이에게는 여러 형질의 부조화가 일어날 가능성"이 있었다. 세계를 정복했던 북구계 인종이 오늘날 한곳에 치우쳐 있는 이유는 혼혈아가 그 정복한 토지에 적응하지 못했기 때문이라며, "우리들은 무심코 혼혈을 허해서는 안 된다"고 주장한 것도 이와 같은 맥락이었다.[111] 하지만 그렇다면 기후와 풍토가 일본과 그다지 다르지 않아서 일본인이 이민해도 좋다고 생각한 조선에서 조선인과 혼혈하는 것까지 반대했을지는 확실하지 않다. 다만 "내선일체의 취지는 결코 나쁘지 않지만 부자연스러

---

110 古屋芳雄, 「民族國策の諸問題」(二), 『優生學』 190, 1939b, 1~2쪽.

111 위의 글, 2~5쪽.

운, 또 너무 성급한 반도 일본인(조선인)의 내지 이입은 대책이 없는 일", "두 민족의 결혼 정책도 좋지만 그 사이에서 태어난 자식의 교육은 어떻게 할 것인가" 등의 발언에서,[112] 고야가 적어도 당시 일본에서 문제가 되었던 조선인의 급속한 일본 유입과 내선혼혈의 급증을 경계했음을 확인할 수 있다.

실제로 고야는 이런 생각에서 '인구정책확립요강'의 초안에 이민과 혼혈을 제한하려는 "황국 민족의 통일성 및 지도력 확보" 조항을 포함시켰다. 이 조항은 동아공영권에서는 이주한 일본인과 타 민족의 잡혼을 극력 억제하는 방침을 취하고, 조선 민족과 대만 민족의 일본 본토 유입은 필요한 최소한에 그쳐야 한다는 내용이었다. 고야는 독일 나치와 같이 정신이 육체에 종속된다는 전제하에 일본 정신을 '민족 혈액', 즉 생물학의 문제로 보아 혼혈에 반대하고, 생활수준이 낮고 증식력이 높은 민종(民種)의 급격한 일본 유입은 위험하다고 생각한 것이다. 하지만 기획원 초안에도 포함되었던 이 조항은 각의 결정 이전에 삭제되었다.[113] 서구의 인종주의를 비판하며 '동아공영권'을 표방한 일본은 공공연히 다른 동양인과의 혼혈을 부정할 수 없었으므로,[114] 요강에 혼혈 방지 조항을 포함시키지 못한 것이다.

게다가 조선인의 정신적·문화적 일본인화를 촉진해야 했음을 감안하면, 일본 정부의 입장에서도 혼혈 방지와 같이 민족을 영원히 구별하는 듯한 태

---

112 古屋芳雄, 『國土·人口·血液』, 朝日新聞社, 1941(오구마 에이지 지음, 조현설 옮김, 앞의 책, 2003, 327쪽에서 재인용).

113 松村寛之, 「國防國家の優生學」, 『史林』 83-2, 2000, 288~298쪽.

114 일본은 독일과 1936년 반공협약, 1938년 문화교류협정을 체결한 데 이어 1940년에는 독·일·이 삼국동맹을 체결했지만, 나치의 인종주의 때문에 동양인인 일본인은 독일에서 차별을 당하기도 했다(이경분, 「열등한 일본인과 신비화된 일본제국」, 『국제지역연구』 19-4, 2010). 황인종의 일원으로 나치의 순혈주의를 비판한 일본이 마찬가지 정책을 공공연히 채택할 수는 없었을 것이다.

도는 바람직하지 못했다. 재단법인 인구문제연구회는 '인구정책확립요강'이 각의 결정되자, 1941년 11월에 개최할 제5회 인구문제전국협의회의 주제를 요강의 실시 구체화에 관한 의견 및 연구 발표로 통일했다. 그 제1의제 '인구에 관한 기초적 제문제'에는 '동아 제민족과의 관계에서 본 일본 민족 인구에 관한 문제'가 포함되었고,[115] 조선인에 관해서는 후술할 내선혼혈아에 대한 연구와 함께 내선일체 정책에 대한 기획원의 견해가 발표되었다.[116] 기획원은 1937년 10월에 군부의 헤게모니 아래 각 성(省)의 전문 관료를 동원한 관료기구이자 국가총동원의 중추기관으로 신설되어, 총동원 업무 및 관련 기구의 조정을 담당했다. 기획원의 견해가 각 성의 의견을 종합한 일본 정부의 공식 입장이었던 것인데, 조선총독부에서도 오래 근무한 기획원 서기관 무라야마 미치오(村山道雄)는 인구정책의 측면에서 내선일체 정책이 필요한 이유를 다음과 같이 설명하였다.

> 한국병합이 단행된 이유는 조선이 군사상, 정치상, 경제상 완전한 우리나라 영토가 되지 않으면 우리나라의 존립을 위험하게 하기 때문이다. 그리고 이 목적을 달성하기 위해서는 그 땅에 거주하는 **조선인이 완전히 일본인이라는 민족의식, 일본 국민이라는 국민의식을 가지고, 어떠한 국가의 위기에 임해서도 일본의 운명을 자기의 운명으로 삼는 명확한 공동운명관을 가지게 할 필요가 있는 것이다.** (…) 유사시 조선의 치안을 유지하기 위해 병력을 나누는 것과 조선의 2천 수백만 민중이 총을 들고 적을 상대하

115 「(彙報) 財団法人人口問題研究会主催第5回人口問題全国協議会の開催要項の決定」, 『人口問題研究』 2-10, 1941, 83~84쪽.

116 「(彙報) 財団法人人口問題研究会主催第5回人口問題全国協議会の開催」, 『人口問題研究』 2-12, 1941, 101쪽.

는 것, 어느 쪽을 바랄 것인가. 이를 위해서는 내선일체화 정책이 절대적으로 필요하다고 생각한다. 그리고 **우리들은 내선일체화의 실현 자체는 내외지에 걸쳐 우리나라 인구의 자질을 강화하는 가장 중요한 방책이라는 것을 명확히 인식하지 않으면 안 된다.**(강조—인용자)[117]

즉, 무라야마는 조선인이 일본인이라는 민족의식·국민의식을 갖게 하는 것을 내선일체 정책의 핵심으로 보고, 이를 필수불가결한 전시 인구정책으로 긍정한 것이다. 그 배경에는 조선이 아일랜드와 같이 되어서는 안 된다는 위기의식이 있었다. 아일랜드는 제1차 세계대전 중에 "무력 진압을 필요로 하는 내란"을 일으켰고, 자유국을 수립한 후에도 식민 모국인 영국을 적대하여 제2차 세계대전에서는 결국 본국을 외면하고 중립을 선언한 상황이었다.

이러한 인식하에 무라야마는 세계 이민족 통치의 역사에서 동화정책의 곤란함이 증명되었다는 주장에 대해서도 반론을 가했다. 일본인과 조선인이라는 두 민족은 인종적·지역적·문화적으로 유사하고, 국제 정세가 광역정치, 광역경제를 필연적인 것으로 만듦을 조선인도 인식하고 있으며, 일본인은 역사적으로 이민족을 포용·동화시켜온 혼합 민족으로서 이민족 융합 능력이 뛰어나다는 것이다. 그러므로 "동화정책의 실패 사례로 거론되는 프랑스의 알제리 통치의 경우에는 프랑스인과 토인 사이에 인종적, 문화적 차이가 커서 국민의식을 양성할 수 없었던 것이지만, 내선일체화를 그와 같이 절망적으로 볼 수는 없다"[118]고 주장하였다. 마찬가지로 생물 유전의 원리를 근거로 내선결혼, 특히 내선혼혈에 반대하는 사람들에 대해서도, 인종으로서의

117 村山道雄, 「內鮮一体化政策に付て」, 人口問題硏究會 編, 앞의 책, 1942, 22쪽.

118 위의 글, 22~24쪽.

체질적·심리적 유전 소질과 민족으로서의 문화, 민족성을 구별해서 생각할 필요가 있다고 주장했다. "동일종 또는 그에 가깝다고 인정되는 내선인 사이의 지능적·심리적 특성 차이는 자연적 환경 및 사회적 환경에 기초한 부분이 큰 것"으로 생각되므로, 인종 문제 또는 유전 소질의 문제를 들어 내선혼혈에 반대하는 것은 이치에 맞지 않는다는 것이었다.[119]

이처럼 일본 정부는 조선인과 일본인의 민족 문화 차이, 지능적·심리적 차이를 운위하며 현재 조선 민족이 일본 민족보다 열등하다고 전제하면서도, 인종과 같은 불가변의 유전 소질의 차이는 아니라는 논리로 고야로 대표되는 민족위생학 계열의 주장을 부정하고 내선일체 정책을 지지했다. 이는 물론 고야와 같이 정신적·문화적 차이를 신체적 차이로 환원시키는 인종주의적 배제·분리론으로는 일본인의 자긍심을 북돋을 수야 있겠지만, 반대로 조선인이라는 풍부한 인적 자원을 전쟁에 동원하기 어려워지기 때문이었다. 경성제대 법문학부 교수 모리타니 가쓰미(森谷克己)는 "조선이 대동아 건설을 위해 내지에 협력할 수 있는 최대의 것은 뭐니뭐니 해도 노동력 자원의 공급"이라고 평가했다.[120] 또한 "인적 자원의 질이 문제가 되는 경우, 일반적으로는 체질, 기질, 교육 정도 등이 문제가 된다 해도, 근본적으로 중요한 것은 말할 것도 없이 황국신민 의식"인데, 내선일체 정책의 결과 조선인의 시국 인식이 철저해지고 있다면서, 조선인이라는 인적 자원의 질이 더욱 향상될 것이라고 기대했다.[121] 일본 정부가 조선총독부의 내선일체 정책을 지지하고, 일본 본토에서도 역시 후생성의 사회과가 협화사업을 추진한 이유도 결국은

119 위의 글, 24쪽.

120 森谷克己, 「大東亞の建設と半島の人的資源の重要性」, 『朝鮮』 323, 1942, 1쪽.

121 위의 글, 3~7쪽.

조선인의 국민의식을 높임으로써 전쟁에 동원할 인적 자원의 질을 높이기 위해서였던 것이다.[122] 이러한 상황에서 일본 정부가 생물학적 인종주의로 조선인 동화정책과 내선결혼·혼혈에 반대하는 것은 조선인의 국민의식 고취를 저해할 수 있기 때문에 있을 수 없는 일이었고, 그러한 일반인들의 언동도 저지해야 했다. 이는 무라야마 기획원 서기관이 작성한 것으로 보이는 1944년 1월 28일자 「조선인 황민화 기본 방책」에서도 확인된다. 이 기본 방책은 "조선인에게 징병을 실시하고 전력 증강 요원으로서 조선인을 대량 내지에 이입할 필요가 있는 현 사태"에 비추어, 정부의 방침을 통일 강화함으로써 "조선인의 황민의식을 한층 앙양하고 그 총력을 전쟁 완수에 결집"시키기 위해 기초되었다. 그리고 그를 위한 요령에 "인종주의 학설을 원용하여 조선인의 황민화를 부정하는 언설을 단속할 것"을 포함시키고, 조선인의 처우 향상을 위해 "내선통혼을 인종주의적 순혈론으로 저지하지 않을 것"을 제안하는 등, 일본 정부가 생물학적 인종주의와 순혈론을 배격해야 한다고 주장하였다. 하지만 이는 그만큼 조선인을 인종적으로 구별하려는 인식이 확산되었

---

122 내선일체 정책이 조선인의 정신적 질을 향상시키려는 것이었다면, 신체적 질을 향상시키기 위한 조치들도 시행되었다. 『조선』은 전시하 인적 자원의 중요성에 비추어 체력 증강에 만전을 기하는 것이 조선의 사명이라며(「巻頭言」, 『朝鮮』 291, 1939, 1쪽), 특집호를 발행하여 체력과 체위 향상을 위한 각종 조사를 수록하고 정책을 제언했다. 또한 조선총독부는 1939년 6월에 각 도지사와 중등학교장에게 통첩하여, 학생들의 영양과 식사에 주의하고 일광욕, 반나체의 체조·작업, 도보 통학, 냉수 또는 건포마찰 등을 실시해 신체를 단련시키라고 지시했다(「(彙報) 生徒の體力增强方針通牒」, 『朝鮮』 291, 1939, 118쪽). 1941년 11월에는 조선총독부에도 후생국이 설치되었고(「勅令 第980號 朝鮮總督府官制 改正」, 『朝鮮總督府官報』 1941년 11월 24일자; 石田千太郎, 「厚生局の誕生に際して」, 『朝鮮』 320, 1942, 22~24쪽), 이듬해 후생국을 폐지했을 때도 청년의 체위에 관한 업무는 학무국 연성과로 이관되었다(「勅令 第727號 朝鮮總督府官制 改正」, 『朝鮮總督府官報』 1942년 11월 9일자; 「(彙報) 總督府機構改正發表さる(11月 1日)」, 『朝鮮』 331, 1942, 90~92쪽).

던 상황을 반증하며, 무라야마도 내선결혼은 "가급적 내지인과 황민화된 조선인 사이에서 이루어지도록 지도"해야 한다고 제안했다.[123]

결국 전시체제기 조선총독부와 일본 정부는 내선일체 정책과 협화사업을 통해 조선인을 정신적·문화적으로 동화시키려 했고, 내선결혼과 혼혈을 인종주의적으로 부정해서는 안 된다고 생각하는 점에서는 의견이 일치했다. 이는 황인종인 일제는 독일 나치와 같은 생물학적 인종주의에 반대했고, 또한 조선인을 적으로 돌릴 수 없으며 오히려 인적 자원으로 적극 활용해야 하기 때문이었다. 만주국에서도 중국인과 결혼해 민족을 동화시키자는 주장이 대두했지만, 일본 정부는 1938년부터 만주에 거주하는 일본인 청년을 위해 '대륙 신부'를 양성하고 공급하는 사업을 주도하는 등, 가급적 혼혈을 방지하려 했다.[124] 그에 비하면 내선결혼에 대한 태도는 훨씬 전향적이었다.

그렇지만 내선결혼과 혼혈을 장려해야 하는지에 대한 생각은 조선총독부와 일본 정부, 그리고 각 기관 내에서도 견해가 엇갈렸다. 조선총독부는 대체로 통혼 자체는 바람직하게 여겨 내선결혼을 내선일체의 상징으로 내세우는 선전을 강화했지만, 하층에서 모범적이지 않은 내선결혼이 확산되는 현상을 경계하여 소극적 장려 정책을 넘어서지 않았다. 하지만 일본 정부가 본토의 노동력 부족을 메우기 위해 조선인을 대거 동원하자, 조선인 남성들은 정신적·문화적으로 동화되지 않은 채 빠르게 일본인 여성과 결혼하며 혼혈아를 증가시켰다. 그러자 인구정책을 담당한 후생성과 우생학자들 사이에서 급격한 통혼과 혼혈의 증가를 우려하는 목소리가 높아졌고, 그간 상대적으로 내

123 「朝鮮人皇民化基本方策(極祕. 19.1.28. 村山私案)」, 『本邦內政關係雜纂—植民地關係—第一卷』(일본 외교사료관, A-5-0-0-1_1).

124 今川勳, 「「大陸の花嫁」の養成と斡旋」, 『現代結婚考』, 東京: 田畑書店, 1990.

선결혼에 관심이 적었던 일본 정부는 이로써 통혼 장려 정책을 근본적으로 재검토하게 되었다.

제2장
내선결혼·혼혈 연구와 일본(인)의 순일성 문제

1. 내선혼혈아에 대한 우생학적 연구

전시체제기 일본의 인구정책에서 혼혈이 문제로 부상된 배경에는 우생학이 있었다. 우생학은 유전론적 우생학과 환경론적 우생학으로 분류할 수 있는데, 유전론적 우생학에서는 혼혈이 인종 퇴화의 요인으로 지목되었다.[125] '우생학(優生學, eugenics)'이라는 용어는 1883년 영국의 골턴이 창안했는데, 그는 우생학을 정신과 육체의 두 측면에서 차세대 인류의 질을 높이거나 낮추는 작용 요인에 대해 연구하고 이를 사회의 통제 아래에 두는 것을 목표로 하는 과학으로 정의했다. 1850~60년대 영국에서는 빈곤과 실업이라는 산업화의 위기와 함께 인종 퇴화에 대한 우려가 시작되었다. 게다가 보어전쟁(1899) 발발 후에는 '우수한' 영국 군대가 '열등한' 보어인과 싸우면서 고전한다는 보도로 인해 국민 전체가 충격을 받았고, '나약한' 빈곤층을 위해 지출하는 비

125 김호연·박희주, 「우생학에 대한 다층적 접근」, 『환경법연구』 27-2, 2005.

용 때문에 국가의 효율이 저하되고 대영제국이 쇠퇴하고 있다는 위기의식이 고조되었다.[126] 우생학은 이러한 시대 상황을 배경으로, 퇴화로부터 개체를 구제하고 종을 개량하기 위한 '재생의 과학'으로 등장했다. 이때 인종 개량 방법으로 제시된 것이 결혼·출산의 통제였다. 골턴은 다윈의 사촌이기도 한데, 유전 법칙에 따라 적격자의 생식을 장려하거나 부적격자의 생식을 억제함으로써 국민의 질을 향상시킬 수 있다고 보았다. 이러한 우생학은 19세기 말 미국, 독일 등 서구 각국에 수용되었다. 그리고 유전론적 우생학은 백인종 우월주의와 결합되어 이인종의 이민 유입 및 타인종과의 혼혈을 인종 퇴화의 주요 요인으로 지목했다. 백인을 가장 우등한 인종으로 간주하고, 따라서 그보다 열등한 타인종과의 혼혈은 백인종의 쇠퇴를 가져온다는 논리였다.[127]

일본에서는 1920년대 이후 우생 사상이 보급되었지만 유전학의 초기 연구 대상은 농작물이었다. 근거가 빈약한 우생 사상이 확산되자 학계에서도 인류 유전 연구의 필요를 통감해, 1930년대 후반부터 가나자와 의대, 게이오대(慶應大), 공중위생원 등 의학계를 중심으로 연구가 본격화되었다.[128] 그에 따라 계몽에 역점을 두었던 일본민족위생학회도 학술단체화하고, 우생학계도 계몽과 운동 외에 연구에 관심을 갖는 사람들까지 포함하며 다변화되었다.[129] 또한 이러한 흐름에서 일본인의 혼혈에 대한 연구가 시작되었다.

일본국적민 사이의 혼혈에 관한 최초의 연구 대상은 일본인과 아이누의

126 염운옥, 『생명에도 계급이 있는가』, 책세상, 2009, 21~27쪽.

127 김호연, 『우생학, 유전자 정치의 역사』, 아침이슬, 2009.

128 鈴木善次, 『日本の優生學』, 東京: 三共出版, 1983, 184쪽.

129 横山尊, 「九州帝大医学部における民族衛生学·植民衛生学講座」, 『九州史学』 167, 2014, 66~67쪽.

혼혈아였다. 근대 일본에서는 피지배 민족인 아이누를 '멸망해가는 민족'으로 전제하고, 일본인과의 결혼·혼혈 및 결핵·매독 등 질병을 멸망의 원인으로 지목해왔다. 홋카이도청도 처음에는 이러한 생물학적 멸망론에 서 있었지만, 일본인과의 융합이 피지배 민족의 멸망을 가져온다는 주장이 불리해지자 1930년대에는 아이누가 일본인과 혼혈해 야마토 민족 속으로 발전적으로 해소되고 있다는 문화적 멸망론을 제기했다. 아이누 민족은 혼혈과 환경적 감화로 인해 "풍속, 습관은 물론, 풍모에 이르기까지 일본인화[和人化]"되고 있으므로 멸망이 아니라 진화하고 있다는 것이었다. 그런데 일본인과 아이누의 혼혈아가 거의 일본인이 되어 태어난다는 문화적 멸망론은 혼혈아는 우수한 종족을 닮는다는 초기 우생학적 가정을 전제하고 있다. 이에 비해 의학계를 중심으로 한 1930년대 우생학자들은 결핵·매독 등을 아이누의 멸망 원인으로 지목하여 생물학적 멸망론의 편에 서면서도, 인류 유전 연구의 발달에 힘입어 결혼·혼혈의 영향에 대해서는 비교적 중립적인 평가를 내렸다. 이때의 조사단은 1933년 말 일본학술진흥회에 '아이누의 의학적·생물학적 연구에 관한 소위원회'가 설립된 것을 계기로 구성된 일본민족위생학회와 일본학술진흥회의 합동 조사단이었다. 1933년은 화태(樺太) 아이누에게 일본 호적법을 적용한 해이기도 했는데,[130] 일본학술진흥회는 이를 즈음하여 일본민족위생학회의 창립자 나가이 히소무(永井潛, 도쿄대 의대)를 위원장으로 하는 조사단을 꾸려 아이누의 멸망 원인을 찾는 연구를 시작했다.[131] 그렇지만 이들은 일본인과 아이누의 혼혈아를 조사한 후, 혼혈아의 지능은 일본인보다 낮지만 아이

130 外務省 條約局 法規課, 『外地法制誌: 日本統治下の華太』, 1969, 8~9쪽(『外地法制誌』 13, 文生書院, 1990).

131 藤野豊, 「アイヌ民族と優生思想」, 앞의 책, 1998.

누보다는 높다거나, 악력, 운동 감각, 시간 반응, 향성지수 등의 항목에서 혼혈아는 운동 감각만 1등이고 나머지 항목에서는 가장 열등하지만 그 차이는 후천적·사회적 원인 때문인 듯하다는 연구 결과들을 발표했다.[132] 혼혈인이 일본인보다 열등하다고 보면서도, 혼혈 자체를 아이누의 멸망 원인으로 낙인찍거나 혼혈아는 반드시 일본인에 가까워진다는 가정을 넘어 다양한 측면, 변수들을 고려한 것이다.

일본인과 아이누의 혼혈에 관한 연구들을 통해 두 가지 사실을 확인할 수 있다. 하나는 당시 일본에서 인류유전학은 이제 막 시작된 단계에 불과했으므로, 일본 정부로서는 내선혼혈의 우생학적 해로움이 증명되지 않은 상황에서 굳이 내선일체의 슬로건에 반하여 내선결혼이나 혼혈을 금지할 이유가 없었다는 것이다. 일본 정부가 '인구정책확립요강'을 결정할 때 생물학적 인종주의를 배격한 이유는 동화를 부정할 수 없기 때문이었지만, 부정할 만한 과학적 근거도 없었다. 다른 하나는 일본 우생학계에서는 유전자만 중시하는 협의의 유전론적 우생학보다는 사회나 교육 등 환경을 중시하는 광의의 우생학이 주류였다는 것이다. 서구인에 비해 신체적으로 열등함을 부정할 수 없었던 일본인은 특히 러일전쟁에서 승리한 이후 육체보다 정신이 중요함을 강조했다.[133] 또한 우생 사상을 일반에 보급해 1940년대 우생정책의 바탕을 이루었다고 평가되는 이케다 시게노리(池田林儀)는 우생학은 좋은 종자(양친), 좋은 밭(사회), 좋은 보살핌(교육)의 삼자를 함께 고려해야만 실용화될 수 있다고 주장했다.[134] 일본인과 조선인은 같은 황인종이라는 사실과 함께, 이러한 우

---

132 篠崎信男, 「民族混血の研究」, 『人口問題研究』 4-9, 1943, 23쪽.

133 横山尊, 「日露戦後における優生学と日本人優劣論」(上), 『生物学史研究』 86, 2012.

134 藤野豊, 「優生運動の展開」, 앞의 책, 1998; 鈴木善次, 앞의 책, 1983, 114~125쪽.

생학의 특징도 일본 정부가 내선결혼 반대론을 배격한 배경이었다.

하지만 전시체제기 인구정책이 중요해지자, 일본 정부는 과거의 멸망 원인을 찾기 위해서가 아니라 앞으로의 민족정책을 확립하는 데 참고할 자료를 마련하기 위해 혼혈 연구를 본격화했다. 1939년 10월 일본학술진흥회에 '민족과학에 관한 제11특별위원회'를 설치하고, '민족 접촉 및 혼혈의 문제' 등을 연구하도록 한 것이다.[135] 일본학술진흥회는 특별위원회를 설치한 취지에 대하여, 인적 자원을 확보하기 위한 대책 마련이 시급한 현 상황에서는 질병을 예방하기 위한 환경위생학적 노력이나 심신 훈련만으로는 불충분하고, "선천적인 민족 소질 개선을 기도하는 민족위생학적 대책을 시행하는 동시에, 국민의 체력을 저하시키는 사회적, 산업적, 도덕적 사정을 살펴서 그를 제거 또는 수정하는 것이야말로 목하의 급무"이기 때문이라고 설명했다. 이러한 대책이야말로 "진정한 민족 국책"이라는 것인데, 대외적인 이민·식민 문제와 민족 간 접촉에서 생기는 생물학적·사회학적 중요 사항도 연구의 대상에 포함되었다. 이를 위해 일본학술진흥회는 관청, 대학, 연구소 등에서 45명 이내의 다방면의 권위자와 전문가를 제11특별위원회의 위원으로 선발해, 우선 제1기 3개년간 연구를 진행할 계획이었다.[136] 일본 정부는 일본인의 자질에 영향을 미치는 선천적 요인에도 대비해야 한다고 생각하는 한편, 대내외적으로 다른 민족과의 접촉이 증가하자 혼혈 등 접촉이 일본인에게 미치는 영향을 분석하고 그를 참고해 민족정책을 수립하려 했던 것이었다.

일본인의 혼혈을 조사하려 할 때 이미 상당한 사례가 축적된 내선혼혈아

135 藤野豊, 앞의 책, 1998, 313~314쪽.

136 「(彙報) 財団法人日本学術振興会民族科学に関する第11特別委員会の設置」, 『人口問題研究』 1-1, 1940, 85쪽.

는 가장 중요한 연구 대상이었다. 그리고 이는 정책 수립을 목적으로 하는 연구였으므로, 결과에 따라서는 그간 방임해온 내선결혼을 일본 정부가 정책적으로 장려 또는 금지할 수 있었음은 물론이다. 실제로 후생성 우생과는 '인구정책확립요강'(1941)이 결정된 이후 국민우생법의 후속 사업으로 '국민우생결혼법'을 제정하려 했는데, 남녀가 모두 건전한 체질임을 보증하는 증명서를 혼인신고서에 첨부하지 않으면 정식 혼인으로 인정하지 않고, 악질자는 단종수술을 받거나 병이 낫기 전에는 혼인할 수 없게 한다는 내용이었다.[137] 일본인끼리도 우생학상 문제가 있다면 출산뿐 아니라 결혼 자체를 금지하려는 법안이 검토되는 상황에서 내선결혼만 예외일 리는 없었다.

그런데도 조선에서는 일본 정부가 내선결혼 장려의 입장을 철회할 수도 있는 연구를 시작했다는 사실을 보도하지 않은 것 같다. 『매일신보』는 민족교류가 성행하자 혼혈 문제가 부각되었다면서, 동아공영권의 확립을 앞두고 '혼혈은 순혈보다 우수하다'는 우생학자와 '순혈 민족이 가장 우수하다'는 독일의 민족정책이 대립하는 혼혈 문제의 수수께끼를 풀고 또 실제 민족정책에 해답을 가져올 주요 문제에 관해 연구하기 위하여 대일본민족과학협회가 대륙에 진출했다는 소식을 전했을 따름이다.[138] 이 무렵 일본 정부는 1941년 1월에 '동아신질서' 구상에 담겨 있던 민족협동체 논리를 부정했고, 조선총독부 역시 1942년 고이소 구니아키(小磯國昭) 총독 부임 이후로 조선인과 일본인을 이민족시하는 시각이나 그러한 관점에서 양 민족의 정치적·문화적 병

137 藤野豊, 앞의 책, 1998, 331~342쪽. 이 법은 인구 증식이라는 대전제에 어긋나고 결혼 제한에는 신중해야 한다는 의견이 많아서 결국 제정되지는 않았다.

138 「(소식통) 優生上混血兒問題」, 『每日新報』 1941년 7월 19일자.

존을 요구하는 협화적 내선일체론을 배격했다.[139] 이러한 상황에서 조선인과 일본인의 혼혈을 의문시하는 일본인들의 연구를 보도하기는 어려웠을 것이다. 오히려 혼혈 사례에 대해서는 제주도 재래종 숫말과 일본 암말의 "혼혈종 나코보니 발육 성적 만점"이라면서 양마 증산에서도 내선일체가 실현되었다고 선전했다.[140] 또는 필리핀 전선에서 "'필리핀' 사람으로서는 다소 빛이 흰" "일비(日比) 친선의 혼혈아"가 자신에게도 일본 사람의 피가 흐르고 있다면서 "병정이 될 수는 없으나 무엇에든지 힘을 기울여 봉공"[141]하겠다고 했다는 등의 긍정적인 기사만 게재되었다.

내선혼혈아에 대한 연구 결과가 처음 공개된 것은 1941년으로, 규슈제대의 미즈시마 하루오(水島治夫)와 미야케 가쓰오(三宅勝雄)가 일본 본토와 조선의 국민학교 아동 482명을 분석한 결과를 동년 11월 제5회 인구문제전국협의회에서 보고하였다.[142] 그런데 분석 대상자 가운데 조선 거주자가 449명, 일본 거주자가 33명으로, 조사의 중심은 조선 거주 아동이었다(표 3-8). 내선결혼 가정의 절대 다수가 일본에 거주함을 감안하면 일본 쪽 조사가 매우 빈약했음을 알 수 있는데, 이는 조사 방법이 달랐기 때문이었다. 미즈시마는 민족과학에 관한 제11특별위원회 위원에 선임되었을 당시 경성제대 교수였지만,[143] 1940

139 홍종욱, 「중일전쟁기(1937~41) 사회주의자들의 전향과 그 논리」, 서울대학교 국사학과 석사학위논문, 2000, 45~59쪽; 김명구, 「중일전쟁기 조선에서 내선일체론의 수용과 논리」, 『한국사학보』 33, 2008.

140 「良馬增産에도 內鮮一體」, 『每日新報』 1941년 7월 17일자.

141 「皇軍傳單에 活躍」, 『每日新報』 1942년 1월 12일자.

142 水島治夫·三宅勝雄, 「內鮮混血問題」, 人口問題研究會 編, 앞의 책, 1942.

143 「(彙報) 財団法人日本学術振興会民族科学に関する第11特別委員会の設置」, 『人口問題研究』 1-1, 1940, 86쪽. 미즈시마는 1920년대 조선총독부의원 의원으로 조선에 온 후, 경성의전, 경성제대 의학부 위생학 예방의학교실 교수로 자리를 옮겼는데, 경성제대에

〈표 3-8〉 미즈시마·미야케가 조사한 내선혼혈아 유형

(단위: 명)

유형	거주지	부모(가족 수)	자녀		합계
A	조선	부: 조선인 / 모: 일본인 (219)	남	160	305
			여	145	
B		부: 일본인 / 모: 조선인 (107)	남	82	144
			여	62	
C	일본	부: 조선인 / 모: 일본인	남	16	33
			여	17	
D		부: 일본인 / 모: 조선인	남	0	총합: 482
			여	0	

* 출전: 水島治夫·三宅勝雄,「內鮮混血問題」, 人口問題研究會 編,『人口政策と國土計画』, 1942, 20쪽; 三宅勝雄,「內鮮混血兒の身体発育に就て」,『人口問題』6-2, 1944(가족 수).

년 9월에는 규슈제대에 새로 개설된 민족·식민위생학 담당 교수가 되었다. 그리고 1941년 2월에 규슈제대 의학부 1학년을 중심으로 동아후생회를 결성하게 하고 그 회장을 맡았는데,[144] 일본에 거주하는 내선혼혈아에 관한 자료는 동아후생회 학생들이 모은 것이었다.[145]

이에 비해 미야케가 따로 발표한 조선 거주 혼혈아에 대한 글을 보면, 미야케는 일본학술진흥회의 연구비 보조와 조선총독부의 조사 협조를 받아 1940년 4월 상순부터 조선에 거주하는 내선혼혈아를 조사했다.[146] 먼저 조선

는 1941년 3월까지 재직하였다(정준영,「경성제국대학과 식민지 헤게모니」, 서울대학교 사회학과 박사학위논문, 2009, 271쪽).

144 横山尊, 앞의 논문, 2014, 69~71쪽.

145 水島治夫,「日本民族の構成と混血問題」(一),『優生學』220, 1942, 7쪽. 이 글에 따르면, 미야케는 조선의 내선혼혈아동에 대해 1941년 중 개최된 연합위생학회에서도 보고했으므로, 내선혼혈아 연구의 주체는 미야케였던 듯하다.

146 미야케의 약력은 불명확하다. 다만 미즈시마가 경성제대에서 갈등을 빚고 전임하면서 규슈제대로 따라온 제자가 상당한데(通堂あゆみ,「博士学位授与機能から考察する京城帝国大学医学部の「教室」」,『九州史学』167, 2014), 미야케는 1946년 규슈제대에서「혼

총독부 학무과장이 전국 655개 국민학교(일본인 학교 250교, 조선인 학교 450교: 원문 오류)의 학교장에게 공문을 발송해 재학생 중 내선혼혈아가 있는지 조사하고, 있다면 성명, 학년, 부모의 민족을 명기해 회답해달라고 요청했다. 이를 통해 237교에 재적하는 478명의 혼혈아동을 확인한 다음, 이들이 다니는 학교의 교장에게 다시 신체 측정 결과 및 학업 성적을 기입할 용지와 가정 조사 용지를 우송하여, 각 항목을 기재한 후 반송하도록 했다. 이로써 호적상 혼혈아인 것이 분명한데도 조사에 응하지 않았거나 부모의 출가나 사별로 정확한 사정을 알 수 없는 아동을 제외하고 조선에서만 461명의 혼혈아 정보를 얻었다. 미야케는 여기서 다시 만성질환자와 조사가 불완전한 자를 제외한 449명을 분석의 대상으로 삼았다.[147] 1941년 인구문제전국협의회에서 발표된 최초의 내선혼혈아 연구는 미야케가 조사한 조선 쪽 사례가 중심이고, 일본 쪽 사례는 미즈시마가 규슈제대로 자리를 옮긴 후 조선 사례와 비교하기 위해 그 대학 학생들에게 조사하게 하여 보충한 데 불과했던 것이다. 이를 통해 일본학술진흥회는 식민지 조선에서의 혼혈을 연구 과제로 삼았고, 이와 같은 국책 연구를 수행하는 데 조선총독부도 적극 협조했음을 알 수 있다.

발표 원고에서 미즈시마와 미야케는 '대동아공영권'을 확립하기 위해 일본인이 맹주·지도자로서 대륙과 남양에 이주할 것이 기대되는데, 그와 함께 현지에서 혼혈하게 되는 것은 필연적이라고 전제했다. 그런데 "혼혈은 과연 우량하여 크게 장려해야 하는가, 혹은 불량하여 극력 억제해야 하는가, 아니

혈의 민족생물학적 연구(混血の民族生物学的研究)」로 박사학위를 취득했다. 미즈시마의 경성제대 재직 기간에 조사가 이뤄졌음을 생각하면, 미야케도 규슈제대로 옮긴 경성제대 제자일 가능성이 높다.

147 三宅勝雄,「内鮮混血兒の身体発育に就て」,『人口問題』6-2, 1944, 105~107쪽.

면 자연히 방임해도 좋은가" 하는 문제는 "야마토 민족의 장래 발전상 자못 중대"하고, 또 "야마토 민족의 타 민족과의 혼혈의 자질"이 장래의 방책을 수립하기 위한 지침이 되어줄 것이었다.[148] 이들은 내선혼혈아의 자질이 우수한지 열등한지에 따라 장래 내선결혼 정책, 나아가 일본인과 아시아 다른 민족과의 혼혈 정책의 방향도 좌우될 수 있음을 의식하면서 연구를 진행했다.

조사 항목으로 체격에서는 키, 앉은키, 가슴둘레, 체중을, 지능에서는 학업 성적을 사용했고, 발육 및 영양 상태, 질병 결석 수, 품행 등도 조사하였다. 그 결과 혼혈아는 어머니가 일본인이고 일본에 거주하는 C유형이 가슴둘레에서 약간 뒤지는 것을 제외하면 대체로 체격의 모든 항목에서 부모가 모두 일본인 또는 조선인인 아동보다 우수한 성적을 보였다. 반면 학업 성적에서는 조선인을 어머니로 둔 B유형의 혼혈아가 다소 저조했다(표 3-9). 미즈시마와 미야케는 이러한 각 항목의 조사 결과에 대한 종합 소견으로, "어머니가 조선인인 혼혈아는 체격에서는 크게 뛰어나지만 학업은 다소 떨어진다. 어머니가 일본인인 혼혈아는 반대로 학업에서 그다지 뒤지지 않지만 체격이 전자보다 다소 떨어진다. 그러나 내선혼혈아는 우리가 조사한 범위에서는 오히려 체격에서 혼혈 강세(heterosis, Hybrid vigour)를 보이는 게 아닌가 생각"한다는 결론을 제시하였다.[149]

〈표 3-9〉 조선 거주 내선혼혈아의 학업 성적(미즈시마·미야케 조사)

유형	우등	중등	열등	합계
A (모: 일본인)	46 (17.8%)	195 (75.6%)	17 (6.6%)	258
B (모: 조선인)	15 (12.1%)	89 (71.8%)	20 (16.1%)	124

*출전: 水島治夫·三宅勝雄, 「內鮮混血問題」, 人口問題硏究會 編, 『人口政策と國土計画』, 1942, 21쪽.

148 水島治夫·三宅勝雄, 앞의 글, 1942, 20쪽.

149 위의 글, 21쪽; 「內鮮混血問題」, 『人口問題』 5-1, 1943, 80쪽.

서구의 우생학이 대개 혼혈을 인종 퇴화 요인으로 지적한 데 반해, 내선혼혈아가 체격에서 혼혈 강세를 보인다는 이들의 조사 결과는 다소 의외일 수 있다. 하지만 앞에서 언급한『매일신보』의 표현으로부터, 일본의 우생학계에서는 혼혈이 순혈보다 우수하다는 주장이 대세였음을 짐작할 수 있다.[150] 또한 미즈시마는 경성제대 재직 당시 조선 주민의 생명표를 분석하고, 조선인은 유아 사망률이 일본인보다 3배나 높기 때문에 생존자는 일반적으로 장건하고, 특히 여성은 조선인이 일본인보다 훨씬 우수하다고 결론내린 바 있다.[151] 이러한 분석이 어머니가 조선인인 내선혼혈아의 체격이 뛰어나다는 결론을 도출하는 데도 영향을 주었을 것이다. 그리고 D유형 사례가 없어서 비교가 제한적이지만, 조선에 거주하면서 어머니가 조선인인 혼혈아의 학업 성적이 다소 떨어지는 이유는 언어 때문으로 추정된다. 1941년에 총력연맹으로부터 표창장을 받은 내선결혼 부부 중 경성에 살던 우에바야시 야스오(上林安夫)와 박귀석(朴貴石)은 이미 아이까지 있었지만 혼인신고를 1940년에 했기 때문에 신혼자로 표창되었고, 박귀석은 "처음에는 일본어를 못했지만 남편이 조선어를 할 수 있어서 그리 불편"하지는 않았다. 조선에서 결혼한 일본인 남편과 조선인 처 가운데는 이러한 사례가 적지 않았을 텐데, 박귀석은 자녀가 일본어를 사용하느냐는 질문에, "양쪽을 사용하지만 조선어 쪽이 주입니다. 어쨌든 제가 잘 못하니까요"라고 대답했다.[152] 교수 용어가 일본어인 상황에서, 조선인 어머니가 일본어에 능숙하지 못하고 조선에 살면서 주로 조선어를 사용해온 내선혼혈아가 일본어를 상용하는 아동보다 성적이 좋

---

150 「(소식통) 優生上混血兒問題」,『每日新報』1941년 7월 19일자.

151 水島治夫,「朝鮮住民の生存力」,『朝鮮』291, 1939.

152 「內鮮一體新婚者を圍る座談會」,『內鮮一體』2-6, 1941, 62~64쪽.

지 못한 것은 당연한 결과일 수 있다. 또한 계층의 차이가 성적에 미치는 영향도 무시할 수 없다. 이처럼 성적은 환경의 영향을 많이 받으므로, 이를 근거로 지능의 고저를 단정할 수 없다. 따라서 미즈시마와 미야케도 조사 대상이 적고 체질, 체능, 기질, 성격, 지능 등도 조사하지 않았으므로 내선혼혈이 우수하다고 결론짓는 것은 성급한 일이라면서도, "내선인은 가장 가까운 관계에 있는 종족이므로 그 사이의 혼혈로 우려할 만한 악결과를 초래할 걱정은 없다"고 했다.[153]

내선혼혈아의 유전 형질에 대한 다른 연구도 내선혼혈은 생물학상 유익하거나 적어도 문제가 없다고 결론지었다. 게이오대 의학부 해부학교실 다니구치 도라토시(谷口虎年) 교수의 지도를 받아 작성된 노다 이치오(野田一夫)의 논문들이 그것이다. 다니구치는 1940년에 조직된 인류유전학연구회에도 참여한 일본 인류유전학계의 주요 인물 중 하나였는데, 다니구치의 연구실은 게이오대 산하 기구로 추정되는 아세아연구소의 후생부로부터 일본인과 다른 민족의 혼혈에 대한 생물학적 연구를 하라는 명을 받고, 조선인뿐 아니라 인도네시아인, 중국인과의 혼혈아에 대해서도 조사했다. 그리고 다니구치는 이들 연구의 결과를 종합하여, "일본인과 근접 제민족 사이의 혼혈은 생물학적으로 보아 그다지 유해하다고는 생각되지 않는다"는 소견을 제시하였다.[154] 일본의 패전 이후 다니구치는 이를 인류유전학, 특히 피부색, 모발의 형상, 눈·코·귀의 형태, 건강 상태, 발육 등 정상적인 형질을 혼혈아를 통해 연구한 것이라고 설명했는데, 그가 쌍둥이 연구자로서 생물학적 연구 외에 사회학적

153 水島治夫·三宅勝雄, 앞의 글, 1942, 21쪽.

154 谷口虎年, 「東亜共栄圏内に於ける混血に就いて」, 『亜細亜研究』 31-7, 1944, 49~54쪽.

연구가 필요함을 지적해왔던 것도[155] 다니구치 연구실에서 혼혈을 반드시 부정적으로만 보지 않은 배경이 되었을 것이다.

그중 내선혼혈아를 다룬 노다의 연구는 혼혈 가족에 대한 인류학적 연구와 혼혈아의 신체 발육에 대한 연구로 구성되었고, 1943년 8월에 학술지에 게재되었는데 둘 다 문부성 과학연구비 지원을 받았다. 먼저, 인류학적 연구에서는 도쿄에 거주하는 일본인 어머니·조선인 아버지 27쌍과 그 81명의 자녀(3~20세 / 남 35명, 여 46명)를 조사하였다. 조사 대상이 한정된 것은 지극히 현실적인 이유 때문이었다. 노다는 기존의 혼혈 연구가 성별에 무관심했다고 비판하는 등 여러 유형을 비교할 필요가 있다고 생각했지만, 국가의 전면적인 협조 없이는 부모가 모두 존재하는 혼혈 가족을 구하기 어려운 데다 이주자는 대개 남성이므로 일본에서는 조선인 아버지와 일본인 어머니로 구성된 가족밖에 조사할 수 없었던 것이다. 노다는 이들 내선혼혈 가족의 피부색, 모발의 형상·색, 이마의 넓이·측면형, 눈이 찢어진 방향과 크기, 홍채의 색, 쌍꺼풀의 유무, 코와 콧구멍의 모양, 귓불이 붙었는지 여부, 머리형과 얼굴형 등의 유전 형질을 계측한 후, 부모의 형질 중 어느 쪽이 자녀에게 발현되었는지를 조사하고, 또 어느 형질이 유전상 우성 형질인지를 분석했다.[156] 이때 조사 과정에서 가급적 부모와 혼혈아의 얼굴을 정면, 측면, 하면의 세 방향에서 촬영하고, 논문의 끝에 사진들을 첨부하여 독자들이 참고할 수 있도록 했다(그림 3-2).

155 谷口虎年, 「近親結婚と雜婚」, 『遺傳』 5-10, 1951, 31쪽.

156 野田一夫, 「內地人ト朝鮮人トノ混血兒ニ就テノ遺傳生物學的研究(第1編)—混血家族ニ就テノ人類學的研究」, 谷口虎年 編, 『人類學·人類遺傳學·體質學論文集(第三冊)』, 東京: 慶応義塾大学医学部, 1943a.

〈그림 3-2〉 내선결혼 가족의 안면 측정 사진(노다 조사)

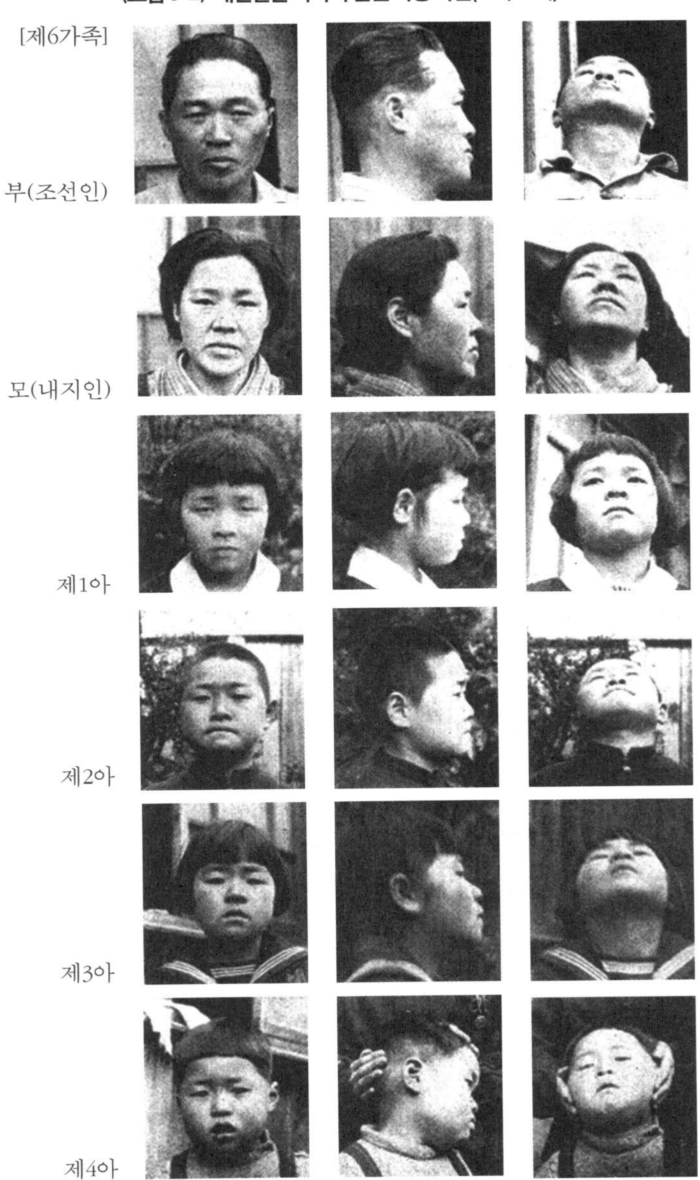

* 출전: 野田一夫,「內地人ト朝鮮人トノ混血兒ニ就テノ遺傳生物學的研究(第1 編)—混血家族ニ就テノ人類學的研究」, 谷口虎年 編,『人類學·人類遺傳學·體質學論文集(第三冊)』, 1943a.

이러한 연구 방식은 체질인류학의 초기 형태인 인체측정학에 속한다. 모발, 피부색, 두개용량(頭蓋容量), 안면각(顔面角) 등 인간의 신체를 측정해 인종을 유형화하는 인체측정학은 인종 간의 우열을 자연과학으로 실증하려는 목적하에 발달하였고, 대개 혼혈에 의해 우등 인종의 신체적 특징이 변질되는 동시에 정신적으로도 타락한다고 보았다.[157] 조선인과 일본인 부모의 신체적 특징 및 그것이 혼혈아에게 발현되는 양상을 조사한 노다의 연구는 문제설정 자체가 이미 두 민족을 인종적으로 구별하는 것이었다. 하지만 노다는 조사 사례가 제한적이어서 인종학적 특징과 유전 관계를 논급하기는 어렵다면서도,[158] 결론적으로는 역시 조선인, 일본인, 내선혼혈아 사이에 현저한 차이가 있다고 보기는 어렵다는 소견을 피력했다.

다음으로 내선혼혈아의 신체 발육에 대한 연구는 일본 본토와 조선의 각 국민학교에서 수집한 내선혼혈아 206명(조선인 아버지·일본인 어머니 자녀 185명, 일본인 아버지·조선인 어머니 자녀 21명 / 남 102명, 여 104명)의 신체 검사표를 토대로, 그들의 7세부터 12세까지의 키, 체중, 가슴둘레를 조사한 것이었다. 노다는 이때도 부모의 민족 구성이나 성장 지역 등 사회적 변수를 고려하고자 했지만 자료의 한계 때문에 후일의 과제로 돌릴 수밖에 없었다. 다만 부모의 사회적 지위는 중류 계급이 가장 많지만 상층 및 하층 계급도 상당수 포함됐다고 밝혔다. 그리고 "일본인과 공영권 제민족의 혼혈은 필연적으로 증가"할 것이므로 "민족 우생의 견지에서 이러한 혼혈아의 체위를 상세히 연구하는 것의 의

157 전복희, 『사회진화론과 국가사상』, 한울아카데미, 2010(3쇄), 34~39쪽; 米本昌平, 『遺伝管理社會』, 東京: 弘文堂, 1989, 51~52쪽, 96쪽.

158 대조군을 제대로 확보할 수 없었던 노다는 민족우생학의 발전을 위해 일본인과 타인종 간 혼혈 가족의 호적을 새로 정비할 것을 제안하고, 그것이 대동아공영권의 맹주인 일본의 책임이라고 주장했다. 野田一夫, 앞의 글, 1943a, 2쪽.

의"가 매우 크다고 논문의 의의를 자평하고, 내선혼혈아의 키는 부모가 모두 일본인이거나 조선인인 아동보다 크고, 나머지는 대체로 일본인 부모를 둔 아동과 유사하거나 조선인 부모를 둔 아동보다 뛰어나다는 결론을 내렸다.[159]

이와 같이 내선혼혈아에 대한 우생학적 연구는 일제의 식민지와 점령지 통치정책의 기초 자료로서 국가의 재정 지원과 조사 협조를 받아 이루어졌다. 그리고 그 결과는 내선혼혈이 생물학적으로 유해하지 않다거나 오히려 부모가 모두 조선인인 아동보다, 혹은 부모가 모두 일본인인 아동보다도 신체 발달이 우수하다는 것이었다. 미야케의 지적처럼, "인종적으로도 지역적으로도 그다지 차이가 크지 않은 민족 간의 혼혈은 육체적·정신적인 현저한 장애를 일으키지 않고, 때로는 체위의 향상마저 기대할 수 있다는 것은 혼혈 연구자가 하나 같이 인정하는 바"였다.[160] 이제 고야와 같은 민족위생학적 견지의 내선혼혈 비판은 사실무근으로 밝혀지고, 병합 전후 우생학적 견지에서 내선결혼의 장려를 주장했던 운노 유키노리(海野幸德)의 논지가 사례 연구를 통해 뒷받침되었다고 할 수 있는 상황이었다. 『요미우리신문』도 1943년 제50회 일본해부학회 총회 제3석상에서 발표된 다니구치 연구실의 연구들을 일본인과 각 민족 간의 혼혈 가족을 대상으로 한 생물학, 특히 유전학적으로 정밀한 조사 검토의 결과라고 보도했다. 그러면서 역시 "혼혈아는 대개 열등하다는 세계 학계의 통설을 뒤집어 장래 '필요'에 의해 이루어질 동아 제민족 간

159 野田一夫,「內地人ト朝鮮人トノ混血兒ニ就テノ遺傳生物學的研究(第2編)—混血兒ノ身體發育(身長, 體重及ビ胸圍)ニ就テ」, 谷口虎年 編,『人類學·人類遺傳學·體質學論文集(第三冊)』, 東京: 慶応義塾大学医学部, 1943b.

160 三宅勝雄, 앞의 글, 1944, 106쪽; 谷口虎年,「混血問題」,『優生學』229, 1943, 17쪽; 谷口虎年, 앞의 글, 1944, 46쪽.

피의 교류에 '괜찮다'는 ○을 찍고 동아공영권 건설의 일로에 미소 짓게 하는 빛을 던져준 연구 성과"(○은 판독 불가—인용자)로 높이 평가했다.[161]

그렇지만 인류유전학계 연구자들은 정책 차원에서 통혼·혼혈을 장려하는 데는 신중한 태도를 취했다. 광의의 우생학에 입각한 만큼 혼혈 정책도 생물학적 가부만으로 결정할 수 없고 사회적, 정치적 측면도 조사할 필요가 있다는 입장이었는데, 이런 측면에서 문제가 되는 것이 바로 국민의식이었다. 미즈시마는 혼혈 유해론은 생물학적 사고방식과 인종 편견이 결합된 백인들의 주장이라며, 그 근거 없음을 비판하였다. 순이론적으로 생각하자면 다종의 혼성물인 일본 민족 속에 다시 같은 종의 피가 혼입되어도 생물학적으로 현저한 악결과가 생길 우려는 없다는 것이었다. 그러나 "혼혈인의 통폐(通弊)는 민족의 소속이 2종 또는 그 이상으로 나뉘는 관계상 한쪽 국가에 대한 국민정신이 흐릿해져 박약한 것"이므로, 크게 혼혈해도 괜찮다고 속단해서는 안 된다고 주장했다. "일본 민족이 다른 동아 제민족과의 혼혈아를 만든 경우, 문제는 혼혈아가 순일본인과 같이 일본 정신을 갖느냐 아니냐"에 있다는 것이었다.[162] 미즈시마는 사례 연구를 통해 혼혈의 생물학적 유해론을 반박했으면서도, 혼혈아의 국민의식이 박약하다는 것은 당연한 사실로 간주하고 통혼 및 혼혈을 정책적으로 장려하는 데 신중해야 한다고 주장했다.

다만 미즈시마는 백인종과 유색인종의 혼혈 문제는 백인종의 인종 편견 때문에 발생했다고 보고, 백인종이 유색인종과의 혼혈아를 대하듯이 일본인이 혼혈아를 대한다면 그들은 "암의 근본"에 다름없게 될 것이라고 경고

161 「東亜民族間の混血, 逞しく伸びる」, 『讀賣新聞』 1943년 8월 20일자.

162 水島治夫, 「日本民族の構成と混血問題」(二), 『優生學』 221, 1942, 3쪽, 6쪽.

했다.[163] 혼혈 문제는 유전적 소질이 아니라 일방에 대한 차별과 편견 때문에 발생한다는 사실을 지적한 것이다. 이렇게 이해하면, 내선혼혈에 대한 대책도 혼혈을 방지하는 것이 아니라, 조선인과 내선결혼에 대한 일본인의 편견을 제거하거나 조선인의 국민의식을 일본인 수준으로 끌어올리는 것이 될 수밖에 없다. 최재서는 1945년 초 『국민문학』에 발표한 단편소설 「민족의 결혼(民族の結婚)」에서 "범상한 자들과는 근본적으로 다른 신의 혈통"인 신라의 성골 김춘추가 주위의 반대를 무릅쓰고 금관국의 후예 김유신의 여동생을 정실로 맞아들이고, 민족 결혼의 결실인 문무왕이 "신라와 가락 두 민족의 견고한 단결"을 바탕으로 삼한을 통일한 사실을 소재로 활용했다.[164] 이는 '천손민족(天孫民族)'을 자처하는 일본인을 겨냥한 메시지였을 것이다. 또한 조선총독부는 내선일체를 반대하는 의견 가운데 일본인의 '야마토 민족 순결 오염론'은 조선인의 '조선 민족 및 조선 문화 멸망론'과 마찬가지로 두 민족이 전적으로 융합하여 발전 진화하는 것이 목표인 내선일체를 멸망으로 오해하는 것이라고 비판하면서도, "다만 그 대책을 그르치면 일본 민족의 질적 저하를 초래할 우려가 있으므로 조선인의 민도 및 국가의식의 향상을 기대하지 않으면 안 된다"고 덧붙였다.[165] 조선인의 국민의식을 고취하고 생활양식을 일본화하는 내선일체 정책은 조선인을 전쟁에 동원하기 위한 방편인 동시에 자연스럽게 증가하고 있는 내선혼혈에 대한 대책이기도 했던 것이다.

이처럼 혼혈의 증가는 필연적이지만 국민의식을 고려하면 신중해야 하는

---

163 위의 글, 9쪽.

164 최재서 지음, 이혜진 옮김, 「민족의 결혼」, 『최재서 일본어 소설집』, 소명출판, 2012.

165 No. 1268. 「內鮮一体の理念及其の實現方策要綱, (別紙) 內鮮一體實現ニ對スル障碍ノ排除」, 『大野綠一郎關係文書』 R-149, 495코마.

상황에서, 다니구치는 "문제는 일본 내지에서가 아니다. 우리 일본인이 발전해갈 앞으로의 지역이다"라는 말로 국면을 전환시켰다. 생물학적 측면에서만 생각하면, 일본인이 아시아 각 지역에 이주할 때는 그 지역의 환경에 적응한 민족의 피의 힘을 빌려 그곳에 적합한 일본인(혼혈 일본인)이 빨리 증가하도록 꾀하는 것도 고려할 만한 가치가 있다는 주장이었다.[166] 우생학자 중에서도 일본인이 현지에 적응할 수 없다며 이민과 혼혈을 '기민'으로 비판한 고야의 견해는 장소를 불문하고 가급적 혼혈을 방지하려는 이상론에 가까웠다. 그에 반해 식민지 또는 점령지를 일본 본토와 구별한 다니구치의 주장은 질적 저하에 대한 일본인들의 우려를 불식시키는 한편, 현지에서의 혼혈 증가는 용인할 수 있게 해주는 현실론이었다.

혼혈아는 국민의식이 박약하다는 이유로 혼혈을 장려하는 데는 신중해야 한다고 주장한 미즈시마 역시 혼혈의 장소를 구별했다. 앞서 언급한 연구의 종합 소견에서 미즈시마와 미야케는 내선혼혈로 인한 생물학적 악결과는 없지만, 우생결혼의 원칙에 의해 당연히 자질이 우수한 가계에서는 우수한 자손이, 열등한 부모로부터는 열등한 자손이 태어난다고 전제했다. 따라서 외지에서 현지인과 결혼하는 경우에는 우수한 상대를 골라야 하고, "상대가 우수하다면 크게 통혼을 장려해도 가(可)하다"고 하였다. 그러나 일본 본토에서는 상황이 달랐다. 재일조선인은 상당수가 노동력 부족을 벌충하기 위해 데려온 노동자들이었던 것이다. 게다가 미즈시마는 "그들 노무자는 반도에서조차 대개 최하층에 속하고 자질은 우수하지 않다"고 생각하고, "그 엄청난 수가 내지에 영주하고 제2대, 제3대로 세대를 거듭하여 마침내 혼혈해서 끝난다고 한다면, 그들로 인해 야마토 민족의 자질 저하를 초래할 우려"가 있으

166 谷口虎年, 앞의 글, 1943, 17쪽; 谷口虎年, 앞의 글, 1944, 54쪽.

므로 심각하게 고려하지 않으면 안 된다고 주장했다.[167] 백인종의 인종주의적 편견을 경계한 미즈시마였지만, 그조차 계급적 편견에 사로잡혀서 일본 본토에서의 내선결혼·혼혈은 부정했던 것이다.[168]

우생학자들이 혼혈의 장소를 구별한 이유는 식민지민의 본토 유입은 경계하더라도, 아시아의 맹주·지도자여야 할 일본인이 현지에 '진출'하는 것은 당연하고 또 필요하다고 생각했기 때문이었다. 일본인과 현지인의 인구 비율은 동화정책의 성패와도 관련되는 중요한 문제였다. 1910년 9월에 조선총독부 학무 관료가 작성한 비밀문서에서도, 조선인 인구는 일본인의 4분의 1에 달하는데 소수의 일본인이 조선인에게 미칠 수 있는 동화력은 강하지 못할 것이라면서 동화정책에 회의적인 시각을 보였다. 이런 상황에서는 통혼정책도 약간의 혼혈아를 낳는 데 불과하고, 오히려 일본인의 상실을 초래할 수 있다고 우려한 것이다.[169] 3·1운동 직후, 조선총독부의원장 하가 에이지로(芳賀榮次郎)도 1,500만 일본인 사이에 50만, 100만의 조선인이 잡거적 생활을 하고 있다면 언제랄 것도 없이 조선인이 일본인에게 동화되겠지만, 오늘날처럼 1,500만 조선인 중에 일본인이 30만, 40만이어서는 조선인을 일본인에게 동화시킨다는 것은 불가능하다고 주장했다. 조선인을 동화할 수 있으려면, 일본인의 조선 이주를 장려해 "적어도 조선인의 10분의 1 정도"는 조선에 있어야

167 水島治夫·三宅勝雄, 앞의 글, 1942, 21쪽.

168 1932년에 척무성과 육군성은 후쿠시마현의 한 탄광이 폐광되자 그곳에서 일하던 갱부들의 만주국 이주를 알선했는데, 가장 먼저 이주한 조선인 60가족 159명은 남편이 조선인이고 처가 일본인인 "내선융화의 이민단"이었다(「内鮮融和の移民団, 六十家族満洲へ」, 『釜山日報』 1932년 5월 12일자). 만주인들에게 선전하기 위해서였겠지만, 혼혈가족을 일본에서 배출한 사례이기도 하다.

169 朝鮮總督府 秘密文書 「教化意見書」, 1910.9(駒込武, 『植民地帝国日本の文化統合』, 東京: 岩波書店, 1996, 87~91쪽에서 재인용).

한다는 것이었다.[170] 조선총독부도 원래 동양척식주식회사를 통해 일본인 자작농을 대거 정착시킬 계획이었지만, 조선의 높은 인구밀도 및 동척·동척 이민자와 조선 농민 간의 갈등 때문에 성적이 좋지 못해서 1927년에는 이민 사업을 중단해야 했다.[171]

하지만 전시체제기 조선인의 정신적·문화적 일본인화가 급무가 되자, 조선총독부는 1941년에 다시 내선일체를 실현하기 위해서는 조선에 거주하는 일본인을 증가시켜야 한다고 판단했다. "일본 정책의 진수를 이해[會得]하고 내선일체의 필연성을 확신하는 지도적 인물을 관계, 교육계, 실업계, 기타 각 분야에 걸쳐 반도로 유도하고, 직역과 실생활을 통해 조선인을 감화 지도하게 해야 하는데, 이때 인재의 질과 함께 양도 큰 영향력을 가짐에 유의"해야 한다고 본 것이다.[172] 이런 생각은 일본 정부 역시 마찬가지로, 후생성은 "조선, 대만에는 적어도 인구의 1할을 내지인이 점하도록 공작할 것"을 요구했다.[173] 내무성에서 작성한 것으로 추정되는 문서에서는 구체적으로 "조선은 장래 20년 사이에 공업화 등을 통해 적어도 3천만의 인구 포용력을 가질 것으로 인정되므로, 조선인의 증가 추세, 내지 증가 인구의 배치, 동화 수행상의 난이도 등"을 감안하면 "3천만 명 중 조선인 2천 5백만 명, 내지인 5백만

---

170 「朝鮮人同化問題」, 『朝鮮及滿洲』 146, 1919.

171 君島和彦, 「조선에 있어서 東拓移民의 전개 과정」, 金泳福 편, 『近代 東아시아와 日本帝國主義』, 한발출판사, 1983; 최원규, 「동양척식주식회사의 이민사업과 동척이민 반대운동」, 『한국민족문화』 16, 2000.

172 No. 1268. 「內鮮一体の理念及其の具現方策要綱」, 『大野緑一郎關係文書』 R-149, 489코마.

173 厚生省研究所 人口民族部, 『大和民族を中核とする世界政策の検討』, 1943, 2361쪽(『民族人口政策研究資料: 戰時下に於ける厚生省研究部人口民族部資料』, 文生書院, 1982).

명"이 적당하다고 산정했다. 하지만 조선인은 이미 2,400만에 달하므로, "동화를 촉진하기 위해서는 조선 민족을 자극해 도리어 동화를 곤란하게 하지 않는" 선에서 인구 증가를 억제하고 초과 인구는 조선 밖으로 이주시킬 것을 제안했다.[174] 실제로 조선총독부는 1939년 2월 내무국 사회과에 모성 및 아동의 보호에 관한 사항을 담당하게 한 이래, 1941년 11월에 내무국을 폐지하면서는 후생국 보건과에 모성 및 유유아의 보건에 관한 사항을 이관했지만,[175] 1942년 11월 후생국을 폐지할 때는 모성 보호를 담당할 관서를 정하지 않았다. 이처럼 일본인의 양적·질적 발전이 국가적 과제였던 시기에, 조선인의 증가는 필요하지 않거나 동화를 촉진하기 위해 오히려 억제해야 할 것이 되었다.

요컨대 내선혼혈아의 유전 형질에 대한 국책 연구를 수행한 우생학자들은 '동아공영권' 또는 '대동아공영권'의 맹주를 자처하며 다른 아시아 지역을 침략하던 일제의 목적에 가장 적합한 '과학적' 근거를 산출했다. 일부 우생학자들은 조선인과 일본인을 생물학적으로 구별하여 장소를 불문하고 동화정책과 내선결혼·혼혈에 반대했지만, 내선혼혈아를 연구한 우생학자들은 조선인과 일본인은 혼혈해도 생물학적으로 악영향이 없음을 밝혀 내선일체 정책을 뒷받침했다. 특히 이들은 통혼과 혼혈이 이루어지는 장소를 구분하여 현지에서의 혼혈을 긍정했다. 혼혈아가 '순일본인'에 비해 국민의식이 다소 부

174 「6. 朝鮮人ノ現在ノ動向ニ就テ」, 『本邦内政關係雜纂—植民地關係—第二卷』. 조선인을 이주시키려 한 지역과 우선순위는 다음과 같다. ① 국내: 화태, 남양군도 20만(내지와 대만은 부적당하다고 생각된다), ② 남방 제지역(주로 제국영내) 400만(제국영외는 대개 부적당하다고 생각된다), ③ 대륙 방면(시베리아, 만주, 중국(支那)) 80만.

175 「訓令 第7號 朝鮮總督府事務分掌規定 改正」, 『朝鮮總督府官報』 1939년 2월 6일자; 「訓令 第103號 朝鮮總督府事務分掌規定 改正」, 『朝鮮總督府官報』 1941년 11월 19일자.

족하더라도 현지인보다는 우수하고, 또 순일본인보다는 현지 적응력이 높다고 본 것이다. 그리고 이런 생각을 바탕으로 우생학자들은 일본인들이 우수한 현지인과 결혼해 자녀를 얻는 것은 바람직할 수도 있다는 결론을 제시하였다. 전시체제기 들어 조선총독부와 일본 정부가 황민화된 상층 조선인과 일본인이 결혼하도록 지도해야 한다고 생각한 것 역시 이런 발상과 맥을 같이한다. 조선인을 일본인보다 열등하다고 보면서도 내선혼혈을 막을 수 없는 상황에서, 그것이 일본인의 자질 저하를 막는 유일한 방법이었던 것이다.

하지만 일본과 조선 간에는 일본인의 조선 이주보다 조선인의 일본 이주가 더 많고, 내선결혼과 혼혈의 절대 다수가 일본에서 이뤄지는 것이 현실이었다. 생물학적 인종주의를 비판한 우생학자들도 일본 본토에서의 내선혼혈은 국민의식과 계급을 근거로 한 사회학적 인종주의를 바탕으로 부정했다. 혼혈아는 국민의식이 박약하고 재일조선인은 계급상 열등한 노동자이므로 우수한 자손을 얻기 어렵고, 따라서 일본에서의 내선결혼·혼혈의 증가는 일본인의 자질을 저하시킨다고 본 것이다. 내선혼혈의 사례를 연구한 우생학자들은 조선에서의 내선일체 정책을 뒷받침했지만, 이로써 일본 본토에서 내선결혼·혼혈이 급증하는 현상에 대처해야 한다는 우려에도 힘을 실었다.

2. 내선일체 정책의 역류와 일본(인) 보호

일제는 1941년 12월에 미국과의 전면전에 돌입하면서, 전쟁 수행을 위한 자원과 물자를 조달하기 위해 이후 6개월간 동남아시아 각국을 침략, 점령하며 전쟁을 '아시아태평양전쟁'으로 확대시켰다. 일제는 이를 '대동아공영권' 건설이라고 불렀는데, 전선의 확대는 한층 강력하고 구체적인 인구정책을 필요로 했다.[176] 이때 "권내 여러 민족의 지도 세력인 일본과 그를 저지하려는 대서양의 반대 세력들(영·미와 그 괴뢰인 장개석 정권)의 대립"은 필연적이므로, 일본이 공영권에서 지도적인 위치를 영원히 유지하려면 "사상이 견실하고 신체가 강건한 일본인을 다수 공영권 내의 각국에 입식"해서, 그 "'피'를 '토지'에 결부"시켜야 한다는 것이 인구정책의 기본 전제였다.[177]

그렇지만 일본인의 이주에 필연적으로 수반될 현지 민족과의 접촉을 장려해야 하는가 아니면 억제해야 하는가는 여전히 논쟁적인 문제였다. 태평양협회 촉탁 기요노 겐지(清野謙次)는 승인하지 않아도 일본인의 남방 진출이 늘어남에 따라 몇 년쯤 지나면 혼혈아가 상당한 수에 달하는 것을 막지 못할 것이라면서도, 혼혈은 가급적 방지해야 한다고 주장했다. 남양군도에서 일본인과 현지인의 혼혈아를 관찰하고는, "혼혈아는 일본인 아이보다 열등함을 면할 수 없다. 단, 토착민의 아이보다는 대개 우수하다. 일본인 정도의 긴장력은 없고 학과 성적도 대체로 나쁘다. 국민의식도 부족하다"는 인상을 받았기 때문이었다. 게다가 현지에서 혼혈아의 아버지는 일본인일 텐데, 토착민 어머니에게만 맡기고 아버지가 돌보지 않으면 아이가 토착민과 같게 될 것은 확실하다고 보았다. 이에 기요노는 부부 동반 이주를 장려하는 등, 혼혈아가 생기지 않게 할 방법을 취해야 한다고 주장했다.[178]

---

176 김성운, 「中日戰爭 開戰 이후 日本의 人口增殖政策」, 서울대학교 동양사학과 석사학위논문, 2007, 4~5쪽.

177 厚生省研究所 人口民族部, 앞의 책, 1943, 2183쪽.

178 清野謙次, 「大南洋に於ける混血の問題」, 『南洋經濟研究』 1-7, 1942. 기요노는 일본 인종의 생성을 연구한 일본 형질인류학의 대표자로, 1920년대에 기존에 대립하던 토착론과 인종교대 모델을 모두 부정하고, 일본 민족은 원사시대의 혼혈을 통해 형성되었다는 혼혈 모델을 제기했다(Arnaud NANTA, 「清野謙次の日本民族觀」, 『科學史研究』 第II期 48, 2009). 하지만 쇄국 이후 민족의 육체적·문화적 동질화가 이루어졌다고 보았기

개인뿐 아니라 국가 기관 차원에서도 이와 유사한 주장들이 계속 제기되었다. 일본 정부는 1942년 2월 '대동아건설심의회'의 설치를 각의 결정하고, 수상의 자문에 응해 대동아 건설에 관한 중요 사항을 조사 심의하도록 했다.[179] 수상은 전쟁을 수행하고 제국을 핵심으로 하는 신질서를 구현할 원동력은 야마토 민족에게 있고, 따라서 일본의 인구정책과 함께 그와 관련된 동아 제민족에 대한 방책을 확립할 필요가 있다고 설명하면서, 인구 및 민족정책에 대한 자문을 구했다.[180] 동년 5월에 결정된 답신을 보면, 심의회는 인구 및 민족정책의 목표를 "야마토 민족의 유구한 발전을 핵심으로 하고 야마토 민족의 지도 아래 대동아 제민족이 각기 분수[分]에 따라 적당한 자리[所]를 얻게 하여 그 특성에 따라 대동아공영권 건설에 함께 참여"하도록 하는 것으로 설정했다. 그리고 이를 실천하기 위한 구체적인 시책은 다음과 같은 근본 방침에 입각하여 수립해야 한다고 제안했다.[181]

1. 황국 국력의 근기이자 대동아공영권 건설의 추진력인 야마토 민족의 약진적 증강을 도모한다.
2. 야마토 민족을 대동아공영권 내에 적정하게 배치할 것을 도모함으로써 대동아 제민족에 대한 지도적 지위를 확보한다.
3. 대동아 제민족에게서 야마토 민족에 대한 신뢰를 얻음으로써 야마토 민

때문에 새로운 혼혈에는 소극적이었던 것이다. 이처럼 일본인을 혼합 민족으로 보는 시각은 일반적이었지만, 혼혈 모델을 제기한 기요노가 혼혈에 반대했을 만큼 혼혈에 대한 찬반은 혼혈이 과거의 문제인지 아니면 미래의 문제인지에 따라 갈라졌다.

179 安達宏昭, 「「大東亜建設審議会」と「経済建設」構想」, 『史苑』 65-1, 2004.

180 No. IV-10. 「大東亜建設審議会諮問」, 『阿部信行関係文書』 R-7.

181 No. IV-14. 「大東亜建設ニ伴フ人口及民族政策答申」, 『阿部信行関係文書』 R-7.

족을 중심으로 하는 대동아 제민족의 결속을 확고부동하게 한다.

4. 야마토 민족의 순일성(純一性)을 보지하는 데 힘쓴다.

대동아건설심의회는 일본 민족의 '순일성' 보호라는, '인구정책확립요강'에 명기되지 못했던 주장을 인구민족정책의 근본 방침으로 재차 제기한 것이다. 그에 따라 심의회는 일본인의 배치 방책을 결정할 때도 일본인의 유구한 발전과 견고한 결속에 주안점을 두고, "야마토 민족 고유의 자질, 체력을 쇠멸"시키는 일이 없도록 해야 한다고 주장했다. 이를 위해 "(5) 야마토 민족과 타민족의 잡거는 가급적 피하게 하는 동시에 현지 거주자의 지도 및 결속을 강화"하고, "(6) 야마토 민족의 순일성을 보지하기 위해 현지 정주자에게는 가족을 동반하게 하는 등 필요한 조치"들을 강구할 것을 요청했다. 일본 정부가 정치적 권리의무의 평등이나 경제적 이해관계의 일치가 아니라 문화적·혈연적 동질성을 국민의식 및 결속을 강화하는 토대로 삼고 일본인에게 아시아의 지도자임을 자각하라고 촉구하는 이상, 혼혈 방지를 요구하는 주장은 끊이지 않았던 것이다.

이처럼 일본 본토뿐 아니라 현지에서의 혼혈도 방지해야 한다는 주장은 1942년 11월에 인구문제연구소, 후생과학연구소, 산업안전연구소를 통합하여 신설된 후생성연구소 인구민족부의 조사 연구에서 체계화되었다.[182] 인구민족부는 인구정책과 민족정책에 관한 기초 및 이론, 기타 인구 문제 일반에 관한 조사 연구를 담당했다. 산하 기구로는 인구정책연구부와 민족정책연구부를 두었는데, 민족정책연구부의 민족 제2과에서 민족 접촉, 특히 식민사회

182 厚生省 人口問題研究所, 『人口問題研究所の歩み』, 1979, 4쪽.

학에 관한 사항을 담당하였다.[183] 그리고 이와 관련되는 통혼(잡혼), 동화정책 또는 격리 정책 등 소수 민족으로부터 발생하는 문제들, 혼혈아 문제 등도 인구민족부가 조사 연구할 사항에 포함되었다.[184]

후생성연구소 인구민족부는 1943년 7월에 이들 사항에 관한 자료를 집성하여 일단 부내에서 참고할 수 있도록 총 3천여 쪽의 『야마토 민족을 중핵으로 하는 세계 정책의 검토(특히 민족인구정책을 중심으로)』를 가인쇄했다.[185] 그런데 이 자료는 혼혈은 "종족의 순혈성과 문화의 균형성을 착란"시키기 때문에, 대동아공영권에서 일본의 지도성을 유지하는 데 도움이 되지 않는다고 보았다. "야마토 민족이 보다 하급 문화 계급의 민족들과 혼혈하는 것은 그들을 끌어올리는 것이 아니라, 실질적으로 동화정책의 미명하에 도리어 야마토 민족의 순일성을 파괴하고 문화 수준을 그들의 위치까지 떨어뜨려 스스로 지도자 의식과 힘을 방기"하는 것이라는 주장이었다. 인구민족부가 주장의 근거로 내세운 잡혼과 혼혈아의 문제점은 다음과 같다.[186]

---

183 「(彙報) 厚生省研究所人口民族部の成立」, 「(彙報) 厚生省研究所官制の公布」, 「(彙報) 厚生省研究所事務分掌規定, 同細則並に各部分科規定の制定」, 『人口問題研究』 3-11, 1942.

184 「(彙報) 厚生省研究所人口民族部主要調査研究事項の決定」, 『人口問題研究』 3-11, 1942.

185 「序」, 厚生省研究所 人口民族部, 앞의 책, 1943. 서문은 분세이서원(文生書院) 복간본에는 누락됐는데, 인구문제연구소의 후신인 일본 국립사회보장·인구문제연구소에서 원본을 pdf로 제공하고 있다. 또한 서문에서는 급하게 정리해서 "행간 통일을 결여한 우려"가 없지 않다고 했는데, 장별로 집필자와 집필 시기가 달랐던 것으로 보인다. 본문에서 '동아공영권'과 '대동아공영권'이 혼용된 것도 이 때문인 듯한데, 이 책에서는 원문의 표기를 그대로 인용하기로 한다.

186 위의 책, 303~308쪽.

잡혼의 폐해

1. 잡혼은 대개 성욕 충동을 만족하기 위해 이루어진 것이므로 품행의 저하를 수반하고, 이 점을 우생학적으로 고려하면 역도태가 이루어지기 쉬움.
2. 잡혼은 문화, 전통, 사회제도가 다른 인종 간의 조합이므로, 가족생활, 행사, 신앙, 교육 등에서 전통이 파괴됨.
3. 부모가 배우자를 선택하는 경우, 이민족을 고르지 않는다. 따라서 잡혼은 대개 자유연애를 기초로 하고, 부모의 반대를 공공연히 또는 암묵적으로 무릅쓰고 이루어지는 것이기 때문에 가족제도의 해체를 수반함.
4. 잡혼은 같은 민족에게 배척당하기 때문에 사회적으로 고립됨.
5. 많은 경우 잡혼 부부는 그 민족의 평균자보다도 사회적 지위나 지능이 열등한 자이기 때문에 그 점에서 퇴화 현상이 발생함.

혼혈아의 결함

1. 부모의 민족은 어느 쪽이든 도태 작용을 통해 외부 세계에 적응한 것이다. 따라서 혼혈아는 인종 교잡(交雜)의 결과 그 부모가 적응한 특질의 일부를 상실하거나 혹은 다른 부모의 적응하지 않은 특질로 환치된다.
2. 평균적 체질이 다른 종족 간에 교잡이 이뤄진 결과, 혼혈아는 두 인종의 중간적 특질을 가지거나 또는 중간적인 것과는 완전히 다른 기존에 없던 재결합을 다수 발생시킴. 따라서 변질 이성(異性)을 증가시킴.
3. 혼혈아는 이미 도태 작용을 통해 조화된 독립적 조화체형인 두 종족의 특질을 짜깁기[寄木細工]식으로 유전받기 때문에 부조화체형이 됨.
4. 혼혈아는 병에 대한 저항력이 약함.
5. 혼혈아는 잉태 능력[姙孕力]이 감퇴함.

6. 혼혈아는 성격적으로 의뢰심, 사대주의, 무책임, 의지박약, 또는 허무적 성격, 파산적 경향을 가짐.
7. 혼혈아는 부모 중 어느 쪽의 문화에도, 사회에도 속하지 않는 무적자적 존재가 됨.
8. 혼혈아는 민족적, 국가적 관념이 박약함.
9. 혼혈아는 세대를 거듭하며 잡혼을 거듭함으로써 원주민 유형에 기울기 쉬움.
10. 혼혈아의 인구가 다수인 때는 부모의 종족과 다른 신대(新大)한 사회를 구성하여, 더욱더 부모의 계통 민족과 분리되어감.

즉, 후생성연구소 인구민족부는 이민족과의 결혼과 혼혈이 일본인의 혈통적·문화적 순일성을 파괴해 지도력을 상실하게 한다고 보았다. 나아가 민족 이동으로 발생한 민족 접촉이 생물학적으로는 '혈통의 혼탁'을, 사회학적으로는 '문화 전통 질서의 파괴'를 초래한다며, 접촉 자체를 부정적으로 평가했다. 따라서 이를 방지하기 위해서, 동아공영권에 일본인을 배치할 때는 "(9) 배우자를 가급적 동반할 것, (10) 잡혼과 혼혈아의 발생을 극력 방지할 것, (11) 2세를 교육할 때는 내지에 유학시킬 것" 등을 제안했다.[187] 일본 정부가 아시아의 '지도자'인 일본 민족의 우수성을 강조하고 그를 다시 지도자가 되어야 하는 근거로 내세울수록, 일본인도 백인종 우월주의와 마찬가지로 다른 민족과의 접촉과 혼혈을 억제해야 하는 것으로 인식하게 되었다.

하지만 후생성연구소 인구민족부가 동화정책을 폐기하고 분리 정책으로 전환하자고 주장한 것은 아니었다. 대동아공영권을 확립하려면 그곳에 살고

---

187 위의 책, 2364쪽.

있는 민족의 '마음'을 얻어 일본을 지도자로 하는 동지적 일체관을 육성하지 않으면 안 되는데, 역시 인종적 혈통의 친연성, 생활 공간의 근접성, 경제적 상호 보조성, 문화의 친연성 등을 기반으로 동지적 일체관을 육성할 수 있다고 본 것이다.[188] 그에 따라 인구민족부는 문화적 동화정책을 동아 민족에 대한 정치·문화·사상 대책으로 제시했다. 인구민족부는 이민족의 정신적·문화적 동화는 가능하고 최소한 "모략적 방책"으로라도 필요하다고 보면서도,[189] 이민족과 일본인의 접촉 및 혼혈은 일본인의 신체뿐 아니라 정신과 문화까지 파괴하는 것으로 보아 부정한 것이었다. 그렇다면 후생성연구소가 제안한 이민족에 대한 문화적 동화정책은 결국 혼혈은 물론 일본인에게 영향을 미칠 수 있는 직접 접촉을 가급적 차단하고 분리하여 시행할 수밖에 없다.

민족 간 접촉과 혼혈에 대한 후생성연구소의 부정적 인식은 일본인과 조선인 사이에 대해서도 마찬가지였는데, 이 경우에는 특히 일본 본토에 거주하는 조선인과 이들의 내선결혼에 주의를 기울였다. 인구민족부로 통합되기 전, 후생성 인구문제연구소는 1940년 8월에 배우자가 있는 재일조선인의 출산력을 조사하면서 내선결혼과 혼혈에 대해서도 조사했다. 이는 기본적으로 결혼 연령, 직업, 교육 정도, 수입, 일본 거주 기간 등이 출산력에 미치는 영향을 알아보기 위한 것이었다. 인구문제연구소는 중앙협화회의 협력을 받아 홋카이도, 도쿄, 가나가와, 도미야마(富山), 아이치, 오사카, 야마구치, 후쿠오카의 8개 지역에 거주하는 조선인에게 〈그림 3-3〉의 조사표를 배포하여 기재하게 했다.[190] 이를 통해 총 47,776쌍의 부부에 대한 정보를 얻었고, 그중 조

---

188 위의 책, 2322~2323쪽.

189 위의 책, 2349~2351쪽.

190 「(彙報) 內地在住朝鮮人出産力調査の施行」,『人口問題研究』1-4, 1940.

선인 남편·일본인 처 부부가 1,559쌍이었다. 인구문제연구소가 1942년 1월에 조사 결과를 부내 참고용으로 가인쇄한 책자에 따르면, 비교적 하층 계급에 속하는 조선인들이 일본에 집단 유입되어 130만을 돌파한 것으로 추정되는데, 이들이 고유한 생활양식과 태도를 고수함으로써 일본 재래의 사회 질서와 선량한 풍속에 이미 "유해한 분해 작용"을 가하고 있었다. 연구소는 이런 현상을 우려하면서, 재일조선인의 출산력에 따라 그 인구도 달라질 것이므로, "내지인의 민족적·문화적 순수성을 해치지 않으면서 그들을 어떻게 동화하여 충량한 일본 민족이게 할 수 있을지"를 결정할 참고 자료로 재일조선인의 출산력을 조사한 것이었다.[191] 조사 결과, 부부당 자녀 수는 결혼 지속 기간이 짧으면 조선인 부부, 일본인 부부, 내선결혼 부부 사이에 차이가 없지만, 결혼 기간이 10년 이상이 되면 대체로 결혼 당시 여성의 나이가 적은 쪽이 많은 경향을 보였다. 조선인과 일본인의 가임 능력은 비슷했던 것이다. 하지만 비교적 여성이 어린 나이에 결혼하는 조선인 부부의 자녀가 가장 많고 일본인 부부는 처의 결혼 연령이 높은 만큼 자녀도 적으며, 내선결혼 부부는 표본이 적어 경향을 도출할 수 없지만 자녀가 없는 경우가 가장 많은 것으로 집계되었다.[192] 이는 일본에서 일본인보다 조선인 부부가 자녀를 많이 낳음을 뜻하고, 일본인과 조선인 인구비에 따라 동화의 난이도가 달라진다고 이해한다면 재일조선인의 일본인화도 낙관할 수 없게 만드는 결과였다.

그런데 조혼의 경향이 있고 피임법도 덜 보급된 조선인이 자녀를 많이 낳은 것은 사실일 가능성이 높지만, 거의 같은 지역을 조사한 〈표 3-6〉의 경찰

---

191 厚生省 人口問題硏究所, 『(極祕)大東亜建設民族人口資料 14: 内地在住朝鮮人出産力調査概要』, 1942, 序說.

192 위의 책, 5~40쪽.

〈그림 3-3〉 일본 거주 조선인(유배우자) 출산력 조사표

祕

內地在住朝鮮人（有配偶者）出產力調査表

昭和15年8月1日現在

（一）夫妻に關する調査事項

番號		氏名	創氏改名の場合は舊姓名	生年月	夫の本籍地	現住所	寄留屆
	夫			明治 大正 昭和 年 月			未 了
	妻			明治 大正 昭和 年 月	妻の民籍 朝鮮 內地 其の他		未 了

事實上の婚姻年月	婚姻の形態	婚姻の場所	初婚・再婚の別	兄弟姉妹の數 順位	I	II	III	IV
明治 大正 昭和 年 月	普通婚姻 入夫婚姻 內緣 重婚的 單婚的		夫 初婚 再婚	人 男				
			妻 初婚 再婚	人 女				

	渡來年月	渡來前の職業（內職も記入のこと）	渡來直後の職業（內職も記入のこと）	婚姻當時の職業（內職も記入のこと）	現在の職業（內職も記入のこと）	現在月平均收入額	鄉里へ送金の有無	公の扶助の有無
夫	明治 大正 昭和 年 月					30圓以下 31圓以上70圓以下 71圓以上100圓以下 101圓以上	有 無	有 無
妻	明治 大正 昭和 年 月							

	教育程度					內地語理解の程度
夫	無就學	書堂	小學校 退 卒	中等學校 退 卒	專門學校以上 退 卒	完 不完 無
妻	無就學	書堂	小學校 退 卒	中等學校 退 卒	專門學校以上 退 卒	完 不完 無

備考

（二）出產力に關する調査事項

妊娠順位	結果	性別	發生年月	發生の場所	現在生存死亡別	子の職業	子の教育程度
0	妊娠なし						
1	出生 早產 死產 流產	男 女	明治 大正 昭和 年 月	內地 內地外	生存 死亡		無就學 書堂 小學校 在 退 卒 中等學校 在 退 卒
2	出生 早產 死產 流產	男 女	明治 大正 昭和 年 月	內地 內地外	生存 死亡		無就學 書堂 在 退 卒 在 退 卒
3	出生 早產 死產 流產	男 女	明治 大正 昭和 年 月	內地 內地外	生存 死亡		無就學 書堂 在 退 卒 在 退 卒
4	出生 早產 死產 流產	男 女	明治 大正 昭和 年 月	內地 內地外	生存 死亡		無就學 書堂 在 退 卒 在 退 卒
5	出生 早產 死產 流產	男 女	明治 大正 昭和 年 月	內地 內地外	生存 死亡		無就學 書堂 在 退 卒 在 退 卒
6	出生 早產 死產 流產	男 女	明治 大正 昭和 年 月	內地 內地外	生存 死亡		無就學 書堂 在 退 卒 在 退 卒
7	出生 早產 死產 流產	男 女	明治 大正 昭和 年 月	內地 內地外	生存 死亡		無就學 書堂 在 退 卒 在 退 卒
8	出生 早產 死產 流產	男 女	明治 大正 昭和 年 月	內地 內地外	生存 死亡		無就學 書堂 在 退 卒 在 退 卒
9	出生 早產 死產 流產	男 女	明治 大正 昭和 年 月	內地 內地外	生存 死亡		無就學 書堂 在 退 卒 在 退 卒
10	出生 早產 死產 流產	男 女	明治 大正 昭和 年 月	內地 內地外	生存 死亡		無就學 書堂 在 退 卒 在 退 卒

備考

調査者＿＿＿＿＿＿ 管轄警察署名＿＿＿＿＿＿

厚生省 人口問題研究所

*출전:「(彙報) 內地在住朝鮮人出産力調査の施行」,『人口問題研究』1-4, 1940.

조사가 9,760쌍의 통혼 가족에서 15,866명의 혼혈 자녀를 파악했음을 생각할 때 자녀가 없는 내선결혼 가정이 많다는 것은 쉽게 납득하기 어렵다. 단순히 조사 대상의 문제일 수도 있지만, 조선인과 일본인을 인종적으로 다르게 본 결과일 가능성도 없지 않다. 19세기에 백인과 흑인을 서로 다른 종이라고 본 인종주의자들은 말과 나귀를 이종교배한 노새와 버새가 생식력이 없는 것처럼, 백인과 흑인이 낳은 자녀는 생식력이 없거나 있더라도 세대를 거치면서 감소한다고 주장했다. 자손의 생식력이 부모가 같은 종인지 아닌지를 판별하는 기준이었던 것이다.[193] 후생성연구소는 잉태 능력의 감퇴를 혼혈아의 결함으로 꼽은 만큼, 내선결혼에서도 같은 민족끼리의 결혼에서보다 출산력이 떨어진다고 가정했을 수도 있다. 그렇다면 조선인 부부가 자녀를 가장 많이 낳는다는 결론도 단순한 조사의 결과가 아니라, 미개할수록 출산률이 높다는 편견의 소산이었을지도 모른다.

후생성의 인종주의적 편견은 조선인 남편·일본인 처의 내선결혼 부부에 대한 조사에서 더욱 두드러진다(표 3-10). 조사표에서는 결혼의 유형을 매우 상세히 구분했는데, 법률혼과 내연을 나눈 다음 법률혼에서는 일반 혼인과 입부혼인을, 내연에서는 중혼(重婚)과 단혼(單婚)을 구분하였다. 단혼적 내연은 혼인신고를 하지 않았을 뿐인 사실혼관계를, 중혼적 내연은 따로 본처가 있으면서 또 '부부'로 생활하는 첩관계를 의미한다. 그런데 조선인 남편·일본인 처 부부는 부부가 모두 조선인일 때보다 법률혼 비중이 현저히 낮고 내연관계가 많았다. 게다가 법률혼은 조선인 남편이 일본 호적에 입적하는 입부혼인이 상대적으로 많은 반면, 내연관계에서는 일본인 여성이 조선인 남성의 첩이 된 중혼의 비율이 조선인 부부의 6배가 넘는 8.2%에 달했다. 이 결과

193 로버트 영 지음, 이경란·성정혜 옮김, 『식민욕망』, 북코리아, 2013, 24~40쪽.

〈표 3-10〉 후생성 조사 재일조선인의 유형별 부부 수

		조선인 부부		조선인 남편-일본인 처 부부	
		실수	백분율	실수	백분율
법률혼	일반혼인	44,376	96.0	858	55.0
	입부혼인	256	0.6	132	8.5
내연관계	중혼적	599	1.3	128	8.2
	단혼적	781	1.7	429	①27.5
미상		205	0.4	12	0.8
합계		46,217	100.0	1,559	100.0

* 출전: 厚生省 人口問題研究所, 『(極祕)大東亜建設民族人口資料 14: 内地在住朝鮮人出産力調査概要』, 1942, 47쪽.
* ①은 원문에 27.8로 표기되었다.

는 제1부와 제2부에서 분석한 내선결혼의 실태와도 대체로 일치한다. 일본인 남편·조선인 처 부부에 대해 조사하지 않은 한계는 있지만, 내선결혼 가정은 재일조선인 가정에 비해서도 법률혼보다 내연관계가, 내연관계 중에서도 사실혼보다 '두 집 살림'이 더 많은 '비모범적' 가정이었던 것이다.

또한 후생성 인구문제연구소는 내선결혼 부부의 결혼 동기와 부부관계, 조선인 남편의 범죄력과 일본인 아내의 친가[實家] 경제 상태까지 조사했다. 이는 위 조사표에는 포함되지 않은 항목으로, 내선결혼 부부에게 별도의 조사표를 배포한 듯하지만 현재로서는 확인되지 않는다. 조선인 남편·일본인 처 부부는 총 1,559쌍으로 전체의 3.2%에 해당했는데, 기입이 불완전한 11쌍을 제외하고 나머지 1,548쌍을 집계한 것이 〈표 3-11〉이다. 이들의 거주지는 홋카이도 407쌍, 도쿄 476쌍, 가나가와 137쌍, 아이치 120쌍, 오사카 202쌍, 야마구치 74쌍, 후쿠오카 79쌍, 도미야마 53쌍이었다. 이 중 범죄력이 있는 조선인 남편은 163명(원문: 161명)으로 유범죄자 1인당 무범죄자 7인 정도의 비율이었는데, 인구문제연구소는 조선인의 이동률이 높고 스스로 기재하게 한 조사였으므로 실제 유범죄자는 이보다 많을 것이라고 추정했다. 죄목은 도박죄(64명)가 가장 많았지만, 자동차취체령(17명), 치안유지법(14명), 경찰범처벌령

〈표 3-11〉 후생성 조사 재일조선인의 내선결혼 실태

	남편의 범죄력			결혼 동기							부부관계			처의 친가 경제 상태			
	유	무	無記	허혼	맞선	사랑	사기	협박	폭행	無記	원만	불화	無記	상류	중류	하류	無記
홋카이도	30	221	155	11	128	112	5	1		150	253	3	151	3	105	149	150
도쿄	84	371	27	5	133	308	15		1	15	442	19	15	14	215	231	15
가나가와	26	103	3	1	68	64	3				132	5		5	51	81	
아이치	8	103	9		21	64	3			32	97	4	19	1	38	57	25
오사카	5	96	101	4	18	68	7			105	97	3	102		53	46	103
야마구치	4	58	12	1	26	32				15	56	3	15	1	29	29	15
후쿠오카	2	76	1	1	36	37	1			4	74	2	3	1	25	49	4
도미야마	4	49			18	32	2			1	48	4	1	3	16	21	13
합계	163	1,077	308	23	448	717	36	1	1	322	1,199	43	306	28	532	663	325

* 출전: 厚生省 人口問題硏究所, 『(極祕)大東亜建設民族人口資料 14: 内地在住朝鮮人出産力調査概要』, 1942, 55쪽.
* 일부 합계 오류 수정.

(13명) 위반 등이 뒤를 이어서 소위 '사상범'도 적지 않았음을 알 수 있다. 한편 결혼 동기는 역시 '사랑[相愛]'이 717쌍으로 가장 많았는데, 인구문제연구소는 이는 대부분 "부모가 허락하지 않은 불의(不義) 밀통"을 의미한다고 혹평했다. 별도로 집계된 허혼은 23쌍에 불과하여 36쌍인 사기[詐術]보다도 적다. 다만 부부관계는 1,199쌍(원문: 1,200쌍)이 원만하다고 답했는데, 이는 현재 동거하는 부부를 조사했기 때문에 나타난 당연한 결과라고 해석되었다. 또한 일본인 처의 친가 경제 상태는 상류나 중류보다 하류가 많았는데, 이에 대해서도 "잡혼하는 부부는 민족의 평균자보다도 사회적 지위가 낮다는 원칙"을 여기서도 볼 수 있다고 단정지었다.[194] 재일조선인 남성이 조선에서 가졌던 직업도 농림수산업과 무직이 가장 많았는데, 내선결혼한 조선인 남성의 무직 비율이 더 높았다.[195] 이처럼 후생성 인구문제연구소는 이전의 조사들과 달리

---

194 厚生省 人口問題硏究所, 앞의 책, 1942, 54~60쪽.

195 위의 책, 51~54쪽.

명백히 내선결혼·혼혈에 부정적인 시각을 바탕으로 조사 항목을 구성했을 뿐 아니라, 조사 결과를 다시 부정적 시각을 뒷받침하는 증거로 해석했다.

나아가 후생성연구소 인구민족부는 이 조사 결과를 인용하면서, "본래 지도 또는 정복 민족의 남자가 피지도 또는 피정복 민족의 여자를 처로 삼는 것이 지배관계의 원칙이지만 내지에서 이 관계는 반대"가 되어 있음을 문제시하면서, 일본 본토에서의 내선결혼을 다음과 같이 평가절하했다.[196]

> 내지에 거주하는 조선인이 대부분 조선의 하층민임에도 불구하고 지도 민족인 내지인 여자와 성관계를 맺는 경우가 많은 것은 한편으로는 내지인 여자를 처로 삼음으로써 정복감을 만족하는 데 있는 것이지만, 또한 내지인 여자의 부주의에 기인한 것이다. 조선에 거주하는 내지인 여자가 조선인 남자와 결혼하는 경우는 심히 적은데도 불구하고 내지에서는 내지인 여자가 조선인 남자와 결혼하는 경우가 심히 많은 것은 내지인 여자가 조선인의 성정을 알지 못하고 그들을 내지인으로 오인하거나 또는 그 감언[歡言]에 속아서 자포자기[自棄]의 상태가 되는 것을 나타낸다. (과도한 내선일체론 및 창씨개성에서 기인한 비극적 측면) 따라서 이로부터 태어난 혼혈아는 지능, 체력에서 내지인과 현저한 차이가 없음에도 불구하고, 성격이 비뚤어지고 부끄러움을 모르며 국가정신이 희박한 자가 많은 것은 당연할 것이다.

즉, 조선인 남성과 일본인 여성의 결혼은 자연스럽지 않은데, 특히 일본에서 일본인 여성이 조선인 남성과 많이 결혼하는 이유는 조선인을 잘 모르고 단지 내선일체의 선전에 영향을 받아서, 또는 창씨개명으로 외모나 이름

196 厚生省研究所 人口民族部, 앞의 책, 1943, 328~330쪽.

으로도 구별하기 어려워진 조선인을 일본인으로 착각해서라는 것이다. 그리고 이처럼 '암울한' 가정에서 태어난 혼혈아는 당연히 열등하다고 단언했다. 하지만 그렇다고 조선인의 노무동원을 중단할 수도 없었다. 오히려 전쟁이 확산되는 가운데 대만인과 조선인의 노무동원은 더욱 확충 강화해야 할 사항이기도 했다. 그러자 인구민족부는 출산률이 높고 아직 동화되지 않은 대만인과 조선인이 "사자 몸속의 벌레"가 되지 않게 하기 위해서는, "(1) 내지 거주 조선인을 내지에 안주시키지 말고, 전쟁이 종료된 후에는 송환하는 '돈벌이[出稼]' 관념을 명료히 할 것"을 요구했다. 또한 "(2) 북선(北鮮), 동만(東滿) 국경의 조선인은 소련과의 관계에서 위험이 없다면 내지인을 집단 이주시키고 조선인은 다른 곳으로 옮길 것, (3) 조선인을 뉴기니아 등 불모지를 개척하는데 이주시킬 것"을 제안하는 등, 인구민족부는 식민지민을 철저히 일본인의 이익을 위해 이용해야 한다는 생각을 노골적으로 드러냈다. 아울러 "통치 방침이 과도한 내선일체론은 내지인이 조선인에게 압박당하는 결과를 야기했으므로 시정할 것"을 제기하면서, 창씨개명, 내선공학, 분쟁, 경제·노동조건, 풍기 범죄, 징병제, 일본에서의 선거권(한글 등)[197] 및 내선통혼의 문제를 구체적 사례로 거론했다.[198]

내선일체 정책으로 일본인이 조선인에게 압박당하고 있다는 불만은 이 시기 제국의회 의원들 사이에서도 터져 나왔다. 1943년 3월 3일에 중의원은

197 일본 정부가 1920년에 일본에 거주하는 조선인, 대만인, 화태인의 선거권을 인정한 후, 한글 투표를 요구하는 목소리가 대두되어 1930년 총선거부터 후보자명을 한글로 쓴 표도 유효표로 처리되었다. 이 선거에서는 한글 투표가 2,400여 표로 조선인 총 표수의 21%를 차지했다. 마츠다 도시히코 지음, 김인덕 옮김, 『일제시기 참정권문제와 조선인』, 국학자료원, 2004, 21~26쪽, 59~60쪽.

198 厚生省研究所 人口民族部, 앞의 책, 1943, 2360~2362쪽.

조선총독부 정무총감 다나카 다케오(田中武雄)를 불러서 조선 통치 방침을 주제로 한 비밀회를 개최했다.[199] 비밀회는 회의록이 관보에 공개되지 않으므로 속내를 적나라하게 드러낼 수 있는 자리였는데, 모리야 신이치(森谷新一)는 "조용히 저들의 근저에 흐르는 민족의식을 통찰할 때 정말로 우리 야마토 민족에 동화되어가고 있는지" 의문이라고 질문했다. 거의 관치이던 때는 일본인이 주요 관직을 차지했는데 선거를 시행하자 유권자 수에 비례하여 의원이 선출되는 등, 일본인과 조선인의 이면 대립은 전보다 심해졌고, 조선인이 주요 관직을 차지함에 따라 "1천만 반도인에게 내지인 60만이 동화"되는 역효과를 초래할 것이라는 우려였다. 심지어 미나미 총독 부부가 한복을 입고 풍작 축하회에 참석한 모습을 신문에서는 "반도 이해(理解)"라며 사진까지 넣어 크게 보도했는데, 이를 본 "60만 내지인 동포는 눈물을 삼키며 비분강개"한 반면, 조선인들은 '남(南) 서방'이라며 바보 취급할 뿐이었다고 지적했다. 경제면에서도 미곡이 제대로 이출되지 않아서 경찰이 조사했더니 조선인은 감춰둔 쌀밥을 먹으며 자기들끼리 단결하고 일본인만 곤궁한 생활을 하는 등, 결국 "내지인은 오히려 적성 국가에 재류하는 동포까지는 아니더라도, 점점 경제면에서 탈락해서 눈물을 삼키며 내지로 귀환하는 자"가 매우 많다고 했다. 또한 동화의 방법으로 "잡혼이 장려되고 있지만 그들 식자 사이에서 무슨 말을 하는가 하면, 내지인 여자를 아내로 맞으면 정복감에 만족하고, 또 반도인이 내지인에게 시집가면 모멸하는 상태"라고 비판하였다. 이러한 판단에서 모리야는 과연 지금까지의 방침으로 진정한 민족 동화를 기대할 수 있을지, 동화의 방법을 근본적으로 재검토해야 하는 것은 아닌지 질문했다.

199 「市制中改正法律案外四件委員會—朝鮮統治ノ方針ニ付て」, 衆議院, 『帝國議會衆議院秘密會議事速記録集』(二), 東京: 衆議院事務局, 1996, 713~720쪽.

이에 대해 다나카 정무총감도 일본인들에게 "후퇴적인 불안감"이 엄습했음은 사실이라고 인정한 뒤, 진상을 파악해 적절한 조치를 강구하려 했는데, 조사해보니 모리야가 제기한 사항은 모두 사실이 아니거나 우려할 만한 정도는 아니었다고 조목조목 대답했다. 또한 조선 통치의 근본 방침은 역대 총독들도 병합조서와 1919년의 조칙에 드러난 성지(聖旨)에 따랐고, 실행 방법에서도 일시동인하여 일본과 조선을 구별하지 않았다고 설명했다. 하지만 "어려운 것은 누가 뭐래도 2,400만 사람들이 친부모 자식이 아닌 관계[生サヌ仲]"라는 사실 때문에, "아무리 해도 거기에 곡해도 있고 또 내지인 쪽에도 석연치 않은 감정"이 있다는 것이었다. 이로 인해 한쪽을 신경 쓰면 다른 한쪽에서 불만이 나올 수밖에 없어서, 조선총독부로서는 "그 사이에 감정의 안정을 유지하면서, 게다가 내지인도 후퇴적인 느낌을 갖지 않도록, 조선인도 비뚤어진 마음을 갖지 않도록 해가지 않으면 안 되는 것에 실로 비상한 고심"이 있다고 대답하였다. 정무총감 역시 우월의식을 갖는 일본인과 반일 감정이 강한 조선인 사이에서 줄타기를 해야 하는 고충을 솔직하게 드러낸 것이다.

정무총감의 설명에 모리야는 대체로 만족하면서도 일본인을 유지 육성하는 데 힘써달라고 재차 당부했다. "민족의 소질이 다른 자에 대해서는 역시 우수한 내지인이 항상 지도적 입장에 서서 평소에 지도하기 쉽도록 만들어 가지 않으면, 오히려 역으로 내지인이 반도인에게 동화"될 것이라고 우려했기 때문이다. 따라서 권리를 부여하거나 우대하라는 것은 아니지만, 항상 일본인이 지도자로서 자긍심을 가질 수 있도록 선처해달라고 요청했다.

또한 후타다 고레노리(二田是儀) 위원도 조선인을 동화할 민족정책에 대해 질문했다. 후타다는 먼저 조선인, 특히 남부 지방 조선인의 용모, 골격 등이 일본인과 닮았음은 누구나 인정하는 바이지만, 언어, 풍속, 습관이 다르므로 조선인은 "누가 봐도 일본 신민이지만 일본 민족은 아니"라고 전제했다. 따라서 적어도 2~300년은 걸릴 '역사'의 문제라면서도, 조선총독부에게 "조선 내의 태반은 우리 민족으로 만들 수 있는 가능성은 없는지, 즉 언어, 습관을 같이하고 제사를 같이할 방책이 있는지"를 질문했다. 이에 대해 다나카는 징병제 때문에도 언어는 일본어로 통일시키려 노력하고 있고, 습관도 점차 일본인의 풍속, 습관을 침윤시키는 것이 목표라고 대답했다. 현재 일본 옷[和服]은 그다지 입지 않지만 일본인풍의 이름을 사용하는 등 나머지 풍속들은 상당히 일본화되어가고 있다는 것이었다. 제사 역시 신궁, 신사를 중심으로 지도하고 있어서 참배자 수와 신전결혼(神前結婚)이 상당히 증가했다고 답했다. 후타다와 정무총감은 조선인을 일본인에 동화시켜야 한다고 전제했지만, 후타다는 일본 민족이 공유하는 속성으로 언어·풍속·제사의 공통을 거론하면서도 혈통의 공통은 언급하지 않았고, 정무총감도 조선인의 언어와 풍속을 일본화하려는 것 외에 내선결혼을 장려한다고 답하지 않은 것이 주목된다.

이처럼 병합 이래 일제는 내선결혼을 둘러싼 다양한 의견들이 제기되는 중에도 통혼이 조선인의 일본인화에 바람직하다는 생각을 고수해왔지만, 그 신념은 전시체제기에 이르러 포기되어갔다. 이러한 변화가 이 시기에 나타난 이유는 첫째, 식민 지배의 개시 이후 20~30여 년이 경과하면서 내선결혼과 혼혈 자녀가 통혼의 성과를 판단할 수 있을 만큼 충분히 증가했기 때문이었고, 둘째, 보다 결정적으로는 총력전체제하 인구정책이 중요해지는 가운데 내선결혼과 혼혈이 식민지 조선이 아니라 일본 본토에서 대거 이뤄졌기 때문이었다. 조선총독부는 내선결혼을 저해하는 법제적 장벽은 제거했지만 조선인이 정신적·문화적으로 동화되기 전에 '비모범적'인 통혼이 확산되는 데는 회의적이어서, 동화된 결과로서 가급적 상층 조선인 위주로 안정적이고 모범적인 내선결혼만 이뤄지기를 바랐다. 이에 비해 실제로 정신적·문화적으로 동화되지 않은 조선인 남성들이 대거 유입되어 일본 본토의 동질성을 저해하며 일본인 여성을 처첩으로 삼는 상황에 직면한 일본 정부는 내선결혼 장려 정책 자체를 재검토하게 되었다. 내선일체 정책과 함께 조선에서 이뤄졌어야 할 내선결혼·혼혈이 본토로 역류하자, 이것이 아시아의 맹주 일본인의 순일성과 지도성을 침해한다고 인식하고 조선인과 일본인을 인종적으로 구별하려는 시각을 강화한 것이다. 이때 조선인의 반발을 초래할 수 있는 생물학적 인종주의는 부정됐지만, 국민의식, 생활양식, 계층과 같은 정신적·문화적 차이가 내선결혼과 혼혈을 부정하는 근거로 사용되었다. 일본인과 조선인의 인종적 유사성이야말로 동화정책이 가능한 기본 전제였지만 내선결혼과 혼혈이 확산되자 결국 그 근본까지 흔들렸고, 일본 본토로의 역류가 차단되지 않는 이상 일본 정부는 조선총독부가 조선에서 내선일체 정책을 강화하는 것도 경계하지 않을 수 없게 된 것이다.

제3장
공통법체제의 재검토와 통혼 장려의 방기

1. 호적상 민족 구별 원칙의 논리적 동요

조선인과 일본인을 인종적으로 분리하는 듯한 사고방식이 확산되는 한편에서, 조선총독부와 일본 내무성은 1944년 말에 공통법 제정 당시 부정했던 조선과 일본 사이의 전적(轉籍)을 허용할 방법을 재검토했다. 제1부에서 보았듯이 당시 조선총독부와 대만총독부는 전적을 허용할 것을 요청했고, 조선총독부는 이후 1926년에 조선민사령 개정을 준비하면서도 일본인이 조선에, 조선인이 일본에 이주한 때는 본적을 옮길 수 있게 해주기를 바라며 일본 정부와 교섭했다. 전적을 금지한 현행 법규는 이주지에 영구 거주하려는 사람의 "영주의 사실"을 부인하는 것인데, 원래 본적은 호주의 자유의사에 따라 옮길 수 있음에도 불구하고 영주의 의사를 무시하는 것은 "법규의 불비"라는 주장이었다.[200] 하지만 일본 정부는 이러한 제안을 줄곧 거부해왔는데, 1944

---

200 「內鮮人이 모다 移籍도 自由」, 『每日申報』 1926년 11월 19일자.

년 말에 전적 허용을 검토하게 된 이유는 첫째, 조선민사령 개정(1939) 이후 호적으로 민족을 구별하는 법적 질서는 차별과 무관하다고 설명했던 공통법체제의 논리가 흔들리면서 구별의 불합리함이 드러났기 때문이었다. 공통법 제정 당시 일제는 민족의 관습이 달라서 민족을 구별해야 한다며, 친족·상속에 관해 호적상의 조선인에게는 조선의 관습을 적용한다는 원칙을 세웠다. 조선 민족을 조선 호적에 등록하고 호적상의 조선인에게 조선의 관습을 적용한다는 순환 논리는 조선민사령과 공통법이 성립하기 위한 전제였고, 호적상의 조선인과 조선의 관습을 적용해야 할 조선 민족이 일치하는 한 당연하게 받아들여질 수 있었다. 하지만 '내선결혼'에 의한 지역적의 이동은 그 자체로도 조선 민족과 호적상의 조선인을 일치하지 않게 했을 뿐 아니라, 씨의 도입과 맞물리면서 호적상의 조선인에게 조선의 관습을 적용한다는 기본 원칙마저 흔들리게 만들었다.

조선을 유교의 나라로 전제한 조선총독부는 조선에 부계 친족 집단(종족)이 존재함을 전제하고,[201] 1915년을 전후로 조선의 친족·상속 관습을 종법에 기초하도록 정비했다. 그에 따라 부계 친족 집단의 표지인 성을 중심으로, 성불가변, 이성불양, 동성불혼의 3원칙이 조선 친족·상속 관습의 핵심이 되었다. 씨제도를 도입하고 이성양자를 일부 허용한 개정 조선민사령은 대표적인 민족말살 정책으로 평가되지만, 일본인풍 씨명의 강제를 제외하고 가족제도

201 홍양희·양현아, 「식민지 사법관료의 가족 '관습' 인식과 젠더 질서」, 『사회와 역사』 79, 2008, 171~177쪽. 이는 또한 인류 사회가 대가족제에서 소가족제로 발전한다는 고전진화론의 관점과 조선을 정체된 사회로 보는 식민사관이 결합하여, 조선의 성씨·부계 친족 집단을 고대부터의 유습으로 보았기 때문이기도 했다. 이후 한국 친족제도에 관한 연구에서 단계 출계 개념에 입각해 성씨 집단·부계 친족 집단의 존재를 자명한 것으로 전제한 시각은 1970년대까지 이어졌다(노명호, 「고려시대 친족 조직의 연구 상황」, 『중앙사론』 5, 1987).

만 보면, 남계 혈통에 치우친 조선의 관습을 재조정했다는 의의도 있고, 조선인의 반발을 의식한 탓에 종법을 완전히 부정하거나 문중을 파괴하지도 못한 것이었다. 또한 1940년에 개정 조선민사령이 시행된 이후 씨명이 개인의 공식 호칭이 되었어도, 성불가변, 동성불혼의 원칙은 여전히 유효했기 때문에 호적에도 성과 본관을 계속 기재했다.[202] 조선총독부도 "성은 남계 혈족의 호칭으로서 종족의 계통을 분명히 하는 것이므로, 법률상 호칭이 아니게 되었어도 각 인은 사회상 이를 칭할 수 있고 총독부는 적극적으로 폐지하지 않는다"고 해명했다.[203] 씨는 개인과 가의 칭호로, 성은 부계 친족 집단의 칭호로 공존하는 것이지, 씨가 성을 대체하지는 않은 것이다. 게다가 조선민사령은 부칙에서 일가를 창립한 경우가 아니라면 여성 호주의 가는 이전 남성 호주의 성을 씨로 삼게 하여, 과부의 성이 그 가의 씨가 되지 못하게 했다. 조선총독부는 이를 "성은 씨와 본질을 달리한다고 해도 씨에 가까운 관념은 성이라고 하지 않을 수 없기 때문"이라고 설명했다.[204] 새로 씨를 설정하지 않는 이상, 씨 역시 그 가의 남성 호주의 성에서 출발해 부계 혈통을 나타내야 한 것이다. 또한 씨제도를 의용했어도 가족에 관한 민법 규정은 의용하지 않았으므로 같은 씨를 칭할 가족의 범위도 관습에 따라 정해질 것이었다.[205] 결

---

202 「朝鮮總督府令 第219號 朝鮮戸籍令中改正」, 『朝鮮總督府官報』 號外, 1939년 12월 26일자.

203 朝鮮總督府 法務局, 『昭和14年制令第19號朝鮮民事令中改正ノ件及昭和14年制令第20號朝鮮人ノ氏名ニ關スル件ニ關スル第75回議會擬問擬答』, 1940(민족문제연구소 편, 『일제하 전시체제기 정책사료총서』 33, 2000, 352~353쪽).

204 「朝鮮民事令中改正案」, 『朝鮮人及ビ台灣人ノ內地人式氏名變更關係雜件』(일본 외교사료관, K2 / 국사편찬위원회 수집 등록번호 CO0000002252, No. 4-3)

205 宮本元, 앞의 글, 1940, 30쪽.

국 부분적으로 의용된 민법은 기존의 관습과 결합하면서 끊임없이 새로운 조선의 관습을 창출했다. 이러한 점진적 방식으로는 일본 민법의 제도를 조선에 도입하더라도 관습이 민법과 같아지기까지 시간이 얼마나 걸릴지 알 수 없는 일이었다. 1942년 시점에도 "내선의 풍습 차이는 친족법과 상속법을 일원적으로 적용할 경지에 도달해 있지 않으므로, 가령 친족법과 상속법을 강행적으로 적용하기로 해도 현실에서는 준행되지 않아서 민인의 신분관계에 수습될 수 없는 암묵 상태를 드러내기에 이를" 정도에 불과했다.[206]

이처럼 조선민사령이 개정된 뒤에도 성 규칙은 조선의 관습으로 유지되었다. 그런데 씨제도와 서양자제도가 도입되자, '내선결혼'을 통해 성과 본관을 갖지 않는 조선인의 재생산이 가능해졌다. 조선총독부는 "조선 사람에게는 모두 성이 있다"[207]는 원칙을 중시하여, 이전에는 친아버지가 일본인이라도 어머니가 조선인이어서 호적상 조선인이 된 사생자에게는 친아버지의 씨가 아니라 조선 재래의 성을 붙이게 했지만,[208] 1940년에는 "곤도(近藤)라는 내지인을 아버지로 가진 사생자가 가네지로(金城)라는 씨를 칭하는 어머니의 가에 들어가는 경우"에는 조선인이라도 성과 본관을 갖지 않는다고 결정했다.[209] 조선총독부는 성이 법률상의 호칭이 아니게 되자 씨만 갖는 조선인을 산출하는 쪽으로 방침을 전환한 것이다. 이는 법률혼에서도 마찬가지였다. 이전에도 조선인의 일본인 처는 성과 본관이 없었지만, 자녀는 부친의 성을 따르므로 성과 본관이 없는 조선인은 일본인 처 본인에 한정되었다. 하지만

206 No. 1200-1.「戸籍整備ノ要綱(昭和17.4.27)」,『大野緣一郎關係文書』R-134.

207 小田幹治郎,「朝鮮人の姓について」,『朝鮮』1920.7, 10쪽.

208 『朝鮮司法協會雜誌』7-1, 1928, 26~28쪽.

209 『朝鮮戸籍及寄留例規』, 150쪽.

서양자입양의 도입으로 일본인 남성이 조선인의 가에 입적할 수 있게 되자, 조선총독부는 1940년에 "내지인인 서양자와 그 처인 가녀(家女) 사이에서 출생한" 적출자는 성과 본관을 갖지 않는다고 결정했다.[210] 1940년 이후 법률혼과 내연을 불문하고 친아버지가 일본인인 내선결혼 자녀는 호적상 조선인이라도 성과 본관을 갖지 않게 된 것이다. 그렇다면 일본인 남성이 양자나 서양자로서 조선 호적에 입적할수록 성과 본관을 갖지 않는 조선인은 더욱 확대 재생산될 것이고, 호적상 조선인이더라도 이들에게는 성과 본관에 관련된 조선의 관습을 적용할 수 없게 된다.

그렇다고 조선총독부가 호적상의 조선인에게 조선의 관습을 적용한다는 원칙을 버린 것은 아니었다. 오히려 호적에 따라 친족·상속 법규를 달리 적용한다는 원칙은 전보다 명확해진 감도 없지 않다. 1932년에 사법성 민사국장은 일본인에게 입양된 조선인 남성이 양가에서 낳은 아들이 조선의 큰아버지에게 입양될 수 있는지, 딸은 또 아버지가 가졌던 성, 본관과 동성동본인 조선인 남성과 혼인할 수 있는지를 문의했는데, 조선총독부 법무국장은 둘 다 가능하다고 회답했다.[211] 만약 호적상 일본인인 자녀들이 조선인이었던 아버지의 성과 본관을 갖지 않는다면 동성동본이 아니어서 전자는 불가능하지만 후자는 가능하고, 아버지의 성과 본관을 갖는다면 그 반대일 텐데 조선총독부는 둘 다 가능하다고 한 것이다. 이에 민사국장도 의문을 품고, 전자는 동성동본으로 보고 후자는 동성동본이 아닌 것으로 본 것인지, 양자를 구별한 이유가 무엇인지를 다시 문의하였다. 그런데 법무국장의 대답은 이성불양

210 『朝鮮戶籍及寄留例規』, 150~151쪽.

211 『朝鮮戶籍及寄留例規』, 512쪽; 「養子緣組等ノ慣習ニ關スル件」, 朝鮮總督府 法務局 民事係, 『昭和7·8年 戶籍例規』, 1933, 180~190쪽.

은 법률상 준수되지만 동성불혼은 단순한 풍속상의 관념으로 환원되고 있어서, 재판에서도 "이성이라는 이유로 입양의 성립을 부정한 것은 제법 많아도 동성이라는 이유로 혼인의 성립을 부정"한 사례는 없다는 것이었다.[212] 이로부터 추론하자면, 조선총독부는 두 경우 모두 동성동본관계라고 인정한 것인데, 이는 호적상 일본인인 자녀들이 조선인이었던 부친의 성과 본관을 의연히 계승한다고 전제해야만 성립하는 해석이다.[213] 하지만 1941년에는 해석이 바뀌었다. 풍속상의 관념이 되어간다던 동성불혼의 원칙이 오히려 살아남은 후, 동성동본이어서 혼인신고 수리를 거부당한 조선인 여성이 일본인의 양녀가 된 후에 다시 같은 상대와의 혼인신고서를 제출하자, "내지인의 양자가 된 여자는 내지인이므로 성과 본관은 고려할 필요가 없"고, 따라서 근친이 아닌 한 수리할 수 있다고 한 것이다.[214] 혼인할 수 있다는 결과는 같지만 그 이유는 동성불혼의 원칙이 법률상 중요하지 않아서가 아니라 당사자가 호적상 일본인이기 때문으로 바뀌었고, 조선총독부는 일본 호적에 입적한 조선인은 성과 본관을 갖지 않는다고 해석함으로써 호적상의 신분에 따라 친족·상속 법규를 달리 적용한다는 원칙을 전보다 엄밀히 관철시켰다.

물론, 조선인이 된 일본인도 예외는 아니었다. 재판소 호적주임 회의는 1941년에 "조선인에게 시집가서 남편과 사별한 내지인 여자가 마찬가지로 초서(招婿)로 조선의 가에 들어간 후 분가하고 처와 사별한 내지인 남자에게 재

---

212 『朝鮮戶籍及寄留例規』, 170~171쪽.

213 공통법 제정 당시나 이후의 자료로 확인되지는 않지만, 조선총독부 역시 대만총독부와 마찬가지로 전적의 자유를 허용하는 대신 개인의 원적(原籍)이 속한 지역(=민족)에 따라 법령을 달리 적용하려는 구상을 가졌을 가능성도 있다.

214 朝鮮戶籍協會, 앞의 책, 1944, 48~49쪽.

가"하려 할 때도 조선의 관습을 적용해야 한다고 결의했다.[215] 이는 호적에 따라 적용 법규를 달리 한다는 원칙에는 충실하지만, 호적상의 조선인과 조선 민족이 일치하지 않는 사례에 그 원칙을 관철시킴으로써 조선 민족에게 조선 관습을 적용하기 위해 호적으로 민족을 구별한다는 논리를 오히려 무색하게 만드는 결정이었다. 일본 민족인 이들에게 조선 관습을 적용하는 이유는 어디까지나 법제상의 구별이 존재하기 때문일 뿐이다. 게다가 씨제도의 도입 이후 호주가 일본인풍 씨를 창설하지 않은 경우, 조선 호적에 입적한 일본인은 조선인풍 씨를 칭하게 되었다. 진학문(秦學文)의 처 진수미(秦壽美, 宮崎壽美), 최근배(崔根培)의 처 최천대자(崔千代子, 田村千代子), 이중섭(李重燮)의 처 이남덕(李南德, 山本方子) 등이 그러한 사례이다. 하지만 조선인이 된 일본인에게도 조선의 관습을 적용하고 그들이 조선인풍의 씨를 칭하게 되는 현상은 일본인의 조선인화를 인정한 것으로써, '반도의 일본화'라는 내선일체의 방침에도 역행하는 것이었다.

이처럼 조선총독부는 조선민사령을 개정해 일본 민법의 제도를 도입하고 일본인 남성의 조선 호적 입적을 촉진하려 했지만, 공통법 제정 이래 안정된 제국 법제의 논리를 동요시키는 결과를 낳았다. 일제는 호적으로 민족을 구별하고 이를 조선의 관습이 일본화될 때까지의 과도기적 제도라고 했지만, 조선민사령과 공통법은 조선을 독자적 영역으로 구축했다. 새로 도입한 일본 민법의 제도는 조선의 기존 관습과 결합하면서 새로운 관습을 창출했고, 그것이 다시 호적제도를 통해 재생산되는 조선인에게 적용되는 등, 법제상의 구별 자체가 문화의 차이를 재생산하는 구조였던 것이다. 또한 일제는 호적으로 민족을 구별하는 것은 공법상의 권리의무가 아니라 친족·상속 법규

215 『朝鮮戶籍及寄留例規』, 202쪽.

의 차이 때문이라고 했지만, 이러한 설명은 혈연적 민족, 민족 문화, 호적상의 신분, 삼자가 모두 일치해야만 설득력을 가질 수 있었다. 하지만 '내선결혼'을 통한 지역적의 변경과 씨제도와의 결합은 이러한 논리를 흔들었다. 사실 지역적의 변경 조건을 '내선결혼'에 한정하여 문화적으로 일본인화된 조선인에게도 조선의 관습을 적용한 것에 모순은 이미 내재되어 있었다. 이를 해결할 방법으로는 민법 친족편·상속편과 호적법을 조선인에게 적용해 법적 구별을 철폐하거나 동화된 조선인도 일본으로 전적할 수 있게 하여 법적 구별은 유지하되 성격을 바꾸는 것 등을 생각할 수 있다. 조선총독부와 내무성이 1944년 말에 검토한 방안은 후자에 해당한다.

한편, 이들이 전적을 허가하는 방안을 검토하게 된 두 번째 이유이자 근본적인 이유는, 식민지민을 전쟁에 동원하기 위해서는 그들의 처우를 개선할 필요가 있기 때문이었다. 조선총독부는 민심이 지치지 않도록 조선인들이 장래의 시정에 기대를 가질 수 있게 해야 한다고 생각했다. 그런데 전시체제기에는 조선인들 사이에서도 호적상의 구별을 철폐하고 전적을 허용하라는 목소리가 고조되었다. 공통법 제3조가 시행되었을 때도 조선에서는 전적의 금지를 "정신상 이론상 고의적 차별 정신"의 발현이라며 비판했지만,[216] 내선일체가 제창되면서 법제적 일체화에 대한 요구도 더 거세졌던 것이다.

1940년 제21회 중추원회의에 대비한 답신서에서도 참의 장헌근(張憲根, 원문: 張間憲四郎)은 국민정신총동원운동을 강화할 방책으로 "원적의 내지 이적 촉진"을 제안했다. 여러 방책들이 실행되었지만, 한 발 더 나아가 조선인도 일본에 본적을 둘 수 있게 해야 비로소 내선일체가 완성될 수 있음은 천수백 년 전부터 역사가 실증한 바라는 것이었다. "귀화한 반도인은 정신에서도 외형

216 「日鮮融和의 根本政策과 民籍手積法」, 『每日申報』 1921년 6월 16일자.

에서도 진정 내선일체가 되어 현재는 그중 누가 반도인의 후예인지 식별하기 어려울 정도로 내선 민중이 견고히 견고히 결합"되었음이 증거였다. 따라서 고대 일본에 귀화한 조선인들이 위정자에게 우대받고 진정한 내선일체를 이룬 실적을 재현하고 싶다고 주장했다.[217] 또한 장직상도 자문 외의 희망사항으로, "내지인의 원적을 조선에, 반도인의 원적을 내지에 자유롭게 옮길 수 있는 제도"를 마련할 것을 제안했다. 본적은 영구적인 생활의 근거지로 옮겨야 함에도 불구하고, 이주해서 2~3세대가 지나도 원적에서 이탈할 수 없어서 잠시 돈 벌러 온 것 같은 느낌이 들고, 많은 일본인들도 비합리적이라고 지적한다는 것이었다.[218] 그리고 역시 "먼 천황의 시대, 아마 스진(崇神)·스이닌

---

217 朝鮮總督府 中樞院,『第21回中樞院會議參議答申書』, 1940, 142~143쪽.

218 조선호적령 시행 이후 조선인과 일본인 간의 가족관계는 조선과 일본에서 모두 신고서를 수리할 수 있었지만, 재조일본인 간에는 일본 호적리가 수리해야만 관계가 성립했기 때문에 큰 불편을 겪었다. 사법성 민사국장은 1920년 1월에 조선, 관동주, 대만, 화태에 거주하는 일본인의 호적법에 따른 신고는 그 지역 경찰관서에서 받아 일본의 본적지에 송부할 수 있게 하고, 경찰관서에서 정해진 기한 안에 신고서를 받았다면 본적지에 늦게 도착해도 벌금을 부과하지 않기로 했다(「內臺共婚問題」,『自治機關』 408, 1934, 67쪽). 그러자 혼인 등도 경찰관서에서 신고서를 접수한 때 성립한다는 이설이 제기됐지만, 신고주의를 원칙으로 하는 사항은 호적리가 수리한 때에 성립한다는 것이 정설이었다. 이렇게 되면, 조선의 경찰관서에 10월에 이혼신고서를 제출했어도 일본 호적리가 11월에 수리한 경우, 그 동안에는 혼인 중이므로 간통죄가 성립할 수 있었다(辻朔郎 外 編,『司法省親族·相續·戶籍·寄留先例大系』, 東京: 淸水書店, 1940, 712~713쪽). 마찬가지로 조선호적령이 시행됐어도 조선 면장이 일본인 간의 혼인신고서를 수리해서 일본에 송적하면 그 혼인은 일본의 시정촌장이 수리한 날에 성립했지만, 일본에 거주하는 조선인 간의 혼인은 시정촌장이 신고서를 수리한 날에 성립하는 것으로 했다(法務省 民事局,『戶籍先例全集』, 東京: 行政學會印刷所, 1952, 811쪽). 이와 같은 조선과 일본의 취급 차이로 호적신고의 측면에서는 재조일본인이 재일조선인보다 불편을 겪어야 했다.

(垂仁) 천황[219]의 옛적부터 우리 조상들은 내지인으로서 황실의 특별대우[寵遇]를 받은 것은 역사적 사실이 분명히 비추는 바"라면서, 고대 조선인의 조상들이 일본에 동화된 사례로부터 전적을 허용해야 하는 근거를 추출했다.[220]

1941년 제22회 중추원회의에서도 민정(民情)에 관하여 시정상 특히 유의해야 할 것이 무엇인지를 묻는 포괄적인 질문에 대해, 상호 전적의 자유 또는 호적법의 통일을 요구한 참의들이 있었다. 김관현(金寬鉉, 원문: 金光副臣)은 고도국방국가체제를 확립하려면 국민의 사상을 통일해야 하는데, 조선에서는 일본정신의 앙양뿐 아니라 내선일체의 완성이 긴요하다고 전제했다. 이어 내선일체를 완성할 방책으로 조선에 대한 차별 철폐와 내선결혼의 적극적 장려를 꼽고, 다시 차별을 철폐하기 위해 실시하기를 바라는 사항 중 하나로 호적법의 시행을 들었다. 내선결혼에 대해서도 통혼이 많지 않은 것은 당국의 장려가 부족해서라면서, 조선과 일본 유력자의 자제들에게 적극적으로 통혼을 장려하고 내선결혼자에 대해서는 장려금을 교부하거나 기타 특전을 부여하는 등의 방책을 강구할 필요가 있다고 제안했다.[221]

또한 김명준(金明濬, 원문: 金田明)도 내선일체 강화, 고도국방국가체제 확립이라는 목표가 착착 실적을 거두고 있지만, 한 걸음 더 나아가 호적법을 개정하고 중의원의원선거법과 내선공학을 실시할 것을 희망했다. 조선에 이주하는 일본인, 일본에 이주하는 조선인이 매년 증가할 뿐 아니라 각 지역에 생활의 본거를 두고 이미 2~3세대를 거친 자가 제법 많음에도 불구하고, "법률

219 원문은 '崇仁 천황'인데 이런 명칭은 존재하지 않는다. 스진·스이닌 천황은 기원전 1세기~기원후 1세기경의 제10·11대 천황으로 도래인이라거나 도래인을 우대한 천황으로 알려져 있었으므로, 이 둘을 합쳐 부른 것으로 보인다.

220 朝鮮總督府 中樞院, 앞의 책, 1940, 57~59쪽.

221 朝鮮總督府 中樞院, 『第22回中樞院會議參議答申書』, 1941, 71~72쪽.

상의 호적만은 의연히 이동의 자유를 갖지 못하기 때문에 내선일체를 강화하는 데 미치는 영향"이 크다는 이유였다. 특히 조선인도 일본인풍의 씨명을 칭할 수 있게 된 오늘날, "불상(佛)을 만들고 혼을 넣지 않은 감"이 심하므로 조선인과 일본인이 본적을 옮길 수 있게 해서 "내선 혼연일체화"를 촉진해야 한다고 하는 등, 호적상의 구별을 강하게 비판했다.[222]

이처럼 1940년대 들어 조선총독부가 도입한 씨제도는 '내선결혼'과 맞물려 호적상의 조선인에게 조선 관습을 적용한다는 공통법체제의 논리를 동요시켰고, 내선일체가 제창된 이후 중추원 참의 중에서도 차별의 바탕이 되는 호적의 구별을 철폐하라는 요구가 강해졌다. 이들이 호적법의 시행이나 일본인과 조선인의 상호 전적의 자유, 또는 조선인의 일본 전적 허용을 요구하는 가운데, 장헌근은 "10년 혹은 20년 이상 내지에 거주하고 시민으로서 부족한 바 없는 훌륭한 자격"을 갖춘 자에게만 전적을 허용하자는 엄격한 조건을 붙였다.[223] 하지만 그 외는 대개 장기 거주자의 전적은 당연한 것으로 간주하거나, 전적의 자유를 내선일체를 촉진할 방법 또는 내선일체의 보상으로 생각했다. 전적의 금지 자체가 차별이므로 전적은 당연히 허용해야 한다는 것이었다. 따라서 조선총독부는 조선인에게 장래 시정에 대한 기대를 심어주어 전쟁에 동원하려면, 그에 대한 대책을 마련해야 했다.

---

222 위의 책, 122~123쪽.

223 朝鮮總督府 中樞院, 앞의 책, 1940, 143쪽.

2. 조선총독부의 전적안과 '황민화'의 조건

조선총독부는 1944년 10월에 당시 조선총독부에 관한 사무를 담당하던 내무성에 조선인에 대한 처우 개선책의 일환으로 전적을 허용할 것을 제안했다. 공통법 제3조에 의한 '내선결혼' 이외에 "전적, 분가, 일가창립 등으로 인한 내선 간 호적의 이동을 가능하게 해서 주로 황민화의 정도가 높고 또 범죄, 악질의 유전병 등이 없는 조선인으로 하여금 내지에 본적을 갖게 하고, 이로써 내선 구별의 표준을 철폐하여 내선일체의 이념을 구현"하고 싶다는 취지에서였다.[224] 이는 곧 공통법을 제정한 이래 고수되어온 조선인과 일본인의 호적상의 경계를 일본 정부가 수정해주기를 요청한 것이었다.

이때 전임 조선총독 고이소가 내각총리대신이었던 점도 조선인의 처우를 개선하는 데 긍정적인 영향을 미쳤다고 평가된다. 1936년에 조선군사령관이었던 고이소는, 조선과 일본을 하나로 만들려면 조선인의 교양을 향상시키는 동시에, 먼저 일체의 차별을 철폐하고 일본인과 같은 권리를 부여하는 것에서 시작해야 하고, 지원병제도를 먼저 시행한다면 병역의무를 마친 자에게는 법령으로 특권을 부여할 필요가 있다고 생각했다.[225] 즉, 동원에는 보상이 따라야 한다는 사고방식을 가진 사람이었던 것이다. 게다가 그는 동조동근

---

224 「(極秘)內地朝鮮間戶籍ノ移動ニ關スル法律立案要領(昭和19.10.10)」, 『本邦內政關係雜纂—植民地關係—第三卷』(일본 외교사료관, A-5-0-0-1-1). 이 문서에는 작성자가 기재되어 있지 않은데, 오카모토 마키코는 조선총독부로, 이승일은 내무성으로 추정했다(岡本真希子, 「アジア·太平洋戰爭末期の在日朝鮮人政策」, 『在日朝鮮人史研究』 27, 1997, 30쪽; 이승일, 『조선총독부 법제 정책』, 역사비평사, 2008, 348~355쪽). 필자는 내용상 조선총독부로 보는 것이 타당하다고 본다. 그리고 이하 전적과 이적에 관한 인용 자료들은 따로 언급하지 않는 한 이 문서철에 수록된 것이다.

225 小磯國昭, 『葛山鴻爪』, 東京: 小磯國昭自敍傳刊行會, 1963, 629~630쪽.

(同祖同根)의 열렬한 신봉자로, 1942년에 총독이 된 후에는 서구 문명 아래에서 성장한 관료들이 말단 행정에 구애되어서 진정한 내선일체 방책에 소홀하다고 비판했다. "부여해도 지장이 없을 듯한 참정권도 아직 부여될 만한 움직임이 전혀 없고, 도리어 내지 도항은 제한되고 호적법도 실시되지 않아서, 의무를 강제하는 것은 서두르면서도 권리를 부여하는 것은 억제"되는 상황이기 때문이었다.[226] 그런 그가 일본 수상이 된 것이 1944년 7월이었다. 하지만 고이소가 조선인의 차별 철폐에 유의했다는 것도 어디까지나 상대적인 평가에 불과하다. 패전 이후 전범 재판에서 유죄를 선고받고 투옥된 상태에서 집필한 자서전에서조차, 고이소는 조선총독일 때 개선하고 싶었던 조선인 차별 규정은 일본 도항 제한뿐이었다거나, 수상 재직 중 조선인과 대만인에게 참정권을 부여하는 것을 중요 시책으로 생각했지만 "전쟁 지도상 직접적 관계는 없기 때문"에 관련 회의 구성원에게 자기의 의사를 통보하는 데 그쳤다고 회고했다.[227] 인식의 수준이 어떠했든, 고이소 역시 조선인들이 요구한 것처럼 차별을 완전히 철폐할 적극적인 의지를 갖지는 않았다.

조선총독부도 전적의 허용을 요청하면서 "내선 구별의 표준을 철폐" 운운했지만, 전적의 금지를 폐지하자는 의미였을 뿐 조선에 호적법을 시행해서 법제적 구별을 전폐할 생각은 없었다. 1942년 4월의 문건에 따르면, 이는 아직 조선인의 친족·상속에 민법을 적용할 수 없기 때문이기도 했지만, 호적법을 시행할 경우 "창씨개명 이후의 현 상태에 의하면 내선인을 호적상 완전히 구별[檢別]할 수 없게 되어 서정상(庶政上) 심히 곤란을 초래할 우려"가 있기 때문

226 위의 책, 750~757쪽.

227 위의 책, 765쪽, 799쪽.

이기도 했다.[228] 서정상 심히 곤란한 점이 무엇이었는지는 1936년 광주변호사회장 지영구(池永九)의 진정에 대한 척무성의 회답에서 유추할 수 있다. 그는 일본에는 호적법, 조선에는 조선호적령을 시행하여 "내선인을 근본에서부터 구별"하는 것은 "일한병합의 요지"에 반한다고 비판하고, 현재의 정세에 비추어볼 때 호적법을 조선에 시행하면 "조선인은 내지인이 되고 싶은 열망에서 다투어 내지인과 결혼해 진정한 일본인을 출산하게 될 것이므로 통치에도 징병에도 유리하여 성과가 지극히 양호할 것"이라면서, 조선에 호적법을 시행해달라고 요청했다. 하지만 척무성은 호적법의 시행은 "법률상 내선인의 구별을 없애는 것이 되어 장래의 이상으로서는 가(可)하지만 조선의 현 상태에서는 아직 적당하지 않다"고 회답했다. 그런데 이 회답의 초안과 수정본에서 호적법을 시행할 수 없는 '조선의 현 상태'를 다르게 설명한 것이 주목된다. 초안에서는 호적법을 조선에 시행하면 "조선인의 전적, 외국 귀화 등이 자유로워져서 경찰상 불편을 초래하는 등의 사정"이 있으므로, "조선인이 대략 내지인과 같은 국민의식을 가지"기 전까지는 호적법을 시행할 수 없다고 했다. 그런데 수정본에서는 "내지인의 조선 전적으로 병역기피 등이 이뤄지기 쉽고 경찰 단속상 불편을 초래하는 등의 사정"이 있으므로, "병역의무의 문제, 관리의 임용 및 급여 문제 등 제반 제도상 내선인을 구별하는 이상" 호적법을 시행할 수 없다고 고쳤다.[229] 호적으로 조선인을 구별하는 이유는 국민의식이 일본인과 같지 않은 조선인을 단속하기 위해서였지만, 일본인의 병역기피 등 쌍방의 문제로 본질을 호도한 것이다. 1944년 10월의 조선총독부

---

228 No. 1200-1. 「戶籍整備ノ要綱(昭和17.4.27)」, 『大野緣一郞關係文書』 R-134, 184코마.

229 「(10) 新聞紙法改正及戶籍法ヲ朝鮮ニ施行ノ請願ノ件」(아시아역사자료센터 JACAR, Ref. B05014016700/ 일본 외교사료관).

역시 "통치상 일대 혼란 분규"를 초래할 게 분명하다는 이유로 호주의 의사에 따른 자유 전적을 허용하지 않고, 전적에 엄격한 조건을 붙임으로써 "내선 구별의 표준"을 '철폐'하는 것이 아니라 단지 '변경'하는 데 그칠 생각이었다. 이는 공통법 제정 당시 귀화에 준하여 조건부 전적을 허용하려던 논의가 다시 수면 위로 올라온 것이었다. 또한 이때 조선총독부와 내무성이 제시한 조건들은 조선인이 원래의 일본인과 동등한, '완전한' 일본인이 되었다고 인정할 수 있는 기준이 무엇인지에 대한 양자의 생각을 반영할 뿐 아니라, '내선결혼' 법제에 의한 그간의 지역적 이동에 대한 평가, 그리고 내선결혼 장려 정책에 대한 향후의 전망까지 반영했다는 점에서 중요하다.

먼저, 조선총독부는 1944년 10월 10일자 「내지 조선 간 호적의 이동에 관한 법률 입안 요령」(이하 '입안 요령')에서 공통법 이외에 조선과 일본 사이의 호적 이동에 관한 법률을 제정할 것을 제안했다.[230] 이는 조선인에 대한 처우 개선 방책의 일종으로, 일본 거주자와 조선 거주자를 막론하고 황민화된 조선인에게는 일본 전적을 허가하려는 구상이었다. 다만 "조선인에 대한 규정만 설치할 때는, 게다가 여러 엄중한 조건을 붙일 때는 도리어 내선 구별을 법문(法文)에 분명히 의식"시킬 우려가 있으므로, 가급적 "일견해서는 차이를 판단하기 곤란"하도록 일본인을 포함한 규정을 설치해 상호 전적을 허용하는 형태로 제정하는 것이 바람직하다고 보았다.

그리고 조선총독부 법무국 민사과는 '입안 요령'에 입각하여 「내지 조선 간의 전적 등에 관한 법률가안(法律假案)」(이하 '법률가안')[231]과 「내지 조선 간의 전

230 「(極秘)內地朝鮮間戶籍ノ移動ニ關スル法律立案要領(昭和19.10.10)」.

231 「(極秘)內地朝鮮間ノ転籍等ニ関スル法律假案(昭和19.10.11. 朝鮮總督府 法務局 民事課)」.

적 등에 관한 법률안」(이하 '법률안')[232]을 기초하였다. 이 초안들은 재판소의 허가를 얻어 일본과 조선 쌍방향으로 전적, 분가할 수 있게 한 점은 동일하지만, '법률가안'은 '내선결혼'을 그때까지처럼 공통법에 맡기고 전적과 분가의 요건만 따로 정한 데 반해, '법률안'은 '내선결혼'을 포함한 지역적 이동의 요건들을 새로 정했다는 점에서 차이가 있다.[233]

먼저, '법률가안'에서는 전적의 요건들을 다음과 같이 나열하였다.

제4조 다음의 조건을 구비한 때는 호주의 주소를 관할하는 재판소의 허가를 얻어 전적할 수 있다.

1. 호주 및 호주를 따라 전적해야 할 가족이 계속해서 3년 이상 전적하고자 하는 지역에 주소를 가질 것
2. 호주 또는 호주를 따라 전적해야 할 동거 가족이 현재 1호(戶)를 이루어 독립 생계를 영위하는 자일 것
3. 호주가 성년자일 것
4. 호주 및 그 가족이 국어(일본어—인용자)를 상용할 것

제5조 다음 각 호의 하나에 해당하는 한 지역의 호주는 그 주소를 관할하

232 「(秘)内地朝鮮間ノ転籍等ニ関スル法律案(昭和19.10.11. 民事課)」.

233 또한 '법률가안'은 "내지 또는 조선"을 '지역'으로 칭하고 "한 지역의 자"는 다른 지역에 전적 또는 분가할 수 있다고 한 데 비해(제1~2조), '법률안'은 "호적법 시행 지역인 내지 및 조선민사령 중 호적에 관한 규정의 시행 지역인 조선"을 '지역'으로 칭하고 "한 지역에 본적을 갖는 자"는 다른 지역에 전적 또는 분가할 수 있다고 했다(제1~2조). 허가 주체도 전자는 주소지 관할 재판소, 후자는 본적지 또는 주소지 관할 재판소인 것을 보면 양자는 지역 또는 사람에 중점을 두었다는 점에서도 다르지만, 이 책에서는 굳이 다루지 않는다.

는 재판소의 허가를 얻어 다른 지역에 전적할 수 있다.

1. 조부, 조모, 부 또는 모가 다른 지역의 자 또는 자였을 때

2. 배우자가 다른 지역의 자였을 때

3. 양자가 다른 지역의 자였을 때

제6조 ① 호주 또는 호주를 따라 전적해야 할 가족이 2년 이상 군무에 복무한 때 또는 3년 이상 성실히 국가총동원사무나 그에 준하는 업무에 종사한 때는 호주, 복무자[服役者] 또는 종업자의 주소를 관할하는 재판소의 허가를 얻어 다른 지역에 전적할 수 있다.
② 전적을 허가하지 않은 재판이 있을 때는 동일한 사유로 인한 전적 허가를 신청할 수 없다.

제7조 ① 호주의 주소지 도시정촌장(都市町村長), 부윤, 군수는 특별한 사정이 있을 때는 전적을 추천할 수 있다.
② 전항의 경우 재판소가 전적을 허가해야 할 사정이 있다고 인정할 때는 앞 4개조의 규정과 무관하게 전적 신청을 허가할 수 있다.

이에 따르면, 일본 거주자(제4조) 이외에도, 직계가족 4대 중에 '내선결혼'으로 지역적을 변경한 사람이 있는 자(제5조), 공훈이 있는 자(제6장), 기타 특별한 사정이 있는 자(제7조)는 일본에 거주하지 않아도 전적을 신청할 수 있었다. 이때 주소지 관할 재판소가 허가의 주체이기 때문에, 일본 거주자는 일본 측 재판소의 허가를 받아야 하지만 제5~7조에 해당하는 조선 거주자는 조선 측 재판소에서 일본 호적으로의 전적을 허가하게 되므로 상대적으로 쉽게 허가받을 수 있는 가능성이 높다. 또한 이어서 제8조에서는 제3~7조의 규정

을 분가에 준용하되, 조항에 있는 '호주'라는 용어에 '분가로 인해 호주가 되어야 할 자'를 대입해서 해석하도록 했다. 여기에 '내선결혼'과 공통법에 의한 당사자들의 입적과 제적을 더하면, '법률가안'은 지금까지 알려진 것 중 가장 광범위하게 지역적 변경을 허용하는 구상이었다.

그런데 제3조에서는 "호주의 직계존속과 그 배우자, 호주의 배우자, 호주의 직계비속과 그 배우자, 그리고 이 사람들의 친권에 복무하는 자"는 전적을 허가받은 호주를 따라 함께 전적하되, 그 외의 가족은 특별한 사정이 있어서 따로 재판소의 허가를 받지 않는 이상 함께 전적할 수 없는 것을 원칙으로 삼았다. 호주와 같은 호적에 등록된 가족 중에서도 직계 3대까지로 수반 전적의 범위를 제한한 것이다. 또한 제9조에서는 다른 지역으로 전적 또는 분가한 자의 친족은 "특별한 사정이 있을 때" 재판소의 허가를 얻어 그 이에에 들어간다고 하여, 전적 또는 분가한 자의 친족입적을 제한했다. 조선총독부는 '입안 요령'에서, 법률을 적용받을 "조선인의 범위는 가급적 적은 범위에 한정"해야 하고, 이를 위해서는 "진실로 황민화되었는지 아닌지를 판단할 수 있는 상당히 엄중한 조건을 붙여 그에 합치하는 자"만 전적·분가할 수 있도록 해야 한다고 했다. 특히 "친족입적, 기타를 무제한 허용할 때는 호적의 이동이 극히 광범위해지는 폐해"가 생길 것이라고 경계했다. 따라서 "(1) 친족입적을 적당히 제한하는 규정" 및 "(2) 기타 탈법행위로 인정되는 것을 제한하는 규정"을 둘 필요가 있다고 했는데, 제9조는 바로 이를 위한 조항이었다. 이렇게 제한하지 않으면 일본에 전적·분가한 조선인의 친족도 공통법에 따라 친족입적 신고만으로 일본 호적에 입적할 수 있게 되므로, 호적 이동을 확산시킬 여지가 생기는 것이다. 이처럼 조선총독부는 전적과 분가의 허용 범위를 가장 넓힌 '법률가안'에서도 법적 구별이 전폐되지 않도록 유의했다. 뿐만 아니라 부칙에서는 "국적법 제20조의 규정은 당분간 본법의 규정에 의해 내지의 적(籍)을 취득한 자"에게는 적용하지 않는다고 하여, 조선인은 전적이나 분가로 호적상 일본인이 된 후 외국에 귀화해도 일본국적을 이탈할 수 없게 했다.[234]

한편, (2)의 방침에 따라, 공통법체제에서는 자동적·강제적으로 지역적을 변경하게 했던 '내선결혼' 법제에도 제한을 가한 것이 '법률안'이었다. '법률가안'은 제2조에서 "한 지역의 자는 본법의 규정에 의해 다른 지역에 전적 또는 분가할 수 있다"고 한 후, "공통법 제3조 제2항을 적용해도 무방하다"는 단서를 달아 공통법과 공존함을 나타냈다. 그런데 '법률안'은 이 단서 조항을 "공통법 제3조 제2항에 해당하는 자는 이에 포함되지 않는다"로 바꾸었다. 공통법 제3조 제2항은 "한 지역의 법령에 의해 이에를 떠날 수 없는 자는 다른 지역의 이에에 들어갈 수 없다"는 것이므로, 두 조항은 한 지역의 친족·상속법상 이에를 떠날 수 없는 자는 다른 지역에 전적·분가할 수 없다는 같은 내용을 담고 있다. 하지만 '법률안'은 이를 공통법이 아니라 '법률안' 자체의 작용으로 규정함으로써 공통법과의 분리를 나타냈고, 실제로도 다음과 같이 '내선결혼'에 관한 조항들을 포함시켰다.

> 제8조 ① 전적 또는 분가 이외에 한 지역의 법령에 의해 그 지역의 이에에 들어가는 자는 들어가야 할 이에의 본적지를 관할하는 재판소의 허가를 받을 것을 요한다.
> ② 재판소는 혼인, 부당한 목적에 기인하지 않은 입양 이외에 정당한 사유가 있는 것이 아니면 허가의 재판을 할 수 없다.

234 국적법 제20조는 "자기의 지망에 의해 외국의 국적을 취득한 자는 일본의 국적을 상실한다"이다. 「法律 第66號 國籍法」, 『官報』 1899년 3월 16일자.

제10조 혼인 또는 입양으로 한 지역의 이에에서 다른 지역의 이에에 들어간 자는 이혼 또는 파양으로 인해 입적되기 전 지역의 이에에 복적한다. 복적해야 할 이에가 없을 때는 입적되기 전에 본적을 가졌던 지역에서 일가를 창립한다.

부칙

제10조의 규정은 본법 시행 전에 혼인 또는 입양으로 한 지역의 이에로부터 다른 지역의 이에에 들어간 자의 이혼, 파양에 적용한다.

먼저 제10조는 이혼 및 파양으로 인한 복적에 관한 것인데, 제1부 제3장에서 검토한 것처럼 공통법 제3조가 시행된 이래 실제로 취급해왔던 방식과 완전히 동일하다. 부칙을 보면, 제10조가 그동안 법적 근거가 없었던 이혼 및 파양으로 인한 복적을 법률로 명시한 것이었음이 잘 드러난다. '법률안'은 일본국적민 사이에서도 사실상 '내선결혼'에만 적용되던 공통법 제3조를 대체하려는 구상이었던 것이다. 내용면에서 더 중요한 것은 제8조이다. 그간 공통법체제에서 '내선결혼'은 조선인끼리 또는 일본인끼리와 마찬가지로 호적신고만 하면 되고, 신고가 수리되면 당사자 일방이 다른 지역으로 본적을 옮겼는데, 조선총독부는 '내선결혼'에도 재판소의 허가를 받게 하려는 구상을 제시했다. 이렇게 되면 혼인과 입양이 '탈법행위'가 아니어야 하는 것은 물론, 친족입적과 인지는 '정당한 사유'가 있어야만 허가받을 수 있게 된다. 게다가 '법률안'에서 전적·분가는 본적지 또는 주소지를 관할하는 재판소에서 허가받을 수 있는 데 비해, '내선결혼'의 허가는 입적지의 재판소로 제한되었다. '내선결혼' 법제를 이렇게 변경하는 방안을 검토하게 된 데는 그동안의 지역적 이동에 대한 부정적 평가가 영향을 미친 것으로 보인다. 〈표 3-12〉

〈표 3-12〉 조선 호적에서 일본 호적으로의 이동(1939~1943)

	혼인		입부혼인	서양자입양	입양		친족입적		인지		이혼		파양		계 (남/여)
성별	남	여	남	남	남	여	남	여	남	여	남	여	남	여	
1939		53	135	14	79	29	12	7	6	5		19			359 (246 / 113)
1940		50	108	30	88	20	18	20	3	3		18			358 (247 / 111)
1941		①90	②134	72	94	28	19	18	6	15		③39		1	516 (325 / 191)
1942		103	184	63	108	44	17	12	7	5		21			564 (379 / 185)
1943	7	93	155	71	112	41	36	33	6	4	3	21	3		585 (393 / 192)
합계	7	389	716	250	481	162	102	90	28	32	3	118	3	1	2,382 (1,590 / 792)

* 출전: (1) 朝鮮戶籍協會, 「內鮮間ノ家ノ出入ニ關スル調査表」, 『戶籍』 3-10, 1943; (2) 「內鮮間家ノ入除籍統計表」, 『本邦內政關係雜纂—植民地關係-第三卷』.
* 출전 (2)에는 ①94, ②139, ③34로 기재되어 있다. 1941년 여성의 파양 1건과 1943년 남성의 혼인 7건은 의미가 불분명하다.

는 1939~43년 사이에 일본 호적에 입적한 조선인의 수이다. 제1부에서 다룬 1938년까지와 마찬가지로, 이 기간 중에도 조선인 여성의 혼인 입적은 적은 반면, 입부혼인·서양자입양·입양을 통한 조선인 남성의 입적은 상당수에 달하고, 친족입적 역시 무시할 수 없는 비중을 차지한다. 조선총독부의 '법률안'은 이처럼 조선인들이 '내선결혼' 법제를 활용해 일본인이 되고자 하는 현상을 경계하면서, 조선인이 탈법행위 또는 정당한 사유 없이 형식적인 가족관계만으로 일본 호적을 취득하려는 경우 일본 측 재판소에서 심사해서 차단할 수 있는 방법을 제시한 것이었다.

'법률안'이 형식적인 호적상의 내선결혼보다 실제 정신적·문화적 동화 여부를 중시했음은 다음과 같은 전적과 분가 요건에서도 확인할 수 있다.

제5조 전적 또는 분가로 한 지역의 이에에서 다른 지역의 이에에 들어가는

자는 다음의 조건을 구비할 것을 요한다.

1. 호주 및 가족이 계속해서 3년 이상 전적 또는 분가하고자 하는 지역에 주소를 가질 것
2. 호주가 현재 전적 또는 분가하고자 하는 지역에서 1호를 이루어 독립 생계를 영위하는 자일 것
3. 호주가 만 20세 이상일 것
4. 호주 및 그 가족이 국어(일본어—인용자)를 상용하는 자일 것

제6조 호주 또는 그 법정 추정가독상속인이 다음에 해당하는 자일 때는 전조(前條)에 정한 조건을 구비하지 않은 때라도 전적 또는 분가할 수 있다. 단, 재판소는 재판을 하기 전에 전적 또는 분가지에 본적을 갖는 자의 진술을 듣고 검사의 의견을 구해야 한다.

1. 부 또는 모가 전적 또는 분가하고자 하는 지역에서 출생하고 현재 그 지역에 본적을 갖거나 가졌던 때
2. 배우자가 전적 또는 분가하고자 하는 지역에서 출생하고 현재 그 지역에 본적을 갖거나 가졌던 때
3. 전적 또는 분가하고자 하는 지역에서 6년 동안 계속해서 국민학교에 재학하고 초등과를 수료한 자일 때
4. 전적 또는 분가하고자 하는 지역에 특별한 연고를 가진 자일 때

제7조 다음의 경우에는 앞 2개조의 규정에 무관하게 본적지를 관할하는 재판소의 허가를 얻어 다른 지역에 전적할 수 있다.

1. 2년 이상 군무에 복무한 자
2. 3년 이상 성실히 국가총동원업무 또는 그에 준하는 업무에 복무

한 자

3. 3년 이상 성실히 관공리의 직에 있던 자

4. 국가에 특별한 공로가 있는 자

이 중 일본 거주자에 대한 제5조와 공훈이 있는 자에 대한 제7조는 각각 '법률가안'의 제4조, 제6조와 대동소이하지만, 주목되는 것은 '내선결혼' 가족이 있는 자에 대한 제6조이다. 이를 역시 '내선결혼'에 관한 '법률가안'의 제5조와 비교하면, 우선 인정받을 수 있는 가족의 범위가 조부모, 부모, 배우자, 양자의 4대에서 부모와 배우자의 2대로 축소되었다. 또한 이들이 전적 또는 분가하려는 지역에서 '출생'했어야 한다는 조건이 추가됐는데, 이렇게 되면 내선결혼을 했어도 일본인 측이 조선에서 태어났다면 일본으로 전적할 수 없게 된다. 조선에서 태어난 일본인 여성이 조선인 남성과 혼인하거나 조선에서 태어난 일본인 남성이 조선인의 서양자가 되어서, 이들 부부와 자녀가 호적상 조선인이 된 경우가 이에 해당된다. 이와 같은 조건을 부가한 배경에는 호적상 일본인이라도 조선에서 생활하며 내선결혼·혼혈을 거듭한 자는 조선인에 가까워진다는 생각이 있었을 것이다. 반대로 '법률가안'은 배우자가 다른 지역의 자'였을' 때 전적을 신청할 수 있게 해서 법률혼만 인정한 데 비해, '법률안'은 그 지역에 본적을 '갖거나 가졌던' 때라고 하여 사실혼까지 포함한 것이 특이하다. 이 점에서는 전적의 허용 범위를 넓힌 것인데, 내선결혼 가정 중에서도 조선에서 생활하며 조선인화된 가족보다는 내연관계라도 일본에서 태어난 일본인 배우자와 동거하며 일본인화된 가족이 호적상 일본인이 되기에 적합하다고 생각한 것으로 이해할 수 있다. 그 외에도 전적 또는 분가하려는 지역에서 국민학교를 다닌 것도 신청 요건에 포함시키는 등, 부모나 배우자가 출생한 장소와 본인이 초등교육을 받은 장소를 중시한 것에서, 결국 개인이 익숙한 민족 문화와 국민의식을 일본인의 기준으로 삼았음을 유추할 수 있다.

게다가 '법률안'에 의하면, 범죄력이나 유전성 질환이 있는 사람은 '내선결혼' 자체가 금지될 수 있었다. 물론 '법률가안'도 호주나 그 가족이 "기소되어 형사사건 재판소에 번속(繫屬)된 때, 금고 이상의 형을 언도받아 집행을 끝냈거나 집행이 면제된 날로부터 5년을 넘지 않은 때, 국민우생법 제3조 제1~5호[235] 중 하나에 해당하는 질환에 걸린 때 또는 의학적 경제상 동일한 질환에 걸릴 우려가 특히 현저한 때"는 다른 지역에 전적할 수 없게 하고(제10조), 이를 분가와 전적·분가한 자의 친족입적에 준용했다(제11조). 하지만 '법률가안'이 아니라 공통법에 규율되는 '내선결혼'에는 이러한 제한도 적용되지 않을 것이었다. 그런데 '법률안'은 "전적 또는 분가에 의하지 않고 한 지역의 법령에 의해 그 지역의 이에에 들어가는 경우 역시 동일"하다고 하여(제9조), '내선결혼' 희망자와 그 가족에게 범죄력이나 유전성 질환이 있다면 아예 혼인조차 할 수 없게 했다. 또한 제한 범위도 "금고 이상의 형에 처해져 집행을 끝낸 때로부터 5년을 넘지 않은 자, 치안유지법에 따라 예방 구금되어 기간이 만료된 후 5년을 넘지 않은 자, 사상범보호관찰법에 따라 현재 보호관찰 중인 자, 유전성 악질을 갖는 자"로 구체화하여, 사상범의 일본 호적 편입을 제한할 뜻을 보였다. 일본인의 정신적·신체적 자질을 향상시키려 한 당대의 인구정책을 생각하면, 사상범과 유전 질환자의 입적을 제한하려 한 이유는 충분히 짐작 가능하다. 하지만 이를 '내선결혼'에까지 적용하려 한 '법률

235 국민우생법 제3조는 단종수술을 시행할 대상에 관한 것으로, 해당되는 질환은 다음과 같다(「法律 第107號 國民優生法」, 『官報』 1940년 5월 1일자). ① 유전성 정신병, ② 유전성 정신박약, ③ 정도가 심하고 악질인 유전성 병적 성격, ④ 정도가 심하고 악질인 유전성 신체 질환, ⑤ 정도가 심한 유전성 기형.

안'은 일제가 사법(私法)의 영역으로 표상해온 지역적을 식민통치에 관한 정치적 영역으로 이해하고 있었음을 여실히 보여준다. 지역적 변경 요인을 '내선결혼'으로 한정했을 때는 호적상의 구별을 사적인 문제로 호도할 수 있었지만, 구별하면서 전적을 허용해야 하자 지역적의 사회적·정치적 성격이 오히려 전면에 드러난 것이다.

결국 조선총독부는 호적상의 민족 구별 원칙을 변경하려 하면서 조선인들이 대개 당연하다고 여긴 일본 거주자의 전적에는 일본어의 상용이라는 조건을 붙이고, 여타 조선인에게도 내선결혼이나 국가에의 공헌으로 식별되는 '황민화'를 조건으로 전적을 허용하여, 조선인의 문화적 일본인화를 촉진하고 전쟁에 자발적으로 참여할 동기를 부여하는 법률안을 구상한 것이었다. 이는 조선인을 전쟁에 동원해야 하는 현실에 즉응한 것이었지만, 그만큼 진정한 황국신민 의식을 가진 조선인만 일본인이 되게 하려면 '진짜'와 '가짜'를 구별해야 하는 문제가 발생했다. 이에 초안들 중 '법률가안'에서는 '내선결혼'은 그대로 공통법에 맡기고 추가로 전적과 분가를 재판소에서 허가하게 한 반면, '법률안'에서는 '내선결혼'도 재판소의 허가를 받게 하여 조선인이 '내선결혼' 법제를 일본인이 되는 수단으로 활용하지 못하게 하려 했다. 뿐만 아니라 '법률안'에 따르면, 범죄력이나 유전 질환을 보유한 자는 아예 내선결혼을 할 수조차 없었다. 조선총독부는 병합 이래 내선결혼을 양 민족의 융화와 일체의 상징으로 선전하면서 내선결혼에 대한 법제적 장벽을 제거해왔다. 또한 공식적으로는 전시체제기에 내선결혼을 장려한다고 가장 적극적으로 선전했다. 하지만 사실은 이 시기에 조선인 전반이 문화적으로 동화되기 전에 통혼이 급속히 확산되는 것을 우려하면서 모범적이지 못한 내선결혼에는 새로운 법적 제한을 가하는 방법까지 고안했던 것이다.

3. 내무성의 이적안과 '일본인화'의 조건

조선총독부의 전적안들에 대해 내무성은 11월 12일자 「조선인 및 대만인의 이적(移籍)에 관한 제문제」에서 난색을 표했다.[236] 먼저, 이적이 단지 호적에 관한 절차의 문제인지 아니면 황민화가 철저한 조선인과 대만인에 대한 호적상의 처우인지 근본 관념을 명료히 해야 한다고 지적했다. 전자라면 사법기관이 관할하는 게 맞지만, 그러한 관념에서는 오히려 전적의 자유를 인정해야 하므로 "이론상도 실제상도 아직은 무리"라는 것이었다. 내무성 역시 조선인에게 전적의 자유를 인정해서는 안 된다고 본 것인데, 그렇다면 후자의 관념에 입각해서 사법기관이 아니라 행정기관이 관할하게 해야 한다는 생각이었다. 그런데 조선인과 대만인이 일본에 전적하는 데 조건을 붙여 허가를 받게 하는 방식의 밑바탕에는 "내지인과 조선인·대만인을 구별하고 양자의 혼효를 엄격히 거부"하려는 관념이 놓여 있었다. 따라서 조선인과 대만인의 황민화를 조건으로 삼고 황민화되었음을 공인(公認)한 결과로서 이적을 허가하면, 이는 "관념상 내선인 및 내만인의 차별을 입법화하는 것으로서, 차별의 철회를 취지로 하면서 실제로는 차별을 국가의 제도로서 법제화하는 모순을 포함"한다는 문제가 있었다.

게다가 내무성은 이적은 "민족의 혼효, 동화 내지 순수 보지 등에 관한 근본 문제를 내포하고, 조선인과 대만인에 대한 민족정책 및 일본 민족의 장래에 관한 장구한 방책"과 관련되므로, 조선인과 대만인의 자질, 인구, 증식력, 순응력, 동화력 등을 일본인과 대비하여 신중히 검토해야 한다면서, 신중할 것을 거듭 강조했다. 조선총독부가 조선인 처우 개선의 측면에서 전적에 접

236 「朝鮮人及臺灣人ノ移籍ニ關スル諸問題(昭19.11.12)」.

근했다면, 내무성은 그보다도 일본인의 순일성 보호를 중시한 것이다. 조선총독부의 법률안은 이 점에서도 문제가 있었다. 전적을 제한한다고 해도 진실로 황민화가 철저한 자에게만 한정해서 허가하면, 불허가 처분으로 차별대우가 표면화되기 때문에 오히려 조선인과 대만인에게 바람직하지 않은 영향을 줄 우려가 있었다. 그렇다고 국적법의 귀화에 준해서 전적의 형식적 요건을 법으로 정해두고 요건을 구비하면 대개 허가하기로 할 경우에는 "순식간에 수십만의 조선인과 대만인이 이적할 것"이 예상되었다. 실제로 조선총독부의 구상은 여러 제약에도 불구하고 많은 조선인들을 일본에 전적·분가할 수 있는 잠재적 대상에 포함했다. 〈표 3-4〉의 내무성 조사에서 재일조선인은 1944년에 190만을 넘었는데, 그중 최소 60~70만이 노무동원된 사람들로 국가총동원사무 또는 그에 준하는 업무에 종사하는 사람으로 분류될 수 있었다.[237] 또한 조선에서 근로보국대 등으로 동원된 사람들도 같은 이유로 일본에 전적이나 분가를 신청할 수 있고,[238] 1944년 4월에 시작된 징병검사를 받고 징집되는 이들도 2년 이상 군무에 복무하고 나면 전적·분가를 신청할 수 있을 것이었다. 그리고 '법률가안'에 따르면, 내선결혼만으로도 일본 호적에서 조선 호적으로 입적한 연 1천 명 이상의 일본인 처와 그 가족들이 일본에 전적할 수 있었다(표 3-13). 사실혼을 포함한 '법률안'에는 일본인이 일본에서 태어나야 한다는 조건이 있었지만 절대 다수의 내선결혼이 일본에서 이뤄지므로 그다지 제약이 되지 못했고, 법률혼보다 더 많은 조선인 남편과 일

237 김민영, 앞의 책, 1995, 77~78쪽.

238 곽건홍은 관알선, 근로보국대 등 조선총독부의 조직적인 노동력 강제동원 정책에 따라 1945년까지 조선 안에서 동원된 사람의 수를 460여만 명으로 추정했다. 곽건홍, 『일제의 노동 정책과 조선노동자』, 신서원, 2001, 104~108쪽.

〈표 3-13〉 일본인과 조선인 간의 법률혼(1938~1942)

	조선 호적→일본 호적			일본 호적→조선 호적		
	남	여	계	남	여	계
1938	261	68	329		578	578
1939	258	105	363		642	642
1940	257	94	351	3	859	862
1941	291	113	404		1,012	1,012
1942	264	172	436		1,094	1,094
합계	1,331	552	1,883	3	4,185	4,188

*출전: 『朝鮮人口動態統計』 각년판.

본인 처의 내연 가정도 전적할 수 있게 되어 일본 전적은 급증할 것이었다. 조선총독부의 구상대로라면 조선인이 순식간에 일본으로 전적할 것이라는 내무성의 우려에는 현실성이 있었다. 뿐만 아니라 황민화의 정신에서 나온 입법이라면, 그 역행인 일본인의 조선인화, 대만인화는 인정할 수 없으므로 일본인의 조선·대만 이적은 허가하지 않겠다는 것이 내무성의 입장이었다.

일본인의 조선·대만 이적에 대해 내무성은 이미 「조선 및 대만 동포에 대한 처우 개선 요강」을 논의하면서 불허하기로 결정한 듯하다. 조선총독부가 쌍방향의 전적을 제안한 뒤인 10월 25일에 작성된 이 요강의 최초 초안에서는 일본에 정주하고 일본인화된 조선인의 전적을 허가하는 동시에 "내지인 조선 영주자에 대해서도 전적의 길"을 열기로 했다. 하지만 이 초안에 개폐(改廢)를 요하는 사항으로 표시된 것을 끝으로, 이후의 초안들에서는 일본인의 전적이 재론되지 않았다.[239] 이에 내무성이 1944년 11월에 기초한 법률안들은 같은 허가제이면서도 '전적'에서 '이적'으로 명칭을 고치고, 조선인·대만인

239 「朝鮮及臺灣同胞ニ對スル處遇改善要綱(案)(1944.10.25.)」, 『本邦內政關係雜纂—植民地關係—第二卷』. 개폐를 요하는 사항은 손글씨로 표시되었는데, 문서 제목 옆의 손글씨 '19.10.30'로 보아 수정은 10월 30일에 이루어진 것으로 보인다.

의 일본 이적만 상정했다. 또한 내무성안들은 일본 거주자만을 대상으로 하고 행정기관의 허가를 받도록 한 것이 특징이다. 이는 조선총독부에게 지적한 것처럼, 이적은 단순한 호적 절차 문제가 아니므로 이적을 허가하는 데는 외국인의 귀화와 마찬가지로 "신분법상의 법률관계보다도 오히려 별개의 고려"가 필요하다는 생각을 반영한 것이었다.[240] 이적 허가의 요건이나 이적 허가자에 수반하여 입적할 가족의 범위 등도 대체로 국적법의 귀화와 유사하게 했다. 반면 '내선결혼'과 그로 인한 지역적 변경에 대해서는 언급하지 않았는데, 사법(司法) 영역에 속한다고 간주된 '내선결혼'은 그대로 공통법에 맡기려 한 것으로 보인다.

다만 내무성안의 이적이 국적법의 귀화와 다른 점은 일상생활의 '일본인화'가 요건이 된 것이었다. 일반적인 외국인의 귀화 요건은 "계속해서 5년 이상 일본에 주소를 가질 것, 만 20세 이상으로 본국법에 의해 능력을 가질 것, 품행 단정할 것, 독립생계를 영위할 수 있는 자산이나 기능이 있을 것, 국적을 갖지 않거나 일본국적을 취득함으로 인해 그 국적을 상실할 것" 등으로(제7조), 생활양식에는 제한이 없었다. 그런데 「조선인 및 본도인의 내지 이적에 관한 건」의 11월 14일자 최초 초안에서는 "내지에 일정한 주거를 갖는 자로서 생활의 기초가 안정되고 언어, 풍습, 기타 일반 생활 상태가 내지인과 다름없을 정도에 달하고 또 장래 내지에 영주할 의사를 갖는 자"에 한해 이적을 허가한다는 원칙을 명기했다. 구체적인 조건도 대체로 귀화와 동일하지만, 귀화자의 본국적 상실 조건은 삭제하고 "품행 단정할 것"을 "내지인과 다르지 않은 일상생활을 영위하고 또 내지에 영주할 의사를 가질 것"으로 교체

240 「朝鮮人及臺灣人ノ移籍ニ關スル諸問題(昭19.11.12)」.

했다.[241] 동월 18일의 대신실회의(大臣室會議)에 제출된 수정안에서도 "내지에 일정한 주거를 갖는 조선인 및 본도인으로서 생활의 기초가 안정되고 언어, 풍습, 기타 일반 생활 상태가 내지인과 다름없을 정도에 달하고, 또 장래 내지에 영주할 의사를 갖는 자"에게 이적을 허가한다고 했다.[242] 그런데 이 회의가 끝난 후 내무성 지방국이 작성한 「조선 및 대만에 본적을 갖는 자의 내지 이적에 관한 건」과 이후의 초안들에서는 일상생활에서 일본인과 다르지 않아야 한다는 조건이 사라졌다.[243] 내무성안은 수정을 거듭할수록 조건이 간략해지는 경향이 있는데, 이적 요건을 법으로 정해놓으면 허가의 관엄(寬嚴)에 따라 또 다른 문제가 생길 수 있음을 인식해서 가급적 법정 요건은 추상화하고 행정기관의 재량을 확대하려 한 것으로 이해된다. '일본인화'의 요건을 배제하려 하지 않았음은 내무성 관리국이 1945년 3월에 작성한 「조선 및 대만 거주민 정치 처우에 관한 질의응답」에서도 확인할 수 있다. 이적의 허가 조건을 묻는 항목에서는 생활 안정과 일본 거주 연한 등만 거론하며 구체적인 방책은 연구 중이라고 했지만, 일본에 거주하는 조선인에 대한 방침을 묻는 질문에는 "이미 내지에 다년간 거주한 자는 장래 내지인으로 바뀔 본질을 가진 자"이고 "사상에서 또 언어, 풍습에서 하등 본래의 내지인과 차이가 없게 된 이상 그를 내지에 동화 융합해야 하는 것은 당연"하다고 대답한 것이다.[244] 내무성은 일본 이적 허가 대상을 당연히 포섭해야 할 일본에 영주할

241 「朝鮮人及本島人ノ內地移籍ニ關スル件(昭19.11.14)」.

242 「(秘)朝鮮人及本島人ノ內地移籍ニ關スル件(昭19.11.16)」.

243 「(秘)朝鮮及臺灣ニ本籍ヲ有スル者ノ內地移籍ニ關スル件(昭19.11.20. 未定稿)」.

244 「朝鮮及臺灣在住民政治處遇ニ關スル質疑應答(內務省 管理局, 昭和20.3.6)」, '第4-2. 移籍ニ關スル政府ノ方針如何, 許可制度ヲ執ル場合如何ナル條件ヲ附セントス', '第4-1. 內地在住朝鮮人ニ對スル方針如何, 將來歸鄕セシムル考ナリヤ, 內地ニ同化包容シ得

의사를 가지고 '일본인화' 된 식민지민에 한정하고, 역으로 현지인화를 인정할 수 없는 일본인의 조선·대만 전적은 금지할 생각이었다.

이처럼 내무성은 이적을 국적법의 귀화와 같게 보고, 사상과 일상생활까지 일본인화된 사실상의 일본인에게만 이적을 허용한다는 방침하에, 이적의 범위와 조건도 조선총독부보다 축소시켰다. 먼저 수반 이적의 범위에 대해, 조선총독부안은 전적·분가 허가자의 직계존속과 비속까지 포함했지만, 내무성안은 귀화와 동일하게 이적 허가자의 처와 미성년 자녀에 한정했다. 또한 조선총독부는 혼인이나 입양으로 지역적을 옮긴 직계가족이 있는 것도 전적·분가를 신청할 수 있는 요건으로 삼았지만, 내무성안에서는 명실공히 거주 연한 요건을 완화해주는 규정에 불과했다. 앞의 11월 14일자 「조선인 및 본도인의 내지 이적에 관한 건」에서 "부 또는 모가 내지인이었던 자, 처가 내지인이었던 자, 내지에서 태어난 자"는 5년 이상 주소를 갖지 않더라도 계속해서 3년 이상 일본에 거소(居所)를 가지면 족하다고 한 것이다. 이는 국적법에서 "부 또는 모가 일본인이었던 자, 처가 일본인이었던 자, 일본에서 태어난 자"가 현재 일본에 주소를 가질 때는 5년 이상 주소를 갖지 않더라도 계속해서 3년 이상 일본에 거소를 가지면 귀화할 수 있게 한 것과 동일하다(제9조). 이후의 수정안에서는 이적할 수 있는 일반 거주 연한을 5년에서 3년으로 낮춰서 귀화보다는 조건을 완화했지만, 그와 함께 내선결혼 가족에 대한 우대 규정도 삭제되었다. 원래 조선총독부는 '입안 요령'에서 "(1) 부모의 일방이 내지인이거나 또는 내지인이었을 때, (2) 호주의 배우자가 내지인이었을 때"는 다른 조선인들과 다르게 "혈통에 관한 조건의 완화" 규정을 두기를 희망했는데, 이마저 수용하지 않은 내무성안은 내선결혼을 촉진할 의도가 전혀

ル數ニ限度ナシト考フルヤ',『本邦内政關係雜纂—植民地關係—第六卷』.

없고, 당연히 일본인이어야 할 자의 이적만 허용하려 한 일반 법안이었다.

마지막으로 조선총독부와 내무성이 제시한 '황민화' 또는 '일본인화'라는 조건에 담겨 있는 동화정책의 향방에 대한 구상을 검토해보자. 내무성은 "황민화의 근본은 정신에 있고, 우리 국체에 관한 확고한 신념을 가짐을 제일의로 한다"고 설명했는데,[245] 동시에 일본인화와 황민화는 의의를 달리한다고 단언했다. 내무성은 호적의 구별은 본인과 그 친족 사이의 사법상(私法上)의 문제에 그치지 않고 "조선인과 대만인의 처우 문제인 동시에 내지인의 생활 질서 유지의 문제"이므로, 이적도 사회문제, 민족문제, 행정문제, 정치문제에 관련된 행정사무라고 이해했다. 그런데 황민화는 호적, 적용 법규, 풍속, 습관 여하를 불문하므로 이를 이적의 요건으로 삼으려는 것은 "중대한 사상상의 오류"이고, 이적은 "내지인화된 조선인과 대만인에게만 호적상으로도 내지인화를 인정하여 명실공히 내지인이게 하려는 것"이어야 한다는 입장이었다. 즉, "내지의 사회경제 질서, 생활 질서, 사상 감정 질서를 확보"하는 것을 근본으로 삼아서, 당사자의 생활 행동, 사상 감정 등을 종합적으로 관찰해 "내지인으로서 활동하고 교섭하고 거래해도 사회생활상 지장이 없는 자"에게만 이적을 허가해야 한다는 사고방식이었다.[246]

이러한 차이라면, 똑같이 본적의 이동을 허가한다 해도 그 결과와 식민지·식민지민의 동화에 미치는 영향은 서로 달라질 수밖에 없다. 거주지나 생활 상태를 불문하고 황민화된 조선인이 호적상 일본인이 될 수 있게 한 조선

245 「朝鮮及臺灣在住民政治處遇ニ關スル質疑應答(內務省 管理局, 昭和20.3.6)」, '第1-1. 朝鮮及臺灣同胞ノ皇民化トハ如何ナル內容ヲ意味スルヤ', 『本邦內政關係雜纂—植民地關係—第六卷』.

246 「(極秘)朝鮮及臺灣ニ本籍ヲ有スル者ノ內地移籍ニ關スル件所管問題(昭19.11.24)」.

총독부안은 '국민의식'을 일본인화의 일차적 요건으로 보고 조선인의 정신적 동화에 중점을 둔 법안이었다. 법제적 구별 철폐를 요구하는 조선인에게 조건부나마 자신의 의지로 일본인이 될 수 있는 길을 여는 것 자체가 정신적 동화를 촉진하는 방책일 뿐 아니라, 총동원사무나 병역에 종사한 자에게 호적상의 일본인화라는 보상을 제공함으로써 조선인들의 자발적 동원을 촉진할 수도 있는, 전시에 최적화된 구상이었던 것이다. 그리고 이처럼 '정신'을 기준으로 일본인과 조선인의 상호 전적을 가능하게 하면, 지역적이 혈연적 민족이나 민족 문화와 일치한다는 공통법체제의 논리를 더 이상 고수할 필요도 없게 된다. 또한 이로써 조선 지역에서 혈연적 조선 민족이라도 호적상 일본인인 사람을 증가시키고, 일본 민족도 원한다면 조선에 본적을 옮길 수 있으므로 일본인의 조선 정착도 촉진할 수 있었다. 결국 조선총독부는 내선결혼에 제한을 가하려는 등 급속한 생물학적 동화에는 회의적인 태도를 보였어도, 조선과 일본의 영구결합이라는 기본 방침을 유지하면서 정신적 동화에 우선 방점을 두고 장기적으로는 조선(인)과 일본(인)의 법역을 통합하는 방향으로 진행될 수 있는 구상을 제시한 것이었다.

하지만 내무성은 일본인의 조선 이적을 불허하고 일본에 다년간 거주한 조선인의 일본 이적만을 허용함으로써, 조선 지역의 통합을 방기했다. 또한 일본 지역만 시야에 넣은 내무성은 조선인이 일본인이라는 국민의식을 갖는 것으로는 부족하고, 사상 감정과 생활양식까지 완전히 일본인화되어야 호적상으로도 일본인임을 인정할 수 있다는 입장이었다. 이는 협화사업과도 맥락을 같이하므로, 재일조선인의 정신적·문화적 일본인화를 촉진하는 방책이 될 수는 있었다. 이 경우 조선 지역은 분리되지만 적어도 일본 본토에서는 조선 민족의 일본 호적 편입이 용인되고, 그러면서도 호적상의 일본인이 '분해 작용'을 가하지 않을 일본 문화에 친숙한 동질적인 존재여야 한다는 전제에는 변함이 없을 것이었다. 하지만 1945년 당시 내무성조차 "현 상태에는 언어, 복장, 주거 풍습의 각 부면에 걸쳐 내지인과 차이가 없는 상황에 달한 자는 극히 일부"에 불과하다고 할 정도였기 때문에,[247] 설령 내무성의 구상대로 이적을 허가했다고 해도 당장의 실효성이나 파괴력은 없었다. 일본인화되지 않은 조선인들은 후생성의 제안처럼 노무동원할 필요가 사라지면 바로 조선으로 돌려보내질 가능성이 높았음은 물론이다. 결국 내무성은 패전을 목전에 둔 상황에서 식민지(민)에 대한 포섭과 동화보다도 일본(인)의 순일성 보호를 중요시하여, 지역과 문화로 조선(인)에 대한 방벽을 쌓은 것이었다.

247 「朝鮮及臺灣ノ現況(內務省 管理局, 昭和20年)」, 76쪽. 『本邦內政關係雜纂—植民地關係—第六卷』.

소결

내선결혼·혼혈의 일본(인)에의 역류, 통혼 정책의 동요

전시체제기는 일제의 조선인 동화정책에서 정신적·문화적, 생물학적, 법제적 동화의 각 측면이 뚜렷이 구별되고, 그중 내선결혼과 혼혈으로 실현될 생물학적 동화에 대한 회의가 강해지면서 통혼 정책이 동요한 시기였다.

먼저 조선총독부는 노동력·병력 자원으로 활용해야 할 조선인들이 일본인이라는 국민의식을 가지고 일본 문화에 익숙해지도록 할 목적에서 '내선일체', 곧 반도의 일본화 정책을 추진했다. 이 점에는 일본 정부도 이해를 같이 했으므로 일본 본토에서는 후생성이 협화사업을 통해 재일조선인의 정신적·문화적 일본인화를 꾀했다. 또한 일부 우생학자와 국수주의자가 동화정책의 철회를 요구했지만, 조선총독부는 고대의 역사를 들어 동화의 가능성을 뒷받침했고 일본 정부도 '인구정책확립요강'을 결정하면서 조선인을 비롯한 아시아인에 대한 생물학적 인종주의를 공식화하는 데 반대했다. 불가변의 신체로 구별하며 동화를 부정하면, 조선인을 정신적·문화적으로 일본인화해야 할 필요에 반하여 민심의 이반을 초래할 수 있기 때문이었다.

하지만 당시 조선총독부와 일본 정부 모두 내선결혼의 급격한 확산은 바람직하지 않다는 인식을 공유했다. 조선총독부는 내선결혼을 양 민족의 화학적 결합인 내선일체의 상징으로 삼아 통혼을 장려한다고 선전했지만, 실제로는 '통혼을 통한 민족 동화'라는 명제는 부정되었고, 내선결혼은 조선인이 문화적으로 일본인화된 결과로서 자연 증가해야 할 것으로 설정되었다. 그때까지는 황민화된 상층 조선인을 중심으로, 파탄에 이르지 않고 조선인의 사상 감정, 생활양식을 일본인화하는 모범적인 내선결혼 가정만 형성되어야 할 것이었다. 한편, 조선총독부가 조선인의 문화적 동화 없는 내선결혼의 확산이 조선에서 민족 간 '불화'를 야기하는 것을 경계했다면, 일본 정부의 입장에서는 내선결혼이 식민지 조선이 아니라 일본 본토에서 이뤄진다는 점이 문제였다. 일제는 내선결혼을 직접적으로 지원하지 않는 대신 무차별의 취지에서 지역이나 성별에 따라 제약하지도 않았기 때문에, 현실에서는 당사자의 의지와 사회적 배경에 따라 내선결혼이 좌우되었다. 그리고 그 결과, 조선인 남성과 일본인 여성의 결혼이 법률혼과 내연관계 모두에서 압도적인 다수를 점했고 조선인 남성이 호적상 일본인이 되는 비중도 높았는데, 이는 대개 내선결혼이 일본에서 이루어지기 때문이었다. 게다가 전시체제기 조선인의 대규모 노무동원으로 이런 현상은 더욱 심화되었다. 그러자 일본에서도 내선결혼의 전국 현황을 집계하기 시작했고, 법률혼과 내연을 구별하는 동시에 혼혈아도 조사 대상으로 삼았다.

나아가 이 시기 일본 정부는 동화정책 자체를 재검토했다. 아시아의 맹주여야 할 일본인의 양적·질적 발전이 인구정책의 목표가 된 상황에서, 이들이 지도자로 파견되어야 할 지역에서 현지 민족과의 접촉이 일본인의 자질에 어떠한 영향을 미치는지가 쟁점이었다. 이를 확인하기 위해 일본학술진흥회의 지원하에 내선혼혈아의 유전 형질에 대한 연구가 이뤄졌는데, 결론은 생물학적으로 별다른 이상이 없거나 체격에서는 오히려 혼혈 강세를 보인다는 것이었다. 하지만 혼혈아는 일본인의 자질로서 중시된 국민의식이 박약하기 때문에 바람직하지 않고, 재일조선인은 계층적으로 열등한 노동자이기 때문에 식민지와 점령지에서는 통혼과 혼혈을 장려해도 좋지만 일본 본토에서는 신중해야 한다고 주장했다. 이에 비해 후생성연구소는 현지에서의 통혼과 혼혈도 일본인의 순일성을 해치는 것으로 보아 부정했지만, 일본인과 조선인의 민족 접촉은 도리어 일본 본토에서 이루어짐을 의식하고 일본에서의 내선결혼과 혼혈을 맹렬히 비판한 것은 매한가지였다. 내선결혼이 주로 하층 계급의 '밀통', 사기 등으로 이루어져 불건전할 뿐 아니라 일반적으로 조선인 남성이 일본인 여성을 내연의 처나 첩으로 삼는 등, 내선일체 정책이 지도자여야 할 일본인을 압박하고 있다는 이유에서였다. 조선총독부는 여전히 내선결혼을 내선일체의 상징으로 선전했지만, 내선결혼이 현실에 방임된 결과로 통혼과 혼혈이 본토의 문제가 되자 일본 정부로서는 동화보다도 그 역류를 막고 일본(인)의 순일성을 보호하는 것이 급선무였다.

이러한 회의적 상황 속에서도 조선인에게 장래의 시정을 기대하게 해야 했던 조선총독부는 공통법 제정 당시 인정되지 않았던 전적을 조건부로 허용할 것을 제안했다. '황민화'를 조건으로 한 조선총독부의 전적 허가안은 조선인의 국민의식을 고취시키고 전쟁 참여를 유도하는 구상이었는데, 전적의 조건들은 프랑스의 식민지민이 시민권을 얻기 위해 귀화할 때의 요건들처럼 문화 및 국가에 대한 공헌을 중시하는 것이었다.[248] 이처럼 전적을 허용하고

---

248 프랑스의 식민지민이 귀화하여 시민권을 얻을 수 있는 조건은 지역마다 달랐지만, 동화정책의 대표적인 사례로 거론되는 알제리에서는 무슬림이나 유대인이 귀화 의사를 선언하면 행정관청이 신변을 조사해서 승인 여부를 결정했다. 이때 당국은 일부일처의 가족관계인지, 본인과 근친에 범죄력이 없고 사회적으로 존경받을 만한 생활을 하고 있는지에 주목했고, 프랑스에 대한 충성도 중시하여 군인의 귀화 신청은 호의적으

호적을 공적 장부로 재편하려 한 조선총독부의 입장에서는 더 이상 '내선결혼' 법제로 '호적을 통한 민족의 구별'이 갖는 법적·이데올로기적 약점을 보충할 필요도 없어졌다. 모범적이지 않거나 탈법적인 '내선결혼'을 제한하려는 법률안을 구상할 수 있었던 것도 이로부터 이해할 수 있을 것이다. 하지만 동화의 역류를 원치 않았던 일본 내무성은 공통법체제를 재편하려는 구상을 거부하고, 기왕 인정한 '내선결혼' 외에는 국적법상 외국인의 귀화보다도 엄격하게 완전히 일본인화된 조선인의 일본 이적만을 허용할 수 있다는 입장이었다. 또한 귀화와 달리 일본인과 혼인한 조선인 가족의 이적을 우대하지도 않았다. 조선인은 일본인과 외모나 생활 문화가 유사한 만큼, 반대로 엄격히 제한하지 않으면 조건을 충족한 조선인이 순식간에 법적 일본인이 되어 호적상의 구별을 무화시킬 수도 있었던 것이다. 내무성의 일본 이적 허가안은 '호적=민족적'의 논리를 고수하면서, 식민지(민)의 동화와 포섭보다는 오히려 구별과 분리를 염두에 둔 법안이었다.

즉, 일본 정부는 생물학적 인종주의를 부정하면서도 조선인을 계층, 국민의식, 생활양식의 차원에서 일본인보다 열등하게 보고 일본(인)의 순수성을 지키려 했다. 게다가 그동안 통혼을 장려하는 데 본국보다는 적극적이었던 조선총독부마저 내선결혼에 회의적이 되자, 패전 직전에 일제는 병합 이래 유지해온 내선결혼 장려의 슬로건마저 부정하기에 이르렀다. 내무성이 그동안 "정부로서는 특별히 이를 장려하지 않고 억지하지도 않는 태도"[249]를 지

로 수리되는 경향이 있었다. 그 외 경제력, 프랑스어를 읽고 쓸 수 있는 능력, 프랑스식 학위 등도 중시했다. 이처럼 제한이 많고 귀화하려는 알제리인은 적었기 때문에, 귀화해서 시민권을 취득한 사람은 1866~1933년 동안 총 2,355명, 연평균 35건 정도에 그쳤다. 松沼美穂,『植民地の〈フランス人〉』, 東京: 法政大学出版局, 2012, 105~108쪽.

249 「朝鮮及臺灣在住民政治處遇ニ關スル質疑應答(內務省管理局, 昭和20.3.6)」, '第1-10. 內

녀왔다고 했을 뿐 아니라, 조선총독부도 제국의회를 상대로 내선결혼에 대해 "별다른 장려책을 강구하고 있을 리 없는 것은 물론"[250]이라고 설명한 것이다. 이는 일반인뿐 아니라 위정자들도 더 이상 내선결혼이 조선 통치에 바람직하다고 생각하지 않게 된 정황을 반영한다. 결국 서구와 달리 일본인과 조선인의 '동문동종'의 유사성을 전제로 성립된 일본의 동화주의는 생물학적 차이보다는 정신적·문화적 차이를 강조하면서도, 서구와 마찬가지로 민족의 혼혈을 거부하고 분리를 추구하는 방향으로 나아갔다. 그리고 이러한 흐름은 패전 후 일본이 재일조선인을 포섭할 여지마저 부정하고, 가적(家籍)이라고 주장해온 지역적을 국적으로 전환함으로써 역시 개인의 의사를 무시하며 일본 국적에서 조선인을 배제하는 것으로 이어졌다.

鮮, 內臺結婚ニ對スル政府ノ方針如何',『本邦內政關係雜纂―植民地關係―第六卷』.

250 朝鮮總督府官房, 「第86回帝國議會說明資料 三冊ノ內一」, 1944(민족문제연구소 편, 『일제하 전시체제기 정책사료총서』 22, 2000, 73쪽).

결론

결론

이 책에서는 일제의 내선결혼 정책을 통혼의 실제 양상과 함께 분석함으로써, 일본인과 조선인의 인종적 유사성을 전제로 성립한 일제의 조선인 동화정책이 동요·포기되어가는 과정을 살펴보았다. 결론에서는 이를 동화의 이념, 시책과 선전, 현실의 관계를 중심으로 다시 정리한 후, 거칠게나마 동화정책의 성격 및 다양한 권력관계가 교차하는 역사상에 관한 시론적인 문제의식을 덧붙임으로써 추후의 연구를 기약하고 또 기대해보고자 한다.

1. 동화정책의 작동 방식 : 이념, 시책과 선전, 현실의 상호작용

서구의 제국은 18~19세기 인종주의와 우생학의 발흥 이후 식민자와 식민지민의 통혼을 장려하는 정책을 폐기하거나 금지하는 추세였고, 19세기 말 프랑스에서는 동화정책 자체에 회의적인 시각도 강해지고 있었다. 그런데 이러한 국제적 흐름 속에서 뒤늦게 제국의 반열에 끼어든 일제는 같은 아시아의 황인종을 침략 지배하고 동화의 방침을 채택한 후, 서구와 달리 일본과 조선은 인종적·지리적·역사적으로 가깝기 때문에 동화정책이 가능하다고 주장했다. 내선결혼에 대해서도 한반도의 고대인이 일본에 건너가 일본인과 통혼하며 완전한 일본인이 된 역사적 사례가 풍부하므로 굳이 금지할 이유가 없을 뿐 아니라, 일본인을 개량하거나 조선인을 동화시킬 수 있는 수단이 될 수 있다고 긍정적으로 평가하기도 했다. 일본인과 조선인의 인종적·혈연적 유사성은 서구의 실패에도 불구하고 일제가 조선인 동화정책과 내선결혼을 낙관할 수 있는 전제였던 것이다. 그리고 이러한 생각이 전시체제기 이전까지 일본인 위정자들이 견지했던 기본적인 이념이었다.

실제로 당시 현실에서는 이미 조선인과 일본인 사이에 자연스럽게 통혼이 이루어졌고, 대한제국 시기에도 1909년에 민적부를 만들면서 조선인의 처나 양자가 된 일본인을 민적에 입적시켰다. 그런데 병합 이후 1911년에 조선총독부가 내선결혼에 대해 내놓은 첫 번째 시책은 오히려 이들의 민적 입적을 정지시키는 것이었다. 하지만 일본인의 배우자나 양자·양녀가 된 조선인은 일본 호적에 입적된 데서 알 수 있듯이, 통혼 자체가 금지된 것은 아니었다. 또한 조선총독부 역시 통혼을 금지한 것이 아니라, 조선에 시행되는 법령으로는 일본인과 조선인 사이의 혼인이나 입양을 유효하게 성립시킬 수 없어서 이러한 유형의 입적을 일단 정지시킨 것이었다. 이는 병합으로 하나의 국가가 된 일본 본토와 조선에 시행되는 법제들 사이의 관계가 불분명했을 뿐 아니라, 일본에서는 조선의 민적법은 호적제도가 아니라면서 민적법에 의거해 조선에서 한 혼인신고를 무효로 치부했기 때문이었다. 이에 조선총독부는 조선의 호적제도 제정을 서두르는 한편, 1915년에는 조선인 남성이 일본인 처를 민적에 입적할 수 있게 해달라고 청원하자 입적을 다시 허용하기로 방침을 변경했다. 그러나 여전히 법제적 문제가 해결되지 않은 상태였으므로 일본에서는 조선에서 한 혼인신고의 효력을 인정하지 않았다. 그리하여 일본 정부는 1918년에 공통법을 제정해 일본과 조선에서 시행되는 법제들 사이의 관계를 정했으면서도, 내선결혼에 관련된 제3조는 조선에 호적제도가 마련될 때까지 시행을 유예했다. 결국 내선결혼은 부령 제99호가 시행된 1921년, 입양, 사생자 인지 등 조선인과 일본인 사이의 다른 가족관계들은 조선호적령이 시행된 1923년에야 신고 지역에 대한 법적 제약 없이 성립할 수 있게 되었다. 이를 통해, '내선결혼' 법제의 제정 과정에서는 조선총독부가 일본 정부보다 적극적이었음을 확인할 수 있다. 본토의 법적 안정성을 중시한 일본 정부는 식민지에도 일본 본토와 대등한 호적제도가 시행되지 않는 한, 식민지의 법제가 일본인의 신분에 영향을 미치게 해서는 안 된다는 입장이었던 것이다. 하지만 공통법 제정 과정에서 여성의 혼인뿐 아니라 조선인 남성의 입양·입부혼인도 자유롭게 해달라는 조선총독부의 요청을 수용한 것에서, 일본 정부 역시 지역이나 성별 등과 무관하게 내선결혼은 당연히 가능하다고 생각했음을 알 수 있다. 즉, 1910년대에는 대한제국을 병합한 이후 제국 일본의 법적 구조가 완비되지 못하여 법률혼을 인정할 수 없었고 그 결함을 보완하는 데 시간이 걸렸을 뿐, 1921년 '내선결혼' 법제의 제정·시행을 전후로 내선결혼에 대한 이념에는 변화가 없었던 것이다. 그리고 이 시기 시책의 변화를 추동한 것은 이념이 아니라 내선결혼을 둘러싼 현실이었다. 첫째, 내선결혼이 무시하기에는 많이 이뤄져서 민적·호적 처리에 실제 문제가 되었기 때문이다. 대만의 경우에도 대만에서 내대공혼 신고를 할 수 없는 문제가 발생했지만 그를 해결할 수 있는 법제는 1932~33년에야 제정·시행되었다. 조선이 대만보다 나중에 식민지가 되었으면서도 먼저 통혼 법제를 제정하게 된 데는 내대공혼보다 내선결혼이 훨씬 많았던 것도 영향을 미쳤을 것이다(부표 4). 둘째, 조선인들이 내선결혼이 법적으로 인정되지 않는 상황을 고의적 차별로 이해했기 때문이다. 이로 인해 민심이 이반·악화될 것을 우려한 조선총독부가 조선의 호적제도 제정을 서두르고 또 혼인에 제약을 두지 않도록 일본 정부를 설득했다. 일제는 통혼을 부정하면 조선인을 동화할 수 없다는 현실 인식하에 그에 대응하여 법제를 제정했던 것이다.

조선총독부는 이렇게 법률혼이 가능해진 다음에야 내선결혼에 대한 선전을 본격화할 수 있었다. 1920년대의 내선결혼 선전에서는 먼저 거주 지역이나 성별의 제한 없이 결혼할 수 있게 한 것을 무차별의 징표로 강조하여, 전적을 금지하는 보다 본질적인 차별이 두드러지지 않게 하려 했다. 그리고 '내선융화'가 제창되고 자유연애 사조가 유행하는 가운데, 내선결혼을 두 민족의 구성원이 이해와 사랑으로 융화된 결실이자 그 사랑을 다시 가족과 사회에 확산시킬 방법으로 강조하였다. 이로써 내선결혼은 조선인의 정신적·문화적·생물학적 일본인화를 촉진해 조선과 일본의 영구결합을 가져올 동화의 궁극적인 수단으로 부각되었다. 하지만 전시체제기 이전에는 법률혼·내연, 조선인화·일본인화를 불문하고 두 민족이 가정에서 원만하게 결합되는 것 자체에 의미를 부여했다. 조선총독부는 내연을 포함해 조선에 거주하는 내선결혼 부부에 관한 통계를 공개하면서, 그 수가 매년 증가하고 가정은 모두 원만하다면서 내선융화의 전도도 밝다고 선전했다. 또한 내선결혼에 대한 호적 취급을 보면, 조선총독부는 조선의 친족·상속 관습이 일본 민법에 가까워지도록 유도하고 일본과 조선의 사법당국은 가급적 통혼이 성립하도록 법을 해석·적용하는 등, 이 시기에 일제가 동화나 내선결혼에 비관적이었다고 보기는 어렵다. 그렇지만 선전을 강화하는 것 외에 통혼을 장려하기 위한 실질적·직접적인 시책을 시행하지는 않았다. 내선결혼이 급증하면 호적상의 민족 구별을 무화시킬 수 있기 때문이기도 했겠지만, 결혼에 대한 정치적 개입은 자유연애결혼의 이상과 어긋나고 조선인의 반발을 야기할 수도 있음을 우려했기 때문으로 보인다. 점진적 동화의 방침을 취한 일제는 내선결혼에 대해서도 소극적·간접적 장려 정책을 택했고, 따라서 통혼도 직접적으로 장려하기보다는 긍정적인 분위기를 조성하기 위한 간접적 장려책으로서 선전을 시행했다고 보는 것이 타당하다.

하지만 이로 인해 내선결혼이 성립, 지속, 혹은 해소되는 과정은 정책적인 지원 또는 제약도 없이 현실에 방임되었다. 그 결과 법률혼과 내연을 모두 포함해도 조선에 거주하는 내선결혼 부부의 수는 조선인 전반에 사랑을 연쇄시켜 동화의 성과를 거둘 수 있을 만큼 증가하지도 않았을 뿐 아니라, 지역별·직업별·성별로 부부의 수가 다른 것은 오히려 조선인과 일본인의 경제적·사회적 격차를 드러내기도 했다. 또한 내선결혼 부부가 사랑으로 맺어진다는 선전과 달리, 정략적 혹은 경제적 이해관계에 따른 결혼, 심지어는 성범죄, 인신매매가 계기가 된 결혼도 있었다. 그리고 자유연애로 맺어진 내선결혼 가정이라도 반드시 원만하거나 영구결합할 수는 없었다. 사랑에는 종종 변심이 뒤따랐으며, 기혼자의 작첩, 중혼이나 간통 등 일부일처의 가족제도와 충돌하는 경우도 많았다. 내선결혼 가정이 부모·친척과 일반 사회로부터 소외되기도 했다. 한편에서는 조선총독부가 내선결혼을 공공연히 선전하고, 다른 한편에서는 조선인 남성의 일본 도항이 증가하는 동시에 조선에서도 상업·공업이 발달하여 양 민족의 접촉 기회가 늘어남에 따라, 1920년대 이후 내선결혼의 절대 수는 증가하였다. 하지만 통혼의 확산은 그만큼 양 민족 사이에 사랑뿐 아니라 갈등과 불화도 연쇄시켰다. 게다가 조선총독부는 내선결혼이 조선인의 일본인화를 촉진할 것이라고 기대했지만, 일본 제국주의에 저항한 내선결혼 부부도 있었고, 조선에 거주하는 조선인 남편과 일본인 처 가정의 생활양식은 조선화되기 쉬웠다.

전시체제기 조선총독부는 내선결혼을 장려한다는 선전을 더욱 강화했다. 화학적 결합으로도 비유된 내선일체의 슬로건 아래, 내선결혼과 혼혈은 정신적·문화적 측면뿐 아니라 생물학적 측면에 이르는 명실상부한 내선일체의 수단으로 표방된 것이다. 이에 선전의 초점도 통혼으로 조선인의 생활양식이 일본화되었거나 통혼 가정이 전쟁에 기여했음을 강조하는 것으로 바뀌었다. 시책에서도 1939년에는 조선민사령을 개정하여, 조선에 씨제도를 도입하고 일본인 남성도 조선인에게 입양될 수 있도록 서양자입양, 이성양자 제도를 허용함으로써 내선결혼의 성립을 방해하는 친족·상속법상의 제약을 완전히 해소했다. 1941년에는 총력연맹에서 신규 내선결혼 부부 중 일부를 내선일체의 모범으로 표창하기도 했다. 이처럼 겉으로 보이는 선전과 시책에서는 전시체제기에 내선결혼을 가장 강하게 장려한 것 같고 실제 통혼의 수도 급증했지만, 실질적·적극적 장려책이 아닌 간접적·소극적 장려책이라는 점은 전과 마찬가지였다. 이는 조선인에게 국민의식을 주입하기 위한 정신적·문화적 동화정책을 실질적으로 강화한 것과도 대비된다.

이와 같이 내선일체가 제창된 이후 조선인을 동화시키기 위한 실질적인 시책들이 시행·강화되는 가운데, 정신적·문화적 동화와 생물학적 동화의 시책 사이에 적극성의 차이를 보이는 이유는 전시체제기, 특히 1940년대 이후 내선결혼에 대해 이념 차원의 동요가 나타났다는 점에서 찾을 수 있다. 조선총독부는 여전히 내선결혼 전반을 긍정적으로 인식하기는 했지만, 통혼이 동화의 수단이 아니라 정신적·문화적 동화의 결과여야 함을 분명히 했다. 이는 조선인이 동화되지 않은 상태에서는 통혼이 갈등을 일으키거나 파탄에 이르기 쉽다는 현실을 의식한 결과였다. 이에 내선결혼 중에서도 모범적인 것과 그렇지 않은 것을 구별하고, 양적인 증가를 서둘러서 모범적이지 않은 통혼이 증가하게 만드는 것보다는 가급적 황민화된 상층 조선인이 일본인과 혼인하도록 지도하는 편이 좋다고 제한했다. 내선결혼을 정신적·문화적 동화의 결과로 이해하고 모범적인 것과 비모범적인 것을 구별하는 시각은 1944년 말의 '전적안'에서도 확인된다. 조선총독부는 내선결혼을 조선인의 일본 전적 허가 요건에 포함시켜 통혼 가정을 우대하려 하면서도, 재판소의 허가 없이는 혼인조차 할 수 없게 하는 방안을 제시하는 등, 내선결혼의 법제적 장벽을 제거하는 데 앞장섰던 그간의 행보와는 다른 모습을 보였다. 이 역시 황민화된 모범적인 통혼 가정은 포섭하되, 조선인 남성들이 일본 호적에 입적하여 일본인 신분을 얻기 위해 '내선결혼' 법제를 활용해온 현실을 의식하고, 위장결혼이나 불법행위, 광범위한 호적 이동을 초래할 수 있는 친족입적 등은 제한하려 한 것이었다. 그렇다면 이 시기의 선전은 내선결혼에 대한 긍정적 이미지를 유포해 분위기를 조성하려는 소극적 장려책의 성격을 갖고 있으면서도 비모범적인 통혼을 긍정하지 않는, 이념과는 괴리된 허구적 선전에 가까워진다.

이념 차원에서 보다 극적인 변화를 보인 것은 일본 정부이다. '내선결혼' 법제의 제정 과정에서 보인 태도나 1939년 이전까지 일본에 거주하는 내선결혼 부부에 대한 전국 통계가 없는 것 등을 보면, 일본 정부는 원래 내선결혼에 그다지 주의를 기울이지 않았던 것 같다. 단, 병합 초기부터 조선인 남녀의 혼인·입양 입적을 허용한 것에서 알 수 있듯이, 이 무관심은 부정적인 것이 아니라 문제가 되지 않는다는 낙관적인 것이었다. 그런데 전시체제기에는 조선인 남성을 집단 노무동원한 결과, 내선결혼의 절대 다수가 일본 본토에서, 그것도 정신적·문화적으로 완전히 동화되지 않은 조선인 남성들이 일본인 여성을 처첩으로 삼는 등 지배·피지배관계가 역전된 형태로 이루어지는 경향이 더욱 심화되었다. 게다가 전쟁 수행에 필요한 노동력·병력 자원의 양적·질적 향상을 도모하기 위하여 인구정책을 강화하는 가운데, 이를 주도

한 우생학계에 혼혈을 반대하는 흐름도 있어서, 내선결혼·혼혈을 경계하는 일본인들이 점차 증가했다. 그에 따라 일본 정부는 통혼 정책, 나아가 동화의 방침을 근본적으로 재검토할 자료를 확보하기 위하여 내선결혼 가족을 조사하고 이들을 우생학적으로 연구하기 시작했다. 그리고 일본인의 자질과 순일성을 우선시하면서, 혼혈아는 국민의식이 낮고 재일조선인은 하층민이라는 이유를 들어 일본 본토에서의 내선결혼·혼혈은 바람직하지 않다고 단정하면서도, 생물학적 인종주의에 입각한 내선결혼·혼혈 반대론은 공식적으로 배격하여 조선에서의 통혼을 용인할 수 있는 여지를 남겼다. 하지만 조선과 일본 본토를 차단하지 않는 이상 조선에서의 황민화 정책이 일본 본토로 역류할 여지는 충분했고, 아시아의 지도자로서 일본 민족의 우수성을 강조할수록 내선결혼과 혼혈 자체를 부정적으로 보는 인식은 더욱 확산되었다. 그러자 일본 정부는 1944년 말의 '이적안'에서도 통혼 가정의 일본 이적을 우대하지 않으려 했다. 식민지의 동화·포섭보다 본토의 안정을 중시하고 식민지의 모순과 불안정성이 본토에 파급되지 않도록 유의한 것은 일본 정부의 일관된 태도였지만, 내선결혼·혼혈이 본토로 역류하자 결국 내선결혼 장려 정책을 방기한 것이다. 이는 곧 인종적·혈연적 유사성을 강조한 일본 특유의 동화주의가 포기되는 과정이었고, 전시체제기에 시행된 조선인에 대한 실질적 동화 정책은 전쟁에 즉각 동원하는 데 필요한 정신적·문화적 측면에 국한되었다.

일제의 내선결혼 정책을 이러한 흐름으로 이해한다면, 정책의 기본적인 성격은 김영달이 지적한 것처럼 슬로건적 장려 아래 현실방임하는 것이었다고 보는 편이 타당하다. 단, 내선결혼을 장려한다는 구호와 선전은 그 자체로 간접적·소극적 장려 정책의 일환이었지만, 전시체제기에 들어서는 내선결혼에 대한 인식과 동화의 이념이 비관적으로 바뀌어감에 따라 허구적인 정치 선동에 가까워졌다. 그리고 이처럼 일제의 동화정책과 내선결혼에 대한 이념과 시책의 변화를 야기한 동력이야말로, 식민당국의 의도와 통제에서 벗어난 내선결혼 행위자들의 선택과 그들의 생활 현실이었다.

2. 동화정책의 성격
: 조선인의 법제적, 문화적, 생물학적 동화

서론에서도 지적했듯이, 일제는 조선 통치의 근본 방침은 동화주의에 있다고 하면서 그 통치정책을 동화정책이라고 불렀지만, 동화의 내용은 식민통치를 담당했던 당사자들에게도 매우 애매했고, 동화를 표방한 담론과 차이를 유지한 시책 사이에도 괴리가 있었다. 동화의 개념과 내용, 동화정책의 성격에 대하여 연구자 간에 시각의 차이가 생긴 것도 이 때문이었다.

이러한 한계를 극복하기 위하여 선행연구자들은 무언가를 설명하기 위해 '동화'라는 용어를 남용하지 말고 그 개념 자체를 분석·설명해야 한다고 제안했다. 동화정책의 성격을 분석하기 위해 시도된 유의미한 방식 중 하나는 이데올로기로서의 동화(주의)와 정책으로서의 동화(정책)를 구분하는 것이었다.[1] 그리고 일제가 동화주의를 표방하면서도 정책으로는 시행하지 않았기 때문에, 이념과 현실 사이에 이중성이 존재했음이 지적되었다. 이러한 시각에서 조선 동화정책은 병합 이래 일관된 정책이 아니라, 이중성과 괴리가 해소되는 때, 즉 내지연장주의가 표방된 1920년대,[2] 또는 중일전쟁이 발발한

1 山本有造, 『日本植民地經濟史硏究』, 名古屋: 名古屋大學出版會, 1992.

2 保坂祐二, 『日本帝國主義의 民族同化政策 分析』, 제이앤씨, 2002.

1937년 이후에야 본격적으로 시작되었다고도 평가되었다.[3]

이때 시행되었어야 할 정책으로서의 동화가 무엇인지는 대개 프랑스가 시행한 것들이 기준으로 상정되었다. 권태억은 동화의 개념이 다양하게 사용됨을 지적한 후, 프랑스와 일본 식민정책의 공통점을 동화정책의 본질로 추출하고 그로부터 동화의 개념을 정립하는 방법을 택했다. 이로써 동화정책이란 식민지와 그 주민을 본국의 영토, 국민으로 통합하는 것을 목적으로, 식민지에 본국과 같은 제도를 실시할 것을 지향하며 국민화를 위한 교육 등의 문화정책을 실시하는 것이라고 정의하고, 조선에서는 1937년 이후에 이러한 목적과 시책이 짝을 이루었다고 분석하였다. 또한 호사카 유지(保坂祐二)는 영국의 자치정책과 프랑스의 동화정책을 대비하고, 일본의 식민통치는 방식상 영국에 가깝지만 내용상으로는 프랑스식 동화주의였다고 평가했다. 그는 총독의 권한과 식민지 주민의 참정권 수준을 비교의 기준으로 삼았는데, 이로써 조선은 일본의 '황령 식민지(1910~42)'에서 '내지화를 준비하는 식민지(1942~45)' 단계로 넘어갔다고 분석하였다.

나아가 고마고메 다케시(駒込武)는 통치정책도 법제도적 측면과 문화적 측면에 차이가 있음을 인식하고, 통치정책을 네 가지 유형으로 분류했다. 즉, 법제도적 차원의 평등화와 차별화, 문화적 차원의 동일화와 차이화라는 2차원의 좌표축을 설정한 후, 양자의 결합 방식에 따라 동화·융합(평등화/동일화), 계층화(차별화/동일화), 분리(차별화/차이화), 다원주의(평등화/차이화)로 유형을 분류한 것이다. 여기서 고마고메의 강점은 당대의 용례에서 이미 동화정책이 동화·융합 유형뿐 아니라 계층화 유형으로도 정의되었음을 지적한 것, 그리고 이러한 정책의 특질을 파악한 다음 그것이 이념적 동화와 정합성을 갖는지 여

3 권태억, 「동화정책론」, 『역사학보』 172, 2001.

부를 따져야 함을 제안한 데 있다.[4] 정치적 권리보다는 문화적 차원과 통치 이념에 관련되는 교육사 전공자다운 착안이라 할 수 있다. 이렇게 보면 이념과 시책이 일치하지 않고 동화와 차이화가 공존하는 계층화 유형이 동화정책의 본질일 수 있고, 따라서 일제의 조선 동화정책도 병합 이래 계속된 유동적이고 역동적인 정책으로 파악할 수 있게 된다. 1910~45년까지 내선결혼을 둘러싼 동화의 이념, 시책과 선전, 현실의 상호작용을 분석한 이 책의 관점은 고마고메의 연구에 시사받은 바가 크다.

하지만 기존의 접근 방식은 크게 두 가지 의문을 불러일으켰다. 하나는 정책면에서, 법제도적 차원의 통치정책을 '평등화/차별화'로 평가하며 주로 총독의 권한이나 참정권 수준을 평가의 지표로 사용하는 것이 적절한지에 대한 것이다. 이는 세 가지 점에서 문제가 된다. 첫째, 서론에서 언급한 것처럼, 참정권 등 법제적·형식적 평등을 중시하는 자유주의적 시민권 개념은 국민국가를 지향하면서 인식의 틀을 국가로 제한하는 동시에, 현재까지 이어지는 인종·민족·계급·젠더 등에 따른 실질적 차별들을 부차화하기 때문이다. 일본으로부터의 정치적 해방과 대한민국의 수립이 국민 내부의 형식적 평등을 가져왔지만, 그것이 유일하고 최종적인 목표가 아닌 이상 해방 이전과 이후를 포괄할 수 있는 인식 틀을 세우기 위해서도 일제시기에 대해 해석의 폭을 넓힐 필요가 있다. 둘째, 조선총독의 권한이나 조선인의 참정권 문제는 기본적으로 속지적 성격을 지니기 때문이다. 일본 정부·의회에 대한 조선총독(부)의 독자성 내지는 상대적 자율성은 그 자체로 중요한 연구 주제임에 틀림없다. 하지만 이러한 속지적 지표를 중시할 경우, 본국의 법제도가 식민지에 연장, 시행된 이후에도 그 안에서 원주민이 다시 속인적으로 구별되는 현

4 駒込武, 『植民地帝國日本の文化統合』, 東京: 岩波書店, 1996.

상을 간과하기 쉽다. 동화·융합 유형으로 평가되는 프랑스의 알제리 통치에서도 원주민에 대한 속인적 차별과 예속이 자행되었을 뿐 아니라, 제국 일본의 경우에도 조선보다 총독의 자율성이 약했던 대만은 물론이고, 홋카이도와 화태가 내지에 포함된 뒤에도 아이누는 '구(舊) 토인' 등으로 구별되었던 사실을 떠올릴 필요가 있을 것이다. 조선인의 참정권 문제도 마찬가지다. 제1부에서 다뤘듯이 적어도 1920년 이후 참정권은 주소지의 문제로 전환되어 조선인이라도 일본에 거주하면 제국의회 중의원 선거권과 피선거권을 갖게 된 반면, 조선에 이주한 일본인은 일본에 거주할 때 누렸던 이러한 정치적 권리를 박탈당했다. 동화정책의 초점이 조선과 일본 본토라는 '지역'의 통합이 아니라 조선인과 일본인이라는 '사람'의 통합에 있다고 한다면, 조선에 중의원 의원선거법이 시행되었는지보다는 조선인과 일본인을 속인적으로 구별하는 기준이 무엇이었는지에 주의를 기울여야 하지 않을까. 제국 일본에서는 그것이 바로 호적이라는 신분등록제도였고, 귀화나 전적을 허용하지 않음으로써 '내선결혼' 법제가 조선인이 일본인이 될 수 있는 유일한 통로가 되었던 것이다. 셋째, 이처럼 제국 일본의 통치체제에서 속인적 권리도 아니었던 참정권을 지표로 삼는 것에 대해 '쇠귀에 경 읽기'와 같은 위화감도 없지 않다. 메이지 헌법에서 신민에게 정치적 권리를 부여하거나 박탈하는 것은 원칙적으로 문명화·동화 여부와도 무관한, 천황의 마음에 달린 문제였기 때문이다.

다음으로 통치정책과 이념의 정합성을 생각할 때, 일본인과 조선인의 인종적·혈연적 유사성이 정책 분석에서 다소 간과되는 게 아닌가 하는 의문도 있다. 이 책에서 강조한 것처럼, 프랑스의 동화정책이 인간으로서의 보편성에 뿌리를 두었다면, 일본의 동화정책은 같은 황인종 또는 역사적·지리적·혈연적으로 유사한 민족이라는 점에 기대어 지배의 정당성과 동화의 가능성을 주장한 것이 특징이다. 그리고 앞선 서구의 제국들이 동화정책을 점차 포기하고 인종주의에 경도되어 식민지민 또는 유색인종과의 결혼과 혼혈을 배격하려던 시기에, 조선인·대만인 등 식민지민과 일본인의 결혼을 장려한다고 했다. 통혼·혼혈을 통해 비로소 하나의 민족이 될 수 있다는 가족적, 혈연적인 민족 관념도 표출되었다. 그렇다면 이러한 '생물학적 동화'야말로 제국 일본의 독특하고도 핵심적인 동화의 이념이었다고 할 수 있을 것이다. 하지만 법제도적·문화적 차원을 중요시한 기존의 2차원적 통치정책 모델에서는 생물학적 동화를 위한 정책이 들어갈 공간이 없다. 이러한 설정 자체가 통혼·혼혈을 배제하거나 중시하지 않은 서구적 통치정책을 모델로 삼은 것은 아닐까 하는 의구심을 지우기 어렵다. 아울러 위에서 언급한 법제도적 통치정책의 지표가 갖는 문제들을 생각한다면, 내선결혼은 일본 특유의 동화 이념과 함께 법제적·문화적·생물학적 동화의 각 측면을 입체적으로 사고할 수 있게 해준다는 점에서 더욱 중요성을 갖게 된다.

이 책은 이러한 문제의식에서 동화를 조선 지역의 일본 지방화가 아닌 조선인의 일본인화로 이해하고, 내선결혼을 통해 법제적(호적), 정신적(국민의식)·문화적(생활양식), 생물학적(혼혈) 동화의 각 측면들을 나누어 살펴본 것이었다. 자세한 내용은 각 부의 소결에서 정리했으므로 재론하지 않겠지만, 전체적인 흐름은 다음과 같이 요약할 수 있다. 일제의 조선인 동화정책은 조선인의 완전한 일본인화를 최종 목표로 하되, 정신적·문화적 동화를 우선적 과제로 삼고 법제적 동화는 정신적·문화적으로 동화된 결과로서 가장 나중에 추진되어야 할 것으로 설정했다. 내선결혼을 통한 생물학적 동화는 시기에 따라 위상이 변했는데, 조선인의 정신적·문화적 동화의 수준이 낮았던 병합 초기에는 자연발생적으로 이루어지던 내선결혼이 정신적·문화적 동화를 촉진할 수단으로 주목되었다. 그리하여 전적을 금지하는 동안에도, '내선결혼'과 그로 인한 당사자 개인의 호적 이동은 관대하게 허용되었다. 하지만 전시체제기가 되면 생물학적 동화의 목표는 사실상 포기되었다. 조선총독부는 통혼은 동화의 결과여야 한다면서 정신적·문화적 동화에 집중했고, 일본 정부도 재일 조선인의 정신적·문화적 동화를 중시하되 내선결혼은 조선인과 통혼 가족의 정신적·계층적 열등함을 이유로 거부한 것이다. 또한 조선총독부는 정신적·문화적으로 동화된 조선인의 일본 전적을 허용해 법제적 동화의 수준을 높이고자 했지만, 일본 정부는 조선인의 거주 지역 및 정신·문화의 차이를 기준으로 법제적 동화에 벽을 쌓았다. 이로써 일제의 조선인 동화정책은 생물학적 동화를 포함했던 독특성을 상실했고, 조선인의 정신적·문화적 동화를 압박했을 뿐 법제적 동화는 거의 진행되지 않았던 만큼 패전 이후에 비교적 쉽게 분리를 단행할 수 있었다.

3. 차이와 차별: 민족, 계급, 젠더

이 책에서는 또한 민족, 계급, 젠더의 권력관계 중 어느 하나를 근본적인 것으로 간주하며 나머지를 부차화하는 시각을 경계하면서, 각 변수들이 중층적으로 상호관계를 맺는 양상을 사장시키지 않고 그려내고자 했다. 아직까지도 한국사 연구에서는 민족이나 계급에 가치를 부여하려는 경향이 강하지만, 젠더사의 관점에서는 독자적인 분석 범주를 사용하는 것의 편향성을 지적하고 '젠더화된 민족'과 같은 복합적 개념화가 필요함을 제기해왔다. 필자 역시 그것이 진실에 가깝고, 일제시기와 해방 이후를 연속적으로 사고하기 위해서나 인문학적 성찰을 위해서도 바람직하다고 생각한다.

이러한 문제의식에서 먼저 지적하고 싶은 것은 인종과 민족, 신체와 정신·문화, 민족과 계층 등 불가변적 또는 가변적이라고 이야기되는 차이들의 비정형성과 이러한 차이가 차별을 정당화하는 근거로 사용되는 양상이다. 일제는 서구의 인종주의에 대항해 조선인과 일본인의 인종적 유사성을 강조하는 한편, 일본인이 조선인보다 우월하다면서 민족의 차이도 강조했다. 이때 조선인의 감정을 자극하지 않고 제국 질서의 하부에 포섭하기 위해서, 인종은 불가변적인 신체적 차이인 반면 민족은 정신, 문화, 계층과 같은 가변적인 차이이고, 따라서 조선인이 자발적으로 일본인화·문명화됨으로써 극복할 수 있고 극복해야 하는 것으로 설정했다. 하지만 인종을 불가변의 신체적 차이로 설명하는 시각이 인종주의와 함께 구성되었음은 물론이고, 정신·문화와 신체를 분리하는 것 역시 관념에서나 가능할 뿐 실제로는 양자가 서로 긴밀하게 결합되었다. 내선결혼과 혼혈이 조선인의 정신과 문화를 일본인화할 수단으로 상정되는 한편, 마지막에는 민족의 정신적, 문화적, 계층적 차이가 인종적 차이와 마찬가지로 내선결혼·혼혈을 부정하는 근거로 사용되기에 이르는 모습은 이를 잘 보여준다. 또한 이로부터 일제 식민권력이 조선인과 일본인의 인종적 유사성과 동화의 가능성을 강변하면서도, 정신적, 문화적, 계층적 차이들을 민족 고유의 불가변적인 특성으로 환원하며 차별의 근거로 삼았음도 확인된다. 사회학적 인종주의, 또는 발리바르가 '인종 없는 인종주의'라고 부른 '신인종주의'의 방식이 일제시기에 일본인과 조선인 사이에서도 활용되었던 것이다.[5] 그리고 이러한 방식은 현재 한국에서도 같은 민족 내부에서 똑같이 작동하고 있다. 한반도에 줄곧 함께 거주해온 '한민족' 사이에서도 지역이나 계층에 따른 갈등이 격해지고 있을 뿐 아니라, 한반도에 재유입된 중국 '동포'인 '조선족'은 국적, 문화적·계층적 차이를 강조하면서 잠재적 범죄자로 낙인찍고 있는 것이다. 일제시기의 경험에서도 선명한 생물학적 인

5 Etienne Balibar, Immanuel Wallerstein, *Race, Nation, Class*, Verso, 1991.

종주의나 민족 차별이 아니라, 차이가 차별이 되는 복합적인 양상에 주목해야 할 필요 또한 여기에 있다.

다음으로 내선결혼 또는 내선결혼한 사람들을 민족주의적 시각만으로 재단해서는 안 됨을 지적하고 싶다. 해방 이후 한국은 일본으로부터 정치적으로 독립했지만 일제시기의 제도들을 대부분 승계했다. 조선인의 호적은 한국인의 호적과 국적의 토대가 되었고, 그와 함께 조선인 범주의 폐쇄성도 한국인의 범주에 연속되었다. 그리고 일제시기 동화정책의 반작용으로 강화된 민족주의는 한국인은 부계혈연적·문화적으로 동질적이어야 한다는 '동화=한국인화'의 이념을 창출했다.[6] 이러한 시각에서 일제의 내선결혼 장려 정책은 한국인의 혈연적·문화적 동질성을 파괴하려 한 대표적인 민족말살 정책으로 기억되었다. 또한 모든 내선결혼을 정략결혼으로 간주하는 과잉된 민족주의적 인식에서 일본인과 결혼한 한국인까지 모두 친일파로 비판당하자, 해방 직후 이러한 상황을 예상하지 못하고 일본인 처와 함께 귀국했던 한국인 남편 중 상당수가 그 처를 버렸다. 이들의 혼혈 자녀들은 '쪽바리(=일본인)'로 멸시당했고, 조선에 본적이 없는 내선결혼 가족은 북한 지역에서 피난 온 것으로 꾸며서 새로 한국 호적을 만들기도 했다. 그나마 이와 같은 일본인 처의 사연은 일본의 반성을 촉구하려는 일본인들을 통해 세상에 알려졌지만, 일본인 남성과 결혼한 조선인 여성, 그리고 내선결혼에서 태어난 수많은 아이들은 아직까지도 잘 드러나지 않고 있다. 프랑스에서 제2차 세계대전 중 독일군과 성관계를 맺은 여성들이 민족의 명예를 더럽힌 가장 위험한 형태의 협력을 했다고 지탄당한 것처럼,[7] 민족의 수치로 여겨진 조선인 여성이 한국

6 이정선, 「탈식민 국가의 '국민' 경계」, 『법과 사회』 51, 2016.

7 티머시 H. 파슨스 지음, 장문석 옮김, 『제국의 지배』, 까치, 2012, 508~510쪽.

사회에서 배척당한 결과일 수도 있다. 내선결혼을 정책의 결과로 보는 과도한 정치적 해석은 해방 이후에도 내선결혼 부부와 그 자녀들을 존재하지 않는 것처럼 배제해버린 것이다.

민족만을 근본적인 가치로 상정하는 이러한 시각에 반하여, 이 책에서는 내선결혼의 다양성을 부각시키려 했다. '내선결혼'이라는 한 마디로 일반화하기에는 법률혼과 내연, 일반 혼인과 입부혼인·서양자입양 등 결혼의 형태, 당사자의 계층 혹은 성별에 따라 그 양상과 경험은 너무나도 다양했던 것이다. 게다가 그중에는 일제에 협력하며 정략적으로 결혼한 사람보다도 서로 생계를 의지해야 했던 하층의 주변인들이 더 많았고, 젠더권력에서 우위를 점한 조선인 남성이 일본인 여성을 취해 조선화시킨 경우도 많았다. 그리고 이처럼 일본의 기대와는 달랐던 현실이 일제가 내선결혼에 회의를 품게 만든 계기였던 것이다. 그럼에도 해방 이후 친일파에 대한 분노는 역설적이게도 손쉬운 하층의 내선결혼 가족을 향해 표출되곤 했다. 하지만 민족, 계급, 젠더의 권력관계가 교차하며 만들어낸 내선결혼의 다양한 양상을 무시하고 이들을 모두 일제의 협력자, 친일파로 비난하는 것이야말로 현실을 도외시한 채 조선총독부의 선전을 그대로 수용한 쌍생아일 뿐이다.

또한 현재 한국의 다문화 가족 지원 정책에 대하여, 한국인 남성과 결혼한 여성 귀화자와 이들 사이에서 태어난 자녀들을 한국인화하려 한다는 점에서 '다문화'라는 표현이 무색한 정책이라는 비판이 적지 않다. 내선결혼 가정의 생활양식에 조선풍과 일본풍이 혼합되는 것이 자연스럽고, 생활양식을 일본화하라는 것만큼이나 조선화하라는 것 역시 비현실적이고 강제적인 요구였다는 본론의 언급이 진정한 다문화 공존을 모색하는 역지사지의 계기가 되었으면 한다. 이처럼 이 책에서 다룬 일제시기의 경험이 동질성을 전제로 한 형식적 평등이 아니라 차이와 다양성을 바탕으로 한 실질적 평등을 위한 역사적 자산이 되기를 바라지만, 충분히 다루지는 못했다. 이러한 문제의식과 그를 위한 역사 서술은 앞으로의 과제로 삼고자 한다.

부록

참고 법령

■ **민적법**(1909년 3월 4일, 법률 제8호 '民籍法')

*출처: 『(舊韓國)官報』 4318, 1909년 3월 6일자(국한문을 현대어로 발췌 번역).

제1조 ① 다음 각 호 중 하나에 해당하는 경우, 그 사실이 발생한 날로부터 10일 이내에 본적지 관할 면장에게 신고해야 한다. 단, 사실의 발생을 알지 못한 때는 사실을 안 날로부터 계산한다.

1. 출생 2. 사망 3. 호주변경 4. 혼인 5. 이혼 6. 양자 7. 파양 8. 분가 9. 일가창립 10. 입가 11. 폐가 12. 폐절가재흥 13. 부적(附籍) 14. 이거 15. 개명

제2조 ① 제1조의 신고의무자는 다음과 같다.

1. 출생, 사망, 호주변경, 분가, 일가창립, 폐가, 폐절가재흥, 개명, 이거는 해당 호주 2. 양자, 파양은 양가의 호주 3. 혼인, 이혼은 혼가의 호주 4. 입가는 입가된 사람의 호주 5. 부적은 부적된 사람의 호주

② 전항의 경우에 호주가 신고할 수 없으면 호주를 대신할 주재자, 주재자가 없으면 가족이나 친족, 가족이나 친족이 없으면 사실이 발생한 처소나 건물 등을 관리하는 자 또는 이웃에서 신고해야 한다.

제3조 혼인, 이혼, 양자, 파양의 신고에는 친가(實家) 호주가 연서해야 한다. 단, 연서를 얻을 수 없을 때는 신고서에 그 뜻을 부기해야 한다.

제4조 제2조의 신고의무자가 본적지 외에 거주할 때는 거주지 관할 면장에게

신고할 수 있다.

제6조 제1조의 신고를 게을리 한 자는 50 이하의 태형이나 5환 이하의 벌금에 처한다. 거짓으로 신고한 자는 6개월 이하의 징역, 태형 또는 100환 이하의 벌금에 처한다.

■ **민적법집행심득**(1909년 3월 20일, 내부 훈령 제39호 '民籍法執行心得')

* 출처: 『(舊韓國)官報』 4332, 1909년 3월 23일자(국한문을 현대어로 발췌 번역).

제1조 ① 민적에 관한 사항을 기재하기 위해 경찰서, 경찰분서, 순사주소(巡査駐所)에 민적부를 비치한다.

② 민적법 제1조 각 호의 사실이 발생해 민적부에서 제적한 자는 면별로 편철해서 제적부를 만든다.

제2조 민적에는 지명과 호번호(戶番號)를 붙여야 한다.

제3조 ① 민적의 기재 순위는 다음과 같다.

1. 호주 2. 호주의 직계존속 3. 호주의 배우자 4. 호주의 직계비속 및 그 배우자 5. 호주의 방계친 및 그 배우자 6. 호주의 친족이 아닌 자

② 첩은 처에 준한다.

제4조 ① 기아를 발견한 경우에는 일가창립으로 처리해야 한다.

② 단, 양자로 수양하려는 자가 있으면 일가창립한 후 양자로 처리하고, 부양자가 있을 때는 그의 부적으로 처리해야 한다.

■ 민적사무 취급에 관한 건(1915년 8월 7일, 관통첩 제240호 '民籍事務取扱ニ關スル件')

*출처:『朝鮮總督府官報』904, 1915년 8월 7일자(일본어를 발췌 번역).

1. 민적의 편제, 기재와 제적 취급에 관한 사항

(1) 민적은 부(府) 또는 면(面)의 구역 내에 본적을 정한 자에 대하여 호주를 본으로 삼아 1호마다 편제할 것

(2) 동일 가옥에 거주하는 자라도 생계를 달리할 때는 별호(別戶)로 하고 가옥을 달리하는 자라도 동일 생계 아래 있는 자는 1호로 간주할 것

(5) 민적은 본 절 제11항, 제12항과 제13절의 경우를 제외하고는 신고의무자가 신고한 때에 한해서 기재할 것

4. 출생에 관한 사항

(1) 적출자는 출생 순서에 따라 장남(녀), 이남(녀)로 기재하고 서자가 있어도 적출자의 순위에는 영향을 주지 않을 것

(2) 첩이 낳은 자녀는 서자, 남편이 없는 부녀가 낳은 자녀는 사생자로 취급할 것

(3) 남자 17세 미만, 여자 15세 미만인 자 사이에서 태어난 자녀는 그 남녀가 혼인식을 올린 경우라도 서자로 취급할 것

(4) 전항의 경우, 서자의 부모가 나중에 혼인신고하면 서자의 신위(身位)를 적출자로 고치고 출생별, 기타 관계 사항을 정정할 것

(5) 사생자는 모친의 민적에 등록하고 부친란을 공란으로 할 것

(6) 사생자 인지신고가 있은 때는 부친이 속한 가의 민적에 서자로 등록하고 모친란에는 모친의 성명을 기입한 후 그 사유를 사유란에 기재할 것

(7) 전항을 등록했거나 또는 입적 완료[入籍濟]의 통지를 받았을 때는 해당 사생자의 사유란에 그 사유를 기재하고 모친 가의 민적에서 그를 지울 것

(8) 서자나 사생자의 신위란에는 서자남(녀) 또는 사생자남(녀)로 기재하고,

장남, 장녀로 기재해서는 안 될 것

8. 혼인에 관한 사항

(1) 남 17세 미만, 여 15세 미만인 자의 혼인신고는 수리해서는 안 될 것

(2) 남편 또는 처를 가진 자가 중복해서 한 혼인신고는 수리해서는 안 될 것

(4) 조선인 여자가 혼인으로 인해 일본인[內地人]의 이에(家)에 들어간 때는 그 뜻을 민적의 사유란에 기재하고 민적에서는 그를 지울 것

(5) 조선인이 일본인을 처로 삼은 때는 혼인으로 인한 입적의 취급을 할 것

9. 이혼에 관한 사항

(1) 처가 이혼하여 친가에 복적해야 할 경우, 친가가 이미 끊어져서 친족의 가에 들어가려 할 때는 이혼신고와 동시에 입가신고하게 하고, 만약 친족의 가에 들어갈 수 없을 때는 일가창립신고를 하게 할 것

(2) 재판상의 이혼신고에는 확정 판결의 등본을 첨부하게 할 것

10. 양자에 관한 사항

(1) 양자를 들일 수 있는 자는 호주인지 가족인지를 불문하고 기혼 남자이면서 친생자손[實子孫](남)이 없는 자에 한하고, 양자가 될 수 있는 자는 양친의 남계 혈족 남자 중 아들(자)의 항렬에 해당하면서 양친보다 어린 자에 한하므로, 이에 반하는 양자신고는 수리해서는 안 될 것

(2) 조선인 남자가 양자 또는 서양자입양으로 인해 일본인의 이에에 들어간 때는 그 뜻을 민적의 사유란에 기재하고 민적에서는 그를 지워서는 안 될 것

(3) 처자가 있는 자가 입양된 때 처자는 당연 양가에 들어가야 하므로 따로 입가신고를 요하지 않을 것

(4) 수양자신고는 수리해서는 안 될 것. 단, 이미 수리한 것은 종전대로 취급할 것

11. 파양에 관한 사항

(1) 호주가 된 양자의 파양신고는 수리해서는 안 될 것

(2) 파양으로 인한 복적은 이혼에 관한 사항 중 제1항의 예에 따라 취급할 것

(3) 재판상의 파양신고에는 확정 판결의 등본을 첨부하게 할 것

(4) 수양자가 양가를 떠나는 경우에는 파양에 준하여 절차를 밟게 한 후 수양자였던 자에게 일가창립신고를 하게 할 것

12. 분가에 관한 사항

(1) 장남 또는 여자의 분가신고는 수리해서는 안 될 것

14. 입가에 관한 사항

(1) 호주가 타가에 있는 자기 또는 가족의 친족을 혼인이나 입양에 의하지 않고 그 가에 들어오게 하려 할 때는 입가신고를 하게 할 것

(2) 입가한 자가 호주의 친족이 아닐 때는 신위란에 그 가족과의 관계를 기재할 것

(3) 호주가 가를 폐하고 타가에 들어가는 경우에는 가족에 대하여 따로 입가신고를 요하지 않을 것

(4) 입가한 자를 이적시키려 할 때는 호주가 신고하게 할 것

15. 폐가에 관한 사항

(1) 상속으로 계승한 가의 폐가신고는 본가 상속을 위한 경우를 제외하고는 수리해서는 안 될 것

(2) 분가 또는 일가창립으로 인해 새로 호주가 된 자의 폐가신고는 수리할 것

■ **법례**(1898년 6월 15일, 일본 법률 제10호 '法例')

* 출처: 『官報』 號外, 1898년 6월 21일자(일본어를 발췌 번역).

제2조 공서양속에 반하지 않는 관습은 법령의 규정으로 인정한 것 및 법령에 규정이 없는 사항에 관한 것에 한해 법률과 동일한 효력을 갖는다.

제13조 ① 혼인의 성립 요건은 각 당사자에 대해 그 본국법에 따라 정한다. 단, 그 방식은 혼인 거행지의 법률에 따른다.

② 전항의 규정은 민법 제777조를 적용해도 무방하다.

제14조 ① 혼인의 효력은 남편의 본국법에 따른다.

② 외국인이 여호주와 입부혼인하거나 일본인의 서양자가 된 경우, 혼인의 효력은 일본의 법률에 따른다.

제17조 자녀가 적출인지 아닌지는 출생 당시 어머니의 남편이 속했던 나라의 법률에 따라 정한다. 만약 남편이 출생 전에 사망했으면 마지막에 속했던 나라의 법률에 따라 정한다.

제18조 ① 사생자 인지의 요건은 아버지 또는 어머니에 관해서는 인지 당시 아버지 또는 어머니가 속했던 나라의 법률에 따라 정하고, 자녀에 관해서는 인지 당시 자녀가 속했던 나라의 법률에 따라 정한다.

② 인지의 효력은 아버지 또는 어머니의 본국법에 따른다.

제19조 ① 입양의 요건은 각 당사자에 대해 그 본국법에 따라 정한다.

② 입양의 효력 및 파양은 양친의 본국법에 따른다.

제29조 당사자의 본국법에 따라야 할 경우 그 나라의 법률에 의해 일본의 법률에 따라야 할 때는 일본의 법률에 따른다.

■ **조선인과 일본인의 혼인의 민적 절차에 관한 건**(1921년 6월 7일, 조선총독부령 제99호 '朝鮮人ト内地人トノ婚姻ノ民籍手續ニ關スル件')

*출처: 『朝鮮總督府官報』 號外, 1921년 6월 7일자(일본어를 전문 번역)

제1조 조선인과 일본인이 조선에서 혼인한 때는 혼인일로부터 10일 이내에 당사자 쌍방이 부윤 또는 면장에게 신고[屆出]해야 한다.

제2조 혼인신고는 남편의 본적지 또는 소재지에서 해야 한다. 단, 조선인이 여호주인 일본인과 입부혼인한 경우에는 처의 소재지에서 해야 한다.

제3조 ① 혼인신고서에는 다음 사항을 기재하고 신고인이 서명 날인해야 한다.

1. 당사자의 씨명 또는 성명, 출생 연월일, 본적과 직업 2. 부모의 씨명 또는 성명과 본적, 부모와의 관계 3. 당사자가 가족일 때는 호주의 씨명 또는 성명과 본적, 호주와의 관계 4. 조선인이 여호주인 일본인과 입부혼인한 때 또는 입부가 호주가 된 때는 그 뜻

② 당사자 일방이 일본의 혼가로부터 다시 혼인으로 인해 조선의 가에 들어온 경우는 전항에 든 사항 외에 친가 호주의 씨명 또는 성명과 본적을 기재해야 한다.

③ 신고서에는 만 20세 이상의 증인 2인 이상이 출생 연월일과 본적을 기재하고 서명 날인해야 한다.

제4조 혼인으로 적출자 신분을 취득한 자녀가 있는 경우에는 혼인신고서에 그 자의 씨명 또는 성명, 출생 연월일과 본적, 적출자가 된 사유를 기재해야 한다.

제5조 ① 혼인에 호주, 부모, 후견인, 친족회, 기타의 동의를 요할 때는 신고서에 동의를 증명하는 서면을 첨부해야 한다. 단, 동의한 자에게 신고서에 그 뜻을 부기하게 하는 것으로 족하다.

② 혼인에 관청의 허가를 요할 때는 신고서에 허가서 등본을 첨부해야 한다.
③ 제1항의 동의를 증명하는 서면 또는 신고서에는 동의한 자가 출생 연월일과 본적을 기재하고 서명 날인해야 한다.
제6조 신고인, 증인, 동의자가 본적에 있지 않을 때는 신고서 또는 동의서에 그 소재를 기재해야 한다.
제7조 ① 구두로 신고하려면 신고인은 부청 또는 면사무소에 출두하여 신고서에 기재해야 하는 사항을 진술해야 한다.
② 부윤 또는 면장은 진술을 필기하고 신고 연월일을 기재하여 신고인에게 들려주고 또 그 서면에 서명 날인하게 해야 한다.
제8조 제3조 제3항, 제5조, 제6조의 규정은 앞 조 제2항의 서면에 준용한다.
제9조 민적법 제5조 2~제5조 6의 규정은 혼인 또는 이혼으로 조선의 가를 떠난 자와 일본의 이에를 떠나 조선의 가에 들어온 자의 민적 기재 절차에 준용한다.

부칙

제10조 본령은 공통법 제3조 시행일부터 시행한다.
제11조 ① 본령 시행 전 조선인과 일본인 사이에 한 혼인 또는 이혼으로 민적법 또는 호적법에 따라 신고(申告) 또는 신고[届出]한 것에 대해, 부윤 또는 면장은 본령이 정한 바에 준하여 입적, 제적, 기타의 절차를 행해야 한다.
② 당사자, 호주, 기타 이해관계인은 당사자의 본적지 부윤 또는 면장에게 전항의 신고(申告) 또는 신고[届出]가 있었던 뜻을 자진신고[申出]해야 한다.

■ 조선호적령(1922년 12월 18일, 조선총독부령 제154호 '朝鮮戶籍令')

*출처: 『朝鮮總督府官報』 3106, 1922년 12월 18일자(일본어를 발췌 번역)

제1장 총칙

제1조 조선인의 호적에 관해서는 조선민사령의 규정에 의한 것 외에 본령이 정한 바에 따른다.

제3장 호적의 기재 절차

제21조 신고[屆出] 사건 본인의 본적이 한 부 또는 면에서 다른 부 또는 면으로 전속되는 경우, 신고를 수리한 부윤이나 면장은 민적에 기재한 후 지체 없이 신고서 한 통을 다른 부윤 또는 면장에게 송부해야 한다.

제22조 앞 조의 경우를 제외하고 다른 부윤 또는 면장이 민적에 기재할 필요가 있는 경우, 신고를 수리한 부윤이나 면장은 지체 없이 신고서 한 통을 다른 부윤 또는 면장에게 송부해야 한다.

제23조 본적이 분명하지 않은 자 또는 본적이 없는 자에 관한 신고를 수리한 후 그 자의 본적이 분명해진 뜻 또는 그 자가 본적을 갖게 된 뜻을 신고한 경우, 앞 2조의 규정은 그 신고서와 전에 수리한 신고서에 적용한다.

제24조 앞 3조의 규정은 신고서가 아닌 서면을 받아 민적에 기재한 경우에 준용한다. 이 경우 부윤 또는 면장은 접수한 서면의 등본을 만들어 송부해야 한다.

제25조 ① 신고 사건 본인의 본적이 다른 부 또는 면으로 전속되는 경우, 입적지의 부윤 또는 면장은 민적에 기재한 후 제적지의 부윤 또는 면장에게 입적 통지를 해야 한다. 단, 입적지의 부윤 또는 면장이 신고를 수리한 때는 이에 해당하지 않는다.

제32조 제21조~제24조와 제25조 제1항의 규정은 공통법 제3조의 규정에 의

해 조선의 가를 떠난 자와 다른 지역의 이에를 떠나 조선의 가에 들어온 자의 호적의 기재 절차에 준용한다.

제4장 신고

제1절 통칙

제33조 신고는 신고 사건 본인의 본적지 또는 신고인의 소재지에서 해야 한다.

제34조 본적이 분명하지 않은 자 또는 본적이 없는 자에 대해 신고한 후 그 자의 본적이 분명해진 때 또는 그 자가 본적을 갖게 된 때는 신고인 또는 신고 사건의 본인은 그 사실을 안 날로부터 10일 이내에 신고 사건을 표시하여 신고를 수리한 부윤 또는 면장에게 그 뜻을 신고해야 한다.

제36조 ① 신고서에는 다음 사항을 기재하고 신고인은 그에 서명 날인해야 한다.

1. 신고 사건 2. 신고 연월일 3. 신고인의 출생 연월일 및 본적

② 신고 사건으로 신고 사건의 본인을 따라 가를 떠나거나, 타가에 들어가거나, 기타 신분이 바뀌는 자가 있을 경우에는 신고서에 그 자의 성명, 출생 연월일, 본적, 신분 변경 사유를 기재해야 한다.

제37조 ① 신고인과 신고 사건의 본인이 다를 때는 신고서에 그 관계를 기재해야 한다.

② 신고인이 가족일 때는 신고서에 호주의 성명 및 신고인과 호주의 관계를 기재해야 한다.

제40조 신고에 증인을 요하는 경우, 증인은 신고서에 출생 연월일 및 본적을 기재하고 서명, 날인해야 한다.

제41조 신고인, 신고 사건의 본인 또는 증인이 본적에 있지 않을 때는 신고서

에 그 소재를 기재해야 한다.

제42조 신고서에 기재해야 할 사항이면서 존재하지 않는 것 또는 알 수 없는 것이 있을 때는 그 뜻을 기재해야 한다. 단, 부윤 또는 면장은 특히 중요하다고 인정되는 사항을 기재하지 않은 신고서를 수리할 수 없다.

제47조 ① 신고 사건에 호주, 부모, 후견인, 친족회, 기타의 동의나 승낙을 요할 때는 신고서에 동의 또는 승낙을 증명하는 서면을 첨부해야 한다. 단, 동의 또는 승낙한 자에게 신고서에 그 뜻을 부기하고 서명, 날인하게 하는 것으로 족하다.

② 신고 사건에 관청의 허가를 요할 때는 신고서에 허가서 등본을 첨부해야 한다.

제2절 출생

제57조 ① 출생신고는 14일 이내에 해야 한다.

② 신고서에는 다음 사항을 기재해야 한다.

1. 자녀의 성명, 본관 및 남녀의 구별 2. 자녀가 사생자 또는 서자일 때는 그 뜻 3. 출생의 연월일시 및 장소 4. 부모의 성명, 본적 및 직업 5. 자녀가 들어가야 할 가의 호주의 성명 및 본적 6. 자녀가 일가를 창립할 때는 그 뜻, 창립의 원인 및 장소

제58조 출생신고는 출생지에서 할 수 있다.

제60조 ① 적출자 출생신고는 부친이 하고, 부친이 신고할 수 없을 때는 모친이 해야 한다.

② 서자 출생신고는 부친이 하고, 사생자 출생신고는 모친이 해야 한다.

③ 앞 2항의 규정에 따라 신고해야 할 자가 신고할 수 없는 경우, 다음에 거론한 자는 그 순서에 따라 신고해야 한다.

제1. 호주 제2. 동거자 제3. 분만에 입회한 의사 또는 산파 제4. 분만을 도운 자

제65조 ① 기아를 발견한 자 또는 기아 발견 신고를 받은 경찰관은 24시간 이내에 그 뜻을 부윤 또는 면장에게 자진신고해야 한다.

② 전항의 자진신고가 있은 때 부윤 또는 면장은 성명을 붙이고 본적을 정하며, 또 부속품을 발견한 장소, 연월일시, 기타 상황 및 성명, 남녀의 구별, 출생 추정연월일, 본적을 조서에 기재해야 한다. 그 조서는 신고서로 간주한다.

제3절 인지

제68조 사생자인지 신고서에는 다음 사항을 기재해야 한다.

1. 자녀의 성명, 남녀의 구별, 출생 연월일 및 본적 2. 사망한 자녀를 인지하는 경우에는 사망의 연월일 3. 부친이 인지하는 경우에는 모친의 성명 및 본적, 부친의 직업 4. 자녀가 가족일 때는 호주의 성명, 본적 및 호주와 자녀의 관계

제69조 태내에 있는 자녀를 인지하는 경우에는 신고서에 그 뜻, 모친의 성명과 본적을 기재하고, 인지자의 본적지에서 신고해야 한다.

제70조 부친이 서자 출생신고를 한 때 그 신고는 인지신고의 효력을 갖는다. 민법 제836조 제2항의 규정에 따라 적출자여야 할 자에 대해 부모가 적출자 출생신고를 한 때 역시 동일하다.

제71조 인지의 재판이 확정된 때 소송을 제기한 자는 재판이 확정된 날로부터 10일 이내에 재판의 등본을 첨부하여 제68조의 규정에 따른 신고를 해야 한다. 그 신고서에는 재판 확정일을 기재해야 한다.

제4절 입양

제75조 ① 입양신고서에는 다음 사항을 기재해야 한다.

1. 당사자의 성명, 본관, 출생 연월일, 본적 및 직업 2. 양자의 친부모[實父母]의 성명 및 본적 3. 당사자가 가족일 때는 호주의 성명, 본적 및 호주와의 관계 4. 새로 가를 창립한 자가 양자가 될 때는 그 뜻

② 전항의 신고는 당사자 쌍방 및 성년의 증인 2인 이상이 해야 한다.

제78조 입양신고는 양친의 본적지 또는 소재지에서 해야 한다.

제5절 파양

제80조 ① 파양신고서에는 다음 사항을 기재해야 한다.

1. 당사자의 성명, 본관, 본적 및 직업 2. 양자의 친부모의 성명 및 본적 3. 당사자가 가족일 때는 호주의 성명 및 본적 4. 양자가 복적해야 할 가의 호주의 성명 및 본적 5. 양자가 일가를 창립할 때는 그 뜻, 창립의 원인 및 장소. 단, 친가를 재흥할 때는 그 뜻 및 재흥의 장소

② 제75조 제2항의 규정은 전항의 신고에 준용한다.

③ 제1항의 신고를 한 후 양자가 복적해야 할 가의 절가로 인해 일가를 창립했음을 안 때는 10일 이내에 절가 호주의 성명, 본적 및 절가 연월일을 신고서에 기재하여 그 뜻을 신고해야 한다.

제82조 파양의 재판이 확정된 때 소송을 제기한 자는 재판이 확정된 날로부터 10일 이내에 재판의 등본을 첨부하여 제80조 제1항의 규정에 따른 신고를 해야 한다. 그 신고서에는 재판 확정일을 기재해야 한다.

제6절 혼인

제84조 ① 혼인신고서에는 다음 사항을 기재해야 한다.

1. 당사자의 성명, 본관, 출생 연월일, 본적 및 직업 2. 부모의 성명 및 본적 3. 당사자가 가족일 때는 호주의 성명, 본적 및 호주와의 관계 4. 초서(招壻)일 때는 그 뜻

② 당사자 일방이 혼가로부터 다시 혼인으로 인해 타가에 들어가는 경우에는 전항에 든 사항 외 친가 호주의 성명 및 본적을 기재해야 한다.

③ 제75조 제2항의 규정은 제1항의 신고에 준용한다.

제85조 혼인신고는 남편의 본적지 또는 소재지에서 해야 한다. 단, 초서의 경우에는 처의 본적지 또는 소재지에서 신고해야 한다.

제7절 이혼

제87조 ① 이혼신고서에는 다음 사항을 기재해야 한다.

1. 당사자의 성명, 본관, 본적 및 직업 2. 부모의 성명 및 본적 3. 당사자가 가족일 때는 호주의 성명, 본적 4. 혼가를 떠나는 자가 복적해야 할 가의 호주의 성명 및 본적 5. 혼가를 떠나는 자가 일가를 창립할 때는 그 뜻, 창립의 원인 및 장소. 단, 친가를 재흥할 때는 그 뜻 및 재흥의 장소

② 제75조 제2항의 규정은 제1항의 신고에 준용한다.

③ 제1항의 신고를 한 후 혼가를 떠난 자가 복적해야 할 가의 절가로 인해 일가를 창립했음을 안 때는 10일 이내에 절가 호주의 성명, 본적 및 절가 연월일을 신고서에 기재하여 그 뜻을 신고해야 한다.

제88조 이혼의 재판이 확정된 때 소송을 제기한 자는 재판이 확정된 날로부터 10일 이내에 재판의 등본을 첨부하여 앞 조 제1항의 규정에 따른 신고를 해야 한다. 그 신고서에는 재판 확정일을 기재해야 한다.

제11절 친족입적

제100조 호주가 타가에 있는 자기 또는 가족의 친족을 가족으로 삼으려 할 때는 다음 사항을 신고서에 기재하여 그 뜻을 신고해야 한다.

1. 입적해야 할 자의 성명, 본관 및 출생 연월일 2. 입적해야 할 가의 호주 또는 가족과 입적해야 할 자의 관계 3. 입적해야 할 자의 원적(原籍) 호주의 성명, 본적 및 그 호주와 입적해야 할 자의 관계

제14절 전적 및 취적

제119조 ① 전적하려 할 때는 신본적을 신고서에 기재하여 호주가 그 뜻을 신고해야 한다.

② 다른 부 또는 면에 전적하는 경우에는 호적등본을 신고서에 첨부해야 한다.

제120조 전적신고는 전적지에서 할 수 있다.

제121조 ① 본적이 없는 자는 취적하려는 곳을 관할하는 재판소의 허가를 얻어 10일 내에 취적신고를 해야 한다.

② 신고서에는 제11조에 든 사항 외 취적의 허가 연월일을 기재해야 한다.

제122조 취적신고는 취적지에서 할 수 있다.

제124조 제121조의 규정은 확정 판결로 인해 취적신고해야 할 경우에 준용한다. 이 경우에는 판결의 등본을 신고서에 첨부해야 한다.

부칙

제131조 ① 본령 시행 전 공통법 제3조의 규정에 의해 조선의 가를 떠나거나 또는 다른 지역의 이에를 떠나 조선의 가에 들어온 경우 민적법 또는 호적법에 따라 신고(申告) 또는 신고[届出]한 것에 대해서는 부윤 또는 면장은 본령이

정한 바에 준하여 입적, 제적, 기타 절차를 해야 한다.

② 당사자, 호주, 기타 이해관계인은 당사자의 본적지 부윤 또는 면장에게 그 신고(申告) 또는 신고[届出]가 있었던 뜻을 자진신고[申出]해야 한다.

〈부표 1〉

조선의 각연말 현재 내선결혼 부부 수(도별)

	1916				1917			
	일조혼인	조일혼인	조일입서	일조입서	일조혼인	조일혼인	조일입서	일조입서
경기도	44				29			
	14	30			8	20	1	
충청북도	2				2			
	1	1			1	1		
충청남도	12				3			
	1	11			1	2		
전라북도	10				13			
	8	2			9	4		
전라남도	10				8			
	6	2	1	1	6	1	1	
경상북도	10				11			
	3	6		1	8	3		
경상남도	22				18			
	8	13	1		6	9	1	2
황해도	5				5			
	4	1			2	3		
평안남도	10				9			
	4	6			4	5		
평안북도	3				3			
		3			1	2		
강원도	2				3			
		2			2	1		
함경남도	10				10			
	4	6			3	7		
함경북도	5				7			
	2	2	1		3	4		
총계	145				121			
	55	85	3	2	54	62	3	2

* 일조혼인: 조선인 여성을 처로 삼은 일본인 / 조일혼인: 일본인 여성을 처로 삼은 조선인 / 조일입서: 일본인의 가에 입서한 조선인 / 일조입서: 조선인의 가에 입서한 일본인
* ( )는 각 년 중 결혼한 것. 1924~32년은 외서(外書)로 기재된 것을 내서(內書)로 수정함.

	1923	1924					1925				
	내선 부부 수	합계	일조혼인	조일혼인	조일입서	일조입서	합계	일조혼인	조일혼인	조일입서	일조입서
경기도	43	72(12)	20(1)	50(10)	1	1(1)	85(7)	36(6)	47	2(1)	
충청북도	3	15(6)	6(2)	7(3)	2(1)		11(2)	9(2)	2		
충청남도	4	25	3	22			25(2)	7(1)	18(1)		
전라북도	21	22	9	9	2	2	21	11	8	2	
전라남도	31	35(6)	8	25(6)	1	1	33	14	19		
경상북도	30	36(5)	7	21(3)	8(2)		41(1)	8	29	4(1)	
경상남도	41	65(12)	14	45(9)	5(3)	1	73(14)	19(3)	47(8)	7(3)	
황해도	10	8	①5	3			12	10	2		
평안남도	12	18(1)	11(1)	2	1	4	25(4)	18(1)	5(2)	1(1)	1
평안북도	16	18	13	5			27(3)	21(3)	5	1	
강원도	10	13(3)	6(1)	5(1)	2(1)		12	7	5		
함경남도	15	17	12	4	1		25	18	5	2	
함경북도	9	16	11	5			14	9	5		
총계	245	360(45)	125(5)	203(32)	23(7)	9(1)	404(33)	187(16)	197(11)	19(6)	1

*① 원문 5(1)

	1926				1927			
	일조혼인	조일혼인	조일입서	일조입서	일조혼인	조일혼인	조일입서	일조입서
경기도	97(8)				② 113(11)			
	38(1)	57(6)	2(1)		46(2)	65(7)		2(2)
충청북도	11				9			
	8	3			6	3		
충청남도	17				19(1)			
	3	14			1	17(1)	1	
전라북도	20				23			
	10	9	1		13	10		
전라남도	42(4)				53(5)			
	21(3)	20(1)	1		27(3)	25(2)	1	
경상북도	42				50(2)			
	9	28	5		11	34(2)	5	
경상남도	87(17)				80(10)			
	25(3)	56(14)	6		27(4)	47(6)	6	
황해도	19				22			
	15	4			16	6		
평안남도	25				28(3)			
	19	5	1		20(2)	8(1)		
평안북도	27(2)				29			
	23(2)	3	1		25	3	1	
강원도	20(2)				14			
	22(1)	8(1)			8	6		
함경남도	34				41(2)			
	26	7	1		31(2)	10		
함경북도	18(2)				18(6)			
	13(1)	5(1)			14(6)	4		
총계	459(35)				499(40)			
	222(11)	219(23)	18(1)		245(19)	238(19)	14	2(2)

*② 출전 4의 원문 102(12). 즉 내서로 수정하면 114(12).

	1928				1929			
	일조혼인	조일혼인	조일입서	일조입서	일조혼인	조일혼인	조일입서	일조입서
경기도	106(15)				111(18)			
	45(1)	55(9)	5(5)	1	49(11)	54(5)	8(2)	
충청북도	12				15(1)			
	8	4			8	7(1)		
충청남도	23				24			
	6	16	1		4	19	1	
전라북도	32(9)				35(5)			
	18(5)	13(3)	1(1)		17(1)	16(3)	2(1)	
전라남도	51(2)				67(5)			
	21	28(2)	1	1	27(1)	38(4)	1	1
경상북도	49(4)				54(4)			
	11	31(2)	7(2)		14	32(3)	8(1)	
경상남도	80(5)				79(2)			
	30(2)	47(3)	3		31	45(1)	3(1)	
황해도	22				20(1)			
	17	5			13(1)	7		
평안남도	32				68(5)			
	21	9	2		39(2)	27(3)	2	
평안북도	35(1)				50(5)			
	28(1)	6	1		40(5)	9	1	
강원도	28(1)				30			
	17(1)	11			22	8		
함경남도	34				36			
	28	6			31	5		
함경북도	23(3)				26(2)			
	16(1)	7(2)			15	10(1)	1(1)	
총계	527(40)				615(48)			
	266(11)	238(21)	21(8)	2	310(21)	277(21)	27(6)	1

	1930				1931			
	일조혼인	조일혼인	조일입서	일조입서	일조혼인	조일혼인	조일입서	일조입서
경기도	141(23)				169(21)			
	59(7)	70(13)	11(3)	1	65(3)	91(15)	13(3)	
충청북도	22(1)				18(1)			
	10	12(1)			13(1)	5		
충청남도	36				32			
	10	23	3		11	21		
전라북도	47(4)				50(2)			
	24(4)	20	2	1	25(1)	22(1)	1	2
전라남도	79(1)				91			
	33(1)	43	3		45	45	1	
경상북도	78(11)				80(7)			
	18	48(6)	12(5)		21(2)	46(4)	13(1)	
경상남도	101(14)				112(10)			
	41(6)	55(8)	5		46(5)	62(5)	4	
황해도	30(3)				34			
	20(3)	10			22	11	1	
평안남도	71(1)				64(5)			
	39	29	3(1)		35(4)	26(1)	2	1
평안북도	55(2)				63(5)			
	46(2)	7	2		52(4)	7(1)	2	2
강원도	44				54			
	29	15			37	15	1	1
함경남도	46(2)				57			
	31(1)	10(1)	2	3	44	12	1	
함경북도	36(4)				28(1)			
	③ 25(3)	8(1)	3		22(1)	4	2	
총계	786(66)				852(52)			
	385(27)	350(30)	46(9)	5	438(21)	367(27)	41(4)	6

*③ 원문 23.

	1932				1933			
	일조혼인	조일혼인	조일입서	일조입서	일조혼인	조일혼인	조일입서	일조입서
경기도	193(26)				173(9)			
	74(9)	103(13)	16(4)		78(7)	83(2)	11	1
충청북도	14				14			
	6	8			5	9		
충청남도	37				54(1)			
	16	18	1	2	24(1)	25	1	4
전라북도	53				54			
	33	19	1		29	24	1	
전라남도	100(2)				111(4)			
	63(2)	29	6	2	62	43(4)	5	1
경상북도	97(10)				110(14)			
	31(5)	54(5)	11	1	41(5)	54(5)	15(4)	
경상남도	112(10)				106(5)			
	45(2)	63(8)	4		43(2)	59(3)	4	
황해도	49				45(2)			
	40	8		1	36(2)	9		
평안남도	51				59(1)			
	39	12			38(1)	19	1	1
평안북도	80(1)				78(2)			
	63(1)	12	4	1	67(1)	9(1)	2	
강원도	48				88(9)			
	32	15	1		59(7)	18	3	8(2)
함경남도	72				83			
	56	14	2		64	16	3	
함경북도	48(6)				54(1)			
	35(3)	9(3)	2	2	43(1)	9	2	
총계	954(55)				1,029(48)			
	533(22)	364(29)	48(4)	9	589(27)	377(15)	48(4)	15(2)

	1934				1935			
	일조혼인	조일혼인	조일입서	일조입서	일조혼인	조일혼인	조일입서	일조입서
경기도	197(5)				183(1)			
	101(3)	82(2)	14		94(1)	74	13	2
충청북도	18(3)				18(1)			
	7(1)	10(1)	1(1)		6	12(1)		
충청남도	46				50			
	22	23	1		23	26	1	
전라북도	65(3)				71(1)			
	39(2)	23(1)	3		44(1)	24	3	
전라남도	108(5)				88			
	71(3)	31(2)	6		60	24	4	
경상북도	83(7)				88(2)			
	39(4)	41(2)	2(1)	1	35	50(2)	3	
경상남도	115(9)				145(10)			
	41(1)	67(6)	7(2)		50(1)	86(8)	9(1)	
황해도	53(2)				60(2)			
	44(2)	9			47	12(2)		1
평안남도	48(7)				50			
	26(5)	18(2)	3	1	28	20	1	1
평안북도	73(1)				82(1)			
	61(1)	10	1	1	71(1)	8	2	1
강원도	53(3)				58			
	37(3)	15	1		35	22	1	
함경남도	96				86(1)			
	71	22	2	1	64	20(1)	2	
함경북도	62				59			
	43	14	2	3	44	13	1	1
총계	1,017(45)				1,038(19)			
	602(25)	365(16)	43(4)	7	601(4)	391(14)	40(1)	6

	1936				1937			
	일조혼인	조일혼인	조일입서	일조입서	일조혼인	조일혼인	조일입서	일조입서
경기도	204(6)				227(14)			
	97(3)	94(3)	13		107(7)	104(6)	16(1)	
충청북도	20(2)				15			
	8(1)	12(1)			5	8	2	
충청남도	61				63			
	28	30	2	1	30	28	1	4
전라북도	79				77(3)			
	41	29	9		42	30(2)	3	2(1)
전라남도	98				105(1)			
	67	27	4		71(1)	31	2	1
경상북도	91(7)				106(2)			
	40(5)	49(2)	2		43(2)	57	6	
경상남도	145(12)				157(14)			
	50(1)	85(9)	10(2)		57(3)	92(9)	8(2)	
황해도	62(2)				76			
	45(2)	13	1	3	49	16	2	9
평안남도	50				70(2)			
	31	17		2	40(1)	26	1	3(1)
평안북도	90(7)				80			
	76(6)	8	4(1)	2	66	8	3	3
강원도	70				63			
	37	28		5	40	23		
함경남도	82(4)				84(12)			
	59(3)	21(1)	1	1	56(6)	28(6)		
함경북도	69				83(1)			
	46	17	1	5	58(1)	21	4	
총계	1,121(40)				1,206(49)			
	625(21)	430(16)	47(3)	19	664(21)	④ 472(23)	48(3)	22(2)

*④ 원문 471 또는 472.

	1939			
	일조혼인	조일혼인	조일입서	일조입서
경기도	389			
	127	230	28	4
충청북도	70			
	23	39	8	
충청남도	147			
	46	91	8	2
전라북도	101			
	51	42	8	
전라남도	291			
	112	134	45	
경상북도	238			
	86	132	15	5
경상남도	514			
	121	318	75	
황해도	129			
	78	45	6	
평안남도	166			
	89	63	11	3
평안북도	140			
	79	35	26	
강원도	144			
	97	44	3	
함경남도	197			
	112	67	18	
함경북도	152			
	114	30	8	
총계	2,678			
	1,135	1,270	259	14

*출전

1. 1916~17년

(1916년은 일조혼인 유형에서 4명 누락되어 총계 145)

1) 難波可水,「內鮮人通婚の狀態如何」,『朝鮮及滿洲』125, 1917, 80~82쪽.

2) 朝鮮駐箚憲兵隊司令部·朝鮮総督府警務総監部,「内地人ト朝鮮人トノ雑婚数」,『大正五年警察統計』, 1917, 79~81쪽; 朝鮮憲兵隊司令部·朝鮮総督府警務総監部,「内地人ト朝鮮人トノ雑婚数」,『大正六年警察統計』, 1918, 89~90쪽.

2. 1923년

朝鮮総督府庶務部調査課,「朝鮮人と内地人との配偶狀況」,『調査彙報』10, 1924, 93~94쪽.

3. 1924~25년, 1927년, 1932~33년(『朝鮮』)

「內鮮人配偶の趨勢」,『朝鮮』123, 1925, 122쪽;「だんだん殖えゆく內地人と朝鮮人の配偶者」,『朝鮮』136, 1926, 116~118쪽;「內地人と朝鮮人の配偶者」,『朝鮮』161, 1928, 130~131쪽;「(彙報) 婚姻に現はれたる內鮮融和」,『朝鮮』218, 1933, 124~125쪽;「(彙報) 內地人と朝鮮人との配偶數」,『朝鮮』228, 1934, 135쪽.

4. 1925~28년(『朝鮮総督府官報』)

「内地人ト朝鮮人ノ配偶者数調査」,『朝鮮総督府官報』4168, 1926년 7월 12일자;「内地人ト朝鮮人ノ配偶者数調査」,『朝鮮総督府官報』192, 1927년 8월 18일자;「内地人ト朝鮮人トノ配偶数調」,『朝鮮総督府官報』504, 1928년 8월 31일자;「内地人ト朝鮮人トノ配偶数調」,『朝鮮総督府官報』862, 1929년 11월 15일자.

5. 1929~37년(『調査月報』)

「内地人と朝鮮人との配偶数調」,『調査月報』1-2, 1930, 24~25쪽;「内地人と朝鮮人との配偶数調」,『調査月報』2-5, 1931, 16쪽;「内地人と朝鮮人との配偶数」,『調査月報』3-6, 1932, 10쪽;「内地人と朝鮮人との婚姻」,『調査月報』4-7, 1933, 10~11쪽;「内地人と朝鮮人との配偶」,『調査月報』5-6, 1934, 2~3쪽;「婚姻及離婚」,『調査月報』6-8, 1935, 23~24쪽;「昭和十年の婚姻及離婚」,『調査月報』7-10, 1936, 120~121쪽;「昭和十一年の婚姻及離婚」,『調査月報』8-9, 1937, 116~117쪽;「内地人と朝鮮人との配偶調」,『調査月報』9-11, 1938, 18~19쪽.

6. 1939년

1)「朝鮮民事令一部改正(創氏制度)に關する特殊言動」,『思想彙報』23, 1940, 80~81쪽.

2) 朝鮮總督府警務局保安課,「1-(2)-3. 民情調査」,『高等外事月報』9, 1940, 24~26쪽.

3)「平南에 內鮮結婚이 百五十餘組」,『每日新報』1940년 4월 8일자.

〈부표 2〉

조선의 각연말 현재 내선결혼 부부 수(직업별)

	1916				1917			
	일조혼인	조일혼인	조일입서	일조입서	일조혼인	조일혼인	조일입서	일조입서
농림 및 목축업	28				20			
	17	10		1	11	7		2
공업	5				13			
	5				9	4		
상업 및 교통업	44				36			
	15	26	3		11	23	2	
공무 및 자유업	31				10			
	8	23			4	6		
기타 유업자	29				34			
	10	19			18	15	1	
무직 및 직업을 신고하지 않은 자	12				8			
	4	7		1	1	7		
총계	149				121			
	59	85	3	2	54	62	3	2

	1924				1925			
	일조혼인	조일혼인	조일입서	일조입서	일조혼인	조일혼인	조일입서	일조입서
농림 및 목축업	51(7)				36(1)			
	19	26(5)	6(2)		17	19(1)		
어업 및 제염업	5(2)				14(2)			
	1	3(1)	1(1)		6(1)	5(1)	3	
공업	38(2)				53(3)			
	21(1)	11(1)	3	3	32	16(2)	5(1)	
상업 및 교통업	115(13)				146(14)			
	25(1)	82(11)	7(1)	1	48(5)	91(6)	7(3)	
공무 및 자유업	102(16)				112(8)			
	48(3)	47(10)	5(2)	2(1)	65(6)	43	3(2)	1
기타 유업자	37(3)				32(4)			
	8	27(2)	1(1)	1	15(3)	16(1)	1	
무직 및 직업을 신고하지 않은 자	12(2)				11(1)			
	3	7(2)		2	4(1)	7		
총계	360(45)				404(33)			
	125(5)	203(32)	23(7)	9(1)	187(16)	197(11)	19(6)	1

* 일조혼인: 조선인 여성을 처로 삼은 일본인 / 조일혼인: 일본인 여성을 처로 삼은 조선인 / 조일입서: 일본인의 가에 입서한 조선인 / 일조입서: 조선인의 가에 입서한 일본인

* ( )는 각 년 중 결혼한 것. 1924~32년은 외서(外書)로 기재된 것을 내서(內書)로 수정함.

	1920				1923
	일조혼인	조일혼인	조일입서	일조입서	내선부부수
농림 및 목축업	20				43
	12	8			
어업 및 제염업					2
공업					25
상업 및 교통업	36				72
	9	23	4		
공무 및 자유업	16				69
	7	9			
기타 유업자	10				31
	3	7			
무직 및 직업을 신고하지 않은 자	3				3
		3			
총계	85				245
	31	50	4		

	1926				1927			
	일조혼인	조일혼인	조일입서	일조입서	일조혼인	조일혼인	조일입서	일조입서
농림 및 목축업	51(4)				59(3)			
	27(2)	21(2)	3		26	28(3)	5	
어업 및 제염업	11(2)				4			
	5(1)	5(1)	1		2	2		
공업	52(6)				①60(5)			
	31(2)	19(4)	2		38(5)	19	3	
상업 및 교통업	163(13)				165(17)			
	55(3)	102(9)	6(1)		66(6)	94(9)	3	2(2)
공무 및 자유업	127(4)				142(6)			
	76(1)	47(3)	4		81(3)	58(3)	3	
기타 유업자	34(4)				47(7)			
	19(2)	13(2)	2		25(5)	22(2)		
무직 및 직업을 신고하지 않은 자	21(2)				22(2)			
	9	12(2)			7	15(2)		
총계	459(35)				499(40)			
	222(11)	219(23)	18(1)		245(19)	238(19)	14	2(2)

*①출전 5의 원문 55(7). 즉 내서로 수정하면 62(7).

	1928				1929			
	일조혼인	**조일혼인**	**조일입서**	**일조입서**	**일조혼인**	**조일혼인**	**조일입서**	**일조입서**
농림 및 목축업	67(4)				71(7)			
	39(1)	21(3)	5	2	45(3)	21(3)	5(1)	
어업 및 제염업	5				6			
	2	3			2	4		
공업	65(7)				78(8)			
	33(1)	28(4)	4(2)		43(3)	30(4)	4(1)	1
상업 및 교통업	175(11)				219(15)			
	70(2)	99(7)	6(2)		84(4)	116(8)	9(3)	
공무 및 자유업	161(13)				165(12)			
	100(6)	56(4)	5(3)		96(8)	63(3)	6(1)	
기타 유업자	36(4)				55(5)			
	17(1)	18(2)	1(1)		34(2)	19(3)	2	
무직 및 직업을 신고하지 않은 자	18(1)				21(1)			
	5	13(1)			6(1)	14	1	
총계	527(40)				615(48)			
	266(11)	238(21)	21(8)	2	310(21)	277(21)	27(6)	1

	1932				1933			
	일조혼인	**조일혼인**	**조일입서**	**일조입서**	**일조혼인**	**조일혼인**	**조일입서**	**일조입서**
농림 및 목축업	145(4)				150(8)			
	80(2)	55(2)	8	2	82(4)	59(3)	7(1)	2
어업 및 제염업	17				26(2)			
	8	7	2		13(1)	9	2	2(1)
공업	129(5)				164(8)			
	95(2)	29(2)	5(1)		117(6)	40(2)	5	2
상업 및 교통업	278(22)				305(11)			
	130(9)	125(12)	20(1)	3	135(7)	145(3)	22(1)	3
공무 및 자유업	262(9)				270(11)			
	160(4)	91(5)	7	4	179(6)	78(2)	8(2)	5(1)
기타 유업자	83(11)				84(6)			
	48(4)	32(6)	3(1)		50(3)	29(3)	4	1
무직 및 직업을 신고하지 않은 자	40(4)				29(2)			
	12(1)	25(2)	3(1)		12	17(2)		
총계	954(55)				1,029(48)			
	533(22)	364(29)	48(4)	9	589(27)	377(15)	48(4)	15(2)

* 항목명 변경(1933): 농업, 임업, 목축업 등 → 농림 및 목축업

	1930				1931			
	일조혼인	조일혼인	조일입서	일조입서	일조혼인	조일혼인	조일입서	일조입서
농림 및 목축업	104(12)				120(4)			
	48(3)	47(6)	8(3)	1	55(1)	57(2)	6(1)	2
어업 및 제염업	13(1)				10(1)			
	6(1)	6	1		6(1)	4		
공업	97(3)				109(7)			
	56(1)	36(2)	5		70(5)	34(2)	5	
상업 및 교통업	280(20)				284(16)			
	112(5)	143(11)	21(4)	4	117(3)	147(12)	19(1)	1
공무 및 자유업	193(14)				194(11)			
	115(9)	72(4)	6(1)		123(9)	66(2)	4	1
기타 유업자	72(13)				100(8)			
	43(7)	26(5)	3(1)		50	42(6)	6(2)	2
무직 및 직업을 신고하지 않은 자	27(3)				35(5)			
	5(1)	20(2)	2		17(2)	17(3)	1	
총계	786(66)				852(52)			
	385(27)	350(30)	46(9)	5	438(21)	367(27)	41(4)	6

	1934				1935			
	일조혼인	조일혼인	조일입서	일조입서	일조혼인	조일혼인	조일입서	일조입서
농림 및 목축업	124(1)				135(2)			
	79(1)	41	4		85(1)	49(1)	1	
어업 및 제염업	27(1)				16			
	19(1)	8			9	6	1	
공업	168(12)				171(1)			
	128(8)	35(4)	5		126(1)	41	3	1
상업 및 교통업	343(14)				336(7)			
	153(6)	167(6)	18(2)	5	146	167(6)	21(1)	2
공무 및 자유업	235(12)				254(3)			
	② 163(9)	58(1)	12(2)	2	165(1)	76(2)	10	3
기타 유업자	77				85(4)			
	44	32	1		53(1)	30(3)	2	
무직 및 직업을 신고하지 않은 자	43(5)				41(2)			
	16	24(5)	3		17	22(2)	2	
총계	1,017(45)				1,038(19)			
	602(25)	365(16)	43(4)	7	601(4)	391(14)	40(1)	6

*② 원문 123.

	1936				1937			
	일조혼인	**조일혼인**	**조일입서**	**일조입서**	**일조혼인**	**조일혼인**	**조일입서**	**일조입서**
농림 및 목축업	141(3)				158(4)			
	84(2)	52(1)	1	4	106(3)	52(1)		
어업 및 제염업	28				30(3)			
	19	8	1		19(3)	10	1	
공업	214(6)				241(9)			
	156(5)	46(1)	9	3	179(5)	57(4)	2	3
상업 및 교통업	335(18)				355(17)			
	126(4)	181(11)	23(3)	5	128(2)	196(13)	24(2)	7
공무 및 자유업	282(10)				294(11)			
	180(9)	85(1)	12	5	165(6)	102(2)	18(1)	9(2)
기타 유업자	79				86(5)			
	45	32	1	1	53(2)	29(3)	1	3
무직 및 직업을 신고하지 않은 자	42(3)				42			
	15(1)	26(2)	1		14	26	2	
총계	1,121(40)				1,206(49)			
	625(21)	430(16)	47(3)	19	664(21)	472(23)	48(3)	22(2)

*출전

1. 1916~17년

(1916년은 일조혼인 유형에서 4명 누락. 원문 농림 및 목축업 15, 기타 유업자 8)

1) 難波可水,「内鮮人通婚の狀態如何」,『朝鮮及滿洲』 125, 1917, 80~82쪽.

2) 朝鮮駐箚憲兵隊司令部·朝鮮総督府警務総監部,「内地人ト朝鮮人トノ雑婚数」,『大正五年警察統計』, 1917, 79~81쪽; 朝鮮憲兵隊司令部·朝鮮総督府警務総監部,「内地人ト朝鮮人トノ雑婚数」,『大正六年警察統計』, 1918, 89~90쪽.

2. 1920년

1) 朝鮮銀行調査部,「內鮮人結婚數」,『朝鮮事情: 大正十年七月上半』, 1921, 47쪽.

2) 儒道振興會,「(雜纂) 內鮮人結婚數」,『儒道』 4, 1921, 112~113쪽(조일혼인 유형 공무 및 자유업 7, 조일입서 직업 누락)

3) 江原道儒道闡明會,「(雜報)內鮮人結婚數」,『會報』 1, 1922(연도 오류).

3. 1923년

朝鮮総督府庶務部調査課,「朝鮮人と内地人との配偶狀況」,『調査彙報』 10, 1924, 93~94쪽.

4. 1924~25년, 1927년, 1932~33년(『朝鮮』)

「内鮮人配偶の趨勢」,『朝鮮』 123, 1925, 122쪽;「だんだん殖えゆく内地人と朝鮮人の配偶者」,『朝鮮』 136, 1926, 118~119쪽;「内地人と朝鮮人の配偶者」,『朝鮮』 161, 1928, 131쪽;「(彙報) 婚姻に現はれたる內鮮融和」,『朝鮮』 218, 1933, 124~125쪽;「(彙報) 內地人と朝鮮人との配偶數」,『朝鮮』 228, 1934, 135쪽.

5. 1925~28년(『朝鮮総督府官報』)

「内地人ト朝鮮人ノ配偶者数調査」,『朝鮮総督府官報』 4168, 1926년 7월 12일자;「内地人ト朝鮮人ノ配偶者数調査」,『朝鮮総督府官報』 192, 1927년 8월 18일자;「内地人ト朝鮮人トノ配偶数調」,『朝鮮総督府官報』 504, 1928년 8월 31일자;「内地人ト朝鮮人トノ配偶数調」,『朝鮮総督府官報』 862, 1929년 11월 15일자.

6. 1929~37년(『調査月報』)

「内地人と朝鮮人との配偶数調」,『調査月報』 1-2, 1930, 25쪽;「内地人と朝鮮人との配偶数調」,『調査月報』 2-5, 1931, 17쪽;「内地人と朝鮮人との配偶数」,『調査月報』 3-6, 1932, 11쪽;「内地人と朝鮮人との婚姻」,『調査月報』 4-7, 1933, 11쪽;「内地人と朝鮮人との配偶」,『調査月報』 5-6, 1934, 3~4쪽;「婚姻及離婚」,『調査月報』 6-8, 1935, 24~25쪽;「昭和十年の婚姻及離婚」,『調査月報』 7-10, 1936, 121~122쪽;「昭和十一年の婚姻及離婚」,『調査月報』 8-9, 1937, 117~118쪽;「内地人と朝鮮人との配偶調」,『調査月報』 9-11, 1938, 19~20쪽.

〈부표 3〉

조선인구동태통계의 내선결혼·이혼 통계

① 1938년	혼인(단위: 건)								
	총수	남편이 일본인인 경우			남편이 조선인인 경우				전년 이전
		총수	보통	초서	총수	보통	입부	서양자	(別揭)
총계	907	68	68		839	578	179	82	
조선 총수	74	51	51		23	13	7	3	1
경기도	15	7	7		8	3	4	1	
충청북도	2	1	1		1	1			
충청남도	6	4	4		2	1		1	
전라북도	3	2	2		1		1		
전라남도	5	5	5						
경상북도	4	2	2		2		1	1	1
경상남도	16	12	12		4	4			
황해도	4	3	3		1	1			
평안남도	5	5	5						
평안북도									
강원도	3	2	2		1	1			
함경남도	7	5	5		2	1	1		
함경북도	4	3	3		1	1			
부 총수	29	15	15		14	6	5	3	
경성부	10	3	3		7	3	3	1	
인천부	2	1	1		1		1		
개성부	1	1	1						
대전부	1				1			1	
군산부									
전주부									
목포부	1	1	1						
광주부									
대구부	2	1	1		1			1	
부산부	2				2	2			
마산부									
평양부	4	4	4						
진남포부									
신의주부									
원산부									
함흥부	5	3	3		2	1	1		
청진부									
나진부	1	1	1						
조선 외 총수	833	17	17		816	565	172	79	16
일본 본토	811	9	9		802	556	168	78	16
대만	1	1	1						
화태	8				8	6	2		
남양군도	1				1	1			
관동주									
외국	12	7	7		5	2	2	1	
항해중									
불명확									

① 1938년	이혼(단위: 건)							
	총수	남편이 일본인인 경우			남편이 조선인인 경우			전년 이전 (別揭)
		총수	처가 혼가 떠남	남편이 혼가 떠남	총수	처가 혼가 떠남	남편이 혼가 떠남	
총계	70	7	7		63	50	13	
조선 총수	13	5	5		8	8		
경기도	6	3	3		3	3		
충청북도	1				1	1		
충청남도								
전라북도								
전라남도	1				1	1		
경상북도	1	1	1					
경상남도	2				2	2		
황해도								
평안남도	1				1	1		
평안북도	1	1	1					
강원도								
함경남도								
함경북도								
부 총수	8	3	3		5	5		
경성부	4	1	1		3	3		
인천부								
개성부								
대전부								
군산부								
전주부								
목포부								
광주부	1				1	1		
대구부	1	1	1					
부산부								
마산부								
평양부	1				1	1		
진남포부								
신의주부	1	1	1					
원산부								
함흥부								
청진부								
나진부								
조선 외 총수	57	2	2		55	42	13	
일본 본토	57	2	2		55	42	13	
대만								
화태								
남양군도								
관동주								
외국								
항해중								
불명확								

② 1939년	혼인(단위: 건)								
	총수	남편이 일본인인 경우			남편이 조선인인 경우				전년 이전
		총수	보통	초서	총수	보통	입부	서양자	(別掲)
총계	1,005	105	105		900	642	187	71	12
조선 총수	99	72	72		27	21	4	2	1
경기도	30	17	17		13	10	1	2	
충청북도	1	1	1						
충청남도	7	5	5		2	1	1		
전라북도	1				1	1			
전라남도	7	5	5		2	1	1		
경상북도	13	12	12		1	1			1
경상남도	9	7	7		2	1	1		
황해도	4	4	4						
평안남도	6	4	4		2	2			
평안북도	7	6	6		1	1			
강원도	3				3	3			
함경남도	6	6	6						
함경북도	5	5	5						
부 총수	39	23	23		16	12	2	2	1
경성부	21	9	9		12	9	1	2	
인천부	3	2	2		1	1			
개성부	2	2	2						
대전부									
군산부									
전주부									
목포부	2	1	1		1		1		
광주부									
대구부	2	2	2						1
부산부									
마산부									
해주부	1	1	1						
평양부	2	1	1		1	1			
진남포부	1	1	1						
신의주부	1				1	1			
원산부									
함흥부	2	2	2						
청진부	2	2	2						
나진부									
조선 외 총수	906	33	33		873	621	183	69	11
일본 본토	887	27	27		860	615	179	66	11
대만	1	1	1						
화태	4	2	2		2	2			
남양군도									
관동주									
외국	14	3	3		11	4	4	3	
항해중									
불명확									

② 1939년	이혼(단위: 건)							
	총수	남편이 일본인인 경우			남편이 조선인인 경우			전년 이전 (別揭)
		총수	처가 혼가 떠남	남편이 혼가 떠남	총수	처가 혼가 떠남	남편이 혼가 떠남	
총계	92	8	8		84	69	15	
조선 총수	13	5	5		8	7	1	
경기도	2	1	1		1		1	
충청북도	1				1	1		
충청남도								
전라북도	2				2	2		
전라남도	1				1	1		
경상북도	3	2	2		1	1		
경상남도	2	1	1		1	1		
황해도								
평안남도	1	1	1					
평안북도	1				1	1		
강원도								
함경남도								
함경북도								
부 총수	1	1	1					
경성부	1	1	1					
인천부								
개성부								
대전부								
군산부								
전주부								
목포부								
광주부								
대구부								
부산부								
마산부								
해주부								
평양부								
진남포부								
신의주부								
원산부								
함흥부								
청진부								
나진부								
조선 외 총수	79	3	3		76	62	14	
일본 본토	79	3	3		76	62	14	
대만								
화태								
남양군도								
관동주								
외국								
항해중								
불명확								

③ 1940년	혼인(단위: 건)								
	총수	남편이 일본인인 경우			남편이 조선인인 경우				전년 이전
		총수	보통	서양자	총수	보통	입부	서양자	(別揭)
총계	1,213	97	94	3	1,116	859	175	82	14
조선 총수	106	73	70	3	33	27	5	1	
경기도	34	17	16	1	17	13	3	1	
충청북도	1	1	1						
충청남도	3	3	3						
전라북도	5	3	3		2	1	1		
전라남도	10	8	8		2	2			
경상북도	12	11	10	1	1		1		
경상남도	17	12	11	1	5	5			
황해도	2	1	1		1	1			
평안남도	6	6	6						
평안북도	3	2	2		1	1			
강원도	4	3	3		1	1			
함경남도	7	5	5		2	2			
함경북도	2	1	1		1	1			
부 총수	39	19	17	2	20	16	3	1	
경성부	22	5	4	1	17	13	3	1	
인천부	2	2	2						
개성부	1	1	1						
대전부									
군산부	1	1	1						
전주부									
목포부									
광주부	2	2	2						
대구부	2	2	1	1					
부산부	3	2	2		1	1			
마산부	2				2	2			
진주부									
해주부									
평양부	4	4	4						
진남포부									
신의주부									
원산부									
함흥부									
청진부									
나진부									
조선 외 총수	1,107	24	24		1,083	832	170	81	14
일본 본토	1,084	16	16		1,068	819	168	81	14
대만	1				1	1			
화태	6				6	5	1		
남양군도									
관동주									
외국	16	8	8		8	7	1		
항해중									
불명확									

③ 1940년	이혼(단위: 건)							
	총수	남편이 일본인인 경우			남편이 조선인인 경우			전년 이전 (別揭)
		총수	처가 혼가 떠남	남편이 혼가 떠남	총수	처가 혼가 떠남	남편이 혼가 떠남	
총계	90	8	8		82	64	18	7
조선 총수	6	3	3		3	3		
경기도	2	1	1		1	1		
충청북도								
충청남도								
전라북도	1	1	1					
전라남도	1	1	1					
경상북도	1				1	1		
경상남도								
황해도								
평안남도								
평안북도	1				1	1		
강원도								
함경남도								
함경북도								
부 총수	2	2	2					
경성부								
인천부	1	1	1					
개성부								
대전부								
군산부								
전주부								
목포부								
광주부	1	1	1					
대구부								
부산부								
마산부								
진주부								
해주부								
평양부								
진남포부								
신의주부								
원산부								
함흥부								
청진부								
나진부								
조선 외 총수	84	5	5		79	61	18	7
일본 본토	82	3	3		79	61	18	6
대만								
화태								
남양군도								
관동주								
외국	2	2	2					1
항해중								
불명확								

④ 1941년	혼인(단위: 건)								
	총수	남편이 일본인인 경우			남편이 조선인인 경우				전년 이전
		총수	보통	서양자	총수	보통	입부	서양자	(別揭)
총계	1,416	113	113		1,303	1,012	225	66	37
조선 총수	121	71	71		50	43	4	3	4
경기도	22	12	12		10	7	3		
충청북도	4	1	1		3	3			
충청남도	8	5	5		3	3			1
전라북도	4	3	3		1	1			1
전라남도	6	5	5		1			1	1
경상북도	21	12	12		9	9			
경상남도	23	14	14		9	7		2	1
황해도	2	2	2						
평안남도	13	8	8		5	4	1		
평안북도	6	4	4		2	2			
강원도	4	3	3		1	1			
함경남도	6	2	2		4	4			
함경북도	2				2	2			
부 총수	48	22	22		26	21	4	1	2
경성부	17	8	8		9	6	3		
인천부	1	1	1						
개성부									
대전부	1				1	1			
군산부									
전주부									
목포부									1
광주부									
대구부	8	5	5		3	3			
부산부	4	3	3		1	1			1
마산부	2				2	2			
진주부	2	1	1		1			1	
해주부									
평양부	7	2	2		5	4	1		
진남포부	2	2	2						
신의주부									
원산부									
함흥부	3				3	3			
청진부	1				1	1			
나진부									
조선 외 총수	1,295	42	42		1,253	969	221	63	33
일본 본토	1,258	30	30		1,228	946	220	62	33
대만	3	2	2		1	1			
화태	8				8	8			
남양군도									
관동주	2	1	1		1	1			
외국	24	9	9		15	13	1	1	
항해중									
불명확									

④ 1941년	이혼(단위: 건)							
	총수	남편이 일본인인 경우			남편이 조선인인 경우			전년 이전(別揭)
		총수	처가 혼가 떠남	남편이 혼가 떠남	총수	처가 혼가 떠남	남편이 혼가 떠남	
총계	102	6	6		96	79	17	5
조선 총수	36	1	1		35	34	1	1
경기도	6				6	6		
충청북도	2				2	2		
충청남도	1				1	1		
전라북도								
전라남도	4				4	4		
경상북도	8				8	7	1	
경상남도	7				7	7		1
황해도	2	1	1		1	1		
평안남도	2				2	2		
평안북도	3				3	3		
강원도								
함경남도	1				1	1		
함경북도								
부 총수	7				7	7		1
경성부	6				6	6		
인천부								
개성부								
대전부								
군산부								
전주부								
목포부								
광주부								
대구부	1				1	1		
부산부								1
마산부								
진주부								
해주부								
평양부								
진남포부								
신의주부								
원산부								
함흥부								
청진부								
나진부								
조선 외 총수	66	5	5		61	45	16	4
일본 본토	63	3	3		60	45	15	4
대만								
화태								
남양군도								
관동주								
외국	3	2	2		1		1	
항해중								
불명확								

⑤ 1942년	혼인(단위: 건)								
	총수	남편이 일본인인 경우			남편이 조선인인 경우				1938년 이후
		총수	보통	서양자	총수	보통	입부	서양자	누계(단위: 명)
총계	1,530	172	172		1,358	1,094	210	54	6,071
조선 총수	72	25	25		47	43	4		472
경기도	22	7	7		15	13	2		123
충청북도	1				1	1			9
충청남도	2				2	1	1		26
전라북도	3	1	1		2	2			16
전라남도	5	2	2		3	2	1		33
경상북도	6	2	2		4	4			56
경상남도	11	2	2		9	9			76
황해도	3				3	3			15
평안남도	4	3	3		1	1			34
평안북도	2	2	2						18
강원도	3	1	1		2	2			17
함경남도	6	4	4		2	2			32
함경북도	4	1	1		3	3			17
부 총수	48	15	15		33	29	4		203
경성부	20	7	7		13	11	2		90
인천부									8
개성부									4
대전부	1				1		1		3
군산부	1	1	1						2
전주부									
목포부	1				1		1		4
광주부									2
대구부	1	1	1						15
부산부	6	1	1		5	5			15
마산부	3				3	3			7
진주부	1	1	1						3
해주부	1				1	1			2
평양부	6	1	1		5	5			23
진남포부									3
신의주부	1	1	1						2
원산부									
함흥부	2	1	1		1	1			12
청진부	2	1	1		1	1			5
나진부	1				1	1			2
성진부	1				1	1			1
조선 외 총수	1,458	147	147		1,311	1,051	206	54	5,599
일본 본토	1,418	134	134		1,284	1,028	202	54	5,458
만주국	21	8	8		13	9	4		122
기타	19	5	5		14	14			19

* 1938~1941년은 만주국에 다른 외국을 포함한다.

⑤ 1942년	이혼(단위: 건)							
	총수	남편이 일본인인 경우			남편이 조선인인 경우			1938년 이후 누계(단위: 명)
		총수	처가 혼가 떠남	남편이 혼가 떠남	총수	처가 혼가 떠남	남편이 혼가 떠남	
총계	102	15	13	2	87	61	26	456
조선 총수	12	1	1		11	10	1	80
경기도	2				2	2		18
충청북도								4
충청남도	1				1	1		2
전라북도								3
전라남도	1				1	1		8
경상북도	3				3	3		16
경상남도	1				1	1		12
황해도								2
평안남도	1				1	1		5
평안북도	1				1	1		7
강원도								
함경남도	1				1		1	2
함경북도	1	1	1					1
부 총수	5	1	1		4	4		23
경성부	1				1	1		12
인천부	1				1	1		2
개성부								
대전부								
군산부								
전주부								
목포부								1
광주부								2
대구부	2				2	2		3
부산부								
마산부								
진주부								
해주부								
평양부								1
진남포부								
신의주부								1
원산부								
함흥부								
청진부	1	1	1					1
나진부								
성진부								
조선 외 총수	90	14	12	2	76	51	25	376
일본 본토	87	12	10	2	75	50	25	368
만주국			1			1		5
기타	3	2	1		1			3

*출전
① 1938년: 朝鮮總督府, 「6. 內鮮人間婚姻及離婚」, 『昭和十三年朝鮮人口動態統計』, 1940, 부록 20~21쪽.
② 1939년: 朝鮮總督府, 「6. 內鮮人間婚姻及離婚」, 『昭和十四年朝鮮人口動態統計』, 1941, 부록 20~21쪽.
③ 1940년: 朝鮮總督府, 「6. 內鮮人間婚姻及離婚」, 『昭和十五年朝鮮人口動態統計』, 1942, 부록 20~21쪽.
④ 1941년: 朝鮮總督府, 「第27表. 內地人ト朝鮮人トノ間ニ於ケル婚姻件数及離婚件数」, 『昭和十六年朝鮮人口動態統計』, 1943, 344~345쪽.
⑤ 1942년: 朝鮮總督府, 「第5表. 朝鮮人ト內地人間ニ於ケル婚姻及離婚件数」, 『昭和十七年朝鮮人口動態統計』, 1944, 12~13쪽.

〈부표 4〉

대만인구동태통계의 내대공혼·이혼 통계

	일본인 남성-대만인 여성				대만인 남성-일본인 여성			
	한인(漢人) 처		원주민 처		한인(漢人) 남편		원주민 남편	
	혼인	이혼	혼인	이혼	혼인	이혼	혼인	이혼
1906	2							
1907								
1908	2		1					
1909								
1910								
1911	1							
1912	4							
1913								
1914	1							
1915	1							
1916	1	1						
1917	1							
1918								
1919								
1920	1							
1921	1				7			
1922	1				8			
1923	3				2			
1924	3		1		5			
1925					2			
1926	5		1		12			
1927	6				8			
1928	3				5		1	
1929	4	2			9			
1930	1				5		1	
1931	1				12	2		
1932	2				15			
1933	5	1	1		31	1		

	일본인 남성-대만인 여성				대만인 남성-일본인 여성			
	한인(漢人) 처		원주민 처		한인(漢人) 남편		원주민 남편	
	혼인	이혼	혼인	이혼	혼인	이혼	혼인	이혼
1934	5				29			
1935	8				21	1		
1936	3				22	2	1	
1937	9		1		19	4		
1938	10		1		30	2		
1939	14				24	3		
1940	5				31	1		
1941	7				31	3	1	
1942	12		1		33	2		
합계	122	4	7	0	361	21	4	0

*출전:『臺灣人口動態統計』각년판.

참고문헌

1. 자료

1) 정기 간행물

(1) 조선

『(舊韓國)官報』, 『朝鮮總督府官報』

『開闢』, 『警務彙報』, 『警察統計』, 『高等外事月報』, 『內鮮一體』, 『司法協會雜誌』, 『思想彙報』, 『三千里』, 『調査月報』, 『調査彙報』, 『朝鮮』, 『朝鮮及滿洲』, 『朝鮮事情』, 『朝鮮人口動態統計』, 『朝鮮總督府月報』, 『朝鮮彙報』, 『戶口統計』 『戶籍』

『京城日報』, 『國民報』, 『獨立新聞』, 『東亞日報』, 『每日申(新)報』, 『釜山日報』, 『新韓民報』, 『朝鮮日報』, 『朝鮮中央日報』, 『中外日報』

(2) 일본

『官報』

『救濟』, 『國家學會雜誌』, 『國際法外交雜誌』, 『南洋經濟研究』, 『法學新報』, 『婦人公論』, 『亞細亞研究』, 『外交時報』, 『優生學』, 『遺傳』, 『人口問題』, 『人口問題研究』, 『人類學·人類遺傳學·體質學論文集(第三冊)』, 『太陽』, 『特高月報』

『東京朝日新聞』, 『讀賣新聞』

(3) 대만

『臺灣時報』, 『社會事業の友』

2) 단행본

嘉常慶,『訂正增補台灣戶口事務提要』, 新竹州: 新竹州警察文庫, 1932.

警務總監部 警務課 民籍係 編纂,『民籍要覽』, 京城印刷所, 1914.

關宏二郎,『戶籍制度』, 自治行政叢書 13, 東京: 常磐書房, 1933.

南雲幸吉,『現行 朝鮮親族相續法類集』, 京城: 大阪屋號書店, 1935.

內部 警務局 編纂,『民籍法ノ說明』, 1909.

內部 警務局 編纂,『民籍事務概要』, 日韓印刷株式會社, 1910.

栗生武夫,『婚姻立法における二主義の抗爭』, 京都: 弘文堂書房, 1928.

飯島喬平 講述,『民法要論』, 東京: 早稲田大學出版部藏版, 1911.

法務省 民事局,『戶籍先例全集』, 東京: 行政學會印刷所, 1952.

司法協會 編,『司法協會決議回答輯錄』, 京城: 司法協會, 1932.

霜山精一 編,『親族相續先例類纂』, 東京: 巖松堂書店, 1928(增訂再版).

杉滙 編,『戶籍回答要旨類集』, 東京: 戶籍協會, 1924.

細谷定,『(日鮮對照)朝鮮民籍要覽』, 京城: 斯道館, 1915.

實方正雄,「國籍法」,『新法學全集』 27, 東京: 日本評論社, 1938a.

實方正雄,「共通法」,『新法學全集』 27, 東京: 日本評論社, 1938b.

辻朔郎 外 編,『司法省親族·相續·戶籍·寄留先例大系』, 東京: 淸水書店, 1940.

兒玉政介,『國籍法論』, 東京: 廣文館, 1933.

外務省 特別資料課 編,『日本占領及び管理重要文書集: 朝鮮人台湾人琉球人関係』, 東京: 東洋経済新報社, 1950.

野村調太郎,『朝鮮戶籍令義解』, 巖松堂書店, 1923.

元 法典調査局,『慣習調査報告書』, 朝鮮總督府, 1910.

人口問題研究會 編,『人口政策と國土計画』, 東京: 人口問題研究會, 1942.

姉齒松平,『本島人ノミニ關スル親族法竝相續法ノ大要』, 臺北: 臺法月報發行所, 1938.

長島毅 編,『司法省戶籍寄留先例全集』, 東京: 帝國地方行政學會, 1921.

切山篤太郎·春澤得一 共編,『朝鮮親族相續慣習類纂』, 巖松堂京城店, 1920.

朝鮮總督府,『最近朝鮮事情要覽』, 1918, 1919, 1922년도판.

朝鮮總督府,『朝鮮の人口現象』, 1927.
朝鮮總督府,『朝鮮總督府時局對策調査會諮問答申書』, 1938(민속원, 1998).
朝鮮總督府 司法部 法務課 編纂,『民籍例規集』, 大成印刷社, 1917.
朝鮮總督府 法務局 編纂,『民籍例規』, 大成印刷社, 1922.
朝鮮總督府 法務局 編纂,『改訂 朝鮮戶籍例規』, 朝鮮司法協會, 1929.
朝鮮總督府 法務局 編纂,『(昭和八年 改正) 朝鮮戶籍例規』, 司法協會.
朝鮮總督府 法務局 編纂,『朝鮮戶籍及寄留例規』, 鮮光印刷株式會社, 1943.
朝鮮總督府 法務局 編纂,『朝鮮戶籍及寄留屆書式集』, 朝鮮戶籍協會, 1944.
朝鮮總督府 中樞院 編,『民事慣習回答彙集』, 朝鮮印刷株式會社, 1933.
朝鮮總督府 中樞院,『朝鮮舊慣制度調査事業概要』, 近澤商店印刷部, 1938.
朝鮮總督府 中樞院,『中樞院會議參議答申書』, 1938~1941.
朝鮮戶籍協會,『朝鮮戶籍及寄留質疑回答輯錄』, 鮮光印刷株式會社, 1944.
中川善之助,『略說 身分法學』, 東京: 岩波書店, 1930.
中川善之助,「戶籍法及び寄留法」,『新法學全集』 12, 東京: 日本評論社, 1937.
車田篤,『朝鮮戶籍令義解』, 朝鮮地方行政學會, 1937.
淸宮四郎,『外地法序說』 公法叢書 3, 東京: 有斐閣, 1944.
坂本斐郎,『外地邦人在留外人戶籍寄留訓令通牒実例類纂』, 東京: 明倫館, 1938.
坂部正道,『母国の対土着民政策』, 朝鮮總督府, 1927.
板垣不二男·岡村司 合著,『戶籍法釋義』, 東京: 明治大學出版部, 1905(第7版, 초판 1898).

3) 자료집

姜德相·梶村秀樹 編,『現代史資料』 25·26, 東京: みすず書房, 1966·1967.
高麗書林 編,『齋藤實文書』 13, 高麗書林, 1990.
金正明 編,『日韓外交資料集成』 第6巻 下, 東京: 巖南堂書店, 1965.
민족문제연구소 편,『일제하 전시체제기 정책사료총서』 6·13·22·33, 2000.
山本四郎 編,『寺內正毅関係文書: 首相以前』, 京都: 京都女子大學, 1984.
水野直樹 編,『戦時期植民地統治資料』, 東京: 柏書房, 1998.

朝鮮總督府 編,『朝鮮總督府帝國議會說明資料』, 東京: 不二出版, 1998.
衆議院,『帝國議會衆議院秘密會議事速記録集』 (2), 東京: 衆議院事務局, 1996.

4) 공문서

(1) 한국

『朝鮮戶籍令事案』(국립중앙도서관, 朝-33-15).
朝鮮總督府 法務局 民事係,『戶籍例規: 自大正15年至昭和4年』, 1929(국가기록원, CJA0004039).
朝鮮總督府 法務局 民事係,『昭和 5年 戶籍例規』, 1930(국가기록원, CJA0004047).
朝鮮總督府 法務局 民事係,『昭和 7·8年 戶籍例規』, 1933(국가기록원, CJA0004072).

(2) 일본

국회도서관 헌정자료실:『大野緣一郞關係文書』,『大塚常三郞關係文書』,『鈴木三郞關係文書』,『阿部信行關係文書』.
외교사료관:
· 외무성 기록:『本邦內政關係雜纂—植民地關係』(A-5-0-0-1_1),『戶籍事務關係雜件—朝鮮及臺灣ノ部』(K-1-2-1-5_2).
· 茗荷谷研修所舊藏記錄:『本邦人婚姻及法規關係雜件』(K1),『朝鮮人及ビ台灣人ノ內地人式氏名變更關係雜件』(K2/ 국사편찬위원회, CO0000002252).
공문서관:『共通法規調査委員長上申共通法案法制局ヘ回付ノ件』(2A-014-00·纂01346100).
기타:
『犯罪檢擧ノ狀況·內鮮人通婚ノ狀況他』(東京大學 東洋文化研究所, D80:8).
警視廳 特別高等課 內鮮高等係,『(大正 13年 9月末 調査)事務概要』(東京經濟大學, 일본 국회도서관 검색, JAIRO 열람).
山名酒喜男,『朝鮮人を中心として: 內閣總力戰研究所に於ける講義要旨』, 1942(東京經濟大學, 일본 국회도서관 검색, JAIRO 열람).
厚生省 人口問題研究所,『(極祕)大東亜建設民族人口資料 14: 內地在住朝鮮人出

産力調査概要』, 1942(일본 국회도서관 디지털 컬렉션).
厚生省研究所 人口民族部,『大和民族を中核とする世界政策の検討』, 1943(일본 국립사회보장·인구문제연구소 홈페이지/『民族人口政策研究資料: 戦時下に於ける厚生省研究部人口民族部資料』, 文生書院, 1982).
「(資料)在日朝鮮人に対する同化政策の「協和事業」(1943)」,『在日朝鮮人史研究』 17, 1987.

5) 평전, 자서전, 인터뷰

角田房子,『わが祖國』, 東京: 新潮社, 1990.
江原道 産業部 農政課,『李圭完翁逸話集』, 行政學會印刷所, 1942.
金素雲,『金素雲隨筆選集』 5, 亞成出版社, 1978.
批判新聞社,『李圭完翁百年史』, 批判新聞社, 1958.
上坂冬子,『慶州ナザレ園』, 東京: 中央公論新社, 2010(개정판).
石川奈津子,『海峡を渡った妻たち』, 東京: 同時代社, 2001.
小磯國昭,『葛山鴻爪』, 東京: 小磯國昭自敍傳刊行會, 1963.
瞬星追慕文集發刊委員會,『瞬星秦學文追慕文集』, 광명인쇄공사, 1975.
伊藤孝司,『(新版)日本人花嫁の戦後』, 群馬: LYU工房, 1996.
이중섭 지음, 박재삼 옮김,『이중섭, 그대에게 가는 길』, 다빈치, 2000.
田內基,『母よ, そして我が子らへ』, 東京: 新聲社, 1984.
後藤文利,『韓国の桜』, 福岡: 梓書院, 2010.
藤崎康夫,『棄民』, 東京: サイマル出版会, 1972.
吉岡攻,「忘れられたハルモニ」,『季刊三千里』 31, 1982.
藤崎康夫,「棄民にされた韓国の日本人妻の証言」,『潮』 153, 1972.
小山毅,「在韓日本人, 遺棄された同胞たち」,『朝日ジャーナル』 14-29, 1972.

2. 연구논저

1) 단행본

(1) 한국어

강만길 외, 『일본과 서구의 식민통치 비교』, 선인, 2004.
곽건홍, 『일제의 노동 정책과 조선노동자』, 신서원, 2001.
宮田節子 著, 李熒娘 譯, 『朝鮮民衆과 「皇民化」政策』, 일조각, 1997.
권태억, 『일제의 한국 식민지화와 문명화』, 서울대학교출판문화원, 2014.
김동명, 『지배와 저항, 그리고 협력』, 경인문화사, 2006.
김민영, 『일제의 조선인 노동력 수탈 연구』, 한울, 1995.
김호연, 『우생학, 유전자 정치의 역사』, 아침이슬, 2009.
다카사키 소지 지음, 이규수 옮김, 『식민지 조선의 일본인들』, 역사비평사, 2006.
도노무라 마사루 지음, 신유원·김인덕 옮김, 『재일조선인 사회의 역사학적 연구』, 논형, 2010.
마츠다 도시히코 지음, 김인덕 옮김, 『일제시기 참정권 문제와 조선인』, 국학자료원, 2004.
문준영, 『법원과 검찰의 탄생』, 역사비평사, 2010.
미즈노 나오키 지음, 정선태 옮김, 『창씨개명』, 산처럼, 2008.
박명규·서호철, 『식민권력과 통계』, 서울대학교 출판부, 2003.
박성진, 『사회진화론과 식민지 사회사상』, 선인, 2003.
반민족문제연구소 편, 『친일파 99인』 1~3, 돌베개, 1993.
박형지·설혜심, 『제국주의와 남성성』, 아카넷, 2004.
스즈키 마사유키 지음, 류교열 옮김, 『근대 일본의 천황제』, 이산, 1998.
야마다 쇼지 지음, 정선태 옮김, 『가네코 후미코』, 산처럼, 2003.
야마자키 도모코 지음, 김경원 옮김, 『경계에 선 여인들』, 다사헌, 2013.
양현아, 『한국 가족법 읽기』, 창비, 2011.
염운옥, 『생명에도 계급이 있는가』, 책세상, 2009.
오구마 에이지 지음, 조현설 옮김, 『일본 단일민족신화의 기원』, 소명출판, 2003.

오성철, 『식민지 초등교육의 형성』, 교육과학사, 2000.
이승일, 『조선총독부 법제 정책』, 역사비평사, 2008.
이에나가 사부로 엮음, 연구공간 '수유+너머' 일본근대사상팀 옮김, 『근대 일본 사상사』, 소명출판, 2006.
임종국, 『일제하의 사상탄압』, 평화출판사, 1985.
임혜봉, 『망국대신 송병준 평전』, 선인, 2013.
전복희, 『사회진화론과 국가사상』, 한울아카데미, 2010(초판 3쇄).
전상숙, 『조선총독정치연구』, 지식산업사, 2012.
정긍식, 『韓國近代法史攷』, 박영사, 2002.
조갑제, 『조선총독부, 최후의 인터뷰』, 조갑제닷컴, 2010.
주완요 지음, 손준식·신미정 옮김, 『대만, 아름다운 섬 슬픈 역사』, 신구문화사, 2003.
최석영, 『일제의 동화이데올로기의 창출』, 서경문화사, 1997.
최유리, 『일제 말기 식민지 지배정책 연구』, 국학자료원, 1997.
테사 모리스-스즈키 지음, 임성모 옮김, 『변경에서 바라본 근대』, 산처럼, 2006.
티머시 H. 파슨스 지음, 장문석 옮김, 『제국의 지배』, 까치, 2012.
호사카 유우지, 『일본 제국주의의 민족동화정책 분석』, J&C, 2002.
후지메 유키 지음, 김경자·윤경원 옮김, 『성의 역사학』, 삼인, 2004.
히구치 유이치 지음, 정혜경·동선희·김인덕 옮김, 『일제하 재일조선인 통제조직 협화회』, 선인, 2012.

(2) 일본어

嘉本伊都子, 『国際結婚の誕生』, 東京: 新曜社, 2001.
駒込武, 『植民地帝國日本の文化統合』, 東京: 岩波書店, 1996.
宮田節子·金英達·梁泰昊, 『創氏改名』, 東京: 明石書店, 1992.
今川勳, 『現代結婚考』, 東京: 田畑書店, 1990.
藤野豊, 『日本ファシズムと優生思想』, 京都: かもがわ出版, 1998.
松沼美穂, 『植民地の〈フランス人〉』, 東京: 法政大学出版局, 2012.

鈴木善次,『日本の優生學』, 東京: 三共出版, 1983.
鈴木裕子,『従軍慰安婦·內鮮結婚』, 東京: 未來社, 1992.
小熊英二,『〈日本人〉の境界』, 東京: 新曜社, 1998.
新城道彦,『天皇の韓国併合』, 東京: 法政大学出版局, 2011.
竹下修子,『国際結婚の社会学』, 東京: 学文社, 2000.
淺野豊美·松田利彦 編,『植民地帝国日本の法的展開』, 東京: 信山社, 2004.
淺野豊美,『帝國日本の植民地法制』, 名古屋: 名古屋大學出版會, 2008.
向英洋,『詳說舊外地法』, 東京: 日本加除出版, 2007.

(3) 기타

Raymond F. Betts, *Assimilation and Association in French Colonial Theory 1890~1914*, University of Nebraska Press, 2005
Saliha Belmessous, *Assimilation and Empire*, Oxford, 2013.

2) 연구논문

(1) 한국어

강태웅,「우생학과 일본인의 표상」,『일본학연구』 38, 2013.
권은혜,「인종 간 결혼에 대한 법적 규제와 사회적 금기를 넘어서」,『미국사연구』 34, 2011.
권태억,「근대화·동화·식민지유산」,『한국사연구』 108, 2000.
권태억,「동화정책론」,『역사학보』 172, 2001.
권태억,「1920, 30년대 일제의 동화정책론」,『한국사론』 53, 2007.
김강일,「왜관과 범죄」,『전북사학』 41, 2012.
김기훈,「일제하 재일 왕공족의 형성 배경과 관리체제」, 부경대학교 사학과 석사 학위논문, 2009.
김명구,「중일전쟁기 조선에서 내선일체론의 수용과 논리」,『한국사학보』 33, 2008.
김미현,「조선인과 일본인의 결혼」, 국사편찬위원회,『혼인과 연애의 풍속도』, 두

산동아, 2005.
김성운, 「中日戰爭 開戰 이후 日本의 人口增殖政策」, 서울대학교 동양사학과 석사학위논문, 2007.
김응렬, 「재한일본인 처의 생활사」, 『한국학연구』 8, 1996.
김종욱, 「식민지시기 조선으로 이주한 일본인 처들의 인물사진 연구」, 경주대학교 산업경영대학원 석사학위논문, 2008.
김창록, 「일본제국주의의 헌법사상과 식민지조선」, 『법사학연구』 14, 1993.
김창록, 「일본에서의 서양 헌법사상의 수용에 관한 연구」, 서울대학교 법학과 박사학위논문, 1994.
김창록, 「식민지 피지배기 법제의 기초」, 『법제연구』 8, 1995.
김창록, 「制令에 관한 연구」, 『법사학연구』 26, 2002.
김춘식, 「제국주의 공간과 인종주의」, 『역사와 문화』 23, 2012.
김태웅, 「국사 교재에서 문학작품의 활용 실태와 내용 선정의 방향」, 『역사와 경계』 77, 2010.
김호연·박희주, 「우생학에 대한 다층적 접근」, 『환경법연구』 27-2, 2005.
노영순, 「식민시기 사이공/코친차이나에서의 귀화법과 베트남인 프랑스 시민권자」, 『역사와 경계』 78, 2011.
니이야 도시유키, 「한국으로 '시집온' 일본인 부인」, 서울대학교 인류학과 석사학위논문, 2000.
문일웅, 「대한제국 성립기 재일본 망명자 집단의 활동(1895~1900)」, 『역사와 현실』 81, 2011.
박양신, 「도고 미노루의 식민정책론」, 『역사교육』 127, 2013.
서호철, 「1890~1930년대 주민등록제도와 근대적 통치성의 형성」, 서울대학교 사회학과 박사학위논문, 2007.
小野一一郎, 「제1차 대전 후의 식민정책론」, 김영호 편, 『근대 동아시아와 일본제국주의』, 한밭출판사, 1983.
소현숙, 「식민지시기 근대적 이혼제도와 여성의 대응」, 한양대학교 사학과 박사학위논문, 2013.

손승철, 「왜관의 일본인과 조선 여인의 교간」, 한일관계사학회 지음, 『한국과 일본, 왜곡과 콤플렉스의 역사』 2, 자작나무, 1998.
손애리, 「근대 일본 식민정책학의 전개와 귀결」, 『한림일본학』 22, 2013.
水野直樹, 「조선 식민지 지배와 이름의 '차이화'」, 『사회와 역사』 59, 2001a.
신현경, 「재조일본인 사회의 형성과 조선남성의 일선결혼 연구」, 강원대학교 사학과 석사논문, 2011.
안자코 유카, 「조선총독부의 '총동원체제'(1937~1945) 형성 정책」, 고려대학교 사학과 박사학위논문, 2006.
오오야 치히로, 「잡지 『內鮮一體』에 나타난 내선결혼의 양상 연구」, 연세대학교 국어국문학과 석사학위논문, 2006.
와타나베 아쓰요, 「일제하 조선에서 내선결혼의 정책적 전개와 실태: 1910~20년대를 중심으로」, 서울대학교 국제대학원 한국학전공 석사학위논문, 2004.
이경분, 「열등한 일본인과 신비화된 일본 제국」, 『국제지역연구』 19-4, 2010.
이규수, 「재조일본인의 추이와 존재 양태」, 『역사교육』 125, 2013.
이승용, 「포르투갈의 식민지 동화정책에 관해」, 『한국아프리카학회지』 9, 1997.
이정선, 「民籍法 시행기(1909~23년) 일제의 '日鮮結婚' 관련 법규 정비와 日鮮人 구별」, 서울대학교 국사학과 석사학위논문, 2008.
이정선, 「한국 근대 '戶籍制度'의 변천」, 『한국사론』 55, 2009.
이정선, 「식민지 조선·대만에서의 家制度의 정착 과정」, 『한국문화』 55, 2011a.
이정선, 「1910~23년 內鮮結婚 법제의 성립 과정과 그 의미」, 『법사학연구』 44, 2011b.
이정선, 「전시체제기 일제의 총동원 정책과 '內鮮混血' 문제」, 『역사문제연구』 29, 2013.
이정선, 「1920~30년대 조선총독부의 '내선결혼(內鮮結婚)' 선전과 현실」, 『역사문제연구』 33, 2015a.
이정선, 「조선총독부의 조선인 이름 정책과 이름의 변화 양상들」, 『역사민속학』 49, 2015b.
이정선, 「탈식민 국가의 '국민' 경계」, 『법과 사회』 51, 2016.

이토 히로코·박신규, 「잊혀진 재한일본인 처의 재현과 디아스포라적 삶의 특성 고찰」, 『일본근대학연구』 51, 2016.
장용경, 「일제 말기 內鮮結婚論과 조선인 육체」, 『역사문제연구』 18, 2007.
전영욱, 「한국병합 직후 일본 육군 및 제국의회의 '제국통합' 인식과 그 충돌의 의미」, 『아세아연구』 57-2, 2014.
정긍식, 「日帝의 植民政策과 植民地 朝鮮의 法制」, 『법제연구』 14, 1998.
정상우, 「1910년대 일제의 지배논리와 조선지식인층의 인식」, 서울대학교 국사학과 석사학위논문, 2001.
정인섭, 「법적 기준에서 본 한국인의 범위」, 『사회과학의 제문제』, 법문사, 1988.
제임스·루이스, 「釜山倭館을 中心으로 한 朝·日 交流」, 『정신문화연구』 20-1, 1997.
淺野豊美, 「일본제국의 통치 원리 '내지연장주의'와 제국 법제의 구조적 전개」, 『법사학연구』 33, 2006.
최석영, 「식민지 시기 '내선결혼' 장려 문제」, 『일본학연보』 9, 2000.
최유리, 「일제하 통혼 정책과 여성의 지위」, 『국사관논총』 83, 1999.
崔長根, 「日本의 韓國皇室 抹殺과 同化政策」, 『朝鮮史研究』 8, 1999.
카세타니 토모오, 「재한일본인 처의 형성과 생활적응에 관한 연구」, 고려대학교 사회학과 석사학위논문, 1994.
홍양희, 「조선총독부의 가족 정책 연구」, 한양대학교 사학과 박사학위논문, 2004.
홍양희, 「식민지시기 친족 관습의 창출과 일본 민법」, 『정신문화연구』 28-3, 2005.
홍양희, 「식민지시기 친족·상속 관습법 정책」, 『정신문화연구』 29-3, 2006.
홍양희, 「"애비 없는" 자식, 그 '낙인'의 정치학」, 『아시아여성연구』 52-1, 2013.
홍양희·양현아, 「식민지 사법관료의 가족 '관습' 인식과 젠더 질서」, 『사회와 역사』 79, 2008.
홍종욱, 「중일전쟁기(1937~41) 사회주의자들의 전향과 그 논리」, 서울대학교 국사학과 석사학위논문, 2000.

(2) 일본어

岡本真希子,「戦時下の朝鮮人·台湾人参政権問題」,『早稲田大学大学院文学研究科紀要·第4分冊』 42, 1996a.

岡本真希子,「アジア·太平洋戦争末期における朝鮮人·台湾人参政権問題」,『日本史研究』 401, 1996b.

岡本真希子,「アジア·太平洋戦争末期の在日朝鮮人政策」,『在日朝鮮人史研究』 27, 1997.

高木博志,「ファシズム期, アイヌ民族の同化論」, 赤沢史朗·北河賢三 編,『文化とファシズム』, 東京: 日本経済評論社, 1993.

金英達,「日本の朝鮮統治下における「通婚」と「混血」」,『關西大學人權問題研究室紀要』 39, 1999.

金子るり子,「「内鮮結婚」で境界を越えた在韓日本人妻たち」,『日語日文學研究』 95, 2015.

楠精一郎,「樺太参政権問題」, 手塚豊 編著,『近代日本史の新研究』 8, 東京: 北樹出版, 1990.

栗原純,「台湾と日本の植民地支配」,『世界歴史』 20, 岩波書店, 1999.

栗原純,「日本植民地時代台湾における戸籍制度の成立」, 台湾史研究部会 編,『日本統治下台湾の支配と展開』, 名古屋: 中京大学社会科学研究所, 2004.

山本かほり,「在韓日本人妻の生活史」,『ライフ·ヒストリーを学ぶ人のために』, 世界思想社, 1996.

森木和美,「移住者たちの「内鮮結婚」」, 山路勝彦·田中雅一 編著,『植民地主義と人類学』, 西宮: 關西學院大學出版會, 2002.

小熊英二,「差別即平等: 日本植民地統治思想へのフランス人種社会学の影響」,『歴史學研究』 662, 1994.

松村寛之,「國防國家の優生學」,『史林』 83-2, 2000.

水野直樹,「國籍をめぐる東アジア関係」,『近代日本における東アジア問題』, 吉川弘文館, 2001b.

安達宏昭,「「大東亜建設審議会」と「経済建設」構想」,『史苑』 65-1, 立教大学, 2004.

Arnaud NANTA,「清野謙次の日本民族觀」,『科學史研究』第2期 48, 2009.
呂秀一,「在満朝鮮人の国籍問題をめぐる日中外交政策の研究」, 広島大学博士論文, 2007.
遠藤正敬,「植民地支配のなかの國籍と戶籍」,『早稲田政治公法研究』68, 2001.
李正善,「「内鮮結婚」にみる帝国日本の朝鮮統治と戸籍」,『朝鮮史研究会論文集』52, 2014.
中村禎里,「古屋芳雄と民族生物學」,『生物學史研究ノート』12, 1967.
通堂あゆみ,「博士学位授与機能から考察する京城帝国大学医学部の「教室」」,『九州史学』167, 2014.
坂元真一,「敗戰前日本國に於ける朝鮮戶籍の研究」,『青丘學術論集』10, 1996.
黃嘉琪,「日本統治時代における「内台共婚」の構造と展開」,『比較家族史研究』27, 2013.
横山尊,「日露戦後における優生学と日本人優劣論」(上)·(下),『生物学史研究』86·87, 2012a·2012b.
横山尊,「九州帝大医学部における民族衛生学·植民衛生学講座」,『九州史学』167, 2014.

(3) 기타

邱純惠,「日治時期內臺共婚問題初探」,『曹永和先生八十壽慶論文集』, 臺北: 樂學書局, 2001.
德田幸惠,「日本統治下台灣的「內台共婚」」, 淡江大學歷史學系碩士班碩士論文, 2007.
楊裘文,「跨越邊界的流動與認同」, 國立政治大學台灣史研究所碩士論文, 2010.
토마스 슈바르츠,「1912년 독일제국의회에서의 혼혈혼 논쟁」,『독일어문학』19, 2002.

찾아보기

| 가 |

| 나 |

| 바 |

| 사 |

| 아 |

| 자 |

| 차 |

| 타 |

| 파·하 |